Ulrich Müller

Erkenntniskritik und Negative Metaphysik bei Adorno

**athenäum⁵
monografien**
Philosophie
Band 249

Die vorliegende Untersuchung beansprucht, eine Gesamtinterpretation der Adornoschen Philosophie zu liefern, die sie als eine Form der kritischen Hermeneutik begreift. Das Zentrum der Philosophie Adornos stellt – so die These Ulrich Müllers – eine Metakritik der Kantischen Vernunftkritik dar, die sich, um die Dimension *Ästhetischer Theorie* erweitert, in negative Metaphysik transformiert. Das Interesse des Autors richtet sich dabei vor allem auf den *systematischen* Versuch, den Zusammenhang von Erkenntniskritik und negativer Metaphysik bei Adorno zu rekonstruieren: Nach den Reflexionsstufen der Philosophie von Descartes und Kant bewegt sich das Denken des Kant-Kritikers Adorno auf einer Ebene „dritter Reflektiertheit". Auf ihr stehen nun nicht mehr Teilaspekte des tradierten Vernunftsinns, sondern dieser selbst zur Kritik an. Indem Ulrich Müller eine Rekonstruktion der Adornoschen Vernunftkritik anstrebt, die er als kritisch-hermeneutische Transformation der Kantischen Erkenntniskritik versteht, fragt er zugleich nach den metaphysischen Voraussetzungen, die die Kritik Adornos – soll sie nicht unausweisbar werden – anleiten *und* die Richtung jener Transformation anzeigen. Adornos „Rettung der Metaphysik" kann – so wird vorgeführt – an die negative Metaphysik des späten Kant anknüpfen. Um dieses metaphysisch-regulative Universalitätskonzept jedoch zu verteidigen, muß Adornos *konstitutiv* eingesetzter Totalitätsbegriff – das sozial-historisch applizierte „unwahre" Ganze – kritisch verabschiedet werden.

Ulrich Müller, Jahrgang 1956, studierte Philosophie, Germanistik, Musikpädagogik und Musikwissenschaft. 1985 promovierte er im Fach Philosophie an der Freien Universität Berlin und arbeitet seitdem als Klavierpädagoge; daneben Publikationen zur Ästhetik und Hermeneutik.

Ulrich Müller

Erkenntniskritik und Negative Metaphysik bei Adorno

Eine Philosophie der dritten Reflektiertheit

athenäum

Die Reihe erschien bis Ende 1987 unter dem Titel
„Monographien zur philosophischen Forschung".

CIP-Kurztitelaufnahme der Deutschen Bibliothek

Müller, Ulrich:
Erkenntniskritik und Negative Metaphysik bei Adorno :
e. Philosphie d. dritten Reflektiertheit / Ulrich Müller. –
Frankfurt am Main : Athenäum, 1988.
   (Athenäums Monografien Philosophie ; Bd. 249)
   ISBN 3-610-09226-2
NE: GT

© 1988 Athenäum Verlag GmbH, Frankfurt am Main
Alle Rechte vorbehalten.
Ohne ausdrückliche Genehmigung des Verlags ist es auch nicht gestattet, das Buch oder
Teile daraus auf fotomechanischem Wege (Fotokopie, Mikrokopie) zu vervielfältigen.
Satz: Schreibbüro May
Druck und Bindung: Pfälzische Verlagsanstalt GmbH, Landau
Printed in West-Germany
ISBN 3-610-09226-2

INHALT

Einleitung   7

ERSTES KAPITEL:
Geschichtsphilosophische Grundlegung   13
VORWORT   15
I. Das Programm einer Idee der Naturgeschichte (Adorno)   16
II. Die historischen Prämissen des Programms   26
  1. Die Gleichzeitigkeit von Historisierung und
     Enthistorisierung zu Beginn der Neuzeit   26
  2. Geschichte als Natur oder Geschichte und ästhetische Form
     (Georg Lukács und die Zweite Wiener Schule) 32
  3. Natur als Geschichte (Benjamin)   37
  4. Geschichte als ob Natur (Marx)   44
  5. »Zweite Natur« als vermeintliche Negation der »ersten«
     (Nietzsche)   50
  6. Erinnerung als Selbstentäußerung des Geistes und Erkenntnis
     seiner Naturwüchsigkeit (Hegel)   56
III. Der Doppelcharakter des Adornoschen Begriffs der
    »zweiten Natur«   62
IV. Nicht-Identität von Geist und Natur als Bedingung
    der Möglichkeit ihrer Versöhnung   64
V. »Vergänglichkeit« als geschichtsmetaphysische Kategorie   65

ZWEITES KAPITEL:
Die Bedeutung des Programms der Naturgeschichte für die
Erkenntnistheorie Adornos   73
I. Die erkenntniskritische Funktion der Ideen »Natur«
    und »Geschichte   75
II. Die Idee der Deutung als Aufgabe der Philosophie.
    Ein bedingt hermeneutischer Zugriff   77
III. Die Herkunft des Adornoschen Konzepts der »Idee«   80
  1. Platons »idea rerum« als Hypostase einer an sich seienden
     Natur und die Idee einer negativen Dialektik 80
  2. Benjamins Transformation der Platonischen Ideenlehre
     und ihre Kontaminierung mit Motiven Kants   85
IV. Was bleibt von der »Idee«: Strenge Phantasie und
    das Denken in Modellen   90

Drittes Kapitel
Die Idee einer kritischen Erkenntnistheorie und die Kritik der Erkenntnistheorie 99

I. Die Metakritik der Erkenntnistheorie 101

II. »Innere« und »äußere« Natur und die Konstitution von Subjektivität 110

III. Das Subjekt-Objekt-Modell als Grundstruktur einer »kritischen« Erkenntnistheorie 120

1. Die dualistische Struktur der Dialektik von Subjekt und Objekt 120
2. Adornos Rede vom »Vorrang des Objekts« 128
3. Adornos Entlarvung der »prima philosophia« und W. Sellars' Kritik am »Mythos des Gegebenen« 136

IV. Zwei moderne Revisionen der Erkenntnistheorie 147

1. Die sprachanalytische Philosophie (E. Tugendhat) 147
2. Der Poststrukturalismus (M. Foucault) 161

V. »Negative Dialektik« als kritisches Geschäft. Adornos dritte Reflektiertheit 170

1. Das Kantische Modell einer Vernunftkritik qua Vernunft 170
2. Adornos hermeneutische Transformation des Kantischen Erkenntnismodells 176
   a. Gesellschaftliche Interpretation des Transzendentalen 176
   b. Ding an sich und Nichtidentisches. Die Utopie der Erkenntnis 178
   c. Identität und Nichtidentität. Die Transformation Kants durch Hegel 181

Viertes Kapitel
Die Erweiterung der Erkenntnistheorie um das Ästhetische 185

I. Das Noetische und das Dianoetische 187

II. Die Annäherung an das Nichtidentische 191

1. Begriff und Name, Konstellation und Mimesis 191
2. Das Modell der Musik: Begriffslose Synthesis 192
3. Das Modell der Sprache: Darstellende diskursive Rede 198

III. Die Idee des nichtidentifizierenden Denkens 203

1. Was heißt »identifizieren«? 203
2. »Rutengängerisches Denken«. Kants Modell der reflektierenden Urteilskraft 208
3. Der Spiegel der Natur und die Imitation des Naturschönen 210

Fünftes Kapitel
Die Notwendigkeit der Verzweiflung. Das Konzept einer negativen Metaphysik — 217

Vorwort — 219

I. Negativität und der Verlust des Metaphysischen — 221

II. Der Versuch einer Rettung des Metaphysischen im Geist der »zweiten Reflektiertheit« — 226

1. Die Unausdenkbarkeit der Verzweiflung. Die Transformation Kants durch Kierkegaard — 226

2. Intelligibles als Selbsterhaltung und Selbstverneinung — 233

3. Erfahrung und Glückserfahrung — 239

4. Transzendentaler Schein als der Ort der Rettung des Metaphysischen — 244

5. Die Transformation von Metaphysik in Geschichtsphilosophie — 249

III. Metaphysik und Negativismus. Versuch ihrer Vereinigung im Anschluß an Adorno — 254

Anmerkungen — 265

Literaturverzeichnis — 309

Der größte und vielleicht einzige Nutzen aller Philosophie der reinen Vernunft ist also wohl nur negativ; da sie nämlich nicht, als Organon, zur Erweiterung, sondern als Disziplin, zur Grenzbestimmung dient, und, anstatt Wahrheit zu entdecken, nur das stille Verdienst hat, Irrtümer zu verhüten.

Kant, Kritik der reinen Vernunft, B 823

Der Splitter in deinem Auge ist das beste Vergrößerungsglas.

Adorno, Minima Moralia, 29. Aphorismus

Einleitung

Adorno versteht die »Negative Dialektik« als eine Methodologie seiner zahlreichen materialen Arbeiten.[1] Als solche beansprucht sie, deren konkrete Verfahrensweisen »mit konsequenzlogischen Mitteln«[2] zu erklären und zu rechtfertigen, ohne dabei an Sachhaltigkeit zu verlieren. Man könnte sie daher auch, zumindest der Intention nach, eine »exemplifizierende« Erkenntnistheorie nennen.

Ihre, systematisch gesehen, wohl wichtigste Kategorie besitzt diese Theorie in der Figur der »Reflexion«. Indem sie darauf ausgeht, »gegen Wittgenstein zu sagen, was nicht sich sagen läßt«[3], und die Analyse dieser Paradoxie geradezu als »Arbeit philosophischer Selbstreflexion«[4] definiert, setzt sie sich zugleich in ein kritisches Verhältnis zu den beiden wichtigsten Reflexionsphilosophien der Neuzeit. Mit Kant *und* Hegel erklärt sie Reflexivität zur Ermöglichungsbedingung des Philosophierens schlechthin: »Abbildendes Denken wäre reflexionslos, ein undialektischer Widerspruch; ohne Reflexion keine Theorie.«[5] Und dementsprechend erläutert sie auch ihr Dialektikverständnis: »Philosophisch bleibt die dialektische Bewegung als Selbstkritik der Philosophie«[6], die reflexiv ist, wie anders.

Gegen Kant[7] nun und mit Hegel plädiert Adorno für einen weitgefaßten, als lebendig und unreduziert gedachten Begriff von Erfahrung[8] und kritisiert in diesem Zusammenhang die Ahistorizität des Kantischen Reflexionskonzepts.[9] Gegen Hegel[10] wiederum und mit Kant distanziert er sich von jeder Form einer Identifizierung der wissenden Reflexion mit den Gegenständen ihres Wissens.[11]

Die Stellung des Adornoschen Denkens zur Tradition der Philosophie läßt sich mittels einer etwas vereinfachten Idealisierung hilfreich vergegenwärtigen, indem man es einmal mit den Denkansätzen von Marx, Nietzsche und Freud zusammennimmt und als exemplarisches »Ereignis« einer dritten Reflexionsphase innerhalb einer dreistufigen historischen Sequenz kritisch aufeinander referierender Typen von Reflexionsphilosophie begreift, die sich als Schritte auf dem Weg einer allmählichen Problematisierung und Erweiterung des natürlichen, »vorkritischen« Weltverständnisses interpretieren lassen: Sofern es für die neuzeitliche Philosophie geradezu charakteristisch ist, daß sie über den Umfang und die Grenzen ihres Aussagenbereichs nachdenkt und sich über die eigene Leistungsfähigkeit gegenüber den Einzelwissenschaften Rechenschaft ablegt, entwickelt sie ihre Fragestellungen nicht mehr mittels einer direkten Thematisierung von Gegenständen, sondern nur noch im Zusammenhang einer gleichzeitigen Reflexion darauf, wie uns diese Gegenstände zugänglich sind. Daher verhält sie sich notwendig kritisch zur älteren Bestimmung der Philosophie als Ontologie.

Ein erster, wirklich bedeutsamer Schritt in die Richtung einer kritischen Modifikation der vorkritischen Ontologie erfolgte durch Descartes' Totalisierung der augustinischen Figur des *reditus in se ipsum* zum Medium philosophischer Selbstbegründung auf der Basis eines universalisierten und eigenapplizierten Zweifels. Mit dieser Wende zur Reflexion auf das Bewußtsein verschob die cartesianische Erkenntnistheorie bereits in der frühen Neuzeit die alte Frage nach den Gegenständen als solchen zugunsten der Frage nach ihrer Gegebenheitsweise, für die unbezweifelbares Wissen und innere Gewißheit das Kriterium liefern sollten.

Die zweite wichtige Phase auf dem Weg einer kritisch-reflexiven Revision der natürlichen Ontologie wurde dann durch die transzendentalphilosophische Wende Kants eingeleitet. Gegenüber derjenigen von Descartes liegt das eigentlich innovative Moment der Kantischen Modifizierung ontologischer Grundstrukturen darin, daß sie die Frage, wie uns Gegenstände gegeben sind, nicht mehr nur als eine Frage nach der Gewißheit unserer Erkenntnis auffaßt, sondern auch als konstitutiv für den Gegenstandscharakter der Objekte interpretiert. Mit anderen Worten: Die ehemals ontologische Untersuchung von Gegenständen wird substituiert durch die Untersuchung der Möglichkeiten, diese Gegenstände zu erfahren. Und die Möglichkeiten gegenständlicher Erfahrung wiederum sind von Kant im obersten menschlichen Erkenntnisvermögen, in der Struktur der Vernunft selber, verankert worden. Rechenschaft abzulegen hat die Vernunft allein der von ihr selber vollzogenen kritischen Reflexion, die sie im genitivus subjektivus und objektivus zugleich auftreten läßt: Die Vernunft legt nicht nur die Verlaufsformen des Erkennens fest, sie ist auch erstes Organ der Kritik dogmatischer Wissensanmaßungen. Von dieser Kritik nimmt sie sich selbst nicht aus: Als selbstreflexiv verfaßte Institution braucht sie auch die Irrtümer, in die sie sich bei ihrer Tätigkeit verstricken kann, nicht einfach zurückzuweisen. Es ist der ausgezeichnete Sinn der durch Kant initiierten zweiten Phase reflexiven Denkens in der Philosophie, daß die Vernunft auch Täuschungen als solche akzeptieren und durch ein bewußtes Verarbeiten auflösen kann.

In einer dritten Phase der Reflexivität kann man schließlich alle diejenigen Denker der nachkantischen Moderne, bzw. Postmoderne, zusammenfassen, die den von Kant eingeführten Vernunftsinn einer erneuten, und zwar totalisierten Kritik aussetzen. Für sie bedeutet Kritik nicht das vernünftige Auflösen bewußt gemachter Täuschungen des Denkens, sondern primär die Entlarvung der Täuschung, welche die Vernunft selbst ist. Gegen die Vernunft wird der Verdacht erhoben, nichts weiter zu sein als eine intelligente Funktion in der Erhaltung von Lebewesen und in der instrumentellen Verfügung über Natur.

Eine derart radikale Form der totalisierenden kritischen Nachfrage kennzeichnet, cum grano salis, auch den Denkweg Theodor W. Adornos, der in den nachfolgenden fünf Kapiteln dieser Monographie systematisch rekonstruiert werden soll. Eine Hauptschwierigkeit dieses hermeneutischen Aneignungsversuchs besteht darin, die kaum auf Begründung bedachte Philosophie Adornos in eine Anordnung zu bringen, in der die mannigfaltigen Motive seines Denkens einen in sich verständlichen Zusammenhang bilden können. So ist es ein Grundzug meiner Interpretationen, zu zeigen, daß sich Adornos kritische Theorie in einer Metakritik der Kantischen Vernunftkritik *zentriert*, vielleicht sogar *fundiert*, und demnach auch nur aus ihrer Stellung zu Kant heraus angemessen zu begreifen ist. Als solche wird sie aber schließlich auch, wie wohl jedes konsequente Denken der dritten Reflexionsphase, zu dem von Kant erschlossenen Typus zweiter Reflektiertheit zurückfinden müssen, will sie nicht in die Proklamation des verbreiteten Topos vom Ende allen Philosophierens einstimmen.

Die Besonderheit, welche Adornos Ausformulierung der dritten Reflektiertheit gegenüber derjenigen anderer Denker auszeichnet, gelangt nun aber nur dadurch ins Blickfeld, daß man sich die Gedanken und Motive vergegenwärtigt, die er in das Kantische Programm einer Kritik der Vernunft durch die Vernunft selber hineinprojiziert: Adornos Methode besteht darin, das vorausgesetzte Erkenntnismodell Kants durch hermeneutische Transformationsmittel[12], die meistens postkantischen Philosophien entnommen sind, zu modifizieren und zu aktualisieren. Dieses Vorgehen begründet sich letztlich geschichtsphilosophisch: Ändern sich die historischen Rahmenbedingungen, so ist der Theoretiker genötigt, die Maßstäbe und Standards seiner Theorie im Licht anderer Voraussetzungen neu zu überdenken.

Zum *einen* stellt Adorno die Transzendentalphilosophie, angeleitet durch das Denken von Marx und mehr noch durch das von Lukács, in einen gesellschaftlichen Bezugsrahmen (Kap. 3.V. 2.a.). Nicht diese Operation als solche, aber die mit ihr ständig verknüpften Versuche einer holistischen Wirklichkeitserklärung bezeichnen ein Grundproblem der Philosophie Adornos, welches ihre kritische Rekonstruktion bislang erschwert, bzw. verhindert haben dürfte. Es resultiert primär aus dem simplifizierten Gebrauch einer wenig differenzierten und kaum ausgearbeiteten Gesellschaftstheorie.[13] In diesem Zusammenhang werden negativ-wertige Ganzheitsbegriffe in erkenntniskonstitutiver Bedeutung eingesetzt und für alles unter sie befaßte Einzelne als bestimmend erklärt.

Diesbezüglich mußte sich die vorliegende Untersuchung durchgehend kritisch zu Adorno und affirmativ gegenüber Kant verhalten. Daher hatte sie auch gegen die Einflüsse Lukács', die auf einen positiv-wertigen Gebrauch der Totalitätskategorie hingewirkt haben, die Einflüsse des Denkens von Benjamin zu stärken, in denen sich eine Theorie der Einzeldinge ausspricht. Unglücklicherweise wollte Adorno beide Positionen vertreten. Eben darin besteht die grundlegende Problematik seiner gesamten Philosophie.[14]

Indirekt kann Benjamins Wirkung auch noch in Adornos *zweiter* wichtiger Transformation des Kantischen Ansatzes gesehen werden: Seine Platon-Interpretation war für Adorno nicht nur die Inspirationsquelle für die Erfindung eines Titels für sein Denken, für die Prägung des Begriffs einer »negativen Dialektik«, deren zentrales Erkenntnismittel, die Begriffskonstellation, in Platons später Lehre einer Konfiguration von Ideen seine Entsprechung findet (Kap. 2.III.1. u. 2.). Sie gab auch den Anstoß für den Gedanken einer Erkenntnis des Wesens der Dinge auf der Grundlage von an sich bestimmter Natur - ein Gedanke, der in Adornos hermeneutischer Transformation von Kants »Kritik der reinen Vernunft« eine Fundierung durch Kants »Kritik der Urteilskraft« und vor allem durch Hegel erhielt (Kap. 3.V. 2.b.).

Von Hegel ließ sich Adorno schließlich auch dazu anleiten, den entscheidenden Schritt der Revision von Kants *immanenter* Metaphysik der Erfahrung, seiner Deduktionstheorie, zu vollziehen (Kap. 3.V. 2.c.). Diese Transformation führte ihn allerdings nicht zu einer Anknüpfung an die spekulativ-idealistische Lehre der Hegelschen Logik. Sie fand ihr Ziel vielmehr in der Fortführung der negativ-metaphysischen Naturerklärung des späten Kant: Der Gedanke eines unbekannten absoluten Ursprungs von Natur bildet die Grundlage auch der Adornoschen Konzeption einer *transzendenten*, aber nur *negativen* Metaphysik[15] (Kap. 5). Motiviert worden war diese theoretische Wendung Adornos durch die philosophiegeschichtliche Einsicht, daß die wahrhaft kritische Funktion der Transzendentalphilosophie nicht in einer radikalen Verabschiedung der natürlichen Ontologie, sondern gerade in der reflektierten Aufrechterhaltung der Idee eines irreduziblen Seins begründet ist.

Das wichtigste Verbindungsglied zwischen Erkenntnistheorie und negativer Metaphysik darf in Adornos Lehre vom »Vorrang des Objekts« gesehen werden (vgl. Kap. 3.III.2.). Sie resultiert aus dem Gedanken, daß es eine Objektsphäre gibt, die allem subjektiven Erkennen noch vorausliegt.

Wie bereits Kants immanente Metaphysik der Erkenntnis so erfährt auch Kants negative Metaphysik der Naturerklärung durch Adorno eine hermeneutische Transformation. Als Transformationsmittel dienen ihm dafür Motive Kierkegaards und Schopenhauers (Kap. 5.II. 1. u. 3.), sowie erneut Gedanken aus Kants »Kritik der Urteilskraft« (ibid. 2.). Die bedeutsamste Umformung jedoch - sie kündigt sich im Rückgriff auf Kants Theorie transzendentalen Scheins bereits an (Kap. 5.II.4.) - besteht in einer Kontaminierung von negativer Metaphysik und Geschichtsphilosophie (ibid. 5.). In ihr gelangen alle die Motive zu dem ihnen zukommenden systematischen Stellenwert, welche Adornos Philosophie als »Negativitätsphilosophie« ausweisen. So wird der geschichtsphilosophisch gedeuteten Metaphysik die Aufgabe zugewiesen, die zum weitgehend Nichtseinsollenden erstarrte Wirklichkeit der Gegenwart durch die Erklärung historischer Veränderungen an natürlichen Dingen zu transzendieren.

Das methodische Erkenntnismittel für eine solche hermeneutische Naturerklärung fand Adorno im »konstellativ« organisierten Text. Diese anhand der ästhetischen Modelle des seriellen Komponierens und der darstellenden diskursiven Rede (Kap. 4.II.2. u. 3.) gewonnene Form begrifflicher Konstellationen steht stellvertretend für die Bedeutung der Ästhetik in Bezug auf Erkenntnistheorie und Metaphysik. Der von Adorno geforderten rhetorischen Qualität philosophischkonstellativer Sprachformen[16] scheint der Typus der Erzählung in paradigmatischer Weise gerecht zu werden: Eine Präzisierung ihrer formalen Struktur anhand der analytischen Geschichtsphilosophie von Arthur C. Danto ergab, daß die besondere Funktion narrativer Sätze darin besteht, die von der negativen Metaphysik in Anspruch genommene Erklärung historischer Veränderungen zu erfüllen. Mein in diesem Zusammenhang vorgeschlagener Konstitutionsbegriff bleibt aber noch sehr unscharf und bedarf weiterer Präzisierung.

Daraus geht nun auch schon hervor, daß meine Interpretation den meisten der in Umlauf befindlichen Adorno-Auslegungen, die in seiner Philosophie die Abtretung aller Erkenntnisansprüche an die Kunst repräsentiert sehen, energisch widersprechen mußte: Eine allein auf den ästhetischen Erkenntnisbereich eingeschränkte Beanspruchung von Objektivierbarkeit und Wahrheitsfähigkeit hat m.E. bereits resigniert. Und so lautet die von mir vertretene These, daß das Ästhetische in der negativen Dialektik nicht als Ersatz, sondern als ausgezeichnete Ergänzung der Erkenntnislehre fungiert (Kap. 4.I.).

Das Anfangskapitel der vorliegenden Arbeit exponiert geschichtsphilosophische Theoreme der Autoren Lukács, Benjamin, Marx, Nietzsche und Hegel, die für die eigentlichen Anfänge der Philosophie Adornos, wie sie der frühe Text »Die Idee der

Naturgeschichte« dokumentiert, wichtig geworden sind. Sie dienen weniger der historischen Vorinformation, als vielmehr der Rekonstruktion geschichtstheoretischer Gedanken über das Verhältnis von Natur und Geschichte, die ihre Bedeutung für Adornos Denken bis in die späten »Meditationen« und die posthume »Ästhetische Theorie« hinein niemals verloren haben. Sie bilden auch die Grundlage für die Entwicklung seiner Erkenntnistheorie (Kap. 2).

Eine Interpretation Adornos, die ganz gegenwärtig sein will, muß sich auch um die Klärung seiner Stellung zur nachwittgensteinianischen Philosophie bemühen.[17] Dazu konnte hier nur ein erster, in vielerlei Beziehung unzureichender Schritt getan werden: Unter einer sehr eingeschränkten Fragestellung wird die negative Dialektik mit der sprachbehavioristischen Theorie von Sellars konfrontiert (Kap. 3.III.3.). Ihr Verhältnis zu zwei bedeutenderen Positionen der vielen, zumeist völlig isoliert miteinander konkurrierenden Strömungen kontinentaler Gegenwartsphilosophie versuchen die Vergleiche mit der sprachanalytischen Philosophie Tugendhats und mit dem strukturalistischen Ansatz Foucaults ein wenig aufzuhellen (Kap. 3.IV.1. u. 2.). Ermöglicht sind solche Vergleiche nur auf der Grundlage einer Analyse und Beschreibung objektiver Strukturgleichheiten, die eine Verständigung auch zwischen alternativen Paradigmen, wie dem mentalistischen und dem linguistischen, herbeiführen können.[18]

Daß Adornos kritische Theorie einer Auseinandersetzung mit grundlegend anders orientierten Ansätzen keineswegs ausweichen muß, um in ihrer Grundstruktur bestehen zu können, mag als ein Ergebnis dieser Arbeit auf den ersten Blick überraschen. Es stimmt aber durchaus mit ihrer Grundtendenz überein, die Philosophie Adornos - analog zu der Art vieler Bemühungen in der Gegenwart - als primär hermeneutisches Denken zu begreifen. Dazu allerdings bedurfte es zahlreicher Präzisierungen, welche notwendig einen Verlust jener essayistischen Luzidität zur Folge haben mußten, von der diese Theorie so sehr zehrt.

Wollte man ein Fazit ziehen, so müßte man sagen, daß Adorno weder Marxist noch Hegelianer und auch kein orthodoxer Kantianer, sondern *kritischer Hermeneutiker*[19] gewesen ist. Um sein Programm unter den veränderten Bedingungen von heute - zu denen nicht mehr nur die historistische Aufklärung[20] und der holistische Negativismus[21] rechnen, sondern zunehmend auch die Herausforderungen des relativistischen Hermeneutizismus und Pragmatismus[22] einerseits, der totalisierten Vernunftkritik des Nietzscheanischen Poststrukturalismus[23] andererseits - fortzuführen, bedarf es aber theoretischer Anstrengungen, die von Adornos Sprache ganz unabhängig sind.[24]

ERSTES KAPITEL

Geschichtsphilosophische Grundlegung

Vorwort

Die frühe Schrift »Die Idee der Naturgeschichte«[1] bildet den Text eines Vortrags, den Adorno am 15.7.1932 vor der Frankfurter Ortsgruppe der Kant-Gesellschaft gehalten hat. In ihm werden Themen exponiert, die für seine gesamte Philosophie eine programmatische Bedeutung bekommen haben, und der Autor sagt selbst, daß Motive aus diesem Text in das Kapitel »Weltgeist und Naturgeschichte« der späteren »Negativen Dialektik« (1966) eingeflossen sind.[2]

Es soll zunächst die Aufgabe sein, die grundlegenden Thesen dieses philosophischen Programms darzustellen (I.). Um zu verdeutlichen, welche Bewußtseinsstellung in ihnen ausgedrückt wird, ist es erforderlich, die darin thematisierte Relation von »Natur« und »Geschichte« in einem zweiten Schritt auf vorausgegangene philosophiehistorische Positionen zu beziehen (II.).

Eine solche geschichtliche Vorerinnerung scheint aus zwei Gründen geboten. Zum einen beruft sich Adorno explizit auf Lukács' »Theorie des Romans« und Benjamins Abhandlung über den »Ursprung des deutschen Trauerspiels« als »den Ursprung der Idee der Naturgeschichte«, deren Ausführung er selbst beabsichtigt.[3] Ein weiterer Grund ist in einem generellen Zug der Philosophie Adornos zu sehen. Wie kaum eine andere bedient sie sich nicht nur in hohem Maß der überlieferten Ideen, um sie gleich wie ein vorgegebenes Material weiter zu bearbeiten, sondern projiziert zudem die eigenen Gedanken bis zur Ununterscheidbarkeit in andere Theorien hinein. Die resultierenden Ähnlichkeitsverhältnisse erschweren folglich ihre hermeneutische Rekonstruktion, zu der es aber wohl keine Alternative gibt. Deshalb werden außer Lukács und Benjamin noch Marx, Nietzsche und Hegel als potentielle Wegbereiterpositionen des Adornoschen Programms diskutiert werden.

Ob dieses sich dadurch als ein eigenes Konzept herausstellen oder ob es mehr und mehr von der Tradition überlagert werden wird, ist nicht sicher. Doch ein dem eigenen Anspruch nach durch und durch geschichtliches Denken verlangt nach historischer Lokalisierung, nach einem »verbindlichen Ausweis im Rahmen der geschichtsphilosophischen Arbeit an bestimmtem Material«[4], auch über die vom Autor dargelegten Quellen hinausgehend.

Die zur hermeneutischen Rekonstruktion des Adornoschen Programms herangezogenen Quellen werden in ihrer Darstellung zugleich der Kritik unterzogen, für die die in I. exponierten Intentionen Adornos den Maßstab bilden. Nur so ist eine Scheidung des von Adorno kritisch Verworfenen von dem kritisch Übernommenen möglich. - Die letzten Punkte des ersten Kapitels dienen der Problematisierung des Adornoschen Programms selbst: In III. wird versucht, die Begriffe »Natur« und »Geschichte« durch ein zweites Begriffspaar, das von Mythos und Rationalität, aufeinander zu beziehen. Das Ergebnis dieser Beziehung wird in IV. so gefaßt werden, daß Adorno seine Intention einer Vereinigung von Natur und Geschichte paradoxerweise nur dadurch zu denken vermag, daß er auf ihrem Nicht-Einssein, ihrer »Nicht-Identität« besteht, was noch im Titel seines Vortrags »Die Idee der *Naturgeschichte*« zum Ausdruck kommt. Nur so meint er das Verhältnis beider Begriffe zwanglos bestimmen zu können.

Hier kommt zum ersten Mal ein charakteristisches Moment der gesamten Philosophie Adornos zur Geltung: das des »nicht-identifizierenden Denkens«(vgl. Kap. 4.II.1). Meine Absicht ist es zu zeigen, daß dieses Denkkonzept eng verknüpft ist mit einer »negativen Metaphysik«, d.h. der Annahme eines intelligiblen Ansichseins der Dinge der Natur, das positiv nicht bestimmbar oder begrifflich faßbar ist. In Adornos geschichtsphilosophischer Programmschrift kann der Terminus »Vergänglichkeit« sinnvoll als Kategorie einer solchen negativen Metaphysik interpretiert werden (V.). Einzig in ihm lassen sich Adorno zufolge Natur und Geschichte zwanglos zusammendenken.

I. Das Programm einer Idee der Naturgeschichte (Adorno)

Für das Vorverständnis der Bedeutung der Begriffe »Natur« und »Geschichte«, so wie sie Adorno verwendet, gibt er eingestandenermaßen nur vage Hinweise. Mit Natur meint er das, »was von je da ist, was als schicksalhaft gefügtes, vorgegebenes Sein die menschliche Geschichte trägt, in ihr erscheint, was substantiell ist in ihr«[5] und »am ehesten mit dem Begriff des Mythischen übersetzt werden könnte«[6]. Mit diesem Verständnis von »Natur« als einer nicht ableitbaren, weiter erklärbaren Grundstruktur menschlicher Geschichte distanziert sich Adorno von vornherein von einer spezifisch naturwissenschaftlichen Auffassung, derzufolge etwa nach Kants berühmter Formulierung der menschliche Verstand seine Gesetze nicht aus der Natur ableite, sondern sie dieser »vorschreibe« (Prol. § 36).[7] »Geschichte« hingegen heißt für ihn »jene tradierte Verhaltensweise (der Menschen), die charakterisiert wird vor allem dadurch, daß in ihr qualitativ Neues erscheint, daß sie eine Bewegung ist, die sich nicht abspielt in purer Identität, purer Reproduktion von solchem, was schon immer da war...«[8].

Die Intention, die Adorno nun mit der Entwicklung seiner Idee der Naturgeschichte verfolgt, soll die Aufhebung der »üblichen Antithesis von Natur und Geschichte« sein, von der er selber erklärtermaßen ausgeht. Er will die zugrundegelegten Begriffe zu einem Punkt hin entwickeln, »an dem sie in ihrem puren Auseinanderfallen aufgehoben sind«[9]. Dabei operiert er offenkundig mit dem spekulativen Doppelsinn von »erhalten« und »beenden«, der dem Wort »aufheben« in der Hegelschen Logik ausdrücklich zugesprochen wird. Doch während Hegel betont, daß »etwas... nur insofern aufgehoben (sei), als es in die Einheit mit seinem Entgegengesetzten getreten ist«[10], will Adorno gerade zeigen, daß die Begriffe Natur und Geschichte keineswegs so gegensätzlich aufzufassen sind, wie es im Stadium des Vorverständnisses noch scheint; zudem führt er beide lediglich zu einem »tiefsten Punkt«, in dem sie »konvergieren«[11], nicht jedoch zur abstrakten Vereinigung. Beide Begriffe werden, ähnlich wie zwei unendliche, »konvergente« Reihen in der Mathematik an einen Grenzwert angenähert, für den das Wort »Versöhnung« als positive und das Wort »Vergänglichkeit«[12] als negative Beschreibung einsteht. Nur die letztere kann mit den zur Verfügung stehenden theoretischen Mitteln erschlossen werden. Was demnach bei Adorno eine Aufhebung im Sinne einer Beendigung erfährt, ist die Bipolarität des Verhältnisses von Natur und Geschichte, ihre antithetische Stellung. Bewahrt werden soll hingegen die Differenz beider als immer noch, gleichwohl nicht mehr ausschließlich Differierender. Allerdings geht es Adorno auch um die Einheit beider, sofern sie faktisch aufgefunden wird; nicht aber um eine nur erst theoretisch konstruierte Ideee ihrer Einheit. Er will auf eine *konkrete* Einheit beider hinaus, »die geschöpft wird aus den Bestimmungen des wirklichen Seins selber«[13]. Es geht ihm um eine Analyse des innergeschichtlichen, »unaufhebbaren Ineinander der Elemente von Natur und Geschichte«, ihre konkrete Verschlingung im Detail, die nicht durch rationale Konzepte präformiert sein soll. Ein derartiges Verschlungensein von natürlichen und historischen Momenten sei zwar, so Adorno, auch das Ergebnis der ontologischen Untersuchungen Martin Heideggers gewesen. Doch kranke dessen philosophische Konzeption daran, daß sie die beiden Momente einer »umfassenden Ganzheit« unterstelle[14] und sie durch die Subsumierung unter die Kategorie der »Geschichtlichkeit« wiederum abstrakt vereinige, also in dem Sinne »aufhebe«, den Hegel mit diesem Wort verbunden hat (s.o.).

Während Heidegger in »Sein und Zeit« für eine universal geltende ontologische Struktur (Geschichtlichkeit) plädiert, die nicht nur der realen Geschichte, sondern auch der Historie, der »historischen Erschließung von Geschichte«[15], als Ermöglichungsgrund vorausgesetzt ist, votiert Adorno dafür, das Seiende zunächst in der Form angemessen zu erkennen, in der es, als ein Einmaliges, als individuelle Begebenheit vorgefunden wird. Heidegger hingegen erklärt schon eine solche Fragestellung für »in der Wurzel verfehlt«[16]. Er interessiert sich für die Faktizität des Seienden nur in der Weise, daß es auf seinen »existentialen Ursprung« zurückbezogen wird. Methodisch kann dieser nur durch die *Idee* der Historie als Wissenschaft erschlossen werden. Da aber die Historie, ihrer eigenen Aufgabe entsprechend, immer nur historisches Material, schon Gewesenes, thematisieren kann, und zudem der Historiker selber immer schon einen geschichtlichen Standpunkt bezieht[17], meint Heidegger »Geschichtlichkeit« als einheitsstiftende, strukturelle Ganzheit für alles Seiende und dessen Auslegung supponieren zu müssen. Das aber ist, Adorno zufolge, ein Trugschluß. Er besteht darin, daß von historischen Gegebenheiten, die in ihrer Seinsweise erklärt werden sollen, auf diese Gegebenheiten als Erklärung zurückgegriffen wird, also nur tautologische Urteile gefällt werden. Die Differenz zwischen Explikans und Explikandum besteht lediglich darin, daß das erste als künstlich überhöhte, verschleierte Version des zweiten auftritt. »Die ontologische Auslegung dieses Grundphänomens Geschichte (wird) dadurch vereitelt, daß es selbst zur Ontologie verklärt wird.«[18]

Außerordentlich überraschend ist es, daß Adorno sich in diesem frühen Text nicht gegen eine Ontologie schlechthin wendet, sondern lediglich die Heideggersche dadurch zu desavouieren versucht, daß er sie der verborgenen Wiederholung idealistischer Motive beschuldigt. Seine Strategie bei der Entwicklung der Idee der Naturgeschichte ist es, die Kritik an der Ontologie Heideggers zugleich als Kritik des idealistischen

Denkens zu führen, das der eigentliche Gegner für ihn ist. Er vertritt die These, »daß die ontologische Fragestellung ... die Ausgangsposition der autonomen ratio innehält«[19]. Was Adorno mit »autonomer ratio« meint, erklärt er in seiner akademischen Antrittsvorlesung »Die Aktualität der Philosophie« von 1931: »Die autonome ratio - das war die Thesis aller idealistischen Systeme - sollte fähig sein, den Begriff der Wirklichkeit und alle Wirklichkeit selber aus sich heraus zu entwickeln.«[20] Der Idealismus sei der Versuch gewesen, die Totalität alles Seienden allein aus subjektiver Vernunft heraus zu begreifen. Voraussetzung dafür war ihm die Hypostasierung eines ahistorisch gedachten, autonomen Individuums. Er ging dabei von der unbefragten Prämisse aus, »daß Sein schlechthin dem Denken angemessen und zugänglich, daß die Idee des Seienden erfragbar sei«[21]. Die Frage nach dem, was ist, sei überhaupt nie wirklich gestellt worden, weil in ihr schon immer die Antwort vorausgesetzt worden sei, daß das Seiende als Ganzes durch subjektive Intentionen entweder überhaupt erzeugt (»konstituiert«), zumindest aber vollständig begriffen werden kann.

Die wirkliche Geschichte hat jedoch durch ihre vielen Unregelmäßigkeiten und Absurditäten bewiesen, daß die Idee, sich das Seiende als Totalität rational verständlich zu machen, eine Illusion ist. Die Fülle des Wirklichen läßt sich durch keinen subjektiven Filter vollständig einfangen. »Keine rechtfertigende Vernunft könnte sich selbst in einer Wirklichkeit wiederfinden, deren Ordnung und Gestalt jeden Anspruch der Vernunft niederschlägt; allein polemisch bietet sie dem Erkennenden als ganze Wirklichkeit sich dar, während sie nur in Spuren und Trümmern die ganze Hoffnung gewährt, einmal zur richtigen und gerechten Wirklichkeit zu geraten.«[22] In diesem Satz scheint es, als wolle Adorno die idealistische Idee, das Seiende umfassend zu charakterisieren, doch nicht völlig aufgeben. Die Wirklichkeit stellt sich den subjektiven Intentionen, sie »richtig« und »gerecht« zu gestalten, als *ganze* polemisch entgegen. Als ganze wird sie also von Adorno so gesehen, wie sie nicht sein soll, als unrichtige und ungerechte, oder - wie er später sagt - »negative«. Ob Adorno mit seiner Grundannahme einer schlechten (negativen) Wirklichkeit wiederum das idealistische Motiv einer universalen Erklärung von Seiendem (als Ganzem) in Anspruch nimmt, das er ausdrücklich ablehnt, kann erst später diskutiert werden (vgl. Kap. 5.I. u. III.).

So viel aber ist klar: Das ständige Unterlaufenwerden und Widerlegtwerden der »autonomen ratio« durch die Faktizität der Geschichte hat, Adorno zufolge, in der Philosophiegeschichte den Zerfall der idealistischen Systeme bewirkt. Zwar habe etwa der Marburger Neukantianismus noch eine (quasi idealistische) systematische Geschlossenheit bewahren können, doch nur auf Kosten einer inhaltlichen Bestimmung von Wirklichkeit. Seine Gegenposition, die Lebensphilosophie Simmels hingegen, habe den Kontakt mit der Wirklichkeit aufrecht erhalten können, jedoch um den Preis einer zureichenden Sinngebung.[23]

Es ist in diesem Zusammenhang gleichgültig, ob Adorno mit dieser Interpretation den beiden Schulen gerecht wird. Wichtig für seine Konzeption der Naturgeschichte ist es, daß er eine Parallelität in den Entwicklungen der realen Geschichte und der Philosophiegeschichte annimmt, ohne aber die Weise der Beziehungen und Einflußnahmen der einen auf die andere theoretisch auch nur annähernd zu erklären. Adornos Diagnose, daß die »autonome ratio«, die subjektive Vernunft, auf der einen Seite und die Wirklichkeit auf der anderen Seite auseinandergetreten sind und in einem Verhältnis der Entfremdung zueinander stehen, ist zwar erst in den nachidealistischen Schulen offen deutlich geworden, doch bestimmt sie für den Idealismus selbst etwas Wesentliches. Der Versuch, dem skizzierten Dilemma zwischen rationaler Sinngebung und Faktizität durch eine Reduktion der Fragestellung auf empirisch unmittelbar Gegebenes zu entgehen, die schlechte Alternative, die durch den Neukantianimus und die Lebensphilosophie repräsentiert wird, dadurch zu unterlaufen, daß man auf »die idealistische Grundfrage nach der Konstitution des Wirklichen« verzichtet, ist, Adorno zufolge, eine Erschleichung. Er vernachlässigt die historischen Voraussetzungen jeder einzelwissenschaftlichen Fragestellung und isoliert diese unzulässigerweise von dem geschichtlichen Zusammenhang, in dem sie auftreten.

In dieser historischen Situation, die durch den Zerfall der idealistischen Systeme gekennzeichnet ist, haben nun, so Adorno, die Phänomenologie Husserls und ihre Nachfolgediszplin, die Heideggersche Ontologie, versucht, wieder verbindliche Aussagen über das Seiende zu machen, die letztere mit dem Anspruch, eine Objektivität jenseits subjektiver Denkbestimmungen, ein transsubjektives, »ontisches« Sein zu begründen. Doch dieser Versuch sei daran gescheitert, daß das Mittel, mit dem die phänomenologisch-ontologischen Bemühungen durchgeführt seien, »nichts anderes ist als die gleiche subjektive ratio, die zuvor das Gefüge des kritischen Idealismus zustande gebracht hat«[25].

Ein Indiz für die Richtigkeit seiner These sieht Adorno in der zweifachen Version der ontologischen Frage: einmal als Frage nach dem »Sein selber« in Gestalt einer Reformulierung des Kantischen Problems des »Ding an sich«; zum anderen als Frage nach dem »Sinn« von Sein, so wie sie bei Max Scheler auftritt.

Eine hermeneutische Prämisse der Argumentation Adornos ist es, daß sich die gesamte nachkantische Philosophie am Problem des »Ding an sich« abgearbeitet hat. Indem Kant mit dem transzendenten Ding an sich ein nicht erkennbares, intelligibles Ansichsein der Dinge der Natur konstruierte, das allen Erscheinungen zugrunde liegt, gab er seinem Naturbegriff eine mythische Komponente. Heidegger nun versuchte, so Adorno, dieses verlorengegangene, von den nachfolgenden Idealisten verleugnete, transsubjektive Sein in der Frage nach dem Sein des Seienden wiederherzustellen und damit das mythisch Naturhafte zu rehabilitieren, was jedoch daran scheiterte, daß am Seienden, der Welt der Erscheinungen bei Kant, abgelesene Qualitäten lediglich zu einem an sich seienden Sein hochstilisiert werden. Nur unter der Voraussetzung, daß die ontologische »Frage nach dem Sein«, »mythische Natur« und »Ding an sich« Gleiches bedeuten, ist der Gedankengang Adornos kohärent.

Die Frage nach dem »Sinn« von Sein kann aber nur dann sinnvoll gestellt werden, wenn der Sinn der Wirklichkeit vom Subjekt nicht unmittelbar erschlossen werden kann, wenn der Sinn der ratio und des Wirklichen nicht identisch sind. Dann ist aber auch klar, daß der Sinn von Sein nicht darin liegen kann, subjektive Bedeutungen in das Seiende hineinzulegen. Das aber sei bei Scheler der Fall, so daß die Frage selbst sinnlos werde. Einen Sinn habe die Frage nur noch dann, wenn mit ihr nach den charakteristischen Merkmalen des Seienden gefragt werde und es folglich durchaus möglich sei, daß dieses sich daraufhin als Sinnloses herausstelle.[26]

Eine solche Umwendung der ontologischen Frage (nach dem Sinn von Seiendem) bedeutet ihre Entmetaphysizierung: nicht mehr wird nach geschichtslosen, ewigen Gestalten des Seienden gefragt, sondern nach dessen bestimmenden Merkmalen. Damit ist zwar die ursprünglich phänomenologische Dichotomie von Geschichte (als Wandelbarem) und Natur (als geschichtsloser platonischer Wesenheit) überwunden. Doch die verabschiedete positive Metaphysik kehrt in anderer, ebenfalls positiver Gestalt wieder. An die Stelle »einer geschichtsjenseitigen Begründung des Seins tritt der Entwurf des Seins als Geschichtlichkeit«.[27] Geschichte selber wird qua subjektiver Bedeutungszuweisung zur ontologischen Grundstruktur erklärt.

Doch eine solche Vereinigung des Historischen und des Ontologischen unter der Kategorie »Geschichtlichkeit« vermag das für Adorno grundlegende Problem einer zwanglosen sowie unverkürzten Bewältigung des empirisch Gegebenen nicht zu lösen. Das jeweils Konkrete und Individuelle der geschichtlichen Faktizität, für das er mit einer Emphase eintritt, die an die Literatur der 20er und 30er Jahre, etwa den Sartre des »Ekel« oder den Spurensucher Bloch, erinnert und von uns heute kaum nachvollzogen werden kann, wird durch eine solche allgemeine Strukturbestimmung nicht erreicht. Weil es rational nicht erklärt werden kann, wird es schlechthin unter die Kategorie der Kontingenz subsumiert, für »zufällig« erklärt.

Adornos Intentionen, die historische Faktizität wirklich ernst zu nehmen, weisen Ähnlichkeiten mit den lebensphilosophischen Bemühungen der Diltheyschen Hermeneutik auf, die sich mit ihrer Forderung »Wir müssen heute von der Realität des Lebens ausgehen«[28] gegen jede Art einer idealistisch-spekulativen Konstruktion der Weltgeschichte wandte. Doch auch dieser Versuch einer historischen Ontologie hat, Adorno zufolge, »die material-gefüllte Realität überhaupt nicht ergriffen«[29]. Und wenn Dilthey etwa behauptet, »Jedes Leben hat einen eigenen Sinn. Er liegt in einem Bedeutungszusammenhang, in welchem jede erinnerbare Gegenwart einen Eigenwert besitzt, doch zugleich im Zusammenhang der Erinnerung eine Beziehung zu einem Sinn des Ganzen hat. Dieser Sinn des individuellen Daseins ist ganz singular, dem Erkennen unauflösbar, und er repräsentiert doch in seiner Art, wie eine Monade von Leibniz, das geschichtliche Universum«[30], so spricht er eine Reihe von Motiven (Erinnerung, Individualität, Singularität, Unauflösbares, Leibnizsche Monade) an, die für Adornos gesamte Philosophie eine grundlegende Bedeutung gewonnen haben.

Aber, so Adorno, Dilthey sei letztlich gegen seine eigene Intention doch nur an einem ganzheitlichen (totalen) Sinn interessiert. Es gehe ihm nicht wirklich um das Einzelne, Singulare, sondern darum, »einen Zusammenhang historischer Tatbestände herauszugreifen und ontologisch zu hypostasieren, die als Sinn oder Grundstruktur einer Epoche das Ganze umfassen sollen«.[31] Damit verfällt auch Dilthey derselben Idealismuskritik, wie sie Adorno schon an Heidegger geübt hat: An die Stelle der idealistischen Systeme, die empirisch Mannigfaltiges total zu umfassen beanspruchten, tritt sowohl in der Ontologie als auch in der Lebensphilosophie die Kategorie der »Strukturganzheit« oder »Struktureinheit«. Aber eine solche Philosophie, die sich auf einen durch autonome Rationalität begründeten Standpunkt stellt und damit Wirklichkeit ganzheitlich und adäquat einzufangen versucht, kann das nur, so Adorno, indem sie irrationale Restbestände, die sie rational nicht bewältigen konnte, einbeziehen muß und somit indirekt den Beweis dafür liefert, daß ihr die beabsichtigte rationale Deutung der Wirklichkeit nicht gelungen ist. Folglich sind die Philosophien, die ihr Fundament in einem autonomen Prinzip haben, gar nicht so autonom wie sie dem Selbstverständnis nach zu sein vorgeben. Die Kritik Adornos richtet sich also keineswegs gegen Rationalität als solche, nicht einmal, wenn diese zur Basis einer philosophischen Lehre erklärt wird. Doch der Anspruch der ratio, von nichts anderem, ihr Fremdem, abhängig zu sein, völlige Autonomie zu besitzen, stellt für sie eine unhaltbare Überforderung dar, der sie angesichts der sie bedrohenden, irrationalen Macht der empirischen Realität in keiner Weise genügen kann. Adornos Kritik einer mit totalem Geltungsanspruch belegten Rationalität, die ihm zufolge ein für den Idealismus symptomatisches Moment ist, hängt eng zusammen mit seiner Kritik an einem anderen, gleichfalls spezifisch idealistischen Moment. »Das andere Moment ist das Moment der Betonung der *Möglichkeit* gegenüber der Wirklichkeit.«[32]

Der Primat der Möglichkeit vor der Wirklichkeit bedeutet, daß formalabstrakte Bestimmungen auf konkrete Faktizität angewandt und gegenüber dieser als das Vorrangige und Beherrschende gesetzt werden. Den Ausgangspunkt für die Subsumierung eines Wirklichen unter ein abstraktes Möglichkeitsprinzip bildet für Adorno die Kantische Opposition der kategorial geformten Einheit des Ich und des empirisch gegebenen Mannigfaltigen. Doch er läßt es offen, ob schon bei Kant eine Subsumtion des Wirklichen unter das Mögliche vorliegt. Eine solche Konsequenz zogen in aller Deutlichkeit erst die nachfolgenden Idealisten, namentlich Hegel, mit der berühmt gewordenen Lehre der Identität von Subjekt und Objekt. In diesem Zusammenhang ist es zunächst noch unwichtig, daß es Hegels Intention ist, die Identität von Subjekt und Prädikat, die in seiner Urteilslehre wirklich ein Subsumtionsverhältnis mit Herrschaftsimplikationen bezeichnet, im Begriff der »unterschiedslosen Identität« gerade zu überwinden.[33] Doch entscheidend ist, daß Adorno mit dem idealistischen Begriff der Identität die Denkfigur meint aufgefunden zu haben, die paradigmatisch herrschaftsgebundene Denkbestimmungen (den Primat des Ganzen gegenüber dem Einzelnen, der Möglichkeit gegenüber der Wirklichkeit, der Einheit gegenüber dem Vielfältigen) enthält (vgl. Kap. 3.V.2.c. und 4.III.1.).

In diesem Verständnis rechnet auch Heidegger mit der These vom Primat des Seins (als Möglichkeit, »Entwurf«) gegenüber dem Seienden (der Wirklichkeit), der Geschichtlichkeit gegenüber der Geschichte, zur »Identitätsphilosophie«. Was Adorno den identitätsphilosophischen Entwürfen entgegensetzen will, ist nun keineswegs die schlichte Umkehrung der Vorrangstellung von Sein und Seiendem, Natur und Geschichte, Natur und Geist oder Möglichkeit und Wirklichkeit, die ja wiederum nur ein herrschaftliches Subsumtionsverhältnis hervorbrächte; aber auch eine reine Trennung beider Momente soll zugunsten einer »konkreten Einheit« aufgehoben werden: Es ist »notwendig, die Sonderung von Wirklichkeit und Möglichkeit von der Wirklichkeit her zu kritisieren, während bisher beide auseinander fallen«[34]. Das Verhältnis beider Momente soll demnach selbst der Kritik unterzogen werden, wobei das Wirkliche der Maßstab der Kritik sein soll.

Eine solche Forderung kann aber nicht bedeuten, daß die rational entworfenen Möglichkeiten der historischen Faktizität angeglichen werden, denn damit würde ja jegliche Kritik am Verhältnis von Seiendem (Wirklichkeit) und Nichtseiendem (Möglichkeit) selber für irrelevant erklärt werden und sich der herrschaftlichen Übermacht der Realität beugen. Gemeint ist offenbar nur, daß die Kritik nicht abstrakt von einem Möglichkeitsstandpunkt aus das Verhältnis von Seiendem und Nichtseiendem, so wie es sein sollte, formulieren darf, weil sie dann selbst ausschließlich im Bereich des Möglichen verbleibt und nicht »wirklich«, d.h. wirksam im Sinne einer Umgestaltung des Wirklichen, werden kann. Das ist aber notwendig, weil das Verhältnis von Wirklichkeit und Möglichkeit, so wie es ist, selber durch die Faktizität präformiert, d.h. wirklich ist. Wenn die Kritik also verändernd in das Verhältnis von Wirklichkeit und Möglichkeit eingreifen will, dann darf sie nicht abstrakt erfolgen, sondern muß ihre Gegenstände konkret namhaft machen. Sie muß also die Elemente des Verhältnisses, gegen die sie sich richtet, genau benennen, nicht hingegen das Verhältnis von Seiendem (Wirklichkeit) und Nichtseiendem (Möglichkeit) als ganzes verneinen.

Daß Kritik, die verändernd wirken soll, konkret sein muß, ist eine Auffassung, die Adorno mit Hegel teilt. Dessen Terminus der »bestimmten Negation« bezeichnet das Resultat des Denkens, »wie es in Wahrheit ist«[35]. Im Unterschied zur abstrakten Negation, die sich dem »Negierten gegenüber äußerlich und gleichgültig verhält, hebt die bestimmte Negation das Negierte so »auf«, daß sie es zugleich »erhält«.[36] Ein solches Aufheben ist kein bloßes Überwinden des Negierten oder die Vollendung eines zuvor einseitigen, unwahren Standpunkts, sondern wesentlich Kritik, die das Kritisierte als solches *ernst* nimmt. Denn dieses ist nicht als Ganzes falsch, sondern enthält auch wahre Momente, die es von den unwahren zu scheiden und hervorzukehren gilt, wie es der ursprünglichen Bedeutung des Wortes Kritik (krinein = scheiden, beurteilen) entspricht. Dem Hegelschen Denkverfahren folgend, verwirft Adorno auch die Heideggersche Position nicht abstrakt (»Es ist das Verdienst der ontologischen Fragestellung, das unaufhebbare Ineinander der Elemente von Natur und Geschichte radikal herausgearbeitet zu haben«[37]), sondern will sie »reinigen von der Vorstellung einer umfassenden Ganzheit« und vom Primat des Möglichen über das Wirkliche, den beiden idealistischen Motiven.

Doch immer noch unklar ist, welchen Wertmaßstab die Kritik Adornos zugrunde legt, woher sie ihre Legitimation bezieht. Wir haben gesehen, daß dies nicht die Wirklichkeit sein kann, die der Kritik nur insofern als Bezugspunkt dient, als sie festlegt, wie die Kritik beschaffen sein muß: konkret. Das heißt zugleich, daß der eigentliche Gegenstand der Kritik die Wirklichkeit ist. Denn das Verhältnis von Wirklichem und Möglichem, das Adornos expliziter Redeweise zufolge kritisiert werden soll, hat sich ja selbst als ein Stück Wirklichkeit erwiesen. Wenn aber die Kritik in Wirkliches verändernd eingreifen will, dann muß sie ein von der Wirklichkeit Unterschiedenes sein. Zwar soll ihr Kriterium für die Beurteilung des Wirklichen geeignet sein, in dieses konkret einzudringen: doch muß sie ihre Legitimation von einem gegenüber der Faktizität Anderen beziehen, um diese überhaupt »kritisch«, d.h. Wahres von Falschem scheidend, treffen zu können. Adorno muß demnach, um seine Konzeption von Kritik fundieren zu können, ein kritikfähiges und beurteilungskräftiges Organ voraussetzen, das nicht nur die kritische Tätigkeit leisten, sondern zugleich auch den Begriff der Kritik selber und die Formen, in denen sie sich vollzieht, entwickeln kann.

Eine solche Begründung der Kritik wird in dem Text von 1938 nicht gegeben. Und auch die Antrittsvorlesung von 1931 klärt diesen Punkt nicht auf: In ihr wird das negative Ergebnis formuliert, daß das autonome Subjekt, die autonome ratio, nicht die Kraft hat (und nie gehabt hat), die Wirklichkeit vollständig zu begreifen (s.o.). Aber Denken »vermag es, im kleinen einzudringen, im kleinen die Maße des bloß Seienden zu sprengen«[38]. Diese Schlußformulierung des Textes weist den Weg, den eine rationale Rekonstruktion der Grundlagen des Adornoschen Kritikbegriffs einzuschlagen hat: ein in seinem Geltungsanspruch eingeschränktes kritisches Organ, das von der Faktizität differiert, vermag in diese verändernd einzugreifen und einen ihr gegenüber anderen Maßstab (der Kritik) geltend zu machen. Adornos Affinität zum Kantischen Konzept eines in seinem Geltungs- und Einflußbereich begrenzten Vernunftvermögens ist unübersehbar (vgl. Kap. 3.V.).

Bis hierher konnte Adornos Idee der Naturgeschichte wesentlich nur in ihren negativen Intentionen, d.h. so dargestellt werden, wie sie sich als Kritik der philosophischen Tradition, der (idealistischen) Identitätsphilosophie versteht. Der positiven Formulierung seiner eigenen geschichtsphilosophischen These zufolge kommt es darauf an, »das geschichtliche Sein in seiner äußersten geschichtlichen Bestimmtheit, da, wo es am geschichtlichsten ist, selber als ein naturhaftes Sein zu begreifen, oder wenn es gelänge, die Natur da, wo sie als Natur scheinbar am tiefsten in sich verharrt, zu begreifen als ein geschichtliches Sein«[39]. Aus dieser Generalthese leitet Adorno eine Folgebestimmung ab, in der eine Veränderung des Geschichtsbegriffs intendiert ist: »Die Rückverwandlung der konkreten Geschichte in dialektische Natur ist die Aufgabe der ontologischen Umorientierung der Geschichtsphilosophie: die Idee der Naturgeschichte.«[40] Die Geschichte der Natur erklären heißt nun keineswegs, sie als etwas Substantielles, eine einheitlich strukturierte Ganzheit begreifen. Vielmehr »ist ... davon auszugehen, daß die Geschichte, wie sie uns vorliegt, sich gibt als ein durchaus *Diskontinuierliches*, nicht nur insoweit als sie disparate Tatbestände und Tatsachen, sondern auch Disparatheiten struktureller Art enthält«[41]. Es gibt also durchaus lineare Züge in der Geschichte, diese stellt sich nicht schlechthin als ein chaotisch Mannigfaltiges dar. Doch es gibt keinen Rechtsgrund, die einzelnen, konkreten Strukturen in umfassendere zu synthetisieren. Die Diskontiunität der Geschichte besteht lediglich darin, daß sich der »mythisch-archaische, natürliche Stoff der Geschichte«, das was »gewesen« ist, und das, was »neu« in ihr erscheint, in unregelmäßiger Folge abwechseln und einander vielfältig überlagern. Das aber bedeutet, daß auch Adornos geschichtsphilosophische Konzeption nicht völlig ohne größere Strukturen auskommt, eine »Verschränkung des ursprünglich Daseienden und des neu Werdenden« setzt er in Übereinstimmung mit einzelwissenschaftlichen Befunden voraus. Im Unterschied zu geschichtlichen Grundstrukturen jedoch dürfen diese beiden unregelmäßig dialektisch vermittelten Strukturmomente nur »problematisch« und »unbestimmt« genannt werden.[42] Die von Adorno geforderte Naturalisierung der Geschichte bedeutet aber nicht nur deshalb keine Substantialisierung, weil das Mythische der Geschichte mit dem, was neu in ihr auftaucht, verschränkt ist, sondern vor allem darum, weil das Mythische »in sich selbst widerspruchsvoll« oder ambivalent strukturiert ist.[43] Ein solcher, in sich dialektisch strukturierter Mythosbegriff, den Adorno zugrunde legt, geht auf die ursprüngliche vorplatonische Bedeutung des Wortes zurück, wie sie etwa bei Homer (z.B. Ilias, XVIII,252) zu finden ist. »Mythos« bezeichnet hier einen Bereich, in dem Sprechen, Reden, Tun und Denken noch nicht getrennt sind; das Wort ist zugleich Ereignis, in ihm geschieht etwas, Sprechen ist immer auch ein Tun. Diese ursprüngliche Implikation einer geschichtlichen *Dynamik* verliert der Begriff dann bei Platon: Für ihn sind die »Mythen« etwas Fabelhaftes und insofern Defizientes, als sie zugleich etwas weniger Wahres und weniger Wirkliches bezeichnen. Sie sind für ihn nicht mehr ein unmittelbares Zeugnis für Wahrheit, nicht mehr eine selbstverständliche Auslegung des Seins.[44] Dieser Bewußtseinswandel ist es, den Adorno meint, wenn er sagt, daß »in dem Augenblick Platons ... das Bewußtsein bereits der Versuchung des *Idealismus* verfallen« sei.[45]. So wie dessen »Ideen« um den Preis der Lebendigkeit strikt von der Erscheinungswelt, der Geschichte, getrennt sind, so sind bei ihm auch die Mythen statisch konzipiert. Diesen Platonischen »Sündenfall« einer erstmaligen deutlichen Scheidung von Statischem und Bewegtem, Idee und Erscheinung, Denken und Sein, sucht Adorno zu überwinden, wenn er fordert, daß es der Trug des statischen Charakters der mythischen Elemente ist ..., dessen wir uns zu entledigen haben, wenn wir zu einem konkreten Bild von Naturgeschichte kommen wollen«[46].

Die antiplatonische Rehistorisierung und Redynamisierung des Mythischen ist ein Implikat der geschichtsphilosophischen These Adornos. Das andere ist der Aufweis des Mythischen im Geschichtlichen, die Analyse des jeweils geschichtlich Neuen als eines auch Archaischen. Die Explikation dieser zweiten Teilthese bereitet Adorno zufolge »größte Schwierigkeiten« und so versucht er sie durch ein Beispiel zu verdeutlichen: das des »Scheins«. Das Phänomen des Scheins tritt immer dann auf, wenn wir meinen, eine uns objektiv fremd gewordene, sinnentleerte Wirklichkeit subjektiv dennoch verstehen zu können, indem wir etwa eigene Intentionen in sie hineinlegen. Mit einem solchen Schein hängt zusammen der Gedanke des »von je Gewesenseins«, das nur »wiedererkannt« wird. Das ist ein Moment, mit dem Adorno seine These, »daß der Charakter des Mythischen selber in diesem geschichtlichen Phänomen des Scheines wiederkehrt«[47], plausibel zu machen versucht. Neben diesem »Phänomen des déjà-vu, des Wiedererkennens«, nennt er als weitere mythische Momente, die dem Phänomen des Scheins inhärieren, »archaische Angst«, »Bedrohlichkeit«, die Sogwirkung des Scheins, »alles wie in einen Trichter in sich hineinzuziehen«, und »das Moment der Wirklichkeit von Schein gegenüber seiner bloßen Bildlichkeit«, d.h. daß im Schein etwas anderes, nicht Scheinhaftes, zum Ausdruck kommt, das aber unabhängig vom Schein nicht beschrieben werden kann. »Und schließlich: das entscheidende, transzendierende Motiv des Mythos, das der Versöhnung, eignet auch dem Schein.«[48]

Versöhnung, d.h. das Versprechen eines Sinns, wird nach Adorno gerade da am vollkommensten gegeben, wo die Wirklichkeit sich am scheinhaftesten darstellt. Da Schein aber immer dann entsteht, wenn die Wirklichkeit in Wahrheit unverständlich, sinnleer, geworden ist, korrespondiert die Sinnlosigkeit der Wirklichkeit als solcher im Schein mit dem *Versprechen* eines Sinns. Wie das Entstehen eines sinnversprechenden Scheins vor dem Hintergrund einer sinnleeren Wirklichkeit motiviert ist, führt Adorno jedoch nicht mehr aus. Klar gesagt ist nur, daß Schein ein »geschichtlich Produziertes« ist, etwas, das nicht immer schon da war, und das als solches auf ein es als Geschichtliches erst ermöglichendes Urgeschichtliches, Mythisches, zurückverweist.

Es fällt auf, daß Adorno die Momente, die seine These vom mythischen Charakter des geschichtlichen Phänomens Schein verdeutlichen sollen, nur sehr thesenhaft vorträgt und nicht eigentlich erklärt. Um sie plausibel zu machen, verweist er auf Elemente der Erfahrung (das »déjà-vu«) und vor allem der Ästhetik, in der Scheinphänomene eine besondere Rolle spielen. Das für ihn wichtigste Moment des Scheins, Versöhnung, belegt er überraschenderweise durch den Rekurs auf Trivialmusik, also in seinem Verständnis minderwertige Kunst[49]: Die Rührung, die sie hervorruft, verweist auf ein Transsubjektives, mit dem das Subjekt in solcher Erfahrung in Beziehung tritt; gemeint ist das Phänomen des Weinens als eine dissoziative Geste, die Auflösung personalen Zusammenhalts und die Öffnung eines gewöhnlich Verschlossenen. In der »Philosophie der neuen Musik« greift Adorno auf diesen Gedanken zurück: »Die Sentimentalität der unteren Musik erinnert in verzerrter Gestalt, was die obere Musik in der wahren am Rande des Wahnsinns gerade eben zu entwerfen vermag: Versöhnung. Der Mensch, der sich verströmen läßt im Weinen und einer Musik, die in nichts mehr ihm gleich ist, läßt zugleich den Strom dessen in sich zurückfluten, was nicht er selber ist und was hinter dem Damm der Dingwelt gestaut war.«[50]

Das metaphysische Moment der Versöhnung kann also an Kulturphänomenen wie der Kunst immer nur in verzerrter Gestalt oder bloß punktuell aufgewiesen werden. Der geschichtlich produzierte Schein ist aber noch dafür die Voraussetzung. Unabhängig von ihm ist eine Umwandlung geschichtlicher Stoffe in Mythisches nicht möglich. Und da ja Versöhnung, Adorno zufolge, ein mythisches Implikat geschichtlichen Scheins ist, kann auch sie nur im Schein und durch den Schein erkannt werden (vgl. Kap. 5.II.4. »Transzendentaler Schein«).

Für das Verhältnis der Phänomene Natur und Geschichte hat die explizierte Forderung, Geschichtliches als Natürliches und Natürliches als Geschichtliches zu erweisen, zur Folge, daß das eine nicht mit dem anderen identifiziert werden kann, obgleich beide jeweils auch durch Momente des anderen charakterisiert sind (vgl. oben). Im Kapitel »Weltgeist und Naturgeschichte« der »Negativen Dialektik« wird das Verhältnis präzisiert und auch begründet: »Die herkömmliche Antithesis von Natur und Geschichte ist wahr und falsch, wahr, soweit sie ausspricht, was dem Naturmoment widerfuhr; falsch, soweit sie die Verdeckung der Naturwüchsigkeit der Geschichte durch diese selber vermöge ihrer begrifflichen Nachkonstruktion apologetisch wiederholt. In der Unterscheidung von Natur und Geschichte hat zugleich unreflektiert jene Arbeitsteilung sich ausgedrückt, welche die unvermeidliche wissenschaftlicher Methoden bedenkenlos auf die Gegenstände projiziert«.[51]

Es ist also wesentlich der Tatbestand der Naturbeherrschung durch die Menschen, der Adorno zur Theorie der Nicht-Identität von Natur und Geschichte geführt hat. Ein solches Herrschaftsverhältnis (die Geschichte herrscht über die Natur) würde auch durch die strikte Trennung beider Momente, ihre Antithesis, ausgedrückt, nicht jedoch die Vermittlung beider, die darin besteht, daß Geschichte als das Herrschende letztlich durch das Beherrschte, die Natur, begründet ist, indem sie aus Natur hervorgegangen und als solche von ihr abhängig ist. Daß der zweite Aspekt einer Abhängigkeit der Geschichte von der Natur durch das theoretisch als Antithese gefaßte Verhältnis beider unterschlagen wird, ist Adorno zufolge zunächst nur Ausdruck von Arbeitsteilung: Die Naturwissenschaften projizieren ihre Methoden auf die Gegenstände, um sie sich besser verfügbar zu machen. Sie erklären Gegenstände durch Arbeitstechniken, ohne darauf zu reflektieren, ob diese jenen auch angemessen sind. Die theoretische Trennung von Methoden und Inhalten jedoch scheint Adorno letztlich auf die von körperlicher und geistiger Arbeit zurückzuführen, auf den »einmal gesetzten Unterschied von thesei und physei«. Diese einmal vollzogene Trennung läßt sich nicht schlechthin rückgängig machen, aber »von der Reflexion sich verflüssigen«[52]. Adorno arbeitet folglich mit zwei Prämissen, die er nicht ausführt. 1. Das an der Geschichte, was das Geschichtliche ausmacht, wofür Geschichte eigentlich steht, ist Geist. 2. Es besteht eine Parallelität zwischen realer Geschichte und Geistes- oder Philosophiegeschichte, zwischen der Geschichte der Natur und der der Menschen, wobei der Bereich der Kultur im weitesten Sinne zwischen beiden vermittelt und daran erinnern kann, daß beide ursprünglich nicht getrennt waren, daß also Geist (Geschichte) nichts der Natur Entgegengesetztes, sondern ein verselbständigtes, ausdifferenziertes Natürliches ist.[53]

Nur wenn 1. gilt, ist es verständlich, daß Geschichte etwas über Natur Herrschendes sein kann, und nur wenn 2. gilt, ist zu begreifen, warum sich in der begrifflichen Trennung das herrschaftliche Moment spiegelt, das die Trennung in der Realität hervorgerufen hat. Durch die theoretische Bestimmung des Verhältnisses zwischen Geschichte und Natur als nicht Identisches meint Adorno, der vollzogenen Isolierung beider Momente in der Wirklichkeit Rechnung zu tragen, indem er sie nicht einfach zusammenfallen läßt. Andererseits will er zugleich die starre Antithesis beider Momente auflösen, das Verhältnis verflüssigen, um so kritisch Einspruch gegen die faktische Isolierung zu erheben. Die *Darstellung* des wirklichen Verhältnisses von Natur und Geschichte und die *Kritik* daran werden also zusammengedacht. Das kritische Moment in der Theorie der Nicht-Identität verweist auf die Möglichkeit einer herrschaftsfreien Identität von Natur und Geschichte, ihre Versöhnung, die aber als positiv metaphysisches Prinzip nicht supponiert werden darf, solange sie nicht wirklich ist. Ihre Möglichkeit jedoch wird durch die negativ metaphysischen Kategorien »Nicht-Identität« und »Vergänglichkeit« festgehalten (vgl. Kap. 1.IV u. V).

II. Die historischen Prämissen des Programms

1. Die Gleichzeitigkeit von Historisierung und Enthistorisierung zu Beginn der Neuzeit

Die Aufgabe dieses Abschnitts ist es zu zeigen, in welchem Verhältnis Adornos Idee der Naturgeschichte zur Behandlung dieses Problems in der Geschichte nicht nur der Philosophie, sondern auch der Einzelwissenschaften steht. Es ist sehr wahrscheinlich, daß Adorno eine solche wissenschaftsgeschichtliche und wissenssoziologische Fragestellung für die Fundierung seines philosophischen Programms für irrelevant erklärt hätte.[54] Gleichwohl scheint mir die Konfrontation der dualistischen These, daß Geschichte Natur und Natur Geschichte sei, mit der gleichzeitigen Tendenz zur Verzeitlichung und Enthistorisierung in nahezu allen einzelwissenschaftlichen Disziplinen zu Beginn der Neuzeit (dafür lege ich im Anschluß an Wolf Lepenies' Buch »Das Ende der Naturgeschichte«[55] die Periode zwischen 1775 und 1825 zugrunde) aus zwei Gründen nicht nur legitim, sondern ebenso wünschenswert. 1. Diese Parallelisierung kann eine sowohl systematische als auch historische Verstärkung der Voraussetzungen des Adornoschen Programms und vor allem seiner philosophischen Vorläuferpositionen bedeuten. Zudem beleuchtet sie die (bei Adorno extrem unterbelichtete) Interferenz von philosophischer und einzelwissenschaftlicher Fragestellung. 2. Adorno selbst greift zur Legitimierung seines dialektisch als Verschränkung von Mythisch-Archaischem und Neuem gefaßten Geschichtsbegriff auf den parallelen Befund einer Einzelwissenschaft, der Psychoanalyse, zurück, die es mit dem Gegensatz von »archaischen Symbolen«, die erstarrt und sinnlos erscheinen, und »dynamischen, innergeschichtlichen Symbolen«, die in gegenwärtiges Wissen umgewandelt werden können, zu tun hat.[56]

Und in der Tat ist die spannungsreiche Beziehung zwischen Angst, einem mythischen Urphänomen, und Angstbewältigung, zwischen Affekt und Affektmodellierung, wie die Analysen Gaston Bachelards (»La formation de l'esprit scientifique«, 1938), die der Tendenz nach mit Norbert Elias' Theorie des Zivilisationsprozesses übereinstimmen (1939), und in neuerer Zeit George Devereux (»Angst und Methode in den Verhaltenswissenschaften«, 1973) gezeigt haben, ein zentrales Problem der Verhaltenswissenschaften des 19. Jahrhunderts gewesen. Ihre Bemühungen, Methoden und Verfahrensweisen zum rationalen Abbau von Mythen und archaischen Naturphänomenen auszubilden, kann als Ausdruck eines generellen Wandels in der Wissenschaftsentwicklung um 1800 gelten, die Lepenies als Tendenz zur »Verzeitlichung« wissenschaftlicher Präsentationsformen beschreibt.[57]

Diese Historisierung der Wissenschaften, für die Phänomene wie der Übergang zu periodischen Publikationen, der Übergang von einer allgemeinen Grammatik zur historischen Philologie in der Sprachwissenschaft, die Positivierung des Rechts in der Rechtsgeschichte, die Entwicklung einer Krankengeschichte, einer genetischen Psychologie etc., die Symptome sind, hatte vielfältige Ursachen. Das bis dahin geltende Paradigma der Naturgeschichte konnte die Verarbeitung der ständig wachsenden Materialfülle nicht mehr leisten, und ihre Erkenntnismittel reichten nicht länger aus, die angehäuften Tatsachen und Daten noch zu einem systematischen Wissen zu strukturieren. Die Naturgeschichte im klassischen Sinn verfügt über keinen temporalen Entwicklungsbegriff, die Vorstellung einer Geschichte der Natur ist für sie undenkbar.[58] Sie ist zunächst lediglich eine Technik der Deskription, sie vergegenwärtigt bereits Bekanntes. Dazu bedarf sie einer Erinnerungsleistung, was Kant veranlaßte, sie zur »ars mnemonica«, der Gedächtniskunst, zu rechnen, die er am Klassifikationsverfahren der Linnéschen »Philosophia botanica« erläutert. Voraussetzung für ein solches naturgeschichtliches Denken sind, Linné zufolge, die Kenntnis und Erinnerung der Namen.

Aus der bloßen Beschreibung verschiedenartigster Naturphänomene wurde dann später vor allem Systematik und Logik. Doch der Versuch, die Naturgeschichte dadurch von der wirklichen Geschichte zu trennen und zu verselbständigen, gelang nie vollständig und wurde von Beginn an (bei Voltaire und Kant) konterkariert von der Tendenz, sie zu einer Geschichte der Natur umzuformen. Die Temporalisierungstendenz kündigt sich in Kants Schrift »Über den Gebrauch teleologischer Prinzipien in der Philosophie« überdeutlich an: »Allein nur den Zusammenhang gewisser jetziger

Beschaffenheiten der Naturdinge mit ihren Ursachen in der älteren Zeit nach Wirkungsgesetzen, die wir nicht erdichten, sondern aus den Kräften der Natur, wie sie sich uns jetzt darbieten, ableiten, nur bloß so weit zurück verfolgen, als es die Analogie erlaubt, das wäre Naturgeschichte ...«[59]

Eine völlige Abkehr von der Auffassung der Naturgeschichte als ein unhistorisches, statisches Klassifikationssystem vollzieht im Anschluß an Kant Schelling in seinem »Ersten Entwurf eines Systems der Naturphilosophie« (1799), in dem er der Naturgeschichte die Bedeutung einer wirklichen Geschichte der Natur zuspricht, die im Unterschied zur traditionellen, anatomisch verfahrenden Naturbeschreibung physiologischen Charakter annehmen soll. Er setzt dabei die Existenz einer »generischen« oder »dynamischen« Präformation der Natur voraus, die er im »System des transzendentalen Idealismus« (1800) mit dem Terminus einer »unendlichen Progressivität« der eigentlichen Geschichte wieder aufnimmt. Die eigentliche Geschichte ist für ihn die wahrhaft historisch aufgefaßte Naturgeschichte: »Wenn man von einer Naturgeschichte im eigentlichen Sinn des Worts sprechen sollte, so müßte man sich die Natur vorstellen, als ob sie, in ihren Produktionen scheinbar frei, die ganze Mannigfaltigkeit derselben durch stetige Abweichungen von Einem ursprünglichen Original allmählich hervorgebracht hätte, welches alsdann eine Geschichte nicht der *Naturobjekte* (welche eigentlich Naturbeschreibung ist), sondern der hervorbringenden *Natur selbst* wäre.«[60]

Inwieweit die hier exemplarisch für die Philosophiegeschichte durch Kant und Schelling repräsentierte Umdeutung des Naturgeschichtsbegriffs wirklich, so die These, die Lepenies, durch Foucaults »Die Ordnung der Dinge« (1971) beeinflußt[61], vertritt, eine Folge von »Erfahrungsdruck« und »Empirisierungszwang«, wie er durch eine Beschleunigung des Wissenszuwachses hervorgerufen wurde, darstellt, oder ob die Historisierung nicht vielmehr als immanent philosophiegeschichtliche Konsequenz zu begreifen ist, vermag ich nicht endgültig zu beurteilen. Immerhin ist auffällig, daß auch die Philosophiegeschichte insofern an der Verzeitlichungstendenz der Einzelwissenschaften partizipiert, als sich in der zweiten Hälfte des 18. Jahrhunderts die Geschichtsphilosophie als neue philosophische Disziplin konstituiert, initiiert durch die »Philosophie de l'historie« überschriebene Einleitung von Voltaires »Essai sur les moeurs« (1756). Daß die Geschichtsphilosophie binnen kurzer Zeit zur philosophischen Fundamentaldisziplin avancierte, mag man als Reaktion auf den auch auf die Philosophie einströmenden Erfahrungsdruck interpretieren oder auch als historische Zufälligkeit werten, denn der Sache nach reicht sie ja bis Herodot und Thukydides zurück.

Theoretisch interessanter finde ich im Zusammenhang der geschichtsphilosophischen Theorie Adornos, auf die es mir ankommt, daß die philosophiegeschichtliche Tendenz der Historisierung in der Zeit um 1800, die das Ende der Naturgeschichtskonzeptionen klassischen Musters hervorrief, von Adorno als Teilthese eines neuen Programms von Naturgeschichte formuliert wurde: Natur als geschichtliche zu verstehen. Es sei daran erinnert, daß er diese These aus der Kritik am mythisch starren Naturbegriff des Idealismus heraus entwickelt hat, einem Naturbegriff, der als ganzheitliches Sein verstanden wurde, welches von der autonomen ratio der idealistischen Systeme, der Naturgeschichtskonzeptionen klassischen Musters, vollständig erkannt oder erst erzeugt werden sollte. Das idealistische Unternehmen scheiterte jedoch daran, daß es, und darin liegt das Gemeinsame der philosophiegeschichtlichen Interpretation Adornos und der Lepenies-These vom Erfahrungsdruck, das empirisch vorgegebene Material mit den ihm zur Verfügung stehenden Mitteln der Rationalität nicht bewältigen konnte, was eben zum Zerfall der idealistischen Systeme bzw. der klassischen Naturgeschichtskonzeptionen geführt hat.

Anders jedoch als in den Einzelwissenschaften, aus denen Lepenies vorwiegend das Beweismaterial für die konstatierte Historisierungstendenz bezieht, die schließlich zum Ende der statisch klassifizierenden Naturgeschichtsentwürfe überhaupt geführt hat und in eine Geschichte der Natur gemündet ist, gilt diese Entwicklung nicht gleichermaßen auch für die Philosophiegeschichte. Zwar hat die bedrückende Fülle der empirischen Fakten auch zur Auflösung der autonomen ratio geführt, deren nicht einlösbarer Anspruch es war, die historische Faktizität zu verarbeiten und sie zu bewältigen; doch hat sich die idealistische ratio in der idealistischen Nachfolgeschule des Marburger Neukantianismus eine Scheinautonomie dadurch zu bewahren erhofft, daß sie sich in den Bereich formallogischer Kategorien verkroch, aus denen sie den Gehalt der Wirklichkeit neu zu gewinnen trachtete. Dadurch rettete sie zwar eine formallogische Geschlossenheit und Systematik, die den idealistischen Systemen und den klassischen Naturgeschichtskonzeptionen des Linnéschen Typs gleichermaßen eigen waren; jedoch war das nur möglich auf Kosten der *inhaltlichen* Bestimmung der Wirklichkeit. Die Kontraposition zur Marburger Schule, die Lebensphilosophie Simmels, hat zwar, so die Interpretation Adornos, »den Kontakt mit der Wirklichkeit behalten«[62], doch um den Preis einer verbindlichen Sinngebung und Rechtsprechung über die Faktizität. Sie hat »im blinden und unerhellten Naturbegriff des Lebendigen resigniert« und ist auch in der Gestalt der südwestdeutschen Schule Rickerts lediglich eine »Scheinontologie« geblieben.

Der irrationale und insofern noch starr mythologische Naturbegriff ist es, der die Lebensphilosophie mit der obsolet gewordenen klassischen Naturgeschichtskonzeption verbindet. Und ebenso schleppten die nachfolgenden Entwürfe von Phänomenologie und Ontologie, Adorno zufolge, sei es in Form der Aufrechterhaltung einer autonomen Geistkonzeption, sei es in Form einer die Faktizität umfassenden Strukturganzheit, starre und zwanghaft mythologische Reste mit. Die Philosophie konnte sich also nicht in gleicher Weise von einem statisch gedachten Naturbegriff befreien, wie die Einzelwissenschaften das statisch klassifizierende naturgeschichtliche Denken abzulegen vermochten.

Dieser Sachverhalt, meine ich, entgeht den wissenschaftsgeschichtlichen Analysen Lepenies', weil sie den in fundamentaler Weise andersgearteten Erklärungsanspruch der Philosophie gegenüber den Einzelwissenschaften ignorieren. Während diese unabhängig von den großangelegten Lösungsversuchen der idealistischen Philosophie arbeiteten und auf deren Grundfrage nach der Konstitution der Wirklichkeit als ganzer von vornherein verzichteten, fiel es ihnen auch nicht schwer, in der Übergangszeit vom 18. zum 19. Jahrhundert das klassische Paradigma der Naturgeschichte über Bord zu werfen; jene hingegen hielt an einem wie immer formulierten *universalen* Erklärungs*anspruch* fest, obgleich sie die Unzulänglichkeit ihrer Mittel, diesen Anspruch einzulösen, anerkennen mußte. In diesem Zusammenhang ist es unwichtig, ob die

Philosophie heute noch diese Vorrangstellung gegenüber den Einzelwissenschaften, und sei es durch die Substituierung der ihr noch bei Kant zugesprochenen Platzanweiserfunktion für die Einzeldisziplinen durch eine Platzhalterfunktion[63], für sich beanspruchen kann. Wichtiger ist, daß Adorno an dieser privilegierten Position der Philosophie festhält und sich mit *diesem* Anspruch der von ihm kritisierten Tradition identifiziert und diese an ihrer eigenen Intention mißt, während Lepenies ihn vernachlässigt.

Interessant ist nun aber, daß die wissenschaftsgeschichtlichen, empirischen Analysen Lepenies' und die philosophiegeschichtlich immanent verfahrende Kritik Adornos zu einem gleichen Ergebnis kommen, der Tendenz einer Historisierung der Natur, die, wie gesagt, philosophisch gescheitert ist, in den Einzelwissenschaften durchgeführt wurde, wenn auch auf Kosten oder - wenn man will - zugunsten ihrer Emanzipation von universalen naturgeschichtlichen, d.h. auch philosophischen Lösungsversuchen. Während Lepenies zur Verzeitlichungstendenz der Wissenschaften ein beobachtendes, »neutrales« Verhältnis einnimmt, steht Adorno affirmativ zur gleichen Tendenz der Philosophiegeschichte, ohne aber die einzelwissenschaftliche Reduktion der Fragestellung auf empirisch Gegebenes dafür hinnehmen zu wollen.

In der Tat könnte man nun die Übereinstimmung der diagnostizierten Historisierungstendenz der Wissenschaften bei Lepenies mit Adornos Forderung einer Historisierung der Philosophie als Zufälligkeit abtun, wäre nicht die von Adorno ebenso zum philosophischen Programm erklärte Komplementärthese der Teilthese, Natur geschichtlich zu verstehen, nämlich, Geschichte als Natur zu begreifen, ebenso ein - wenn auch nur zweitrangiges - Ergebnis der Analysen Lepenies'. Danach werden die Tendenzen der Historisierung der Natur schon sehr bald nach ihrem Einsetzen um 1800 von Enthistorisierungstendenzen konterkariert, die durch die von der Historisierung hervorgerufenen Phänomene der Veralltäglichung und damit Neutralisierung einzelner, in der Geschichte neu auftretender Fakten befördert werden.[64] Solche gegenläufigen Renaturalisierungstendenzen, wie sie sich zusammen mit der Wiederbelebung des statisch klassifizierenden und quantifizierenden naturgeschichtlichen Denkens u.a. bereits bei Cuvier (1817) und Michelet (1826) deutlich abzeichnen, interpretiert Lepenies als Tendenz, die in der Aufklärung selbst bereits angelegt ist: »Die Verwissenschaftlichung der Geschichte hat die Neutralisierung des Zeitbegriffs zur Folge ...«[65]. Die Welt verliert mehr und mehr den Charakter eines Überraschungsfeldes, und die Entwicklung der Weltgeschichte führt ins »posthistoire«, ein nachgeschichtliches Zeitalter, in dem das, was passiert, nur noch gleichgültig konstatiert wird. Aber die eigentliche Naturgeschichte kehrt als Denkmethode nicht mehr in die Wissenschaften zurück. Sie überlebt vielmehr, so Lepenies' These, in der Literatur, namentlich in den Romanen Balzacs, später Prousts, zu denen Hippolite Taine in seinen »Nouveaux essais de critique« von 1865 nachträglich das ästhetische Programm formuliert hat, das zwar dessen Eigenverständnis zufolge »historisch und nicht dogmatisch« sein, gleichwohl wie eine »Botanik« verfahren soll, »nur daß sie sich, statt mit Pflanzen, mit menschlichen Werken beschäftigt«[66].

Man darf die hier nur sehr oberflächlich wiedergegebene Ergebnisse Lepenies' vielleicht folgendermaßen interpretieren: Im Gegenzug zu den in der Epochenschwelle zum 19. Jahrhundert einsetzenden Historisierungstendenzen melden sich in den

Wissenschaften, hervorgerufen durch das Schreckgespenst des historischen Relativismus, die Vergleichgültigung und Nivellierung einzelner Fakten, zaghaft Tendenzen zur Enthistorisierung und Renaturalisierung zu Wort, ohne aber erneut wissenschaftliches Ansehen erringen und sich etablieren zu können. Ersatzweise findet das wiederbelebte Bedürfnis nach naturgeschichtlichem Denken eine Befriedigungsmöglichkeit in der Kunst.

Mit einer solchen Surrogatlösung für das Problem der Naturgeschichte, wie sie Lepenies für die Entwicklung der Wissenschaften und unzulässigerweise auch der Philosophie konstatiert, gibt sich Adorno nun für den Bereich der Philosophie in keiner Weise zufrieden. Eine vollständige Verabschiedung bzw. Ausgrenzung naturgeschichtlichen Denkens aus der Philosophie degradierte diese zu einer bloßen Zubringerdisziplin für die ausgeführten Einzelwissenschaften. Es ist keineswegs unumstritten, daß diese Reduktion der Erklärungansprüche der Philosophie ihr schadet. Wissenschaftstheoretiker wie Stegmüller sind der Auffassung, daß es für sie nur in dieser Gestalt noch etwas zu tun gibt. Ich hingegen möchte mich mit Adorno auf den Standpunkt stellen, daß es noch immer die *Aufgabe* der Philosophie ist, die Natur, die Wirklichkeit, das Sein, also das, was ist (was immer man sich im einzelnen darunter vorstellen mag), als *Ganzes* zu *denken*, trotz aller Schwierigkeiten und Folgelasten, die ein solcher *Anspruch* mit sich führt. Ich will nicht so weit gehen, wie Adorno 1931 noch gegangen ist, als er sagte, daß sich wissenschaftsphilosophische Fragen »unabhängig von den historischen Problemen der Philosophie nicht lösen lassen«[67], denn die wissenschaftstheoretische Praxis zeigt, daß sie sich unabhängig von ihnen »lösen« lassen. Die Geschichte einer philosophischen Disziplin wie der Logik liefert dafür genügend Beispiele. Doch geht es mir darum zu zeigen, inwiefern die Isolierung philosophischer Probleme vom philosophiegeschichtlichen Problemzusammenhang, der zu ihnen geführt hat, eine Reduktion philosophischen Denkens und d.h. einen Verlust eben des Bewußtseins von den Voraussetzungen, die zu ihnen geführt haben, darstellt.

Doch um dem Geschichtsverlust begegnen oder ihn auch nur angemessen beklagen zu können, bedürfte es nicht unbedingt eines Rekurses auf die Philosophie Adornos. Die wissenschaftsgeschichtlichen Analysen Lepenies' könnten doch zumindest ebenso dazu beitragen, das historische Problem der Naturgeschichte, und sei es durch das Beschreiben ihres Endes, in Erinnerung zu rufen und somit in einem hermeneutischen oder, wie Rorty sagt, bildenden Gespräch[68], an dieses Problem anzuknüpfen. Ein entscheidender Einwand, den man nun aber mit Adorno gegen eine »rein« deskriptiv verfahrende Philosophiegeschichtsschreibung erheben könnte, ist der Verlust der Möglichkeit, das als Beschriebenes Erinnerte auch prüfen und beurteilen, d.h. an dem mit ihm verknüpften *Geltungsanspruch* messen und daraufhin *kritisieren* zu können.[69] Ignoriert man den Geltungsanspruch, der in den verschiedenen historischen Konzeptionen von Naturgeschichte gestellt wird, ist es völlig gleichgültig, ob man zu diesen Entwürfen ablehnend oder affirmativ steht. Die Kritik wird dann ausschließlich von einem dem Kritisierten gegenüber unabhängigen Standpunkt aus erfolgen und ihm gegenüber insofern äußerlich bleiben, als sie von ihren Gegenständen her nicht einsichtig gemacht werden kann. Darauf aber kommt es Adorno in seiner Kritik der Philosophiegeschichte gerade an. Sein Anspruch der immanenten

Kritik bedeutet nicht lediglich, historische Problemstellungen und -lösungen erinnernd im Gedächtnis zu bewahren, sondern an die historische Folge der Problemlösungen anknüpfend, diese fortzusetzen.

Was nun Adornos eigenen geschichtsphilosophischen Ansatz betrifft, den er in Form der oben dargelegten dualistischen These formuliert, nach der Geschichte Natur und Natur Geschichte ist, so ergibt sich zu den beiden generellen, von Lepenies skizzierten historischen Tendenzen, Historisierung und Enthistorisierung, eine Beziehung, die als charakteristisch für Adornos Weise, sich mit der Tradition auseinanderzusetzen, gelten kann. Beide einander gegenläufigen Stränge kontaminiert er zu einer dualistischen Theorie, in der sich beide Komponenten gegenseitig kritisieren und einschränken. (Wir werden noch sehen, daß Adorno in anderen Zusammenhängen auch aus mehreren historischen Positionen sein eigenes Konzept »komponiert...«.)

Die Aufgabe der folgenden Abschnitte soll es sein, Adornos Weise des Komponierens mit der Tradition in Hinblick auf seine Naturgeschichtskonzeption im einzelnen zu verfolgen.

2. Geschichte als Natur oder Geschichte und ästhetische Form (Georg Lukács und die Zweite Wiener Schule)

Für die Explikation der historischen Dimension dessen, was als natürlich erscheint, führt Adorno den Begriff der »zweiten Natur« ein.[70] Er beruft sich dabei auf Georg Lukács' »Theorie des Romans«, in der der Terminus gebraucht wird, um die von den Menschen hergestellte »Welt der Konvention« zu bezeichnen.[71] Diese Welt ist insofern eine sinnleere, als sie den Menschen fremd und unverständlich geworden ist. Im Unterschied zur sogenannten »ersten Natur«, der Natur im Sinne der Naturwissenschaften, die für Lukács als eine »stumme« und »sinnfällige« ebenso entfremdet ist, haften der »zweiten Natur« noch Male des Prozesses an, der zu ihrer Erstarrtheit und Fremdgewordenheit geführt hat; sie ist gewissermaßen »beredt«: Sie stellt sich uns in der Form von »Chiffren« dar, als etwas »Rätselhaftes«, das es aus einer geschichtsphilosophischen Perspektive, so Adorno, zu deuten und zu erkennen gilt. Das bedeutet, daß die verlorengegangene oder vergessene historische Herkunft der zweiten Natur sowie die Gründe, die zu ihrer Fremdheit geführt haben, aufgedeckt werden sollen.

Adorno entfernt sich jedoch bereits von Lukács, indem er der konventionellen Welt den Charakter eines Rätsels zuspricht, das nach einer »Lösung« verlangt, denn Lukács spricht lediglich davon, daß die zweite Natur »ein erstarrter, fremdgewordener, die Innerlichkeit nicht mehr erweckender Sinneskomplex« sei; »sie ist eine Schädelstätte vermoderter Innerlichkeiten und wäre deshalb - wenn dies möglich wäre - nur durch den metaphysischen Akt einer Wiedererweckung des Seelischen, das sie in ihrem früheren oder sollenden Dasein erschuf oder erhielt, erweckbar, nie aber von einer anderen Innerlichkeit belebbar«[72].

Es ist die Metapher »Schädelstätte«, die Adorno als Chiffre interpretiert, deren Bedeutung ermittelt, genauer: rekonstruiert werden muß. Denn daß der zweiten Natur irgendein Sinn zugrunde liegt, ist auch für Lukács deshalb zu unterstellen, weil sie eine von Menschen produzierte, historisch gewordene ist. Zu einer unwahren Wirklichkeit, einer bloßen Scheinwelt, ist die Welt der Konventionen nur qua Überformung ihres ursprünglichen, wahren Sinnes durch historische Sedimente geronnen, die sich verfestigt haben und daher unveränderbar scheinen.

Die Lösung, die Lukács nun für das Problem der Wiederbelebung erstarrter Natur, der Rehistorisierung der von ihm diagnostizierten Verwandlung des Historischen als Gewesenen in Natur, bereithält, ist - Adorno zufolge - unzureichend. Er kann sie »nicht anders denken als unter dem eschatologischen Horizont«[73]. Adorno verwirft nicht eigentlich das Theologisch-Metaphysische dieser Lösung, sondern kritisiert, daß sie abstrakt ist und den konkreten Phänomenen der Geschichte gegenüber indifferent bleibt. Der Übergang von der Problemstellung einer Deutung des Phänomens, daß sich Geschichte zugleich als Natürliches darstellt, zur Lösung dieses Problems durch den metaphysischen Akt der Wiedererweckung wird nicht einsichtig, sondern scheint gewaltsam konstruiert zu sein. (Diese Kritik veranlaßt Adorno dann, auf die für ihn viel konkretere Behandlung des Problems bei Walter Benjamin zurückzugreifen, vgl. II.3.)

Damit verfällt Lukács auch insofern der Kritik Adornos, als er der von Adorno als spezifisch idealistisch zurückgewiesenen Kategorie der Möglichkeit (der Wiederbelebung erstarrter Natur) schließlich doch den Primat vor der Wirklichkeit (dem Zustand der Entfremdung zwischen Mensch und zweiter Natur) einräumt und sich somit der Möglichkeit einer *konkreten Kritik* an der negativ verstandenen Wirklichkeit begibt. Um jedoch die Bedeutung, die die »Theorie des Romans« gleichwohl für Adornos Konzeption der Naturgeschichte gehabt hat, beurteilen zu können, muß man sich den systematischen Stellenwert verdeutlichen, der ihr innerhalb des marxistischen Denkens zukommt. Lukács entwickelt darin erstmals seine Theorie der Verdinglichung zur Beschreibung der Erstarrung und des Bedeutungsverlusts historisch entstandener Gegenständlichkeitsformen. Während die »Theorie des Romans« diesen geschichtlichen Verfallprozeß an den ästhetischen Formen großer Epik aufzeigt, erweitern die Abhandlungen über »Die Verdinglichung und das Bewußtsein des Proletariats« von 1922 sowie »Geschichte und Klassenbewußtsein« (1923) die Verdinglichungsthese dergestalt, daß jetzt »in der Struktur des Warenverhältnisses das Urbild aller ihnen entsprechenden Formen der Subjektivität in der bürgerlichen Gesellschaft aufgefunden werden«[74]. Wichtig für das Lukácssche Verständnis der Gegenständlichkeitsformen ist es, daß er darunter sowohl die den Menschen äußere, verobjektivierte Natur als auch deren eigene, innere Natur faßt, die sich, durch die Struktur der jeweils herrschenden Warenform bedingt, ständig ändern. Die geschichtsphilosophische Konsequenz, die Lukács im Anschluß an Marx (vgl. 1.II.4.) daraus folgert, ist, daß »die Geschichte ... zur Geschichte der Gegenständlichkeitsformen (wird), die die Umwelt und die innere Welt des Menschen bilden, die er gedanklich, praktisch, künstlerisch usw. zu bewältigen sich bemüht«[75].

»Die Theorie des Romans« nun betrachtet das Phänomen der Verdinglichung zunächst unabhängig von seiner späteren Erklärung durch die in der kapitalistischen Gesellschaft herrschende Warenform und die mit ihr verbundene Reduktion sozialer Beziehungen auf das Prinzip bloß rationaler Kalkulierbarkeit, der Tauschabstraktion. In ihr beschreibt Lukács den unwiderrufbaren Verlust des klassischen griechischen Weltbildes, das auf der unmittelbaren und unbefragt akzeptierten Voraussetzung einer universalen Harmonie zwischen Mensch und Natur, Gedanke und Handlung, Idealität und Realität gegründet war. Diesen kulturellen Verfallsprozeß sieht er exemplarisch verkörpert im Absterben der großen epischen Formen des klassichen Griechentums.

Vollendete Geschlossenheit und organische Totalität, wie sie nach Lukács charakteristisch waren für die »zeitlos paradigmatischen Formen des Weltgestaltens: Epos, Tragödie und Philosophie«[76], die bei den Griechen ein »homogenes System des adäquaten Gleichgewichts«[77] konstituierten, sind dem neuzeitlichen Denken als selbstverständliche Formen der Lebenswelt irrevokabel verlorengegangen. Ohne auf die Gründe für diesen geschichtsphilosophischen Paradigmenwechsel einzugehen, der sich in der Kunst spätestens bei Giotto und Dante abzeichnet[78], sieht Lukács im »alles bestimmenden *principium stilisationis*«[79], dem subjektiven Gestaltungswillen, den nervus rerum dieses Wandels. Eine Sinnganzheit kann nur noch durch radikale subjektive Gestaltung und in der Beschränkung auf einen Teilausschnitt der Welt erzeugt werden. So ist es in der Epik immer der Erzähler, »seine Subjektivität, die aus der maßlosen Unendlichkeit des Weltgeschehens ein Stück herausreißt, ihm ein selbständiges Leben verleiht und das Ganze, aus dem es entnommen wurde, nur als Empfindung und Denken der Gestalten, ... nur als Spiegelung einer an sich seienden Wirklichkeit in die Welt des Werks hineinscheinen läßt«[80]. Das ästhetische Formen produzierende Subjekt und die von ihm gestalteten Objekte treten ebenso auseinander wie die ästhetische Produktionsweise selber, die sich nur noch in voneinander getrennten Gattungen vollzieht.

Lukács interpretiert nun den Roman im 19. Jahrhundert als einen Versuch, gegenüber der vollzogenen kulturellen Desintegration eine Sinntotalität qua ästhetischer Form zu restituieren. Dieser Versuch mußte scheitern, weil die systematische Geschlossenheit des Romans nur noch »ein System abgezogener Begriffe« sein konnte, die »als Konventionaltität der objektiven und als überspannte Innerlichkeit der subjektiven Welt« seinen »Abstand vom konkreten Leben« nur desto auffälliger hervortreten ließ.[81] »Das Kosmosartige der Innerlichkeit macht sie in sich ruhend und selbstgenügsam«, aber ebenso handlungsunfähig. Ihre »Tendenz, alles, was die Seele betrifft, rein in der Seele zu erledigen«, bezeichnet ihre Passivität und zugleich Entfremdetheit gegenüber der äußeren Wirklichkeit, die, »vollständig atomisiert oder amorph, jedenfalls aber jedes Sinnes bar«, also »eine ganz von der Konvention beherrschte Welt, die wirkliche Erfüllung des Begriffs der zweiten Natur (ist): ein Inbegriff sinnesfremder Gesetzlichkeiten, von denen aus keine Beziehung zur Seele gefunden werden kann.«[82].

Trotz seines affirmativen Verhältnisses zum Klassizismus und zur griechischen Philosophie postuliert Lukács nicht die unmittelbare Restituierung antiker ästhetischer Formen, wie sie in unschuldiger Naivität in einen metaphysisch-religiösen Lebenskosmos eingebunden waren. »Eine Totalität von Menschen und Begebenheiten ist nur auf dem Boden der (bestehenden, U.M.) Kultur, wie immer man sich auch zu ihr stellen mag, möglich.«[83] Aber seine Suche nach wesentlich neuen, schöpferischen literarischen Formen bleibt ergebnislos. Weder Tolstois Romane als »übersteigerte Typen der Desillusionsromantik«[84] noch die Werke Dostojewskijs vermögen aus der »gesellschaftlich-innerlichen Dualitätswelt« herauszuführen. »Der Roman ist die

Form der Epoche der vollendeten Sündhaftigkeit« und die gesamte kulturelle Entwicklung eine kontinuierliche Vollendung des einmal vollzogenen »Sündenfalls«, des Abfalls von der immanenten Sinnhaftigkeit allen Lebens. Durch die Kunst, so das Ergebnis der Theorie des Romans, kann dieser Sinn nicht mehr hergestellt werden.[85] (Das veranlaßte Lukács, in »Geschichte und Klassenbewußtsein« seine Hoffnungen bezüglich eines kulturellen Wandels auf die gesellschaftliche Klasse des Proletariats zu setzen. Nur durch eine revolutionäre Veränderung der herrschenden Warenverhältnisse sollte eine Änderung auch des kulturellen Überbaus möglich sein.)

Da Lukács, auf der einen Seite darin mit Adorno übereinstimmend, die Konstruktion einer geschlossenen Welt in der Form des Romans ablehnt, weil sie zwanghaft ist (»Der Roman ist die Form der gereiften Männlichkeit«[86]) und die Disparatheit der Welt nur verdeckt, auf der anderen Seite aber, darin zeigt sich seine ablehnende Position gegenüber der Kunst der Moderne, das Hineinnehmen der Brüchigkeit der Welt in die ästhetische Form ebenso zurückweist, weil er das gewissermaßen noch als Verstärkung der unheilvollen Dekadenz interpretiert, so bleibt ihm schließlich nur noch die kulturelle Verzweiflung: »Resignation« und »quälende Trostlosigkeit«.[87]

Es sind nun wesentlich zwei Aspekte der »Theorie des Romans«, die einen nachhaltigen Einfluß auf die Geschichtsphilosophie Adornos ausgeübt haben. 1. Die Kulturgeschichte wird als stetiger Zerfallsprozeß interpretiert, in dem die aufgelösten (ästhetischen) Formen (bei Lukács die großen Formen griechischer Epik) durch neue subjektive Formen (den Roman des 19. Jahrhunderts) ersetzt werden, die aber die verlorengegangene Sinntotalität nicht restituieren können, weil sie subjektive Projektionen bleiben. Die von Lukács für die Literaturgeschichte analysierte Entwicklung überträgt Adorno nun auf die Philosophiegeschichte, den Zerfall der autonomen ratio und der mit ihr verknüpften idealistischen Systembildungen und ihre vermeintliche Restauration in der Ontologie Heideggers (vgl. I.).

Während jedoch Lukács den kulturellen Verfall mit einem klagenden Gestus und nostalgischer Sehnsucht nach vergangener, unbeschädigter Sinntotalität beschreibt, steht Adorno zu dieser Entwicklung affirmativ. Sie ist für ihn wesentlich Ausdruck einer ideologischen Entlarvung vermeintlich autonomer Rationalität, Signum für das Scheitern (sei es der idealistischen Systeme, etwa Fichtes oder des frühen Schelling, sei es des Gesamtkunstwerks im Stile Richard Wagners) in bezug auf das, was sie zu leisten vorgeben: die universale Konstitution von Wirklichkeit sowie die Stiftung eines totalen Sinnzusammenhangs. Diesen sieht Lukács im Griechentum verwirklicht; für Adorno hingegen ist bereits der Platonische Chorismos zwischen Ideenhimmel und Erscheinungswelt Ausdruck ideologischer Verblendung, einer Nichtbewältigung von Faktizität.[88] Adorno kann den Untergang von Idealismus und Griechentum insofern bejahen, als er darin nur die Konsequenz des Auseinanderklaffens von Denken und Wirklichkeit, das Resultat der beiden Motive hybriden, idealistischen Denkens erblickt: der Systemtotalität und des Primats der Möglichkeit vor der Wirklichkeit (vgl. 1.I.). Gegenüber Lukács, dem »Totalität« als ein positiver Begriff gilt, ist er für Adorno bloß ideologisch konnotiert, Inbegriff idealistisch korrumpierten Denkens, dem eigentlichen Grund für das Mißlingen aller Kultur.

Doch noch aus einem anderen Grund braucht Adorno über den kulturellen Zerfallsprozeß nicht zu resignieren. Anders als Lukács setzt er seine Hoffnungen einer kulturellen Umwälzung auf die Kunst der Moderne, insbesondere die Kompositionsweise der Zweiten Wiener Schule. In ihr sieht er die Möglichkeit sowohl eines folgerichtigen Anschließens an die Tradition des integralen Komponierens seit Beethoven als auch der angemessenen Reaktion auf die Krise der harmonischen Tonalität, welche ihm paradigmatisch in der Musik Wagners als Ausdruck bürgerlicher Dekadenz gilt[89], die zurecht zum Untergang verurteilt ist. Die Idee, daß Musik durch und durch geschichtlich aufzufassen ist und in keiner Weise an Naturgesetze, mythologisch starre Invarianten, etwa vergangene Formschemata, gebunden sein darf, findet Adorno vor allem in den Werken Schönbergs exemplarisch verwirklicht und in dessen Harmonielehre von 1911[90] theoretisch formuliert. Sein Programm einer konkreten Kritik (»bestimmte Negation«) des Bestehenden sieht Adorno in Schönbergs dodekaphoner und nicht-dodekaphoner Atonalität insoweit durchgeführt, als darin die Tradition des Wiener Klassizismus mit der Idee der vollkommenen Ausdifferenzierung und Durchgestaltung der Werke konsequent fortgesetzt[91], zugleich aber ihre vermeintlich naturgegebene, als Integrationskraft jedoch historisch obsolet gewordene tonale Grundlage negiert wird.

In gewisser Weise können also Adornos frühe musikalische Erfahrungen, insbesondere seine Studien bei Alban Berg, als eine eigenständige, empirische Quelle für seine Geschichtsphilosophie gewertet werden: Die Phänomenologie der Musik selbst, ihren fließenden, transitorischen Charakter[92], nimmt er zum Anlaß, sie gegenüber anderen Künsten in eine besonders enge Relation zur Dimension der Zeit und damit auch der Geschichte zu stellen. Eine Figur, ein Thema, ist bedingt durch ein vorangegangenes und verweist zugleich auf ein folgendes; alles ist ständig in Bewegung, verweist auf ein zeitlich vor- oder zurückliegendes Anderes. »Musik ist, als Zeitkunst, durch ihr pures Medium an die Form der Sukzession gebunden und damit irreversibel wie die Zeit. Indem sie anhebt, verpflichtet sie sich bereits weiterzugehen, ein Neues zu werden, sich zu entwickeln.« Ihr stetiges Über-Sich-Hinausweisen auf ein Anderes als das aktual Erklingende ist das, »was an Musik ihre Transzendenz heißen kann«[93].

Adorno formuliert hier bereits ein wichtiges Motiv seiner späteren »negativen Metaphysik«. Aufgewiesen wird es am Wesenscharakter der Musik: Das ihrer Verlaufsform eigentümliche Verweisen auf ein Anderes kann dieses von Adorno als Transzendentes Gedeutete niemals positiv, als ein Ansichseiendes oder Unwandelbares, sondern immer nur negativ, d.h. als ein entweder Werdendes, im Entstehen präsentieren Begriffenes, oder als ein Vergehendes, allmählich Verschwindendes vorstellen. Das Kontinuierliche der Musik bezeichnet danach zugleich das ihr unverlierbare »antimythologische Wesen« und verleiht ihr somit die eigentümliche Kraft des Einspruchs gegen die erstarrte Natur, »gegen Mythos und immergleiches Schicksal, gegen den Tod selber«[94].

Die Deutung des transitorischen Charakters der Musik als ihre ausgezeichnete Zeitlichkeit, welche zugleich ihre »Vergänglichkeit« bedeuten soll, verbindet Adorno nun mit einem weiteren Interpretationsschritt: Das einer Komposition zugrundeliegende Material wird durch und durch geschichtlich verstanden. »Alle seine spezifischen Züge sind Male des geschichtlichen Prozesses«[95], historische Sedimente, die gesellschaftlich präformiert sind. Das Arsenal von Formen, Klängen und Techniken, mit dem ein Komponist arbeitet, darf nach Adorno weder physikalisch noch tonpsychologisch erklärt werden. Das Material ist ausschließlich historisch zu definieren.

Adornos Schluß vom Prozeßcharakter zunächst der Musik, später der Kunst schlechthin auf die ihr immanente Historizität, ein Produkt seiner Auseinandersetzung mit der Musik der »Zweiten Wiener Schule«, fand noch eine Bestätigung in Lukács' Romantheorie. Auch Lukács betrachtete den Zerfall ausgehöhlter und das Entstehen neuer ästhetischer Formen nicht als abstrakte, zeitunabhängige Entwicklung, sondern als Spiegelung historischer Bedingungen, eingebettet in den Gesamtzusammenhang einer Kultur. Wie »die selig daseiende Totalität des Lebens ... in prästabilierter Harmonie dem epischen Verse (Homer, U.M.) zugeordnet«[96] ist, so das Zeitalter, dem »die extensive Totalität des Lebens nicht mehr sinnfällig gegeben ist, für das die Lebensimmanenz des Sinnes zum Problem geworden ist«[97], dem Roman. Die enge Korrelation zwischen Geschichte und ästhetischer Form ist der neben der Verfallsgeschichte zweite wesentliche Aspekt, der einen nachhaltigen Einfluß Lukács' auf Adorno erkennen läßt. Doch bei der Analyse sinnentleerter, zur »zweiten Natur« erstarrter ästhetischer Formen, darin liegt die Differenz zu Adorno, blieb Lukács auf halbem Wege stehen: Aus der richtigen Diagnose einer zur Natur erstarrten Geschichte zog er nicht mehr die Konsequenz, die zur Welt der Konvention geronnene zweite Natur selber als »geworden«, als geschichtlich, zu begreifen und so das mythisch irreversibel Scheinende für wieder auflösbar zu erklären. Resigniert flüchtete er in eine positive Metaphysik, in die Erwartung einer theologisch-eschatologisch gedachten Wiedererweckung.[98] Um jedoch den philosophischen Weg eines konkreten, geschichtlichen Denkens fortsetzen zu können, hätte es der Annahme einer negativen Metaphysik bedurft. Adorno fand diese der Struktur nach in der Musik vorgebildet (s.o.); um sie schließlich theoretisch plausibel formulieren zu können, griff er zunächst in einem weiteren Schritt auf Walter Benjamins Deutung der Natur als Geschichte zurück.

3. Natur als Geschichte (Benjamin)

Was Adorno an Lukács »Naturgeschichtskonzeption als ungenügend empfand, ich möchte es hier wiederholen, war nicht so sehr das Metaphysische, als vielmehr die Abstraktheit der Lösung, die Lukács konstruierte, um den mythischen Charakter der Welt der »Verdinglichung«, der »Konventionen«, der »zweiten Natur«, zu überwinden. Diese Abstraktheit ist wiederum das Resultat einer reduzierten Geschichtsauffassung, die Geschichte als *einen* generellen Prozeß begreift, der alle Teilbereiche der Kultur umfaßt, also von der Idee einer Totalität der Geschichte, der einer Universalhistorie, ausgeht. Die aber, so Adorno, widerspricht jeglicher Erfahrung; denn Geschichte stellt sich wesentlich (in einem nicht-ontologischen Sinn) als ein Diskontinuierliches dar, das in keine Struktur*ganzheit* überführt werden kann. Mythisch-Archaisches und geschichtlich Neues durchdringen einander in vielfältiger Weise.[99]

Diese Deutung des Sachverhalts ließ jedoch den Gedanken einer universalen Belebung und Wiedererweckung erstarrter Konventionen nicht mehr zu: Um das antimythologisch verstandene Historische geltend zu machen, bedurfte es der Analyse konkreter Einzelphänomene, nicht der Supposition einer universalen, auch nicht der einer teleologischen Struktur der Geschichte. Gegenüber Lukács' - von Hegel und Marx beeinflußter - abstrakter Sichtweise des Problems der Naturgeschichte ist es, Adorno zufolge, »die entscheidende Wendung ..., die Benjamin vollzogen hat, daß er die Wiedererweckung der zweiten Natur aus der unendlichen Ferne in die unendliche Nähe geholt und zum Gegenstand der philosophischen Interpretation gemacht hat«[100]. Während Lukács im Grunde nur den Mythos der zweiten Natur durch einen anderen, nämlich den einer sinnvollen Geschichtstotalität, ersetzt hat, kommt Benjamin dem Ziel der Entmythologisierung zweiter Natur insofern näher, als er sich für das Konkrete, Einmalige in der Geschichte interessiert; die individuellen Phänomene dadurch wiederbeleben will, daß er die in ihnen aufgespeicherte lebendige Bedeutung freilegt, die Spuren ihrer Genese, welche ihnen noch anhaften, ausdeutet.

In seiner frühen Schrift »Ursprung des deutschen Trauerspiels« von 1925[101], die Adorno in diesem Zusammenhang zitiert[102], führt Benjamin solche kulturellen Wiederbelebungsversuche an konkretem historischen Material durch. Ausgehend von einer Analyse deutscher Trauerspiele des 17. Jahrhunderts deckt er in dieser literarischen Form einen Sinn auf, der in der Geschichte ihrer Rezeption und Interpretation verlorengegangen ist; er betreibt die Rekonstruktion eines Begriffs der barocken Allegorie, der nicht mehr verzerrt sein soll durch einen Gegensatz zwischen den Formen »Symbol« und »Allegorie«, wie er in der Klassik und Romantik entwickelt wurde. Dort wurde dem Symbol die Eigenschaft zugeschrieben, das Absolute in einer sinnlichen (endlichen) Erscheinung unmittelbar zu vergegenwärtigen. »Als symbolisches Gebilde soll das Schöne bruchlos ins Göttliche übergehen«[103]; die Allegorie hingegen wurde zur Funktion einer bloß äußerlichen, arbiträren Bedeutungsrepräsentation, einem konventionellen Zeichen, degradiert, mit dem der Dichter, wie Goethe meinte, nur »zum Allgemeinen das Besondere sucht«[104]. Und ähnlich wie Goethe begriff auch Schopenhauer die Allegorie als ein Beispiel für etwas, das »in der Kunst verwerflich ist«, nämlich als »Ausdruck eines Begriffes«, wo hingegen der Zweck der Kunst doch allein »Ausdruck einer Idee« sein könne.[105]

Eine solche »Denunzierung einer Ausdrucksform, wie die Allegorie sie darstellt, als einer bloßen Weise der Bezeichnung«[106], sucht Benjamin nun als defizitäre Form ihrer wahren Bedeutung zu erweisen, um deren Rehabilitierung er sich bemüht. Den eigentlichen Sinn der Allegorie bestimmt er jedoch keineswegs, wie man aus seiner Kritik historischer Deformationen schließen könnte, als einen übergeschichtlichen oder konventionslosen. Denn ignorierte er einfach den bestehenden Zustand, das Vorhandensein einer sinnentleerten »zweiten Natur«, so verfiele er in noch größerem Ausmaß als Lukács der Kritik Adornos am idealistischen Motiv der Privilegierung des Möglichkeitsdenkens vor dem Wirklichkeitsdenken[107] und könnte dessen Forderung nach einer wirklich konkreten Kritik nicht genügen.

Doch anders als Lukács stellt Benjamin den deformierten Zerfallsformen der Kultur weder eine ästhetische noch eine gesamtkulturelle unbeschädigte Sinntotalität als Idealzustand einfach gegenüber, vor dessen Hintergrund jene in der Tat nur zu beklagen wären; auch konfrontiert er nicht einzelne Verfallsphänomene mit deren idealen Urbildern. Benjamin kritisiert die verschiedenen Formen der Trägödie und die Meinungen ihrer Rezipienten vielmehr mit deren eigenem und in ihnen noch auffindbaren Anspruch. Die Idee, welche dem Trauerspiel ursprünglich zugrunde gelegen hat, soll - sofern sie in dem von ihr weitgehend entfremdeten Gegenstand doch noch im Detail erkennbar ist - in dessen historischer Gestalt zur Erscheinung gebracht werden. Dreh- und Angelpunkt der akribisch betriebenen Barockphilologie Benjamins besteht in seiner Intention nachzuweisen, daß Allegorie »nicht spielerische Bildertechnik, sondern Ausdruck (ist), so wie Sprache Ausdruck ist, ja so wie Schrift«[108]. Das »experimentum crucis« seiner Bemühungen bildet der Versuch, die Auffassung von Schrift als einem bloß konventionellen Zeichensystem zu zerstören.

Ein dieser Auffassung gegenüber gegenläufiges Programm erhielt durch Benjamin letztlich eine theologisch-metaphysische Fundierung, vor allem in seinem Aufsatz »über Sprache überhaupt und über die Sprache des Menschen«[109]. Ohne auch nur die Grundzüge der Sprachtheorie Benjamins in diesem Zusammenhang referieren zu können, sei doch soviel gesagt, daß sie von einer »paradiesischen Sprache des Menschen« ausgeht, die »die vollkommen erkennende gewesen sein« muß.[110] In der Sprache Gottes bildeten das göttliche *Wort* als schöpferisches Prinzip und das Moment der Namensgebung als erkennendes Prinzip noch eine Einheit: »Das absolute Verhältnis des Namens zur Erkenntnis besteht allein in Gott, nur dort ist der Name, weil er im innersten mit dem schaffenden Wort identisch ist, das reine Medium der Erkenntnis«[111]. Unter Berufung auf die göttliche Genesis hat Benjamin auch das erkenntnistheoretische Problem der Beziehung von Signans und Signatum, Subjekt und Objekt, zu lösen versucht. Da beide Momente aus dem Wort des Schöpfergottes entstanden und insofern sprachlichen Wesens sind, stehen die Erkenntnisfunktion der Sprache und die zu erkennenden materiellen Dinge (miteinander in) »magischer Gemeinschaft«[112]. Daraus folgt, daß neben der lauthaften, sinnlich wahrnehmbaren Sprache der Menschen auch eine, obzwar »stumme« und »unvollkommene« Sprache der Dinge existiert.[113] Sprache als primäre Gegebenheit, ein nicht weiter Ableitbares, bezeichnet ein universal waltendes Prinzip: »Es gibt kein Geschehen oder Ding weder in der belebten noch in der unbelebten Natur, das nicht in gewisser Weise an der Sprache teilhätte, denn es ist jedem wesentlich, seinen geistigen Inhalt mitzuteilen«[114]. Doch die Vorstellung der sprachlichen Beschaffenheit der Dinge sowie der Identität von schaffendem Wort und erkennendem Namen gilt nur für den paradiesischen Zustand. Mit dem Wissen um die Bedeutung der Wörter »gut« und »böse« und das daran geknüpfte richtende Urteil setzt der sprachphilosophische »Sündenfall«, die »Geburtsstunde des *menschlichen Wortes*« ein. Er besteht darin, daß der Name aus der »immanenten eigenen Magie heraustrat« und somit zum Wort wurde, das von nun an nicht mehr nur sich selbst, sonder »*etwas* mitteilen« soll.[115] Für die Entwicklung der Sprache ist dieser Übergang vom Namen, der göttlicher Herkunft ist, zum menschlichen Wort in dreifacher Hinsicht bedeutsam: 1. Der Mensch instrumentalisiert sich die Sprache für seine eigenen Zwecke; sie wird dadurch, wenigstens partiell, zum Erkenntnis*mittel*, »zum *bloßen* Zeichen«[116]. 2. Mit der Sprachinstrumentalisierung verbunden ist die Zerstörung der Autonomie des Namens, die darin bestand, daß der Name »selig in sich selbst ruhte«, und zwar deshalb, weil er das, was er ausdrückte, unmittelbarer in sich selbst enthielt, mit dem Gegenstand, den er benannte, auf unmittelbare, »magische« Weise verknüpft war. Diese zerstörte Unmittelbarkeit wird nun in verzerrter Gestalt im Urteil, einer zweiten, fremdbestimmten Form der Magie, restituiert. 3. Die Etablierung der Urteilsform in der menschlichen Wortsprache bedeutete zugleich den Ursprung der Abstraktion als einer spezifischen Leistung der Wortsprache. Während mit den Namen lediglich »konkrete Elemente« der Sprache verknüpft sind, begründet das richtende Urteil insofern die abstrakten Sprachelemente, als in ihm die Mitteilungsfunktion, die auch dem Namen eigen war, »mittelbar« gemacht, d.h. den Wörtern gegenüber äußerlichen Zwecken unterstellt wird.

Sämtliche drei Charakteristika der veränderten Sprache deutet Benjamin als Symptome eines Sprach*zerfalls*, der die Sprache der Menschen und die der Dinge in gleicher Weise betrifft: Die menschliche Sprache besitzt nicht mehr die magische Kraft, das Wesen der Dinge, diese in ihrem Inneren zu erkennen; die dingliche Sprache, die der Natur, ist lautlos geworden, verstummt, ohne jedoch ihren Sprachcharakter schon verloren zu haben. Aus der Stummheit der Natur liest Benjamin den Ausdruck von Trauer heraus, in der der »tiefste Hang zur Sprachlosigkeit« liege.«[117] Die Tendenz zur Sprachlosigkeit und Trauer wiederum ist begründet durch die Annahme einer eigenartigen Relation zwischen der menschlichen Sprache und den Dingen, die Benjamin als »Überbenennung«[118] bezeichnet, ein Ausdruck für die Vermitteltheit und Äußerlichkeit dieses Verhältnisses.

Bevor ich nun zum Trauerspiel, das ja für Adornos Geschichtsphilosophie wichtig geworden ist, zurückkomme, muß noch angedeutet werden, in welcher Beziehung die vollkommene, paradiesische Sprache und die gegenwärtige, beschädigte, Benjamin zufolge, zueinander stehen. Während der hier besprochene Aufsatz über die Sprache von 1916 lediglich davon spricht, daß die stumm gewordene Natur »trauert«, Zeichen der Klage über den Verlust der Namenssprache enthält, faßt der Aufsatz »Die Aufgabe des Übersetzers« von 1921[119] das Verhältnis bereits in der Weise anders, daß er als ein Schritt in die Richtung einer Lösung des Problems der Wiederbelebung erstarrter Natur, »stumm« gewordener Dinge, aufgefaßt werden kann. Darin wird es als die Aufgabe des Übersetzers oder des Interpreten formuliert, »jene reine Sprache, die in fremde gebannt ist, in der eigenen zu erlösen, die im Werk gefangene in der Umdichtung zu befreien«[120]. Dieser Forderung liegt die Prämisse zugrunde, daß jedem Sprachgebilde (also auch den »stummen« Dingen der Natur) ein Sinn eigen ist, der von seinem mitteilbaren Sinn verschieden ist. »Es bleibt in aller Sprache und ihren Gebilden außer dem Mitteilbaren ein Nicht-Mitteilbares, ein, je nach dem Zusammenhang, in dem es angetroffen wird, Symbolisierendes oder Symbolisiertes. Symbolisierendes nur, in den endlichen Gebilden der Sprachen; Symbolisiertes aber im Werden der Sprachen selbst. Und was im Werden der Sprachen sich darzustellen, ja herzustellen sucht, das ist jener Kern der reinen Sprache selbst.«[121]

Diese Sätze bezeichnen den Übergang Benjamins aus einer positiv-theologisch fundierten Sprachtheorie in eine negativ-metaphysisch gedachte. Nicht als positiv zu identifizierende kann die destruierte unbeschädigte, göttliche Sprache rekonstruiert werden, sie zeigt sich nur »verborgen«, im Prozeß des Entstehens und Vergehens von Sprache, im Sprachwandel. Auch nicht als totale läßt sich die »reine« Sprache der

Namen revozieren, es gilt, sie fragmentarisch im kleinen der entstellten, instrumentalisierten Sprache aufzuspüren. In mühevoller Detailarbeit und mit philologischer Akribie muß der Sinn des Originals vom Übersetzer wie »Scherben eines Gefäßes«[122] zusammengefügt werden.

Der Übergang zu einer negativen Metaphysik bedeutet insofern ein Fortschreiten der Sprachtheorie Benjamins, als er dadurch einer Lösung des Problems, wie die instrumentalisierte, verzerrte und dadurch auch schlecht abstrakt gewordene Sprache zu neuem Leben zu erwecken und zu rekonkretisieren sei, ein Stück näher gekommen ist. Die Annahme einer, wenn auch durch historische Sinnüberlagerungen verschütteten Intelligibilität aller Menschen und Dinge ermöglichte es ihm, eine Theorie des Übersetzens zu erstellen, welche die Freilegung eben jenes wahren geistigen Kerns aller Dinge und Personen vorantreiben soll. Damit die Übersetzertätigkeit an besonderen geschichtlichen Phänomenen, so in der Analyse barocker allegorischer Dramen im Trauerspielbuch von 1925, durchgeführt werden konnte, war es erforderlich, ihnen ein geistiges Ansichsein, ein wahres »Sprachesein« zu unterstellen. Dieses zu erneuern und zu reaktivieren, sollte die Aufgabe des Übersetzers sein.

Insofern kann demnach die gesamte Schrift über das Trauerspiel als ein Produkt der Anwendung jener von Benjamin im »Übersetzer«-Aufsatz entwickelten negativen Metaphysik der Sprache verstanden werden. Diese bewahrte Benjamin sowohl davor, über den kulturellen Zerfallsprozeß zu verzweifeln, als auch davor, das Dogma einer allumfassenden positiv verbürgten Lösung des Problems zu vertreten. Er erkannte die Reversibilität jener negativen Zerfallsentwicklung durch den Aufweis einer historischen Bedingtheit, die zugleich ihre Nicht-Notwendigkeit bedeutete. Anders als Lukács, der über die erstarrte Romanform des 19. Jahrhunderts lamentierte, brauchte Benjamin nicht bei der Klage über die Deformation des Allegoriebegriffs bzw. über die zum bloßen Instrument verflachte Sprache stehenzubleiben. Über Lukács hinaus ging er bereits im theologisch argumentierenden Sprachaufsatz, indem er der verdinglichten zweiten Natur nicht mit einfacher Ablehnung begegnete, sondern deren einzelnen Phänomenen selbst eine metaphorisch zu verstehende »Trauer« über ihren Zustand der »Namenlosigkeit« zusprach, Trauer also auf konkrete Objekte bezog, »objektivierte«: »Weil sie stumm ist, trauert die Natur«, »und wo auch nur Pflanzen rauschen, klingt immer eine Klage mit«.[123] Aber den entscheidenden Schritt von der »stummen Klage« der Dinge zur »Nicht-Mitteilbarkeit«, der Bezeichnung für den wahren Kern aller sprachlichen Phänomene, vollzog Benjamin erst im »Übersetzer«-Aufsatz: In der Unvollkommenheit der gegenwärtigen Sprache kommt die unbedingte Forderung nach ihrer Vervollkommnung zum Ausdruck.[124] Motiviert ist das strikte Postulat durch die Diskrepanz von Wesen und Erscheinung der Dinge der Natur. Das noch allen deformierten Sprachformen inhärente Moment ihrer Herkunft aus der reinen vollkommenen Sprache der Namen fordert als Nicht-Mitteilbares, nicht Instrumentalisierbares, die Aufhebung aller defizienten Formen. Dieser Schritt zur Anweisung auf eine Vervollkommnung der Sprache war notwendig geworden, weil Benjamin erkannt hatte, daß »die Klage ... der undifferenzierteste ohnmächtige Ausdruck der Sprache« ist.[125] Möglich geworden ist er jedoch erst durch die Annahme einer negativen Metaphysik der Sprache. Diese gelangt nun im »Ursprung des deutschen Trauerspiels« zur konkreten historischen Anwendung. Ihr Programm erläutert Benjamin wie folgt:

»Wenn mit dem Trauerspiel die Geschichte in den Schauplatz hineinwandert, so tut sie es als Schrift. Auf dem Antlitz der Natur steht 'Geschichte' in der Zeichenschrift der Vergängnis. Die allegorische Physiognomie der Natur-Geschichte, die auf der Bühne durch das Trauerspiel dargestellt wird, ist wirklich gegenwärtig als Ruine. Mit ihr hat sinnlich die Geschichte in den Schauplatz sich verzogen. Und zwar prägt, so gestaltet, die Geschichte nicht als Prozeß eines ewigen Lebens, vielmehr als Vorgang unaufhaltsamen Verfalls sich aus. Damit bekennt die Allegorie sich jenseits von Schönheit. Allegorien sind im Reiche der Gedanken was Ruinen im Reiche der Dinge.«[126]

Denselben Verfallsprozeß, welchen er in seiner Sprachtheorie als einen kontinuierlichen Abfall menschlicher Wortsprache von göttlicher Namenssprache qua Instrumentalisierung entfaltete, sieht Benjamin in der Entwicklungsgeschichte des Allegoriebegriffs als einer besonderen Sprachform des deutschen Trauerspiels manifest geworden. Doch auch noch und gerade als Fragmente einer ruinierten, ursprünglich unbeschädigten Sprache verweisen Allegorien auf diese zurück; sie sind »Zeichen« der ehemaligen magischen Einheit von Zeichen, Bedeutung und bedeuteter Sache.[127] Diesen unverfälschten, historisch unverzerrten Allegoriebegriff zu rekonstruieren, bezeichnet die Übersetzungsaufgabe, die Benjamin sich stellt. Ein Ergebnis seiner daraus folgenden Analysen des Allegorischen ist es, daß »in der Allegorie die facies hippocratica der Geschichte als erstarrte Urlandschaft dem Betrachter vor Augen« liegt, d.h. die »Leidensgeschichte«, schließlich »Todverfallenheit« der Welt in konzentrierter Gestalt zugänglich ist.[128]

In der konkreten historischen Faktizität, nicht jenseits menschlicher Geschichte ist auch die wahre, urgeschichtliche Bedeutung der deformierten allegorischen Formen aufzusuchen. Für die Lösung des Problems einer Wiederbelebung der zur zweiten Natur erstarrten Formen von Kunst und Natur bedurfte Benjamin also nicht mehr der Abstraktheit einer ursprungsmythischen Konstruktion, die das Wahre als unbeschädigte sprachliche Totalität vor bzw. nach der Geschichte lokalisiert. Die verzerrten und unvollkommenen historischen Erscheinungen selbst enthalten Spuren ihres ursprünglichen Sinns. Sie sind nicht das schlechthin Andere des Wahren, sondern dieses in verzerrter, »überformter« Gestalt.[129] Diese besondere Lösung des bezeichneten Problems ging aus Benjamins negativer Sprachmetaphysik hervor. Sie erst ermöglichte es ihm, den Sprachcharakter des Allegorischen auf dessen bestimmte historische Ausprägung zu beziehen und an seiner Schriftähnlichkeit festzumachen.

Daß Benjamin die Allegorie als Schrift auffaßt, bedeutet jedoch nicht, daß er sie als Zeichen eines bloß arbiträr darunter Befaßten versteht; »sondern zwischen Allegorie und allegorisch Gemeintem besteht eine Sachbeziehung«[130]. Die Allegorie ist demnach beides: Konvention und Ausdruck«[131]. Ihr konventionelles Moment deutet auf ihre geschichtliche Kontingenz hin und bezeichnet als solches ihre Vergänglichkeit. Ihr Ausdrucksmoment, repräsentiert durch ihren Schriftcharakter, verweist auf ihren urgeschichtlichen Grund, der als solcher positiv nicht mehr zugänglich ist.[132]

Durch diese negativ-metaphysische Fassung des Problems der Naturgeschichte vollzieht Benjamin einen über Lukács hinausgehenden Schritt, auf den Adorno, dies gilt es hier zu zeigen, bei der Ausformulierung seines geschichtsphilosophischen Programms zurückgreifen konnte. Geschichte wird von Benjamin nicht mehr nur abstrakt-polemisch als zweite Natur interpretiert, sondern auch noch in ihren einzelnen defizienten Erscheinungsformen als vergänglich begriffen. Noch in ihren beschädigten Ausformungen bedeutet Geschichte Prozeßhaftigkeit und nicht nur die starre Verfestigung zweiter Naturen. Das theoretische Instrumentarium des solchermaßen erweiterten Geschichtsverständnisses findet Benjamin in der Kunst stetig fortschreitenden Übersetzens und Interpretierens naturgeschichtlicher Phänomene.

In diesem Zusammenhang ist es Benjamins Gedanke der »Vergänglichkeit« von Natur, welcher für Adorno zum entscheidenden Anknüpfungspunkt für die Entwicklung seiner eigenen negativen Geschichtsmetaphysik wird. In ihr erhält dieser Gedanke jedoch einen Sinn, der von seiner Benjaminschen Fassung noch differiert. Denn Adorno zufolge macht auch der Benjamin des Trauerspielbuchs noch insofern von einem inkonsequenten, positiv-metaphysischen Moment Gebrauch, als er davon ausgeht, daß jene ursprünglichen Naturphänomene, obgleich sie historisch überkommen sind und als solche ihren Zustand völlig verändert haben, im Schriftcharakter des Allegorischen *als* urgeschichtliche, ansichseiende und unwandelbare wieder hervortreten. Mit dieser Lehre erhielt Benjamin aber doch noch einen Rest jenes Starr-Mythologischen aufrecht, welches er als zweite Natur aufzulösen trachtete. Auch diesen letzten Rückstand eines Mythisch-Urgeschichtlichen - er war nicht schlechthin zu eliminieren - galt es für Adorno geschichtlich zu interpretieren und als veränderbar zu begreifen: »Es kann sich nicht bloß darum handeln zu zeigen, daß in der Geschichte selbst urgeschichtliche Motive immer wieder vorkommen, sondern daß Urgeschichte selbst als Vergänglichkeit das Motiv der Geschichte in sich hat«.[133]

Diese Konsequenz, die Adorno aus dem Benjaminschen Verfahren der Historisierung von Natur, über dieses hinausgehend, noch zog, führte ihn schließlich zur Formulierung seines eigenen Programms. Es besteht darin, »die konkrete Geschichte in ihren Zügen als Natur auszulegen und die Natur im Zeichen der Geschichte dialektisch zu machen«[134]. Diese Formel beschreibt den Grundgedanken der »Idee der Naturgeschichte«, welche in 1.III.-V. weiter diskutiert werden soll.

Bis hierher sind nun schon die beiden Grundpfeiler der Geschichtsphilosophie Adornos expliziert worden. Sie verhalfen ihm zur Entwicklung einer negativ-metaphysischen Geschichtstheorie, für die er einen zentralen Gedanken bereits am Phänomen der Musik hatte aufzeigen und geltend machen können: Ihr negativ-metaphysischer Charakter besteht darin, daß sie stets auf ein Transzendentes verweist, welches dem Wesen nach niemals positiv, d.h. endgültig und vollständig bestimmt werden kann; es zeigt sich immer nur als ein unbestimmbares Etwas, das im Prozeß begriffen ist. Um dessen Bedeutung für den menschlichen Erkenntnisvorgang einsichtig zu machen, griff Adorno auf die beiden Theorien, einmal der Deutung von Geschichte als Natur (Lukács), zum anderen die der Auslegung von Natur als Geschichte (Benjamin) zurück, um dann beide zu einer geschichtsphilosophischen Theorie zusammenzufügen.

Gleichwohl bezeichnet ihre Kontaminierung zu einem Konzept nur eine vorläufige Station Adornos auf dem Weg zur Formulierung seiner Kritik aller Identitätsphilosophie und des »identifizierenden Denkens« (vgl. Kap. 4.III.1.) schlechthin. Sie richtet sich gegen die Gewaltsamkeit subjektivistischen Denkens: »der abstrahierenden Zurichtung von Natur auf reine Einheit als ihr oberstes Prinzip.«[135] Erst die

Kantische Weise der Naturerklärung bot Adorno schließlich ein zureichendes Fundament für die theoretische Entfaltung seiner negativen Metaphysik im Schlußabschnitt der »Negativen Dialektik« (vgl. Kap. 5).

4. Geschichte als ob Natur (Marx)

Mit Lukács Aufweis der Geschichte als zweiter Natur und Benjamins theoretischer Auflösung der zweiten Natur wiederum in Geschichte sind die beiden primären Quellen für die Geschichtsphilosophie Adornos bezeichnet, insofern damit ihre intellektuelle Entstehung aufgezeigt ist, deren zugrundeliegende Erfahrungen - wie gesagt - bis in die ersten Auseinandersetzungen mit der Kompositionsweise der zweiten Wiener Schule, der Trias Schönberg, Berg und Webern, zurückreichen.[136]

Doch wir haben auch gesehen, daß Adornos *originäre* Leistung darin bestand, nicht nur die Positionen Lukács und Benjamins zu einer konsequent dialektischen Beziehung von Natur und Geschichte verknüpft zu haben, sondern in der Auseinandersetzung mit diesen Theorien, sie variierend, auch über sie hinausgegangen zu sein. Ohne die Adaptionen von der Tradition unterschätzen zu wollen, möchte ich inmitten dieser historischen Vorerinnerungen doch betonen, daß ich wesentlich an dem interessiert bin, was Adorno ihnen neu hinzugefügt hat. Denn eine kritische Würdigung der Bedeutung und möglichen Aktualität einer Philosophie kann nicht nur darin bestehen, sie an Wegbereiterpositionen anzuschließen, sondern muß ebenso deren eigene Ideen zu bestimmen suchen, die natürlich nicht unabhängig von jenen zugänglich sind. So lautet die Hauptthese, die ich in diesem Buch zu erhärten versuche, daß Adornos Rekurse auf die Tradition im wesentlichen nur der Gewinnung von Transformationsmitteln dienten, mit denen er die Kantische Philosophie, eine recht konstante Basis seines eigenen Denkens, reformulierte. Ich werde mich darum bemühen zu zeigen, daß Adornos Philosophie zurecht als »negative Metaphysik« gelten kann, deren eigentliche Intention darin besteht, Kants kritischen Weg fortzusetzen, den »einzigen, der« - nach der Verabschiedung des Leibnizschen metaphysischen Dogmatismus und des Empirismus David Humes - »übrig gelassen war«[137].

Bei Adorno selbst gelangt diese Intention zu folgender programmatischer Formulierung: »Philosophie, wie sie nach allem allein zu verantworten wäre, dürfte nicht länger des Absoluten sich mächtig dünken, ja müßte den Gedanken daran sich verbieten, um ihn nicht zu verraten, und doch vom emphatischen Begriff der Wahrheit nichts sich abmarkten lassen. Dieser Widerspruch ist ihr Element. Es bestimmt sie als negative. Kants berühmtes Diktum, der kritische Weg sei allein noch offen, gehört zu jenen Sätzen, in denen die Philosophie, aus der sie stammen, die Probe besteht, indem sie, als Bruchstücke, das System überdauern.«[138]

Doch die ausdrückliche Identifizierung seiner programmatischen Forderung einer Kritik des Möglichen auf der Grundlage einer konkret historisch verstandenen Wirklichkeit mit den kritischen Intentionen der Transzendentalphilosophie Kants, die gegen die anmaßenden Grenzüberschreitungen der Vernunft, resultierend aus einer Verwechslung des intelligiblen Ansichseins der Dinge mit dessen negativen Erscheinungsformen, gerichtet waren, unternimmt Adorno erst im Schlußteil der »Negativen Dialektik«, den »Meditationen zur Metaphysik«[139], sowie in seinen späten Aufsätzen.[140] Bei der Rekonstruktion seiner Geschichtsphilosophie hingegen führt uns der Rekurs auf Lukács und Benjamin zunächst noch in einer weiter rückwärts gerichteten Verlängerungslinie auf die Naturgeschichtskonzeptionen von Marx und Hegel, mit denen sich Adorno im geschichtsphilosophischen Teil[141] der »Negativen Dialektik« auseinandersetzt.

Darin wiederholt Adorno zunächst die Marxsche Hegel-Kritik, welche gegen die Affirmation eines »über die Köpfe der Subjekte sich realisierenden Allgemeinen«[142] gerichtet ist, gegen die Konzeption des absoluten Geistes, der sich unaufhörlich in der Geschichte der Menschheit verwirklicht.

Doch ebenso wie Hegel ging auch Marx von dem Gedanken eines Allgemeinen aus, das über die Einzelsubjekte herrscht: dem »Naturgesetz«, nach dem gesellschaftliche Veränderungen sich vollziehen und gemäß dem »die Entwicklung der ökonomischen Gesellschaftsformation«[143] verlaufen soll. Dieses allgemeine Naturgesetz zu erkennen, und d.h. »das ökonomische Bewegungsgesetz der modernen Gesellschaft zu enthüllen«, so Marx, sei »der letzte Endzweck« seines »Kapitals«.[144] Die entscheidende Differenz jedoch zwischen Hegels Lehre vom absoluten Geist als der absoluten Identität von Geist und Natur, die selbst noch die Verschiedenheit beider Momente enthalten soll, und der Marxschen Annahme allgemeiner Naturgesetze besteht darin, daß jene einen apriorisch-logischen, diese lediglich einen zeitlich-ökonomischen Status beansprucht. Dachte Hegel die Einheit von Geist und Natur nach dem Modell der Selbstreflexion, der Beziehung eines einzelnen Subjekts zu sich selber, das sich im Selbstbewußtsein mit sich identisch weiß, so begreift Marx die Synthesis des Menschen mit der Natur, die immer nur eine partielle, niemals eine absolute ist, nach dem Muster eines ökonomischen Gesetzes, das die Weise der Auseinandersetzung beider, die Form gesellschaftlicher Arbeit bestimmt. Die Regeln, nach denen das vorgegebene Arbeitsmaterial durch die menschliche Arbeitskraft mit Hilfe technischer Instrumente zu Produkten gestaltet, »synthetisiert« wird, und als deren Inbegriff Marx das ökonomische »Naturgesetz« gilt, unterliegen selbst empirischen, mithin auch veränderbaren Bedingungen: »Sie sind Produkte der menschlichen Industrie; natürliches Material, verwandelt in Organe des menschlichen Willens über die Natur oder seiner Bestätigung in der Natur. Sie sind *von der menschlichen Hand geschaffene Organe des menschlichen Hirns; vergegenständlichte Wissenschaft.*«[145]

Aus der historischen Bedingheit und Veränderbarkeit der Produktionsverhältnisse sowohl als der Produktionsgesetze ergibt sich eine wechselnde, in jeder Epoche der Menschheit anders geartete Konstellation von Mensch und Natur, Subjekt und Objekt. Die »Proportion zwischen Arbeit und Naturstoff (ist) sehr verschieden«[146], sagt Marx, und die synthetische Einheit von Mensch und Natur wird durch gesellschaftliche Arbeit und diese durch den faktischen Entwicklungsstand der Produktivkräfte jeweils neu bestimmt. Die Produktivkräfte (der Arbeitsproduktivität) wiederum, die »den Wirkungsgrad zweckmäßiger produktiver Tätigkeit in gegebenem Zeitraum« bestimmen[147], sind von vielfältigen Umständen abhängig, z.B. von der »Entwicklungsstufe der Wissenschaft und ihrer technologischen Anwendbarkeit«, der »Wirkungsfähigkeit der Produktionsmittel« sowie von äußeren Naturverhältnissen, etwa klimatischen Bedingungen und Bodenbeschaffenheit.[148]

Die bestehende Arbeitsproduktivität ist jedoch in keinem Fall etwas von der Natur Vorgegebenes, sondern geht aus einer Jahrtausende umfassenden Geschichte hervor, so wie auch die ihr zugrundeliegenden Kapitalverhältnisse »das Produkt eines langen Entwicklungsprozesses« sind.[149]

Die Pointe der Marx-Interpretation Adornos ist es nun, an dessen Einsicht der historischen Bedingtheit sowohl von Produktionsverhältnissen als auch Produktivkräften anknüpfend, den Marxschen Begriff des Naturgesetzes selbst, der für das Prinzip gesellschaftlicher Produktionsweisen einsteht, als einen eminent polemischen und gesellschaftskritischen auszufassen, insofern er gegen eine Ontologie der Naturgesetzlichkeit, die Annahme notwendiger und invarianter Strukturen der Natur gerichtet ist. »Daß die Annahme von Naturgesetzen nicht à la lettre zu nehmen, am wenigsten im Sinn eines wie immer gearteten Entwurfs vom sogenannten Menschen zu ontologisieren sei, dafür spricht das stärkste Motiv der Marxschen Theorie überhaupt, das der Abschaffbarkeit jener Gesetze.«[150] Zur Stützung seiner Interpretation beruft sich Adorno auf eine Stelle aus dem Kapitel über das Akkumulationsgesetz des »Kapitals«, an der Marx das »Naturgesetz« der kapitalistischen Produktionsweise eine Mystifikation nennt: »Das in ein Naturgesetz mystifizierte Gesetz der kapitalistischen Akkumulation drückt also in der Tat nur aus, daß ihre Natur jede solche Abnahme im Exploitationsgrad der Arbeit oder jede solche Steigerung des Arbeitspreises ausschließt, welche die stetige Reproduktion des Kapitalverhältnisses und seine Reproduktion auf erweiterter Stufenleiter ernsthaft gefährden könnte. Es kann nicht anders sein in einer Produktionsweise, worin der Arbeiter für die Verwertungsbedürfnisse vorhandener Werte, statt umgekehrt der gegenständliche Reichtum für die Entwicklungsbedürftigkeit des Arbeiters da ist.«[151]

Zwar geht aus dieser Stelle eindeutig hervor, daß das ökonomische Bewegungsgesetz nur unter kapitalistischen Produktionsverhältnissen notwendig gilt und diese Notwendigkeit durch eine Veränderung der ökonomischen Gesamtstruktur in nichts als pure Zufälligkeit zerfiele: »Naturhaft ist jenes Gesetz wegen des Charakters seiner Unvermeidlichkeit unter den herrschenden Verhältnissen der Produktion.«[152] Doch aus dem Argument der Veränderbarkeit der Produktionsprinzipien, die lediglich im Verkennen der realen Verhältnisse zu Naturgesetzen verklärt, eben »mystifiziert« werden, auf die Abschaffbarkeit von Naturgesetzen im Marxschen Sinn *überhaupt* zu schließen, wie Adorno das tut, ist durch nichts gerechtfertigt. Die Fetischisierung der herrschenden ökonomischen Regeln zu naturgesetzlichen Invarianten erfolgt nur in einer ihrer selbst *unbewußten* Gesellschaft, die ihre eigenen ökonomischen Bewegungsgesetze nicht durchschaut. Sind diese erst erkannt, so verschwindet zwar der Fetisch von Naturgesetzen, Produkt einer historisch-gesellschaftlichen Naturalisierung; doch ein wahrer Kern von Naturgesetzlichkeit, der weder ökonomisch noch irgendwie gesellschaftlich präformiert ist, bleibt bestehen. Der Marxsche Begriff des Naturgesetzes ist also durchaus ambivalent. Adorno übersieht, daß Marx in Analogie zur Kantischen Konstruktion des Dings an sich eine Natur als solche annimmt, die der menschlichen Geschichte, und das heißt auch der universalen geschichtlichen Vermittlung von Menschen und Dingen, noch vorausliegt und die durch keinen

Idealismus in ein bloß Geistiges aufgelöst werden kann;[153] denn »diese der Geschichte vohergehende Natur (ist) ... nicht die Natur, die heutzutage, ausgenommen etwa auf einzelnen australischen Koralleninseln neueren Ursprungs, nirgends mehr existiert.«[154] Sie ist der Verfügungsgewalt der Subjekte schlechthin entzogen.

Und nur deshalb ist es nun auch verständlich, daß Marx sagt: »Naturgesetze können überhaupt nicht aufgehoben werden. Was sich in historisch verschiedenen Zuständen ändern kann, ist nur die Form, worin jene Gesetze sich durchsetzen.«[155] Die Form der Naturgesetze ändert sich mit dem historischen Stand der Produktivkräfte. Die Konstanz ihres Gehalts jedoch ist die Bedingung dafür, daß Naturerkenntnisse eine Objektivität beanspruchen können, die über die allgemeine Geltung ökonomischer Gesetze hinausgeht. Dieser zweite Bedeutungsaspekt des Marxschen Begriffs des Naturgesetzes kennzeichnet das »immanente Gesetz«[156] der Genesis von Naturstoffen. Er zielt auf die Scheidung des Essentiellen und Akzidentellen natürlicher Dinge, die Marx auch als Differenz von »innerer« und »äußerer Form«[157] an ihnen erkennt. Die Annahme eines immanenten Gesetzes der Dinge der Natur, das sich naturwissenschaftlicher Fixierbarkeit ebenso entzieht wie jeder positiven Bestimmbarkeit überhaupt, rückt Marx, wie erst in neuerer Zeit betont wurde[158], in die Nähe von Kants negativer Metaphysik: Der nur negativ bestimmbare Begriff der »immanenten Form« korrespondiert mit dem, was Kant das »intelligible Substrat der Erscheinungen« nannte. Als ein Nichtidentifizierbares ist es allen ideologischen Vermittlungszusammenhängen vorgeordnet, gleichwohl nur auf der Basis ihrer Einbeziehung zugänglich.

Diese wichtige Marxsche Konzeption, den Gedanken einer inneren Form, welche die Konstitution von entia naturalia ermöglicht, verkannte Adorno. Sie hätte ihm schon im Zusammenhang seiner geschichtsphilosophischen Bemühungen dazu verhelfen können, die Idee einer negativen Metaphysik in einer gewissermaßen zweiten Reflexion auch bei Marx geltend zu machen, so wie er es bei der Behandlung metaphysischer Fragen in bezug auf Kant tat (vgl. Kap. 5).

Statt dessen akzentuiert Adorno ausschließlich den ersten, kritischen Aspekt des Marxschen Begriffs der Naturgesetzlichkeit. Als polemischer ist er gerichtet gegen die Hypostasierung historisch gewordener, insofern kontingenter Produktionsprinzipien zu einem mythisch-naturhaften Unwandelbaren; gegen die Fetischisierung eines Zweiten, Abgeleiteten, zu einem unveränderlichen Ersten; Kantisch gesprochen, gegen die Verwechslung von negativen Erscheidungsformen mit Dingen an sich.

Für Adorno ist der kritische Aspekt seinerseits doppelt begründet: zum *einen* besteht seine Funktion im Aufdecken des Scheincharakters ökonomischer Gesetze, in der Zerstörung ihrer Mystifizierung und Fetischisierung zu Universalia; zum *anderen* in der Hervorhebung der Realität dieser Gesetze, ihres Zwangscharakters als »konstitutiver Formen der Vergesellschaftung«[159], die der wahren Natur der Gesellschaft gegenüber nicht nur äußerlich sind. »Ideologie überlagert nicht das gesellschaftliche Sein als ablösbare Schicht, sondern wohnt ihm inne.«[160]

Der erste Aspekt der kritischen Pointierung, die der Marxsche Begriff des Naturgesetzes durch Adorno erfährt, orientiert sich an Lukács' Begriff der Verdinglichung, der sein Korrelat wiederum bei Marx selbst im Begriff des »Fetischs« hat, wie er im 1. Kapitel des »Kapitals«[161] exponiert wird. Darin analysiert Marx den Charakter der

Ware, die ihm als elementarste Form der kapitalistischen Produktionsweise gilt. Ihre Struktur wird wesentlich durch drei Prinzipien beherrscht:
1. durch die Abstraktion des Tauschwerts der Ware von ihrem Gebrauchswert, wobei beide Wertformen in einem ähnlichen Verhältnis zueinander stehen, wie die Kategorien Erscheinung und Wesen in der Hegelschen Logik[162]; während der Gebrauchswert für das Wesen, die wahre Natur der Gesellschaft, einsteht, kennzeichnet der Tauschwert etwas Zufälliges, eine bloß äußerliche und relative Eigenschaft der Ware, die aus der Umwandlung ihrer Naturalform in die Wertform hervorgeht;
2. durch die Identität aller Waren, d.h. ihre universale Vergleichbarkeit durch das Medium des Geldes, und schließlich
3. durch Verdinglichung als ein Fetisch, eine Mystifikation des Objekts, die durch seine Abspaltung vom Produktionsprozeß erzeugt wird.
Der dritte Aspekt, der »phantasmagorische« Charakter der Ware, in dem sie erscheint, *als ob* sie Natur, etwas Mythisch-Starres, Unveränderliches *wäre*, stellt den für Adorno wichtigsten Aspekt der Marxschen Lehre dar. Er verweist auf die Historizität und Wandelbarkeit dessen, was Adorno im Anschluß an Lukács' »zweite Natur«, die zur sinnentleerten Konvention erstarrte Welt der Verdinglichung, der Ware, genannt hatte (Kap. 1.II.2.).
Doch die Möglichkeit der theoretischen Auflösung des Begriffs der zweiten Natur durch den Aufweis der Geschichtlichkeit dessen, wofür er steht, konnte Adorno bereits in Benjamins Trauerspielbuch gelten machen (1.II.3.). Der Rekurs auf Marx hingegen erlaubte es ihm, das Wesentliche der zweiten Natur noch präziser zu fassen, als es mit Hilfe der Theorien von Lukács und Benjamin möglich war: Die Analyse des Fetischcharakters der Warenwelt erweist diese trotz ihrer Vergänglichkeit als genauso starr und zwangsverfaßt wie jene erste Natur, die von unaufhebbarer Gesetzlichkeit beherrscht wird. Sie verdeutlicht, daß die zweite Natur wesentlich Urgeschichte geblieben ist; daß jenes Mythisch-Archaische, für das die erste Natur einstand, auch noch das charakteristische Merkmal der geschichtlich allmählich entstandenen zweiten Natur ist, so daß eine Differenz zwischen erster und zweiter Natur nicht mehr zu erkennen ist.
Erst jetzt wird verständlich, was Adorno schon in seiner frühen Programmschrift formuliert hat und was in der »Negativen Dialektik« durch den Marx-Rekurs theoretisch plausibel gemacht und »eingeholt« wird: »Es ist in Wahrheit die zweite Natur die erste.«[163] Mit dieser These antizipiert Adorno bereits die dann später in der »Dialektik der Aufklärung« von 1947 entfalteten zwei grundlegenden Gedanken, daß 1. »schon der Mythos ... Aufklärung« ist, und daß 2. »Aufklärung ... in Mythologie zurück« schlägt.[164] Die zweite, vergesellschaftete und institutionalisierte Natur, die zum Zweck der Bändigung der Gewalten erster Natur eingerichtet wurde, übt auf die Menschen, deren innere Natur, den gleichen Zwang aus, wie die mythologisch starre Gesetzlichkeit der ersten Natur. Obgleich Adorno die Geschichtlichkeit und Aufhebbarkeit sowohl erster als auch zweiter Natur aufgewiesen hatte, geht er hier doch in Übereinstimmung mit Marx davon aus, daß der bisherige faktische Verlauf der Geschichte zumindest von *einer* Invariante, der Ausübung von Herrschaft, bestimmt war, die es zu destruieren gilt. »Menschliche Geschichte, die fortschreitender Naturbeherrschung, setzt die bewußtlose der Natur, Fressen und Gefressenwerden, fort.«[165]

Anders als Marx jedoch erhoffte sich Adorno die Aufhebung von Herrschaftsausübung in der Geschichte, die Versöhnung von Mensch und Natur, nicht als das Ergebnis der »Aufhebung des Privateigentums als menschlicher Selbstentfremdung«[166], sondern eher umgekehrt, die Aufhebung der von Marx analysierten Phänomene der Entfremdung und Verdinglichung als Folgeerscheinung einer gelungenen Versöhnung des Menschen mit der Natur: mit der Aufhebung von Naturbeherrschung jeder Art setzte Adorno die Bedingungen für die Realisierbarkeit seiner regulativen Idee der Versöhnung grundsätzlicher und viel utopischer an, als Marx und Lukács es taten. Geschichte galt ihm nicht primär als eine von Klassenkämpfen, sondern genereller, beinahe skandalös romantizistisch, als ein Austauschprozeß zwischen Mensch und Natur, Bewußtsein und Realität, Gegenwart und Vergangenheit.

Adornos These der Identität von erster und zweiter Natur rückt seine Position in die Nähe der Geschichtstheorie Nietzsches, die im nächsten Abschnitt behandelt werden soll (1.II.5.). Diese These war das Ergebnis der ersten Art einer polemisch-kritischen Pointierung, welche die Marxschen Termini »Naturgesetzlichkeit« und »Naturgeschichte« durch Adornos Aufdecken des *Fetisch*charakters, der Mystifizierung dessen, wofür sie stehen, erfuhren. Der zweite Bedeutungsaspekt, den Adorno dem Marxschen Naturgesetz verleiht, bezeichnet den durch die ökonomischen Gesetze ausgeübten *realen Zwang*: »Naturhaft ist jenes Gesetz wegen des Charakters seiner Unvermeidlichkeit unter den herrschenden Verhältnissen der Produktion.«[167] Die Naturhaftigkeit ökonomischer Gesetze gilt Adorno als Zwang »zweiter Ordnung«, der die notwendige Folgeerscheinung des grundlegenden Zwangs der kapitalistischen Produktionsverhältnisse darstellt. Entscheidend jedoch ist, daß der nur abgeleitete Status der ökonomischen Produktionsregeln diesen in keiner Weise etwas von ihrem Zwangscharakter, dem für sie wesentlichen Merkmal, nimmt. Während sich ihr Notwendigkeitscharakter ja erst aus ihrer Abhängigkeit von den Produktionsverhältnissen, aus denen sie zwingend hervorgehen, neu ergibt (die Produktionsverhältnisse selbst sind als historisch gewordene keineswegs notwendig), gilt dies nicht für ihren Zwangscharakter, den die abgeleiteten ökonomischen Gesetze mit den ihnen zugrundeliegenden Bedingungen teilen. Um den Zwangscharakter der real herrschenden Produktionsregeln *auszudrücken* und diese dadurch gleichzeitig zu *kritisieren*, stellt sich Adorno affirmativ zu ihrer Bezeichnung durch den polemisch gemeinten Marxschen Begriff der Naturgesetzlichkeit. Durch diese zweite Bedeutungskomponente, welche Adorno der kritischen Pointierung des Begriffs gibt, sucht er einer Verharmlosung des mythologischen Zwangs, den die ökonomischen Gesetze ausüben, entgegenzuwirken. Zusammengenommen mit der ersten Komponente, der kritischen Entlarvung des Scheincharakters jener Gesetzlichkeit, bezeichnet sie das für Adorno wesentliche Charakteristikum der bürgerlichen kapitalistischen Gesellschaft: gesellschaftlich notwendigen Schein[168], ihren ideologischen Charakter. Die »aktuelle Gestalt« notwendigen Scheins, so Adorno, bestehe darin, »daß Produktivkräfte und Produktionsverhältnisse heute eins seien und man deshalb die Gesellschaft umstandslos von den Produktivkräften her konstruieren könne«[169].

Daraus wird nun auch schon deutlich, wie Adorno dazu kommen konnte, mit der Marxschen Kategorie des Naturgesetzes die Bestimmung »notwendigen Scheins« zu verbinden: Das Wort »Schein« ist in seiner Anwendung auf die gesellschaftlichen

Produktionsregeln gemäß seiner Bedeutung eines Schlecht-Ideologischen gerechtfertigt dadurch, daß sich in jenen Regularitäten Zwangsverhältnisse spiegeln, deren Symptome angebbar sind als eine konstatierbare Tendenz schlechter Vereinheitlichung aller gesellschaftlichen Einzelmomente (Personen und Sachen), ihrer anzunehmenden Vergleichbarkeit, die nur eine Folge der absehbaren totalen Vermittlung von allem durch das kapitalistische Tauschprinzip darstellt. Ein solches Bewußtsein von der Gesellschaft als einem Scheinphänomen muß aber selbst auch wiederum noch als scheinhaft und somit fehlgeleitet begriffen werden, sofern es nicht auf die Ursachen des Scheins reflektiert; sofern es davon abstrahiert, daß die bezeichnete gesellschaftliche »Vereinheitlichung nicht wahrhaft rational ist, sondern blinder, irrationaler Gesetzmäßigkeit untergeordnet bleibt«[170]. Zwar ist der reale Schein der Produktivkräfte ein »notwendiger«, weil er aus den bestehenden Produktionsverhältnissen unweigerlich folgen mußte. Falsch wird diese Bestimmung aber dann, wenn man mit dem Sinn von Notwendigkeit auch Unveränderbarkeit verbindet; wenn man vergißt, «daß noch die übermächtigen sozialen Prozesse und Institutionen in menschlichen entsprangen«[171], daß »ohne Absehen von den lebendigen Menschen ... nicht zu tauschen« wäre.[172] Die Frage nach den realen Ursachen bestehenden Scheins verhindert es also, daß der Scheincharakter menschlicher Sozietät universalisiert wird: Eine kritische Erforschung seiner Gründe fungiert als Präventiv einer Apologie dessen, was ist. Sie führt uns auf die Kontingenz und historische Relativität der ökonomischen Verhältnisse, welche den Phänomenen des Scheins zugrunde liegen. Nur unter der geschichtlich wandelbaren Bedingung solcher Verhältnisse war der Schein als notwendig zu bezeichnen.

Im Rekurs auf den jungen Marx führte Adorno an dieser Stelle eine zusätzliche Größe in sein geschichtsphilosophisches Konzept ein, die in seiner kritischen Adaptierung der Lehren Benjamins und Lukács noch nicht vorkam: die der *lebendigen* Subjekte. Für die Kritik gesellschaftlich notwendigen Scheins reichte die konsequent dialektische Fassung des Verhältnisses von Natur und Geschichte nämlich nicht aus, wenn Geschichte nicht außer auf Natur auch auf lebendige Individuen bezogen worden wäre. Wie Natur und Geschichte, so bedingten sich auch «Geschichte der Natur und Geschichte der Menschen gegenseitig«[173], beide sind voneinander nicht zu trennen. Nur eine Abstraktion von der *Arbeit* lebendiger Subjekte läßt die Menschheitsgeschichte unabhängig von der Geschichte der Natur erscheinen und affirmiert somit die real bereits weitgehend vollzogene Verselbständigung beider. Diesen Prozeß als *Schein*autohomisierung zu erweisen, der zudem nur durch die Ausübung von *Gewalt* sowohl gegen die äußere Natur als auch die innere Natur der Menschen selbst möglich geworden ist, bezeichnet die Aufgabe geschichtsphilosophischer Kritik. Eine *wirkliche* Autonomie der Subjekte ist für Adorno nur unter dem Vorzeichen einer Versöhnung von Mensch und Natur denkbar, bleibt also, wie diese, eine noch zu verwirklichende Aufgabe, regulative Idee. Antizipiert und angesteuert werden kann sie allein durch unversöhnte Intellektualität kritischer und selbstkritischer Personen.

5. »Zweite Natur« als vermeintliche Negation der »ersten« (Nietzsche)

Zur Verdeutlichung der These, die Adorno gegen Ende seiner geschichtsphilosophischen Programmschrift aufstellt, daß »in Wahrheit die zweite Natur die erste« sei, kann ein Rekurs auf Nietzsches »Zweite Unzeitgemäße Betrachtung« mit dem Titel »Vom Nutzen und Nachteil der Historie für das Leben« hilfreich sein. Nietzsche, der davon ausgeht, daß »das Unhistorische und das Historische ... gleichermaßen für die Gesundheit eines einzelnen, eines Volkes und einer Kultur nötig« sind.[174], entfaltet in dieser Schrift bekanntlich drei verschiedene Versionen, Geschichte zu schreiben, denen er jeweils einen anthropologischen Typus zuordnet: »Daß das Leben aber den Dienst der Historie brauche, muß ebenso deutlich begriffen werden als der Satz, ... daß ein Übermaß der Historie dem Lebendigen schade. In dreierlei Hinsicht gehört die Historie dem Lebendigen: sie gehört ihm als dem Tätigen und Strebenden, ihm als dem Bewahrenden und Verehrenden, ihm als dem Leidenden und der Befreiung Bedürftigen. Dieser Dreiheit von Beziehungen entspricht eine Dreiheit von Arten der Historie: sofern es erlaubt ist, eine *monumentalistische*, eine *antiquarische* und eine *kritische* Art der Historie zu unterscheiden.«[175]

Da Nietzsche zusätzlich postuliert, daß Historie immer im Dienste und zum Zwecke des *Lebens* zu betreiben ist[176] und ihm Leben - für wie Vielfältiges und Heterogenes der Begriff auch einsteht, so viel ist klar - als »unhistorische Macht«[177] gilt, kann er auch die zugrunde gelegte Prämisse einer notwendigen Gleichzeitigkeit von Historischem und Unhistorischem gedanklich einholen.

Daß eine der Lebenspraxis unterstellte und ihr dienende Historie der Bindung an Unhistorisches und Überhistorisches bedarf, eine Bewußtseinsstellung, die in Nietzsches objektivistischem Verständnis jeder Art von Geschichtsschreibung begründet ist, hätte Adorno natürlich zurückgewiesen, weil es ihm ja gerade um die Überwindung aller mythisch-starren und archaisch-naturhaften Elemente im Verständnis von Geschichte ging. Eher war er an der Idee einer geschichtlichen Bedeutungserschließung orientiert, die auf eine Dechiffrierung verborgenen Sinns zielt. Diese Idee stellt aber nur die eine von den vier geschichtsphilosophischen Grundideen Adornos dar. Die Idee der Bedeutung steht nicht für sich allein, sondern tritt in ein spezifisches Verhältnis zu den anderen drei Ideen, wobei sich das Verhältnis von Fall zu Fall ändert. »Es handelt sich nicht um ein Erklären von Begriffen auseinander, sondern um Konstellation von Ideen, und zwar der Idee von Vergänglichkeit, des Bedeutens und der Idee der Natur und der Idee der Geschichte.«[178]

Aber nicht nur das Verhältnis dieser Ideen zueinander, auch jede einzelne von Ihnen ist dem Inhalt nach variabel aufzufassen. Sämtliche vier fungieren lediglich als kritische Regulative im Zusammenhang geschichtsphilosophischer Erkenntnis. Als solche können sie zudem nur gemeinsam ihre Aufgabe erfüllen, die Erklärung eines einzelnen historischen Faktums anzuleiten und voranzutreiben. Daher findet man für Adornos Idee des »Bedeutens« auch keine Entsprechung in Nietzsches Historienschrift von 1874. Ein Korrelat könnte dieser Gedanke allenfalls durch Nietzsches Begriff der »Interpretation« erhalten, der im Zusammenhang seiner Kritik der Geisteswissenschaften in der Schrift »Über Wahrheit und Lüge im außermoralischen Sinn« entfaltet wird. Doch ungeachtet dieser grundsätzlich differierenden Weisen Nietzsches und

Adornos, Geschichte auszulegen, geht es mir im folgenden um die Klärung einer beiden gemeinsamen Gedankenfigur, der Identität von erster und zweiter Natur. Diese tritt als These, obgleich unterschiedlich motiviert, in beiden geschichtsphilosophischen Konzepten auf.

Die dritte Art der Geschichtsschreibung in Nietzsches dreigliedrigem Modell, die *kritische*, enthält nun wesentliche Motive, die auch für die Position Adornos typisch sind. Diese dritte Version wird aus dem Zustand des Leidens an der Faktizität gegenwärtiger wie auch vergangener Verhältnisse und der Not der Unfreiheit heraus angewandt. Sie besteht in der gegenwärtigen Durchbrechung der als schlecht erfahrenen und beurteilten Vergangenheit. Die Intention des kritischen Historikers ist es, »eine Vergangenheit zu zerbrechen und aufzulösen, um leben zu können: dies erreicht er dadurch, daß er sie vor Gericht zieht, peinlich inquiriert und endlich verurteilt; jede Vergangenheit aber ist wert, verurteilt zu werden.«[179]

Der Radikalität einer totalen Negation des Vergangenen durch die kritische Historie widersetzt sich Nietzsche selbst jedoch aus zwei Gründen, die für Adorno gleichermaßen gültig sind. Zum einen ist der Versuch, »sich gleichsam a posteriori eine Vergangenheit zu geben, aus der man stammen möchte, im Gegensatz zu der, aus der man stammt: - immer ein gefährlicher Versuch, weil es so schwer ist, eine Grenze im Verneinen des Vergangenen zu finden...«.[180]

Dies bedeutet: Die Kritik der tatsächlichen Vergangenheit durch die kritische Historie erfolgt vom abstrakten Standpunkt einer bloß gewünschten und für möglich erachteten besseren. Sie hat mit der wirklichen Geschichte nichts zu tun, läßt sich auf sie nicht im Konkreten ein und bleibt deshalb der Faktizität gegenüber wirkungslos. Um allein der unhistorisch verstandenen Instanz des Lebens, »jene(r) dunkle(n), treibende(n), unersättlich sich selbst begehrende(n) Macht«[181] dienen zu können, muß die kritische Historie immer *ungerecht* gegenüber den konkreten historischen Situationen verfahren: Die lebensermöglichende Kraft, das Gewesene zu *vergessen*, und nicht die Erkenntnis des Vergangenen ist ihr ausschließliches Kriterium. Das Gewaltsame ihrer Verfahrensweise (man »schreitet... grausam über alle Pietäten hinweg«[182], hat Nietzsche bemerkt, als er die Notwendigkeit einer Grenzbestimmung der Negation des faktisch Gewesenen, einer im Kantischen Sinn des Wortes «Kritik« der Kritik des Vergangenen, zum Ausdruck brachte. Mit der vorsichtig formulierten Forderung nach einem konkreten und bestimmten Fundament der Kritik befindet er sich in Übereinstimmung mit Adornos methodologischer Anweisung, »die Sonderung von Wirklichkeit und Möglichkeit von der Wirklichkeit her zu kritisieren«[183] und nicht abstrakt vom Standpunkt des Möglichen aus zu beklagen. Die Kritik muß konkret sein und sich auf die bestehende Wirklichkeit einlassen. Als universale ist sie im schlechten Sinne überwältigend und zwanghaft.

Die Lösung des Problems einer konkreten Begrenzung kritischer Historie hingegen ist bei Nietzsche und Adorno unterschiedlich gefaßt. Nietzsche denkt sich die Beschränkung des Historischen durch die unhistorische Macht des Lebens in Form einer maßvollen Proportionierung beider, die in der lebensgerechten Organisation des chaotisch Mannigfaltigen der Geschichte besteht.[184] Ob sie gelingt, hängt von der Größe der das historische Quantum regulierenden »plastischen Kraft« der Menschen, Völker und Kulturen ab, d.h. von der Fähigkeit, sich Vergangenes produktiv anzueignen und es in die Zukunft hinein weiterzubilden. Es sind jedoch immer die unhistorischen Kräfte des Lebens, welche eine Einschränkung der Historie ermöglichen und denen diese in einer quasi teleologischen Beziehung unterstellt ist. Umgekehrt ist eine Begrenzung des Lebens durch die Historie nicht vorgesehen.

Adorno nun begreift das Verhältnis von Historischem (Geschichte) und Unhistorischem (Natur)[185] in der Weise dialektisch, daß sich beide Größen *gegenseitig* kritisieren und regulierend einschränken, ohne daß eine von beiden privilegiert wäre. Und was für sein Geschichtsverständnis gilt, kann auch für sein Konzept einer kritisch-verstehenden Auslegung von Geschichte, die Entsprechung des Nietzscheanischen Begriffs der Historie (Geschichtsschreibung), als gültig angenommen werden. Die Konkretion der Kritik des Geschichtlichen besteht im Aufweiß seiner Naturhaftigkeit; die des Natürlichen im Aufweis seiner historischen Gewordenheit. Die Kritik konfrontiert somit das eine mit dem anderen, welches jenes auch enthält, so wie umgekehrt jenes auch dieses enthält. Nietzsche hingegen unterstellt das eine (die Historie) dem ihr zunächst polar gegenübergestellten anderen (dem Leben) zum Zwecke der Kritik durch dieses. Die Kritik der Historie erfolgt also bei Adorno von einem geschichtsimmanenten Standpunkt des Lebens aus. Bei beiden Autoren ist die Kritik dem Anspruch nach konkret (differenziert und bestimmt) und nicht abstrakt (total und unbestimmt).

Der zweite für Nietzsches Ablehnung einer totalen und undifferenzierten Verurteilung der Geschichte maßgebliche Grund ist die Unfähigkeit des kritischen Historikers, dem als schlecht und lebensfeindlich erkannten Vergangenen etwas Wirksames entgegenzuhalten. »Es bleibt zu häufig bei einem Erkennen des Guten, ohne es zu tun, weil man auch das Bessere kennt, ohne es tun zu können.«[186] Der Grund für diese Schwäche der Kritik, das richtig Erkannte in die Praxis umzusetzen, das Vergangene durch etwas substantiell Neues abzulösen, ist in der Unterlegenheit der »zweiten Naturen« - damit bezeichnet Nietzsche alle Gewohnheiten und Institutionen, die bewußt gegen die ererbten bzw. überlieferten Naturen gerichtet sind - gegenüber der Macht der ersten. Die pessimistische Einschätzung der Realisierbarkeit eines qualitativ Neuen in der Geschichte steht in engem Zusammenhang mit seiner Lehre von der »ewigen Wiederkehr des Gleichen«: Nietzsche begreift Geschichte als aleatorischen Zusammenhang, als eine »Kette« von »Verwirrungen, Leidenschaften und Irrtümer(n), ja Verbrechen; es ist nicht möglich, sich ganz von dieser Kette zu lösen«[187]. Doch seine pessimistische Grundeinstellung differenziert Nietzsche sogleich, indem er einräumt, daß gelegentlich, wenn auch nur partiell, ein Sieg der zweiten Natur über die erste gelingen kann.[188] Damit rückt er der Position Adornos, der seine grundsätzliche Einschätzung der Geschichte als Kette von Übeln in dieser Weise nicht teilt, wiederum näher. Das Verhältnis zwischen beiden Denkern scheint sich jedoch erneut umzukehren, wenn Nietzsche hinzufügt, daß es selbst noch für die kritischen Historiker, denen ein Sieg im Kampf gegen die Vergangenheit, die diese in toto negieren, nicht gelingen kann, noch einen »merkwürdigen Trost«gibt, »nämlich zu wissen, daß auch jene erste Natur irgendwann einmal eine zweite Natur war und daß jede siegende zweite Natur zu einer ersten wird«[189].

Das entscheidende Merkmal, das erster und zweiter Natur gemeinsam eigen ist und das es Nietzsche ermöglicht zu sagen, daß jede zweite Natur, die gegen die verurteilte erste gerichtet war, später zu einer ersten wird, und d.h. auch, wiederum Gegenstand der Kritik einer (anderen) zweiten Natur wird, ist das Merkmal der Vergänglichkeit. Durch diese Eigenschaft wird jede zweite Natur im geschichtlichen Verlauf um den einmal errungenen Erfolg über eine erste Natur gebracht.

Die Idee der Vergänglichkeit erklärte nun auch Adorno, der sie von Benjamin übernahm, zur wesentlichen Bedeutung nicht nur zweiter, sondern auch erster Natur, Natur überhaupt, eine Konsequenz, die Nietzsche nicht mehr zog:»Natur selbst ist vergänglich. So hat sie aber das Moment der Geschichte in sich. Wann immer Geschichtliches auftritt, weist das Geschichtliche zurück auf das Natürliche, das in ihm vergeht. Umgekehrt, wann immer »zweite Natur« erscheint, jene Welt der Konvention an uns herankommt, dechiffriert sie sich dadurch, daß als ihre Bedeutung klar wird eben ihre Vergänglichkeit.«[190] Unter dem Aspekt der Vergänglichkeit erster *und* zweiter Natur ist ihre Differenz nicht mehr erkennbar. Als vergangener sieht man der einmal kritisch gegen Vorausgegangenes gerichteten zweiten Natur nicht mehr an, unter welchen Umständen sie sich konstituiert hat, ihr Charakter des Gewordenseins ist nicht mehr erkennbar. Zweite Natur erscheint nicht nur mehr als solche, sondern nimmt dadurch, daß sie fest etabliert oder institutionalisiert worden ist, wirklich den Charakter einer ersten an, die von je her überliefert ist. Sie erscheint als eine notwendige Naturgesetzlichkeit. Das aber bedeutet: Geschichte, gleichgültig, ob sie in Gestalt erster oder zweiter Natur auftrat, war immer etwas Starr-Mythologisches, Nietzscheanisch gesagt, eine lebensverneinende Kraft.

Das alles Mythische und Feste mit Zwang und Unfreiheit für das menschliche Leben verbunden ist, bezeichnet jedoch eine ideologiekritische Prämisse Adornos, die für Nietzsche nicht gilt. Ihm zufolge können Mythen z.B. dann, wenn sie als Fiktionen auftreten, ebensoviel lebensfördernde Kraft freisetzen wie zweite Naturen, die in aufklärerischer Absicht eingerichtet wurden.[191] Nicht die Wahrheitsfähigkeit historischer Institutionen und Kräfte, sondern nur ihre Gebrauchsweise, ihre Fungibilität für die Existenzerhaltung und -steigerung ist für Nietzsche von Bedeutung. Folglich muß er auch »auf jegliche Vorstellung kontinuierlicher Entwicklung historischer Erfahrung«[192] verzichten.

Doch neben dieser generellen Differenz der Sichtweisen Nietzsches und Adornos verbindet sie der Gedanke, daß historisches Bewußtsein nur dann einen lebenspragmatischen bzw. auf die Erkenntnis von Wahrheit gerichteten *Wert* hat, wenn es sich das Vergangene aus dem Horizont der Gegenwart, der »höchsten Kraft« des Lebens[193] bzw. dem avanciertesten Stand der Produktivkräfte, kritisch aneignet. Und auch noch ein anderes Gedankenmotiv der Philosophie Adornos, das mir in diesem Zusammenhang wichtig ist, findet man bei Nietzsche, zumindest der Form nach, vorgeprägt. Es ist der Zusammenhang zwischen der kritisch gegen Vergangenes im Sinne einer vorgeformten ersten Natur gerichtete Kraft einer zweiten Natur und die Neutralisierung dieser Kraft, ihre Aufhebung im Verlauf der Geschichte. Die bestimmte Funktion, die diese Kraft einmal gehabt hat, ihre kritische *Stoßrichtung*, ist zu einem späteren Zeitpunkt ausgehöhlt und nicht mehr wirksam; als vergangene verfällt die Kraft der Verneinung selber der verneinen Wirkung einer anderen und so fort: Der Geschichtsprozeß wird als stetige Folge von »aktiven« Kräften und »reaktiven« Gegenkräften, welche jene neutralisieren, aufgepaßt.

Die Kritik richtet sich daher nicht nur gegen sich selbst, sie ist zugleich fusioniert mit Machtansprüchen. Sie wird ihres Geltungsanspruchs dadurch beraubt, daß sie nicht mehr kritisch mit »Ja« oder »Nein« zu einem historischen Faktum Stellung nehmen kann und nichts mehr über dessen Wahrheit oder Unwahrheit auszumachen vermag.[194] Ihr Fundament findet die aufklärerisch motivierte Kritik der zweiten Naturen, nachdem ihre kritische Negationsleistung in bezug auf die ersten Naturen außer Kraft gesetzt ist, nurmehr noch in einer Theorie der Macht, derzufolge mehr oder weniger *intensive* Kräfte aufeinander einwirken und kein Element zurücklassen, das dem Kampf der Mächte transzendent wäre. Die vernünftigen Intentionen kritischer Geschichtsschreibung regredieren in ein mythologisches Spiel der Kräfte, das gleichermaßen unversöhnlich und bodenlos ist. Zweite Natur wird zur ersten.

Der skizzierte Mechanismus nun weist Parallen zu dem von Adorno und Horkheimer explizierten Prozeß kultureller Zivilisation auf. Die in der weltgeschichtlichen Entwicklung fortgeschrittene Aufklärung hat die Menschheit zwar von den mythischen Ursprungsmächten nach und nach entfernt, aber nicht befreit. Die vollständige Durchrationalisierung der Welt, die zu steriler Verdinglichung und trostloser Leere geführt hat, zwingt zur ständigen Reproduzierung und Steigerung der Produktivkräfte zum Zwecke menschlicher Selbsterhaltung. Um die bedrohlichen Kräfte äußerer Natur rational bändigen zu können, mußte der inneren Natur der Menschheit stetiger Zwang angetan werden. Die Universalität zweckrationalen Denkens und Handelns, auf das die einst kritische Vernunftverwendung reduziert worden ist, destruiert selber die Humanität, zu deren Beförderung sie ins Feld geführt wurde. Die zur Totalität aufgespreizte Vernunft kann den sie überfordernden Anspruch einer rationalen Bewältigung des Chaos' historischer Faktizität nicht anders ausführen als mittels ihrer eigenen Instrumentalisierung, die im zwanghaften Dienst der Selbsterhaltung erfolgt. *Herrschaft* in Form reaktiver Kräfte über die aktiven Mächte äußerer Natur ebenso wie über die verkümmerte innere Natur bleibt auch das Charakteristikum der Aufklärung, gegen das diese gerichtet war. Die im aufklärerischen Prozeß entstandene zweite Natur bleibt zwanghaft mythisch, jene erste, die sie aufklären wollte. Dieses Ergebnis ist das Resultat der Selbstaufklärung zweiter Natur.

Die Möglichkeit einer solchen Selbstkritik der ins Mythologische regredierten kritischen Instanz setzt allerdings voraus, daß es noch mindestens *einen* unversehrten, durch keine Ideologie verzerrten Maßstab der Kritik gibt, der verwendbar ist. Nietzsche brauchte sich einer solchen Möglichkeit, den Bann von zwanghafter Existenzerhaltung und instrumenteller Naturbeherrschung doch noch zu lösen, der Aussicht auf Versöhnung, wie sie für Horkheimer und Adorno angelegt ist im »Eingedenken der Natur im Subjekt, in dessen Vollzug die verkannte Wahrheit aller Kulturen beschlossen liegt«[195], nicht mehr zu versichern. In einer freiwillig remythologisierten *Theorie der Macht*[196] fand er ein positives Fundament für die total gewordene, auf *alle* vernünftigen Maßstäbe ausgehende Kritik. Adorno, darin weniger konsequent als Nietzsche, beharrt auf der Permanenz des Widerspruchs, der der Paradoxie einer von Vernunft geleiteten Kritik der Vernunft, um sich die Möglichkeit noch offenzuhalten, dem geschehenen mythischen Unheil zu entrinnen und den grauenvollen, weil lückenlosen Prozeß zivilisatorischen Fortschritts doch noch umzuwenden.[197]

Doch was im Rahmen der geschichtsphilosophischen Grundlegung und Rekonstruktion der Gedanken Adornos wie eine Verlegenheitslösung aussehen mag[198], wird sich bei der Erörterung erkenntnistheoretischer Probleme als eine Fortführung des Kantischen Modells der Vernunftkritik erweisen, in der die in diesem Kapitel entfalteten genetischen Grundlagen der »Negativen Dialektik« Adornos in den systematischen Status von hermeneutischen Transformationsmitteln eben der Kantischen Erkenntnistheorie aufrücken werden (Kap. 3.V.). Und auch die systematische Position des gegenüber Nietzsche behaupteten metaphysischen Gedankens einer möglichen Versöhnung von Mensch und Natur wird sich aus der Transposition der Kantischen Ausgangsfrage nach der Möglichkeit von Metaphysik in eine geschichtsphilosophische Dimension ergeben (Kap. 5.II.). Und erst in der Fusionierung ihres geschichtsphilosophischen Grundpostulats einer negativen Welterklärung mit Kants später Lehre der Naturerkenntnis gelangt die Philosophie Adornos, das ist meine These, zu ihrer eigenen Idee: der einer negativen Metaphysik. Ihre Implikationen, die Annahme eines nicht instrumentalisierten und nicht reprimierten Kerns menschlicher Natur sowie die eines intelligiblen Ansichseins äußerer Natur als deren Nichtidentisches, das von keinem identifizierenden, Zwang ausübenden Denken oder Handeln vereinnahmt werden kann, bedeuten keinen philosophischen Irrationalismus. Sie ermöglichen es, auch angesichts einer bis zur Unbegreifbarkeit irrational gewordenen Gesellschaft noch in kritischem Denken fortzufahren. Sein rationaler Zugriff auf die als irrational erfahrene Wirklichkeit wäre ohne den Schritt zur Einsicht, daß die erscheinende Welt nicht das Letzte ist, sachlich unmotiviert und trüge zur Affirmierung der unvernünftigen Verhältnisse bei. Da Adorno erkannte, daß das entfremdete Dasein der Menschen und die erstarrten Dinge der Natur negative Erscheinungsformen sind, die nicht Erscheinungen von Nichts sein können, sondern eines zugrundeliegenden präsubjektiven Etwas bedürfen, brauchte er als Philosophierender nicht zu resignieren.[199] Eine Möglichkeit, den Bann der »objektiven Verstelltheit des Besseren«, die »nicht abstrakt das große Ganze«[200], nicht die Dinge als solche betrifft, zu brechen und zu deren Grenze vorzustoßen, sah er in der Rückerinnerung an Vergangenes, dem Wiedererkennen eines offenbar Verlorenen.[201] Die Bedeutung dieses Theorems, das den mythischen Zwang zu transzendieren vermag, soll nun durch die Gedankenfigur der »Erinnerung« verdeutlicht werden, von der Hegel in seiner »Phänomenologie des Geistes« Gebrauch machte.

6. Erinnerung als Selbstentäußerung des Geistes und Erkenntnis seiner Naturwüchsigkeit (Hegel)

Die letzte Station unserer historischen Vorerinnerung soll nicht dazu dienen, die polemische, gleichwohl, wie ich meine, berechtigte Kritik Adornos an der universalgeschichtlichen Konstruktion des absoluten Geistes bei Hegel, seiner Lehre von der Geschichte als werdender Identität von Subjekt und Objekt, Begriff und Realität, zu wiederholen.[202] Denn es ist vollkommen klar, daß Adorno jeder Art von einliniger

Fortschrittstheorie der Geschichte feindlich gegenüberstand. Geschichte, sagt er, sei ein »Diskontinuierliches«, das in keine »Strukturganzheit« überführt werden darf.[203] In ihr verschränken sich ursprünglich Daseiendes und neu Werdendes und treten in vielfältigen Brüchen und Gegensätzlichkeiten in Erscheinung. Gibt es eine historische Invariante, so ist es »die von Naturbeherrschung, fortschreitend in die Herrschaft über Menschen und schließlich die über inwendige Natur«[204]. Sie stellt als universal wirkender Zwang die einzig existierende Einheit her, den erpreßten Zusammenhalt der »diskontinuierlichen, chaotisch zersplitterten Momente und Phasen der Geschichte«[205]. Das allein erlaubt es Adorno zu konstatieren: »Geschichte ist die Einheit von Kontinuität und Diskontinuität.«[206] Würde der universalgeschichtliche Aspekt, die Kontinuität, als Residuum einer ideologischen Metaphysik, zu dem er faktisch geworden ist, schlechthin negiert, so könnte auch der Grund der Disparatheiten und Brüche nicht mehr erkannt werden. Das einzig zu Erkennende wäre dann die pure historische Faktizität, deren Bestätigung somit nur Vorschub geleistet würde. Dem, was im bisherigen Geschichtsprozeß unserer Ablehnung oder unserem Unverständnis verfällt, dem Kastastrophischen, der zunehmenden Integration aller durch die planende Rationalität einer fehlgeleiteten Aufklärung mit ihren vielfältigen Kontingenzen, kann rational nur begegnet werden, wenn das Wesen des Unheils erkannt wird. Ob dieses durch die Kategorie der Herrschaft, die Adorno unbefragt mit Zwang gleichsetzt, zureichend erfaßt ist, mag heute zweifelhaft erscheinen. Ebenso fraglich ist, ob »Herrschaft ausüben« mit »identifizieren« und dieses ohne weiteres mit der bloßen Form des Denkens verbunden werden kann (vgl. Kap. 4.III.).

Um so bemerkenswerter jedoch erscheint der Ausweg, welcher Adorno aus den Schwierigkeiten herausgeführt hat, in die er sich selbst begeben hatte, indem er die Herrschaftsthese, jenes »Identitätsprinzip« auf das Ganze der Geschichte ausgedehnt hatte, die folglich auch als ganze der Ideologiekritik verfallen wäre.[207] Die Annahme aber, daß die historischen Einzelfakten, die durch real bestehende Zwangsverhältnisse vermittelt sind, nicht die letzten Dinge, sondern nur negative Folgeerscheinungen eines sie erst ermöglichenden wahren Grundes der Geschichte bedeuten, bewahrte Adorno vor einem total negativistischen Wirklichkeitsverständnis, das zu einer Affirmierung wirklich vorhandener Übel hätte führen können. Auf der anderen Seite ermöglichte es ihm eine solche negativ-metaphysische Option, auch das bestehende Schlechte in seine Geschichtsdeutung einzubeziehen, es also nicht einfach zu verwerfen. Es bestand darin, daß der bisherige Geschichtsverlauf nie frei gewesen ist von unverständlichen, mythologisch anmutenden Ereignissen. Erklärte man sie jedoch zu einem Letzten, so würde deren Zwangscharakter nur bestätigt. Erst der Rekurs auf ihren Ermöglichungsgrund kann zur Einsicht in ihre Relativität führen.

Aus einer negativ-metaphysischen Perspektive heraus besitzt nun auch noch die Hegelsche Konstruktion der Universalgeschichte einen wahren Gehalt. Noch die Konstruktion der in der Geschichte sich manifestierenden ansichseienden Idee, des absoluten Geistes, so Adorno, sei die Wahrheit, »aber ... die negative; Ideologie wird sie durch ihre affirmative Umwendung«[208], der Behauptung, sie sei wirklich. Zu destruieren ist daher die Hegelsche Universalgeschichte, insofern sie die Unvermeidlichkeit einer historischen Entwicklung zum Besseren lehrt, die der Wirklichkeit spottet. Ideologie ist sie auch, indem sie Geist, Subjektivität schlechthin verklärend gleichsetzt mit dem

Willen der Einzelsubjekte. Doch noch in der idealistischen des Subjekt-Objekts gewahrt Adorno ein anti-ideologisches Moment. »Sie fälscht nicht nur ideologisch das Objekt in die freie Tat des absoluten Subjekts um, sondern erkennt auch im Subjekt das sich darstellende Objektive und schränkt damit das Subjekt anti-ideologisch ein. Subjektivität als existierende Wirklichkeit der Substanz reklamierte zwar den Vorrang, wäre aber als »existierendes«, entäußertes Subjekt ebenso Objektivität wie Erscheinung.«[209]

Die unhegelische Konsequenz, die Adorno aus der Lehre der Identität von Subjekt und Objekt zieht, soll verdeutlichen, daß nicht nur alles objektive Sein durch Subjektivität, sondern in anderer Weise[210] auch Subjektivität durch Objektivität vermittelt ist, daß Subjektivität, Denken selber ein Stück Dasein ist, das nicht vollständig in subjektiven Geist aufgelöst werden kann: Die subjektiven Erscheinungsformen der konkreten Dinge ebenso wie die der Einzelsubjekte bedeuten lediglich Überformungen[211] ihres individuellen Gehalts, der ihnen zugrunde liegt. Sie besitzen ein intelligibles Ansichsein, eine Objektivität, die in keiner Weise durch eine ihnen übergeordnete Subjektivität präformiert ist. Diese Re-Kantianisierung Hegels durch Adorno betrifft jedoch nicht nur die Rehabilitierung des Konkreten und Besonderen, das Hegel in der »Phänomenologie« als im schlechten Sinne abstrakt, als mythische »faule« Existenz verwarf;[212] sie bedeutet nicht nur die Reformulierung der Lehre von den Dingen als solchen, die den Einzeldingen ein irreduzibles Sein zuspricht, das durch keine Subjektivität, auch nicht die transzendentale identifiziert werden kann. Ebenso löst sie die von Hegel in Gestalt von absolutem Geist und Einzelsubjekt übernommene Kantische Unterscheidung des transzendentalen vom empirischen Subjekt auf und duldet nicht länger, daß alles Denken der konkreten Ividuen im kosmisch-geschichtlichen Prozeß eine Setzung des absoluten Geistes ist, bzw. durch die Kategorien einer transzendentalen Subjektivität strukturiert wird. Nicht mehr soll das Allgemeine abstrakt über das Besondere bestimmen; vielmehr soll jenes *im* Besonderen als ein diesem Substanzielles aufgesucht werden. »Ist Objektivität ihnen (den Einzelsubjekten, U.M.) immanent und in ihnen am Werk; erscheint sie wahrhaft in ihnen, so ist die derart aufs Wesen bezogene Individualität weit substantieller, als wo sie dem Wesen nur untergeordnet wird.«[213]

Das Instrument, durch welches der Bann des herrschend Allgemeinen, der von Naturbeherrschung und Selbsterhaltung gebrochen, mit dessen Hilfe der gesellschaftliche Schein, der das wahre Wesen der Menschen und Dinge verschleiernd umgibt, gelöst werden könnte, kann nicht anders als subjektiv sein. Nur durch Subjektivität, mittels einer verstärkten Reflexionsleistung[214] ist Objektivität zugänglich, nicht aber in Denken auflösbar.

Ein Denken, das, wie es Adorno fordert, auf die Erkenntnis des Ansichseins der herrschenden Allgemeinheit, einer gemäß Imperativen von Zweckrationalität und Tauschprinzip agierenden Gesellschaft gerichtet ist, kann sich diesem nur negativ annähern, indem es dessen negative Erscheinungsformen, eben den mythischen Schein, analysiert und ursächlich bestimmt. Positiv läßt sich die Wahrheit des Allgemeinen jedoch nicht aussagen, weil, objektiv gesehen, der Schein, ein unter den bestehenden Verhältnissen gesellschaftlich notwendiger, auch unter anderen Verhältnissen nicht ganz zu beseitigen ist, oder, subjektiv gesehen, weil Denken, selber Teil gesellschaftlicher Unwahrheit, an deren ganze Wahrheit nicht heranreicht. Es vermag lediglich, »im kleinen einzudringen, im kleinen die Maße des bloß Seienden zu sprengen«[215]. Nur durch die bestimmte Kritik eines einzelnen Scheinphänomens wird dessen Wahrheit zugänglich, sofern dessen Falschheit bereits richtig erkannt ist.[216] Seine Wahheit findet man noch im Schein ausgedrückt; sie kann aber unabhängig von ihm als eine absolute nicht beschrieben werden. Deshalb ist sie eine negative. Als solche stellt sie zwar selber ein mythisches Moment am Schein dar, jedoch eines, das unter keinen Umständen zu beseitigen ist. In eben dieser Weise eignet auch »das entscheidende, transzendierende Motiv des Mythos, das der Versöhnung« dem Schein. Es tritt immer dort auf, »wo die Welt am scheinhaftesten sich darstellt« und am sinnlosesten erscheint.[217] Mit dem falschen Schein verknüpft Adorno also das Versprechen eines Besseren, Scheinlosen. Offen ist, ob es sich jemals wird realisieren können, ob der verschleiernde Schein das ihn erst ermöglichende Urgeschichtliche, das seiner Entstehungsgeschichte zugrunde liegt, irgendwann als ansichseiendes, Positives zu erkennen gibt. Als etwas, das nur im Zusammenhang mit falschem Schein ausgedrückt werden kann, erscheint das dem Schein gegenüber Andere, Adorno nannte es das Moment seiner »Wirklichkeit« gegenüber seiner bloßen »Bildlichkeit«, als ein Starr-Mythologisches, eine verzerrte, negative Gestalt der absoluten Wahrheit.

Das Moment des Scheins, welches dessen Anzeige auf ein Scheinloses bezeichnet, ist wahrnehmbar durch das subjektive Organ der Erinnerung, durch das Wiedererkennen eines Gewesenen. Diese Rückerinnerung ist es, die der Analyse des in der Geschichte »entfremdeten Schein(s)« zwingend inhäriert: Ohne sie wäre eine erkennende Annäherung an das Wesen der durch falschen Schein verstellten Welt ebenso unmöglich wie das Aufweisen der historischen Relativität dieses Scheins. Eine ausschließlich bei sich selbst, dem jeweiligen Stand ihrer geschichtlichen Möglichkeiten verbleibende Erkenntnis vermöchte die Scheinhaftigkeit bestehender Verhältnisse weder wahrzunehmen noch einsichtig zu machen; wüßte nicht, daß sich ihr nur negative Erscheinungsformen, verzerrte Gestalten einer möglichen besseren Welt darbieten. Erst die Rückerinnerung des Denkens an vergangene Formen des Bestehenden, einschließlich des Denkens selbst, könnte sich der Wesenserkenntnis gegenwärtiger Verhältnisse annähern und somit deren relative Gültigkeit aufweisen und genauer bestimmen.

Diese Figur der Erinnerung, die in Adornos »Idee der Naturgeschichte« den Status einer ermöglichenden Bedingung für jede geistige metaphysische Tätigkeit einnimmt[218], erfüllt nun auch in der Hegelschen Philosophie eine systemtragende Funktion. Hegel faßt sie als eine »Selbstentäußerung« des absoluten Geistes, in der dieser sich seiner Herkunftsgeschichte erinnert. Diese Erinnerung ermöglicht dem entäußerten Geist die »Erkenntnis seines Wesens«[219]. Menschliche Erkenntnis, die sich analog zur Platonischen Anamnesis-Lehre ihrer eigenen Ursprünge bewußt wird, »sich aus dem unmittelbaren Sein *erinnert*«[220], vollzieht auf diesem Wege ihrer Selbsterkenntnis eine Bewegung des In-sich-Hineingehens, oder, wie es am Ende der »Phänomenologie« heißt, der »Er-Innerung«[221]. Das Wissen gelangt erst dadurch zur eigentlich metaphysischen Tätigkeit, der Erforschung des hinter den endlichen Dingen Liegenden, daß es tiefer in das Sein eindringt und nicht dadurch, daß es oberflächlich darüber hinweggeht. Es wird sich in derselben Bewegung auch seiner selbst bewußt, indem es durch seine Erscheinungsoberfläche hindurch zu seinem Inneren, dem Wesen, vordringt. Die erinnernde Tätigkeit richtet sich kritisch gegen den Schein einer unmittelbaren Vorgegebenheit, zu dem der Anfang des Wissens mit dem abstrakten Sein ebenso rechnet wie das Vergessensein seiner Herkunft. Sie bleibt »nicht beim Unmittelbaren und dessen Bestimmungen stehen, sondern dringt durch dasselbe hindurch mit der Voraussetzung, daß *hinter* diesem Sein noch etwas anderes ist als das Sein selbst«[222].

Die erinnernde Aufbewahrung der verschiedenen Stufen, die das Wissen in seiner Genese durchläuft, beschreibt Hegel als »Aufopferung« des Geistes, der sich »an die Zeit«, die *Geschichte*, entäußert.[223] Sie bezeichnet die eine Seite des sich konstituierenden absoluten Geistes, die Aufbewahrung ungeordneter und zufällig erscheinender Fakten. Seine andere Seite, »die Wissenschaft des erscheinenden Wissens«, bestimmt darüber, was vom Vergangenen erinnerungswürdig und geschichtsfähig ist. Als das Moment der »Organisation« des im einzelnen Erinnerten dominiert sie, die Seite der *Natur*, über die erinnerte Geschichte: Hegel spricht deutlich aus, daß das als weltgeschichtlicher Prozeß existierende Absolute in den Anfang des Prozesses, die eindimensionale Natur, das unmittelbare Sein, zurückkehrt. Wenn es die bewußte Einheit seines »Begriffs und seiner Realität« erreicht hat, ist es wiederum »Natur«[224]. Dieses Resultat nun, in dem das erkennende Wissen nach seinem phänomenologischen Durchlauf durch die Geschichte der Natur zu sich selbst gekommen und absoluter Begriff geworden ist, beschreibt Hegel mit *der* Vokabel, die Adorno in Lukács' Romantheorie und, nicht dem Wortlaut, aber dem Sinn nach, in Benjamins Trauerspielbuch geltend machte: der der »Schädelstätte«[225]. Lukács bezeichnete mit diesem Terminus die zur zweiten Natur erstarrte Geschichte, einen fremd gewordenen »Sinneskomplex«, der lediglich durch den Akt einer theologischen Wiedererweckung neu belebt werden kann. Gegenüber dem bloß Rätselhaften, für das der Terminus bei Lukács einstand, verband Benjamin damit etwas Schriftähnliches, das es erlaubt, das Rätsel zu lösen: »Auf dem Antlitz der Natur steht 'Geschichte' in der Zeichenschrift der Vergängnis.«[226] Diese Bedeutung des Phänomens, die Vorstellung, daß das Wort »Schädelstätte« eine »Chiffre« sei, »die zu lesen ist«[227], greift Adorno auf, um aus ihr die eigene Theorie einer gegenseitigen Verschränkung von Natur und Geschichte zu formen. Indem er den Sinn dieser Chiffre als Vergänglichkeit auslegt, begreift er das durch den Terminus Bezeichnete zum einen als etwas Geschichtliches (Vergehendes), zum anderen als etwas Natürliches, als dasjenige, *was* geschichtlich ist in dem Sinne, daß *es* vergeht.

Wenn nun auch die terminologische Parallele zwischen Adorno und Hegel eine historisch zufällige Übereinstimmung sein mag und zudem das Naturhafte, für welches der Begriff »Schädelstätte« beiden einsteht, jeweils unterschiedlich aufgefaßt wird (einmal als Starr-Mythologisches, das andere Mal als »reine Unmittelbarkeit«), so besteht doch auch eine sachliche Übereinstimmung. Sowohl die erstarrte zweite Natur als auch die Natur des sich selbst begreifenden Wissens bezeichnet das Ergebnis eines geschichtlichen Prozesses, der jedoch unter umgekehrten Vorzeichen verläuft. Resultiert die zweite Natur aus einer fehlgeleiteten Entwicklung, die sich von der eigentlichen Idee, die zugrunde lag, entfernt hat, so geht das absolute Wissen aus einem notwendig und folgerichtig zu ihm hinführenden Geschichtsverlauf hervor. Es ist zu sich selbst gekommen, hat seine eigene Idee erfüllt, während sich jene von ihrer ursprünglichen Idee entfernt hat. Gleichwohl kennen beide Konzepte ein und dasselbe Instrument, durch das sie sich die Genese des jeweiligen Entwicklungsresultats bewußt machen können: die Erinnerung. Da Hegel nun die Erinnerung des Geistes an seine Naturwüchsigkeit mit der Figur der »Entäußerung[228]« seiner selbst beschreibt, stellt er damit das Theorem bereit, das es Adorno ermöglicht, die Aufhebbarkeit der mythischen Gewalt zweiter Naturen plausibel zu machen. Die zweiten Naturen, so Adorno, sind dadurch scheinhaft, daß sie sich uns als sinnvolle präsentieren. Doch darin besteht gerade das Täuschende ihres Scheins, denn in Wirklichkeit sind nur wir es, die ihnen einen Sinn *beilegen*. Die zweiten Naturen sind nur deshalb scheinhaft, »weil die Wirklichkeit uns verloren ist, und wir sie glauben sinnvoll zu verstehen, während sie entleert ist, oder weil wir in diese fremd gewordene subjektive Intentionen als ihre Bedeutung einlegen«[229]. Daraus folgt, daß der Schein von Sinn wesentlich aus seiner subjektiven Setzung resultiert.

Das entscheidende Moment nun, das den Schein dadurch transzendiert, daß es in ihm ein scheinloses Wirkliches erkennt, ist, wie wir gesehen haben, die Erinnerung. Dieses Phänomen des Wiedererkennens eines durch den Schein verschleierten Gewesenen - und der Gedanke an dieses Vergangene inhäriert ja, Adorno zufolge, dem Verständnis des Scheins - läßt sich, meine ich, mit dem Hegelschen Gedankenmotiv der »Entäußerung« adäquat beschreiben. Der Begriff bezeichnet bei Hegel die Bewegung, die das Bewußtsein auf den verschiedenen Stufen seines Weges zum absoluten Wissen von sich selbst weg zu seinen Gegenständen hin beschreibt. Er »drückt die *Beziehung* der Gewißheit seiner selbst auf den Gegenstand aus«[230]. Indem das Bewußtsein sich dem ihm gegenüber Anderen, den Dingen, zuwendet, erkennt es seine eigene Begrenztheit; indem es aus sich selbst heraustritt und sich an die Geschichte »entäußert«, erkennt es seine historische Vermitteltheit durch die Objekte seiner Erkenntnis, die ihm erst sein Selbstbewußtsein verschaffen. Zwar findet das Wissen immer nur auf dem Weg seiner eigenen Erfahrung den Zugang zur gegenständlichen Wirklichkeit; doch sie ist auch immer Erfahrung von *etwas*, das nicht auf Wissen reduzierbar, in Subjektivität auflösbar ist. Dieser *Konsequenz* einer dialektisch aufgefaßten Subjekt-Objekt-Beziehung, die in Adornos Kritik an Hegels letztlicher Identifizierung von Subjekt und Objekt miteinander bereits anklingt (»Subjektivität als existierende Wirlichkeit der Substanz reklamierte zwar den Vorrang, wäre aber als »existierendes«, entäußertes Subjekt ebenso Objektivität wie Erscheinung«[231], weicht Hegel selbst aus. Die Entäußerung des Wissens, seine Vermittlung mit der Wirklichkeit, gilt ihm nur als ein dialektisches Moment, aus dem heraus sich der absolute Geist in sich selbst zurücknimmt. Das göttliche principium mundi ist dem Geschichtsprozeß als dessen Anfang und Ende a priori einbeschrieben. Die Geschichte wird zum Prozeß der Realisierung eines ihr von Beginn an immanenten ansichseienden Geistes und hebt sich somit selbst auf. Die Zurücknahme der Geschichte ins identische Subjekt-Objekt, das absolute Wissen, bedeutet ebenso das Aufheben der Entäußerung an die Zeit, die die Universalhistorie ja, Hegel zufolge, sein sollte. Erst post festum kommt der absolute Geist zum Bewußtsein der Geschichte, die er bestimmen sollte: Geschichte erweist sich als ein bloß subjektiv Produziertes, als Schein. Doch selbst dieser Schein einer in absolutes Wissen verflüchtigten Geschichte ist nicht *schlechthin* die Unwahrheit, sondern Wahrheit in negativer, verkehrter Gestalt. Ideologie, die pure Unwahrheit, wird er erst durch seine Identifizierung mit der bestehenden Wirklichkeit - eine Bewußtseinsstellung, die man freilich in der Hegelschen Philosophie ausgedrückt findet. Wäre Hegel konsequent im Sinne Adornos gewesen, so hätte er sich die präsupponierte Konstruktion des absoluten Geistes verbieten müssen. Hätte er seinen Gedanken der Entäußerung des Wissens an die Gegenstände der objektiven Wirklichkeit ernsthaft durchgeführt, so wäre er nicht auf die Lehre einer Identität von Geist und Welt verfallen, sondern bei der dialektischen Beziehung beider geblieben. Ohne die systembedingte idealistische Prämisse eines apriorischen »Übergreifens« des Begriffs auf die Realität hätte er auch die Auffassung einer der Vernunft vorausliegenden Realtät nicht verleugnen müssen.[232] Das geistige Mittel, zu diesem präsubjektiven Sein vorzudringen, die Erinnerung in der Entäußerung des Geistes ist der Hegelschen Philosophie immanent. Doch während es bei Hegel lediglich der Funktion dient, den göttlichen Geist mit der Welt, die aus ihm hervorging, also letztlich mit ihm selbst, zu vermitteln, bezeichnet es bei Adorno ein Moment des Bewußtseins, das zwischen subjektiv produzierten Formen von Schein und deren Wessen, der sie ermöglichenden Objektivität vermittelt.

War Erinnerung auch für Hegel die eigentliche metaphysische Tätigkeit, das »Insichgehen« des Geistes, so erkannte dieser, indem er durch seine Erscheinungsoberfläche zu seinem Wesen vordrang, doch immer nur sich selbst, wobei Erscheinung keinen gegenüber dem Wesen defizienten Aspekt darstellt. Beides sind gleichberechtigte und gleich notwendige Seiten des absoluten Wissens. Adorno hingegen gilt Schein zwar unter den gegenwärtigen gesellschaftlichen Verhältnissen als notwendig, aber nicht als *schlechthin* notwendig. Die Transposition der von Hegel ahistorisch gebrauchten Gedankenfigur der Erinnerung in die Geschichte ermöglicht es Adorno, die Bedingtheit gegenwärtigen Scheins aufzuweisen. Bedingt ist er u.a. auch durch das im gegenüber Andere, das partiell in ihm erscheint. Weil aber selbst dies in ihm erscheinende Andere nicht von seiner negativen Erscheinungsweise gelöst werden kann, stellt es die Wahrheit auch nur in verzerrter Gestalt und nicht als absolute dar.

III. Der Doppelcharakter des Adornoschen Begriffs der »zweiten Natur«

Unsere historische Vorerinnerung hat das Material bereitgestellt, aus dem Adorno die Bedeutung seines Begriffs der »zweiten Natur«, der in seiner Geschichtsphilosophie als zentral gelten kann, zusammensetzt. Der Begriff ist ambivalent, und die verschiedenen Bedeutungskomponenten, die Adorno in ihm zusammenzudenken versucht, beschreiben in der Abfolge, wie wir sie in der Tradition geltend gemacht haben, in etwa die Genese seiner geschichtsphilosophischen Konzeption, der Idee der »Naturgeschichte«. Von Lukács adaptierte Adorno die grundlegende Bedeutung des Terminus, das Einstehen für eine entfremdete und sinnentleerte Welt, die durch eine unheilvolle »Wucherung« gesellschaftlicher Zwänge zu einer solchen geworden ist. Die mikrologischen Analysen Benjamins verwiesen ihn auf die Möglichkeit, die geschichtliche Gewordenheit der zur »Schädelstätte« erstarrten (zweiten) Natur als deren Schriftcharakter zu deuten, der auf ihre Genese verweist. Von Marx konnte er im Anschluß an dessen Analyse des Warenfetischs das Gedankenmotiv des gesellschaftlich notwendigen Scheins einer verdinglichten, durch Tauschrationalität bestimmten ökonomischen Ordnung übernehmen. Adornos These der Identität von erster und zweiter Natur unter dem Aspekt der historisch ständig sich wiederholenden Phänomene Selbsterhaltung und Naturbeherrschung fanden wir bei Nietzsche präformiert. Und schließlich konnten wir das laut Adorno dem Schein der zweiten Natur inhärierende Moment des Wiedererkennes durch die der Hegelschen Erinnerungsmetaphysik immanente Gedankenfigur geistiger Selbstentäußerung rekonstruieren.

Die grundlegenden Komponenten des Bedeutungsspektrums von »zweiter Natur«, welches im Verlauf der gesamten Philosophie Adornos noch weiter ausdifferenziert wird[233], findet man bereits in der frühen Schrift »Die Idee der Naturgeschichte« versammelt. Die einzelnen Bedeutungselemente lassen sich zwei Bedeutungspolen zuordnen, zwischen denen sie angesiedelt sind: »Zweite Natur« meint sowohl ein Starr-Mythologisches, etwas Unverständliches, als auch etwas Rationales, das von bewußt agierenden Subjekten erzeugt worden ist. Explizieren läßt sich diese Doppelstruktur durch die Analyse des Scheinphänomens; denn Adorno sagt ausdrücklich, daß er vom Schein spricht »in dem Sinne einer zweiten Natur.«[234]. Der Doppelcharakter des falschen, weil verschleiernden Scheins besteht zum einen in seiner Geschichtlichkeit, darin, daß er von endlichen Wesen unter endlichen Bedingungen produziert wird und folglich der Struktur nach veränderbar ist; zum anderen besteht er im mythischen Charakter des Scheins, darin, daß in ihm etwas nicht Destruierbares erscheint, welches aussieht, als sei es schon immer vorhanden gewesen und als solches etwas Natürliches, das nicht veränderbar ist.

In zweiter Natur verschränken sich also sowohl Natürliches und Geschichtliches als auch Mythisches und Rationales. Der Begriff kann als umfassendste Charakterisierung dessen aufgefaßt werden, was Adorno unter Geschichte, so wie sie uns faktisch vorliegt, versteht. Er enthält die beiden polaren Momente, die auch seinen Geschichtsbegriff konstituieren, den er als eine »Verschränkung des ursprünglich Daseienden und des neu Werdenden«[235] faßt. Vermittelt werden die Extreme, die in jeweils einem Begriff[236] als dessen konträre Bedeutungsebenen kontrahiert sind, durch das Moment der Erinnerung, das als eine Form historischen Bewußtseins verstanden werden darf. Eine prägnante Variante des historisch erinnernden Bewußtseins, die im Bedeutungsfeld zweiter Natur mitgedacht werden muß, hat Adorno mit dem Begriff des »Sensoriums«[237] beschrieben, einer Art memoire involonté. Er bezeichnet eine innervatorische Tätigkeit, die aus der sinnlichen Reaktion der Nerven auf die schlechte, Vergangenes verdrängende Gegenwart resultiert. Sie kann auf den verdinglichten Zustand auch dann noch reagieren und seine Genese rückerinnern, wenn die Formen der Rationalität selber zur zweiten Natur im Sinne von leerer Konventionalität verkümmert sind.

Dieselbe zwischen den Kontrapositionen von Geschichte (ratio) und Natur (Mythos) vermittelnde Tätigkeit explizierte Adorno in der »Idee der Naturgeschichte« mittels einer Begrifflichkeit, die der des Sensoriums sehr nahe kommt: dem »Phänomen des déjà-vu«, das eng verbunden ist mit den Phänomenen der Angst und der Bedrohung.[238] Sie stellen das mythische Moment am historischen Schein dar, das ihm notwendig inhäriert. Das, was an Schein notwendig ist und nicht aufgelöst werden kann, bezeichnet etwas für Adornos Idee von Philosophie sehr Wichtiges. Die »Notwendigkeit des Scheins« ist ein Gedanke, für den er innerhalb seiner Geschichtsphilosophie Marx, in der späteren Thematisierung metaphysischer Fragen Kant als Zeugen anführen kann. Mit diesem Motiv kann er die beiden Eckpfeiler seiner Philosophie, Geschichtsphilosophie und Metaphysik, vorbereitend miteinander verbinden (vgl. Kap. 5.II.4.).

Es bedarf kaum der Bemerkung, daß Adorno die fundamentale Differenz klar war, die zwischen Marxens Auffassung von Notwendigkeit, der Unvermeidlichkeit des Scheins unter kapitalistischen Produktionsverhältnissen, und der Kants, der Unwiderstehlichkeit des Scheins transzendentaler Ideen, besteht. Doch seine Idee war es gerade, das Transzendentale Kants dem »stürmischen Ozean« der empirischen Geschichte auszusetzen, um so zu prüfen, ob es sich auch noch unter den erschwerten Bedingungen eines falschen und total gewordenen gesellschaftlichen Scheins in der Weise bewährt, daß dieser eine *Anzeige* auf ein Scheinloses enthält, etwas gegenüber dem Bestehenden ganz Anderes *ausdrückt*, das weder in der falschen noch in der richtigen Einrichtung der Gesellschaft als Scheinhaftes destruiert werden kann. Das metaphysisch Ausgedrückte erscheint jedoch nach Adorno *anders negativ* als bei Kant: in mythischer Gestalt. Beiden aber gilt seine negative Erscheinungsweise (sei sie in sich widersprüchlich, sei sie mythisch-starr) als *notwendig*.

IV. Nicht-Identität von Bewußtsein und Natur als Bedingung der Möglichkeit ihrer Versöhnung

Es hat sich gezeigt, daß Adorno »Geschichte« und »Natur« durch den Terminus »zweite Natur« in der Weise zueinander in Beziehung setzte, daß darin Geschichte in sedimentierter Gestalt gedacht ist. Etwas Veraltetes, längst Überholtes, wird in zweiter Natur konserviert, so daß es fälschlicherweise als ein von je her gewesenes Natürliches erscheint. Die erinnernde metaphysische Tätigkeit, das historische Bewußtsein, einschließlich aller seiner (auch sinnlichen) Reaktionsweisen, kann nun den falschen Schein entlarven und das vermeintlich Natürliche als Geschichtliches erweisen. Sofern der Schein rational durchschaut wird, verliert auch die zweite Natur ihren rätselhaft mythischen Charakter und wird als lesbare »Chiffre« rational verstehbar. Doch das dem Schein immanente *Moment* eines ausgedrückten Scheinlosen bleibt als Unverständliches, Mythisch-Naturhaftes, bestehen. Deshalb muß Adorno an der

Trennung, der Nicht-Identität von Geschichte und Natur ebenso festhalten wie an der von Bewußtsein und Natur: Solange nicht auch das Moment des Transzendentalen am Schein von seinem Scheincharakter entbunden werden kann - und unter den von Adorno zugrunde gelegten gegenwärtigen Verhältnissen mußte dieses Moment notwendig mythisch und scheinhaft bleiben - muß das Bewußtsein hinter seiner Aufgabe einer rationalen Durchdringung der Natur als ganzer zurückbleiben.

Gleichwohl untersteht vernünftiges Bewußtsein der *Aufgabe*, sich mit Natur zu vereinigen, eine Aufgabe, die Adorno mit dem Terminus »Versöhnung« beschreibt, der eine ähnliche Funktion erfüllt wie die transzendentalen Ideen Kants: eine erkenntniskritisch regulierende.[239] Es wäre eine bloße »Illusion«, verblendete Hybris der Vernunft, wollte sie »sich selbst in einer Wirklichkeit wiederfinden, deren Ordnung und Gestalt jeden Anspruch der Vernunft niederschlägt«[240]; wollte sie ihre Identität mit Natur als seiend behaupten. Es wäre jedoch ebenso unverständlich und unmotiviert, wenn vernünftiges Bewußtsein versuchte »im kleinen einzudringen, im kleinen die Maße des bloß Seienden zu sprengen«[241] ließe es sich nicht von der *Idee* einer universalen Versöhnung mit Natur *anleiten*. Das Postulat eines zwangfreien Umgehens mit der Natur, einschließlich unserer eigenen, sowie das Wissen darum, daß es bisher nicht erfüllt ist, vermag auf unser Erkennen in der Weise zurückwirken, daß es uns motiviert, das bestehende Falsche, real wirksame Zwänge, in ihrem Kern und ihren Ursachen zu verstehen und als *Index* eines Besseren zu durchschauen. Bedingung für dessen Erkennbarkeit und schließlich Realisierbarkeit ist jedoch die Prämisse seiner Nicht-Wirklichkeit, die Basisannahme der Nicht-Identität von Natur und Bewußtsein. Nur aus dem Bewußtsein der faktischen Differenz von Vernunft und scheinhafter, unvernünftiger Wirklichkeit heraus kann die Nötigung zur vernünftigen Durchdringung des unvernünftigen Wirklichen entstehen.

Dürfte vernünftiges Erkennen jedoch nicht die negativ-metaphysische Annahme eines absolut vernünftigen Urgrunds der Wirklichkeit machen, der sich immer nur negativ, in Form ausdeutbarer Zeichen darstellt, so könnte es niemals zu der Einsicht gelangen, daß, was ist, auch anders sein könnte. Positiv ausmalen oder begrifflich näher bestimmen läßt sich jener Urzustand der Versöhnung nicht, da er zu stark von der bestehenden Wirklichkeit differiert - ähnlich wie die Kantische »Idee« von der Welt der Erscheinungen. Die Spuren, in denen er sich im falschen Schein des Bestehenden zeigt, verweisen aber auf dessen Relativität und Endlichkeit, darauf, daß die endlichen Dinge nicht das Letzte sind.

V. »Vergänglichkeit« als geschichtsmetaphysische Kategorie

Faßte Adorno »Versöhnung« als bloßen Grenzbegriff, als eine Idee, der sich menschliches Erkennen annähern soll, ohne daß es sie inhaltlich bestimmen könnte, so begnügte er sich doch keineswegs mit einem solchen »Vernunftphantasma«. Er suchte nach Spuren und Hinweisen für dessen mögliche partielle Verwirklichung in einzelnen geschichtlichen Phänomenen. Nur wenn »Versöhnung« von Natur und Geschichte, Natur und Bewußtsein, in endlichen Dingen auch erscheint, kann sie mehr sein als falscher Schein, eine Täuschung der Vernunft. Und nur wenn sich die konkreten historischen Objekte, die zu zweiten Naturen erstarrt sind, von ihrer zwanghaften Erscheinungsweise befreien und somit verändern lassen, kann der Möglichkeit nach von Versöhnung ausgegangen werden. Offen ist dann immer noch, in welchem Maße ihr Eintreffen wahrscheinlich ist.

Die bloße Möglichkeit einer Veränderung von Gewohnheiten und Institutionen, die zu sinnlosen Rätseln degeneriert sind, kann Adorno zunächst aus einer banalen Überlegung heraus plausibel machen: Da sie innerhalb der Geschichte auftreten, sind sie zeitliche und demnach auch endliche Phänomene, die im Verlauf der Geschichte ebenso vergehen können, wie sie entstanden sind. Weniger banal jedoch erscheint eine weitere Forderung. Danach soll es die Bedingung für die Möglichkeit von Versöhnung sein, von etwas also, das anders wäre als das, was ist, daß der Geschichtscharakter verdinglichter zweiter Naturen an bzw. in diesen selbst aufgewiesen werden kann. Voraussetzung dafür, daß in der Geschichte überhaupt etwas Neues, Anderes entstehen kann, ist eben der Nachweis, daß das, was ist, nicht immer so war, wie es ist.

Methodisch kann der Erweis der Gewordenheit geschichtlicher Phänomene nur durch eine mikrologisch präzise Analyse ihrer Struktur erbracht werden. Er muß für jedes konkrete historische Faktum gesondert erfolgen. Erst das positive Ergebnis der Einzelanalysen erlaubt es, auf die Vergänglichkeit des Analysierten und von ihr aus negativ-metaphysisch auf die Möglichkeit eines dem Wirklichen gegenüber ganz anderen Zustands zu schließen. Die negativ-metaphysische Kategorie für die Bedingung von Versöhnung, Vergänglichkeit, ist demnach selbst unter den Status der Möglichkeit zu stellen, nicht als »gegeben« zu präsupponieren. Auszugehen ist von Vergänglichkeit im konkreten phänomenologischen Sinn erst dann, wenn das Objekt der Natur, auf das sie sich bezieht, als zweite Natur, als ein Abgeleitetes wahrgenommen wird; »wann immer »zweite Natur« erscheint, jene Welt der Konvention an uns herankommt, dechiffriert sie sich dadurch, daß als ihre Bedeutung klar wird eben ihre Vergänglichkeit.«[242]

Die Kategorie Vergänglichkeit hat aber bei Adorno, wie schon die der zweiten Natur, die sowohl etwas Rationales als auch etwas Mythisches bedeutete, wiederum einen doppelten Sinn: Zum einen verweist sie auf die Möglichkeit des Neuen, Anderen in der Geschichte. Das ist die metaphysische Bedeutung, die Adorno mit ihr verbindet und die er in Benjamins Trauerspielbuch geltend macht. (Benjamin hatte darin von »Natur« als »ewiger Vergängnis« sowie von »Geschichte« als einer »Zeichenschrift der Vergängnis« gesprochen.)[243] Adorno interpretiert Benjamin derart, daß bei ihm Vergänglichkeit dasjenige Moment bezeichne, in dem »der tiefste Punkt« liege, »in dem Geschichte und Natur konvergieren«[244]. Ungeachtet dessen, ob Adorno Benjamin hier angemessen auslegt, dürfen wir daraus entnehmen, daß er mit »Vergänglichkeit« einen ähnlichen Doppelsinn verbindet, wie schon mit »zweiter Natur«: Das Moment des Geschichtlichen in ihr steht ein für einen anti-mythologischen, aufklärerischen Prozeß, das Moment des Natürlichen darin bezeichnet dasjenige, an dem dieser Prozeß vollzogen wird, das, was vergeht.[245] Die erste Bedeutung verweist auf einen möglichen geschichtlichen Fortschritt, eine Wendung zum Besseren, die zweite Bedeutung richtet sich auf ein Anwachsen der Erstarrungs- und Verdinglichungstendenzen, das zunehmende Auseinanderfallen von Sinnstrukturen.

Adorno hat den Gedanken der Vergänglichkeit später zu der vielzitierten Theorie einer »Logik des Zerfalls« ausgebaut. In ihr versucht er, kulturelle und gesamtgesellschaftliche Verfallserscheinungen, insbesondere diejenige des bürgerlichen Zeitalters zu erfassen und deren Abfolge als einen folgerichtigen Prozeß zu begreifen, indem er deren eigene, ihnen objektiv-immanente Widersprüche aufzeigt. Dies geschieht in der Intention zu erweisen, daß die überholten und veralteten Institutionen zurecht untergegangen sind. Diesen Nachweis führt Adorno, gemäß seinem Grundsatz der immanenten und konkreten Kritik, durch das Aufzeigen der Unstimmigkeiten ihrer immanenten Bedeutung. Den Grundstein für seine Verfallstheorie[246] legte er bereits in seiner Antrittsvorlesung »Die Aktualität der Philosophie« von 1931, in der er die idealistischen Philosophien durch eine Verstärkung und Sichtbarmachung der in ihren Systemen bereits angelegten desintegrativen Tendenzen widerlegte und quasi zur »Selbstaufgabe« nötigte.

Doch aus seiner Idealismus-Kritik heraus entwickelte Adorno in direkter Weise ein eigenes Philosphiekonzept, das er angesichts der sinnlos gewordenen Wirklichkeit selbst noch seiner Zerfallsidee aussetzte: »jede Philosophie, der es heute ... auf Wahrheit ankommt, sieht sich dem Problem einer Liquidation der Philosophie selber gegenüber.«[247] Das bedeutet, daß der Verfallsbegriff ebenso ambivalent zu verstehen ist wie der der Vergänglichkeit; es bleibt ungewiß, ob die Idee einer fortschreitenden kulturellen Desintegration in ihrer konsequenten Durchführung die Absurdität des Bestehenden bewußt machen und aus der Unhaltbarkeit seiner Widersprüchlichkeit heraus kritisieren kann, oder ob sie nicht, einmal total gesetzt, das Übel nur bestätigt. In jedem Fall aber ist für Adorno das vergängliche Endliche das Terrain, in dem sich die Möglichkeit des Anderen zeigen muß. »Kein Eingedenken an Transzendenz«, heißt es in der »Negativen Dialektik«, sei »mehr möglich als kraft der Vergängnis«[248].

Wir erinnern uns, daß Adorno die Idee der Vergänglichkeit in anderer Form bereits in seiner Musiktheorie geltend machte, indem er als das Wesen der Musik selber ihre Zeitlichkeit, ihren transitorischen Charakter, hervorhob.[249] Er sprach ihr dadurch metaphysische Qualität zu: In ihrem nicht fixierbaren Verlauf verweist Musik ständig auf etwas anderes als das, was aktuell von ihr erklingt. Einen Teil dieser antimythischen Kraft musikalischer Bewegung scheint Adorno auch der geschichtsmetaphysischen Idee der Vergänglichkeit reserviert zu haben. Wirksam wird sie im Gedanken der Zersetzung obsolet gewordener Systeme und Ordnungen, aus der nicht notwendig schon die Setzung von Neuem folgt. Der desintegrative Prozeß bringt zunächst einmal Bruchstücke und Trümmer hervor, welche die Unhaltbarkeit und Scheinhaftigkeit ehemals unbeschädigter Sinneinheiten erst im nachhinein aufdecken, ohne aber die Folgeerscheinung erstarrter zweiter Naturen schon überschritten zu haben. Insofern produziert der Verfallsprozeß zwar Mythen, die er aus der Latenz vermeintlich autonomer Ordnungen hervorkehrt. Diese Offenlegung ist nun zugleich ein aufklärerischer Akt; um wirksam werden zu können, bedarf er aber erst noch der Interpretation durch Vernunft: Die Fragmente müssen als indirekte Spuren eines Anderen erkannt werden, als Hinweise auf ihren transzendenten Ermöglichungsgrund gelesen werden.[250]

Der Prozeß des Vergehens ist uns aber immer nur in Gestalt seiner einzelnen Stationen, der Relikte, zugänglich; dennoch zeigt sich in einem einzelnen Ereignis (und Ereignischarakter wird Adorno, wenn auch in einem negativen Sinne, jeder »neuen« Gestalt der im Zerfallsprozeß anwachsenden Negativität, jedem einzelnen Relikt bürgerlicher Kultur, auch wenn es als Fortführung oder Intensivierung lediglich eines Vorangegangenen erfahren wird, doch zusprechen müssen) »mehr und zugleich weniger, als in seinen Vorgegebenheiten enthalten ist«[251]. Folglich trage ich auch nichts Fremdes in die Geschichtsphilosophie Adornos hinein, wenn ich es als ihr eigentümliches Erkenntnisinteresse bestimme, das Mehr oder Weniger, das ein einzelnes historisches Faktum »zeitigt«, aufzuspüren. Ihre eigentliche Idee, die im Terminus »Vergänglichkeit« zum Ausdruck kommt, ist es, Geschichte in »statu nascendi« zu erfassen.[252] Ihrer Idee entspricht es auch, wenn sie Gegenwärtiges auf die in ihm sedimentierte Historizität hin analysiert und Vergangenes auf gegenwärtige Implikationen hin prüft. Sie ist also weder auf die abstrakte Prozessualität des Geschichtsverlaufs als solchem noch auf isolierte Punkte in ihm gerichtet, sondern versucht, die Zeichenhaftigkeit einzelner Ereignisse als ein Verweisen auf etwas jeweils Anderes zu verstehen.

Problematisch in der Geschichtstheorie Adornos erscheint jedoch die Annahme der *Erkennbarkeit* sinnvoller Strukturen und Potentiale sowie deren Dechiffrierung in einem mißlungenen und fehlgeleiteten Geschichtsverlauf; dies gilt um so mehr, als die Sinngebung nicht aus bloß subjektiver Projektion heraus erfolgen und der Faktizität gegenüber äußerlich bleiben soll. Mindestens ebenso fragwürdig muß es erscheinen, daß Adorno im Gedanken der Vergänglichkeit alles Geschichtlichen wie auch Natürlichen die Leidensgeschichte der Menschheit kontaminiert mit der Hoffnung auf Versöhnung in Form eines zwanglosen Austausches von Mensch und Natur: Es fällt schwer, in »Vergänglichkeit« neben dem Prozeß des Vergehens von etwas, der Quelle des Leidens, zugleich noch den Prozeß einer sich abzeichnenden Richtungsänderung dieses Vergehens, d.h. eine Veränderung der Zerfallsentwicklung zu denken, die die Hoffnung auf eine Wendung zum Besseren begründet.

Diese Schwierigkeit liegt in der dialektischen Struktur der Begriffe Adornos, die *historische Entwicklungstendenzen* bezeichnen, begründet. Paradigmatisch dafür ist die von Horkheimer und Adorno in der »Dialektik der Aufklärung« vertretene Zentralthese der gegenseitigen Verstrickung von Aufklärung und Mythos, Fortschritt und Regression, die in der Kategorie der Vergänglichkeit bereits latent präformiert ist. Werden die Begriffe »Reaktion« und »Fortschritt« in der gleichnamigen musikalischen Schrift aus dem Jahr 1930 noch undialektisch als Entmythologisierung, das Innewerden der Historizität des Materials einer als zweite Natur erkannten Komposition bzw. als Restauration überkommener Formen verstanden[253], so sah sich die Kritische Theorie durch die Erfahrungen des Faschismus und der Ohnmacht der bürgerlich-aufklärerischen Ideale genötigt, von den Theoremen der Marxschen Gesellschaftstheorie Abstand zu nehmen und gleichzeitig die Ideologiekritik zu radikalisieren, Aufklärung »selbstreflektiv« ihren eigenen kritischen Verfahrensweisen zu unterwerfen.[254]

»Fortschritt« hieß für Adorno nunmehr: »aus dem Bann heraustreten, auch aus dem des Fortschritts, der selber Natur ist, indem die Menschheit ihrer eigenen Naturwüchsigkeit inne wird und der Herrschaft Einhalt gebietet, die sie über Natur ausübt und durch welche die der Natur sich fortsetzt. Insofern ließe sich sagen, der Fortschritt ereigne sich dort, wo er endet.« Und wenn er fortfährt, daß ein solches Fortschrittsverständnis im Begriff der »Dekadenz« verschlüsselt sei [255], so unterstreicht das den hier skizzierten Konnex der Begriffe »Vergänglichkeit« (»Zerfall«) und »Fortschritt«. Vor dem Hintergrund einer erstarrten, »verkehrten« Wirklichkeit sind die Begriffe zur bloßen Karikatur, einem Zerrbild der (emphatischen) Idee geworden, für die sie einmal standen. Ihre semantische Umstrukturierung, die Dialektisierung zweier ihnen immanenter Bedeutungspole, diente Adorno als Mittel des Ausdrucks der strikten Nicht-Identität von Begriff (Bedeutung) und Realität, hat also erkenntniskritische Funktionen: »Dialektisch, im strengen unmetaphorischen Sinn, ist der Begriff des Fortschritts darin, daß sein Organon, die Vernunft, Eine ist; daß nicht in ihr eine naturbeherrschende und eine versöhnende Schicht nebeneinander sind, sondern beide all ihre Bestimmungen teilen. Das eine Moment schlägt nur dadurch in sein anderes um, daß es buchstäblich sich reflektiert, daß Vernunft auf sich Vernunft anwendet und in ihrer Selbsteinschränkung vom Dämon der Identität sich emanzipiert.«[256]

Wer dieses konkret historisch motivierte Selbstreflexivwerden der Aufklärung und die daraus folgende Kontaminierung von Konstruktion und Kritik des aufklärerischen Organs der Vernunft dem Vorwurf des Paradoxen aussetzt, muß denselben Vorwurf gegen Adornos Vorbild einer solchen paradoxen Vernunftstruktur richten, das dieser in der philosophischen Tradition anführen kann. Wir erinnern uns, daß auch *Kant* das Konzept einer sich *selbst* kritisierenden und in ihren »überschwänglichen« und »schwärmerischen« Erkenntnisansprüchen einschränkenden Vernunft in Anspruch nahm und dafür heute kaum der dialektischen Spinnerei bezichtigt wird. Ich werde darauf bei der Diskussion erkenntnistheoretischer Fragen zurückkommen (Kap. 3.V.1.). Aber auch Adornos geschichtsphilosophischer Terminus »Vergänglichkeit« bzw. dessen positives Korrelat »Fortschritt« lassen sich in ihrer dichotomischen Struktur durch die Kantische Theorie explizieren: Es ist bei Kant die *Einheit* der Vernunft, die noch deren widersprüchliche Gebrauchsweisen übergreifend zusammenhält, und zwar einmal die des Verstandes, der der Natur bekanntermaßen die Gesetze vorschreibt (ihr theoretischer Gebrauch in der »Kritik der reinen Vernunft«), zum anderen die der reflektierenden Urteilskraft, die ein solches Gesetz *in* der Natur erst sucht und sich dabei *deren* besonderen Formen und Strukturen prozessual annähert. Übersetzt man »der Natur Gesetze vorschreiben« durch »die Natur beherrschen« und deutet man die frei schematisierende Tätigkeit der Urteilskraft, die Kant zufolge die Tendenz hat, »einstimmig mit Naturgesetzen ... reflektieren zu können«[257], als tendenzielle Versöhnung des Bewußtseins mit Natur, so hat man die Doppelbedeutung der Adornoschen Termini Vergänglichkeit (Zerfall) und Aufklärung (Fortschritt) durch die beiden konträren Gebrauchsweisen der Kantischen Vernunft reformuliert: Die erste setzt insofern Natur und Vernunft als vermeintlich identische voraus, als sie die Allgemeinbegriffe (Gesetze) der Vernunft auf die Naturphänomene einfach überträgt; sie korrespondiert dem Prinzip der fortschreitenden Naturbeherrschung

(»Dämon der Identität«) bei Adorno. Die zweite Gebrauchsweise geht von der Nichtidentität von Natur und Vernunft aus und läßt sich im Erkenntnisprozeß lediglich von der regulativen Idee der »Zweckmäßigkeit« leiten, gemäß der sie auf allen Stufen ihres Erkenntnisprozesses eine nur vorläufige Strukturierung der Naturphänomene vornimmt, um sich im »Labyrinth der Mannigfaltigkeit möglicher besonderer Gesetze zurechte zu finden.«[258]; diese Art des Vernunftgebrauchs entspricht dem der Naturbeherrschung entgegengesetzten Erkenntnisverfahren bei Adorno, der Negation des zwanghaften Identitätsprinzips. Und man kann die Analogie fortführen: Ist es bei Adorno *eine* ratio, die die Aufklärung über sich selbst aufklärt, die den Zwang der Naturbeherrschung wiederum nur durch den Zwang der Selbstbeschränkung brechen kann, so ist es bei Kant *eine* Vernunft, die ihre statisch-klassifizierende Verfahrensweise aufgibt und ihre Tätigkeit auf ein bloßes »Abtasten« der Natur nach sinnvollen Zusammenhängen begrenzt.

Die spezifische Transformationsleistung Adornos hingegen, das, was er dem Kantischen Modell neu hinzufügt, ist dessen positive Dialektisierung. Was sich bei Kant unter dem Aspekt der Gebrauchsweise der Vernunft (durch Verstand oder Urteilskraft) deutlich trennen läßt, steht bei Adorno im Verhältnis einer unmittelbaren Wechselwirkung zueinander, der »naturbeherrschende« und »versöhnende« Gebrauch des vernünftigen Organs teilen »all ihre Bestimmungen«[259]. Der eine ist nur der Spiegel des anderen. Regression ins Mythisch-Irrationale bezeichnet lediglich die Kehrseite aufklärerischen Fortschritts.

Der positive Gebrauch der dialektischen Methode ist jedoch, Adornos eigenem Geständnis zufolge, nur angesichts des falschen Zustands einer widerspruchsvollen Realität aufrechtzuerhalten. Die richtige Einrichtung der Gesellschaft fällt zusammen mit dem Ende der Dialektik: »Angesichts der konkreten Möglichkeit von Utopie ist Dialektik die Ontologie des falschen Zustandes. Von ihr wäre ein richtiger befreit, System so wenig wie Widerspruch.«[260] Obwohl es uns heute schwerfällt, Adornos enge Verknüpfung seiner dialektischen Methode mit der Struktur der Wirklichkeit selber einsichtig zu machen, sollte man sie meines Erachtens als ein Mittel für den *Ausdruck* dessen begreifen, was die »Sache selbst« sein mag, und nicht einfach als Irrationalismus verabschieden; denn sie bleibt ja ein bewußt einzusetzendes begriffliches Instrumentarium und erfüllt nicht die Funktion eines direkten Abbildens realgeschichtlicher Antagonismen.[261] Allerdings darf sie der Wirklichkeit gegenüber nicht beliebig gehandhabt werden. (Die zu erstellenden Kriterien ihrer Einsetzbarkeit kann ich in diesem Zusammenhang nicht erörtern.)

Selbstverständlich muß es dann aber noch eine Möglichkeit geben, aus der Immanenz eines positiv-dialektischen Denkverfahrens hinauszugelangen, die Adorno konsequenterweise auch konzipiert hat. Dialektik vermag »in einer letzten Bewegung sich noch gegen sich selbst kehren«[262]. Das Mittel zu einer solchen Selbsttranszendierung ist dialektischem Denken als dessen Möglichkeit zur *Selbstreflexion* immer schon einbeschrieben. Stellte es sich unter den Imperativ der ausschließlichen Verwendung einmal angenommener Methoden, so diente es letztlich doch nur der Bestätigung der Irrationalität des Bestehenden. Ein Verständnis von Dialektik jedoch, das sich aus der Einsicht in seine eigene Defizienz heraus selber zu korrigieren vermag, kann als eine Analogie aufgefaßt werden zur Kantischen Konstruktion der Vernunft, die ihren kausal-mechanischen Gebrauch durch den Verstand - im Bewußtsein, daß er nicht hinreicht, in der Natur zweckmäßige Strukturen zu erkennen - gewissermaßen selbst korrigiert, indem sie ihm den Gebrauch der teleologischen Urteilskraft zur Seite stellt, die, ohne die Kategorien des Verstandes in Anspruch nehmen zu müssen, eine Erkenntnis der inneren Beschaffenheit der Dinge der Natur zumindest in Angriff nehmen kann, was ja dem generellen theoretischen Ansatz Kants in der »Kritik der reinen Vernunft« zufolge nicht möglich sein soll. Doch weder die vernünftige Korrektur des kausalmechanischen Vernunftgebrauchs bei Kant noch die Selbstkorrektur der Dialektik bei Adorno wäre einsichtig zu machen, ohne die jeweilige Unterstellung einer negativen Metaphysik, die Annahme eines intelligiblen Ansichseins der natürlichen Dinge. Erst sie, motiviert durch die Frage, wie das Bestehende (die Welt der Erscheinungen, der falsche Zustand) objektiv möglich ist, nötigt zur erneuten kritischen Reflexion erprobter Erkenntnismittel (Kategorien oder Methoden), um sich auch dem Erkennen dessen an den Dingen anzunähern, was sich nicht auf abstrakte Gesetzmäßigkeiten reduzieren läßt.

ZWEITES KAPITEL

Die Bedeutung des Programms der Naturgeschichte für die Erkenntnistheorie Adornos

I. Die erkenntniskritische Funktion der Ideen »Natur« und »Geschichte«

Es sollte aus dem ersten Kapitel, insbesondere den letzten Abschnitten, deutlich hervorgegangen sein, daß es bei Adorno kein Geschichtskonzept in einem ontologischen Sinn gibt, mit dem noch eine einsehbare Bedeutung verbunden werden könnte. Die Begriffe Natur und Geschichte haben keine invariante Bedeutung und werden in der Weise als dialektische Oppositionen gebraucht, daß sie sich gegenseitig begrenzen und korrigieren: Was als »Natur« erscheint, wird als »zweite Natur«, also als historisch produzierte entlarvt, was als »Geschichte« erscheint, wird als bestehend aus den Materialien der (ersten) Natur erwiesen. Keiner der beiden Begriffe gelangt irgendwann zu der Position des ersten Prinzips, weil er dann nicht mehr durch sein Gegenüber kritisiert werden könnte. Die gegenseitige Begrenzung und Kritik der Ideen Natur und Geschichte ist der Geschichtstheorie Adornos aber wesentlich: »Wenn die Frage nach dem Verhältnis von Natur und Geschichte ernsthaft gestellt werden soll, bietet sie nur dann Aussicht auf Beantwortung, wenn es gelingt, *das geschichtliche Sein in seiner äußersten geschichtlichen Bestimmtheit, da, wo es am geschichtlichsten ist, selber als ein naturhaftes Sein zu begreifen, oder wenn es gelänge, die Natur da, wo sie als Natur scheinbar am tiefsten in sich verharrt, zu begreifen als ein geschichtliches Sein.*«[1]

Um ihr eine spezifisch erkenntniskritische Bedeutung zu verleihen, verbindet Adorno in seiner Geschichtsphilosophie zwei verschiedene erkenntnistheoretische Konzeptionen, die er beide zusammen auf die Begriffe »Natur« und »Geschichte« *anwendet*: Ein Kantisches erkenntniskritisches Modell und ein positives dialektisches Modell. Er gibt den Begriffen Natur und Geschichte einen ähnlichen Status wie ihn die »regulativen Ideen« bei Kant haben. Daß sie keine positiv definierbare oder ontologisch bestimmbare Bedeutung besitzen, entspricht genau der Kantischen Konzeption der Ideen als reiner Vernunftbegriffe, denen »kein kongruierender Gegenstand in den Sinnen gegeben werden kann«[2] und die folglich zu keiner positiven (Gegenstands-)Erkenntnis taugen. Daß die Begriffe Natur und Geschichte bei Adorno gleichwohl eine genau bestimmbare Funktion erfüllen, das Denken zur letzten Aufgabe, der Erkenntnis einer versöhnten Natur anleiten können, sofern ihr Verhältnis richtig bestimmt ist, korrespondiert dem »vortrefflichen und unentbehrlich notwendigen Gebrauch«, den die Ideen Kant zufolge haben können, sofern sie erkenntnisregulierend eingesetzt werden. Er besteht darin, die differenten Verstandesleistungen dadurch vergleichbar zu machen, daß man sie auf einen gemeinsamen »focus imaginarius«[3], einen erfahrungstranszendenten Punkt bezieht, um die Erkenntnistätigkeit somit zu motivieren, sich möglichst weit (bis an die Grenzen der Erfahrung) auszudehnen. Ohne die Präsupposition eines bloß *kognitiven* gemeinsamen Ziels wäre sowohl für Kant als auch für Adorno die emphatische Möglichkeit eines Erkenntnisfortschritts, von dem doch beide mehr oder weniger beseelt sind, undenkbar. Würden jedoch die transzendentalen Ideen Kants oder die erkenntnisleitenden Begriffe Natur und Geschichte bei Adorno dazu verwendet, selbst Erkenntnisse zu *konstituieren*, so verwickelte man sich in unauflösliche Widersprüche. Selbst das negativ-metaphysische Moment der Vergänglichkeit, das Adornosche Äquivalent des imaginären Focus bei Kant, der »Punkt, in dem Geschichte und Natur konvergieren«[4], stellt keine unwandelbare Entität dar, obwohl Adorno in diesem Zusammenhang von der »Aufgabe der ontologischen Umorientierung der Geschichtsphilosophie«[5] spricht. »Vergänglichkeit« hat selbst geschichtliche Implikate, und es gilt für es dasselbe, was Adorno einmal von der Kantischen Konzeption des Dings an sich sagte: Ist es ein ontologisches Moment, so bleibt es doch Moment und ist als solches nicht geeignet, eine Ontologie im traditionellen Verständnis zu begründen.

Das andere wichtige Konzept, daß Adorno auf seinen Gebrauch der Begriffe Natur und Geschichte appliziert und mit dem er seine Kantische Verständnisweise wesentlich modifiziert, ist die positiv verstandene dialektische Beziehung beider Begriffe.[6] Es enthält sowohl Natur Momente von Geschichtlichkeit als auch Geschichte Momente von Natur. Der dialektische Doppelsinn der Begriffe soll verhindern, daß sich einer von beiden gegen den anderen durchsetzt. Adornos Intention ist gegen jede statische Bedeutungskonzeption von Natur und Geschichte gerichtet. Der Grund dafür kann in seiner Antrittsvorlesung »Die Aktualität der Philosophie« nachgelesen werden, die in vielerlei Hinsicht eine Schlüsselfunktion für die weitere theoretische Entwicklung seiner Philosophie einnimmt. Adorno hatte darin jeden Anspruch, kraft des Denkens die Totalität des Wirklichen zu begreifen, als Illusion zurückgewiesen. Nur im kleinen vermöchte Denken das Seiende noch zu bewältigen. Diese kritische Einschränkung der Erkenntnismöglichkeiten geschah vor dem Hintergrund der genuin nominalistischen Annahme einer Nicht-Identität von Vernunft und Wirklichkeit, die Adorno in der Verfallsentwicklung, die der Geschichte idealistischen Denkens als immanente Logik einbeschrieben sein sollte, dokumentiert sah.

Da nun die Begriffe Natur und Geschichte jeweils auf das *Ganze* des Seienden gerichtet sind, kann Adorno konsequenterweise an ihrer herkömmlichen Bedeutung, aus der auch die antithetische Stellung beider hervorgeht, nicht mehr festhalten. Weil er jedoch die *Idee* eines sinnvollen Ganzen, für die Natur und Geschichte *möglicherweise* stehen könnten, nicht aufgeben will, behält er die Begriffe als bloß kognitive bei. Doch im Bewußtsein, daß sie bloße »Ideen« sind, denen keine reale Erfahrung entspricht, muß er sie kritisch einschränken. Er tut das jedoch, anders als Kant, nicht nur, indem er sich mit einer bloß regulativen Gebrauchsweise der Ideen begnügt, sondern zusätzlich dadurch, daß er sie dialektisch derart miteinander »vermittelt«, »daß sie zugleich auseinanderbrechen und sich ... verschränken«[7], Dialektik also in erkenntniskritischer Absicht einsetzt. Die dialektisch gefaßte Begriffsstruktur erfüllt hier zum einen die Funktion, die Nicht-Entsprechung von Begriff und Realität noch stärker hervorzukehren, als der regulative Gebrauch bei Kant es tat. Dazu sah sich Adorno aufgrund seines negativen Wirklichkeitsverständnisses in besonderem Maße gegenüber Kant genötigt, der einen weitgehend positiven Realitätsbegriff zugrunde legt. Zum anderen soll die dichotomische Begriffskonzeption aber auch ein (indirekter) *Ausdruck* der widersprüchlichen und brüchigen Struktur der Wirklichkeit selber sein. Mit der Annahme einer solchen Relation, die er allerdings nahezu unerklärt läßt, stellt sich Adorno bei aller Sympathie für die erkenntniskritisch-aufklärerische Funktion des Nominalismus wiederum ein Stück weit an die Seite der realistischen Begriffsauffassung (vgl. Kap. 2.IV.).

Die Beschreibung der Verwendungsweise der Wörter »Natur« und »Geschichte« sowie die Erklärung ihrer *Funktion* durch den Rekurs auf die Kantische Konzeption der »Idee« und die Heranziehung eines positiven Dialektikkonzepts haben uns bereits aus Adornos Geschichtsphilosophie herausgeführt und den Weg zu seiner Erkenntnistheorie gewiesen. Um jedoch deren Voraussetzung in der Tradition ebenso wie ihre Stellung innerhalb der Philosophiegeschichte verständlich machen zu können, bedarf es wiederum einer historischen Vorerinnerung, die jedoch beträchtlich kürzer wird ausfallen dürfen als die geschichtsphilosophische des ersten Kapitels.

II. Die Idee der Deutung als Aufgabe der Philosophie. Ein bedingt hermeneutischer Zugriff

In der »Idee der Naturgeschichte« sprach Adorno nicht nur von den »Ideen« Natur und Geschichte, die in ihrem positiv-dialektischen Vermitteltsein aufeinander verweisen, sondern ebenso von der Idee des »Bedeutens« und der Idee der »Vergänglichkeit«. Diese vier Ideen lassen sich jedoch nicht auseinanderdeduzieren; sie sind nicht Elemente einer hierarchisch strukturierten Systematik. Vielmehr bilden sie einen *Zusammenhang* des gegenseitigen *Auf-einander-Verweisens*, eine »Konstellation von Ideen«. Innerhalb des Ideenverhältnisses erfüllt die *Idee des Bedeutens* insofern eine Schlüsselfunktion, als sie die Verknüpfung der übrigen ermöglicht, deren Relation sie bezeichnet: Natur bedeutet Geschichte, Geschichte bedeutet Natur, und sowohl Natur als auch Geschichte bedeuten Vergänglichkeit.

Nicht ihr Primat, aber die exzeptionelle Stellung des »Bedeutens« ist von Adorno bereits in seiner Antrittsvorlesung »Die Aktualität der Philosophie« bekräftigt worden, in der er »Deutung« zur schlechthinnigen Aufgabe von Philosophie erklärt hat: »Die Idee der Wissenschaft ist Forschung, die der Philosophie Deutung.«[8] Gemeint ist damit, daß die Einzelwissenschaften von eindeutig gegebenen, »positiven« Befunden ausgehen, die sie als solche, d.h. unter dem Aspekt ihrer erkenntnistheoretischen »Gegebenheit«, gar nicht mehr *thematisieren* und *problematisieren*. Ein derart empirisch aufgefaßter Typ von Einzelwissenschaft macht, so Adorno, die stillschweigende Prämisse eines zeitlos erkennenden Kantischen transzendentalen Subjekts, die jedoch nur durch eine geschichtsphilosophische Frage nach den spezifisch historischen und wechselnden Voraussetzungen, denen der wissenschaftlich Erkennende unterliegt, von ihrer Naivität befreit werden kann. Ein anderes von den Einzelwissenschaften nur unzureichend bearbeitetes Problem sieht Adorno in der Relation des erkennenden Ich zum alter ego, des eigenen zum fremden Bewußtsein.

Diese unerhellten *Voraussetzungen* der Einzelwissenschaften vermag die Philosophie noch zu thematisieren, indem sie »den ersten Befund bereits, der ihr begegnet, als Zeichen auffaßt, das zu enträtseln ihr obliegt«[9], also sämtliches ihr vorliegendes Erkenntnismaterial zunächst der Bedeutung nach in Frage stellt. Sie ist weniger auf fixierbare Resultate gerichtet als vielmehr auf ein ständig neu einsetzendes Auslegen der Wirklichkeit. Das Seiende soll als »Zeichen«, »Figur«, »Rätsel«, »Chiffre«, aufgefaßt werden, die durch den itinerativen Prozeß subjektiver Deutungsleistungen erst »in einen Text« verwandelt werden müssen. Gemeint sind hier jedoch keineswegs die heiligen Texte der theologischen und philosophischen Überlieferung, mit denen es die Hermeneutik seit alters her zu tun hat, sondern es ist der Text des Seienden, der Wirklichkeit selber, den Adorno entziffern will. Diese Differenz zu dem, was traditionellerweise unter »Hermeneutik« verstanden wird, einer Disziplin, der Adorno zeit seines Lebens skeptisch gegenüberstand (insbesondere ihrer zentralen Kategorie des Verstehens), mag angesichts der generellen Forderung Adornos, die Realität sprachlich zu erschließen, peripher erscheinen. Doch die Sprachlichkeit des Seienden verbürgt noch keinen »*Sinn*«, keine Objektivität; die als rätselhafte Figuren bzw. unverständliche Zeichen wahrgenommenen Strukturen der Wirklichkeit *garantieren* noch nicht deren Entzifferung, die Beantwortung der Frage nach ihrer Bedeutung, die zwar durch den problematischen, »fraglichen« Charakter ihrer Gestalt von uns *gefordert*, nicht aber schon geleistet wird. »Es fällt danach also die Idee der Deutung keineswegs mit dem Problem eines »Sinnes« zusammen, mit dem sie meist verwirrt wird. Einmal ist es nicht die Aufgabe der Philosophie, einen solchen Sinn als positiv gegeben, die Wirklichkeit als »sinnvoll« darzutun und zu rechtfertigen. Jede solche Rechtfertigung des Seienden ist durch die Brüchigkeit im Sein selbst verwehrt; mögen immer unsere Wahrnehmungsbilder Gestalten sein, die Welt, in der wir leben und die sich anders konstituiert als aus bloßen Wahrnehmungsbildern, ist es nicht; der Text, den Philosophie zu lesen hat, ist unvollständig, widerspruchsvoll und brüchig, und vieles daran mag der blinden Dämonie überantwortet sein; ja vielleicht ist das Lesen gerade unsere Aufgabe, gerade damit wir lesend die dämonischen Gewalten besser erkennen und bannen lernen.«[10]

Adornos besondere Schwierigkeit gegenüber der traditionellen Hermeneutik ergibt sich aus seiner *Basisannahme* einer schlechten und weitgehend sinnlosen Realität, die er aber um jeden Preis in sein philosophisches Konzept, die »Idee der Deutung«, einbeziehen will. Das hat Konsequenzen: Die widersprüchlich organisierte Welt *sträubt* sich natürlich dagegen, in einen kohärenten Textzusammenhang transferiert zu werden. Doch indem ich als Interpret auch das noch *weiß* und den Brüchen und Unzulänglichkeiten eines notwendig unvollständig bleibenden Textzusammenhangs noch Rechnung trage, kann es mir gelingen, nicht nur den spezifischen Stellenwert der Sinnunterbrechungen, so viele es auch sein mögen, im Ganzen des Sprachgefüges zu bestimmen, sondern aus der Kenntnis ihrer *Bedingtheit* und *Relativität* heraus auch einen weniger lückenhaften, vielleicht sogar kontinuierlich sinnhaften Sprachzusammenhang zu entwickeln. Dann ist es aber auch denkbar, die neu hergestellten Sinnstrukturen derart auf die Strukturen der Wirklichkeit zurückzubeziehen, daß die Möglichkeit, auch deren Elemente in sinnvollere Verhältnisse umzugruppieren, konkret sichtbar wird.

Um aber noch den schlechten Zustand als etwas Schriftähnliches begreifen zu können, bedarf es noch einer stärkeren *subjektiven Tätigkeit* als der des hermeneutischen »Verstehens«: Methodisch vollzieht sich die Auslegung und Deutung des Seienden als Text durch das Konstruieren »von Figuren, von Bildern aus den isolierten

Elementen der Wirklichkeit«[11]. Es müssen ständig »welchselnde Versuchsanordnungen« hergestellt werden, um zu einer Entzifferung der rätselhaften Gestalten der Welt, zu einer objektiv gültigen Erkenntnis des Seienden, zu gelangen. Das ist zunächst einmal begriffsprachlich zu verstehen, als das Bilden von Begriffskonstellationen, oder - in Adornos allgemeiner philosophischer Terminologie gesagt - von Ideenkonstellationen[12], die durch das Verhältnis ihrer einzelnen Elemente zueinander ein Stück Wirklichkeit in seiner *Einmaligkeit* erfassen sollen, so wie z.B. die spezifische Beziehung der geschichtsphilosophischen Ideen »Natur«, »Geschichte«, »Vergänglichkeit« und »Bedeutung« die *konkrete* historische Faktizität erschließen sollten. Die Ideen Adornos können also keine invarianten Bedeutungen besitzen, sie müssen sich in der jeweiligen Konstellation neu bestimmen; die Elemente der Konstellation wiederum müssen nach dem Modell von Versuch und Irrtum dem vorgegebenen historischen Faktum oder Naturphänomen angemessen arrangiert werden. Das Objekt bestimmt ihr Verhältnis, nicht umgekehrt.

Um einsichtig zu machen, wie denn überhaupt gewußt werden kann, *wann* die Konstellation eine dem Gegenstand adäquate Struktur aufweist und folglich zu dessen *objektiver* Erkenntnis taugt, spezifiziert Adorno das »Lesen des Seienden als Text« als ein Aufspüren seines *geistigen Gehalts*, der in seiner *Geschichtlichkeit* begründet liegt. Das objektive Erkennen eines Gegenstandes ist also gleichbedeutend mit dem Wissen um die in ihm sedimentierte, aufgespeicherte Historizität. Diese genuin hermeneutische These behält Adorno nahezu unverändert bis in die letzten Schriften, einschließlich seiner »Reflexionen zur Metaphysik« bei (vgl. Kap. 5.II.5).[13] Nicht »hermeneutisch« im herkömmlichen Verständnis dieses Wortes ist seine theoretische Fundamentalannahme eines schlechten Zustands sowie die Präsupposition eines irreduziblen Seins, das weder auf Sprache noch auf eine sonstige subjektive Größe reduzierbar ist. Mich interessiert in diesem Zusammenhang jedoch weder, ob und in welcher Weise Adornos Theorie von Philosophie als der »Idee der Deutung« mit den Mitteln sprachlicher Konstellationen an ein traditionelles Hermeneutikkonzept anzuschließen wäre (ich finde ihre Differenzen gegenüber den Theorien von Autoren wie Gadamer, Apel oder Habermas interessanter als ihre Übereinstimmungen damit), noch kann ich hier diskutieren, ob sie eine tragfähige Alternative zu den gegenwärtig herrschenden Strömungen des Strukturalismus und der analytischen Philosophie darstellt (Andeutungen darüber, wie eine solche Auseinandersetzung zu führen wäre, werde ich in 3.IV. zu geben versuchen).

Zunächst ist deshalb zu Adornos *Idee der »Idee«* selbst vorzudringen, also dem, was seinem Begriff von Philosophie im Sinne von Erkenntnistheorie entspricht, auch in ihren beiden gewichtigsten Ausprägungen: der Geschichtsphilosophie, die, wie wir gezeigt haben, erkenntniskritische Funktionen erfüllt, ebenso wie den Schlußabschnitten der »Negativen Dialektik«, in denen nach Kantischem Vorbild die Möglichkeit von Metaphysik in Frage gestellt wird.

III. Die Herkunft des Adornoschen Konzepts der »Idee«

1. Platons »idea rerum« als Hypostase einer an sich seienden Natur und die Idee einer negativen Dialektik

Wenn man sich die Äußerungen vergegenwärtigt, in denen Adorno sein philosophisches Programm der Idee der Deutung beschreibt, so wird klar, daß er es wesentlich im Widerspruch zur philosophischen Tradition und in polemischer »Rücksichtnahme« auf sie entwickelt. Wenn Adorno also z.B. davon spricht, es sei das Ziel philosophischer Deutung, »daß die Funktion, die die herkömmliche philosophische Frage von übergeschichtlichem, symbolisch bedeuteten Ideen erwartet, von innergeschichtlichen konstituierten und unsymbolischen geleistet wird«[14], oder wenn es heißt, daß die in Form von Ideenkonstellationen konstruierten »geschichtlichen Bilder« keine »Selbstgegebenheiten« seien und auch keiner »Schau« oder »Intuition« wie etwa »mythische Urbilder« bedürften, so denkt ein Kenner der philosophischen Tradition natürlich sofort an Platon. In dessen Ideenlehre haben die Ideen ja den geschichtslosen Charakter von transzendenten, an sich seienden Wesenheiten. Sie stellen die intelligiblen Urbilder dar, durch die alle materiellen Dinge mittels Partizipation Gestalt und Struktur empfangen. Menschliches Erkennen, das auf die empirischen, in der Geschichte auftretenden Dinge gerichtet ist, nimmt, dem berühmten Höhlengleichnis zufolge, immer nur die Schattenbilder der idea rerum wahr, nicht ihr Wesen, das wahrhaft Seiende.[15] Mit der Differenzierung des Seins in zwei Modi, die sinnlich wahrnehmbaren Dinge und deren ideelle Urbilder, initiierte Platon eine Unterscheidung, die für die gesamte europäische Philosophiegeschichte bedeutsam geworden ist: die von Wesen und Erscheinung, von Ansichseiendem und sinnlichen Phänomenen.[16] Die daraus hervorgegangene »Zweiweltentheorie« jedoch, wie sie ausgelöst durch Augustinus' »civitate dei« dann etwa in der strikten Trennung eines »mundus sensibilis« und »intelligibilis« bei Kant vorliegt, darf für Platon, vielleicht mit Ausnahme des »Phaidros«, in dem der Dualismus durch die starke Akzentuierung der sinnlichen Anschauung einen Halt bekommt, nicht ohne weiteres unterstellt werden; denn der Kosmos der Ideen ist dem menschlichen Erkennen ja zugänglich. Indem es die durch die trügerischen Sinne wahrgenommene Welt als täuschenden Schein erkennt und negiert, kann es sich zu der Sphäre der Ideen durch Abstraktion von deren schattenhafter Nachbildern erheben. Im dialektischen Auf- und Absteigen des reinen Gedankens können die inhaltlich konkret bestimmten Gattungsideen, die das Eidos der sichtbaren Einzeldinge konstituieren, erkannt werden.[17]

Das ist nun auch der Grund dafür, daß die Platonische Ideenlehre nicht *schlechthin* als die Negativfolie betrachtet werden darf, vor der Adorno sein Konzept von Philosophie als Idee der Deutung entwickelt, von dem er ausdrücklich sagt, daß es mit jedem Dualismus des Kantischen Typs von Intelligiblem und Empirischem unvereinbar ist: »Wer deutet, indem er hinter der phänomenalen Welt eine Welt an sich sucht, die ihr zugrunde liegt und sie trägt, der verhält sich wie einer, der im Rätsel das Abbild eines dahinter liegenden Seins suchen wollte, welches das Rätsel spiegelt, wovon es sich tragen läßt: während die Funktion der Rätsellösung es ist, die Rätselgestalt blitzhaft zu erhellen und aufzuheben, nicht hinter dem Rätsel zu beharren und ihm zu gleichen.«[18] Adorno löst demnach die starre Grenzziehung zwischen noumenaler und phänomenaler Welt auf, indem er beide in engste »Berührung« bringt und die rätselhaften Elemente der zweiten so lange einer wechselnden Versuchsanordnung und Neugruppierung (»Konstellation«) unterzieht, bis ein auf diese Weise *neu konstruiertes Phänomen* als Idee ins Bewußtsein tritt. Wann und ob überhaupt eine solche objektive Erkenntnis eines *Sinns* erreicht wird, ist völlig ungewiß.

Ein Reich an sich seiender Ideen, die einen objektiven Sinn der Phänomene der Natur *garantieren*, wird von Adorno selbstverständlich nicht mehr unterstellt, obgleich er doch die Annahme von *Ideen* überhaupt aufrechterhält. Um den Ideen jedoch größtmögliche Relevanz für die empirische Welt einzuräumen, bescheidet er sich nicht mit deren regulativer Gebrauchsweise Kantischen Typs. *Zusätzlich* transponiert er die von Platon als an sich seiende Wesenheiten verstandenen Ideen in die Immanenz der historisch-empirischen Welt. Das hat Folgen für ihre inhaltliche Bestimmtheit: Nicht mehr das überhistorische Gute, Wahre und Schöne sind die »obersten« Ideen, sondern die (innergeschichtliche) Natur, Geschichte und Vergänglichkeit, die mit der sie verknüpfenden Idee der Deutung eine Konstellation eingehen. Nur durch ihr je spezifisches Verhältnis zueinander vermögen sie einen objektiven Sinn des Seienden zu konstituieren, ohne daß dieser den Phänomenen a priori durch deren Partizipation an ihm verbürgt wäre, oder nur subjektivistisch auf sie projiziert würde.

Ein derart synthetisch hergestellter Sinn ist dem Bewußtsein genau dann *evident*, wenn die Konstellation der Ideen die Struktur eines lesbaren Textes angenommen hat.[19] In diesem Fall ist es auch erlaubt, die Formation der Ideen auf die Ordnung der Dinge zu übertragen, mithin eine Entsprechung von Idee (als Konstellation besonderer Ideen) und Wirklichkeit anzunehmen.

Das Verhältnis von Ideen und Dingen der Erscheinungswelt stellt jedoch auch für die Lehre Platons ein *Grundproblem* dar. Und es kann zurecht als ein wesentlicher Zug der Entwicklung des Platonischen Denkens gesehen werden, daß die Frage der Vermittlung der beiden Seinsweisen immer dringlicher geworden ist. Das Problem wird auch dann nicht gelöst, sondern nur verlagert, wenn man wie einer der frühesten Kritiker Platons, Aristoteles, die These zugrunde legt, daß der Chorismus von Ideen und Dingen nicht nur als räumliche, sondern ebenso als begriffliche und zeitliche Trennung aufzufassen ist, und man daraus die Position ableitet, daß nicht die Ideen, wie es der Grundeinstellung Platons entspricht, das *eigentliche* Sein repräsentieren, sondern, umgekehrt, die Realität der Dinge die fundamentale Bedeutung von »Sein« und entsprechend die Realität der Ideen davon abgeleitet ist. Die Frage nach der konkreten *Relation* beider Seinsmodi bleibt somit offen.

Platon selbst versucht die Frage auf verschiedene Weisen zu beantworten. Einmal dadurch, daß er den *Unterschied* von Ideen und Dingen durch verschiedene Weisen ihrer *Erfahrbarkeit* zu verdeutlichen suchte. Die Dinge sind etwas Sichtbares und können sinnlich wahrgenommen werden, die Ideen sind unsichtbar und können nur vermittels Denkleistungen erfahren werden.[20] Zum anderen wird der Chorismus durch verschiedene *Seinsweisen* expliziert. Die Ideen sind ewig und unveränderlich, die Dinge unterliegen einer ständigen Veränderung. Die *Vermittlung* zwischen beiden

Erfahrungsmöglichkeiten bzw. beiden Seinsmodi geschieht nun wesentlich durch eine quasi erkenntnistheoretische Legitimierung: Durch die Lehre von der Anamnesis, die alles menschliche Denken, das auf der Stufenleiter der Ideen vor- und zurückschreitet, konstituiert. Begründet wird sie durch die mythische Theorie von der Präexistenz der menschlichen Seele im Reich der ewigen Ideen: Das wahre Sein der Sinnendinge kann nur durch die Wiedererinnerung an deren transzendente Urbilder, die die Seele einst »geschaut« hat, erkannt werden.[21]

Relikte dieser positiven *Erinnerungsmethaphysik* sind nun auch noch in der Geschichtsphilosophie Adornos, gefiltert durch die Vermittlung Hegels, anzutreffen (vgl. Kap. 1.II.6.). Sie reichen als visuelle Metaphorik bis in seine metaphysischen Reflexionen der Negativen Dialektik hinein (ich werde auf diese Parallele in 4.I. zurückkommen).

Hier soll zunächst eine viel grundlegendere Affinität zwischen Platon und Adorno herausgestellt werden, die aber, soweit es die Position Platons betrifft, nur aus der immanenten Schwierigkeit der offiziellen Version der Ideenlehre heraus verständlich gemacht werden kann. Diese Version, deren crux im *Wie* der Beziehung von Ideen- und Phänomenwelt besteht, übersieht, daß Platon selbst dieses Verhältnis in den späten Dialogen, namentlich im »Sophistes« und im »Parmenides«, beträchtlich modifiziert. Die Gründe für die Korrektur seines Grundansatzes dürften wohl in der zunehmenden Einsicht in die Unzulänglichkeit seiner Anamnesislehre in bezug auf eine plausible Vermittlung von Eidos und Sinnending zu suchen sein. Auch die in der »Politeia« entwickelte Unterscheidung von echtem Wissen (Gnosis), das sich auf die Sphäre der Ideen bezieht, und bloßem Meinen und Vorstellen (Doxa), das den Dingen korreliert[22], und die im »Timaios«, in dem wahrhaftes Erkennen (Nous) nur den Ideen zugesprochen wird, in ähnlicher Weise aufgegriffen wird[23], konnte das Verhältnis nicht zureichend aufklären. Die Schwierigkeiten, in die sich Platon im »Parmenides« verwickelt, wenn er die Beziehung der Ideen zu den Dingen in der Relation der Teilhabe (Methexis) beschreibt, werden so groß, daß er sich genötigt sieht, die Idee *wie* einen *Allgemeinbegriff* zu betrachten, der sowohl enger gefaßte Allgemeinbegriffe (besondere Ideen) als auch Dinge »enthalten« kann. Da Platon wesentlich am zweiten Fall orientiert ist, räumt er die Möglichkeit ein, daß *mehrere* Dinge (z.B. die, denen das Attribut »groß« zugesprochen wird) an *einer* Idee (der der »Größe«) partizipieren. Weil aber verschiedene (große) Dinge an jeweils verschiedenen Orten lokalisiert sind, muß konsequenterweise auch die Idee (der Größe) entweder an verschiedenen Orten zugleich anwesend sein - in diesem Fall hätten die Einzeldinge die Idee vollständig in sich aufgenommen - oder sie müßte sich über ein Raumfeld erstrecken, *in* dem die an ihr partizipierenden Dinge lokalisiert sind - dann hätten die Dinge jeweils einen Anteil der Idee in sich aufgenommen. Beides widerspricht den definitorischen Kennzeichen der Idee, Einheit und Identität: Im ersten Fall existierte die Idee an mehreren Stellen räumlich von sich selbst getrennt, im zweiten Fall zerfiele sie in verschiedene Stücke.[24]

Ungeachtet dieser Widersprüche jedoch denkt Platon hier das Verhältnis der Idee zu den Dingen analog zu dem von *Dingen* untereinander. Er bestimmt die Relation des Anteilhabens als eine des Enthaltenseins. Die logische Struktur dieses Begriffs ist aber wohl ohne den Rekurs auf Momente der Anschauung, wie mathematische Untersuchungen des verwandten Begriffs der Menge gezeigt haben, nicht zureichend zu erklären.[25] Ohne diese anschaulichen Momente ist auch das Platonische Verhältnis von Phänomenen und Eidos nicht einsichtig zu machen, so wie der Begriff der Menge ohne die anschauliche Vorstellung etwa einer Schale voller Trauben nicht verstehbar wäre.

Es darf als Versuch einer Annäherung und Rückbindung der abstrakten an sich seienden Ideen an die konkrete Erscheinungswelt interpretiert werden, wenn Platon den Allgemeinheitscharakter der Ideen dadurch plausibel zu machen versucht, daß er die Ideen wie allgemeine Begriffe behandelt, also zur Erklärung ihrer Funktion die Allgemeinheitsfunktion der Sprache heranzieht. Daß er daraus jedoch die These ableitet, jedes allgemeine Wort sei notwendig mit einer allgemeinen Idee korreliert, ist nur schwer einsichtig zu machen. Die beiden Hauptgedanken aber, mit denen er seine Grundkonzeption der Ideenlehre modifiziert, die Analogisierung der Relation Ideen-Dinge und der Relation der Dinge untereinander zum einen, die Annahme eines Sprachcharakters der Ideen zum anderen, verweisen bereits auf eine noch einschneidendere Veränderung seiner Lehre, die Platon im Dialog »Parmenides« vollzieht. Hatte er bereits zur Erklärung des Gedankens der Teilhabe (Methexis) im »Phaidros« auf ein ganzes Ensemble von Dingen rekurriert, so mußte es angesichts des zugrunde gelegten metaphysischen Modells von »Urbild« und »Abbild« zunehmend fraglich werden, ob die Idee als einzelne und bestimmte überhaupt erkennbar ist; ob sich die dialektische Annäherung an eine Idee, an der mehrere Einzeldinge partizipieren, nicht notwendig auch auf andere Ideen richten muß, die ebenso mit diesen Dingen korreliert sind. Dann war es auch nur konsequent, wenn Platon im Parmenides die These entwickelte, daß eine Idee nur in der *Proportion* zu anderen Ideen *relative* Bestimmtheit bekommt. Gedacht ist die Stellung der Idee demnach in direkter Analogie zur Stellung eines Begriffs in der Sprache; die Erkennbarkeit der Idee in Analogie zur Wortbildung in der Sprache: Wie ein einzelnes Wort in der Redeeinheit seine Bedeutung erfährt, so eine Idee in dem Ganzen eines *relationalen Ideengefüges*. Das Wesen der Dinge ist ebenso ein Ganzes wie die Sprache. Und wir wissen von Speusipp, dem Nachfolger Platons in der Leitung der Akademie, daß diese Meinung keine Inkonsequenz seines Alterswerks darstellt, sondern von ihm wirklich vertreten wurde.[26] Sie ist ein Ergebnis der von ihm praktizierten Forschungsmethode analogisierender Begriffsbildung, die das gattungslogische Prinzip der Verallgemeinerung wesentlich erweitert: Sie verfährt nicht abstrakt klassifizierend. Indem sie in der Hinorientierung auf Ideenerkenntnis in differierenden Erscheinungen etwas Gemeinsames erkennt und im Wort benennt, versucht sie, auch Relationen der Ähnlichkeit noch Rechnung zu tragen. Zum Ausdruck gelangen solche Ähnlichkeiten wesentlich durch einen metaphorischen Sprachgebrauch, der allein Platons Forderung nach einer Erhebung über die Namen einzulösen vermag. Obgleich die Namen (logoi) selbst noch nicht die Wahrheit der Sache aussprechen, stellen sie doch notwendige Vermittlungsleistungen für das Denken auf dem Wege zur Erkenntnis des wahren Seins dar. Das Durchlaufen begrifflich-dialektischer Vernunfttätigkeit, ein dianoetisches Medium, ist die Bedingung für das Erreichen des noetischen Erkenntnisziels, des geistigen Schauens der Ideen. Dieser Erkenntnisprozeß hat dieselbe Struktur wie der der Annäherung Adornos an das Nichtidentische (vgl. Kap. 3.V.2.b.).

Die späte und viel zu wenig beachtete Fassung der Platonischen Ideenlehre als ein relationales Ideengefüge kann man als Äquivalent der Ideenkonstellation Adornos betrachten. Bedeutung und Stellung einer einzelnen Idee sind jeweils bestimmt durch den Zusammenhang eines Ganzen, das aus mehreren Einzelideen besteht. Auch Platons Gebrauch der Idee als Allgemeinbegriffe, der ihnen zugesprochene *Sprachcharakter*, findet sich in Adornos Charakterisierung der Ideenkonstellation als bildhafte Figuration, die gedeutet bzw. als Text, der gelesen werden kann, wieder. Und schließlich kann man Adornos Lokalisierung der Ideenkonfiguration in der Immanenz der Geschichte, der empirischen Welt, als eine radikale Fortführung des Weges verstehen, den Platon etwa schon im »Phaidon« beschritt, indem er das Verhältnis von Eidos und Phänomenen durch den Gedanken der Methexis beschrieb, aus dem dann die Analogisierung dieses Verhältnisses mit dem der Dinge untereinander und schließlich der Isomorphie beider Verhältnisse unter dem Aspekt ihrer Sprachlichkeit (das Korrespondieren einer Konstellation von Dingen mit einem Ideengefüge) folgerichtig hervorgingen. Die Entsprechung zur dialektischen Annäherung an die Erkenntnis des wahren Seins der Dinge, der Ideen, wäre das Herstellen von Konstellationen, das Konstruieren »wechselnder Versuchsanordnungen« bei Adorno. Auch das Fragenstellen im Platonischen Dialog ist ja ein Erproben von Möglichkeiten, der ständige Versuch einer Rückverwandlung entfremdeter Zeichen in lebendige Rede und Sinn, eine Intention, die in Platons Kritik der Schriftlichkeit, die er in die Bewegung des Dialogischen rückübersetzen will, explizit zum Ausdruck kommt.[27]

Die Theorie eines Ideengefüges bei Platon wirkte sich nun auch verändernd auf die Konzeption der Ideen selber aus. So wird der Grundthese, derzufolge die ideae ewige und unvergängliche Wesenheiten sind, im »Sophistes« dergestalt widersprochen, daß den Ideen nun auch Bewegung zugesprochen wird, jedoch ohne daß die Grundthese dadurch aufgehoben würde: Die Ideen sind in sich dialektisch strukturiert, sie sind zugleich bewegt und unbewegt. Bewegt sind sie, weil sie unter der erkennenden Tätigkeit der Vernunft leiden und »Tun« ebenso wie »Leiden« Merkmale des »Werdens« sind. Andererseits bedürfen die Ideen auch der Ruhe, da sonst nicht einmal Bewegung und Veränderung an ihnen identifiziert werden könnten. Diese Gedanken sind die Folge der Platonischen Annahme eines Ensembles von Ideen (das Seiende, Bewegung, Ruhe, das Selbe und das Verschiedene), die derart in eine *Gemeinschaft* zueinander treten, daß sie ihre Bedeutung jeweils nur in der Relation zu den anderen Ideen erhalten.[28] Eine analoge Funktion, wie sie die Ideen Ruhe und Bewegung in bezug auf die dialektische Struktur der übrigen einnehmen, haben nun die Ideen Natur und Geschichte in bezug auf die dualistische Struktur der anderen Ideen bei Adorno. (So bedeutete z.B. Vergänglichkeit sowohl Antimythologisch-Transitorisches als auch Statisch-Archaisches.)

Beide Typen der dialektischen Ideenbildung können *negative Dialektiken* genannt werden. Dieser Terminus hat dann die Bedeutung, die Adorno ihm in seinem gleichnamigen Buch gibt: »Die Formulierung Negative Dialektik verstößt gegen die Überlieferung. Dialektik will bereits bei Platon, daß durch Denkmittel der Negation ein Positives sich herstelle ... Das Buch möchte Dialektik von derlei affirmativem Wesen befreien, ohne an Bestimmtheit etwas nachzulassen. Die Entfaltung seines paradoxen Titels ist eine seiner Absichten.«[29]

Richtig und falsch zugleich ist die Aussage über Platon. Richtig, sofern damit die Grundeinstellung Platons bezeichnet ist; falsch, sofern sie auf den späten Platon bezogen wird, der eben jene negative Dialektik, die Adorno intendiert, schon präformierte. Hegel hat das in seinen »Vorlesungen über die Geschichte der Philosophie« deutlich ausgesprochen und zugleich seine größte Bewunderung für den »Parmenides« als auch Unzufriedenheit über das negative Resultat dieser bloß »räsonierenden« und »Begriffsverwirrung« stiftenden Dialektik bekundet[30], der er eine spekulative entgegensetzte, in der die Gegensätze versöhnend aufgelöst werden. Das Gemeinsame, das Platon, Hegel und Adorno auszeichnet, ist, daß sie zum Gebrauch dialektischer Methoden affirmativ stehen, im Gegensatz etwa zu Kant, für den sie immer etwas Zweifelhaftes behalten und der entsprechend auch nur einen negativen Gebrauch von ihnen macht. Die Differenz der positiven Gebrauchsweisen von Dialektik wiederum besteht in der Widersprüchlichkeit bzw. Widerspruchslosigkeit des *dialektischen* Resultats: Votieren der »offizielle« Platon und Hegel für eine dialektikimmanente Auflösung der Widersprüche zugunsten eines positiven Ergebnisses, so plädieren der »inoffizielle« späte Platon und Adorno für ein unvermitteltes Nebeneinander-Stehenlassen der Gegensätze *in* der Dialektik.[31] Das bedeutet jedoch keineswegs, daß negative Dialektiker nicht auch eine positive, widerspruchsfreie metaphysische Ideenerkenntnis ansteuern könnten. Erreichen können sie ein positiv-metaphysisches Ergebnis aber nur, indem sie Dialektik transzendieren. Ein Verlassen der Dialektik ist allerdings erst dann gestattet, wenn die ihr zur Verfügung stehenden Denkmittel ausgeschöpft sind. Wann das der Fall ist, kann dialektisches Denken nur selbst entscheiden, das *Vermögen* zur *Selbstkritik* muß ihm immer schon einbeschrieben sein. Mit diesem Gedanken geht der negative Dialektiker Adorno über den späten Platon hinaus. Während dieser sich mit dem negativen Ergebnis dialektikimmanenter Überlegungen, dem Konstatieren der Gegensätze bescheidet, wie sie im *Parmenides*, *Sophistes*, der *Politeia* und insbesondere dem *7.Brief* auftreten (die Ideen sind zugleich ruhig und bewegt, nicht entstanden und entstanden; dem logos wird zugleich ein aktives, die Ideen spontan erschaffendes (!), und ein passives Vermögen zugesprochen), verbindet Adorno die dialektische Methode, als deren »Nerv« ihm die bestimmte Negation[32] gilt, mit der *Fähigkeit* zur *Selbstreflexion*: Die positiv gebrauchte Dialektik mit negativem Resultat wird mit einem vernunftkritischen Modell Kantischer Provenienz kontaminiert (vgl. Kap. 3.V.1.). Daraus folgt, daß sie sich selbst nicht nur die Notwendigkeit einsichtig zu machen vermag, in begründeten Fällen in Widersprüchen zu denken, sondern auch noch eine kritische Beendigung eigener Denkpraktiken herbeiführen kann.

2. Benjamins Transformation der Platonischen Ideenlehre und ihre Kontaminierung mit Motiven Kants

Hatte sich Adornos Konzept der Ideen als Konstruktion geschichtlicher Bilder, konstellative Anordnung empirischer Elemente, zu einer lesbaren Figur des Seienden, als *Konkretisierung* und *Naturalisierung* der Ideenlehre des späten Platon herausgestellt, so fällt es nicht schwer, ein philosophiegeschichtliches Verbindungsglied zwischen den

Positionen Platons und Adornos zu benennen: Es war Walter Benjamin, der in der »Erkenntniskritischen Vorrede« seines Trauerspielbuchs den Begriff der Konstellation (*auch*: Konfiguration) von Ideen in die philosophische Terminologie einführte.[33] Der 1925 verfaßte Text, der eines der wichtigsten Dokumente für die erkenntnistheoretische Einstellung Benjamins darstellt, ist zugleich auch einer der dunkelsten und kryptischen der europäischen Philosophiegeschichte. Deshalb muß seine Interpretation notwendig unvollkommen ausfallen und hinter zahlreichen Implikationen und Nuancen der Benjaminschen Ausführungen zurückbleiben. Gleichwohl scheint mir die Vergegenwärtigung wenigstens der Grundzüge der darin entfalteten Theorie der Idee für ein adäquates Verständnis von Adornos Idee der Idee unerläßlich zu sein, zumal Adorno sich in diesem Zusammenhang ausdrücklich auf Benjamin beruft.[34]

Das Einleitungskapitel der Benjaminschen Studie über die deutsche Barocktragödie verbindet Elemente der Lehren Kants und Platons. Seine Intention ist es, eine philosophische Theorie der Erfahrung von Wahrheit zu erstellen. Die Richtung der Fragestellung zeichnete sich bereits in der 1918 erschienenen Schrift »Über das Programm der kommenden Philosophie« ab, in der Platon und Kant als die einzigen Philosophen hervorgehoben werden, denen es primär um die *Rechtfertigung* von Erkenntnis gegangen sei: »Diesen beiden Philosophen ist die Zuversicht gemeinsam, daß die Erkenntnis, von der wir die reinste Rechenschaft haben, zugleich die tiefste sein werde. Sie haben die Forderung der Tiefe aus der Philosophie nicht verbannt, sondern sie sind ihr in einziger Weise gerecht geworden, indem sie sie mit der nach Rechtfertigung identifizierten. Je unabsehbarer und kühner die Entfaltung der kommenden Philosophie sich ankündigt, desto tiefer muß sie nach Gewißheit ringen, deren Kriterium die systematische Einheit oder die Wahrheit ist.«[35]

Die Entwicklung eines neuen, erweiterten Erfahrungsbegriffs auf der Grundlage des Kantischen Systems wird im folgenden zum »Programmsatz der künftigen Philosophie« erklärt.[36] Und genau das ist es, was Benjamin in der Erkenntniskritischen Vorrede des Trauerspielbuchs einzulösen versucht. Da Benjamin in der Ausführung seiner Erkenntnislehre wesentlich an der »systematischen Einheit« allen Wissens orientiert ist, die ihm das Heranreichen der Erkenntnis an Wahrheit überhaupt erst ermöglicht, und da weiterhin bei Kant eben diese Funktion der kollektiven Vereinheitlichung des Wissens durch die regulativen Ideen erfüllt wird, kann es nicht verwundern, wenn ein Hauptinteresse Benjamins in diesem Text den Ideen gilt: Die *Darstellung von Ideen* bestimmt er geradezu als die Aufgabe philosophischer Texte überhaupt, zu der die Form des mittelalterlichen *Traktats* in besonderer Weise privilegiert sei.[37] Das Traktat hat der Darstellungsform des philosophischen Systems voraus, daß er weder auf die Strenge einer quasi mathematischen Beweisführung noch auf die Stringenz einer kontinuierlichen Gedankenführung festgelegt ist. Beide Erkenntnisweisen reichen an die Darstellung von Ideen, die als Ensemble mehrerer Einzelideen Wahrheit repräsentieren, nicht heran; denn »Wahrheit, vergegenwärtigt im Reigen der dargestellten Ideen, entgeht jeder wie immer gearteten Projektion in den Erkenntnisbereich. Erkenntnis ist ein Haben.«[38]

Indem Benjamin den Formen des Denkens, das auf die Erkenntnis von Gegenständen gerichtet ist, einen »Besitzcharakter« zuspricht, steht er, seinem Selbstverständnis zufolge, noch auf dem Boden der Kantischen Philosophie. Danach bedeutet es nur eine konsequente Weiterführung der Lehre Kants, die Umfang und Grenzen menschlichen Wissens, sofern es den Status gesicherter und verallgemeinbarer Aussagen beanspruchen können soll, durch apriorische Formen des Bewußtseins definierte, wenn »gesichert behauptbar« mit »besitzen« übersetzt wird. Gesteht man diese Verlängerung Kants zu, so wird auch einsichtig, warum Benjamin seinen *emphatisch* verstandenen Begriff von Wahrheit, den er mit dem Vorhandensein einer Ideenkonstellation gleichsetzt, nicht mehr mit den begrenzten Möglichkeiten und Mitteln der Kantischen Erkenntnislehre erreichen zu können meint. Bescheidete Kant sich noch mit einem Begriff von Wahrheit, der wesentlich auf die Adäquation von Begriff und Sache gerichtet ist[39], so entwickelt Benjamin eine um vieles *abstraktere* und zugleich *weniger fixierte* Vorstellung von Wahrheit, die folglich auch keiner begrifflichen Erkenntnis, die auf präzises Gegenstandswissen zielt, angemessen werden kann. Wahrheit bedeutet vielmehr eine *unmittelbare Einheit* von Erkenntnis, die anders gedacht ist als die Kantische Hinorientierung allen Wissens auf die einheitsstiftenden und erkenntnisanleitenden Ideen, die allerdings nur dann eine Bedeutung für den Erkenntnisprozeß haben, wenn sie auf den Zusammenhang der Naturerkenntnis im Einzelnen *bezogen* werden. Von einer regulativen Funktionsweise der Ideen hingegen distanziert sich Benjamin. Anders als Adorno gibt er ihnen in Übereinstimmung mit der Lehre Platons einen ontologischen Status: »Als Einheit im Sein und nicht als Einheit im Begriff ist die Wahrheit außer aller Frage. Während der Begriff aus der Spontaneität des Verstandes hervorgeht, sind die Ideen der Betrachtung gegeben. Die Ideen sind ein Vorgegebenes. So definiert die Sonderung der Wahrheit von dem Zusammenhang des Erkennens die Idee als Sein.«[40]

Die *autonome* Stellung der Ideen wird durch ein weiteres Moment der Benjaminschen Theorie noch unterstützt, das der *Selbständigkeit* der Ideen: Das Ideenreich wird als ein sich selbst darstellendes gedacht, dem eine Modifizierung des Wahrheitsbegriffs entspricht. Wurden zunächst die *Darstellung* der Ideen und die *Repräsentation* der Wahrheit aufeinander bezogen, so wird die *subjektive* Vermittlungsleistung zwischen Darstellungsform und Dargestelltem bei der Bestimmung der Wahrheit *selbst* eliminiert: Es besteht eine Korrelation zwischen »Wesen der Wahrheit« und »Sich-Darstellendem«.[41] Daraus folgt, daß Wahrheit als solche auch von den subjektiven Formen der *Darstellung*, denen des philosophischen Traktats, für die Benjamin »prosaische Nüchternheit« und kontemplativen Charakter reklamiert, nicht vollständig erreicht werden kann; es bleibt ein trennendes und zugleich vermittelndes Medium in Form von Schrift bestehen. Gleichwohl sind die mittelalterlichen Darstellungsformen »Traktat« und »Mosaik« wegen ihrer unsystematischen Verfahrensweisen prädestiniert, eine Annäherung an die *sich* darstellende Wahrheit, die Sphäre der Ideen, herbeizuführen: Das Denken kann in ihnen jederzeit abbrechen, einhalten und neu ansetzen, ohne an ein Ideal von Stringenz oder Vollständigkeit gebunden zu sein.

Eine den Benjaminschen Darstellungsformen analoge Aufgabe erfüllt bei Adorno die Form des Essays, der von Bacon bis Nietzsche wesentlich dazu diente, den integrativen und als zwanghaft empfundenen Tendenzen groß angelegter philosophischer Systeme zu widerstehen. Seine Stellung als positives Erkenntnismittel soll, der Intention Adornos zufolge, dem von ihm entwickelten Konzept der Konstruktion von

Ideenkonstellationen gerecht werden[42], deren erkenntnistheoretischer Status in bezug auf übergeordnete, hypothetische Sinneinheiten nur *modellhaft* und von nur *exemplarischer Gültigkeit* sein kann. Während Adorno jedoch den Akzent auf das Herstellen konkreter Sinneinheiten legt, wesentlich an den subjektiven Leistungen der *Konstruktion* von (ideellen und begrifflichen) Konstellationen und Versuchsanordnungen orientiert ist, die zwar von den Elementen der Wirklichkeit, dem Material, auf das sich die Elemente der Konstellation notwendig beziehen und denen sie angemessen sein müssen, abgeleitet sind, aber doch erst nach der Umgestaltung der Elemente als neu hergestellte Konfigurationen auf die Objekte der Welt zurückbezogen werden sollen, geht es Benjamin primär um die *Darstellung* bereits *vorhandener* und als solches sinnvoller Ideenkonstellationen. Nicht nur die Annahme des Vorhandenseins der Ideen, auch die Auffassung, daß sie »ewig« und demnach »in der Welt der Phänomene nicht gegeben.«[43] sind, trennt Benjamin von Adorno, dessen Verhältnis zu Platon ja gerade durch die Naturalisierung der ideae und folglich gegen deren Vereinnahmung durch eine Zwei-Welten-Theorie bestimmt war. Gleichwohl sieht auch Benjamin das Ungenügende und Abstrakt-Simplifizierende der Versuche philosophischer Systeme, die Ordnung der Welt durch die Ordnung der Ideen darzustellen. Das Problem des Zu-Einander-in-Beziehung-Setzens beider Sphären, die Frage nach der Relation von Ideen und Phänomenen, löst Benjamin aber auf geradezu entgegengesetzte Weise, als Adorno dies tat. Zunächst verleihen zwar beide den *Begriffen* eine *Vermittlerfunktion* zwischen Ideen- und Dingwelt; Adorno, indem er die Ideen, sofern er sie nicht nur als ein Ensemble kritischer Regulative im Kantischen Sinn verwendet, als dialektisch strukturierte geschichtlicher Bilder faßt, die *aus* den gebildeten *Begriffskonstellationen* als deren *objektive* Erkenntnisfunktion in Form eines lesbaren Texts *hervorgehen*; Benjamin, indem er den Begriffen die Eignung zur *Darstellung* von Ideen einräumt. Die entscheidende Differenz hingegen besteht darin, daß Benjamin, der Platonischen Grundlehre entsprechend, die Phänomene am Sein der Ideen »Anteil« haben läßt, beider Relation also als »Methexis« denkt. Die überempirischen Ideen werden durch begrifflichen Konstellationen nur empirisch veranschaulicht, durch *defizitäre* Darstellungsformen vergegenwärtigt, ohne selbst je objektiv erkannt werden zu können. Adorno dagegen stellt die Ideen auf empirischem Weg überhaupt erst her: durch eine gelungene Synthese empirischer Elemente in einer Konfiguration. Die so *erzeugte* Idee ist zwar sprachlichen Charakters, doch weder repräsentiert noch symbolisiert sie irgend etwas, denn »die Symbole der Philosophie sind zerfallen. ... Wenn wahrhaft Deutung allein durch Zusammenstellung des Kleinsten gerät, dann hat sie an den großen Problemen im herkömmlichen Sinn keinen Anteil mehr oder allein in der Weise, daß sie in einem konkreten Befund die totale Frage niederschlägt, die er vordem symbolisch zu repräsentieren schien.« Ist die Idee selber bei Benjamin ein *Symbol*, das die Phänomene qua objektiver Interpretation in monadischer Form *repräsentiert*[44], so ist sie bei Adorno nicht-symbolische Schrift, die etwas Objektives über die Phänomene aussagt, die *benennt*[45], was die Sache selbst ist. Wenn die Intention Benjamins auf eine »Rettung der Phänomene vermittels der Ideen«[46] gerichtet ist, so die Adornos auf eine Rettung der Ideen durch die Neuordnung der Phänomene. Nur sofern die Idee in der empirisch-historischen Welt realisiert und aus deren Elementen gestaltet werden kann, darf von ihr als einer objektiven

Erkenntnis gesprochen werden. Für alle andern Ideen gilt Adorno, was für die Ideen Kants gilt: Sie taugen zu keiner Gegenstandserkenntnis und sind nur als erkenntnisleitende Begriffe zu gebrauchen, und selbst das nur, wenn die Position Kants noch durch die Gedanken des späten Platon, den einer Ideenkonstellation sowie den dialektisch strukturierter Ideen, erweitert wird. Wenn hingegen die Lehre Benjamins, die die Dinge gleichsam zu den Ideen heraufzieht, indem sie das Phänomen als Wahrheit in der Idee erscheinen läßt, während bei Platon die Idee im Phänomen, das an ihr partizipiert, erscheint[47], eine Inversion der Platonischen Beziehung von Eidos und Erscheinung darstellt, so bleibt sie doch dadurch der Grundeinstellung Platons verhaftet, daß sie an der übergeschichtlichen Bedeutung ewiger Ideen für das innergeschichtliche Sein festhält und das durch die Methexis-Lehre gesetzte Subsumtionsverhältnis affirmiert. Anders Adorno: Ideen existieren überhaupt nur dann, wenn sie aus den Stoffen und Materialien der empirischen Welt synthetisch konstituiert und von dieser getragen werden. Sie sind durch und durch geschichtlichen Gehalts, der über ihren Sprachcharakter erschlossen werden kann. Als historisch sedimentierte Figurationen bedürfen sie keiner Schau, keines intuitiven Zugangs. Demgegenüber ist die *nicht* erkenntnismäßige Zugangsweise Benjamins zu dem »aus Ideen gebildete(n) intentionslose(n) Sein«, das die Wahrheit ist, aus dem hier besprochenen Text nicht völlig aufzuklären. Sicher ist, daß Wahrheit »jeder Art von Intention entzogen bleibt«[48]. In die Theorie, *wie* sich ihr mittels *dargestellter Sprache* zu nähern sei, sind außer Benjamins Metaphysik des *Namens* noch Elemente der platonischen *Anamnesislehre* und der jüdischen Mystik eingegangen, von denen wiederum auch Adorno nicht unbeeinflußt geblieben ist.

Ohne Zweifel haben aus Benjamins unorthodoxer und opaker Platon-Aneignung die beiden Grundmotive, das der Ideenkonstellation und das einer »dynamischen« Annäherung von Ideen- und Objektwelt, den stärksten Einfluß auf Adorno ausgeübt. Dieser transformierte jedoch Benjamins Versuch einer radikalen Interpretation der Phänomene durch die symbolische Kraft der Ideen in eine nicht minder radikale philosophische Deutung der Realität auf der Basis der Materialien, mit dem Ziel, die Ideen aus den Dingen zu extrahieren, ohne sie aber im Vollzug der Deutungen schon in Anspruch zu nehmen. Mit diesem Konzept versuchte Adorno eine Synthese von Materialismus und Ideenlehre zu erstellen: »Deutung des Intentionslosen durch Zusammenstellung der analytisch isolierten Elemente und Erhellung des Wirklichen kraft solcher Deutung: das ist das Programm jeder echten materialistischen Erkenntnis ...«[49]

Motiviert ist sein Programm der Naturalisierung[50] und Konkretisierung der platonischen positiv-metaphysischen Ideenlehre durch die negativ-metaphysische Annahme einer inneren intelligiblen Verfaßtheit der Phänomenwelt *selber*. Die Präsupposition einer ideellen Struktur der Dinge als solcher, die durch kein übergeordnetes Eidos legitimiert werden darf, läßt es völlig offen, ob sich die einst als transzendente Wesenheiten gedachten Ideen in der Immanenz der historisch-empirischen Welt konstituieren können. In jedem Fall aber vermag sie das Erkennen auf die bisher nicht realisierte Sache selbst hinzuorientieren in der berechtigten Hoffnung, daß im zunehmenden Wissen um einen anderen und besseren Zustand, als der bestehende es ist, auch Wege zu seiner Verwirklichung sichtbar werden. Die Mittel zur objektiven Erkenntnis des bestehenden Zustands meinte Adorno in experimentierenden, auf die Herstellung synthetischer Einheiten gerichteten Bewußtseinsleistungen aufgefunden zu haben. Anders jedoch als die Synthesen Kants besteht der Ermöglichungsgrund der synthetisch hergestellten begrifflichen Konstellationen Adornos nicht in der systematischen Einheit des Bewußtseins, der »transzendentalen Apperzeption«, sondern in der ausgezeichneten, jeder Sprache eigenen Fähigkeit der Sinnstiftung. Solchen Sprachkonstellationen, den Texten, inhäriert immer schon ein spezifisch historischer Gehalt, den das überlieferte Sprachmaterial aufgenommen und bis in die Gegenwart transportiert hat. In einer gelungenen Konstellation erst wird diese dem Text immanente Historizität, sein Sinn, erkennbar. Zum Gelingen einer objektiven Erkenntnis historischer Sinngehalte, historisierter bzw. naturalisierter Ideen, bedarf es eines Typs von Synthesis, der sich zwar schon in verschiedener Weise in den Lehren des späten Platons, in Form eines Ideengefüges, Benjamins, in Form von Begriffs- und Dingkonfigurationen, Kants, in Form spontaner und produktiver Bewußtseinstätigkeit, *aspekthaft* präformiert findet. Seine vollständige Realisierung als Erkenntnismittel einer phänomen-immanenten Metaphysik auf der Grundlage naturgeschichtlicher Materialien erfährt er jedoch erst durch die konzentrierte Zusammenbindung und Filtrierung der drei Gedankenvorlagen in der Philosophie Adornos.

IV. Was bleibt von der »Idee«: Strenge Phantasie und das Denken in Modellen

Adornos Idee von Philosophie, wie sie bereits in seiner Antrittsvorlesung »Die Aktualität der Philosophie« zu wesentlichen Teilen entfaltet ist, konstituierte sich, wie wir gesehen haben, durch die immanente Kritik idealistischer Systemphilosophen, deren Leistungen an ihren eigenen Ansprüchen und Intentionen gemessen und als unzureichend beurteilt wurden. Seine Haupteinwände richteten sich gegen den unbedingten Autonomieanspruch der Vernunft, ihr überhöhtes Vertrauen auf das eigene Vermögen, die Welt als ganze erklären zu können, zum einen; zum anderen gegen die abstrakte Kategorie der Möglichkeit, der in den idealistischen Systemen gegenüber der der Wirklichkeit das Vorrecht zugestanden worden sei (vgl. Kap. 1.I.). Demgegenüber klagte Adorno das Fehlen eines bescheideneren, begrenzten Vernunftkonzepts ein, das allein noch fähig sei, die konkrete Wirklichkeit im kleinen zu begreifen, und zwar nach Maßgabe des Sinnes, den wir aus den Elementen der Wirklichkeit konstruieren können, und nicht gemäß den *Intentionen*, die wir den Sachen beilegen.

Die von ihm geforderte konkrete und immanent verfahrende Kritik *vollzog* Adorno an der Tradition in der Weise, daß er den Ideen, die für eine Ganzheit des Seienden stehen (Natur und Geschichte), in Anknüpfung an Kant eine bloß erkenntnisleitende

Funktion gab. Zusätzlich verknüpfte er sie mit einem Dialektikkonzept, dessen positiver Gebrauch (gegen Kant) an Hegel angeschlossen werden kann, dessen negatives Resultat jedoch (in Übereinstimmung mit Kant) als unausgesprochene Wiederaufnahme des negativen Dialektikmodells des späten Platon interpretiert werden darf.[51] Diese hermeneutischen Transformationen traditioneller Ideenentwürfe reichten Adorno aber nicht aus. Inspiriert durch Benjamins verschlungene Platon-Auslegung erstellte er die Theorie einer Konstellation von Ideen, die er wiederum - über Benjamin hinausgehend - mit einem quasi-hermeneutischen Programm von Philosophie als konkreter Deutung der Wirklichkeit verband. »Deutung« hatte darin selbst den Status einer Idee.

Interpretation und Deutung konnte Adorno sich aber, zumal unter den Voraussetzungen einer schlechten Wirklichkeit, die sich einer Textualisierung zunächst verweigert, nur denken als begleitet und herbeigeführt durch ein Mehr an subjektiver Anstrengung und Bewußtseinstätigkeit, als sie Benjamin forderte. In dieser Situation kam ihm erneut Kant zu Hilfe. Dessen *synthetische* Bewußtseinsleistungen, die durch Spontaneität und Produktivität geprägt sind, übertrug Adorno auf das Modell der Konstellationen: Diese müssen aktiv hergestellt werden. »Aufgabe der Philosophie ist es nicht, verborgene und vorhandene Intentionen der Wirklichkeit zu erforschen, sondern die intentionslose Wirklichkeit zu deuten, indem sie kraft der Konstruktion von Figuren, von Bildern aus den isolierten Elementen der Wirklichkeit die Fragen aufhebt«[52], also die analytisch gewonnenen Elemente zu einer *Synthese* formt, die als Textzusammenhang Objektivität von Erkenntnis ermöglicht. Die *Einheit* des Bewußtseins, der Ermöglichungsgrund für Objektivität bei Kant, wird von Adorno auf ein »einigende(s) Moment« *reduziert*, das in der Konstellation, einer Gruppierung von Begriffen, überlebt, gegenüber Kant in die Sprache verlegt wird. Diese ist, Adorno zufolge, »kein bloßes Zeichensystem für Erkenntnisfunktionen. Wo sie wesentlich als Sprache auftritt, Darstellung wird, definiert sie nicht ihre Begriffe. Ihre Objektivität verschafft sie ihnen durch das Verhältnis, in das sie die Begriffe, zentriert um eine Sache, setzt.«[53]

Obwohl die denkende Hervorbringung intelligibler Sinneinheiten, darin ist sich Adorno mit Kant einig, eine Funktion menschlicher Subjektivität ist, fordert Adorno gegen Kant, daß die Subjekte in ihren Produkten verschwinden sollen. Adorno erläutert diese Vorstellung anhand nicht-begrifflicher Formen von Synthesis, den musikalischen Kompositionen, in denen die subjektiven Intentionen des Komponisten vollkommen in Strukturen und Prozesse eingegangen sind: »Subjektiv hervorgebracht, sind diese gelungen allein, wo die subjektive Produktion in ihnen untergeht. Der Zusammenhang, den sie stiftet - eben die 'Konstellation' -, wird lesbar als Zeichen der Objektivität: des geistigen Gehalts. Das Schriftähnliche solcher Konstellationen ist der Umschlag des subjektiv Gedachten und Zusammengebrachten in Objektivität vermöge der Sprache.«[54]

Wenn man den Stellenwert genauer bestimmen will, den die »Konstellation« im Denken Adornos einnimmt, muß man sich vergegenwärtigen, daß sie lediglich eine *Verfahrensweise* darstellt, die aus der kritischen Auseinandersetzung mit der idealistischen Systemphilosophie, paradigmatisch durchgeführt an deren Idee der »Idee«, entwickelt wurde. Sie ist nur das Gegenstück zum *klassifikatorischen* Verfahren, das sich zum Spezifischen eines Einzelgegenstandes gleichgültig verhält. Eignet das Klassifizieren eher einem *deduktiven* Begriffszusammenhang, so kommt die Konstellation der *induktiven* Methode näher. Sie dient »der Intention des Begriffs, das Gemeinte ganz auszudrücken. Konstellationen allein repräsentieren, von außen, was der Begriff im Innern weggeschnitten hat, das Mehr, das er sein will so sehr, wie er es nicht sein kann. Indem die Begriffe um die zu erkennende Sache sich versammeln, bestimmen sie potentiell deren Inneres, erreichen denkend, was Denken notwendig aus sich ausmerzte.«[55] Konstellationen sind auf das Erkennen der Sache selbst gerichtet, die nicht aufgeht in ihren Relationen zu den Rahmenbedingungen, die das Feld, in dem sie lokalisiert ist, begrenzen. »Eine Sache selbst begreifen, nicht sie bloß einpassen, auf dem Bezugssystem antragen, ist nichts anderes, als das Einzelmoment in seinem immanenten Zusammenhang mit anderen gewahren.«[56]

Sofern nun aber auch die Sache selbst in einem Zusammenhang mit anderen Sachen steht, ist ihr ein systematischer Zug ebenso eigen wie dem durch ihre übergeordneten Rahmenbedingungen vorgegebenen Zusammenhang. Deshalb ist es auch nur konsequent, wenn Adorno seine Konstellationstheorie noch erweiterte und die Konstellation als *Verfahrensweisen* in eine umfassendere *Form* integrierte. Er tat das durch die Theorie des *Modells*, die den Konstellationen einen Status der Verbindlichkeit sichern soll, der über die Verbindlichkeit ihrer *Evidenz* hinausgeht, die ja nur für den Fall gilt, in dem die konstellative Versuchsanordnung *geglückt* ist. Den Verbindlichkeitstyp von Modellen reklamiert Adorno vielmehr für seine Vorstellung philosophischer Diskurse schlechthin: »Die Forderung nach Verbindlichkeit ohne System ist die nach Denkmodellen. Diese sind nicht bloß monadologischer Art. Das Modell trifft das Spezifische und mehr als das Spezifische, ohne es in seinen allgemeineren Oberbegriff zu verflüchtigen. Philosophisch denken ist soviel wie in Modellen denken; negative Dialektik ein Ensemble von Modellanalysen.«[57]

Fällt Adorno mit der *integrativen* Erweiterung seiner Konstellationstheorie zu einer Modelltheorie nicht wieder in das von ihm bekämpfte Systemdenken zurück? Was zeichnet die dem Modelldenken immanente Systematizität aus gegenüber der der idealistischen Systeme, außer dem genannten fundamentalen Unterschied der Verwendung induktiv-experimenteller statt deduktiv-nomologischer Methoden? Besteht neben der der *Techniken* noch ein Unterschied der *Formen* des Denkens? Eine zureichende Antwort könnte natürlich allenfalls aufgrund einer Analyse der Adornoschen Denk*praxis*, die sich wesentlich in Einzelmodellen, nicht nur denen der Negativen Dialektik, sondern vor allem denen der vielen materialen Arbeiten darstellt, gefunden werden. Doch sofern »Negative Dialektik« auch eine Methodologie jener Arbeiten[58], eine *Theorie* des praktizierten Diskurses im logischen Vollzug sein will, darf sie der Frage nicht ausweichen.

Einen Hinweis gibt Adorno, der sehr wohl zwischen dem esprit de système und dem esprit systématique zu unterscheiden wußte, indem er an eine Form philosophischen Diskurses erinnert, die die französischen Aufklärer bevorzugten: die Enzyklopädie. In ihr findet er spezifische Sachnähe und Selbstreflexion von Denken vereint. »Denken als Enzyklopädie, ein vernünftig Organisiertes und gleichwohl Diskontinuierliches, Unsystematisches, Lockeres drückt den selbstkritischen Geist von Vernunft aus. Er vertritt, was dann aus der Philosophie, ebensowohl durch ihren anwachsenden

Abstand von der Praxis wie durch ihre Eingliederung in den akademischen Betrieb, entwich, Welterfahrung, jenen Blick für die Realität, dessen Moment auch der Gedanke ist. Nichts anderes ist Freiheit des Geistes.«[59]

Die Vokabeln »unsystematisch« und »locker« dürfen aber nicht im Sinne von »lax« oder »unpräzise« gelesen werden; sie wollen nur den Konsequenzen, die die Idealisten in Form einer *Absolutsetzung* von Vernunft aus dem aufklärerischen Programm teilweise gezogen haben, entgegenwirken, nicht aber das Systematische einfach liquidieren. Denn wenig festgelegtes, nicht präformiertes und in diesem Verständnis zwangloses Denken darf nicht auf Stringenz der Gedankenführungen verzichten. Sonst verlöre es jede Kraft und Verbindlichkeit. »Kritik am System und asystematisches Denken sind so lange äußerlich, wie sie es nicht vermögen, die Kraft der Kohärenz zu entbinden, welche die idealistischen Systeme ans transzendentale Subjekt überschrieben.«[60] Allein als Negation ist das Systematische noch legitimiert. Von ihr bezieht es die Kraft der Stringenz, die Adorno für philosophisches Denken fordert. Vollzogen wird dieser esprit systématique allerdings nicht mehr durch ein transzendentales Ego, sondern durch das kritische Organ des Modells, das sich der Methode der Konstellationsbildung bedient. Die Konfigurationen prägen die Struktur der Modelle und werden diesen bisweilen hinsichtlich ihrer Gebrauchsweise gleichgesetzt: »Sie (die Konstellationen in Form dialektischer Geschichtsbilder, U.M.) sind Modelle, mit denen die ratio prüfend, probierend einer Wirklichkeit sich nähert, die dem Gesetz sich versagt ...«[61]

Dadurch daß das Konstituens für die Stringenz des philosophisch Ausgedrückten vom transzendentalen Subjekt an die sprachliche und sachliche Struktur der Modelle delegiert wird, die erste, grundlegende Differenz zwischen Adornoschem Modell und idealistischem System, ist die durch Stringenz hervorgerufene Verbindlichkeit leichter *einsehbarer und kontrollierbar*: Sie wird durch das Medium Sprache *dargestellt*. Indem die Modelle sich wesentlich der Darstellungsleistungen der Sprache bedienen, sind sie gegenüber den Systemen *faßlicher* und für die Interpretation konkreter Wirklichkeit leichter *operationalisierbar*. Zudem sind sie nicht auf das Erkennen strenger Gesetzmäßigkeiten fixiert, sie vermögen sich auch auf *besondere* Strukturen und kleinste Züge des Seienden denkend zu beziehen. Einer solchen Reduzierung des Anspruchs einer Systemphilosophie, die in abstrakter Weise das Weltganze zu denken beansprucht, trägt das auf die Erkenntnis *möglichst kleiner* Sinneinheiten gerichtete Modell durch *begrenzten Aufbau* und *anschauliche Form* Rechnung. Diese verhindert zugleich, daß die Form des Modells wichtiger wird als das Modellierte, die Inhalte des Denkens; daß die Darstellungsform zum Selbstzweck wird. Die anschaulichen Momente der Modellstruktur ermöglichen die begriffliche Darstellung auch nicht-begrifflicher, etwa sinnlicher und somatischer Gehalte.

Die spezifischen Erkenntnisleistungen, die Adorno mit seiner Modellvorstellung verbindet, weisen bemerkenswerte Parallelen zu den Funktionen auf, die die modernen Wissenschaften, insbesondere die Physik, dem Modell als Forschungsinstrument zuweisen. Danach sind Modelle, deren Gebrauch bis in die Astronomie zur Zeit des Archimedes, des Heron von Alexandrien, zurückverfolgt werden kann[62], durch vier generelle Merkmale charakterisiert:

1. Modelle stellen ein spezifisches Beziehungsgefüge bestimmter und einzelner Entitäten dar, die materieller, gedanklicher oder sprachlicher Art sein können.
2. Modelle sind von Subjekten zielgerichtet eingesetzte Intrumente, die sich immer auf einen Bereich von Objekten oder Sachverhalten, den »Prototyp«, beziehen.
3. Die Beziehung zwischen Modell und Prototyp wird durch deren Ähnlichkeit hinsichtlich eines bestimmten (qualitativen, strukturellen oder funktionalen) Aspekts konstituiert, wobei partielle Einsetzbarkeit ein Kriterium für die Modellähnlichkeit ist.
4. Das Modell muß eine praktische Prävalenz aufweisen, die das Modellierungsverfahren erst legitimiert: Es muß zugänglicher, manipulierbarer, bekannter oder vertrauter sein als der Prototyp.[63]

Zusammengefaßt würde dies für Adorno bedeuten, daß die Wirklichkeit (der Prototyp) dem aus Konstellationen hergestellten (erfahrungswissenschaftlichen) Modell hinsichtlich einer bestimmten Figuration, einer rätselhaften Struktur, eines spezifischen Zeichencharakters oder einer bildhaften Konturierung, eben des Modellaspekts, *ähnlich* sein muß. Dabei darf das aus Begriffskonfigurationen bestehende Modell auch Bestimmungen besitzen, die der Wirklichkeit (dem Prototyp) nicht zukommen und nur *negative Analogien* darstellen, oder von denen nicht klar ist, ob sie der Faktizität zukommen und die deshalb nur *neutrale Analogien* genannt werden mögen. Weiterhin muß das Modell dem Seienden im Hinblick auf die Erreichung eines bestimmten Zieles, das Herstellen einer Sinneinheit in Gestalt eines Textes, *praktisch prävalent* sein.

Der nur skizzierte Vergleich, der produktiv fortgeführt werden müßte, zeigt bereits, daß Adornos Modell- und Konstellationstheorie, soweit sie von ihm logisch expliziert ist, einer rationalen Rekonstruktion etwa mit sprachtheoretischen Mittel nicht entgegensteht. Bei der notwendigen Rückbeziehung modellartiger Sprachdarstellungen auf die Strukturen der Wirklichkeit wären dann möglicherweise auch Theorien und Praktiken erfahrungswissenschaftlicher Modellbildungen und Modellanwendungen einzubeziehen.

Adorno selbst führt seine Modelltheorie auf ein Philosophiekonzept zurück, das die englischen Empiristen und in Deutschland vor allem Leibniz in Anspruch nahmen: das der »ars inveniendi«. Sie bezeichnet eine Methode, die bis in die Neuzeit der sogenannten »Topik« oder »Dialektik« vorbehalten war und die nicht nur zur Entdeckung und Erfindung neuer Erkenntnisse führen, sondern ebenso die Richtigkeit des Gefundenen verbürgen sollte. Erst die Kritik Descartes' und vor allem Francis Bacons' an der traditionellen Topik sowie die Umdeutung des Dialektikbegriffs bei Kant und Hegel leiteten ein völlig neues Verständnis der ars inveniendi ein.[64] Bacon, der der überlieferten Logik vorwarf, daß sie das in Rede stehende Verfahren lediglich als mnemotechnisches Hilfsmittel zur Rückerinnerung von längst Bekanntem benutzt habe, postuliert dagegen in seinem »Novum Organum« die *Methode der Induktion*, die - gegen die quantifizierende Methode Newtons - eine *qualitative Naturerkenntnis* auf der Basis von Erfahrung und Experiment intendiert.[65] Die Natur soll durch Versuch und Beobachtung in concreto *interpretiert*, nicht hingegen schon *antizipiert* werden.[66] Die Natur*philosophie*, das Organ der interpretatio naturae, hat jedoch zunächst die

Natur*geschichte* richtig zu konstruieren, auf deren Grundlage ihre Auslegungsversuche allein erfolgversprechend sein können.[67]

Nicht nur weist die Konzeption Bacons' vielfältige Parallelen zu Adornos Theorie der Philosophie als Deutung mittels sach- und materialgercht geformter Modelle auf, auch den empiristischen Typ philosopischer Prosa, den *Essay*, greift Adorno wieder auf. Er gilt ihm wegen der Offenheit und zugleich konzentrierten Stringenz von Gedankenkoordinationen, nicht -subordinationen, als »die kritische Form par excellence«[68]; gewissermaßen als Fluchtstätte einer beweglichen Auslegung konkreter Wirklichkeit.

Das Medium nun, in dem sich die ars inveniendi realisiert, das subjektive Vermögen, durch das sie ermöglicht wird, ist Adorno zufolge, eine stringent verfahrende Phantasie: »Organon dieser ars inveniendi aber ist Phantasie. Eine exakte Phantasie; Phantasie, die streng in dem Material verbleibt, das die Wissenschaften ihr darbieten, und allein in den kleinsten Zügen ihrer Anordnung über sie hinausgreift: Zügen freilich, die sie ursprünglich und von sich aus geben muß.«[69]

Gemeint ist damit, daß produktives Denken seine Entwürfe und subjektiven Vorleistungen am Material, das die Wirklichkeit bereitstellt, zu *prüfen* und zu *bewähren* hat. In den Modellen kommuniziert Phantasie mit den Elementen konkreter Geschichte, die sich nicht in Gedanken auflösen lassen. Durch sie erfährt Phantasie ihre eigenen bestimmten Grenzen. Indem sie diese berücksichtigt und sich dialektisch im antiken Sinne einer »Unterredungskunst« mit den nicht auf Denken reduzierbaren Phänomenen auseinandersetzt, kann sie sich ihnen bei ständiger Selbstkorrektur schrittweise annähern, sich den Dingen gewissermaßen »anschmiegen«. Die solchermaßen präzise agierende, an den Dingen entlangfahrende Phantasie setzt sich immer dem *Wagnis* aus, mit ihren Produkten das Erkenntnisziel zu verfehlen, und sie muß daher stets ihre eigene Verfahrensweise *reflektieren*.

Adornos Ideal der sprachlichen Darstellung exakter Phantasieleistungen ist die Stringenz des Ausgedrückten: »Ausdruck und Stringenz sind ihr (der Philosophie, U.M.) keine dichotomischen Möglichkeiten. Sie bedürfen einander, keines ist ohne das andere. Der Ausdruck wird durchs Denken, an dem er sich abmüht wie Denken an ihm, seiner Zufälligkeit enthoben. Denken wird erst als Ausgedrücktes, durch sprachliche Darstellung, bündig; das lax Gesagte ist schlecht gedacht. Durch Ausdruck wird Stringenz dem Ausgedrückten abgezwungen.«[70]

Die Auffassung, daß Ausdruck, das Begrifflich-Mimetische, und Stringenz, das Sprachlich-Diskursive, aufeinander angewiesen sind, entspricht dem berühmten Postulat Kants, demzufolge Begriffe ohne Anschauungen »leer« und begriffslose Anschauungen »blind« sind. Diese generelle Einsicht versuchte Kant konstruktiv in der Lehre vom Schematismus zu verifizieren. Dem entsprechenden Kapitel der »Kritik der reinen Vernunft« liegt demnach eine ähnliche Problemstellung zugrunde wie der Modelltheorie Adornos: Wie ist es möglich, daß sich Formen des Denkens verbindlich auf Gegenstände beziehen? (Zugegeben, bei Kant sind es apriorische (»reine«) Verstandesbegriffe, die Kategorien, bei Adorno empirisch wechselnde Konstellationen von Begriffen, doch die Differenz des Status' der Denkformen ist in diesem Zusammenhang unerheblich.)

Die Antwort, die Kant gibt, lautet, daß es außer Verstandeskategorien und Anschauungen noch ein Drittes geben muß, das sowohl intellektuell als auch sinnlich bestimmt ist und das es so erst ermöglicht, die Kategorien auf die Welt der Erscheinungen, die Dinge, anzuwenden: das Schema. Dieses ist, so Kant, »ein Produkt und gleichsam ein Monogramm der reinen Einbildungskraft a priori«[71], das die Verstandesbegriffe in figurativer Gestalt anschaulich darstellt. Adorno braucht hingegen diese *abstrakte* Vermittlungsinstanz zwischen Kategorien und Phänomenen nicht mehr, da es bei ihm keine apriorischen Verstandesbegriffe mehr gibt, sondern nur noch Begriffe und begriffliche Konfigurationen, die auf die Dinge bezogen werden müssen. Deshalb kann er die Begriffe und Wirklichkeit vermittelnden Elemente wesentlich enger und weniger umständlich mit den Begriffen verknüpfen, als es in der Konstruktion Kants geschieht: Ein solches Vermittlungselement ist bereits durch das Verfahren der Konstellation selbst, durch die *Potenzierung* einzelner Begriffe zu einem kohärenten Zusammenhang mehrerer Begriffe hergestellt. Ein weiteres Element ist das Modell, das in konsequenter Fortführung der Gedanken Adornos als eine »Konstellation« mehrerer Begriffskonstellationen zu denken wäre, die eine umfangreichere Sache oder einen Themenkomplex umstellen«. Indem Adorno nun das Modell als sprachliche Diskursform der Forderung einer Komplementarität von Ausdruck und Stringenz unterstellt, reformuliert er, bezogen auf Sprache, die beiden wesentlichen Eigenschaften des Kantischen Schemas, Anschaulichkeit und Intellektualität.

Und man kann die Analogie noch weiterführen: Bezeichnet Adorno exakte Phantasie als das Organ der Invention von Modellen, so ersetzt er den heute wenig gebräuchlichen Kantischen Vermögensterminus »Einbildungskraft«, der für Produktivität und Spontaneität des Denkens steht, durch den Terminus »Phantasie«; das Kantische Epitheton »rein« (»a priori«), das unter anderem für Strenge und Verbindlichkeit des transzendentalen Schemas steht, transformiert er in »exakt«, das für den Unbedingtheitsanspruch (empirisch-)sprachlicher Konkretion und Bestimmtheit steht. Daraus folgt weiterhin, daß das Kantische Schema und Adornos Modell dieselbe Doppelfunktion erfüllen: die einer *Realisierung* und *Restringierung* der Formen des Denkens. Sind die Kantischen Schemata der reinen Verstandesbegriffe »die wahren und einzigen Bedingungen, diesen eine Beziehung auf Objekte, mithin *Bedeutung* zu verschaffen«[72], so schränken sie die Kategorien zugleich ein auf Bedingungen, »die außer dem Verstande liegen (nämlich in der Sinnlichkeit). Daher ist das Schema eigentlich nur...der sinnliche Begriff eines Gegenstandes...«[73] Würden die Verstandesbegriffe nicht durch ihre Schemata auf die Bedingungen der Phänomenwelt bezogen und durch Anschauungen restringiert, so fungierten sie nur als logische Begriffe und könnten keinen Gegenstand repräsentieren.

In Analogie dazu bedarf Denken bei Adorno der konstellativ strukturierten Modelle, um nicht abstrakt über seine Gegenstände hinwegzugleiten. Genauso aber muß Denken dort einhalten, wo es auf ein Wirkliches trifft, das rational nicht ohne weiteres verstehbar ist. »Der Einbruch des Irreduziblen aber vollzieht sich konkret geschichtlich und darum gebietet Geschichte der Denkbewegung zu den Voraussetzungen hin halt. Die Produktivität des Denkens vermag sich allein an der geschichtlichen Konkretion dialektisch zu bewähren. Beide kommen zur Kommunikation in den Modellen.«[74]

Es wäre denkbar, Adornos Versuch, die Kantische Lehre vom Schema mit einer Konstellations- und Modelltheorie zu reformulieren, die er selber theoretisch nur wenig entfaltet hat, auszubauen. Das könnte mit den Mitteln sprachphilosophischer Konzeptionen geschehen. Adornos »Thesen über die Sprache der Philosophen« wären dafür das adäquate Fundament. Deren Kernsatz, daß »konfigurative Sprache« die »dialektisch verschränkte und explikativ unauflösliche Einheit von Begriff und Sache«[75] bedeutet, gilt es heute *gegen* Adornos eigene Aussage gleichwohl zu explizieren. Die *Darstellungs*funktionen der Sprache, ihre *mimetischen* Implikationen, müßten in einer solchen Theorie vorrangig behandelt werden. Denn an der ästhetischen Dignität der Worte mißt Adorno ihre nicht (!) ästhetische, sondern erkenntnismäßige Wahrheit. Eine rationale Rekonstruktion «Negativer Dialektik«, die dem Orientierungsmuster darstellender diskursiver Rede folgt, vermöchte Adornos Philosophie vor irrationalistischer oder vorschnell ästhetischer Vereinnahmung zu schützen. Den Grundstein dafür legte er selbst durch die spezifische Systematik seiner Modellanalysen, mit deren Verbindlichkeit er sich von allen kontemplativen und meditativen Ansätzen abgrenzen wollte. Zudem eignet seiner Modellkonzeption eine Korrigierfähigkeit, die sie mit modernen Systemtheorien teilt: die der Selbstreferentialisierbarkeit. Selbstreflexion, eine Grundkategorie Negativer Dialektik, verhindert somit jede Verabsolutierung von Erkenntnisansprüchen[76]; gleichzeitig hält sie den Gedanken offen, um ihn auf das bisher nicht Gedachte der zu denkenden Sache hin zu orientieren.

Drittes Kapitel

Die Idee einer »kritischen« Erkenntnistheorie und die Kritik der Erkenntnistheorie

I. Die Metakritik der Erkenntnistheorie

Aus meinen Überlegungen in den ersten beiden Kapiteln sollte deutlich hervorgegangen sein, daß es für Adornos Anlage und Verständnis des Philosophierens vielleicht nicht notwendig, aber doch einigermaßen konsequent war, in seiner Entwicklung zunehmend von erkenntnistheoretischen Gedanken Gebrauch zu machen: Ausgehend vom geschichtsphilosophischen Programm einer Idee der Naturgeschichte, dem es wesentlich um eine Rehabilitierung des Moments der Faktizität gegenüber vergangenen Theorieentwürfen ging, wollte Adorno gleichwohl nicht auf das kontrafaktische Motiv eines ganzheitlich ausgerichteten Denkens verzichten. Denn erst aus den überlieferten Kategorien, die auf ein Totum zielen, wie z.B. Natur und Geschichte sowie deren Konfrontation mit einer schlechten Wirklichkeit, die in eine Vielzahl unverständlicher Einzelheiten auseinandergefallen ist, gewinnt er sein Potential für die Kritik des Bestehenden. Zur Fundierung dieser Kritik, deren Notwendigkeit ihm als unabweisbar galt, war es für Adorno ebenso unerläßlich, über den Status der emphatisch konnotierten Begriffe, von denen ausgehend die Kritik erfolgen sollte, nachzudenken. Andernfalls bestand die Gefahr, entweder das Wirkliche an einer überhöht anspruchsvollen Idee zu messen, so daß jede Hoffnung auf eine mögliche Übereinstimmung unerfüllt bleiben mußte, oder das Faktische auf eine blinde idealistische Weise mit der Idee zu identifizieren.

Diese schlechte Alternative nötigte Adorno zu erkenntnistheoretischen Überlegungen. Eines, vielleicht das wichtigste ihrer Ergebnisse war die Aneignung der Kantischen Einsicht, daß ein Ganzes notwendig so zu denken ist, daß man es in heuristischer Absicht, eben als regulative Idee, einsetzt. Relevant wurde dieser Gedanke für Adorno insbesondere aufgrund seiner Basisannahme einer schlechten Wirklichkeit, mit der jede Behauptung einer Realpräsenz von Ganzheiten, auf die man sich nach dem Hegelschen Modell in positiver Weise beziehen kann, unvereinbar scheinen muß. Allerdings begnügte sich Adorno keineswegs mit der Zuschreibung einer nur erkenntnisleitenden Funktion an alle geschichtsphilosophischen und metaphysischen Begriffe des Ganzen, und das macht die Aufklärung seiner Gedankenkonstruktionen besonders schwer. Der Kantische Ansatz wird konterkariert durch die Behauptung einer zugleich auch konstitutiven Bedeutung von Ganzheiten für jedes darunter befaßte Einzelne. Diesen Gegengedanken trägt Adorno in zwei Versionen vor, von denen m.E. allenfalls die zweite aufrecht erhalten werden kann: einmal in der Form des unwahren Ganzen, das Adorno durch das universal herrschende Prinzip des »Identifizierens« expliziert (vgl. Kap. 4.III.1.) und zusätzlich noch verknüpft mit der gesellschaftstheoretischen These eines uneingeschränkt dominierenden Tauschprinzips, dem ökonomischen Äquivalent identifizierenden Denkens. Ungeachtet der Probleme, die aus der Gleichsetzung logischer und sozialer Kategorien sowie aus einer undifferenzierten Verwendungsweise des Wortes 'identifizieren' resultieren, kann Adorno die These vom unwahren Ganzen als einem objektiven Bestimmungsgrund für jedes Einzelne nicht stehenlassen, wenn er die für ihn unausdenkbare Möglichkeit einer Veränderung des Bestehenden, die Hoffnung auf ein Besseres gegenüber dem

Seienden noch sinnvoll vertreten oder gar ausweisen will. Ist man Adorno gegenüber konziliant, so kann man den konstitutiven Einsatz des Unwahren (als Ganzes) als simplifizierten *Ausdruck* dessen, daß man das Schlechte nicht groß genug einschätzen könne, bewerten. Als Argument ist es nicht zu retten, es sei denn, man eliminiert alle metaphysischen Implikationen der Philosophie Adornos und beraubt sie damit ihrer stärksten Anteile. Das würde sie in einen radikalen Negativismus im Sinne eines Nihilismus führen.[1]

Adornos zweite Version eines konstitutiv gedachten Ganzen hingegen läßt sich nach meiner Überzeugung durchaus sinnvoll verteidigen, obgleich sie prima vista viel aussichtsloser erscheint als die erste. Ich meine das gegenüber dem Seienden im Sinne eines Nichtseinsollenden Andere, das sein soll, aber in der Realität noch nicht präsent ist. Dieses Nichtseiende soll nun, Adorno zufolge, nicht nur regulative Idee bleiben, sondern zugleich seine konstitutive Bedeutung für jedes Einzelphänomen der Natur und der Geschichte unter Beweis stellen. Die Verknüpfung dieses Hegelschen Gedankens mit jenem anti-Hegelschen mündet somit in die zunächst aporetisch erscheinende Figur eines abwesenden, aber doch konstitutiven Ganzen. Einerseits dürfen die auf ein Ganzes ausgerichteten metaphysischen Begriffe, denen die Tradition den logischen Status von »Ideen« zusprach, aus erkenntniskritischen Gründen nicht mehr beanspruchen, objektive Erfahrung zu konstituieren; nur indem sie dem Bedürfnis des Denkens nach einer vernünftigen Einheit der Einzelerkenntnisse Rechnung tragen und es zwanglos zu einem sinnvollen Gesamtzusammenhang integrieren, können die Ideen als leitende Grenzbegriffe unserer Vernunft noch eine wahrhaft kritische Orientierungsleistung erfüllen.

Andererseits jedoch, und hier greift Adorno auf Motive der Dialektiken Hegels und Benjamins zurück (vgl. Kap. 1.II.3. u. 2.III.2.), sollen die Ideen von einem Ganzen eine konkrete, naturalisierte Gestalt annehmen und sich realiter in den naturgeschichtlichen Dingen selbst aufweisen lassen.

Um aus Adornos Aporetik eines Zugleich von regualtiver und konstitutiver Bedeutung des Ganzen hinauszugelangen, kommt es m.E. entscheidend darauf an, die Relation zwischen den beiden, sich gegenseitig durchdringenden Gedankenmotiven aufzuklären, um so zu prüfen, ob sie 1. überhaupt in irgendeiner Weise miteinander vereinbar sind und 2., sollte sich dies als möglich erweisen, ob eine solche Möglichkeit mit der Philosophie Adornos in Einklang zu bringen ist. Da es sich dabei jeweils um erkenntnistheoretische Fragestellungen handelt, wird es, vor allem in Hinblick auf eine Beantwortung der zweiten Frage, nicht unwichtig sein, zuvor Adornos generelles Verhältnis zur Erkenntnistheorie als philosophischer Disziplin herauszustellen und so in den Blick zu bekommen, an welchem Typ traditionellen erkenntnistheoretischen Denkens er orientiert ist und was er seinen Vorlagen ggf. noch hinzufügt. Zu diesem Zweck erscheint es angemessen, sich Adornos Thesen über Erkenntnistheorie in seinem Husserl-Buch »Zur Metakritik der Erkenntnistheorie« zu vergegenwärtigen, in dem ja laut der Vorrede »die Frage nach Möglichkeit und Wahrheit von Erkenntnistheorie prinzipiell aufgerollt werden« soll.[2]

Bereits der Titel des Buches scheint einen logischen Fehler zu enthalten: Bezeichnet doch dem Wortsinn nach Metakritik eine erneute kritische Bezugnahme, die auf eine bereits vollzogene Kritik folgt, also eine Kritik der Kritik. Wenn aber der vorliegende Genitiv nicht in die Irre führen soll, ist die Adornosche Konstruktion nur dann in sich stimmig, wenn Erkenntnistheorie bereits mit Kritik gleichgesetzt würde, was zweifellos eine logische Erschleichung wäre. Dieser Verdacht scheint sich jedoch zu bestätigen, wenn man aus Adornos Äußerungen den Begriff von Erkenntnistheorie herausdestilliert, den er der Metakritik unterziehen will. Er ist im wesentlichen durch zwei Aspekte charakterisiert, von denen einer affirmiert, der andere zurückgewiesen wird: »Wahr ist die Erkenntnistheorie, insofern sie der Unmöglichkeit des eigenen Ansatzes Rechnung trägt und in jedem ihrer Schritte von dem Ungenügen der Sache selbst sich treiben läßt. Unwahr aber ist sie durch die Prätention, es sei gelungen, und ihren Konstruktionen und aporetischen Begriffen entsprächen jemals schlicht Sachverhalte.«[3]

Doch worin besteht das Aporetische der erkenntnistheoretischen Kategorien, das es unmöglich macht, sie auf reale Sachverhalte zu beziehen? Adorno zufolge war die Erkenntnistheorie bisher nur »die wissenschaftliche Gestalt« der prima philosophia: »Sie wollte das absolut Erste zum absolut Gewissen erheben durch Reflexion auf das Subjekt, das aus keinem Begriff vom Ersten sich ausscheiden ließe.«[4] Mit dieser Diagnose befindet sich Adorno durchaus in Übereinstimmung mit den Intentionen der philosophischen Disziplin Erkenntnistheorie, die wesentlich durch den Neukantianismus initiiert und erst nachträglich in frühere Philosophien hineingelegt worden ist. (Der Begriff wurde erst Mitte des 19. Jahrhunderts von Eduard Zeller zu akademischen Würden promoviert.) Die Erkenntnistheorie sollte in professionalisierter Gestalt nach einem unwandelbaren Fundament der Erkenntnis sowie nach einem festen Maßstab für die Vergleichbarkeit aller Wissensansprüche suchen. Es ist nun aber nicht die Suche nach einer Begründung des Wissens überhaupt, die Adorno ablehnt. Sein Argwohn gilt vielmehr der Rückführung philosophischer Begründungsformen allein auf die Subjektivität, das Bewußtsein, mit dem Ziel, alle »heteronomen« Faktoren, soziale und geschichtliche Gehalte, aus der Begründung auszuschließen. Zum anderen richtet er sich gegen jede endgültige, absolute Gewißheit beanspruchende Form der Begründung. Eine solche als irreversibel auftretende Erkenntnisfundierung behauptet nach Adorno mit ihrer notwendigen Wahrheit zugleich, der Realität als solcher adäquat zu sein.[5] Das ist aber ein Anspruch, der angesichts eines Weltverständnisses, das durch weitgehende Sinnentstellung gekennzeichnet ist, unhaltbar sein muß.

Indem ich aber als denkendes Subjekt dies weiß und entsprechend die Voraussetzung einer gelungenen Adäquation meines Denkens und der Wirklichkeit nicht mehr mache, vermag ich, Adorno zufolge, dennoch etwas Richtiges und Bedeutsames über die Welt auch als sinnloser auszusagen.[6] Diese kritische Einsicht in die Grenzen und Möglichkeiten meines Denkens bewußt zu machen sowie den Zusammenhang seiner Einzelmomente in ihrer Relation zu den Dingen aufzuzeigen, kann allerdings noch eine sinnvolle Aufgabe erkenntnistheoretischer Überlegungen sein. In dieser Hinsicht erfüllte auch die traditionelle Erkenntnistheorie nach Adorno eine aufklärerisch-kritische Funktion; sofern sie ihre Leistungsfähigkeit nicht fetischistisch überschätzte, wie es z.B. durch einen Ausschluß anschaulicher Elemente zugunsten logischer Stringenz der Fall gewesen sein könnte, und sofern sie ihren Geltungsbereich nicht ins Unermeßliche steigerte, eignete ihr ein wahrhaft fortschrittliches Moment:

»Als fortschreitende Entmythologisierung befestigt sie nicht bloß den Bann des von allem Heterogenen gereinigten Begriffs, sondern arbeitet auch daran, den Bann zu brechen.«[7]

Adornos Ideal eines folgerichtigen und selbstreflexiven Denkens[8] bestätigt unsere Annahme, daß Erkenntnistheorie für ihn per definitionem »kritisch« ist. Die Offenlegung dieser nicht explizit genannten Voraussetzung zeigt, daß Adorno am Kantischen Modell der Erkenntniskritik orientiert ist, die noch ihren obersten Begriff, den der Vernunft selber, der Beurteilung durch die Kritik unterstellt. Die Kritik erfüllt bei Kant, soweit es seine Lehre vom Erkennen betrifft, nur negative Aufgaben: Sie destruiert jede Form des Scheinwissens, das aus einem erfahrungsüberschreitenden Vernunftgebrauch resultiert; das entspricht dem Gedanken Adornos, daß es »die Idee philosophischer Kritik« ist, die allein noch ein Festhalten der erkenntnistheoretischen Kategorien der Tradition legitimiert. Die Kritik »hat kein Maß als den Zerfall des Scheins«[9], also wie in der Transzendentalphilosophie nur eine therapeutische Funktion. Und wenn die Kritik bei Kant gegen jedes dogmatische, d.h. ungeprüfte Behaupten, für das ihm die Metaphysik Leibnizens einsteht, ebenso gerichtet ist, wie gegen einen radikalen Skeptizismus, für den er Anzeichen bei Hume auffindet, so bleibt diese Kantische Frontstellung auch noch für Adornos Metakritik bestimmend. Diese ist ausdrücklich gegen zwei Typen von Erkenntnistheorie gerichtet: »Grob sind es die von Rationalismus und Empirismus. ... Die Metakritk der Erkenntnistheorie hätte es mit beiden zu tun.«[10]

Doch wenn Adorno schon in seiner Idee einer »wahren« Erkenntnistheorie so eng an der Kantischen Bewußtseinsstellung orientiert ist, nach der die Vernunft sich selbst kritisieren kann und muß, was nötigt ihn dann noch zu einer Metakritik dieser bereits Kritik und Selbstkritik zugleich seinwollenden Lehre der Transzendentalphilosophie? In welcher Hinsicht verfällt die Vernunftkritik der Kritik Adornos, wenn sie seine Vorwürfe gegen die traditionelle Erkenntnistheorie, die Verabsolutierung des Denkens, die Gleichsetzung von Bewußtsein und Sein sowie die Prätention einer bruchlosen Denkkonsequenz - man denke an das Antinomienkapitel - doch offenbar nicht treffen?

Einen Hinweis gibt uns die programmatische Aussage der Einleitung des Husserl-Buches: »Zur Kritik steht der Begriff des absolut Ersten selber.«[11] Das Epitheton »absolut« deutet darauf hin, daß Adorno nicht das Denken eines Primums schlechthin zu verabschieden sucht, sondern lediglich einen emphatischen, Ausschließlichkeitscharakter beanspruchenden Gebrauch des Begriffs. Diese Vermutung bestätigt sich, wenn es wenig später heißt: »Daß der Inhalt dessen, was als Erstes behauptet wird, unwesentlicher sei als die Frage nach dem Ersten als solchem; daß etwa der Streit über einen dialektischen oder ontologischen Beginn irrelevant bleibt gegenüber der Kritik der Vorstellung, es sei überhaupt mit einem Urprinzip, dem des Seins oder des Geistes, zu beginnen, impliziert einen emphatischen Gebrauch des Begriffs vom Ersten selber; nämlich den der Setzung von Identität. In dem als philosophisch Erstem behaupteten Prinzip soll schlechthin alles aufgehen, gleichgültig, ob dies Prinzip Sein heißt oder Denken, Subjekt oder Objekt, Wesen oder Faktizität. Das Erste der Philosophen erhebt totalen Anspruch: es sei unvermittelt, unmittelbar.«[12]

Die Identität des Bewußtseins, die zur bloß formalen, Widerspruchsfreiheit stiftenden Instanz heruntergekommen ist, aber als gedachte Einheit dennoch für eine Vielzahl von Einzeldingen und -strukturen bestimmend sein soll, bezeichnet für Adorno die Erbsünde der Ursprungsphilosophie. Sie kann ihren Anspruch nur dadurch erfüllen, daß sie ihr Erstes vollkommen autonom setzt und von dessen Voraussetzungshaftigkeit, zu der auch seine Genese rechnet, einfach absieht.

Der Vorwurf eines verabsolutierten Primums trifft nun in gewisser Hinsicht auch die Kantische Vernunftkritik. Zwar zeigt sie dem Erkennen die Grenzen des Erfahrbaren auf und setzt es insofern nicht total. Die Formen jedoch, innerhalb derer Denken sich vollzieht, bedeuten für sie etwas Unauflösliches und Unveränderbares. Ihren Rechtsgrund erhalten sie schließlich, wie das Verfahren der Deduktion beweist, allein durch jene synthetische Einheit der Apperzeption, die Identität des Bewußtseins. Damit führt Kant letztlich doch unser gesamtes Bewußtsein von der Welt auf unsere eigenverbindende Tätigkeit zurück. Wir können Kenntis nur von den Gegenständen haben, die wir selbst konstituiert haben. Wir müssen die Vorstellung einer subjektiven Synthesisleistung einfach als »gegeben« akzeptieren: »denn wo der Verstand vorher nichts verbunden hat, da kann er auch nichts auflösen, weil es nur *durch ihn* als verbunden der Vorstellungskraft hat gegeben werden können.«[13]

Die Zurückführung allen Wissens auf die nicht hintergehbare und unhinterfragte Einheit des »Ich denke«, die eigentlich idealistische Operation Kants, durch die er sich eines unwandelbaren und positiven Fundaments unserer Erkenntnis zu vergewissern suchte, bildet die Angriffsfläche für Adornos Metakritik. Verständlich ist das Unternehmen der transzendentalen Deduktion nur dann, wenn man die für das Kantische System grundlegende Dualität von Anschauung und Begriff, die Voraussetzung, Mannigfaltigkeit sei gegeben und Einheit werde hergestellt, bereits akzeptiert hat. Es ist jedoch nicht diese Unterscheidung als solche, die Adorno in Frage stellt. Seine Kritik richtet sich gegen Kants Entscheidung zugunsten des Primats der Formen, die für die Ordnung vorgegebener Materialien sorgen, sowie der Begriffe, die Anschauungen synthetisieren und so erst erkenntnisfähig machen. Adorno hält am Dualismus des Kantischen Denkansatzes fest, votiert hingegen für eine veränderte Relation beider Erkenntnismomente, die durch Reziprozität charakterisiert sein soll:

»Der Geist ist aber vom Gegebenen so wenig abzuspalten wie dieses von ihm. Beide sind kein Erstes. Daß beide wesentlich durcheinander vermittelt sind, macht beide zu Urprinzipien gleich untauglich; wollte indessen einer in solchem Vermitteltsein selber das Urprinzip entdecken, so verwechselte er einen Relations- mit einem Substanzbegriff und reklamierte als Ursprung den flatus vocis. Vermitteltheit ist keine positive Aussage über das Sein, sondern eine Anweisung für die Erkenntnis, sich nicht bei solcher Positivität zu beruhigen, eigentlich die Forderung, Dialektik konkret auszutragen.«[14]

Doch war es nicht wiederum Kant, der dieser auch gegen ihn gerichteten Proklamation Adornos, daß in der Welt vorliegende Tatsachen und Bewußtseinsformen in einer gegenseitigen Abhängigkeitsbeziehung zu denken seien, noch entsprach, indem er ungeachtet der Deduktion, die den Denkformen einen apriorischen Vorrang gegenüber den Anschauungen einräumte, den Gedanken eines absolut Ersten, das in unserer Welt existieren soll, zurückwies? Hatte Kant nicht in der Lehre von den

Antinomien gezeigt, daß die Suche nach einem schlechthin Ersten, der absoluten Ursache unserer Welt, in einen infiniten Regreß führt? Daß sich ein nicht mehr hinterfragbares Unbedingtes, »welches die Vernunft ... notwendig und mit allem Recht zu allem Bedingten ... verlangt«[15], in unserer raum-zeitlichen Erfahrung nicht aufweisen läßt? Daraus folgt nach Kant ebenso notwendig die aufklärerische Anweisung, im fortschreitenden Denken niemals »bei einem Schlechthinunbedingten stehenzubleiben«[16]. Diese Auffassung entspricht der Anweisung Adornos, daß Denken sich mit keinem Ersten, auf das eine positive Bezugnahme möglich wäre, begnügen soll. Um nicht in ein dogmatisches Behaupten zurückzufallen, darf es sich auf jenes immer nur modo negativo beziehen, d.h. im Bewußtsein, daß ihm kein objektiv Seiendes korreliert. Mit dieser Kantischen Auskunft bescheidet sich Adorno jedoch nicht. Er fügt ihr hinzu, daß die derart »negativ« verstandene Beziehung des Denkens auf ein Primum nicht selber wieder als Positivum, d.h. als ein Unveränderliches und Endgültiges, deklariert werden darf.

Ein solches Verständnis der Funktionsweise von Denken trifft sich tatsächlich mit dem Kants, der den von ihm deduzierten Verstandesbegriffen Vollständigkeit und Apriorität zusprach, allerdings in der zweiten Fassung der Deduktion vorsichtig zweifelnd bemerkt, daß dafür »ferner ein Grund«[17] nicht angebbar sei. Adornos metakritische Reflexion der Kantischen Kritik aller positiven Bezugnahmen auf ein unwiderrufbares, apriorisches Erstes nimmt ihre Vorlage gewissermaßen beim Wort: Sie kann ihr vorhalten, daß das, was nach der Antinomienlehre nicht möglich sein soll, die positive Beziehung auf ein absolut Erstes, das als vollkommen sicher gilt, in der Deduktion der Kategorien doch in Anspruch genommen wird. Die Denkformen erfahren darin ihre eigentliche Begründung durch das apriorische Prinzip der Bewußtseinseinheit. Sie ist als »ursprüngliches Selbstbewußtsein« die oberste Bedingung für das Zustandekommen jeder Einzelerkenntnis. Denn die vielen anschaulich gegebenen Vorstellungen, sagt Kant, »würden nicht insgesamt *meine* Vorstellungen sein, wenn sie nicht insgesamt zu einem Selbstbewußtsein gehörten...«[18]. Alles Denken, das Denken von etwas Bestimmtem sein will, muß auf die ursprüngliche Einheit des »Ich denke« als fundamentale Denkfunktion, die sämtliches Erkennen erst ermöglicht, bezogen sein. Diese logisch erste Denkleistung legt in einem die Grenzen des Erkennen fest. Indem diese, so wie auch jene, für endgültig »positiv« erklärt werden, verfallen sie der Kritik Adornos. Sein metakritischer Einwand ist subtil: Nicht der Gedanke eines Ersten schlechthin, sondern der eines Schlechthinersten, der das Erste emphatisch überhöht und durch abschlußhafte Formen festlegt, wird zurückgewiesen. Mindestens offen müßte es, Adorno zufolge, bleiben, ob und in welcher Weise das Erste hinsichtlich seiner qualitativen Bestimmtheit und gemessen an seiner Leistungsfähigkeit zu variieren wäre, sollte es sich etwa als unzureichend erweisen. Noch in Gestalt der bloß formalen Denkgesetzlichkeit bei Kant ist es ja zur Erfüllung seiner Funktionen im Denkvollzug angewiesen auf ein zu verarbeitendes Material in der Welt. Dessen Widerständigkeit Rechnung tragend müßte Denken, das nicht statisch klassifizierend verfahren, sondern sich lebendig auseinandersetzen will, auch zu einer Erweiterung und Korrektur seiner eigenen Verfahrensweisen fähig sein.

Das Modell für eine solche Veränderung der Denkformen im denkenden Vollzug, das Kant gewissermaßen vorbereitete durch ihren »dynamischen« Gebrauch, der gegenüber dem »mathematischen« nach weniger apodiktischen Prinzipien verfährt, die nicht dieselbe »unmittelbare Evidenz«[19] enthalten, hat erst Hegels Konzeption der Erfahrung des Bewußtseins in der »Phänomenologie« geliefert. In ihr findet Adorno aber lediglich das Instrumentarium für seine Dynamisierung der apriorischen Denkformen Kants auf; eine Alternative zur Konstruktion eines Schlechthinersten kann sie deshalb nicht bereitstellen, weil sie letztlich den Geist, der sich mit sich selbst vermittelt, für absolut erklärt, Vermittlung selber zu einem real präsenten Ersten überhöht. Das aber, so Adorno, bedeute die Verwechslung eines »Relations- mit einem Substanzbegriff«[20].

Mit diesem Vorwurf stellt sich Adorno in eindeutiger Weise auf die Seite Kants, dessen Zweiteilung der Grundsätze des Verstandes in »mathematische« und »dynamische« in seinem Argument vorausgesetzt ist: Mathematische Axiome sind konstitutive Prinzipien, die Objekte hinsichtlich ihrer Größe oder Intensität von Eigenschaften positiv und eindeutig bestimmen. Dynamische Grundsätze hingegen sind auf die Existenzweise der Gegenstände gerichtet und als solche nur regulativ einzusetzen.[21] Sie können nichts Sicheres darüber festlegen, wie das Dasein der Objekte als einzelner, isolierter realiter bestimmt ist. Nur über die Art der Relation, in der verschiedene Objekte in der Zeit zueinander stehen, vermögen sie etwas auszusagen. Diese Weise dynamischen Erkennens ist nach Kant die eigentlich philosophische, sie bedient sich beim qualitativen Bestimmen von Gegenstandsverhältnissen der Methode des Analogisierens, doch, wie er betont, in völlig anderer Weise als das mathematische Erkennen. Wenn diesem das Verhältnis zweier Größen gegeben ist, kann daraus die gesuchte dritte analytisch abgeleitet und konstruiert werden. Das philosophische Analogieverfahren gibt dagegen nur eine Regel an die Hand, das fehlende Glied in einer bereits bekannten Proportion von Elementen zu *suchen*, nicht aber dieses selbst zu bestimmen.

Ein solchermaßen offenes, wenig festgelegtes Erkenntnisverfahren ist das Modell, an dem der Erkenntnistheoretiker Adorno orientiert ist. Er geht aus von einem relativen, weder zu verabsolutierenden noch qualitativ festzulegenden Vorrang von Relationsbestimmungen gegenüber Begriffen, die auf ein substantiell Beharrliches gehen, und spielt diese Idee, wie wir gesehen haben, gegen Kant und Hegel gleichermaßen aus. »Metakritik« kann er sie nur deshalb nennen, weil sie ihr Modell aus einer bereits kritischen, der Kantischen Theorie bezieht und es noch gegen deren »unkritische« Implikation, die substantielle »Gegebenheit« eines Ersten, das apriorisch geformte transzendentale Subjekt, wendet. Und nur das erklärt, weshalb Adorno sagen kann: »Die Erkenntnistheorie kritisieren heißt auch: sie festhalten. Sie ist mit ihrem eigenen Absolutheitsanspruch zu konfrontieren, dem Kantischen der Frage, wie Metaphysik als Wissenschaft möglich sei, dem Husserlschen Ideal von Philosophie als strenger Wissenschaft. Die Usurpation der Allgemeinheit, die sie begeht, verpflichtet zugleich, der Allgemeinheit des Gedankens zu genügen, welche die Auflösung des Privilegs impliziert, von dem der philosophische Geist zehrt, wofern er die Allgemeinheit sich selber zuschreibt.«[22]

Denken, das nicht mehr den privilegierten Besitz absoluter Formen für sich beansprucht und dennoch an der heuristischen Idee, Absolutes zu denken festhält, ist ein Programm, das Adorno mit Kant gegen Kant geltend macht. Aber wie ist das möglich, kann er eine Inkonsistenz im Kantischen Gedankengebäude ausnutzen? Worin könnte eine solche begründet sein? Nach Kant bedürfen die apriorischen Verstandeskategorien der Anwendung auf die Phänomenwelt, die entweder nach konstitutiven mathematischen oder regulativen dynamischen Grundsätzen verfährt. Zwar reklamiert Kant die letzteren ausdrücklich für die Philosophie gegenüber der Mathematik. Doch es besteht kein Zweifel, daß er in der »Kritik der reinen Vernunft« den konstitutiven Prinzipien, die die Objektivität der Objekte als Erscheinungen konstituieren, den Vorrang einräumt, wie es seinem Ideal theoretischen Erkennens, das an einem mathematisch-naturwissenschaftlichen Modell orientiert ist, entspricht. Damit aber Erkenntnis überhaupt möglich ist, muß sich das erkennende Subjekt in seiner transzendentalen Subjektivität, die allen denkenden Subjekten gemeinsam eigen ist, konstituieren. Erst indem das empirische Subjekt sich in der Einheit der transzendentalen Subjektivität formiert, ist es zur Erkenntnis fähig. Die Regeln, nach denen das empirische Subjekt den Wechsel ins transzendentale vollzieht, seine Denkfunktionen auf die Objektwelt anwendet und so überhaupt erst in Kraft setzt, sind keineswegs identisch mit den konstitutiven Formen des Bewußtseins, die von ihnen konstituiert werden. Sie resultieren erst aus einer »transzendentalen Reflexion«[23] auf die Bedingungen der Möglichkeit objektiver Erfahrungserkenntnisse, für die die Verstandeskategorien konstitutiv sein sollen. Sie sind transzendentale Prinzipien, die nach der Möglichkeit der konstitutiven Denkformen selber fragen: »Ein transzendentales Prinzip ist dasjenige, durch welches die allgemeine Bedingung a priori vorgestellt wird, unter der allein Dinge Objekte unserer Erkenntnis überhaupt werden können.«[24]

Die transzendentalen Prinzipien sind Regulative (sie »regeln« die Weise, in der das empirische Subjekt ins transzendentale »übersteigt«) und haben gleichwohl eine konstitutive Bedeutung, weil sie die transzendentale Subjektivität konstituieren.[25] Da aber die Möglichkeit dieser Konstituierung nach Kant an die der Freiheit gebunden ist, kann sie nicht darin bestehen, die transzendentale Subjektivität wie ein Naturobjekt positiv festzulegen. Diese kann nur als eine unendliches Aufgabe konstituiert werden, die wiederum durch die transzendentalen Prinzipien, die Regeln, definiert ist, deren Befolgung notwendig ist, um jene zu erfüllen. Demnach schreiben die regulativen Prinzipien vor, in welcher Weise sich das transzendentale Subjekt konstituieren soll. Sie sind also den konstitutiven Prinzipien als deren Rechtsgrund noch vorgeordnet. Und folglich stellen auch die konstitutiven Bewußtseinsformen keine realen und objektiven Gegebenheiten dar, sondern wären gleichsam ein Vertrag, den die Subjekte mit sich selbst geschlossen haben und den sie ständig erneuern müssen.

Die hier gegebene Kantauslegung kann eingestandenermaßen nur durch wenige Passagen der Kritik der reinen Vernunft, wie z.B. die »Analogien der Erfahrung« und die »Amphibolie der Reflexionsbegriffe« gestützt werden. Sie kann aber für sich geltend machen, daß Kant durch eine Erweiterung des transzendentalen Ansatzes in der »Kritik der Urteilskraft« wirklich die Konsequenz einer Präponderanz der Regulativa über die Konstitutiva gezogen hat.[26] Das regulative Prinzip der Zweckmäßigkeit ermöglicht uns, Erkenntnisse über sinnvolle Strukturen der Natur zu machen, die ebenso wahrheitsfähig sind wie die quasi-mathematischen Bestimmungen der Einzelobjekte. Wäre nur Kant bereits in der ersten Kritik mehr an den dynamischen als an den mathematischen Erkenntnisregeln orientiert gewesen, so hätte er der Konstruktion des recht »schwerfälligen« Apparats konstitutiver Denkformen, den wir alle ständig mit uns herumtragen müssen, um überhaupt erkennen zu können, gar nicht bedurft. Mit anderen Worten: Ein derart derestringiertes Transzendentalsubjekt könnte sich den an es gestellten Anforderungen im Denkvollzug kontinuierlich annähern und wäre darin nicht an endgültige Formen des Denkens gebunden.

Für die Aufklärung der metakritischen Intentionen Adornos haben die bisherigen Überlegungen zur Philosophie Kants eine zweifache Bedeutung. Einmal haben sie gezeigt, daß der Kantischen Erkenntnistheorie Gedanken immanent sind, die eine Umdeutung der konstitutiven Verstandesbegriffe in unendliche Aufgaben, die Stellung eines absolut Ersten unter regulative Prinzipien, nicht zwingend erfordern, aber doch nahelegen. Diese Auslegung entspricht der Forderung Adornos an die Erkenntnistheorie, ein positives Erstes zu vermeiden, die Gleichsetzung ihrer Begriffe mit real gegebenen Sachverhalten zu suspendieren.[27]

Weiterhin konnte sie verdeutlichen, in welcher Weise die Zusammenbindung regulativer und konstitutiver Prinzipien allein denkbar erscheint: indem regulative Prinzipien zur Voraussetzung für konstitutive Prinzipien erklärt werden. So verstanden haben die Regulativa zwar eine konstitutive *Bedeutung*; ihre regulative *Funktion* hingegen bleibt unangetastet. Das beantwortet unsere eingangs gestellte erste Frage nach einer möglichen Verknüpfung beider Funktionsweisen. Positiv beantwortbar ist sie m.E. nur dadurch, daß konstitutive Funktionen als Bedeutung - einer Bedeutung, der kein realer Sachverhalt zu entsprechen braucht - von regulativen definiert werden. Dadurch werden die Regulativa der Anforderung unterstellt, daß sie konstitutive Aufgaben erfüllen sollen. Bevor jedoch nicht durch eine kritische Prüfung sichergestellt ist, ob sie dies auch *wirklich* leisten, sind die konstitutiven Funktionen unter nur erkenntnisleitenden (regulativen) Vorzeichen zu betrachten.

Im Sinne unserer zweiten eingangs exponierten Frage bleibt zu zeigen, daß das Ergebnis unseres Gedankengangs mit dem Wortlaut des Adornoschen Textes vereinbar ist. Nur wenn das gelingt, ist Adornos Konzeption, die von einem regulativen und konstitutiven Einsatz ganzheitlich ausgerichteter Begriffe gleichermaßen Gebrauch macht, überhaupt aufrechtzuerhalten. Nur wenn die aporetische Figur eines nicht- oder nochnichtseienden Ersten (oder Absoluten), das bereits konstitutiv *ist*, vermieden werden kann, ist sein Ansatz zu retten. Eine solche Aporie ist aber die notwendige Folge einer undifferenzierten Kontaminierung regulativer und konstitutiver Begriffe eines Ganzen, für die es in Adornos Texten viele Beispiele gibt.[28] Vor dieser Konsequenz sollten wir seine Philosophie jedoch bewahren. Möglich ist das nur, wenn wir seine Gedanken präzisieren und dabei über sie hinausgehen.

Einen Ansatzpunkt dafür bietet ein Satz der »Metakritik«, den ich für zentral halte: »Vermitteltheit (von Geist und Natur, U.M.) ist keine positive Aussage über das Sein, sondern eine Anweisung für die Erkenntnis, sich nicht bei solcher Positivität zu beruhigen, eigentlich die Forderung, Dialektik konkret auszutragen. Als allgemeines Prinzip ausgesprochen, liefe sie, ganz wie bei Hegel, immer wieder auf den Geist hinaus; mit ihrem Übergang in Posivität wird sie unwahr. Derlei Aporien zu meistern ist die perennierende Anstrengung der Erkenntnistheorie, und keiner will es gelingen...«[29]

Die entscheidende programmatische »Forderung, Dialektik konkret auszutragen«, scheint mir keineswegs so aporetisch zu sein, wie es Adorno suggeriert, sofern man nur vom »richtigen« Verständnis des Wortes »Dialektik« ausgeht. Bei Kant bezeichnet es u.a. das Verfahren der Unterscheidung zwischen konstitutiven und regulativen Prinzipien. Angesichts der Priorität konstitutiver Prinzipien hat Dialektik eine nur negative, d.h. kritische Funktion. Geht man jedoch, wie Kant in der »Kritik der Urteilskraft«, von einem Vorrang der Regulativa aus, so können diese durchaus auf die Erkenntnis von Wahrheit gerichtet sein, ohne sich jedoch mit vorläufigen Einzelergebnissen zu begnügen. Auf der Suche nach besonderen Strukturen und Zusammenhängen in der Natur muß ein gemäß der regulativen Idee der Zweckmäßigkeit Urteilender immer von neuem prüfen, ob das Regulativ eine konstitutive Funktion erfüllen und ein objektives Erkennen ermöglichen kann. Daß er sein erkenntnisleitendes Interesse immer schon im Hinblick auf eine mögliche konstitutive Funktion einsetzt, definiert geradezu dessen Bedeutung. Sie impliziert, daß das Regulativ nicht nur in der Absicht einer Vereinheitlichung des Denkens gebraucht wird, sondern in der einer Erkenntnis von Einzelnem. Die Scheidung der Regulativa von den Konstitutiva dient nicht primär der logischen Stimmigkeit des Denkens, sondern der kontinuierlichen Aufdeckung von sinnvollen Einzelstrukturen in der Welt. Genau das aber bedeutet, »Dialektik konkret auszutragen«.

Ein solchermaßen dialektisches Erkennen richtet sich nicht auf die begriffliche Fixierung isolierbarer Aspekte an stofflichen Dingen, ihr funktionales Verhalten, das allein positiv bestimmbar ist. Es versucht, in die konstituierende Form der Naturphänomene, ihre innere Struktur einzudringen, indem es nach der objektiven Möglichkeit empirischer Wirklichkeit, deren ontologischer Grundlage, fragt. Durch die Unterstellung eines intelligiblen Ansichseins der erscheinenden Natur verhindert Denken die Reduzierung des Wirklichen auf seine physikalisch faßbaren Eigenschaften ebenso wie die seiner selbst auf eine positivistische Seinslehre. Setzte es nicht voraus, daß alle Phänomene qua ihrer substantiellen Beschaffenheit in gesetzmäßige Zusammenhänge gestellt sind, so wäre jedes experimentelle Erforschen von Gesetzmäßigkeiten objektiv ausgeschlossen - oder würde etwas vollkommen Imaginäres. Deshalb ist die Annahme einer begrifflich nicht faßbaren gestaltenden Form der stofflichen Dinge eine rationale; der Schritt in die negative Metaphysik ein erkenntnistheoretisch folgerichtiger.

II. »Innere« und »äußere« Natur und die Konstitution von Subjektivität

Nachdem ich im Vorangegangenen zu zeigen versucht habe, in welcher Weise Adornos Metakritik der Kantischen Vernunftkritik zu verstehen ist und durch welche Momente innerhalb des Kantischen Unternehmens selbst seine erneute Reflexion auf die

»unvermeidlichen subjektiven Bedingungen« unseres Erkennens gestützt werden kann, geht es mir im folgenden um die Darstellung der Elemente, die Adorno dem Kritisierten neu hinzufügt und durch die er seine Metakritik positiv konkretisiert. Für die Diskussion dieser Erweiterung der Kopernikanischen Wendung (einem orthodoxen Kantianer mag sie auch als Verengung oder gar Verfälschung anmuten) ist es hilfreich, sich zunächst einige wichtige Ergebnisse seiner Kritik der Erkenntnistheorie im Husserl-Buch ins Gedächtnis zurückzurufen: Aus der Sicht des kritischen Theoretikers sind die »subjektiven Bedingungen« Kants, die Kategorien des Bewußtseins, keineswegs etwas »Unvermeidliches«, das sich durch eine transzendentale Reflexion auf die Voraussetzungen unseres Denkens aufdecken ließe. Sie hängen u.a. davon ab, in welchen Formen sich die (natur-)wissenschaftlichen Diskurse der Zeit um 1780 bewegten und welche Begriffe die vorkantischen Logiker von Wolff bis Tetens bevorzugt verwendeten. Daß Kant die Denkformen dennoch als nicht mehr bezweifelbare apriorische Gegebenheiten etablierte, kann aus der Perspektive Adornos nur als Resultat eines übertriebenen Strebens nach Sicherheit im Denken, nach einer Rückführbarkeit unserer Erkenntnisse auf ein positives Erstes erscheinen. Falsch ist aber nach Adorno nicht das Bedürfnis nach Gewißheit, sondern die Verabsolutierung von geschichts- und gesellschaftsbedingten Begründungsformen und Rechtfertigungspraktiken zu überzeitlichen und notwendig gültigen Wissensfundamenten - ein überzogener, nicht einlösbarer erkenntnistheorethischer Anspruch. Ausgelöst wurde das spezifisch neuzeitliche post-cartesianische Unternehmen der Erkenntnistheorie nicht nur durch den Vertrauensschwund gegenüber den überlieferten Lehrmeinungen von Metaphysik und Ontologie, sondern ebenso, wenn auch indirekt, durch eine zunehmende »außerphilosophische« Skepsis gegenüber fest situierten gesellschaftlichen Institutionen, wie sie sich paradigmatisch bei Montaigne abzeichnet.[30]

Solche zeitbedingten Faktoren hätte eine Theorie transzendentaler Subjektivität gemäß Adorno einzubeziehen, wenn sie eine tragfähige Grundlage philosophischer Überlegungen sein soll, die über den Tag hinaus Gültigkeit für sich beanspruchen will. Schließt sie sie aus Angst vor »heterogener Vielfalt« dogmatisch aus, so verfällt sie nur desto drastischer dem Verdikt des Willkürlichen, nicht einsehbarer Zufälligkeit, die aus der Verabsolutierung eines Bedingten zum Unbedingten, eines Geschichtlichen zum überzeitlich Ersten resultiert. Die Universalierung von Begründungsformen, die sich in einer bestimmten Epoche der Geschichte als gut und nützlich erwiesen haben, zu zeitlos gültigen Rechtfertigungsinstanzen aller nur denkbaren Wissensansprüche, war der eigentliche Fehler, den die Erkenntnistheoretiker, Adorno zufolge, begangen haben. Nicht die vernünftige Rechtfertigung von Erkenntnis als solche, lediglich der Versuch, empirische Elemente aus den Praktiken des Rechtfertigens auszuschließen, wird zurecht als eine unhaltbare Version der »prima philosophia« fallengelassen.

Daß es dennoch nicht nur für Adorno einen guten Grund geben kann, die Erkenntnistheorie nicht als ganze zu verabschieden, zeigt die alltägliche Erfahrung, daß das kulturhistorische Programm der Aufklärung und Entmythologisierung noch keineswegs zu Ende geführt ist; daß wir auch heute noch in einem Zeitalter leben, in dem uns ein begründetes Mißtrauen in öffentliche Einrichtungen Skepsis und Resistenz abverlangt; daß wir zur Fundierung unserer kritischen Einstellung - eine Begründung, die nie endgültig sein kann - auf ein Moment von Unbedingtheit zurückgreifen müssen, das mit den Möglichkeiten und Grenzen unseres Denkens in einer direkten Beziehung steht. Es ist jenes Moment von Irreduzibilität und geistiger Selbständigkeit, dessen wir nach Adorno notwendig bedürfen, wenn philosophisches Erkennen mehr sein soll als historische Bildung, eine beliebige Fortführung des kulturellen Gesprächs, das die Menschheit, so Hölderlin, immer schon ist. Um uns in ein differenziertes Verhältnis zu unserer geistigen Tradition setzen zu können, ist der Rekurs auf ein Moment transzendentaler Konstitution allerdings unerläßlich. Daß es anders als die transzendentale Einheit der Apperzeption Kants nur »Moment« ist, bedeutet, daß es allein zur Fundierung unserer kritischen Erkenntnisfähigkeit nicht ausreicht, nur in der Verbindung mit anderen (historischen, sprachlichen) Elementen seine Begründungsfunktion erfüllen kann. Gleichwohl ist es in der Begründung von kritischem Denken unverzichtbar. Darin ist m.E. auch der Grund zu sehen für Adornos ambivalente Einstellung zur philosophischen Disziplin der Erkenntnistheorie: »Sie nachvollziehen, ihre innere Geschichte schreiben ist eigentlich bereits das Erwachen.«[31]

Die Rekonstruktion der innertheoretischen und der sozialgeschichtlichen Bedingungen, die zur Ausbildung der von Descartes vollzogenen »erkenntnistheoretischen Wende« geführt haben, soll Auskunft über die Legitimität der Disziplin, ihre Leistungsfähigkeit, erteilen. Das Aufzeigen von historischen Gehalten bildet folglich auch das methodische Zentrum aller kritischen Kant-Interpretationen Adornos, in denen er gegen die primär geltungstheoretischen Interessen des südwestdeutschen Neukantianismus die genetischen Implikationen stark hervorkehrt. Sie sollen die Starrheit und Festigkeit der erkenntnistheoretischen Kategorien »aufweichen«, ihren Charakter des Apriorischen relativieren, letztlich als unhaltbar erweisen.[32]

Mit dieser Sicherheit ist Adorno gewissermaßen an einer Vorläuferposition der Erkenntnistheorie, dem vor-Cartesischen Skeptizismus orientiert, den man bis auf Pyrrhon zurückverfolgen kann. Im Unterschied zur Erkenntnistheorie, die sich als eigenständiges Forschungsgebiet mit der Natur, dem Ursprung und den Grenzen menschlichen Erkennens beschäftigt, also auf positive Resultate gerichtet ist, ging es dem traditionellen Skeptizismus primär um die Vermeidung von Dogmen und Zirkularitäten bei der Sicherung von Wissensansprüchen. Erst Descartes' Erfindung des Mentalen als eines Bereichs zweifelsfreier Gewißheit führte auf den Weg der allmählichen Institutionalisierung einer »vor den Dingen« liegenden Dimension des Inneren, schließlich der Ausbildung eines vollständigen philosophischen Systems auf der Basis apriorischer Erkenntnis.

Zur Erfüllung seiner kritisch-aufklärerischen Funktionen hätte philosophisches Denken aber keiner invarianten Strukturen und unwandelbaren Fundamente bedurft. Das Moment kritischer Unbedingtheit hätte den Bereich der transzendentalen Reflexion zureichend ausgefüllt. Diese Einsicht Adornos, die die Möglichkeit, ja Notwendigkeit einer bedeutungsmäßigen Um- und Neubestimmung des transzendentalen Moments einschließt, ist gegen die Reproduzierung zwanghafter und dogmatischer Sinngehalte im Medium erkenntnistheoretischer Reflexion gerichtet. Darin sucht sie der Erkenntnistheorie aber nur zur Verwirklichung der Intentionen zu verhelfen, die für sie ursprünglich leitend waren: die kontinuierliche Aufklärung der Welt und ihrer selbst. Zu leisten ist das nur durch einen Vernunftsinn, der jene von Adorno eingeklagte Dynamik impliziert.

Aus der Kritik des Kantischen transzendentalen Ansatzes folgt notwendig auch eine veränderte Verfaßtheit des Subjektbegriffs. In ihn versucht Adorno Elemente einzubringen, die für das Leben der Individuen in der modernen Gesellschaft wichtig geworden sind: naturalistisch-genetische ebenso wie sozialpsychologische. Für die Einbeziehung der ersteren in die spezifisch neuzeitliche Struktur der Subjektivität bildet der von Horkheimer und Adorno gemeinsam verfaßte Text der »Dialektik der Aufklärung«[33] das Modell. Darin entwerfen die Autoren, geleitet durch die bekannte geschichtsphilosophische These, derzufolge Mythos und Aufklärung in geheimer Weise miteinander kommunizieren, die Theorie einer Urgeschichte der Subjektivität. In ihr wird der weltgeschichtliche Aufklärungsprozeß als die »Fluchtbahn des Subjekts vor den mythischen Mächten« beschrieben. Der Menschengattung gelang die Befreiung von den Ursprungsmächten, indem sie die feindliche »äußere« Natur zu beherrschen lernte, nur um den Preis der Repression ihrer eigenen (»inneren«) Natur. Begründet wird dies damit, daß die Aufklärungsbewegungen von einem natürlichen Selbsterhaltungstrieb der Subjekte ausgelöst wurden, der ihre Vernunft primär instrumentell, eben in Formen zweckrationaler Natur- und Triebbeherrschung beanspruchte. Daraus folgt notwendig, daß die Autoren Vernunft bis zur Ununterscheidbarkeit an Elemente von Machtausübung assimilieren müssen. Diese Konsequenz wiederum impliziert die virtuelle »Vernichtung des Subjekts«, für die eine gegen ihre eigenen Grundlagen gewendete Aufklärung Entsprechungen bereits in Nietzsches »Genealogie der Moral« geltend machen kann.[34]

Eine Fortführung solcher Tendenzen, die als Ausdruck tiefer Resignation zweifelsfrei in der »Dialektik der Aufklärung« angelegt sind und als solche auf eine Identifizierung von Vernunft mit Macht, Kritik mit universaler Verdächtigung, zuletzt die Liquidierung des Subjekts zielen, muß jede Theorie, die kritisch unterscheiden will, ablehnen. Und ein Moment kritischer Unbedingtheit und geistiger Selbständigkeit muß Adorno vernünftigerweise gegen alle systemtheoretischen und strukturalistischen Ansätze in Anspruch nehmen, wenn er an den Intentionen wirklich vernünftiger und wirklich kritischer Aufklärung festhalten will. Allerdings muß ein solcher Vernunftsinn derart verfaßt sein, daß er auch gegenläufige Vernunftintentionen einzuschließen vermag. Sofern diese in ihrem Sinn solange unvereinbar sind, wie Aufklärung noch nicht zureichend stattgefunden hat, kann auch Adornos Ideologieverdacht gegenüber Aufklärung nicht das letzte Wort behalten: Obwohl er den Konflikt zwischen einander widerstreitenden Lebenstendenzen und Lebensdeutungen schürt und seinen Ausgang offenläßt, weiß er doch, daß die Konflikte in einer zu sich selbst gekommenen Aufklärung, der ihre eigenen Formen vollkommen durchsichtig sind, zur Konkordanz gebracht wären. Von dieser Idee bezieht er sein kritisches Potential, die Hoffnung, »der Geist solcher unnachgiebigen Theorien vermöchte den des erbarmungslosen Fortschritts selber an seinem Ziel umzuwenden«[35].

Eine solchermaßen über sich selbst aufgeklärte Aufklärung kann aber nur von Subjekten in Gang gebracht werden, die wissen, daß ihr eigenes Denken eine Geschichte hat, mit der es sich verändert. Gegen die universalistische Struktur des Kantischen Transzendentalsubjekts macht Adorno deshalb bereits in seiner Antrittsvorlesung geltend, daß das Subjekt »kein geschichtsloses identisches, transzendentales (ist), sondern ... mit Geschichte wechselnde und geschichtlich einsichtige Gestalt« annimmt.[36] Das Subjekt philosophischer Erfahrung ist selbst Bestandteil der Natur, Erkenntnis kein rein geistiger Vorgang, sondern ebenso etwas Somatisches.[37] Das bedeutet hingegen, gemessen an der Konzeption Kants, kein »Weniger, sondern ein Mehr an Subjekt.«[38]. Das Kantische Subjekt ist nicht individualistisch genug und zu wenig dynamisch konzipiert, es ist für jedes Einzelsubjekt gleichermaßen gültig. Gleichwohl kann Adorno Momente der von ihm geforderten lebendigen Subjektivität auch in der Theorie Kants aufzeigen. Sie liegen in den dynamischen Erkenntnisregeln, die im Zentrum meiner im vorigen Absatz gegebenen Kant-Interpretation standen, sowie in der »Spontaneität« des Subjekts begründet, durch die es eigenständig Vorstellungen produzieren kann. Daß aber der Verlauf dieser kreativen Aktivität durch apriorische Funktionsweisen vorgezeichnet ist, veranlaßt Adorno zu einer Revision der Kantischen Subjektivität, die als mimetische Transformation im Medium der Sprache beschrieben werden kann. Sie kam bereits mehrfach in den sprachtheoretischen Teilen meiner bisherigen Ausführungen als eine Art »begrifflicher Mimesis«, expliziert durch die Darstellungsleistungen der Sprache, zum Tragen. (Ich werde in der Diskussion der ästhetischen Mittel, mit denen Adorno seine Erkenntnistheorie erweitert, noch darauf zurückkommen; vgl. Kap. 4.II.1.). Für die Transformation Kants bedeutet dies, daß die kreative Leistung des Subjekts nicht mehr darin besteht, das Objekt durch die eigenen Kategorien überhaupt erst zu konstituieren und gewissermaßen in sich zu absorbieren, sondern lediglich darin, ihm eine veränderte Daseinsweise zu geben: Die Struktur des Objekts hat Priorität gegenüber den Intentionen des Denkens. Diese These resultiert wesentlich aus der noch grundlegenderen Einsicht, daß das denkende Subjekt nicht nur ein »konstituierendes« ist, das ein vorgegebenes Material formt, sondern ebenso selbst »konstituiert« ist, noch im Denken geprägt ist von den Formen seines Daseins in der Welt.

Diese naturalistische Erweiterung des transzendentalphilosopischen Ansatzes fand ihre eigentliche Begründung in der »Dialektik der Aufklärung«, derzufolge es für das zivilisierte Subjekt schlechthin charakteristisch sein soll, daß es hinsichtlich gattungsgeschichtlicher und eigenmächtiger Bestimmungen in sich zerspalten ist: Die Individualität entfaltet ein ihm eigenes produktives Potential (in Form technischer und ökonomischer Mittel), dem die Tendenz zur Emanzipation inhäriert; dieselbe Individualität jedoch verdankt ihre Genese auch einem Zusammenwirken vielfältiger mythischer Kräfte, die ihre zwangsverfaßte Identitätsstruktur hervorgerufen haben. Evolutionistisch-naturhafte und ökonomisch-soziale Momente bestimmen in einer dialektischen Interdependenz die organische Zusammensetzung der Menschen, die durch zunehmende Erstarrung lebendiger Züge gekennzeichnet ist: »Der Wille zum Leben sieht sich auf die Verneinung des Willens zum Leben verwiesen: Selbsterhaltung annulliert Leben an der Subjektivität.«[39]

Die Spaltung der Subjekte in Strukturen, die durch eine zwanghafte Selbsterhaltung bestimmt sind, und solche, in denen sich der Trieb zum Selbstbewußtsein bemerkbar macht, führt zur tendenziellen Vernichtung des identischen Selbst, die hingegen in keiner der Schriften Adornos endgültig vollzogen wird. »Die Trennung der Eigenschaften vom Triebgrund sowohl wie vom Selbst, das sie kommandiert, wo es vormals bloß zusammenhielt, läßt den Menschen für seine anwachsende innere Organisation mit anwachsender Desintegration bezahlen. Die im Individuum vollendete Arbeitsteilung, seine radikale Objektivation, kommt auf seine kranke Aufspaltung heraus«.[40]

Aus den entwicklungsgeschichtlich und damit immer auch soziogenetisch bedingten Deformationen des Selbst resultieren Symptome ganz anderer Art. Krankhafte Anzeichen wie Schizophrenie, Angst und hysterisches Verhalten bezeichnen gegenüber jenen bloße Epiphänomene. Sie sind das Ergebnis von Anpassungsleistungen und Konstituierungsakten, wie sie von der Sozialpsychologie und der kulturellen Anthropologie beschrieben werden. Einen zureichenden Erklärungsanspruch können solche psychosomatischen Defekte aber, Adorno zufolge, nur dann finden, wenn sie auf diejenigen prozeduralen Formen sozialen Verhaltens zurückgeführt werden, für die das Interagieren zwischen Mensch und Natur, einschließlich seiner eigenen, bestimmend ist. Daß die durch eine zurückgedrängte Triebnatur gekennzeichneten Konflikte im Intrapsychischen nur Folgeerscheinungen sind, bedeutet jedoch keineswegs, daß sie weniger wichtig und in einer kritischen Theorie des Subjekts zu vernachlässigen wären. Eine Verbindung sozialpsychologischer Befunde mit den Strukturen eines überlieferten Subjektbegriffs führt Adorno modellhaft vor in seinem Freiheitsessay der »Negativen Dialektik«. Darin entwirft er eine Interpretation der Kantischen Subjekttheorie, in der die Perspektive einer von jeglichem Zwang befreiten Identitätsstruktur der Subjekte aufscheint. Diese utopische Idee vollkommen selbständig agierender Subjekte, die Adorno selten so explizit aufwirft wie hier, kann aber innerhalb seiner Gedankenwelt nur deshalb einen theoretischen Halt finden, weil sie in einer nicht auflösbaren Wechselbeziehung zu der gegenläufigen Tendenz zwanghafter und lebensnotwendiger Selbsterhaltung entfaltet wird: »Frei sind die Subjekte, nach Kantischem Modell, soweit sie ihrer selbst bewußt, mit sich identisch sind; und in solcher Identität auch wieder unfrei, soweit sie deren Zwang unterstehen und ihn perpetuieren. Unfrei sind sie als nichtidentische, als diffuse Natur, und doch als solche frei, weil sie in den Regungen, die sie überwältigen - nichts anderes ist die Nichtidentität des Subjekts mit sich - auch des Zwangscharakters der Identität ledig werden. Persönlichkeit ist die Karikatur von Freiheit. Die Aporie hat den Grund, daß Wahrheit jenseits des Identitätszwanges nicht dessen schlechthin anderes wäre, sondern durch ihn vermittelt.«[41]

Adornos Darstellung mündet den paradoxen Gedanken eines als Identität verstandenen Nicht-Identischen, einer als zwanghaft begriffenen Verfaßtheit der Zwangslosigkeit. Diese aporetische Konstruktion ist m.E. nur dadurch in ein widerspruchsfreies Konzept vom Selbst zu überführen, daß man das Verhältnis von vernünftigem (zwanglosen) Selbstbewußtsein und zwanghaftem Zusammenhalten des Selbst als eines von reziproker Abhängigkeit beschreibt, wie es Theoretiker nach Adorno auch getan haben.[42] Weder darf darin die Naturalisierung des Subjekts, seine »diffuse Natur«, noch seine Eigenständigkeit, die Identität mit sich, absolut gesetzt werden. Konstitutiv für das Bewußtsein ist gerade der Zusammenhang von beidem, der hingegen von Adornos mißverständlicher Redeweise eines »Vermitteltseins« von Freiheit »durch« Zwang (hindurch) nur unzureichend benannt wird: Vernünftigerweise kann hier doch wohl nur gemeint sein, daß der Einflußbereich subjektiver Freiheit durch Zwänge *begrenzt* wird, denen das Individuum gleichermaßen, wahrscheinlich in noch viel größerem Ausmaß, unterliegt, als es autonom entscheiden und frei handeln kann. Selbstverständlich können aber solche Zwänge, die aus einem instrumentellen Gebrauch der Vernunft heraus resultieren, nicht universalisiert werden, wenn der Subjektbegriff sinnvollerweise noch aufrechterhalten werden soll - worüber Adornos Texte kaum Zweifel zulassen. Subjektivität kann dann nicht in zwanghafter Selbsterhaltung aufgehen, es muß mindestens ein Moment im Selbst zurückbleiben, das sich nicht wie ein Stück äußerer Natur beherrschen und nicht wie ein Gegenstand instrumentalisieren läßt. Die Annahme eines jeglicher Fremdbestimmung gegenüber resistenten Moments der Subjektivität und folglich die Möglichkeit noch so reduzierten freiheitlichen Verhaltens überhaupt scheint der Philosophie Adornos unabweisbar eigen zu sein. Eine konsistente Begründung für diese Möglichkeit hingegen ist aus ihr nicht ohne weiteres ersichtlich. Wie versucht Adorno die bis ins Paradoxe gesteigerte Zerrissenheit des Subjekts in einer zusammenhängenden Theorie zu rechtfertigen?

Einen entsprechenden Lösungsansatz entwickelt Adorno in seinen späten Schriften, insbesondere der »Negativen Dialektik« und dem Aufsatz »Zu Subjekt und Objekt«.[43] Er nimmt seinen Ausgangspunkt von der durch die Philosophie Kants erreichten Bewußtseinsstellung der intentio obliqua. Im Unterschied zur älteren Auffassung der intentio recta, die durch eine direkte, niemals kritisch befragte Bezugnahme des Erkennenden auf die Gegenstände der Erkenntnis charakterisiert ist - ein solches, gewissermaßen naives Vertrauen in die Richtigkeit des derart Erkannten ist Adorno zufolge durch nichts mehr gerechtfertigt - , bezeichnet die intentio obliqua eine reflexive Rückbeziehung aller Erkenntnisgegenstände auf das erkennende Subjekt. Eine solche Reflexionsleistung, wie sie für den Kantischen Denkansatz bestimmend geworden ist, operiert mit der fundamentalen Differenz zwischen einem empirischen und einem transzendentalen Subjekt. Daß dieses durch Selbständigkeit und Spontaneität ausgezeichnet ist, deutet nach Adorno darauf hin, daß es nicht ohne einen Begriff vom empirischen Subjekt, ohne den Rekurs auf die kreativen Leistungen empirischer Einzelindividuen zu denken ist. Die Lebendigkeit empirischer Personen, so die Folgerung, war das Modell, dem die Konstruktion des transzendentalen Subjekts nachgebildet ist. Die Rekonstruktion der Genese des Transzendentalsubjekts zeigt, daß dessen apriorische Formen kein absolut Erstes, sondern bedingt sind und erst nachträglich per definitionem als Unbedingtes etabliert wurden.

Dies ist das wichtigste Ergebnis derjenigen Überlegungen, die Adorno für eine »zweite Reflexion« der ersten Kants, die »intentio obliqua der intentio obliqua«, ausgibt. Ihre Intention besteht darin, die Kantische Subjekttheorie zu präzisieren und zu konkretisieren; genauer: zu zeigen, daß sie ihren Anspruch, Objektivität durch eine Analyse von Subjektivität zu begründen, insofern nicht zu erfüllen vermag, als sie für die Konstituierung der subjektiven Formen auf ein objektives Material, Elemente der empirischen Welt, zurückgreifen, das zu Begründende bereits voraussetzen muß. Adornos Kant-Auslegung kann jedoch nur dann überzeugen, wenn man akzeptiert, daß Kant mit dem Wort »Objektivität« mehr verbindet als den Sinn von notwendiger und allgemeiner Gültigkeit, womit zweifellos die Grundbedeutung des Kantischen Terminus bezeichnet ist. Für Adorno hingegen ist der primäre Wortsinn ein ontologischer: Ein Objektives heißt ein real Seiendes. Die Unterstellung dieser Bedeutung auch für die Lehre Kants bedeutet keineswegs, daß Adorno diese mißversteht[44]; vielmehr begreift er das ontologische Objektivitätsverständnis als eine notwendige Grundlage für die Behauptbarkeit des geltungstheoretischen: »Das Feste des erkenntnistheoretischen Ichs, die Identität des Selbstbewußtseins ist ersichtlich der unreflektierten Erfahrung des beharrenden, identischen Objekts nachgebildet; wird auch von Kant wesentlich darauf bezogen. Dieser hätte nicht die subjektiven Formen als Bedingungen von Objektivität reklamieren können, hätte er nicht stillschweigend ihnen eine Objektivität zugebilligt, die er von der erborgt, welcher er das Subjekt entgegensetzt.«[45]

Ohne dieses ontologische Moment bliebe »Objektivität« immer nur eine andere Bezeichnung für eine Form von Subjektivität: »Noch vom subjektiven Apriori ist die Objektivität seiner Geltung einzig so weit zu behaupten, wie es eine objektive (= ontologische, U.M.) Seite hat; ohne diese wäre das vom Apriori konstituierte Objekt eine pure Tautologie für Subjekt.«[46]

Indem nun Kant die subjektiven Denkformen verabsolutiert, d.h. als unveränderlich seiende etablierte, beging er den Fehler, so Adorno, ihre Objektivität, die lediglich ihren Seinscharakter ausdrücken soll, zu einem Ansichseienden, also einer Grundlage für alles Seiende, zu überhöhen. Diesen Anspruch könne das Subjekt aber nicht erfüllen, es sei gerade kein absolut Erstes. Die Funktion eines Primum kann demnach nur noch im Sinne einer unendlichen Aufgabe für das Subjekt reklamiert werden, und das ist wohl auch der einzige Sinn, der bei Adorno an die Stelle der transzendentalen Subjektstruktur Kants treten kann - eine Konzeption, die (wie ich in 3.I. zu zeigen versuchte) aus der Theorie Kants zwanglos abgeleitet werden kann.

Gleichwohl versucht Adorno auch noch, der genuinen Kantischen Version des transzendentalen Subjekts und seiner Unterscheidung vom empirischen dadurch einen Sinn zu verleihen, daß er diese Differenz aus dem Subjekt heraus in den Komplex der Gesellschaft, eine transsubjektive Dimension, verlegt.[47] Er versteht die Gesellschaft als »Funktionszusammenhang«, der sein Bestehen nur einem Zusammenwirken spontaner Leistungen von Einzelindividuen verdankt. Andererseits jedoch können die empirischen Subjekte aufgrund der von den sozialen Organisationen entfalteten Eigendynamik, die zu einer Verdichtung geführt hat, nicht mehr erkennen, in welcher Weise die hochdifferenzierten und verselbständigten Sozialsysteme noch mit ihren eigenen Interessen und natürlichen Lebenstendenzen in Einklang gebracht werden können. Die daraus resultierende Spaltung der Individuen hinsichtlich ihrer verschiedenartigen Funktionen, Aufgaben und Ziele bedroht den sinnvollen Zusammenhalt der Personen, führt zu deren virtueller Vernichtung als »Einzelner«. Vorrangig ist den Individuen die Sphäre eines Allgemeinen, des gesellschaftlichen Funktionszusammenhangs, in dem Sinne, daß sie durch ihn weitgehend bestimmt werden. Weil dieses Allgemeine real existiert, kann es, so Adorno, anders als das transzendentale Subjekt Kants, das diesen Tatbestand nicht erfüllt, obwohl es ihn für sich beansprucht, zurecht mit dem Begriff des Transzendentalen belegt werden. Die Konstruktion eines derart als seiend verstandenen Allgemeinen wäre aber m.E. nur solange aufrechtzuerhalten, wie sie von Adorno nicht totalisiert würde. Diese Ausdehnung des gesellschaftlich Allgemeinen auf das Ganze vollzieht Adorno aber. Dessen

Prinzip bestimmt er bekanntlich als »universale Herrschaft des Tauschwerts über die Menschen«[48], der zentralen These seiner Gesellschaftstheorie. Aber nicht die fragwürdigen Implikationen dieser Theorie als solcher sollen hier thematisiert werden.[49] Es ist vielmehr Adornos Behauptung eines real vorhandenen Ganzen, das für alle darunter befaßten Einzelnen, in diesem Fall die Individuen, konstitutiv sein soll. Mit ihr verfällt er derselben Kritik, die er ständig gegen Hegel wendet: Daß es nicht erlaubt sein soll, die Realpräsenz eines Ganzen zu verfechten, auf das eine positive Bezugnahme möglich wäre. Hält man für das Verständnis der Philosophie Adornos an diesem Verdikt fest - und ich habe im vorigen Abschnitt zu zeigen versucht, daß dies sinnvoll ist, sofern man diejenigen Ganzheiten, von denen Adorno möchte, daß sie sein sollen, als regulative Prinzipien (ihrer Funktionsweise nach) erklärt, die gleichwohl eine konstitutive Bedeutung haben können - so ist sein Versuch, den Bereich des Transzendentalen in ein Ganzes, das für die Funktionsweise der Gesellschaft konstitutiv ist, zu transformieren, als gescheitert zu betrachten.

Unverlierbar hingegen scheint mir die Einsicht Adornos zu sein, daß auch ein transzendentales Subjekt, um eine wirksame Kraft entfalten zu können, ein »Etwas« sein muß. Es kann kein »reines Ich« gedacht werden, von dem die Möglichkeit ausgeschlossen wäre, auch Objekt, ein Welthaftes, zu sein. Dieser Gedanke, den Adorno in die Formel vom »Vorrang des Objekts« kleidete, impliziert die Notwendigkeit, ontologische, anthropologische, historische und sozialpsychologische Momente in eine Subjekttheorie einzubeziehen. Sie schließt auch die Möglichkeit ein, daß die Formen des Denkens durch Erfahrung modifiziert werden, da Erfahrung zu wesentlichen Teilen den Objekten zuzurechnen ist und nicht, wie es eine Transzendentalphilosophie, die von der Priorität des Subjekts ausgeht, nahelegen könnte, ausschließlich durch das Transzendentalsubjekt ermöglicht wird.

Die »zweite kopernikanische Wende« besagt hingegen nicht, daß das Kantische Subjektmodell auf »die ihrer selbst unbewußte Gesellschaft«[50] reduziert werden soll. Sie wird lediglich auf ihren historischen Kontext rückbezogen. Eine soziologische Reduktion würde die Neutralisierung ihrer kritischen Aufgaben bedeuten und Erkenntniskritik schließlich, wie es in der gegenwärtigen Entwicklung zunehmend geschieht, auf Methodologie beschränken. Eine kritisch-differenzierte Aneignung von Wirklichkeit muß ihren Anfang aber in einer unreduzierbaren Eigenständigkeit des Kognitiven nehmen. Für sie verbietet sich ein normativer Wissensbegriff - hier kann Adorno an Hegels Radikalisierung der Kantischen Vernunftkritik anschließen - ebenso, wie ein vollkommen relativierter - hier verfällt die Hegelsche Theorie eines historischen Gesamtsubjekts der Kritik Adornos. Sein Weg auf der Suche nach einer philosophiehistorischen Fundierung für das, was er »zweite Reflexion« nennt, kann auch in der Subjekttheorie Kierkegaards kein zureichendes Ende finden. Zwar habe Kierkegaard, so Adorno, gegen die formal-abstrakte Verfaßtheit des Kantischen Transzendentalsubjekts den Begriff eines durch lebendiges Existieren gekennzeichneten Individuums aufgeworfen, »den Plan konkreter Ontologie«[51] verfolgt; weiterhin gegen Hegel jeden Anspruch einer Identifizierung von Subjektivität mit daseiender Welt fallengelassen. Der Preis jedoch, den er für die Opferung Hegelscher Identität und Kantischer Bewußtseinsform bezahle, sei der Verlust jeder Verbindlichkeit des Selbst. Zudem werde dem empirischen Individuum die nicht zu bewältigende Last aufgebürdet, den materialen Sinn zu entfalten, den die Identitätsphilosophie in den kontingenten Strukturen der natürlichen Lebenswelt nicht realisieren konnte: »Hegel ist nach innen geschlagen: was diesem die Weltgeschichte, ist für Kierkegaard der einzelne Mensch.«[52]

Immer dann, wenn Kierkegaard meine, der Zufälligkeit der Welt entkommen zu sein, zeige sie sich desto drastischer in den vielfältigen Beschreibungen des Selbst. Die Explikationen der Innerlichkeit, von Adorno als abstrakte Metaphorik eines sozialgeschichtlichen Interieurs gedeutet, greifen schließlich auf eine »natürlich-anthropologische Organlehre« zurück und widerrufen somit den Spiritualismus der Konstruktion des autonomen Selbst.

Am ehesten läßt sich die Bewußtseinsstellung, die in Adornos »zweiter Reflexion« der Kantischen Subjekttheorie ausgedrückt ist - im Grunde ist es bereits eine Form der dritten Reflexion -, als eine solche charakterisieren, die bereits partiell in den späten Werken Kants erreicht, aber nicht mehr im Ernst durchgeführt ist: Wenn man davon ausgeht, daß die Form der ersten Reflektiertheit Denkansätze kennzeichnet, für die Vernunft die Grundlage eines bewußten Lebens ist, das sich in wohlbegründeten Formen vollzieht und eben deshalb auch die Täuschungen und Verstrickungen durchschauen kann, denen es ausgesetzt ist, so läßt sich das von Kant erreichte Denken als eine zweite Reflexionsstufe definieren.[53] Das radikal Neue im Kantischen Philosophiekonzept besteht darin, daß Illusionen der Vernunft nicht nur zustoßen, sondern ebenso von ihr selbst produziert werden: Die Vernunft ist der Ort, in dem Täuschungen und Einsichten gleichermaßen ihren Anfang haben. Das bedeutet aber, daß Täuschungen im Grunde doch etwas Rationales sind. Sie verlieren ihre Überzeugungskraft, die ihnen wirklich eigen ist, wenn aufgeklärt wird, woraus sie eigentlich hervorgegangen sind. Möglich ist das nur, indem die Vernunft auf dem Weg der Selbstaufklärung zugleich eine kritische Bewegung gegen sich selbst vollführt.

Adornos Position einer dritten Reflektiertheit bezeichnet nun eine Denkform, die den von Kant (in zweiter Reflexion) modifizierten Vernunftsinn selbst unter Täuschungsverdacht stellt. Für den negativen Dialektiker bedeutet »Aufklärung« in einem positiven Verständnis nicht mehr die vernünftige Befreiung der Individuen aus ihren Täuschungen, sondern die Befreiung von der Täuschung, die die Formen vernünftiger Befreiung selbst bedeuten. Adornos Verdacht, Vernunft als solche könnte sich als Täuschung erweisen, gründet sich wesentlich auf die Einsicht, daß intelligentes Verhalten in der Moderne wesentlich in den Funktionen biologischer und letztlich materieller Erhaltung oder denen einer unüberlegten Ausbeutung der Natur aufgeht. Wird dieser Gedanke in dem Sinne radikalisiert, daß er zur ganzen Wahrheit erklärt wird, so mündet die dritte Reflektiertheit konsequenterweise in die Liquidierung des Subjektbegriffs.[54] Es gäbe dann schlechterdings keine Möglichkeit mehr, die divergenten Lebenserfahrungen verstehend zusammenzubringen.[55]

Adornos Verdacht gegen alles intelligente Verstehen und alle rationalen Lebensdeutungen nimmt seinen Ausgang von Erfahrungen, welche die objektiven Determinanten rationaler Weltdurchdringung neu, und d.h. »enger« als bisher, festlegen. Die Radikalität seiner Nachfrage hingegen kann sich bereits auf diejenige Kants berufen, der die Möglichkeit wohl sah, daß die Vernunft die Individuen letztlich nur von dem Gedanken abhalte, daß die Natur sie »in den Schlund des zwecklosen

Chaos der Materie zurückwirft, aus dem sie gezogen waren«[56]; daß die Vernunft selbst schließlich dem Schein der sie umgebenden »leeren Hoffnungen«[57] unterliegen könnte.

III. Das Subjekt-Objekt-Modell als Grundstruktur einer »kritischen« Erkenntnistheorie

1. Die dualistische Struktur der Dialektik von Subjekt und Objekt

Wenn die grundlegenden Tendenzen meiner Adorno-Interpretation in den ersten beiden Kapiteln richtig gewesen sein sollten, nach denen Adorno aus den geschichtsphilosophischen Anfängen seiner Philosophie heraus ein erkenntnistheoretisches Programm entwickelte, mit Hilfe dessen er seine Theorie als kritische zu fundieren suchte, so erscheint es nur folgerichtig, daß er dieses Programm schließlich auch innerhalb der Grundbegrifflichkeit explizierte, die für das erkenntnistheoretische Denken der Neuzeit bestimmend gewesen ist: die von Subjekt und Objekt. Dadurch nur konnte Adorno seinem eigenen Ideal von Kritik, die immanent verfahren, das Kritisierte an dessen eigenem Anspruch messen soll, gerecht werden. Einen ersten Versuch, dieses Verfahren in einer Idealismus-Kritik *durchzuführen*, stellten bereits die beiden frühen Aufsätze über die »Idee der Naturgeschichte« und »Die Aktualität der Philosophie« dar.[58] Eine theoretische Fundierung im Medium der Erkenntnistheorie erhält es hingegen erst, indem es in der Relation von Subjekt und Objekt zur Anwendung kommt. Nur dadurch, daß Adorno diese Terminologie beibehält und nicht ein anderes Explikationsmedium für die Thematisierung des Verhältnisses von Mensch und Welt wählt, das den kritisierten Ansätzen fremd geblieben wäre, vermag er seiner Konzeption von Kritik zu entsprechen und sich in ein differenziertes Verhältnis zu den überlieferten Kategorien der Reflexionsphilosophie zu setzen. Über die grundsätzliche Angemessenheit, Erkenntnisvorgänge in Gestalt einer Relation von Subjekt und Objekt zu beschreiben, ist damit natürlich noch nichts besagt. (Auf diese Frage werde ich in 3.IV. noch zu sprechen kommen.) Zunächst jedoch gilt es, die Struktur des Verhältnisses von Subjekt und Objekt so zu beschreiben, wie sie von Adorno konzipiert ist. Es soll dabei zunächst die Bedeutung der beiden Begriffe jeweils für sich analysiert werden, um daraufhin den Zusammenhang der einzelnen Bedeutungselemente beider Kategorien herstellen zu können. Erst dann wird es möglich sein, die Weise, in der beide aufeinander bezogen sind, die Relation von Subjekt und Objekt selber also, zu bestimmen.

Ihren Ausgang nehmen die Überlegungen Adornos in der Frage nach einer Definition der Termini Subjekt und Objekt. Der Versuch jedoch, ihnen die Unbestimmtheit ihrer Bedeutung qua Festsetzung nehmen zu wollen, führt nach Adorno in eine Aporie: Er geht von der These aus, daß die Äquivokationen, die den Begriffen, so wie sie in der Tradition verwendet wurden, eigen sind, für ihr Verständnis notwendig sind und nicht per definitionem eliminiert werden dürfen. Adorno erläutert seine Ausgangsthese durch die Kantische Formulierung des Problems, die er in seinen Ausführungen als eine Bezugsbasis ständig voraussetzt. Er identifiziert sich mit der Doppelbedeutung, die Kant dem Subjektbegriff einräumt, indem er ihn einmal auf das Einzelindividuum, zum anderen aber auch auf »Bewußtsein überhaupt« bezieht.[59] Adorno fügt der zweifachen Verwendungsweise des Wortes bei Kant aber sogleich hinzu, daß beide Bedeutungen nicht streng von einander getrennt werden können, die eine im Grunde nicht ohne die andere verstehbar sei: »Von keinem Subjektbegriff ist das Moment der Einzelmenschlichkeit - bei Schelling Egoität genannt - wegzudenken; ohne jede Erinnerung daran verlöre Subjekt allen Sinn. Umgekehrt ist das einzelmenschliche Individuum, sobald überhaupt auf es in allgemeinbegrifflicher Form als auf das Individuum reflektiert, nicht nur das Dies da irgendeines besonderen Menschen gemeint wird, bereits zu einem Allgemeinen gemacht, ähnlich dem, was im idealistischen Subjektbegriff ausdrücklich wurde; sogar der Ausdruck besonderer Mensch bedarf des Gattungsbegriffs, wäre sonst sinnleer.«[60]

Adornos Erläuterung seiner These eines reziproken Abhängigkeitsverhältnisses der beiden Bedeutungen ist in ihrem ersten Teilpunkt ohne weiteres einsichtig: Ein transzendentales oder in anderer Weise verallgemeinertes Subjekt, das nicht schon im Hinblick auf seine Relevanz für ein empirisches Individuum gesehen wird, für das es seine Aufgaben zu erfüllen hat, bliebe eine abstruse und sinnleere Konstruktion, vergleichbar einer kybernetischen Maschine. Seine Funktionsweise ist nur verständlich, wenn man es als eine Abstraktion von lebendigem Bewußtsein begreift.

Der zweite Teilpunkt des Arguments überzeugt hingegen nur dann, wenn von der Bedeutung »besonderes Subjekt« ausgegangen wird, was der Begriff »Individuum« natürlich nahelegt: In ihm ist immer schon die Gattung eines Vernunftwesens, die Relation zu anderen Individuen mitgedacht.[61] Genauso denkbar wäre es aber, den Subjektbegriff auf ein isoliertes, »vereinzeltes«, Mitglied unserer Gesellschaft zu beziehen, das entweder nicht mehr fähig ist, verschiedene Rollen zu einer verstehbaren Lebenseinheit zu integrieren, oder an der Ausbildung einer vernünftigen Identitätsstruktur gar nicht mehr interessiert ist. In einem solchen Fall bedürfte es keines Rekurses auf ein übergeordnetes Gattungsbewußtsein, um das mit dem Begriff »Subjekt« Gemeinte zu verstehen. So ist hier festzustellen, daß Adornos Subjektbegriff trotz aller Erweiterungen und kritischer Einwände der idealistischen Tradition verhaftet bleibt, was die Ergebnisse des vorigen Absatzes nur bestätigt. Im folgenden ist nun zu sehen, in welcher Weise sich die zweite Reflexion des idealistischen Subjektbegriffs bzw. die dritte Reflexion der zweiten Kants, auf die Konzeption der Subjekt-Objekt-Relation auswirkt.

Für die Rechtfertigung seiner Ausgangsthese, nach der die Begriffe »Subjekt« und »Objekt« nicht definierbar, sondern als äquivoke, wie sie historisch überliefert sind, aufrechterhalten werden sollen, bringt Adorno noch ein generelles Argument vor, das die Kantische Position nicht zur Voraussetzung hat. Danach entziehen sich »Subjekt« und »Objekt« auch deshalb der Definierbarkeit, weil im Verständnis von Definieren selbst bereits beide Begriffe impliziert seien, das zu Definierende in der Definition also bereits vorausgesetzt sei: »Definieren ist soviel wie ein Objektives, gleichgültig, was es an sich sein mag, subjektiv, durch den festgesetzten Begriff einzufangen. Daher die Resistenz von Subjekt und Objekt gegens Definieren.«[62]

Daß Definieren eine subjektive Tätigkeit ist, erscheint trival; ebenso, daß eine Definition dem Zweck dient, etwas Objektives im Sinne eines Verbindlichen herzustellen, gleichgültig, ob diese Verbindlichkeit auch wirklich erreicht wird. Keineswegs evident ist jedoch, daß Adorno hier die Begriffe Subjektivität und Objektivität in ein direktes Korrespondenzverhältnis setzt zu den Termini Subjekt und Objekt. Es assimiliert damit das Verständnis von Verbindlichkeit an das eines Gegenstandes und das eines Subjektiven, etwa im Sinne eines bloß Geträumten, an das einer Person. Bei allem Zugeständnis an die Zusammenhänge zwischen beiden Begriffsebenen muß eine analytische Kritik Adornos gegen ihn darauf beharren, sie zunächst einmal deutlich zu trennen.[63] Erst dann läßt sich genauer bestimmen, in welchem Punkt sich bei Adorno die beiden Ebenen berühren. Einen Hinweis darauf gibt uns Adorno, indem er benennt, was an die Stelle der Definition von Subjekt und Objekt treten soll: eine »Reflexion eben auf die Sache, welche zugunsten von begrifflicher Handlichkeit durchs Definieren abgeschnitten wird.«[64]

Indem das Definieren wesentlich an der Einfachheit und leichten Faßlichkeit seiner eigenen Bestimmungen orientiert ist, entfernt es sich, so Adorno, zunehmend von den Gegenständen oder Sachverhalten, die es zu erfassen sucht. Weil es aber dennoch einen Anspruch auf Objektivität im Sinne von Verbindlichkeit stellt, kann dieser, wenn überhaupt, nur durch die eigene bequeme Operationalisierbarkeit begründet sein: Er bezieht sich lediglich auf die Weise des Definierens, nicht auf das, was definiert wird. Und deshalb kann dieser Anspruch auf einem solchen definitorischen Weg nicht erfüllt werden. Denn Objektivität bezieht sich nach Adorno, wie wir bereits früher gesehen haben (vgl. 3.I.), immer auf die Realpräsenz einer Sache, ihre Existenz. In diesem Verständnis von Objektivität kann natürlich auch ein Gegenstand objektiv, das heißt in seinem wirklichen Vorhandensein, erkannt werden. Und nur in diesem Fall, wenn nämlich die Definition den Anspruch erhebt, die Existenz eines Gegenstandes bzw. gegenständlicher Eigenschaften oder Zusammenhänge zu erfassen, kann Adorno die Bedeutungen von »Objekt« und »Objektives« miteinander verbinden.

Folglich bezeichnet das Wort »Objektivität« bei Adorno mehr als nur allgemeine Verbindlichkeit und Notwendigkeit, wie es dem Kantischen Wortsinn entspricht. Es impliziert immer auch ein ontologisches Bedeutungsmoment im Sinne von Ansichseiendem, eine Dimension, für die Kant den Begriff des »Daseins« (Existenz) reservierte. Indem nun Adorno diesen Bereich der älteren natürlichen Ontologie, den Kant für nur begrenzt erkennbar erklärte[65], mit dem Terminus Objektivität belegt, transportiert er ihn wieder in die Sphäre des Erkennbaren, die empirische Welt. Objektivität einer Erkenntnis, ihre notwendige und allgemeine Gültigkeit, war auch für Kant innerhalb der Grenzen des Erfahrbaren erreichbar; doch wenn auch in einer solchen Erkenntnis, die notwendig wahr sein soll, jede Art von täuschendem Schein ausgeschlossen ist, so bleibt die erkennbare Welt als Erscheinung bestehen. Diese Grenze versucht Adorno nun dadurch aufzuheben, daß er mit Objektivität den Begriff von »Gegenständlichkeit überhaupt«, den eines Etwas, formuliert, der jeder Art von Subjektivität noch vorgeordnet sein soll: »Von Objektivität (dem unbestimmten Gehalt eines real seienden Etwas, U.M.) kann Subjekt potentiell, wenngleich nicht aktuell weggedacht werden; nicht ebenso Subjektivität von Objekt«[66], einem bereits durch subjektive Synthesisleistungen geformten Mannigfaltigen.

Das immer schon vorauszusetzende Präsubjektive, »ein irreduzibel objektives Moment«, erlaubt es, Adorno zufolge, die vorkritische Ontologie in veränderter Gestalt zu rekonstruieren. Möglich ist das aber nicht durch ein Weniger, sondern durch ein Mehr subjektiver Bestimmung an den Dingen: »Denn einzig als Bestimmtes wird Objekt zu etwas. In den Bestimmungen, die scheinbar bloß das Subjekt ihm anheftet, setzt dessen eigene Objektivität sich durch: sie alle sind der Objektivität der intentio recta entlehnt.«[67]

Diese Auffassung der Begriffe Objekt und Objektivität und ihre Relation kennzeichnet bereits Adornos sogenannte These vom »Vorrang des Objekts«, auf die ich im nächsten Abschnitt zu sprechen komme. Sie bildet zugleich den wichtigsten Bestandteil aller Kant-Interpretationen Adornos, nach denen es die fundamentale Intention Kants war, mittels einer Analyse der subjektiven Faktoren unserer Erkenntnis Objektivität zu rekonstruieren, d.h. durch eine gesteigerte begriffliche Anstrengung die natürliche Ontologie zu erneuern und die metaphysischen Ideen zu »retten«. Charakteristisch für seine Auslegung ist der Aufweis historischer Implikationen noch in den obersten erkenntnistheoretischen Kategorien, die ihm seinen kritischen »Einsatz« im Sinne einer erneuten, »korrigierenden« Reflexion ermöglichen. Deshalb ist es auch nur folgerichtig, wenn er mit den Termini Subjekt und Objekt genauso verfährt, sie so übernimmt, »wie sie die eingeschliffene philosophische Sprache als Sediment von Geschichte an die Hand gibt«[68], um sie dann, ausgehend von der Kantischen Bewußtseinsstellung, zu transformieren. Für die Bedeutung des Subjektbegriffs folgte daraus, wie bereits dargestellt, eine Umformung zweier von Kant zunächst unterschiedener Verwendungsweisen des Wortes zu einer Bedeutung, in der die beiden ursprünglichen Bedeutungen Individualität und subjektive Allgemeinheit als Momente erhalten bleiben: Sie bilden eine quasi-dialektische Begriffsstruktur, die als ein reziprokes Abhängigkeitsverhältnis beider Momente beschrieben werden konnte.

In Analogie zur Konzeption des Subjektbegriffs entfaltet Adorno eine dialektische Struktur des Objektbegriffs. Ich bezeichne diesen Typ der Subjekt-Objekt-Dialektik, der die Bedeutungsstruktur beider Begriffe selbst betrifft, als »immanente« Dialektik, um sie später besser von der Dialektik unterscheiden zu können, die die Relation von Subjekt und Objekt, die Weise ihres Aufeinanderbezogenseins, betrifft.

Entsprechend der philosophiegeschichtlichen Überlieferungen übernimmt Adorno »Objekt« zunächst als »objectum«, d.h. im Sinne von etwas, das als Teil der Außenwelt dem Subjekt »entgegengestellt« ist. Er fügt aber gleich hinzu, daß diese konventionalistische Auffassung »naiv« sei und in einer zweiten Reflexion präzisiert werden müsse.[69] Damit ist bereits angedeutet, daß sich Adorno nicht gleichermaßen der sprachanalytischen Kritik ausliefert, wie die idealistische Konzeption, insbesondere die Fichtes, welche dazu geführt hat, die Subjekt-Objekt-Beziehung als ein Gegensatz- oder sogar Widerspruchsverhältnis zwischen zwei Entitäten zu denken; nach dem Verständnis neuzeitlicher Logik kann man aber unmöglich von einem »Nicht-Ich« sprechen, da sich nur Prädikate und schließlich vollständige Sätze negieren lassen, nicht aber sogenannte singuläre Termini.[70] Adorno hingegen spricht vom Objekt als etwas, das anders ist als Subjekt, sich von diesem unterscheidet, verwechselt also nicht das Verhältnis zweier Quasigegenstände mit einem logischen.

Aus der Bestimmung des Objekts als ein vom Subjekt Unterschiedenes kann nun analytisch abgeleitet werden, daß Objekt gar nicht ohne Subjekt, in bezug auf das es immer nur als anderes definiert werden kann, denkbar ist. Obwohl Objekt nicht in subjektiven Denkbestimmungen aufgeht, ist es doch ohne eine subjektive Bezugnahme auf es gar nicht verstehbar. Es kann aus der noch näher zu beschreibenden Beziehung von Subjekt und Objekt nicht herausgelöst werden.

Doch neben der gegenständlichen Bedeutung eines Anders-als -subjektiv-Seienden gibt Adorno dem Wort Objekt noch eine weitere, umfassendere Bedeutung: Es bezeichnet auch alles das, was überhaupt »ist«, d.h. insofern es existiert und als ein Daseiendes Bestandteil der Welt ist. Damit assimiliert Adorno also die Bedeutung von Objekt an die von Objektivität; Objekt bedeutet nicht mehr nur die Summe der Merkmalbestimmungen, die ein erkennendes Subjekt an einem von ihm unterschiedenen Gegenstand der Erscheinungswelt vornimmt, einschließlich der subjektiv nicht erfaßbaren Moments des Gegenstandes, sondern meinte ebenso den Gegenstand als real existierenden, im ontologischen Verständnis als einen Teil der natürlichen Lebenswelt: »In den Bestimmungen, die scheinbar bloß das Subjekt ihm anheftet, setzt dessen eigene Objektivität sich durch: sie alle sind der Objektivität der intentio recta entlehnt.«[71]. Daß hier Objekt etwas Ontologisches bezeichnet, zeigt noch deutlicher die folgende Stelle: »Als in Wahrheit Nichtidentisches (was immer das heißen mag, vgl. Kap. 3.V.2.b., U.M.) wird das Objekt dem Subjekt desto ferner gerückt, je mehr das Subjekt das Objekt ›konstituiert‹«.[72] Je mehr die Erkenntnis des Objekts von den subjektiven Denkweisen vorstrukturiert wird, desto weniger Aussicht besteht, das Objekt so zu denken, wie es in Wahrheit oder an sich existiert; anders herum gesagt, je weniger das Subjekt festgelegten Denkregeln, »Formen« der Erkenntnis folgt, desto näher rückt die Möglichkeit, eine Sache als solche zu erkennen. Wahrheit besagt bei Adorno folglich mehr als nur die Übereinstimmung von Begriff und Sache, die sie bei Kant bedeutet. Sie ist auf ein Wissen der Dinge als solcher gerichtet.

Demnach stellt sich mir der logische Aufbau der Begriffskonstruktionen Adornos wie folgt dar: Zunächst wird der Begriff Objektivität im Sinne von Ontologie verstanden und diese Auslegung gegen die Lehre des Neukantianismus auch als die von Kant eigentlich gemeinte geltend gemacht. Dann wird dieser Begriff von Objektivität auf den des Objekts partiell übertragen, ohne daß der Kantische Objektbegriff im Sinne eines subjektiv Konstituierten aufgegeben wird, er bleibt auch für Adorno grundlegend. Anders als für Kant ist dadurch aber ein Erkennen auch jenseits der Erscheinungswelt prinzipiell möglich geworden. Daß ein solches Erkennen, das auf die reale Existenz der Gegenstände geht, nicht in der Weise prädizierend verfahren kann, wie eines, das nur partielle Aspekte oder Eigenschaften eines Objekts bestimmt, ist eine Einsicht, die Adorno wiederum mit Kant teilt. Zur Erkenntnis der Dinge, wie sie »an und für sich selbst« sind, rekurrieren beide Philosophen auf Erfahrung:

Zunächst Kant: »Wo also Wahrnehmung und deren Anhang nach empirischen Gesetzen hinreicht, dahin reicht auch unsere Erkenntnis vom Dasein der Dinge. Fangen wir nicht von Erfahrung an, oder gehen wir nicht nach Gesetzen des empirischen Zusammenhangs der Erscheinungen fort, so machen wir uns vergeblich Staat, das Dasein irgendeines Dinges erraten oder erforschen zu wollen.«[73]

Der Akzent liegt hier auf empirischen, d.h. besonderen Gesetzen und Zusammenhängen. Für ihre Erkenntnis wäre die Anwendung apriorischer Gesetze nicht erforderlich, obgleich Kant diese in der ersten Kritik natürlich noch voraussetzt. Von einer solchen Tendenz, die auf einen Abbau geistiger Determinationsleistungen und eine Erweiterung der Erfahrungsmöglichkeiten zielt - eine Tendenz, der Kant erst in der Kritik der Urteilskraft nachgibt -, verspricht sich Adorno die Möglichkeit einer reflektierten Rekonstruktion des natürlichen, ansichseienden Objekts auf der Basis einer dynamisch agierenden, nicht konstituierenden Subjektivität:

»Die Anstrengung von Erkenntnis ist überwiegend die Destruktion ihrer üblichen Anstrengung, der Gewalt gegen das Objekt. Seiner (wahren, U.M.) Erkenntnis nähert sich der Akt, in dem das Subjekt den Schleier zerreißt, den es um das Objekt webt. Fähig dazu es es nur, wo es in angstloser Passivität der eigenen Erfahrung sich anvertraut.«[74]

Adornos ständiges Hin- und Herlavieren zwischen beiden Bedeutungen von Objekt, der Kantischen und der ontologischen, ist demnach nicht einer mangelnden Unterscheidungsfähigkeit anzulasten. Es beruht vielmehr auf der These, daß der neuzeitliche Terminus Objektivität von der Vorstellung eines ansichseienden Objekts abgeleitet worden ist und sein Modell nach wie vor an einem wirklich existierenden Gegenstand hat: »Der Begriff von Objektivität, dem der logische Absolutismus die Welt zum Opfer bringt, kann nicht verzichten auf den Begriff, an dem Objektivität überhaupt ihr Modell hat, den eines Objekts, der Welt.«[75]

Als »objektiv« im Kantischen Verständnis von »allgemeingültig« und »notwendig wahr« dürfte also, Adorno zufolge, nur ein Urteil gelten, das auf einen wirklich existierenden Sachverhalt bezogen ist, der überhaupt erst den Anlaß zum Urteilen gegeben hat. Der Gegenstand, von dem der Satz handelt, muß uns gleichsam dazu *nötigen*, den Satz als wahr anzuerkennen. Nur wenn wir sicher sind, daß wir uns dem »Zugriff« des Gegenstandes auf keine Weise entziehen können, sind wir berechtigt, von einer notwendigen Wahrheit zu sprechen. Die wohlbegründete Übereinkunft zwischen Gesprächspartnern reicht dafür nicht aus. Allerdings darf die von uns selbst verschiedene »Kraft«, die uns zu einem Urteil nötigt, nicht von den urteilenden Subjekten getrennt, oder - wie Adorno gegen Husserl einwendet - logischen Gesetzmäßigkeiten zugesprochen werden:

»Das Denken von Wahrheit erschöpft sich weder im sei's auch transzendentalen Subjekt noch in der reinen Idealgesetzlichkeit, sondern erheischt die Beziehung des Urteils auf Sachverhalte, und diese Beziehung - und damit die Objektivität der Wahrheit - begreift die denkenden Subjekte mit ein, die, indem sie die Synthesis vollbringen, zu dieser zugleich von der Sache her veranlaßt werden, ohne daß Synthesis und Nötigung voneinander sich isolieren ließen. Gerade die Objektivität der Wahrheit bedarf des Subjekts; von diesem getrennt, wird sie Opfer bloßer Subjektivität.«[76]

Adorno bescheidet sich nicht mit einem Begriff von Wahrheit, der lediglich das angemessen Begründbare umfaßt. So wie man etwa jemandem mit Argumenten nicht erklären kann, was es bedeutet, von einer roten Farbe zu sprechen, ohne dabei die visuelle Anschauung zu Hilfe zu nehmen, genauso wenig kann man, Adorno zufolge, etwas als wahr kennzeichnen, ohne dabei auf die Rezeptivität der Sinne zu rekurrieren. (Die in seinen Texten reichhaltig zu findende Metaphorik des Sehens beweist das.) Er begreift Denken und Wahrnehmen, wenn nicht in Analogie, so doch unabweisbar aufeinander bezogen und stellt sich damit in die Tradition, die von Platon ihren Ausgang genommen hat und sich in Gestalt einer jeweils anders gefaßten Relation begrifflicher und anschaulicher Erkenntnisanteile über Descartes und Locke bis zu Kant durch die Philosophiegeschichte zieht.

Die im Vorangegangenen erläuterte Dialektik des Objektbetriffs, die als Wechselverhältnis der beiden Bedeutungen Konstituiertes und Ansichtseiendes oder wirklich Existierendes beschrieben werden kann, ist nun auch für die Bedeutung des Subjektbegriffs relevant. Sofern nämlich Objekt ein Daseiendes, in der Welt Existierendes ist, kann auch Subjekt nicht ohne ein Moment von Objektivität gedacht werden, es ist zugleich auch Objekt, das unabhängig von der Möglichkeit, sich auf sich wie auf ein von ihm unterschiedenes Objekt zu beziehen, existiert. Bezieht man Objekt im Sinne von Existenz auf Subjekt im Sinne von Einzelindividuum, so leuchtet diese These ohne weiteres ein: Um in der Welt denken und handeln zu können, muß das als empirisches Individuum gedachte Subjekt auch in der Welt existieren. Doch Adorno geht noch weiter und bezieht Existenz auch auf das Gattungssubjekt im Sinne des »Bewußtseins überhaupt«. Und erst diese Operation bildet das eigentlich Skandalöse der Interpretation Adornos: »Das Feste des erkenntnistheoretischen Ichs, die Identität des Selbstbewußtseins ist ersichtlich der unreflektierten Erfahrung des beharrenden, identischen Objekts nachgebildet; wird auch von Kant wesentlich darauf bezogen. Dieser hätte nicht die subjektiven Formen als Bedingungen von Objektivität reklamieren können, hätte er nicht stillschweigend ihnen eine Objektivität zugebilligt, die er von der erborgt, welcher er das Subjekt entgegensetzt.«[77]

Der entscheidende Punkt des Gedankens ist dieser: Eine synthetische Einheitsleistung hat nur dann einen Sinn, d.h. sie erweitert unsere Erkenntnis nur dann, wenn sie das synthetisiert, was als solches bereits zusammengehört und nur nicht mehr als Zusammengehöriges zu erkennen ist. Andernfalls wäre nicht einsichtig zu machen, warum ausgerechnet die Elemente $'a'$, $'f'$ und $'r'$ und nicht die Elemente $'b'$, $'i'$, $'m'$ und $'n'$ zu einer neuen Erkenntnis x verbunden werden sollen. Erkennen geriete dann zu einem Akt subjektiver Willkür, würde tautologisch nur das erkennen, was es sich selbst vorgibt. Begründen könnte Adorno seine These, nach der selbst dem Kantischen »Bewußtsein überhaupt« Existenz zugesprochen werden muß, durch die von mir als »immanente« Dialektik beschriebene Struktur seines Subjektbegriffs: Sofern die Bedeutung eines Gattungssubjekts nicht ohne die Hinzuziehung eines Moments von Einzelsubjekt gedacht werden kann, impliziert sie auch ein Moment von Existenz. Doch seinem Ideal immanenter Kritik folgend, sucht er ein Moment von Dasein noch in Kants eigener Konstruktion der logischen Einheit des Bewußtseins nachzuweisen. Dabei nutzt er aus, daß sich Kant genötigt sah, den nicht weiter ableitbaren logischen Punkt der transzendentalen Einheit der Apperzeption mittels einer zeitlichen Metaphorik plausibel zu machen, die Adorno als Ausdruck empirischer Bedingtheit und existenzieller Objekthaftigkeit interpretiert:

»Das seiende Ich ist Sinnesimplikat noch des logischen >Ich denke, das alle meine Vorstellungen soll begleiten können<, weil es Zeitfolge nur ist als eine von Zeitlichem. Das >meine< verweist auf ein Subjekt als Objekt unter Objekten, und ohne dieses >meine< wiederum wäre kein >Ich denke<. Der Ausdruck Dasein, synonym mit

Subjekt, spielt auf solche Sachverhalte an. Von Objektivität ist hergenommen, daß Subjekt sei; das leiht diesem selber etwas von Objektivität; nicht zufällig mahnt subiectum, das zugrunde Liegende an eben das, was die Kunstsprache der Philosophie objektiv nannte.«[78]

Adornos Auflösung des von Kant gemeinten logischen Zugleichseins von >Ich denke< und allen anderen Vorstellungen, das ja per definitionem unabhängig von bestimmtem Zeitlichem, folglich zu jeder Zeit zusammen muß angetroffen werden können, in eine kontinuierlich ablaufende Folge von einzelnen, jetzt selber zeitlichen Zugleichzuständen, führt unweigerlich zur Aufhebung der für die Kantische Lehre konstitutiven Unterscheidung von transzendentalem und empirischem Ich. Die Transformation des einen logischen Punkts in eine zeitlich aufeinanderfolgende Reihung von potentiell unendlich vielen Punkten hat jedoch nicht notwendig zur Folge, daß damit auch ein von Kant intendiertes identisches, d.h. selbständiges Denken verabschiedet ist. Auch unter zeitlichen, Kantisch: >heterogenen< Bedingungen läßt sich eine wenigstens partiell autonom denkende und handelnde Person denken, sofern ihr zurecht Momente von Selbständigkeit zugesprochen werden können, die nicht mehr auf Anderes zurückführbar sind. Adornos Intention richtet sich ja gerade darauf, zu zeigen, daß die Leistungen des Kantischen transzendentalen Subjekts nur in der empirischen Welt zu erfüllen sind - oder nicht. Seine Idee einer Preisgabe des intelligiblen Ichs dient der Stärkung des empirischen ebenso wie seiner qualitativen Bestimmung. Die geforderte Möglichkeit der Person, die Einheit ihrer Denkfunktionen selbst zum Objekt ihres Denkens zu machen, widerspricht hingegen den expliziten Äußerungen Kants: »So viel ist gewiß: daß ich mir durch das Ich jederzeit eine absolute, aber logische Einheit des Subjekts (Einfachheit) gedenke, aber nicht, daß ich dadurch die wirkliche Einfachheit meines Subjekts erkenne.«[79]

Doch Adorno bemerkt, daß diese Möglichkeit in der Kantischen Lehre latent, genauer: in der Formulierung, daß es >meine< Vorstellungen seien, die das >Ich denke< soll begleiten können, bereits angelegt ist: Das »meine« impliziert, daß die Vorstellungen von denen anderer unterschieden sind; und demnach ließe sich das Possessivpronomen auch in seiner transzendentallogischen Verwendungsweise gar nicht verstehen ohne die Bezugnahme auf empirische Einzelpersonen. Durch eine Fortführung dieses Arguments gelangt Adorno dann schließlich zu der Auffassung, daß auch das Kantische intelligible Subjekt als ein daseiendes interpretiert werden muß, als ein Objekt unter anderen, das bestimmte Qualitäten aufweist, die sich ermitteln lassen.

Ich kann jetzt die anfangs als »immanent« gekennzeichnete Dialektik der Begriffe Subjekt (die von individuellem und gattungsbezogenem Bewußtsein) und Objekt (die eines auf Subjekt Bezogenen, gleichwohl nicht Subjektiven und eines überhaupt, unabhängig von jedem Subjektbezug Daseienden, unter das auch Subjekt fällt) abschließen und mich der von Adorno gleichfalls als »dialektische« konzipierten *Beziehung* von Subjekt und Objekt zuwenden.

Sie gilt es zunächst in negativer Hinsicht zu beschreiben: Gemeint ist in keinem Fall die Vereinigung beider Erkenntnispole in einem sie umgreifenden Dritten, die Adorno bei Hegel vollzogen sieht, der die Polarität zwar stark entfalte, jedoch nur, um sie »schließlich doch ins Denken hineinzunehmen«[80].

Genauso wenig gemeint ist die Fixierung eines Dualismus, der, zum Prinzip erhoben, wiederum auf ein vereinigendes Drittes hinausliefe. Beides verbietet sich für Adorno, weil »kein Denken aus der Subjekt-Objekt-Polarität herausspringen, ja nicht einmal diese selbst fixieren, die unterschiedenen Momente unabhängig voneinander bestimmen kann«[81]. Jede Art einer Absolutsetzung beider Größen widerspricht den Intentionen Adornos, eine fest definierte Stellung beider Größen zueinander soll ausgeschlossen sein. Denn beide sind von einander unterschieden, ohne hingegen in diesem Unterschiedensein völlig aufzugehen. »Subjekt ist in Wahrheit nie ganz Subjekt, Objekt nie ganz Objekt«[82], Subjekt enthält immer auch objekthafte Momente, Objekt immer auch subjektive. Adornos Wort für ein solchermaßen charakterisierbares Verhältnis ist »Nichtidentität«.

2. Adornos Rede vom »Vorrang des Objekts«

Die bisherige Darlegung der Erkenntnistheorie Adornos hat schon gezeigt, daß der negative Dialektiker einem Weltverständnis verpflichtet ist, das sich nur aus seinem direkten Gegenzug gegen die natürliche Ontologie voll begreifen läßt. In seinem theoretischen Alternativentwurf setzt Adorno aber auch noch die Gebrauchsbedingungen, denen Kant das natürliche Weltverstehen unterstellte, ständig voraus. Er identifiziert sich wesentlich mit Kants theoretischer Philosophie, die lediglich eine systematische Abweichung, keine Elimination der älteren Ontologie bedeutet: Sofern Kant den Formen der Gegenstandserkenntnis dadurch, daß er sie aus formalen Eigenschaften des Selbstbewußtseins heraus deduzierte, lediglich ein neues Fundament verschaffte, verblieb er doch noch in einer durchgängigen Abhängigkeit vom natürlichen Weltverhalten. Dieses war auf die Voraussetzung gestellt, daß die Wirklichkeit letzten Endes aus selbständigen Einzelnen besteht, deren es unbestimmt viele gibt. Sie haben gewisse Eigenschaften und Zustände, die in der Zeit wechseln können, ohne daß die Einzelnen in solchen Veränderungen ihre Identität als Einzelne verlieren. Unhintergehbar ist für das natürliche Weltverständnis die Annahme eines Systems raumzeitlicher Beziehungen, das allen möglichen Einzelnen noch vorausliegt.

So vertraut einem diese natürliche Ontologie, die die Individualität von Einzeldingen primär in Ansatz bringt, auch erscheinen mag, so unverständlich wird sie in einer genaueren Analyse, die aufdeckt, daß sie eine Reihe weiterer Prämissen in Anspruch nehmen muß: Die Dimension des Geordnetseins der Einzelnen, ihre Wechselwirkung untereinander sind dafür ebenso Beispiele wie die besonderen Funktionen unseres Erkennens und die Art ihres Zusammenhangs.

Solche Überlegungen, die sich auf die Voraussetzungen des Verstehensvorgangs beziehen, veranlaßten Kant schließlich, eine Lehre zu entwickeln, die besagt, daß unser Erkennen von Objekten sehr verschieden ist von Wahrnehmungen, und daß es sich nach rationalen Gesetzmäßigkeiten vollzieht. Es ist von Vernunftregeln geleitet, die aber nur als besondere Funktionen eines einheitlichen Zentrums selbstbewußter Personen gerechtfertigt sind. Kraft dieser Regeln nimmt das epistemologische Grundverhältnis die Form einer Korrelation von Selbstbewußtsein und Gegenstandswissen an. Dieses von Kant nicht genauer bestimmte Korrespondenzverhältnis zwischen uns und der Wirklichkeit bleibt für seine Analyse auch in den Fällen grundlegend, in denen sie gegen die von ihr selbst aufgedeckten Gebrauchsbedingungen für alle Erfahrungserkenntnisse auf einen Gebrauch der ursprünglichen Ontologie jenseits dieser Bedingungen zurückgreift. Die beiden wichtigsten Anwendungsfälle dieses Gebrauchstyps, der innerhalb der Kantischen Erfahrungsgrenzen keinen theoretischen Halt findet, die Welt der Dinge als solcher und die Welt selbstbewußter und erkenntnisfähiger Wesen, sind gleichermaßen noch im Rahmen der Grundsituation einer natürlichen Objektbeziehung verständlich zu machen: Kant rechnet fest damit, daß die Welt der Dinge an sich existiert, und er denkt sie analog zur Phänomenwelt als eine unbestimmte Ordnung einzelner Wirklicher, die jedoch anders als die Welt unserer Erfahrung, nicht den Bedingungen von Raum und Zeit unterliegt. Ebenso unterscheidet sich Kants zweite Annahme, die Existenz selbstbewußter und erkenntnisfähiger Personen, nicht grundsätzlich vom Weltbild der natürlichen Ontologie. Sofern jeder Einzelperson eine Identität und zudem ein Bewußtsein von ihrer Identität zugesprochen wird, ist das Verhältnis, das viele selbstbewußte Einzelne untereinander einnehmen, gar nicht anders zu denken als das Verhältnis des Einanderzugeordnetseins einzelner Wirklicher im natürlichen Weltverständnis. Anders als die Ordnung der natürlichen Welt ist diese Ordnung aber weder aus sich selbst noch aus den Bedingungen der Erkenntnis heraus verstehbar. Kant setzt sie in jeder Erkenntnis als real existierende voraus.

Deshalb ist es nun auch durchaus verständlich, wie Adorno dazu kommen kann, die Kantischen »Restbestände« der älteren Ontologie aus dem erfahrungstranszendenten Bereich heraus in die Dimension der Ordnung von Raum und Zeit zu transponieren. Sie sollen nicht länger als einfache Voraussetzungen, die prinzipiell jeder Erkennbarkeit entzogen sind, akzeptiert werden; sie sollen vielmehr unter Erfahrungsbedingungen auf ihre theoretische Haltbarkeit hin geprüft werden. Denn wenn sie für das bewußte Leben der Personen eine Bedeutung haben sollen, müssen sie grundsätzlich auch einer Qualifizierung hinsichtlich Eigenschaften und Zuständen fähig sein.

Eine solche Forderung muß dem Eigenverständnis Kants widersprechen. Er war der Meinung, daß ein Wissen über die Struktur der Dinge als solcher ebensowenig möglich ist wie die Kenntnis der Regeln ihrer Koexistenz. Und das gilt zunächst unabhängig davon, daß Kant diesen theoretischen Grundansatz in seiner dritten Kritik insofern erweiterte, als er darin eine begrenzte Erkenntnis der Wirklichkeit als solcher zuließ, wenn bestimmte Bedingungen der ästhetischen Einstellung oder der teleologischen Naturbetrachtung für sie zutreffen.

Dennoch kann Adorno sein Postulat einer Revision der strikten Grenzziehung zwischen erkennbaren Erscheinungen und unbekannten ansichseienden Gegenständen noch in einen plausiblen Zusammenhang auch mit der theoretischen Philosophie Kants bringen. Er bedient sich dabei einer Argumentation ex negativo: Sofern Kant etwa »Kausalität« zu einer Bedingung raumzeitlicher Erfahrung erklärte, von der die Dinge als solche ausgenommen sind, impliziert dies die negative Minimalbestimmung der Akausalität erfahrungstranszendenter Dinge.

Man kann hier natürlich gegen Adorno einwenden, daß damit, daß Kausalität eine nicht hintergehbare Gesetzmäßigkeit in der Erfahrungswelt sein soll, noch nicht gesagt ist, daß diese ausschließlich in der phänomenalen Wirklichkeit auftritt; daß nicht auch die von ihr verschiedene noumenale Welt Elemente kausaler Gesetzmäßigkeit erhält. Doch hier zeigt der Blick auf die dritte Kritik sehr deutlich, inwiefern die Wirklichkeit als solche von Kant tatsächlich nicht als ein Zusammenhang von Ursache-Wirkung-Relationen, sondern als ein Komplex zweckmäßiger Strukturen gedacht wird. Demnach bewegt sich Adorno also durchaus im Bereich dessen, was Kant selbst intendierte, wenn er aus der negativen Minimalbestimmtheit der erfahrungstranszendenten Welt auf ihre prinzipielle Weiterbestimmbarkeit schließt: Der Bereich dessen, was sich unserer Bewußtseinsstellung nicht ohne weiteres eingliedern läßt, darf deshalb nicht einfach für erkenntnisirrelevant erklärt werden und für immer vom Verstehen ausgeschlossen bleiben. Der Versuch, das, was mit einem gebräuchlichen theoretischen Instrumentarium nicht erreicht werden kann, obgleich dieses Instrumentarium der Sache nicht inadäquat, nur eben nicht vollständig adäquat ist, doch irgendwie noch theoretisch einzuholen, kann als das Zentrum aller erkenntnistheoretischen Bemühungen Adornos gesehen werden. Seine Philosophie definiert sich in einem radikalen Gegenzug gegenüber Wittgenstein dadurch, daß sie das nicht klar Sagbare in konstellativen Begriffsformen doch zum Ausdruck bringen will[83], während sie doch in ihrem Konstellationsverständnis dem Sinn der Wittgensteinianischen Sprachspiele sehr nahe kommt. Sie fordert auch für das theoretische Erkennen eine spezifisch »perzeptive« Einstellung, die ein systematisches Abweichen von vernünftigen Denkformen, keineswegs aber deren Eliminierung, bedeutet. Reservierte Kant diese Möglichkeit des Abweichens von gebräuchlichen Vernunftregeln dem Bereich des Ästhetischen und der Naturteleologie, so transponiert sie Adorno auch in den eigentlich theoretischen Bereich. Aber noch in dieser Operation ist er dem Denken Kants insofern verpflichtet, als dieser einen unauflösbaren Zusammenhang zwischen theoretischem und ästhetischem Vernunftgebrauch konstruierte, der durch die Einheit der Vernunft hergestellt wird. In Kants theoretischer Philosophie äußert sich dieser Zusammenhang vor allem darin, daß sie nur die Erkenntnis objektiv nennt, die eine ihrem Begriff korrespondierende Anschauung aufweisen kann.

Und nicht zuletzt kann nur durch die Annahme, daß man bestimmte theoretische Erkenntnisse nur durch die Zuhilfenahme einer quasi-ästhetischen Einstellung voll realisieren kann (die allerdings nicht-ästhetischen Zielen dient), einsichtig gemacht werden, welche Bedeutung Adornos Rede vom »Vorrang des Objekts« zukommt. Denn will man Adornos Behauptung einer Vorrangigkeit des Objekts vor dem Erkenntnissubjekt nicht nur konstatieren, sondern in sich verständlich finden, so muß man sich entschließen, dieses Theorem als eine Kritik Adornos an Kants zu eng definierter Erkenntnislehre in der ersten Kritik zu begreifen. Gleichwohl ist diese Kritik nur innerhalb der epistemologischen Konstruktion Kants explizierbar: Kant selber hat der eigenen Kritik gewissermaßen vorgearbeitet, indem er mit der erfahrungstranszendenten Welt der Dinge an sich eine Dimension konstruierte, die allem subjektiven Erkennen noch vorausliegt. Um aber diese Sphäre der Objektvorrangigkeit sinnvoll behaupten zu können, und hier setzt genau die Kritik Adornos ein, darf er sie nicht vollständig bestimmungslos lassen: »Vom Vorrang des Objekts ist legitim zu reden nur, wenn jener Vorrang, gegenüber dem Subjekt im weitesten Verstande, irgend bestimmbar ist, mehr also als das Kantische Ding an sich als unbekannte Ursache der Erscheinung.«[84] Doch wiederholt Adorno damit nicht lediglich die

Kritik, die bereits Hegel an der Unverständlichkeit der Begriffsform ansichseiender Dinge geübt hat? In welcher Weise unterscheidet sich Adornos Kant-Auslegung von der Hegels?

Hegel war der Meinung, daß die Konzeption Kants schließlich nur die Unbegreiflichkeit der natürlichen Weltinterpretation wiederhole. Sie variiere im Grunde nur deren ontologisches Grundschema, das von der Individualität vieler Einzeldinge ausgeht, die einander zugeordnet sind, in der Welt aber ein selbständiges Dasein haben. Indem Kant die natürliche Ontologie nur aus ihren Gebrauchsbedingungen in der Erfahrungserkenntnis heraus neu begründete, verblieb er doch noch in einer durchgängigen Abhängigkeit von ihr. Und das veranlaßte Hegel, in der »Wissenschaft der Logik«, dem Zentrum seiner Philosophie, eine Ontologie zu entwickeln, die das vollkommene Gegenteil der natürlichen sein soll. Sie will das für Kants Wirklichkeitsverständnis grundlegende Verhältnis von Selbstbewußtsein und Gegenstandswelt, die Differenz von Begriffsformen und Formbegriffen im Weltzusammenhang, in einem radikalen Gegenzug hinter sich lassen. Als spekulativ-dialektische Theorie versucht sie, alle wirklichen Einzeldinge aus dem monistischen Prinzip eines singulären Weltganzen abzuleiten.[85] Weil sie davon ausgeht, daß sich die Wirklichkeit in toto durch formale Verhältnisse beschreiben läßt, die aus einer Analyse der Kantischen Reflexionsbegriffe resultieren, ist in ihr kein Raum mehr für eine allem Wirklichen zugrunde liegende eigentliche Wirklichkeit. Die formalen Verhältnisse selbst sind in dieser Welt die Objekte, die sich einem intelligenten Verstehen restlos erschließen.

Ganz anders sind dagegen die Konsequenzen, die Adorno aus der Kantischen Konstruktion einer dem Verstehen vorrangigen Objektsphäre zieht. Er verfährt mit seiner Vorlage viel weniger radikal als Hegel. Seine Kritik der Kantischen Ontologiekritik will das für Kants Analyse fundamentale Grundverhältnis des Erkennens um keinen Preis der Welt überwinden.: »Der Vorrang des Objekts, als eines doch selbst Vermittelten, bricht die Subjekt-Objekt-Dialektik nicht ab.«[86]

Adorno entwickelt keinen eigenständigen und geschlossen-systematischen Gegenentwurf, wie ihn Hegel zur Kritik der reinen Vernunft konstruierte. Denn er war der Meinung, daß kein Denken den Bedingungen raum-zeitlicher Erfahrung entkommen kann; auch in der Hegelschen Logik, die es überwunden zu haben glaubte, müßte es, Adorno zufolge, in jeder ihrer spekulativen Operationen vorausgesetzt werden. Folglich müßte auch noch jeder der mannigfachen Modifikationen jener beiden für Hegels systematischen Monismus grundlegenden Begriffsformen von selbstbezüglicher Andersheit und von selbstbezüglicher Negation rückbezogen werden auf raum-zeitliche Erfahrung, auf die Geschichte, schließlich die Gesellschaft, durch die Erfahrung immer schon vorstrukturiert wird. Erfahrung, und darin folgt Adorno der nicht überholbaren Einsicht Kants, kann nie aus sich selbst heraus vervollständigt werden.Sie bedarf eines vorgegebenen Materials, an dem sie sich bildet und auch korrigiert: Erfahrung ist immer die von etwas.

Dieser Forderung entspricht allerdings auch die Hegelsche Erfahrungskonzeption in der »Phänomenologie des Geistes« zumindest insoweit, als für ihr Verständnis die Präsupposition eines bereits realisierten Absoluten nicht notwendig ist. Das gilt insbesondere für die Teile des Werks, ganz eminent für den Abschnitt »Die Aufklärung«, in denen das natürliche Weltverhalten, das in Gestalt der sinnlichen Gewißheit auftritt, nicht eliminiert, sondern als ein durch Reflexion verarbeitetes restituiert wird.[87]

Der Rückgriff auf eine perzeptive Einstellung, die die Notwendigkeit eines verständigen Bewußtseins nicht widerruft, sondern von dessen systematischem Gedankengang nur partiell abweicht, bedeutet für Adorno ein Implikat der Möglichkeit einer nicht restringierten Erfahrung. Sie hat zu ihrer Voraussetzung die Erweiterung des Kantischen Rationalitätsverständnisses, die dessen Grundfunktionen des Erkennens jederzeit voraussetzt, die ihnen aber eine Variabilität zuspricht, die sich nach dem jeweiligen Objekt der Erfahrung zu richten hat. Die Möglichkeit einer Modifizierung der Denkformen ist aber auch noch dem Denken Kants insofern immanent, als er mit der Welt der Dinge an sich eine Sphäre aufbaute, die nur durch eine Revision der Vernunftregeln zugänglich wäre. Kant verschloß sich der Realisierung dieses Zugangs, so Adorno, nur dadurch, daß er die Denkfunktionen für letztgültig und deshalb irreversibel erklärte. Befreit man die Erkenntnislehre Kants jedoch von ihrem strikten Apriorismus, ohne die von ihr aufgedeckten Grundfunktionen des Erkennens überhaupt zu verabschieden, so ist durchaus im Einklang mit ihnen eine genauere Bestimmung der Dinge an sich denkbar. Und da dieser Bereich Kant unermeßlich wichtig galt, kann Adorno sogar behaupten, daß er Kants Denken durch die Annahme der prinzipiellen Bestimmbarkeit der erfahrungstranszendenten Welt eigentlich erst zu sich bringt. Voraussetzung für eine so weitreichende Erkenntnismöglichkeit ist jedoch eine Inversion des Kantischen Konstitutionsproblems: Nicht mehr das Erkenntnissubjekt dürfte seine Denkfunktionen einfach in die Einzeldinge hineinprojizieren, sondern es müßte darauf hinarbeiten, daß die Eigenschaften und Zustände der Objekte selbst sichtbar würden, so daß es schließlich vollkommen hinter die Sache zurücktritt. »Fähig dazu ist es nur, wo es in angstloser Passivität der eigenen Erfahrung sich anvertraut. ...Subjekt ist das Agens, nicht das Konstituens von Objekt...«[88]

Im erkenntnistheoretischen Verständnis darf Objekt also nur »vorrangig« heißen, wenn der Möglichkeit nach das erkennende Subjekt sein Denken an ihm verändern kann; wenn das Objekt eine stetige Falsifizierung und Korrektur bewußt fortschreitender Erfahrung in Gang setzen und tragen kann, so wie es dem Hegelschen Erfahrungsverständnis in der Vorrede zur »Phänomenologie des Geistes« entspricht.

In diesem Sinne bedeutet Adornos These vom Vorrang des Objekts eine *Soll-Bestimmung*: Kants Konstruktion der Dinge an sich darf deshalb nicht als unverständlich eliminiert werden, weil sie in negativer Gestalt, d.h. in ihrer Funktion als ein Stellvertreter, die Möglichkeit eines Wirklichen einräumt, das vollständig anders wäre als das bestehende Wirkliche. Sie trägt damit der Unselbständigkeit einzelner Wirklicher innerhalb des bestehenden Weltganzen Rechnung; sie zeigt, daß die so seiende Ordnung der Einzeldinge in der Welt nicht die letzte Wahrheit sein kann. Und sofern die Einzelnen nur als Folgen und Funktionen der Welteinheit zu begreifen sind, einer Einheit, die Kant als das System raum-zeitlicher Bedingungen versteht, und für die Adorno in konsequenter Erweiterung Kants die Geschichte und die Gesellschaft einsetzt[89], können die Einzeldinge nur dann noch sinnvoll als Individuen in Ansatz gebracht werden, wenn ihrer Wirklichkeit anderes Einzelnes zugrunde liegt, von deren Wirklichkeit ihre Wirklichkeit in sich selbst abhängig ist. Mit der Kantischen Konstruktion einer solchen ansichseienden Wirklichkeit identifiziert sich Adorno deshalb, weil sie seinem Wirklichkeitsverständnis entspricht, das von einer radikalen Unselbständigkeit einzelner Wirklicher ausgeht.

Das Kantische Weltbild kontinuiert Adorno nun in der Weise, daß er von der Bedürftigkeit der Einzelnen, die aus ihrer ungewissen Dependenz von der Ordnung des Weltganzen resultiert, auf die Anweisung zu ihrer Veränderung schließt:»Der Vorrang des Objekts ist von Praxis zu achten; ... Recht verstanden ist Praxis ... das, was das Objekt will: sie folgt seiner Bedürftigkeit.«[90]

Veränderung hätte demnach bei einzelnen Wirklichen, nicht am wie immer faßbaren Weltganzen anzusetzen. In diesem Sinne bedeutet der Vorrang des Objekts das Postulat einer bewußten Restituierung der unverständlich gewordenen natürlichen Lebenswelt. Ihr Wirklichkeitsverstehen ist auf die Annahme gegründet, daß die wahre Wirklichkeit aus unbestimmt vielen Einzeldingen besteht. Sie können sich verändern und zueinander in einer freien Wechselwirkung stehen - Adorno verbindet damit den zwanglosen Austausch Unterschiedener -, sie sind aber, jedes für sich, selbständig. Adorno vertraut darauf, daß sich die *Individualtiät* der Einzelnen in einem kritischen und selbstreflexiven Erkenntnisprozeß schließlich doch gegen ihre Fremdbestimmtheit durchsetzt, die nur das vorläufige Resultat ihrer radikalen Abhängigkeit von der Ordnung der Welteinheit darstellt: »In den Bestimmungen, die scheinbar bloß das Subjekt ihm (dem Objekt, U.M) anheftet, setzt dessen eigene Objektivität sich durch: sie alle sind der Objektivität der intentio recta entlehnt.«[91]

Als Postulat ist der Vorrang des Objekts also durch die Absicht motiviert, die fraglich gewordene Selbständigkeit der Einzelnen im Weltganzen neu zu begründen. Nicht indem die Einzelnen dem monistischen Prinzip einer allumfassenden Einheit unterstellt und durch spekulative Operationen aus ihr abgeleitet werden (das Verfahren der spekulativen Dialektik Hegels), soll ihre wahre Wirklichkeit rekonstruiert werden; sondern einzig dadurch, daß die Unselbständigkeit der Einzelnen in ihrer historischen Bedingtheit begriffen wird, kann man nach Adorno auf ihr wahres, eigenständiges Sein schließen.

Und nur wenn man versteht, daß sich die Transzendentalphilosophie Kants nur im direkten Gegenzug gegen und so in direkter Abhängigkeit von der natürlichen Ontologie konstituieren konnte, wird deutlich, durch welche Intention die Kantische Kritik geleitet ist: Sie will den Gebrauch der natürlichen Weltdeutung viel strikteren Prüfungsbedingungen als bisher unterstellen. Diese Forderung ergibt sich aus dem historischen Zustand eines problematisch gewordenen natürlichen Weltverstehens. Die Erkenntniskritik begrenzt die ältere Ontologie, indem sie die Einzelobjekte der Einheit verschiedener Funktionen selbstbewußten Denkens unterstellt, dabei allerdings weder diese Einheit als solche begrifflich expliziert, noch aus der Verfassung des Einen zu einer theoretischen Deutung der Einzelnen als solchen fortschreitet. Sie sagt lediglich, daß die Objekte in einem positiv nicht beschreibbaren Dependenzverhältnis zur Einheit personalen Selbstbewußtseins stehen.

Durch diesen Schritt aber bewegt sich die Analyse Kants, Adorno zufolge, bereits zu weit in die Richtung eines radikalen Monismus à la Hegel vor. In ihrer stetigen Vergewisserung des selbstbewußten Einen, das auch, sofern ja alle Einzelpersonen dasselbe Eine besitzen, als ein singuläres angesprochen werden kann, verliert sie zunehmend das Bewußtsein dessen, daß sie in jedem ihrer Schritte noch vom Weltverstehen der urpsrünglichen Ontologie direkt abhängig bleibt. Sie fällt der Täuschung anheim, sie sei mit der Ausformulierung eines transzendentalphilosophischen Standpunkts bereits dem natürlichen Weltverhalten entkommen, während sie es in Wahrheit doch nur einer starken Modifizierung unterziehe.

Um sie vor dieser Täuschung zu bewahren - denn es steht keineswegs fest, ob Kant selbst ihr wirklich unterlag - , postuliert Adorno durch die These vom Vorrang des Objekts eine metakritische Umwendung der Kantischen Ontologiekritik, die sie über ihre eigene historische Bedingtheit aufklären soll: »Die von der traditionellen Erkenntniskritik am Objekt ausgemerzten und dem Subjekt gutgeschriebenen Qualitäten verdanken in der subjektiven Erfahrung sich dem Vorrang des Objekts; darüber betrog die Herrschaft der intentio obliqua. Ihre Erbschaft fiel einer Kritik der Erfahrung zu, welche deren eigene geschichtliche Bedingtheit, schließlich die gesellschaftliche erreicht.«[92]

Adorno verbindet hier mit dem Kantischen Erkenntnismodell eine gesellschaftstheoretische These: »Kritik an der Gesellschaft ist Erkenntniskritik und umgekehrt.«[93]

Er fundiert sie durch die folgende Überlegung: Sofern die Welt *als* Erscheinung bei Kant ein Produkt des Zusammenwirkens von Denkfunktionen und Formen der Anschauung ist, und der strukturierte Aufbau der Vernunftleistungen wiederum nur eine Folge der Verunsicherung bedeutet, der das Weltbild der natürlichen Ontologie zunehmend ausgesetzt worden war, so ist auch die Konzeption der Erscheinungswelt letztlich nur aus ihren Entstehungsbedingungen verstehbar. Diese Bedingungen sind nicht allein philosophieinterner Art; der philosophiehistorischen Etablierung der Transzendentalphilosophie vorausgegangen war eine gesamtgesellschaftliche Vertrauenskrise gegenüber bestehenden Institutionen, ohne die ihre historische Formierung kaum denkbar gewesen wäre.[94] Wenn demnach aber das Kantische Verständnis der Wirklichkeit als Erscheinung wesentlich historisch begründet ist, dann muß es, Adorno zufolge, prinzipiell auch möglich sein, diese Konzeption des Bestehenden zu kritisieren und durch eine Reflexion auf die genetischen Bedingungen der in sie involvierten Leistungen des Denkens und der Anschauung zu revidieren. Die Phänomene im Sinne eines bloßen Bewußtseinskorrelats können dann nicht mehr die letzte Wahrheit über die Welt verkörpern, für welche die Dinge als solche bei Kant nur Stellvertreter sind.

Dennoch bedeuten auch die einzelnen *Phänomene* in Kants Denken nicht schlechthin die unwahre Wirklichkeit. Auch ihnen kommt insofern ein Wahrheitswert zu, als sie im Hinblick auf die Formationsbedingungen der Transzendentalphilosophie *notwendig* Erscheinungen darstellen. Adornos Forderung einer vorrangigen Objektsphäre entsprechend wäre aber von ihrer negativen, weil eine letzte Wahrheit noch verhindernden Wahrheit nur dadurch in Richtung auf ihre positive fortzuschreiten, daß ihr Zug um Zug der Erscheinungscharakter des Seienden abgewonnen wird, und zwar durch das schrittweise Aufdecken ihrer Voraussetzungshaftigkeit. Dem Postulat der Erscheinungsbeseitigung kann aber letztlich nur entsprochen werden, wenn die Konflikte innerhalb des Bestehenden selber, die seiner Verunsicherung und Fragwürdigkeit, also seinem Erscheinungscharakter, real zugrunde liegen, gelöst sind. Solange die Welt als Erscheinung andauert, und von diesem Tatbestand geht Adorno in Übereinstimmung mit Kant aus, hat auch die Forderung des Objektvorrangs eine theoretische Berechtigung. Als Korrektur des Kantischen Ansatzes besagt sie, daß ein Objekt nicht ausschließlich als Korrelat von Bewußtseinsfunktionen gedacht werden soll.

Außer als *Soll-Bestimmung* setzt Adorno die These vom Vorrang des Objekts aber auch noch als *Ist-Bestimmung* ein. Durch diese Verwendungsweise versucht er den Postulatcharakter des Theorems argumentativ zu stützen: Er war davon überzeugt, daß alle Optionen des philosophischen Idealismus, einschließlich der Kantischen, die auf eine Interpretation der Einzeldinge durch die Vorrangigkeit intelligibler Funktionen gehen, gescheitert sind. Sie können die weitgehende Unbegreiflichkeit der natürlichen Welt nicht beseitigen. Sie variieren in Wahrheit nur das Grundschema der natürlichen Ontologie, ohne sich aus ihrer Abhängigkeit zu befreien. Und je größer die Dominanz der natürlichen Erfahrung einer unverstehbaren Welt ist, desto dringlicher wird das Postulat, die Übermacht der Objektwelt zuzugestehen und in die Theorie einzubeziehen: »Index für den Vorrang des Objekts ist die Ohnmacht des Geistes in all seinen Urteilen wie bis heute in der Einrichtung der Realität. ... Damit transzendiert Aufklärung ihr traditionelles Selbstverständnis: sie ist Entmythologisierung nicht mehr nur als reductio ad hominem, sondern auch umgekeht als reductio hominis, als Einsicht in den Trug des zum Absoluten sich stilisierenden Subjekts.«[95]

Kein philosophischer Monismus, keine naive Ontologie und auch kein strenger Empirismus vermöchte - Adorno zufolge - die Grundformen unserer wissenden Objektbeziehung und somit die Dunkelheit des natürlichen Weltverstehens zu beseitigen. Denn jedes Existenzurteil und jeder Gedanke, der auf ein Seiendes geht, schließt bereits Objektivität ein, auch der eines existierenden Erkenntnissubjekts; sogar die Konzeption eines mit Spontaneität begabten Transzendentalsubjekts wäre nicht denkbar ohne ein empirisches Individuum, das durch lebendiges Denken und Handeln in der Welt ausgezeichnet ist. Und deshalb gelangt Adorno schließlich zu seiner fundamentalen erkenntnistheoretischen These: »Vom Subjekt ist Objekt nicht einmal als Idee wegzudenken; aber vom Objekt Subjekt. Zum Sinn von Subjektivität rechnet es, auch Objekt zu sein; nicht ebenso zum Sinn von Objektivität, Subjekt zu sein.«[96] Und nur, wenn die Theorie diesen grundlegenden Sachverhalt nicht zu überwinden sucht, sondern ihn und damit sich selbst *reflektiert*, vermag sie sich einen Weg durch die vielfältigen Täuschungen und Verstrickungen zu bahnen, in die sie im Zusammenhang einer natürlichen Wirklichkeitsbeziehung involviert ist. Nur so vermag sie womöglich von der Welt der Erscheinungen zu deren unbekannter Ursache vorzudringen.

Aber macht Adorno sich nicht einer Äquivokation schuldig, wenn er den Objektvorrang einmal als anzustrebende Idee, als eine Forderung, das andere Mal als einen faktischen Zustand, als Konstitutivum für Erkenntniszusammenhänge in der Welt denkt? Denn im ersten Fall bedeutet Objekt ja ein wahrhaft Wirkliches im Sinne des Kantischen Dings an sich, im zweiten Fall hingegen ein Wirkliches innerhalb der Erscheinungswelt. Was berechtigt Adorno, auch noch den zweiten Gebrauchstyp als Argument, einen »Index«, für die Richtigkeit des ersten zu werten?

Während jede analytische Kritik Adornos auf der deutlichen Trennung beider Bedeutungen von Objekt bestehen sollte, so kann sie Adorno doch zurecht unter dem

Aspekt zusammendenken, daß sich Objekt in beiden Fällen auf einzelne Wirkliche, also auf Gegenstände des Wirklichkeitsverständnisses der natürlichen Ontologie bezieht. Er knüpft damit in direkter Weise an Kant an, der die Welt der Dinge als solcher ebenfalls in Analogie zur Phänomenwelt als eine Ordnung Einzelner denkt, die sich hinsichtlich des Typs von Ontologie, der für sie gilt, von unserer Erfahrungswelt nicht grundsätzlich unterscheidet.[97]

Nun verbindet Adorno jedoch mit der Ist-Bestimmung des Objektvorrangs noch eine ganz andere Operation, der eine gesellschaftstheoretische These zugrunde liegt. Er substituiert die synthetische Bewußtseinseinheit Kants, die den apriorischen Zusammenhang der verschiedenen Denkfunktionen herstellt, durch das identitätsstiftende Komplement, das für den Zusammenhang des Sozialgefüges verantwortlich sein soll: Im abstrakten Prinzip des Tauschwerts, das die stoffliche Verschiedenheit aller Gebrauchsgüter auf ein ihnen gemeinsames Tertium zurückführt, meint Adorno das Äquivalent für die Kantische Bewußtseinseinheit gefunden zu haben. Sie soll das singuläre Eine, aus dem in Kants Denken die Priorität des Bewußtseins vor dem Sein folgt, durch ein analog gedachtes einziges Eines ersetzen, das den ontologichen Primat der Objektivität bedeutet.[98]

Diese Konstruktion ist aber nicht zu retten. Sie bildet das eigentliche Erbe des absoluten Idealismus: Mit ihr verfällt Adorno derselben monistischen Ontologie, die er bei Hegel ständig angreift. Sie bescheinigt allen einzelnen Wirklichen eine radikale Abhängigkeit von dem monistischen Prinzip der Identität eines jeden Einzelnen mit allen anderen Einzelnen. Dadurch versucht Adorno zwei im Grunde unvereinbare Prinzipien, den gegen Hegel gewendeten Gedanken, daß ein singuläres Ganzes nur in heuristischer Absicht gedacht werden darf, und den in Übereinstimmung mit Hegel geäußerten gesellschaftstheoretischen Gedanken, daß alle Einzelnen nur aus dem einen Ganzen zu begreifen sind, vollständig zur Deckung zu bringen. Das ist ihm nicht gelungen. Ein im Sinne Kants als regulatives Prinzip verstandenes Totum kann nicht in ein und derselben Hinsicht auch eine konstitutive Funktion erfüllen. Man muß hier meines Erachtens nachdrücklich darauf bestehen, Adornos Negative Dialektik als Emanzipationsphilosophie zu begreifen, die das Eine auf die Einzelnen, das Allgemeine auf das Besondere zurückführt. Das subsumtionslogische Konzept, das die Einzelnen dem singulären Ganzen, das Besondere dem Allgemeingültigen unterstellt, ist zu verabschieden. Es gefährdet nicht nur die Konsistenz des Adornoschen Denkens, sondern widerspricht auch, wie ich in dieser Arbeit bereits mehrfach betont habe, dessen stärksten Intentionen, die durch die Formulierung einer negativen Metaphysik begründet sind.

3. Adornos Entlarvung der »prima philosophia« und W. Sellars' Kritik am »Mythos des Gegebenen«

Adorno erweitert seine epistemologischen Überlegungen durch eine Kritik an der philosophischen Begrifflichkeit des »Gegebenen«[99], die in der Tradition des westlichen Denkens eine zentrale Rolle gespielt hat. Als »gegeben« galt den Philosophen in der Regel das, was sich ihnen als unbezweifelbar gewiß darstellte und entsprechend epistemische Autorität verbürgte. Descartes Initiierung des methodischen Solipsismus in der Erkenntnistheorie und seine Kontaminierung von Denken und Fühlen trugen wesentlich dazu bei, daß die nachfolgenden Empiristen, namentlich Locke, durch die berühmte Annahme der Wachstafel, und Hume, durch die Meinung, daß Sinnesdaten, die ihren Ursprung irgendwo in der Seele haben, unsere verläßlichste Erkenntnis darstellen, ein besonderes Unterscheidungsvermögen unseres Bewußtseins zur Grundlage allen Wissen erklärten. Nicht das »Wissen, was für ein Objekt x ist«, das bereits ein Verfügen über den Gegenstand und so die Möglichkeit seiner Beschreibung voraussetzt, sondern das »Wissen, wie es ist, x zu haben«, das sich auch als Fähigkeit, auf Reize zu reagieren, kennzeichnen läßt, soll das Fundament aller gerechtfertigten wahren Meinungen sein: Ein propositional nicht faßbares verläßliches Signalisieren des Bewußtseins indiziert die Objektivität der Erkenntnis.

Weil in einem solchen Ansatz Empfindungen eine Schlüsselposition beim Erkennen der natürlichen Welt einnehmen, kann man ihn einen epistemischen Fundamentalismus nennen.

Adornos Gegenthese zur Gegebenheits-Philosophie lautet, »daß es an sich, als unbezweifelbares und absolutes Erstes, reine Tatsachen des Bewußtseins überhaupt nicht gibt«[100]: Sie seien von den verschiedenen Theorien lediglich aus Gründen der Übersichtlichkeit und des Ordnungsbedürfnisses in Ansatz gebracht und dann kontinuierlich zu einer Hierarchie der verschiedenen personalen Schichten, wie Intelligibles, Psychisches und Physisches ausgebaut worden. Eine solche Fixierung real variabler Grenzen habe auch zur Idolatrie des Ableitungsdenkens in den idealistischen Systemkonstruktionen geführt, die dem Intelligiblen immer Priorität einräumten und es zudem wesentlich mit dem Subjekt der Erkenntnis identifizierten. Motiviert war die Einrichtung von Begriffsformen des Gegebenen, wie das Unternehmen der Erkenntnistheorie insgesamt demnach vor allem aus dem Bemühen heraus, die unverständlich gewordene natürliche Lebenswelt durch eine Reflexion auf die Ko-Funktionalität der in ihr gemachten Annahmen zu restituieren.

Das natürliche Weltverstehen, von dessen Voraussetzung aus die Kritik Adornos erfolgt, kennt kein »Gegebenes«. Es ist immer schon mit einzelnen Objekten befaßt, die bestimmte Eigenschaften und Zustände haben, die unter Raum- und Zeitbedingungen stehen. Sie können sich verändern, ohne in der Veränderung ihre Identität zu verlieren. Nachdem die natürliche Objektbezeichnung zunehmend fragwürdig geworden war und deshalb auf ihre Prämissen hin untersucht werden sollte, wollte sich die Erkenntnistheorie ihrer dadurch neu versichern, daß sie die verschiedenen im natürlichen Weltbild gemachten Annahmen über die Relationen der Einzeldinge untereinander und ihre Merkmale in einem sinnvollen Zusammenhang zu begreifen versuchte. In ihrer berechtigten Kritik an der natürlichen Ontologie vergaß die Erkenntnistheorie allerdings, so Adorno, daß sie noch in jedem ihrer Schritte direkt auf das Wirklichkeitsverständnis jener bezogen ist. Diese durchgängige Abhängigkeit vom natürlichen Weltverstehen wäre ihr aber nur dann bewußt geworden, wenn sie auch noch ihre systematischen Abweichungen von ihm in ihre Kritik einbezogen hätte. Dann wäre ihr die Künstlichkeit und Unverständlichkeit der Konstruktion eines einfachen und zugleich unbestimmten Gegebenen klar geworden.

Diese metakritische Einsicht bringt nun Adorno verstärkt in Ansatz. Sie betrifft auch noch die für sein eigenes Denken grundlegende Analyse Kants, die davon ausgeht, daß uns primär Empfindungspräsentationen gegeben sind, die vorgegenständlich sind. Sie werden als Vorkommnisse einfacher Qualitäten gedacht, die einander im Raum diffus zugeordnet sind. Während uns eine Mannigfaltigkeit von Sinneseindrücken vorgegeben ist, muß die Einheit einer Objektwahrnehmung von uns erst qua Verstandestätigkeit hergestellt werden: In der transzendentalphilosophischen Konstruktion sind die Begriffsformen für das direkt Gegebene und für die synthetische Bewußtseinshandlung aufeinander zugeschnitten.

Gegen diese Annahme eines Gegebenen kann Adorno einmal einwenden, daß sie unseren alltäglichen Erfahrungen widerspricht: Unter Standardbedingungen des Erkennens und der Wahrnehmung haben wir es mit wirklichen Einzelnen und nicht mit dem unbestimmten Etwas singulärer Sinnespräsentationen zu tun. Zweitens kann er fragen, woher wir wissen, daß ein Mannigfaltiges, das nur als Einheit vorgestellt werden kann, auch wirklich ein Mannigfaltiges ist. Woher beziehen wir unsere Kenntnisse über nichteinheitliche Empfindungen, wenn wir uns doch nur synthetisierter Empfindungen bewußt sein können?

Die aus diesen Überlegungen resultierende Kritik trifft nicht nur die Annahme eines der Erkenntnis zugrunde liegenden Ersten, sondern ebenso den strikten Dualismus traditioneller Begriffspaare wie »Sinnlichkeit vs. Verstand«, »einfache vs. komplexe Perzeptionen«, »Form vs. Inhalt«, »Begriffe vs. Anschauungen«:

»Das Objekt ist mehr als die reine Faktizität, daß diese nicht sich beseitigen läßt, vermehrt es zugleich, bei ihrem abstrakten Begriff und ihrem Absud, den protokollierten Sinnesdaten, sich zu bescheiden. Die Idee eines konkreten Objekts fällt der Kritik subjektiv-auswendiger Kategorisierung und ihres Korrelats, der Fiktion eines bestimmungslos Faktischen zu. Nichts in der Welt ist aus Faktizität und Begriff zusammengesetzt, gleichsam addiert. Die Beweiskraft des Kantischen Beispiels von den hundert gedachten Talern, zu denen nicht ihre Wirklichkeit als weitere Eigenschaft hinzukommt, trifft den Form-Inhalt-Dualismus der Kritik der reinen Vernunft selbst und hat Kraft weit über diese hinaus; eigentlich dementiert es den Unterschied von Mannigfaltigkeit und Einheit, den die Tradition der Philosophie seit Platon macht. Weder Begriff noch Faktizität sind Zusätze zu ihrem Komplement.«[101]

Adorno zufolge können wir gar nicht verstehen, was die pure Faktizität, das reine Gegebensein eines Objekts oder eines vor-gegenständlichen Etwas, bedeuten soll, wenn wir zu seiner Beschreibung nicht auf Begriffsformen zurückgreifen, die wir im Zusammenhang der Beschreibung von Gegenständen gebrauchen, die in unserer Welt vorkommen und unter Raum-Zeit-Bedingungen stehen. An die Kantische Einsicht anknüpfend, daß Existenz kein Prädikat ist, das man Dingen zusprechen kann, sondern etwas, das nur durch eine besondere Aussagenoperation ausgedrückt werden kann, macht Adorno zurecht geltend, daß es sinnlos ist, von irgendeinem Gegenstand oder einer Person zu sagen, er (sie) existiert, wenn er (sie) nicht zugleich Objekt unserer Beschreibung oder Kennzeichnung ist.[102] Die Konstruktion eines unserer Erkenntnis vorgegebenen, bestimmungslosen Rohmaterials stellt lediglich die Abstraktion eines konkreten, durch bestimmte Eigenschaften und Zustände ausgezeichneten Objekts dar. Sie bedeutet eine empiristische Minimalbestimmung des Objekts, die aus einer weitestgehenden Eliminierung subjektiver Denkleistungen in seiner Beschreibung resultiert. Die einzig übriggebliebene Bestimmung reiner Faktizität kann aber nur dann als sicher behauptbar, als Inbegriff einer objektiven Erkenntnis ausgegeben werden, wenn davon abstrahiert wird, daß sie auf einer subjektiven Reduktionsleistung beruht. Adorno spricht in diesem Zusammenhang des öfteren von einer Residualtheorie der Wahrheit.[103] Diese kontaminiert zweifelsfreie Gewißheit mit der Konstruktion des Gegebenen, die ein ontisches Residuum im Idealismus und auch in der transzendentalphilosophischen Modifikation der natürlichen Ontologie darstellt. Demnach ist es ein Trug der prima philosophia, durch die Begriffsform der Gegebenheit die reine Faktizität rekonstruiert haben zu wollen. Denn in Wirklichkeit ist das Gegebene nur der Ausdruck dafür, daß es der erkenntniskritischen Revision der alten Ontologie nicht vollständig gelungen ist, das natürliche Weltbild zu erneuern oder gar durch ein ganz anderes, besser verständliches zu ersetzen. Denn, wie Adorno im Husserl-Buch erklärt, kann die Begriffsform des Gegebenen, die in der Erkenntnistheorie an die Stelle der natürlichen Annahme einer unbezweifelbaren Existenz der Gegenstandswelt getreten ist, in sich gar nicht einsichtig gemacht werden ohne den Rückgriff auf Redeformen aus dem natürlichen Weltbild[104]: Um ein nicht mehr hinterfragbares Ansichsein des Gegebenen verständlich zu finden, ist die Bezugnahme auf ein Gegenstandsmodell notwendig. Die erkenntnistheoretische Annahme eines gegebenen diffusen Vielerlei kann demnach nie die letzte Wahrheit über die Wirklichkeit bedeuten. Um objektive Erkenntnis zu werden, bedarf das unbestimmt Gegebene immer der Ordnung, die durch ebenso gegebene Perzeptionsschemata hergestellt wird. Bei Kant sind dies die Anschauungsformen von Raum und Zeit. Als »reine« Formen, die Anschauungen überhaupt erst ermöglichen, können diese Formen aber nicht selber anschaulich sein. Als Ermöglichungsbedingungen für die Anschauung *von* etwas können sie ohne den Bezug auf räumlich ausgedehntes und in der Zeit andauerndes Objekthaftes gar nicht gedacht werden.

Deshalb ist es auch verständlich, wie Adorno dazu kommen konnte, Raum und Zeit gegen das Selbstverständnis Kants als allgemeine *Begriffs*formen zu interpretieren. Sofern diesen Formen nur im Zusammenhang begrifflich schon beschreibbarer Gegenstände eine Bedeutung zukommt, können sie sich sinnvollerweise auch nicht auf ein begriffslos gegebenes Ansichsein beziehen.

Und noch ein anderes Argument wendet Adorno gegen die Konstruktion des Gegebenen: Die Analyse muß auf eine rezeptive Tätigkeit zurückgreifen, die nur durch Sinnesorgane, also durch Dinge, geleistet werden kann, die der natürlichen Welt angehören und deshalb auch hinsichtlich Eigenschaften und Zuständen beschreibbar sind.[105] Selbst die rezeptiven Momente unserer Erkenntnisfunktionen sind also ohne die direkte Bezugnahme auf Objekte der natürlichen Welt und deren Inanspruchnahme als Instrumente des Erkenntnisvollzugs selbst gar nicht denkbar.

Dieser Tatbestand wird von Adorno wiederum als eine Bestätigung seiner generellen These verbucht, derzufolge die neuzeitliche Erkenntnistheorie die natürliche Objektwelt - trotz der metaphorischen Rede von einer »Kopernikanischen Revolution« - nicht wirklich auflösen und in ihrer Existenz bestreiten wollte. Es ging ihr nur darum, das natürliche Weltbild im Medium kritischer Reflexion zu *rechtfertigen*; die vorkritische Erfahrungswelt durch die Selbstvergewisserung der Weisen ihrer Erkenntnis zu *rekonstruieren.*

In dieser Perspektive einer allem Erkennen vorausliegenden Objektwelt, aus deren Abhängigkeit sich keine ihrer Kritiken ganz befreien konnte und es im Grunde auch gar nicht wollte, bleibt für die Konstruktion des Gegebenen nur noch die Funktion eines Stellvertreters für ein unbezweifelbares Basiswissen übrig. Ein solches Erkenntnisfundament, das jeder wissenden Objektbeziehung zugrunde liegen soll, muß dann aber als theoretisch unhaltbare Präsupposition eines Ersten erscheinen: Adorno begreift das Gegebene ganz analog zu der Weise, in der Hegel die Kantische Konstruktion des Dings an sich verstand.[106] Er hält sie für eine Abstraktion, die vom Dingmodell nur abgeleitet ist. Und deshalb kann sie auch nicht erfüllen, was sie zu leisten vorgibt, nämlich die natürliche Dingwelt durch eine vorbegriffliche Basis zu begründen.

Es ist gleichwohl wichtig zu betonen, daß Adorno keineswegs der Meinung ist, daß es faktisch keine empirische Basis für unseren Erkenntnisvorgang gibt; noch weniger sagt er, daß diese Basis keinen Einfluß auf die Theoriebildung hat. Eine solche Option würde seiner These vom Objektvorrang direkt widersprechen. Er will vielmehr nur die Täuschung beseitigen, daß diese Basis aus purer Faktizität und einer Begriffsform gleichsam qua Addition komponiert sei. Denn keine Theorie kann die facta bruta gewissermaßen an den Haaren herbeiziehen, geschweige denn durch die Gegebenheitskonstruktion eine »Ehe« mit ihnen eingehen, aus der dann folgerichtig alle anderen Elemente der Theorie als »Kinder« hervorgehen.

Ebensowenig will Adorno eine perzeptive Einstellung aus der Theoriebildung ausschließen. Diese bildet ja gerade, wie ich im vorigen Absatz zu zeigen versucht habe, ein Korrekturelement der Denkfunktionen innerhalb des Erfahrungsprozesses. Obzwar Einspruchsinstanz gegen etablierte Begriffsformen, sind Beobachtungen doch nichts Vorprädikatives. Ihre Revisionsleistungen können sie nur unter der Inanspruchnahme bestehender und schon in Gebrauch befindlicher Aussageformen erfüllen. Adorno erläutert ihre Funktionsweise zweimal mit dem Hinweis auf Erfahrungen der modernen Physik.[107]

Adornos Kritik an der Gegebenheitsbegrifflichkeit weist viele Parallelen auf zu Wilfrid Sellars' Theorie eines Sprachbehaviorismus, der in der Zurückweisung der epistemischen Annahme eines natürlicherweise Gegebenen eines seiner zentralen Themen besitzt.[108] Obwohl beide Denkansätze grundsätzlich so unterschieden sind, daß für den einen die Position eines sprachpragmatischen Holismus, für den anderen die einer kritisch-hermeneutischen Transzendentalphilosophie bestimmend ist, sind beide nicht nur deshalb kompatibel, weil auch Adorno seine negativ-dialektische Theorie, wie im zweiten Kapitel dieser Arbeit hoffentlich hinreichend deutlich geworden ist, »dem Wortsinn nach« an »Sprache als Organon des Denkens«[109] verweist. Sie sind es vor allem darum, weil sie ihrem Denken beide die epistemologische Grundsituation zugrunde legen, die von der Kritik Kants neu erschlossen worden ist: Wie Adorno im Anschluß an Kant, so geht auch Sellars davon aus, daß das Weltbild der natürlichen Ontologie (Sellars sagt dafür: »manifestes Weltbild«) aus sich selbst heraus letztlich nicht adäquat verstehbar ist.[110] Es ist auf die Annahme einzelner Wirklicher gegründet (zu denen auch Personen rechnen), die eine relative Eigenständigkeit besitzen, und die wir normalerweise als Entitäten in der Ordnung von Raum und Zeit wahrnehmen können. Um sie wirklich zu begreifen, ist aber eine Reihe von Zusatzannahmen, etwa über die Relation der Einzelnen zur Ordnung oder über die Art ihrer Ko-Funktionalität innerhalb der Ordnung erforderlich. Und solche Fragen veranlaßten Sellars, das natürliche Weltverständnis mit Elementen der Theorien von Aristoteles und Strawson zu einer Art »deskriptiver Metaphysik« zu verbinden. Das auf diese Weise neu konstruierte Weltbild nennt Sellars das »wissenschaftliche«. Da dieses alternative Weltverständnis im direkten Gegenzug gegen die Unzulänglichkeiten des natürlichen entwickelt wird, können seine Theorien auch nur wahr oder falsch heißen *relativ* zum manifesten Weltbild; sie verbleiben noch in einer durchgängigen Abhängigkeit von ihm.

Soweit entspricht der Sellarsche Denkansatz durchaus dem fundamentalen Postulat Adornos, daß philosophische Kritik stets »konkret« zu sein hat, d.h. bei der Unverständlichkeit eines *einzelnen* Gegenstandes unserer natürlichen Welt ansetzen muß. Die kritisierende Theorie bewegt sich also immer noch im Rahmen des Wirklichkeitsverständnisses der kritisierten. Was philosophisch kritisches und damit wahrhaft aufgeklärtes Bewußtsein einem naiv-natürlichen Bewußtsein voraus hat, läßt sich, Adorno zufolge, dadurch kennzeichnen, daß es einzelne Tatbestände und die Annahme einzelner Wirklicher in den Zusammenhang vernünftigen Denkens stellt, um sie auf diese Weise in ihrer Ko-Funktionalität zu begreifen. In einer solchen erkenntniskritischen Option bleibt es vollkommen offen, ob die einzelnen im natürlichen Weltverstehen gemachten Annahmen überhaupt oder irgendwann einmal in einem *einzigen* sinnvollen Konnex verstanden werden können. Jede positive Beschreibung eines solchen Zusammenhangs zwischen den Theorien der natürlichen Ontologie darf die erkenntniskritisch orientierte negative Dialektik nur in *heuristischer* Absicht einsetzen. Denn nur wenn sie das singuläre Ganze, dem die Einzelnen hypothetisch unterstellt werden, als erkenntnisleitende Idee einsetzt, kann sie ihrem eigenen Anspruch eines offenen, nicht vorentschiedenen Denkens genügen. Wenn sie hingegen versucht, alle Einzelnen als Fälle des einen Prinzips der Identität im Sinne eines unterschiedslosen Gleichsetzens in Ansatz zu bringen, muß sie ihrem eigenen Theorieentwurf gemäß scheitern. Ihm zufolge will sie dem natürlichen Weltverstehen ja gerade Schritt für Schritt die Unwahrheit nachweisen und nicht sie tota durch einen vollständig alternativen Theorieentwurf ersetzen, der die letzte Wahrheit über die natürliche Wirklichkeit bedeuten soll.

Gemessen an diesem erkenntniskritischen Programm wird auch die Grenze seiner Beziehbarkeit auf die Weltbildtheorie Sellars sichtbar. Denn die Sellarsche Idealvorstellung eines wissenschaftlichen Weltbildes bewegt sich schließlich doch auf einen *ontologischen Monismus* zu, der das natürliche Weltbild für prinzipiell falsch erklärt: Die verschiedenen Theorien über die natürliche Wirklichkeit lassen sich nämlich nach Sellars zu einem wissenschaftlichen Alternativentwurf derart kontaminieren, daß qua Extrapolation ein Ideal wissenschaftlicher Theoriebildung antizipiert werden kann, das mit dem natürlichen Weltverstehen überhaupt nicht mehr kompatibel ist. Die innerhalb dieser Idealtheorie verwendeten Aussageformen beziehen sich nicht mehr auf Einzeldinge und analog zu diesen gedachte Einzelpersonen, sondern auf *Ereignisse* in der Naturordnung, die nur eine besondere Klasse von Sachverhalten und Sinngehalten ganzer Sätze darstellen.[111] Entsprechend richten sich Ereignisse nach Strukturen und Regeln, die der Sprache immanent sind. In den Aussageformen dieser idealen wissenschaftlichen Theorie ist nun, bezogen auf das Denken Kants, ein Erkennen der Wirklichkeit als solcher möglich, während wir in Sätzen der natürlichen Weltbildtheorie zwar auch Wahrheit, aber eben nur in der Erscheinungswelt erreichen können.

Die prinzipielle Erkenntnismöglichkeit der Welt als solcher gesteht aber auch die Theorie Adornos zu. Sie weicht allerdings dadurch von der Sellars ab, daß sie den Bereich der Erkenntnis dessen, was nur »für uns« und dessen, was »an sich« ist, nicht strikt voneinander trennt: Auch die wahrhaft kritische philosophische Sprache entspricht nicht der wissenschaftlichen, wie sie Sellars konzipierte, und hat es so auch nicht von vornherein mit der ansichseienden Wirklichkeit zu tun. Adorno kann im Grunde nur ex negativo, durch die präzise Bestimmung der die wahre Wirklichkeit entstellenden Erscheinungswelt auf deren positive Wahrheit schließen. Sicher behaupten kann er sie hingegen nie.

Zwar gibt es auch für Sellars in dem Sinne keine letztgültigen Wahrheiten, als jede wahre wissenschaftliche Aussage revidierbar ist. Die Selbstkorrigierbarkeit ist es gerade, die Wissenschaft für ihn zu einem rationalen Unternehmen macht.[112] Dennoch kann jede richtige wissenschaftliche Behauptung mit dem Anspruch einer positiven Wahrheit auftreten. In ihr wird die natürliche Sprache, die am Modell des Sehens von Eigenschaften und Zuständen orientiert war, in eine völlig andere transformiert. Sie besitzt eine autonome logische Struktur und enthält nicht nur andere Kodifizierungen, sondern *Erklärungen* für solche natürlichen Sachverhalte wie, »daß uns jetzt dort drüben ein rotes und dreieckiges Objekt physischer Natur zu sein scheint«[113]. Sellars intendiert, alle Aussageformen, die sich einer *Logik des Scheinens* bzw. *Erscheinens* bedienen, zu destruieren. Darunter fallen auch Sätze des Typs »ein physisches Objekt x erscheint einer Person S zur Zeit t rot«. Sie alle stützen sich letztlich noch auf die Annahme einer *Beobachtungsbasis* unserer Erkenntnis wie sie für die Position einer Common-sense-Philosophie charakteristisch ist, derzufolge es viele farbige Einzelobjekte gibt, denen räumliche Extension und zeitliche Kontiniutät zukommt.[114]

Sellars betont zwar, daß die Common-sense-Basis ein methodisch unerläßliches Hilfsmittel für die Gewinnung wissenschaftlicher Theorien sei, im Prinzip aber hält er sie für falsch und überwindbar. Sie bedeutet für ihn nur eine Version jener empiristischen Lehre, die davon ausgeht, daß es epistemische Relationen wie »Gewißheit«, »direktes Erkennen« oder »unbezweifelbares Wissen« gibt, die nach einem kausalen, paramechanischen Modell gedacht sind. Sellars nennt diese von ihm bekämpfte Lehre den »Mythos vom Gegebenen«[115]. Sein Kern bildet die Annahme, daß Beobachtung durch gewisse selbstautorisierte und nonverbale Vorkommnisse konstituiert ist, die darüber bestimmen, was in verbales Verhalten übersetzt wird, und die entsprechend die Basis allen anderen Wissens darstellen. Je nach dem, ob ein »Gegebenheitsphilosoph« mehr dem Behaviorismus oder dem Cartesianismus zugeneigt ist, wird er entweder dafür votieren, daß Zustände physikalischer Objekte solche Entitäten sind, aus denen Existenz und Eigenschaften anderer Typen von Entitäten nur folgen, oder dafür, daß mentale Zustände Entitäten des ersten Typs sind.

Beiden Auffassungen eignet gemeinsam die Annahme, daß die wahre Wirklichkeit aus dem besteht, was sich unserem Bewußtsein am leichtesten oder am natürlichsten oder am schnellsten eingliedern läßt.

Sellars begreift diese Position ganz analog zu der Weise, in der Adorno den klassischen Empirismus kennzeichnet: als eine Residualtheorie der Wahrheit; Gegebenheit ist eine Form des Abstraktionismus.[116]

Darüber hinaus weist Sellars die Konstruktion des Gegebenen noch als eine Form der Selbstevidenz[117] zurück. Sofern er damit die nicht weiter ableitbare Begründungsfunktion des Gegebenen für unser Wissen kritisiert, befindet er sich in Konkordanz zu Adornos Kritik eines primums der Erkenntnis. Sobald er aber den Gegebenheitsmythos nur dazu benutzt, *jede* Form der Selbstevidenz zu eliminieren, widerspricht er dem Denken Adornos, dem ja ein gelungenes konstellatives Gefüge propositionaler Sätze als Wahrheit qua Selbstevidenz gilt (vgl. Kap. 2.V.). Diese Form von Wahrheit unterscheidet sich erheblich von der durch das empiristische Theorem der Gegebenheit gekennzeichneten Gewißheit. Denn sie ist auf keinem Weg einer direkten Kenntnisnahme, sondern nur durch das im höchsten Maße reflektierte In-Beziehung-Setzen differenter Aussageformen erreichbar. Allerdings ist sie nicht zureichend begründbar: *letztlich* selbstevident. Andererseits verzichtet sie keineswegs auf Begründungsformen: Zugänglich ist sie nur über eine Folge von für sich genommen unzulänglichen Formen diskursiven Erkennens, den elementaren Aussageformen einer Konstellation. Selbstevidenz ist für Adorno nicht der Anfang, sondern das Ziel des Erkenntnisvorgangs. Man kann diesen Sachverhalt auch dadurch zum Ausdruck bringen, daß Konstellationen, die Satzgefüge bzw. diesen korrespondierende Gruppierungen einzelner Wirklicher bezeichnen, nicht als Daten konstruiert werden dürfen, die Gegenstände sein sollen, die aller Erkenntnis vorausliegen und irgendwie schon immer in unserem Begriffssystem enthalten sind.

Anders jedoch als die Sellarsschen Aussagen innerhalb des wissenschaftlichen Weltbildes müssen sich die Elemente der konstellativen Sprachformen Adornos jederzeit auf Aussagen der natürlichen Ontologie und auf deren Annahme ihnen korrespondierender raum-zeitlicher Gegenstände rückbeziehen lassen. Wenn philosophische Aussageformen in ihrer Genese nicht mehr auf Begriffsformen des natürlichen Weltverstehens zurückverfolgt werden können, zeugt dies, Adorno zufolge, in weitaus größerem Maße von der Unbegreiflichkeit der wahren Welt als die Fragwürdigkeit der im natürlichen Weltbild gemachten Annahmen. Mit anderen Worten: Erklärungen sind nicht deshalb wahr, weil sie unverständliche Theoreme einer älteren Ontologie durch nach dem Kriterium interner Konsistenz verständlichere ersetzen, sondern nur dann wahr, wenn sie sie *angemessen* erklären. Und darüber, was im Einzelfall als angemessen gelten darf, entscheidet zwar immer auch die Gesellschaft, aber nicht ausschließlich. Rechtfertigung erschöpft sich bei Adorno nicht, wie bei Sellars, in einer Funktion sozialer Praxis. Ihren Rechtsgrund erhält sie eigentlich erst durch »die Sache selbst«. »Sache selbst« nun setzt Adorno mit seiner wohl dunkelsten Kategorie, der des Nichtidentischen gleich. Zu sagen, was damit gemeint sei (vgl. Kap. 4.III.), fällt u.a. deshalb so schwer, weil Adorno den Begriff in direkter Opposition zu seinem Gegenteil, dem der Identität gebraucht, der als Ganzheitsbegriff fungiert, unter den alle Begriffe von Einzelnen subsumiert werden. Da aber die konstitutive Verwendungsweise des totalisierenden Identitätsbegriffs, wie bereits mehrfach betont, nicht rekonstruierbar sein dürfte, muß darauf bestanden werden, daß auch sein negatives Pendant, der Struktur nach ebenfalls ein Begriff über ein Ganzes, als regulative Idee verstanden wird, auch wenn Adorno behauptet, es sei »keine >Idee<«:»Was Sache selbst heißen mag ist nicht positiv, unmittelbar vorhanden (= kein Gegebenes, U.M.); wer es erkennen will muß mehr, nicht weniger denken als der Bezugspunkt der Synthese des Mannigfaltigen, der im Tiefsten überhaupt kein Denken ist. Dabei ist die Sache selbst keineswegs Denkprodukt; vielmehr das Nichtidentische durch die Identität hindurch. Solche Nichtidentität ist keine >Idee<; aber ein Zugehängtes. Das erfahrende Subjekt arbeitet darauf hin, in ihr zu verschwinden. Wahrheit wäre sein Untergang.«[118]

Sogar noch als Kantianer unterstellt Adorno ein im subjektiven Erkenntnisvorgang nicht reduzierbares ontologisches und insofern »vorkritisches« Moment: die ontologische »objektive Bestimmtheit des Objekts«, die nicht vom Erkenntnissubjekt in es hineinprojiziert worden ist. Aber auch dieses »vorkritische« Moment ist insofern kritisch, als es den Universalismus des Kantischen Kritizismus, der sich seine Objekte selber erst »schafft«, kritisiert. Rational ist es vermöge seines Charakters einer Unterstellung: Es hat eine erkenntnisleitende Funktion, unterscheidet sich jedoch dadurch von einer bloßen Idee, daß es eine für alle Einzelobjekte konstitutive *Bedeutung* beansprucht.

Mit dieser Version der von Adorno postulierten Vorrangigkeit der Objektsphäre ist nun zugleich die Weise bezeichnet, in der er sein vernunftkritisches Konzept Kantischer Provenienz mit dem Konzept einer negativen Metaphysik verbindet. Allen Einzeldingen unserer natürlichen Welt wird ein sie konstituierendes intelligibles Ansichsein unterstellt, das mit ihrer materiellen Struktur untrennbar verknüpft ist.[119] Diese geistige Struktur wird den natürlichen Dingen durch kein ihnen übergeordnetes Absolutes, auch durch keine Subjektivität verliehen. Sie besitzen sie kraft ihrer eigenen Natur. Ob diese ihre wahre Natur auch einmal zur bestehenden Wirklichkeit werden kann, läßt Adorno offen. Solange ihre Wirklichkeit nicht erwiesen ist, muß sie als vollkommen rationale Unterstellung angesehen werden. Sie besteht darin, in ein transzendentalphilosophisches Grundmodell ein ontisch aufgefaßtes geistiges Ansichsein einzubringen, und zwar unter den Vorzeichen einer bewußten Präsupposition.

Diese eigentümliche Konstruktion Adornos erklärt nun auch, wieso in ihrem Zusammenhang Wahrheit nicht auf eine Funktion sozialer Redepraxis reduziert werden kann. Denn die Gesellschaft ist in ihrer jeweiligen historischen Formation nie mit ihrer wahren Natur identisch, sie differenziert sich stets zu einzelnen Teilbereichen aus, die von ihrer eigenen Identität bis zur Unkenntlichkeit abweichen, ihr auch opponieren können. Was die Gesellschaft als solche sein könnte, ist nach Adorno bisher kaum sichtbar geworden. In ihr müßte es allen Einzelwirklichen möglich sein, ihr eigenes Ansichsein zu realisieren; sie müßten ihre Individualität in einem zwanglosen Einander-Beigeordnetsein und nicht in Opposition zu der Ordnung entfalten.

In der Perspektive einer solchen zwanglosen Gemeinschaft von Individuen (Personen und Dingen) verweist sogar noch die theoretisch unhaltbare empiristische Konstruktion des Gegebenen auf die Notwendigkeit eines irreduzibel ontologischen

Moments in der subjektivistischen Erkenntnistheorie: Nach Adorno erinnert sie daran, daß die Erkenntnistheorie zum Zweck der Wiederherstellung jener Ontologie der Einzelnen errichtet worden ist. Zu ihrer Neubegründung taugte die Begriffsform des Gegebenen aber nicht wegen ihres bloß subjektivistischen und abstraktiven Charakters. *Deshalb* schließt sich Adorno der Meinung Sellars' an, daß Begriffsformen, die sich auf innere, nicht-verbale Eindrücke beziehen, intersubjektiv sind. Ihre Privatheit kann schon deshalb nicht absolut sein, weil sie erklären, welche Rolle Perzeptionen im theoretischen Diskurs spielen. Entsprechend kann man sie auch in die Logik von Begriffsformen übertragen, die die Evidenz innerer »Episoden« beschreiben, wie etwa die Sprache offenkundigen Verhaltens.

Innerhalb des Begriffsrahmens von Diskursen über öffentlich zugängliche Einzeldinge der raum-zeitlichen Ordnung entkommt man dem »Mythos des Gegebenen« Sellars zufolge nur dann, wenn man drei Objekttypen unterscheidet[120]:
1. Objekte eines unqualifizierten Modells, das einem naiven Weltbild entspricht,
2. Objekte eines qua Reflexion revidierten Modells, das eine perzeptuelle und imaginative Funktion der Prädikate des unqualifizierten Modells verhindert und die Struktur des Modells in Übereinstimmung mit dem Kommentar zu diesem Modell modifiziert. Das revidierte Modell involviert eine kontrollierte Inkohärenz, z.B. die Visualisierbarkeit nicht wahrnehmbarer Teilchen der Mikrophysik. Dieses Modell entspricht einer Problematisierung und zugleich einer reflektierten Wiederherstellung des natürlichen Weltbilds.
3. Objekte der Theorie, die dem Sellarsschen Idealbild wissenschaftlichen Weltverstehens entspricht.

Indem Sellars' Theorie primär am dritten Objektmodell orientiert ist, intendiert sie einen ontologischen Monismus, der die Welt durch ein vollständiges System wissenschaftlicher Begriffsformen erklären will. Dieses Sprachsystem bildet eine intelligible Ordnung, in der einzelne Wirkliche nichts bedeuten außer der Funktion, die sie im Bezugssystem der Relationen erfüllen, in denen sie als Organismen zueinander stehen. Die Eigenschaften und Zustände, die Einzelne für sich allein (unmittelbar) haben, und die ihnen unabhängig von anderen, die sie nur in Beziehung auf andere Einzelne (vermittelt) haben, zugesprochen werden, sind in dieser Ordnung ganz ohne Bedeutung. Die Besonderheiten einzelner Wirklicher vernachlässigt Sellars' supranaturalistische Ontologie zugunsten ihrer Systemfunktionalität. Ihr Wirklichkeitsverständnis gleicht darin dem der Hegelschen Logik, daß für sie die einzig wahre Wirklichkeit die ist, »in der die *relatio* alles ist und die *relata* nichts für sich zurückbehalten.«[121]

Adornos Denken hingegen ist wesentlich am zweiten Typ der von Sellars unterschiedenen Gegenstandsmodelle orientiert. Es geht davon aus, daß sich unsere Welt weder aus einem monistischen Prinzip heraus erklären noch als ein System formaler Beziehungen vollständig beschreiben läßt. Obgleich auch systematisch verfahrend, läßt es doch stets noch genügend Raum für kontrollierte Inkohärenzen, die eine Universalisierung des Relationsgefüges gegenüber den relata verhindern sollen: »Die Universalität von Vermittlung ist aber kein Rechtstitel dafür, alles zwischen Himmel und Erde auf sie zu nivellieren, wie wenn Vermittlung des Unmittelbaren und Vermittlung des Begriffs dasselbe wären.«[122]

Durchaus in Übereinstimmung mit Hegel macht Adorno hier zunächst zweierlei geltend: 1. Begriffe sind kraft ihrer eigenen Natur »Vermittlung«. Sie vermitteln ebenso zwischen Mensch und Welt wie zwischen Begriffen und anderen Begriffen. 2. Die Vermittlung eines Unmittelbaren ist etwas ganz anderes. Sie geschieht durch sogenannte Reflexionsbegriffe, die als logische Prädikate für sich allein nicht bestehen können. Auch stellen sie nicht einfach, wie die Begriffe, eine Relation zwischen bereits vielfältig bezogenen Relata her. Sie bedeuten vielmehr »ontologische« Aussageformen, deren Funktion darin besteht, an die Stelle logischer Prädikate objektive Bestimmungen zu setzen.[123] Diese Funktion können sie nur erfüllen, wenn sie auf reflexionslogische Substrate bezogen werden. Reflexionsbestimmungen in diesem Sinn, wie etwa Identität, Unterschied, Gegensatz etc., werden von Hegel als Bestimmungen von Relationen noch von Bestimmungen selber gebraucht; wenn wir logische Prädikate identifizieren, entgegensetzen etc., setzen wir schon die Identität, den Gegensatz von Bestimmungen voraus. Entsprechend kann Adorno mit Hegel darauf aufmerksam machen, daß wir in der Vermittlung von etwas Unmittelbarem immer schon den Gegensatz dieser Bestimmungen als gegeben unterstellen, Vermittlung also in diesem Zusammenhang als Reflexionsbestimmung verwenden, die auf Unmittelbarkeit als reflexionslogisches Substrat bezogen werden muß.

Umgekehrt jedoch, und hier weicht Adorno entschieden von Hegels Denken ab, bedarf die Kategorie der Unmittelbarkeit nicht gleichermaßen einer Beziehung auf die der Vermittlung: »In Unmittelbarkeit liegt nicht ebenso deren Vermitteltsein wie in der Vermittlung ein Unmittelbares, welches vermittelt würde.«[124]

Bezeichnet die Begriffsform der Vermittlung die *Modalität*, in der etwas Unvermitteltes gewußt wird, so fungiert die der Unmittelbarkeit nach Adorno als *objektive* Bestimmung, die bereits ein bestimmtes materielles Etwas, einen Bereich physischer Gegenstände voraussetzt. Sie ist nur ein Aspekt der generellen These vom Vorrang des Objekts: Adorno wertet die Konstruktion des Unmittelbaren als Index dafür, daß sich auch Hegels spekulativ-dialektische Theorie im Grunde nicht völlig aus der Abhängigkeit der natürlichen Ontologie und ihrer wissenden Objektbeziehung befreien konnte. Wie der monistische Sprachbehaviorismus von Sellars muß auch sie sich sinnvollerweise auf das natürliche Weltverständnis zurückbeziehen lassen, obwohl sie es endgültig hinter sich lassen wollte. Das Ziel der beiden konstruktiven Ontologien kann nach Adorno nur in einer reflektierten Rekonstruktion der Formen unserer natürlichen Welt bestehen. Sie muß die von Kant aufgeklärte Wirklichkeit, die nur eine starke Modifikation des natürlichen Weltbilds bedeutet, in ihrem eigenen Zusammenhang und unter Einschluß des Wissens von ihr zu begreifen suchen. Nicht nur muß eine solche Rückwendung holistischer Ontologien den gegenwärtigen Erfahrungen von Sinnlosigkeit und weitgehender Unverständlichkeit der Wirklichkeit und unserer Gesellschaft Rechnung tragen, ohne ihnen durch voreilig konstruierte Erklärungen und Lösungen zu begegnen. Sie muß vielmehr auch *kontrollierte Inkohärenzen* einbeziehen können, von denen noch nicht einmal feststeht, ob wir von ihnen überhaupt irgendwann Sinn oder Unsinn prädizieren können; die sich möglicherweise jeder Aussagbarkeit entziehen. Adorno war davon überzeugt, daß auch etwas Nichtbegriffliches *rational*[125] sein kann.

IV. Zwei moderne Revisionen der Erkenntnistheorie

1. Die sprachanalytische Philosophie (E. Tugendhat)

Die beiden folgenden Absätze haben den Charakter geraffter Exkurse. Gemessen an dem, was in ihnen enthalten ist, bedeuten ihre Überschriften unhaltbare Anmaßungen: Sie sind schlicht Ausdruck der Surrogate bisher überhaupt nicht (in bezug auf 1.) oder kaum (in bezug auf 2.) geleisteter Verständigungen zwischen der kritischen Theorie und konkurrierenden, richtiger gesagt, beziehungslos nebeneinander stehenden Ansätzen der Gegenwartsphilosophie. Eine solche Verständigung kann auch im Rahmen der vorliegenden Arbeit nicht einmal in Ansätzen versucht werden. Es soll vielmehr jeweils nur eine Einsatzstelle markiert werden, von der aus ein Vergleich erfolgen könnte. Der Stellung dieser beiden Absätze innerhalb der Diskussion von Adornos Erkenntnistheorie entsprechend geht es mir im folgenden lediglich um das Verhältnis, das die besprochenen Denkansätze zum epistemologischen Grundverhältnis, der Relation von Subjekt und Objekt, einnehmen, das sich ja trotz seiner extremen Dynamisierung im Denken Adornos noch als konstitutiv für es erwiesen hat.

Ich fasse nun noch einmal die bisher schon sichtbar gewordenen Gründe Adornos zusammen, die ihn veranlaßten, am erkennenden Grundmodell festzuhalten. Daß er von diesem Modell weiterhin uneingeschränkt Gebrauch machte, ist um so bemerkenswerter, als es ja gerade die von Adorno ständig attackierte Tradition des Deutschen Idealismus war, die die Subjekt-Objekt-Beziehung wesentlich ausgeprägt hat.

Der erste Grund liegt darin, daß sich Adornos Denken, das vor allem Kritik zu sein beansprucht, auf das von ihm Kritisierte weitestgehend einlassen will und daher auch dessen grundlegende Termini und Denkmodelle zunächst einmal übernimmt, um dann deren Unzulänglichkeiten in concreto aufzeigen zu können. Die intern ansetzende Kritik kann sich zu ihrem Gegenstand in ein engeres Verhältnis setzen und so besser verständlich machen, woduch sie motiviert ist, als es eine Kritik könnte, die sich eines vollständig anderen terminologischen Mediums bedient und dadurch von vornherein viel weiter vom Kritisierten entfernt. Allerdings muß auch die sogenannte immanente Kritik auf mindestens einen externen Maßstab zurückgreifen, der von der kritisierten Position in dieser Weise nicht vertreten wird oder aber nicht durchgeführt wird. Ansonsten könnte sich die Kritik nicht begründet ausweisen. In jedem Fall jedoch wird das Kritisierte durch die von der Kritik Adornos in Anspruch genommene Dimension nur korrigiert, präzisiert, erweitert etc., nicht hingegen in seinem gesamten Bestand bezweifelt, vollständig zurückgewiesen oder durch einen fundamentalen Alternativentwurf ersetzt.

Ein weiterer Grund für Adornos Festhalten am Subjekt-Objekt-Modell liegt auf einer noch elementareren Ebene. Er ist darin zu sehen, daß Adornos Denken an der Ontologie des natürlichen Weltverstehens orientiert ist, derzufolge die letzte Wahrheit über unsere Wirklichkeit darin besteht, daß sie aus unbestimmt vielen Einzeldingen zusammengesetzt ist. Die wirklichen Einzelnen sind nach dem Muster von Individuen gedacht und werden dementsprechend als selbständige aufgefaßt. Adorno bezeichnet sie in der neuzeitlichen Terminologie als Objekte, zu denen Personen gleichermaßen rechnen. Sofern diese anderes Einzelnes beschreiben und geregelte Abläufe verstehen können, denen Einzelne unterliegen, heißen sie auch Subjekte.

Die Welt besteht aber bei weitem nicht nur aus für sich selbständigen Einzelnen. Ihnen voraus liegt noch ein System von räumlichen und zeitlichen Beziehungen, zu denen u.a. die gesellschaftlichen Verhältnisse und ihre historischen Formationsbedingungen gehören. Diese raumzeitliche Ordnung, die in irgendeinem, positiv nicht genau beschreibbaren Verhältnis zur Ganzheit aller erfahrenen Gegenstände steht, kann aber selbst nicht wiederum als ein Objekt verstanden werden. Adorno beschreibt diese Ordnung in sehr dunkler und auch simplifizierender Weise als die Herrschaft des »Identitätsprinzips«, eines über allen Menschen und Dingen liegenden mythischen Banns.

Ich meine, wir sollten diese Charakterisierung der Ganzheit aller erfahrbaren Gegenstände als *Ausdruck* der Unverständlichkeit dieser Ganzheit ebenso wie der Relationen Einzelner zur Welt interpretieren; nicht jedoch, wie das bei Adorno häufig auch geschieht, als eine positive Erklärung, die nach seiner Auffassung in der konstitutiven Bedeutung des *einen* Identischen für das Bewußtsein aller Gegenstände und deren Zusammenhang in Raum und Zeit besteht. Nur in der Perspektive einer Aufgabe, einer Anweisung, das bisher nicht Verstehbare zu verstehen, kann mit Adornos Versuchen, den in irgendeiner Weise auf Ganzheit bezogenen Bereich des Nichtgegenständlichen zu erklären, m.E. ein guter Sinn verbunden werden.

Wichtiger aber ist in diesem Zusammenhang, daß Adorno nur diejenige Dimension des Ungegenständlichen thematisiert, die im Kontext der Erfahrung von Gegenständen steht; daß er das Nichtgegenständliche, zu dem auch ein Großteil ästhetischer Erfahrungen rechnet, eigentlich nur zu dem Zweck reflektiert, das jeweils Individuelle, Besondere von Einzelwirklichem besser zu verstehen. Wirklich verstehbar ist das Einzelne aber nicht nur für sich allein, nicht ausschließlich aus sich selbst heraus. Um es angemessen zu begreifen, muß man, Adorno zufolge, auf seine Kofunktionalität mit anderen Einzelnen reflektieren. Dazu gehört insbesondere das Bewußtmachen des zeitlichen Umfelds und des historischen Kontinuums, in dem das Einzelobjekt steht. Der geschichtliche Zusammenhang ist aber nicht als ein Allgemeines zu denken, dem der einzelne Gegenstand *subsumiert* würde, sondern vielmehr als eine Abfolge von Dingen, Zuständen und Ereignissen, in der das Einzelne ein Teilstück bildet.

Adornos Ontologie der Einzeldinge unterscheidet sich nicht grundsätzlich von der Position Kants. Kant hat uns gezeigt, daß Gegenstände nicht unabhängig von Raum und Zeit zugänglich sind. Er nennt sie, nicht unproblematisch, subjektive Anschauungsformen, die offensichtlich nicht selber Gegenstände sein können. Indem wir uns des Raumes und der Zeit bewußt sind, beziehen wir uns zugleich in irgendeiner Weise auf Welt, d.h. auf das Ganze aller erfahrbaren Dinge.

Ebensowenig gegenständlich zu verstehen ist Kants Beschreibung der synthetischen Bewußtseinshandlung, die nicht nur für sein Verständnis von Bewußtsein überhaupt, sondern vor allem desjenigen Bewußtseins, das Erkenntnis von Gegenständen heißt, grundlegend ist. Wie Adorno thematisierte also auch Kant nichtgegenständliche Erfahrungsweisen, die der Gegenstandserkenntnis entweder als Ermöglichungsbedingungen vorausliegen oder sie erweiternd übersteigen. Indem beide Philosophien aber nichtgegenständliche Erkenntnisformen reflektieren, um die Gegenstandswelt in ihrer wahren Wirklichkeit zu verstehen, bleiben sie letztlich doch am Bewußtsein von Einzeldingen orientiert.

Damit ist nun bereits die Einsatzstelle für die Kritik des Typs der sprachanalytischen Philosophie bezeichnet, die sich als logisch-semantische Theorie versteht und deren exponiertester Repräsentant in Deutschland Ernst Tugendhat ist. Dieser Theorie zufolge bildet »das Verstehen der Bedeutung eines Satzes die primäre Einheit«[127], von der jede bewußte Erschließung der Welt auszugehen hat. Dadurch ist aber der Bezug auf Einzelwirkliches, auf Gegenstände, keineswegs ausgeschlossen. Ihm gegenüber wird lediglich die Priorität dem Verstehen des Sinns sprachlicher Ausdrücke zugesprochen. Für den Typ von Ontologie, der für die Transzendentalphilosophie Kants und die Kritische Theorie Adornos gilt, bedeutet dies insofern eine Restriktion ihrer Ansprüche, als damit jede Art vorprädikativer Erkenntnisformen aus der Theorie ausgeschlossen wird. - So fragwürdig eine solche fundamentale Vorentscheidung, die eine Ausgrenzung z.B. aller metaphorischen und am Modell des Sehens geprägten Redeformen impliziert, im einzelnen auch sein mag, so soll hier doch nur nach der Beziehbarkeit der logisch-semantischen Sprachanalyse auf Adornos Theorie der Einzeldinge gefragt werden.

Indem Adornos negativ-dialektische Theorie davon ausgeht, daß »der einfachste Wortsinn von Dialektik Sprache postuliert«[128], eine Einsicht, die Adorno gegen Hegels bedingungslos universale Ausdehnung des Geistigen auch auf alles Undurchsichtige und Sprachlose wendet, genügt sie allemal der von Tugendhat an jedes philosophische Denken gestellten Minimalanforderung, einen prädikativen Satz verstehen zu können. Und durch den expliziten Verweis seiner Theorie an Sprache als Organon des Denkens unterscheidet sich Adorno auch von Kants Denken, dem aber das Ausgehen von propositionalen Sätzen, wie seine Logik und Urteilslehre beweisen, keineswegs fremd war. Nur legte Kant seinen differenten Bewußtseinsweisen den Begriff der Vorstellung zugrunde, der gleichsam als Gattungsbegriff für Anschauungen, Empfindungen und Gedanken fungiert.

Einer wesentlich auf terminologische Klarheit zielenden Theorie muß der am Modell eines optischen Bildes geprägte Vorstellungsbegriff naturgemäß als eine diskursiv nicht einlösbare Metapher vorkommen. Ihre Skepsis richtet sich wesentlich gegen die Verwendung des metaphorisch aufgefaßten Terminus im Zusammenhang einer Bewußtseinsbeziehung, in der er dann den Charakter einer nichtsinnlichen, »intellektuellen Vorstellung« annimmt.[129]

Von der Gefahr einer solchen quasi intuitiven Verdunkelung der wissenden Objektbeziehung, der Kant in der Durchführung seines Denkens übrigens kaum einmal unterliegt, befreit sich Adorno von vornherein: Nicht nur grenzt er sich ständig gegen irrationale Strömungen ab, indem er philosophisches Denken an ein begriffliches Medium bindet, auch spielen in seiner Theorie Termini wie Intuition und Vorstellung so gut wie keine Rolle. Der bewußte Bezug auf ein Einzelobjekt bedarf vielmehr mehrerer sprachlicher Ausdrucksformen, die zueinander im Verhältnis einer »Konstellation« stehen müssen. Erst die Verstehbarkeit des zusammengesetzten Textes der Konstellation ermöglicht die Erkenntnis des durch die Konstellation charakterisierten Objekts.[130]

Der methodische Ansatz der Objektbeziehung in der Sprache unterschiedet die Theorie Adornos auch von der Husserls, für die der »intentionale Akt«, der einen Gegenstand »meint«, die primäre Bewußtseinseinheit darstellt. Weil für Husserl bedeutungsverleihender intentionaler Akt und korrelativer Gegenstand das epistemologische Grundverhältnis ausmachen, erhält die Bedeutung eines sprachlichen Ausdrucks die Funktion eines Vermittlers, durch den dieser Ausdruck auf einen Gegenstand bezogen ist. Husserls Ansatz bei der Intentionalität entsprechend ist jedem sprachlichen Ausdruck mindestens ein Gegenstand zugeordnet. Damit aber, so lautet die Kritik Tugendhats[131], wird die Funktion eines besonderen Typs von singulären Termini, nämlich die der Namen, die darin besteht, Gegenstände qua Benennung zu bezeichnen, auf alle sprachlichen Ausdrücke, auch die nicht benennenden, übertragen. Die logisch-semantischen Fehler, die aus einer solchen Universalisierung der Funktion nominaler Terme resultieren, liegen zum einen in der unzulässigen Assimilierung der Bedeutung von Ausdrücken an den intentionalen Akt, als dessen Spezies sie erscheint. Zurecht wendet die Sprachanalyse dagegen ein, daß Bedeutung und zugehöriger Akt zwar verbunden sind, sofern sprachlicher Sinn nur durch die subjektive Hervorbringung von Zeichen konstituiert werden kann, daß sie aber niemals identisch sind.

Dieser Kritik vermag nun Adornos Konzeption der Erschließung von Gegenständen durch Konstellationen sprachlicher Ausdrücke durchaus standzuhalten: Der subjektive, »bedeutungsverleihende« Vorgang soll zwar der Idee nach in der von ihm hervorgebrachten Bedeutung »verschwinden«, jedoch keineswegs dasselbe sein; objektiver Sinn wird letztlich erst durch die Kraft der Sprache selber gestiftet. Denn das »Schriftähnliche solcher Konstellationen ist der Umschlag des subjektiv Gedachten und Zusammengebrachten in Objektivität vermöge der Sprache«[132].

Anders noch als bei Husserl wird Bedeutung bei Adorno nicht, oder nicht ausschließlich durch einmalige, bedeutungsverleihende Akte hergestellt, sondern nur auf dem Weg eines Prozesses subjektiver Anstrengungen erreicht, der sich dem objektiven Verstehen stetig annähert. Schon deshalb läßt sich das einmalige, schlagartige Evidentwerden eines objektiven Sinns nicht mit seiner subjektiven Hervorbringung in eins setzen.

Ein anderer Einwand, der aus der sprachanalytischen Kritik an der phänomenologischen Übertragung der Nominalfunktion auf alle Typen von Termini folgt, läßt sich nun allerdings durch die Position Adornos nicht ohne weiteres zurückweisen. Er richtet sich gegen den Versuch, auch die nichtgegenständlichen Bedeutungen noch dadurch quasi-gegenständlich zu deuten, daß man sie in das intentionale Schema von Subjekt und Objekt einpaßt, das ja nur eine Abstraktion von den wirklichen Erkenntnisrelationen innerhalb des natürlichen Weltverstehens darstellt. Wenn man Adorno auch nicht vorwerfen kann, er habe nichtgegenständliche Bedeutungen, etwa Formen des Ästhetischen oder der Selbstreflexion oder historische Tendenzen etc. simplifiziert vergegenständlicht, so ist doch nicht zu verkennen, daß er solche nichtgegenständlichen Erfahrungen immer auf Einzeldinge innerhalb des natürlichen Wirklichkeitsverständnisses rückbezieht.

Diese Option Adornos spiegelt sich in seiner Sprachtheorie in der besonderen Weise, daß er die konstellativen Aussageformen dem von Benjamin adaptierten Motiv der »Hoffnung des Namens« unterstellt.[133] Der Gedanke, irgendwann direkt benennen zu können, was eine zur Rede stehende Sache bedeutet, sie »namhaft« zu machen, fungiert als regulative Idee auch für alle nicht-nominalen Ausdrucksformen. Insofern bildet wie für Husserl, so auch für Adorno die Funktion der Nomina den Leitfaden für die Verwendungsweisen aller anderen Ausdrücke.

Anders jedoch als Husserl setzt Adorno die Benennungsfunktion theoretisch nur in heuristischer Absicht ein: Die nominale Sprachfunktion wird noch einmal funktionalisiert, indem sie zur erkenntnisleitenden Funktion für alle anderen bestehenden Sprachfunktionen erklärt wird. Nie hingegen erklärt Adorno die Nennfunktion als konstitutiv für die anderen Sprachfunktionen, was eine unhaltbare Nivellierung verschiedener Worttypen bedeutete, der Husserl offensichtlich unterliegt. Sie bezeichnet vielmehr ein sprachliches Ideal, das die Philosophie nur mittels der Verwendung nicht-nennender Ausdrücke erreichen kann. Diese werden zwar immer schon in der weiteren Perspektive der Nominalfunktion eingesetzt, können aber nie durch sie ersetzt werden.

Obwohl Adornos Sprachauffassung also nicht in direkter Weise an der Bezeichnungsfunktion der Namen orientiert ist, so könnte die Sprachanalyse immer noch einwenden, daß sie durch den - wenngleich nur erkenntnisregulierenden - Einsatz der Nomina doch noch primär an den Gegenständen statt an der Bedeutung von Ausdrücken orientiert sei, und daß sie entsprechend das epistemologische Grundschema von Subjekt und Objekt noch in einer zu wenig reflektierten Weise in Ansatz bringe. Denn gerade das statische Verständnis der Subjekt-Objekt-Relation als »formalisiertes Vorstellen« war es ja, Tugendhat zufolge, das die Tradition der deutschen Bewußtseinsphilosophie daran gehindert hat, die grundlegende metaphysische Bedeutung zu berücksichtigen, die dem prädikativen Satz die gesamte Philosophiegeschichte hindurch zugekommen ist.[134]

Den Vorwurf eines unflexibel gedachten Grundmodells des Erkennens kann man durch Adornos explizite Äußerungen leicht abwehren, zumal er selbst diesen Vorwurf gegen die Phänomenologie Husserls richtet.[135] Auch gibt Adorno für die Subjekt-Objekt-Beziehung keine idealistischen Antworten nach dem Muster der Identität Unterschiedener oder der Identität von Identität und Nichtidentität, die nach Maßgabe moderner Logik schlichte Fehler bedeuten.

Davon abgesehen, darf man allerdings auch nicht verkennen, daß Adorno jeder sprachlichen Konstellation ausdrücklich einen Gegenstand zuordnet, der durch die verschiedenen Elemente der Konstellation, die jeweils verschiedene Aspekte an ihm aufzeigen, gleichsam eingekreist wird. Ist es in dieser Hinsicht denn ein prinzipieller Unterschied, ob ein einzelner sprachlicher Ausdruck oder eine Gruppe mehrerer Aussageformen für einen Gegenstand steht? Erfüllen die Konstellationen Adornos nicht wieder die konstitutive Funktion von Eigennamen, die die Tradition fälschlicherweise für alle singulären Termini zugrunde legte? Wenn das so ist, dann verfällt auch die Konstellationstheorie Adornos der sprachanalytischen Kritik an der traditionellen Auffassung der Zuordbarkeit (bzw. Ersetzbarkeit) von Gegenständen und (bzw. durch) Begriffe(n).

Es kommt hier m.E. entscheidend darauf an, wie man die Struktur der Konstellationen, wie sie in der »Negativen Dialektik« beschrieben ist, deutet und in welcher

Weise man sie auf die der Gegenstände rückbezieht. Beides ist von Adorno nur sehr unzulänglich durch Verweise auf Arbeiten von Benjamin und Max Weber beschrieben worden.[136] Ich meine aber, daß Adornos wenige methodische Hinweise eine sprachanalytische Präzisierung in diesen Punkten durchaus zulassen. Es wäre zu zeigen, daß sich die Negative Dialektik zwanglos um die von der Sprachanalyse gestellten Anforderungen an einen zeichenhaften Gegenstandsbezug erweitern läßt. Denn die Erklärung des Sinns der Rede von Gegenständen stellt für die Theorie Tugendhats ein ebenso zentrales Thema dar wie für die Transzendentalphilosophie und ihre Nachfolgepositionen, Phänomenologie und Kritische Theorie. (Nur die methodische Zugangsweise ist eine jeweils andere.)

Was es heißt, daß ein Begriff für einen Gegenstand steht, kann man nach Tugendhat nur verstehen, wenn man erklärt bzw. feststellt, auf welches Objekt sich ein singulärer Terminus bezieht. In dem betreffenden Einzelfall haben wir demnach die Funktionsweise bestimmter singulärer Termini aufzuklären, zu denen Deiktika, Eigennamen und Kennzeichnungen rechnen. Eine solche Analyse der Verwendung singulärer Termini zeigt, daß diese Wörter dazu dienen, unter einer Vielzahl vorgegebener Gegenstände genau einen als den gemeinten zu identifizieren; man spezifiziert einen Gegenstand innerhalb eines ganzen Bereichs mehrerer Gegenstände, d.h. man stellt heraus, um welchen von allen es sich handelt.[137]

Eine solche Spezifizierung der Dinge erfolgt wiederum durch ihre raum-zeitliche Lokalisierung[138], die Angabe, an welcher Stelle innerhalb der Ordnung von Raum und Zeit sie sich befinden. In diesem Zusammenhang kommt den deiktischen Ausdrücken insofern eine besondere Bedeutung zu, als sie die Situationsunabhängigkeit der Rede herstellen: Mit den Demonstrativa reflektieren wir auf unsere raum-zeitliche Wahrnehmungssituation, indem wir sie aus einer Mannigfalt anderer Situationen herausgreifen. Das gelingt uns aber nur, wenn wir wissen, daß der gebrauchte deiktische Ausdruck durch andere Ausdrücke dieses Typs ersetzt werden kann. Erst durch die Identifizierung der Wahrnehmungssituation unter vielen konstituiert sich der Gegenstandsbezug. Unsere Identifizierung kann aber erst dann Allgemeingültigkeit beanspruchen, wenn wir den subjektiv lokalisierenden deiktischen Ausdruck, der je nach unserer Wahrnehmungssituation wechselt, durch einen objektiv lokalisierten Ausdruck ersetzen können. Umgekehrt hat die objektive Lokalisierung, die keine deiktischen Ausdrücke enthält, für uns nur dann einen Sinn, wenn wie sie subjektiv, durch die Verwendung deiktischer Wörter, interpretieren können.

Für den Vorgang der Identifizierung wahrnehmbarer Gegenstände bedeutet dies, daß er erst ermöglicht wird durch einen wechselseitigen Verweisungszusammenhang von subjektiv und objektiv raumzeitlich lokalisierenden Ausdrücken, von demonstrativem und nichtdemonstrativem Situationsbezug. Jeder Typ von singulären Termini verweist also auf einen anderen Typ von singulären Termini. Und die Verweisungsregeln, die für die ergänzenden singulären Termini der Prädikate eines Gegenstandsbereichs gelten, erklären schließlich auch, was es heißt, daß ein Ausdruck für einen Gegenstand dieses Gegenstandsbereichs »steht«.

Will man nun versuchen, den hier stark verkürzt dargestellten Gedankengang Tugendhats auf Adornos Denken zu beziehen, so muß man die im Zusammenhang der Konstellationstheorie auffindbaren methodischen Hinweise sprachtheoretisch ausdeuten. So läßt sich etwa Adornos Anforderung an konstellative Sprachformen, ein Bewußtsein von der »Konstellation« zu ermöglichen, »in der die Sache steht«[139], durchaus im Sinne ihrer raum-zeitlichen Lokalisierung interpretieren: Für die Ordnung von Raum und Zeit setzt Adorno lediglich den weniger physikalisch, mehr gesellschaftlich konnotierten Terminus Geschichte ein, der aber als ein die Einzelobjekte Übergreifendes dieselbe Funktion ausübt wie das System raum-zeitlicher Relationen bei Tugendhat. Das Objekt hat darin »seinen Ort«. Die sprachliche Bezugnahme auf den Gegenstand beschränkt sich zwar keineswegs auf seine geschichtliche (raum-zeitliche) Identifizierung; gleichwohl ist die Spezifizierung des Objekts unter vielen, seine geschichtliche Lokalisierung, eine notwendige Bedingung für das Gelingen der Objektbeziehung: »Nur ein Wissen vermag Geschichte im Gegenstand zu entbinden, das auch den geschichtlichen Stellenwert des Gegenstandes in seinem Verhältnis zu anderen gegenwärtig hat; Aktualisierung und Konzentration eines bereits Gewußten, das es verwandelt.«[140]

Wenn hier auch mit »geschichtlicher Stellenwert« noch etwas anderes gemeint sein sollte als das Herausgreifen des Objekts aus einer Vielzahl von Objekten, so bildet dieses doch die unabdingbare Voraussetzung für jede weitergehende und genauere Bestimmung des Verhältnisses des Einzelnen zu den anderen Einzelnen.

Aber auch noch die dem Objekt immanente Geschichte, die sich in ihm als Struktur sedimentiert hat, und die den Kern darstellt, auf den seine konstellative Erschließung gerichtet ist, wird insofern von seiner geschichtlichen Lokalisierung erfaßt, als »der Chorismos von draußen und drinnen«, Adorno zufolge, »seinerseits historisch bedingt« ist. Die historische Lokalität des Gegenstands bedeutet also in jedem Fall das Umfassendere gegenüber seiner immanenten, auch geschichtlichen Struktur. Entsprechend ist auch die raum-zeitliche Lokalisierung die Bedingung der Möglichkeit für jede qualitative Weiterbestimmung des Objekts, in Adornos Worten: »die Möglichkeit zur Versenkung ins Innere bedarf jenes Äußeren«[141].

Diese Sichtweise des Verhältnisses von Identifizierung und prädikativer Charakterisierung eines Gegenstands stimmt der gedanklichen Struktur nach genau mit der These Tugendhats überein, derzufolge Klassifikationsausdrücke der Ergänzung durch raum-zeitlich lokalisierende singuläre Termini bedürfen, um prädikative Sätze formen zu können, durch die wahre oder falsche Aussagen gemacht werden.[142] Es ist die eigentümliche Spezifizierungsfunktion singulärer Termini, daß sie durch ihren Situationsbezug eine Situationsunabhängigkeit der Rede und damit die Verifizierbarkeit bzw. Falsifizierbarkeit prädikativer Aussagen ermöglichen. Die Situationsunabhängigkeit von Aussageformen, die ihre Wahrheitsfähigkeit bedingt, bedeutet also alles andere als ein Außerachtlassen der raum-zeitlichen bzw. der geschichtlichen Wahrnehmungssituation. Gemeint ist vielmehr, daß es die Funktionsweise raumzeitlich lokalisierender Ausdrücke erst möglich macht, daß Gesprächspartner, die sich in ständig wechselnden Wahrnehmungssituationen befinden, auf beliebige (auch vergangene) Wahrnehmungssituationen referieren können.

Grundsätzlich scheint dieser Gedanke, daß Wahrheit nichts von Raum und Zeit Unabhängiges ist, mit Adornos Wahrheitsbegriff übereinzustimmen, nach dem Wahrheit immer geschichtlichen Charakters ist, oder, wie Adorno im Anschluß an Benjamin etwas kryptisch-formelhaft sagt, einen »Zeitkern« besitzt. Gleichwohl geht Wahrheit auch bei Adorno nicht in Geschichte auf; der Bezug auf historische Verhältnisse ist nur die notwendige Bedingung dafür, daß man so etwas wie Objektivität der Wahrheit überhaupt erreichen kann. Wahrheit bezeichnet nichts der Geschichte Transzendentes, ist aber auch nie mit Geschichte identisch.[143]

Will man nun auch erklären, wie sich die sprachanalytische Konzeption wahrheitsfähiger Aussageformen zu Adornos Denken verhält, so muß man den reziproken Verweisungszusammenhang zwischen raum-zeitlich lokalisierenden und charakterisierenden Ausdrücken auf die sprachliche Struktur der Konstellationen beziehen. Adorno selbst beschreibt diese Struktur mit der generellen Formel des »Hinausgelangens über Begriffe durch Begriffe« folgendermaßen: »Nur Begriffe können vollbringen, was der Begriff verhindert. Erkenntnis ist ein τρώσας ἰάσεται. Der bestimmbare Fehler aller Begriffe nötigt, andere herbeizuzitieren; darin entspringen jene Konstellationen, an die allein von der Hoffnung des Namens etwas überging. Ihm nähert die Sprache der Philosophie sich durch seine Negation. Was sie an den Worten kritisiert, ihren Anspruch unmittelbarer Wahrheit, ist stets fast die Ideologie positiver, seiender Identität von Wort und Sache. Auch die Insistenz vorm einzelnen Wort und Begriff, dem ehernen Tor, das sich öffnen soll, ist einzig ein wenngleich unabdingbares Moment. Um erkannt zu werden, bedarf das Inwendige, dem Erkenntnis im Ausdruck sich anschmiegt, stets auch eines ihm Äußeren.«[144]

Jenes »Äußere«, dessen eine erkenntnisfähiger philosophische Sprache bedarf, konnte oben bereits als Funktion der Lokalisierung eines thematisierten Gegenstands innerhalb der ihn umgreifenden Geschichte erklärt werden; sie bildet die Ermöglichungsbedingung für die »inwendige« Beschreibung des Objekts, die Charakterisierung seiner Eigenschaften und Zustände. Die Funktion der historischen Identifizierung dürfte bei Adorno wohl grundsätzlich dem »einzelnen Wort und Begriff«, also der Klasse der singulären Termini, zukommen. Der Einzelbegriff fungiert als ein »unabdingbares Moment« in der Sprache, kann aber für sich allein keine wahrheitsfähige Rede konstituieren. Sein »Anspruch unmittelbarer Wahrheit«, der in seiner direkten Identifizierungsfunktion begründet liegt, geht meistens fehl: Die nach dem Modell der Nomina gedachten Ausdrücke werden den wirklich bestehenden Erkenntnisrelationen nicht gerecht, weil sie sich in ein zu enges Verhältnis zu ihrem Gegenstand setzen. Zwar besteht ihr Vorzug darin, daß sie »die Sache nicht kategorial überspinnen, freilich um den Preis ihrer Erkenntnisfunktion«[145].

Was liegt in dieser Situation näher, als auch für Adornos Konstellationen ein konstitutives Dependenzverhältnis zwischen Identifizierungs- und Klassifizierungsfunktion anzunehmen, die sprachliches Erkennen, das mit einem Wahrheitsanspruch soll auftreten können, erst ermöglicht? Nun, die ganze Schwierigkeit einer solchen Applikation besteht eben darin, daß Adorno innerhalb der Klasse singulärer Termini nicht mehr explizit unterscheidet zwischen nominalen, deiktischen und kennzeichnenden Ausdrücken. Seine Reflexion richtet sich lediglich auf die Nominalfunktion, die durch Einzelwörter verkörpert ist, die mit dem Anspruch unmittelbarer Wahrheit auftreten, und auf die Klassifizierungsfunktion, die durch Ausdrücke repräsentiert ist, die Adorno Begriffe im Sinne eines Abstraktionsmechanismus[146] nennt. Angesichts dieser unhaltbar simplifizierenden Alternative ist Adorno genötigt, die historische Spezifizierungsfunktion entweder auf der Seite der klassifizierenden Ausdrücke oder auf der Seite der Nomina anzusiedeln. Der folgende Satz der »Negativen Dialektik« spiegelt dieses Dilemma. Es besteht darin, daß keiner der beiden Typen von Sprachfunktionen der gestellten Aufgabe gerecht werden kann: »Doch selbst bei äußerster Anstrengung, solche in den Sachen geronnene Geschichte sprachlich auszudrücken, bleiben die verwendeten Worte Begriffe. Ihre Präzision surrogiert die Selbstheit der Sache, ohne daß sie ganz gegenwärtig würde; ein Hohlraum klafft zwischen ihnen und dem, was sie beschwören.«[147]

Adorno versucht das Problem dadurch aufzulösen, daß er mehrere Ausdrucksformen, unter denen sowohl singuläre als auch klassifizierende Termini sein müssen, zu einer Konstellation verbindet. In ihr erfüllt die Charakterisierungsfunktion die Aufgabe einer Kritik der nennenden Ausdrücke, um die Nennfunktion auf einer viel reflektierteren Ebene, d.h. im Zusammenhang der Verwendung klassifizierender Ausdrücke, wiederherzustellen: Indem die charakterisierenden Ausdrücke dem Ideal der Nennfunktion unterstellt werden und umgekehrt die Nennfunktion, soll sie realisiert werden, der Klassifizierungsfunktion bedarf, ergibt sich für die Struktur der Konstellation ein ähnlich reziprokes Dependenzverhältnis, wie es auch für den Verweisungszusammenhang zwischen raum-zeitlich lokalisierenden Termini und Klassifikationen bei Tugendhat kennzeichnend ist. Ein Unterschied besteht natürlich darin, daß Adorno für die historische Identifizierungsleistung der Sprache keinen gesonderten Begriffstypus mehr einsetzt, so wie Tugendhat mit den deiktischen Ausdrücken für die raum-zeitliche Lokalisierung. Er vertraut gleichsam darauf, das der wechselseitige Verweisungszusammenhang zwischen Einzelausdruck und klassifizierender Ausdrucksform schon ausreicht, um eine Sache ihrem Gehalt nach aufzuschlüsseln, und d.h. ihren Stellenwert im zeitlichen Kontinuum der Geschichte zu bestimmen.[148]

Adorno müßte sich hier m.E. eine sprachanalytische Präzisierung, die explizite Erweiterung seiner Sprachtheorie durch eine Reflexion auf die spezifische Verwendungsweise der deiktischen Ausdrücke, gefallen lassen. Dadurch könnte vielleicht auch genauer bestimmt werden, was mit den Kategorien »Ausdruck« und »begriffliche Mimesis« gemeint ist. Denn durch die rhetorische Qualität des Ausdrucks versucht Adorno ja die dem Denken immanente Historizität, seine Traditionsgebundenheit, zu thematisieren. Und sofern Denken sich in der Sprache des Ausdrucks selbst geschichtlich ausweisen und lokalisieren kann, muß es diese historische Spezifizierungsfunktion konsequenterweise auch in bezug auf die von ihm qua Ausdruck identifizierten Gegenstände erfüllen können. Dabei ist die Ausdrucksfunktion der Sprache keine formal-logische; sie hat eher den Charakter einer undisziplinierten Gebärde: »In der rhetorischen Qualität beseelt Kultur, die Gesellschaft, Tradition den Gedanken.«[149] Deshalb verschließt sich die Ausdrucksleistung der Sprache auch jeder stillstellenden Verobjektivierung durch Klassifizierungsformen, die den in ihr manifest werdenden Elementen des Geschichtlichen, der Erinnerung, des Unbewußten etc. nicht gerecht würden.

Hat nun in dieser Perspektive Adorno mit der Ausdruckskategorie nicht doch ein Moment zur Sprache gebracht, das eine ähnliche Funktion erfüllt wie die Deiktika innerhalb der Sprachanalyse? Verweigern sich nicht auch die raum-zeitlich lokalisierenden Ausdrücke einer verobjektivierenden Fixierung? Wer in einer Gesprächssituation »dort« sagt und verstanden werden will, muß ebenso wissen, an welcher

Stelle der raum-zeitlichen Ordnung sich der Angesprochene befindet, als auch angeben können, welche Position er selbst zum Zeitpunkt seiner Äußerung darin einnimmt. Um unter ständig variierenden Wahrnehmungssituationen auf einen identischen Gegenstand mit »das dort« referieren zu können, muß er prinzipiell fähig sein, den subjektiv lokalisierenden Ausdruck in anderen Situationen durch andere subjektiv lokalisierende Ausdrücke zu ersetzen. Und wenn seine Aussagen über diesen Gegenstand allgemeingültig und verifizierbar sein sollen, so muß er die subjektiv lokalisierenden Begriffsformen durch objektiv lokalisierende ersetzen und diese jederzeit auf jene rückbeziehen können.

Ist nicht der Sachverhalt, daß alle Typen singulärer Termini auf andere Typen singulärer Termini verweisen, und zwar in einseitiger Weise, soweit es nicht lokalisierende Ausdrücke betrifft, die auf andere lokalisierende Ausdrücke verweisen, die formalisierte Beschreibung dessen, was die spezifische Ausdrucksfunktion der Sprache bei Adorno leisten soll, nämlich die historische Lokalisierung raum-zeitlicher Gegenstände? Wenn Adorno den Einsatz der Ausdrucksfunktion, des rhetorischen Sprachmoments, als den Versuch bestimmt, »Sache und Ausdruck bis zur Idifferenz einander zu nähern«[150], so kann man das als die metaphorische Umschreibung dafür begreifen, eine Sache ihrem historischen Stellenwert nach vollständig zu erklären. Und das würde bedeuten, daß man die den differenten Wahrnehmungssituationen entsprechenden subjektiv lokalisierenden Ausdrücke für den geschichtlichen Ort dieses Gegenstands durch einen objektiv historisch identifizierenden Ausdruck substituieren kann; ein solcher Ausdruck wäre dem Gegenstand aber nicht in direkter Weise zugeordnet: Er gibt nur »den geschichtlichen Stellenwert des Gegenstandes in seinem Verhältnis zu anderen«[151] an. Seine Identifizierungsleistung kann er zudem nur erfüllen, wenn man bei seiner Verwendung weiß, durch welchen subjektiv lokalisierenden Ausdruck er ersetzt werden kann, d.h. wenn man ihn auf die subjektive Wahrnehmungssituation rückbeziehen kann.

Die Beziehung der Ausdruckstypen und Sprachfunktionen bei Tugendhat zur Struktur der Konstellationen Adornos läßt sich nun in schematisierter Form so darstellen:

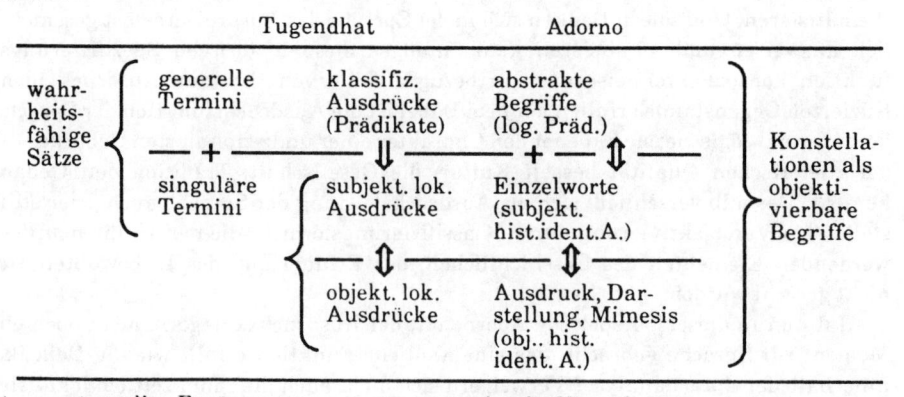

		Tugendhat	Adorno	
wahrheitsfähige Sätze	generelle Termini	klassifiz. Ausdrücke (Prädikate)	abstrakte Begriffe (log. Präd.)	Konstellationen als objektivierbare Begriffe
	+	+	+	
	singuläre Termini	subjekt. lok. Ausdrücke	Einzelworte (subjekt. hist.ident.A.)	
		⇕	⇕	
		objekt. lok. Ausdrücke	Ausdruck, Darstellung, Mimesis (obj.. hist. ident. A.)	

+ = notwendige Ergänzung   ⇔ = reziproke Verweisung
⇒ = einfache Verweisung

Die Funktion von Ausdruck, Darstellung etc. bei Adorno nimmt innerhalb des Schemas insofern eine Sonderstellung ein, als sie bereits die Funktion einer gebildeten Konstellation selber kennzeichnet. Adorno begreift sie also nicht als eigenständiges Moment von Sprache, das von vornherein in die Konstellation einbezogen ist. Es wird vielmehr erst durch das kritische Aufeinander-Verweisen von Nominalausdrücken, die die Charakterisierungen regulieren, und Klassifikationsausdrücken, die die direkte Bezeichungsfunktion der Nomina zurückweisen, erst hergestellt. Das genügt aber noch nicht für die Konstitution einer objektiv geschichtlichen Identifizierungsfunktion; mehrere Begriffsformen desselben Typs, etwa Prädikate beziehen sich auch kritisch aufeinander. Solche reflexive Rückwendung der Rede auf sich selbst bedeutet eine ständige Korrektur des Gedachten und Gesagten durch neues kritisches Durchdenken. »Nur Begriffe können vollbringen, was der Begriff verhindert.«[152]

Durch das Einräumen der Möglichkeit einer Selbstrückbezüglichkeit der Rede werden nun aber auch die Grenzen eines Vergleichs der sprachanalytischen Theorie Tugendhats mit der Konstellationstheorie Adornos sichtbar. Denn nicht der einzelne prädikative Satz bildet für Adorno die primäre Verstehenseinheit, sondern der Text als paradigmatische Bezugseinheit hermeneutischen Verstehens: Aufgabe der Philosophie ist das »Lesen des Seienden als Text eines Werdens«[153]. Dieser Text besteht nicht nur aus einer linearen Abfolge von Sätzen. Er repräsentiert einen kumulativen Prozeß, dessen spezifische Struktur nicht aus der Struktur der Einzelsätze erschlossen werden kann. Denn nicht alle Aussagen des Textes liegen auf der gleichen Ebene, und sie sind deshalb auch nicht alle schon für sich allein verständlich. Das Verhältnis der Teile zum Textganzen kann am ehesten mit dem bei Lebewesen und Kunstwerken verglichen werden[154], für die Kant in seiner Dritten Kritik die Theorie eines besonderen Urteilstyps entwickelt hat.

Weil der Text einer solchermaßen strukturierten Konstellation mehrdeutig ist, z.B. metaphorische Redeelemente enthalten kann, bedarf es einer besonderen Kunst des Lesens und des hypothetischen Erfindens: Ein Text muß konstruiert und rekonstruiert werden, oder - wie Adorno in seinem frühen Text »Die Aktualität der Philosophie« sagt - verschiedene Redeformen müssen nach dem Modell des Experimentierens so lange »in wechselnde Versuchsanordnungen«[155] gebracht werden, bis eine lesbare Konstellation der Elemente gelungen ist. Das Experiment kann aber auch scheitern. Und auch ein solches Nichtverstehenkönnen eines Textes, das z.B. trotz der Verstehbarkeit seiner Einzelsätze auftreten kann, muß die Negative Dialektik noch in ihren philosophischen Diskurs einbeziehen, um es vielleicht irgendwann doch in Sinn umwandeln zu können, statt den thematisierten Gegenstand als a priori sinnlosen aus der Theorie auszugrenzen.

Während also die historische Identifizierung eines Gegenstandes, die eigentliche Funktion der Konstellationen, scheitern kann, gelingt die von mir analogisierte Handlung bei Tugendhat, die raum-zeitliche Lokalisierung durch die entsprechenden singulären Termini, immer. Dieser Unterschied liegt zum einen darin begründet, daß eine geschichtliche Identifizierung durch viel komplexere und weniger eindeutige Ausdrucksformen geleistet werden muß als etwa durch Wörter, die Raum- und Zeitstellen spezifizieren, wie »hier« und »jetzt«. Es wäre für Adornos Sprachtheorie mindestens das auszuwerten, was Karl Bühler in seiner Sprachtheorie über die »Deixis am

Phantasma« und über den »anaphorischen Gebrauch der Zeigwörter« sagt.[156] In irgendeiner Weise muß natürlich für eine Spezifizierung des Historischen die deiktische Funktion sprachlich manifestiert werden.

Ein anderer Grund für die Möglichkeit des Scheiterns einer objektiven historischen Erkenntnis durch die Konstellation liegt auf einer noch elementareren Ebene. Er besteht darin, daß uns der Schlüssel, nach dem die einzelnen Redeelemente zu einer Konstellation verbunden werden müssen, um richtig auf den Gegenstand bezogen zu sein, nicht durch die Sprache vorgegeben ist; wir müssen ihn uns immer erst suchen. Während die Sprachanalyse die Verweisungsregeln, die für die verschiedenen Typen singulärer Termini gelten, ihrer möglichen Verwendungsweise, dem Bereich dessen entnimmt, was immer schon geschieht, wenn wir sprechen, unterstellt Adorno den Sprachgebrauch selber dem anzustrebenden *Ideal* des stringenten Ausdrucks. Gemeint ist damit aber keine logisch-semantische Stringenz, sondern eine sprachlich-diskursive. Modell für die Stringenz der konstellativen Ausdrucksfunktion »ist das Verhalten der Sprache. Sie bietet kein bloßes Zeichensystem für Erkenntnisfunktionen. Wo sie wesentlich als Sprache auftritt, Darstellung wird, definiert sie nicht ihre Begriffe. Ihre Objektivität verschafft sie ihnen durch das Verhältnis, in das sie die Begriffe, zentriert um eine Sache, setzt.«[157]

Natürlich wäre es Adorno als Inbegriff aufspießenden, falsch identifizierenden Denkens vorgekommen, hätte man ihn nach einer Regel für die Strukturbildung eines solchen Verhältnisses gefragt; er gab mit der Stringenz des Ausgedrückten nur das formale Kriterium an, dem die Konstruktion der Konstellation genügen muß. Will man aber im konkreten Fall feststellen, welcher Gegenstand durch eine Konstellation historisch spezifiziert wird, so kann diese Feststellung nur so erfolgen, daß wir nach den Verweisungsregeln fragen, die jeweils für die Beziehung klassifizierender Prädikate dieses Gegenstands untereinander und für die diese Prädikate notwendig ergänzenden Einzelwörter gelten. Das Aufweisen des Prinzips, nach dem das Verhältnis der einzelnen Elemente der Konstellation gestaltet ist, erklärt also, welchen geschichtlichen Stellenwert der Gegenstand besitzt, welcher Art sein Verhältnis zu anderen Gegenständen ist. Der Konstruktionsregel der Konstellation entspricht auf der Seite des Gegenstands die Regel seiner geschichtlichen Struktur, das Prinzip seiner Genesis. Einer alten hermeneutischen Einsicht folgend, setzt Adorno die Erklärung dafür, wie der Gegenstand geworden ist, in eins mit seiner historischen Spezifizierung.

Das Aufsuchen der Entstehungsregel einer Sache bezeichnet bei Adorno auch die eigentlich metaphysische Tätigkeit. Möglich ist Metaphysik »allein als lesbare Konstellation von Seiendem. Von diesem empfinge sie den Stoff, ohne den sie nicht wäre, verklärte aber nicht das Dasein ihrer Elemente, sondern brächte sie zu einer Konfiguration, in der die Elemente zur Schrift zusammentreten.«[158]

Die solchermaßen konzipierte Metaphysik kann aber nach Adorno nur eine negative sein, weil uns die Entstehungsregel einer Sache weder durch die Dinge selbst, gewissermaßen vorsprachlich, noch durch die Sprache in positiver Weise vorgegeben ist. Sie muß in jedem Einzelfall wieder neu aufgesucht und ausformuliert werden, und zwar durch das versuchsweise Herstellen und Korrigieren sprachlicher Konstellationen. Indem wir uns mit Sprachkonstellationen experimentierend auf materielle Gegenstände und Ereignisse in der Zeit beziehen, unterstellen wir hypothetisch, daß es diese Gegenstände und Ereignisse auch wirklich gibt: Wir setzen die temporale Existenz von Individuellem voraus. Und zugleich unterstellen wir damit auch, daß jeder einzelne Gegenstand eine besondere geistige Struktur, die in ihm sedimentierte Geschichte, besitzt, die wir durch die Vorführung der Verweisungsregeln erklären, die für die einzelnen Glieder der Konstellation gelten.

Wollen wir nun überprüfen, ob unsere konstellativen Hypothesen richtig sind, ob z.B. der Gegenstand X zu einem historischen Zeitpunkt t_n noch existiert, untersuchen wir nicht X - denn das könnten wir gar nicht, wenn X nicht mehr existiert -, sondern wir versuchen, den Zeitpunkt t_n zu identifizieren. Die Summe aller Stellen innerhalb der Geschichte bildet also das letzte Verifikationsfeld für die Existenz der in diesem Feld situierten Gegenstände. Und deshalb kann Adorno von der »Transmutation von Metaphysik in Geschichte«[159] sprechen. »Negativ« kann seine Metaphysik also auch darum heißen, weil ihr Tätigkeitsbereich nicht ein erfahrungstranszendentes Jenseits ist, sondern die als negativ im Sinne von nichtseinsollend erfahrene diesseitige Welt.

Gleichwohl hängt die Möglichkeit der Identifizierung geschichtlicher Positionen vom Vorhandensein materieller Gegenstände und Ereignisse ab, beide Aspekte sind in der Identifizierungsfunktion nicht zu trennen: »Der Konstellation gewahr werden, in der die Sache steht, heißt soviel wie diejenige entziffern, die es (das einzelne Objekt, U.M.) als Gewordenes in sich trägt.«[160]

Während die objektive Lokalisierung von Zeitstellen innerhalb des geschichtlichen Kontinuums bei Adorno eine Funktion des stringenten Ausdrucks und der konzentrierten Darstellung ist, wird die Charakterisierung einzelner Wirklicher, die nicht selber Teile des Geschichtsfelds sind, sondern an Orten innerhalb der Geschichte vorkommen, durch das idealiter geregelte Zusammenwirken von Ausdruck- und Klassifizierungsfunktion geleistet. Ist es nun offensichtlich unsinnig, nach der Existenz der einzelnen Zeitstellen des Geschichtskontinuums zu fragen, da die geordnete Mannigfalt aller historischen Positionen immer das universale und letzte Verifikationsfeld für die Richtigkeit prädikativer Aussagen bildet, so kann sich das Überprüfen der Richtigkeit (Wahrheit) einer Konstellation nur noch auf die Existenz der Einzelobjekte in der Geschichte beziehen. Das geschieht nun aber nicht, indem wir den durch die Konstellation thematisierten Gegenstand daraufhin untersuchen, ob auf ihn das Prädikat der Existenz zutrifft - denn Existenz ist, wie Adorno wohl wußte, kein Prädikat -, sondern indem wir alle raum-zeitlichen Gegenstände in der realen Geschichte untersuchen und fragen, ob einer von ihnen dem in der Konstellation beschriebenen entspricht. Sofern also die konstellative Sprachform eine lokalisierende Existenzaussage über ihren Gegenstand impliziert, und davon darf man für die Position Adornos u.a. deshalb ausgehen, weil den einzelnen Begriffsformen in der Konstellation »Objektivität« verliehen wird, und eine »objektive« Aussage bei Adorno immer über etwas Seiendes geht (vgl. Kap. 3.III.1. u. 2.), kann die Richtigkeit einer Konstellation letztlich nur durch Beobachtung in der realen Welt festgestellt werden. Und nur für den Fall, daß die Konstellation wahr ist, darf die Regel ihrer Zusammensetzung, die aus der Analyse der Relationen ihrer Elemente heraus rekonstruiert werden kann, auch als Prinzip der Genesis des Gegenstandes gelten, der durch die Konstellation beschrieben wird.

Wir können den Text einer Konstellation also nur dann wirklich verstehen, wenn wir wissen, unter welchen Bedingungen er wahr bzw. falsch ist. Eine Stellungnahme jedoch zu einem solchen Text in irgendeiner Form von Bejahung oder Verneinung, d.h. unser Urteil über die Wahrheit der in ihm enthaltenen Aussagenkomplexe, können wir im vorliegenden Einzelfall letztendlich nicht mehr begründet ausweisen. Es beruht auf der Evidenz des Beurteilten: »Entäußerte wirklich der Gedanke sich an die Sache, gälte er dieser, nicht ihrer Kategorie, so begänne das Objekt unter dem verweilenden Blick des Gedankens selber zu reden.«[161]

Indem er philosophisches Denken einem metaphorisch umschriebenen noetischen Erkenntnisziel verpflichtet, begegnet Adorno der Schwierigkeit, daß wir die in aller Rede von »wahr« und »falsch« immer schon vorausgesetzte Bedeutung der Termini »richtig« und »unrichtig« nicht mehr erklären können, weil wir sie in jeder Erklärung dieser Wörter selber schon benutzen.[162] Diese Einsicht widerspricht aber noch nicht einer Applizierbarkeit des philosophischen Grundsatzes der Sprachanalyse, der nach Wittgenstein dadurch definiert ist, daß die Bedeutung des Wortes das ist, »was die Erklärung der Bedeutung erklärt«. Dieser Satz, der bei Tugendhat legitimiert ist durch die Intention philosophischer Sprachanalyse, das »im Verstehen implizit schon Gewußte bloß explizit zu machen und immanent aufzuklären«[163], konnte deshalb auf Adornos Sprachtheorie angewandt werden, weil es auch in der Konstellation um die »Aktualisierung und Konzentration eines bereits Gewußten«[164] geht, wodurch dieses allerdings verändert wird. Insofern wäre auch der Ansatz bei der Sprachanalyse prinzipiell durchaus vereinbar mit einer sie ergänzenden intuitionistischen Wahrheitstheorie.

Sofern nun Adorno seine konstellativen Sprachformen einem praktischen Ziel, letztlich der Veränderung bestehender gesellschaftlicher Verhältnisse unterstellt, haben sie immer schon einen projektiven Charakter: Sie bedeuten Vorgriffe auf eine noch nicht realisierte Verifikationssituation, sie antizipieren etwas, das sein soll, gleichwohl nicht ist. Diese praktische Dimension der Sprache meint Adorno, wenn er davon spricht, die Konstellation diene »der Intention des Begriffs, das Gemeinte ganz auszudrücken«, sie repräsentiere, »was der Begriff ... sein will so sehr, wie er es nicht sein kann«[165]. Der Vorgang der Konstruktion von Konstellationen ist selber als eine aktive Handlung, das methodische Zusammenstellen einzelner Sprachformen zu begreifen, das nach den Prinzipien der Differenzierung, Nichtübereinstimmung und der geregelten Transformation der einzelnen Elemente zu einem stringent-ausdruckshaften Sprachzusammenhang erfolgt.[166] Wie schon Platon unterscheidet also auch Adorno nicht grundsätzlich zwischen theoretischer und praktischer Philosophie. Und deshalb läßt sich etwas Genaueres über die Struktur der Konstellation eigentlich nur im konkreten Anwendungsfall dieses methodischen Verfahrens ausmachen.

Ihrem theoretischen Status nach entsprechen die Konstellationen in etwa den praktischen Aussagen bei Tugendhat, die er »theoretisch-praktische Zwitter« nennt. Sie haben einen assertorischen und einen praktischen Aspekt: »was mit ihnen als objektiv begründet, als vernünftig behauptet wird, ist, daß etwas gewünscht oder getan werden soll.«[167] Es ist dieser eigentümliche Doppelcharakter von Wahrheits- und Anweisungsanspruch, den die praktischen Sätze der Sprachanalyse, die in irgendeiner Weise das Gute thematisieren, mit den konstellativen Sprachformen Adornos gemeinsam

haben. Daß ich diese Parallelisierung nicht willkürlich vollziehe, zeigt die zentrale Stelle am Schluß der »Negativen Dialektik«, an der Adorno die Bedingung der Möglichkeit für die Konstruktion einer lesbaren Konstellation wie folgt beschreibt:
»Metaphysik ... als lesbare Konstellation von Seiendem .. muß ... sich auf das Wünschen verstehen. ... Denken, selber ein Verhalten, enthält das Bedürfnis - zunächst die Lebensnot - in sich. Aus dem Bedürfnis wird gedacht, auch, wo das wishful thinking verworfen ist. Der Motor des Bedürfnisses ist der der Anstrengung, die Denken als Tun involviert.«[168]

Natürlich muß Adorno in dieser Perspektive für ein Verständnis der Konstellation die Fähigkeit zum absichtlichen, willentlichen Handeln voraussetzen. Ohne jenes von Adorno sogenannte »irreduzible Moment von Selbständigkeit am Geist«[169] wäre kaum einsichtig zu machen, wie jemand etwas wünschen könnte. Das Wünschen bedeutet aber gegenüber Imperativen und Intentionssätzen noch insofern eine besondere Sprachhandlung, als es sich an keinen Adressaten richtet, weder an den Sprechenden noch an andere. Denn niemanden kann man in direkter Weise dafür verantwortlich machen, daß sich ein Wunsch erfüllt oder nicht.

Und wenn es weiter richtig ist, was Tugendhat sagt, daß nämlich das, was wir »vernünftigerweise vorziehen«[170], also für wünschenswert halten, auch unser Verständnis dessen bestimmt, was wir das Gute nennen, dann bedeutet das richtige Verstehen konstellativer Texte nach Adorno immer auch das Verstehen der Minimalbedingungen, unter denen eine Ausformulierung dessen, was uns als gut gilt, nur denkbar ist.

Der hier im Ansatz unternommene Versuch einer sprachanalytischen Präzisierung und Ergänzung von Adornos Konstellationstheorie ist naturgemäß über Anfänge nicht hinausgekommen.[171] Es soll hier auch nicht bestritten werden, daß viele andere Motive der Philosophie Adornos einer analytischen Kritik oder Weiterführung wahrscheinlich nicht standhalten. Ein Ansatz bei der sprachlichen Konstellation hingegen zeigt, daß in ihr das epistemologische Grundmodell von Subjekt und Objekt, Begriff und Gegenstand, keineswegs unreflektiert verwendet wird. Hätte Adorno sein sprachmethodologisches Verfahren auf sein eigenes Denken stringent angewandt, so würde ihn der heute erhobene Mentalismus-Vorwurf vermutlich gar nicht treffen.

Der Vergleich mit der Theorie Tugendhats hat zudem gezeigt, daß es auch dieser schließlich darum geht, durch die Erklärung der Verwendungsweise der singulären Termini einen wahrheitsfähigen Bezug auf die einzelnen Gegenstände unserer natürlichen Welt herzustellen. Diese Intention entspricht dem fundamentalen Interesse, das Adornos natürliches Wirklichkeitsverständnis immer schon an der temporalen Existenz alles Einzelnen und Besonderen in unserer Welt bekundet hat.[172]

2. Der Poststrukturalismus (M. Foucault)

Ob Michel Foucault zu den Strukturalisten gerechnet werden darf, scheint ebenso unklar zu sein wie der Begriff des Strukturalismus selber. Unter diesen Terminus werden bis heute die verschiedenartigsten Schulen und Richtungen subsumiert, in denen Strukturen eine fundamentale Rolle spielen. Er ist entsprechend in nahezu allen Wissenschaften von der Anthropologie über die Mathematik bis zur Soziologie von einer gewissen Relevanz.[173]

Soweit es die Position Foucaults betrifft, so hat er sich vernünftigerweise zeit seines Lebens gegen die Apostrophierung als Strukturalisten durch die meisten seiner Interpreten gewehrt.[174] Gleichwohl bin ich der Meinung, daß sein Denken etwas mit der strukturalistischen Bewegung zu tun hat.

Ich wollte solchen Positionsbestimmungen aus dem Weg gehen, indem ich Foucault in der Überschrift als einen Stellvertreter des »Poststrukturalismus« bezeichnet habe. Ich tat das aufgrund der Überlegung, daß seine Theorie wenigstens partiell als ein Nachfolger derjenigen Denkansätze aufgefaßt werden kann, die nach dem 2. Weltkrieg vor allem in Frankreich die geistige Bewegung des Strukturalismus in Gang gesetzt haben, wie etwa die Ethnologie von Lévi-Strauss, die Psychoanalyse Lacans und die marxistische Theorie Althussers. Aber der Versuch, Foucault dem sogenannten Poststrukturalismus zuzuordnen, ist wiederum sehr fragwürdig: Nicht nur wird dieser Terminus ebenso uneinheitlich gebraucht wie der des Strukturalismus; zudem beginnt man jetzt in Deutschland, auch noch vom Neostrukturalismus zu sprechen.[175]

Ich werde mich deshalb im folgenden nicht mehr mit unfruchtbaren Zuordnungsfragen aufhalten, sondern Foucaults Theorie als eigenständige betrachten. Dabei werde ich aber nur über die Teile seines umfangreichen Werks sprechen, die man als Beitrag zu einer Methodologie philosophischen Erkennens begreifen kann. Und unter dieser primären Fragestellung werde ich sie auch auf die Epistemologie Adornos zu beziehen versuchen.

Während unser Vergleich zwischen Adornos Kritischer Theorie und der sprachanalytischen Theorie Tugendhats seinen methodischen Ausgangspunkt in der Funktionsweise von Sprache genommen hat, von der aus die logische Struktur des prädikativen Satzes auf die des Textes der Konstellationen bezogen wurde, muß der Vergleich zwischen den philosophischen Theorien Adornos und Foucaults eine etwas anders gelagerte Problemstellung zugrunde legen, die in ihrem Kern, wenn man so will, den Ansatz bei der Sprachfunktion noch umgreift: Nicht die formalen Möglichkeiten der Systematisierung von Sprache bilden den Gegenstand der Theorie Foucaults; sein eigentliches Interesse gilt dem historischen Auftreten verschiedener sprachlicher Diskurse, der Analyse ihrer Formation.[176] Eine Beschreibung dieser zunächst als autonom verstandenen Diskurse erfolgt aber immer nur im Hinblick auf deren Beziehung zur Ebene der Geschichte, d.h. zu bestimmten Praktiken, Institutionen, sozialen und politischen Verhältnissen etc. Solche unabhängig von den Diskursen bestehenden Gesellschafts- und Verhaltensformen und deren Beziehungen untereinander - Foucault nennt sie »primäre« oder auch »wirkliche« Beziehungen im Unterschied zu den »reflexiven« oder »sekundären« Beziehungen, die ein komplexes Bündel von Verwandtschaftsbeziehungen (»Ähnlichkeits-, Nachbarschafts-, Entfernungs-, Unterschieds- und Transformationsbeziehungen«) bilden, in deren Bereich der Gegenstand einbezogen werden können muß, um Gegenstand eines Diskurses sein zu können - solche Realbeziehungen definieren die Regeln, gemäß denen ein Diskurs organisiert ist.[177] Entsprechend verbleiben sie auch nicht nur außerhalb des Diskurses, sondern gehen in die einzelne Praxis des Diskurses als dessen Regelhaftigkeit ein. Diese den Diskursen immanente Gesetzmäßigkeit, die ihren Verlauf wesentlich bestimmt, durch eine Analyse der diskursiven Formationen freizulegen, kann als eine der wichtigsten Intentionen Foucaults angesehen werden. Die Arbeitshypothese, mit der Foucault sein theoretisches Programm der Aufdeckung historischer Regelhaftigkeiten von diskursiven Praktiken angeht, hat er einmal wie folgt beschrieben:

»Die Geschichte der Wissenschaft, die Geschichte der Erkenntnis gehorcht nicht einfach dem allgemeinen Gesetz des Fortschritts der Vernunft; das menschliche Bewußtsein, die menschliche Vernunft ist gewissermaßen nicht im Besitz der Gesetze ihrer eigenen Geschichte. Unterhalb dessen, was die Wissenschaft von sich selbst weiß, gibt es etwas, was sie nicht weiß; ihre Geschichte, ihre Entwicklung, ihre Episoden und Zwischenfälle gehorchen einer Reihe von Gesetzen und Zwängen. Diese Gesetze und Zwänge habe ich versucht, zutage zu fördern. Ich habe versucht, einen autonomen Bereich freizulegen, der der Bereich des Unbewußten der Wissenschaft wäre, das Unbewußte des Wissens, das seine eigenen Regeln hätte, so wie das Unbewußte des menschlichen Individuums ebenfalls seine Regeln und Zwänge hat.«[178]

Durch die These, daß die Geschichte des Wissens, zu der Foucault außer der der Einzelwissenschaften auch die der Philosophie, Literatur, Recht, Verwaltung etc. rechnet, keinem einfachen Gesetz vernünftigen Fortschritts folgt, weist er sich als Kritiker eines einlinigen Aufklärungsmodells aus. Innerhalb der Geschichte des Wissens sucht er diejenigen Ereignisse und Äußerungen auf, die in den jeweils bestehenden diskursiven Redepraktiken nicht mehr präsent sind und als vergangene auch nicht mehr reflektiert werden, die aber dennoch in den Formationen dieser Diskurse eine Reihe von Spuren hinterlassen haben und als solche auch noch, sei es in manifester oder verborgener Weise, geschichtlich wirksam sind. Er bemüht sich um eine Rehabilitierung jener Gesetzmäßigkeiten, die den offiziellen Diskursen nicht mehr verfügbar sind, obgleich diese doch von jenen als ihren eigenen Formationsbedingungen noch durchgehend abhängig sind. Eine solche Erschließung der »prädiskursiven« Systematizitäten und Regularitäten, die für die Organisation von Diskursen leitend sind, erfolgt durch eine Analyse der sprachlichen Formationssysteme, die gewissermaßen von der Oberfläche der diskursiven Praktiken aus zu deren Tiefendimension vordringen soll.[179]

Die Analyse wissenschaftlicher Diskurse, die den von ihnen entweder vergessenen oder unterdrückten geschichtlichen Formierungsbedingungen dieser Diskurse nachgeht, läßt sich durchaus anhand des Modells einer selbstreflexiv werdenden Aufklärung verstehen, wie es dem von Horkheimer und Adorno entwickelten Konzept einer »Dialektik der Aufklärung« entspricht. Die um Aufklärung bemühte Wissenschaft soll über die ihr selbst unbewußten Zwangsmechanismen aufgeklärt werden, denen sie unterliegt, und für die Foucault ein eigenes System von Regeln annimmt, die ihre Geschichte wesentlich bestimmt haben.

Sofern sich in diesem Programm eine aufklärungskritische und keine anti-aufklärerische Intention ausdrückt, stimmt sie durchaus mit den geschichtsphilosophischen Grundannahmen Adornos überein, die im Postulat einer ständigen Selbstreflexivität philosophisch-aufklärenden Denkens konvergieren. Deshalb ist es auch wenig erstaunlich, daß sich eine der Foucaultschen Forderung, »die menschliche Vernunft in den Besitz der Gesetze ihrer eigenen Geschichte«[180] zu bringen, ganz analoge Forderung bei Adorno findet. Der philosophische Diskurs der negativen Dialektik macht gegen den »Hauptstrom der neueren Philosophie« geltend, »daß Tradition der Erkenntnis selbst immanent ist als das vermittelnde Moment ihrer Gegenstände. Erkenntnis verformt diese, sobald sie kraft stillstellender Objektivierung damit tabula rasa macht. Sie hat an sich, noch in ihrer dem Gehalt gegenüber verselbständigten Form, teil an Tradition als unbewußte Erinnerung; keine Frage könnte nur gefragt werden, in der Wissen vom Vergangenen nicht aufbewahrt wäre und weiterdrängte. Die Gestalt des Denkens als innerzeitlicher, motiviert fortschreitender Bewegung gleicht vorweg, mikrokosmisch, der makrokosmischen, geschichtlichen, die in der Struktur von Denken verinnerlicht ward.«[181]

»Das Teilhaben des Denkens an Tradition als unbewußte Erinnerung« bildet die äquivalente Formulierung des Foucaultschen Ausdrucks »das Unbewußte des Wissens«. Beide Philosophen interessieren sich also für die »Spur des Geschichtlichen« im Denken bzw. den »Bereich des Unbewußten der Wissenschaft«, und beide suchen die abseitigen und kleinen, vergessenen oder überformten Geschichtsspuren in der Sprache auf: Adorno in der rhetorischen Qualität, »in der Kultur, die Gesellschaft, Tradition den Gedanken beseelt«[182], Foucault in »eine(r) gedrängten Menge multipler Beziehungen«[183], die das »Gewebe« eines Textes selbst sind.

Den methodischen Zugang zu den von der offiziellen diskursiven Praxis vernachlässigten Ereignissen, Strukturen und Gegenständen wählen beide Autoren über Mikroanalysen, die an die Stelle übergreifender Synthesen treten.[184] Sie suchen jeweils nicht das Besondere als Teil eines Allgemeinen auf, sondern sie wollen allgemeine, wie Adorno sagt, »makrokosmische, geschichtliche«[185] Strukturen *im* Mikrokosmischen, dem Bereich des Besonderen, aufdecken. Entsprechend bedeutet die Analyse einer diskursiven Formation für Foucault, daß »an die Stelle der Suche nach den Totalitäten die Analyse der Seltenheit, an die Stelle des Themas der transzendentalen Begründung die Beschreibung der Verhältnisse der Äußerlichkeit, an die Stelle der Suche nach dem Ursprung die Analyse der Häufungen«[186] tritt.

Demnach geht es sowohl Foucault als auch Adorno um das Hervorkehren und bewußte Thematisieren des von den jeweils herrschenden sozialen Redepraktiken Exzentrierten, Ausgeschlossenen und Unterdrückten, um das, was anders ist als das in den bestehenden Verhältnissen Dominierende, als die nach öffentlichen Regeln ablaufenden Diskurse der Normalität. Für Foucault sind es der Wahnsinnige, der Asylierte, der Delinquent, auf deren Probleme er aufmerksam machen will, für Adorno die nach offizieller Einschätzung als Dichter und Narren disqualifizierten Menschen[187], von denen er sich Zeichen der Erinnerung an einen gesellschaftlichen Zustand erhofft, der wesentlich anders wäre als der, der ist.

Gleichwohl können beide Philosophen nicht umhin, eine - wenn auch nur minimalisierte - Realpräsenz des von den vorherrschenden Tendenzen Verdrängten innerhalb des bestehenden Zustands anzunehmen, wenn sie es noch begründet ausweisen wollen. Entsprechend unterzieht Adorno seine im Zusammenhang einer »Ontologie des falschen Zustands« aufgestellte These vom unwahren Ganzen als einem Zwangszusammenhang, der nicht nur die Oberflächenstruktur bestehender Verhältnisse betrifft, sondern als totaler bis in deren Innerstes hineinragt, einer Revision, um eben jene Spuren des Nichtnormalen gegenüber der herrschenden Normalität als deren Anderes theoretisch zu sichern:

»Nicht absolut geschlossen ist der Weltlauf, auch nicht die absolute Verzweiflung; diese ist vielmehr seine Geschlossenheit. So hinfällig in ihm alle Spuren des Anderen sind; so sehr alles Glück durch seine Widerruflichkeit entstellt ist, das Seiende wird doch in den Brüchen, welche die Identität Lügen strafen, durchsetzt von den stets wieder gebrochenen Versprechungen jenes Anderen.«[188]

Um sich der fragmentarischen Spuren des gegenüber dem Herrschenden Anderen im Medium des Erkennens versichern zu können, muß Adorno einer theoretischen Option widersprechen, die die Wirklichkeit in einem geschlossenen System formaler Beziehungen vollständig beschreiben zu können glaubt. Vielmehr lassen sich die an der Peripherie des gesellschaftlichen Systems lokalisierten Elemente nur thematisieren, wenn die negative Dialektik ihren Kanon des Wissens über das Herrschende transzendiert; wenn sie andere Formen und Techniken der Beschreibung verwendet, als sie der Erklärung des bestehenden Herrschenden angemessen sind; wenn sie den Versuch einer Systematisierung ihrer Erkenntnisse schließlich ganz aufgibt und Diskurse der Nichtnormalität führt, selbst auf die Gefahr hin, daß sich die Formation solcher nicht normalen Diskurse einer kommunikativen Vergleichbarkeit, sowohl untereinander als auch in bezug auf Diskurse der Normalität, entzieht. Aber so unausweichlich Adorno der Rückzug des Denkens in den Bereich des Nichtkommensurablen, in die Kommunikationsverweigerung also, auch immer gilt, so darf es doch die Hoffnung auf Kommensuration, die der Idee der Wahrheit unabweisbar ist, nicht aufgeben.[189]

»Tastet ... der Gedanke ... derart über sich hinaus, daß er das Andere ein ihm schlechthin Inkommensurables nennt, das er doch denkt, so findet er nirgends Schutz als in der dogmatischen Tradition. Denken ist in solchen Gedanken zu seinem Gehalt fremd, unversöhnt, und findet sich aufs neue zu zweierlei Wahrheit verurteilt, die mit der Idee des Wahren unvereinbar wäre.«[190]

Das strukturalistische Denken Foucaults hingegen, sofern es sich überhaupt auf einen (funktional nicht genau beschreibbaren) Wahrheitsbegriff stützt, spricht Wahrheit nicht ohne weiteres, wie es für die Position Adornos charakteristisch ist, dem Anderen der jeweils herrschenden Normen, dem »was nicht in diese Welt paßt«[191], zu. Es vertritt vielmehr eine »Politik der Wahrheit«, die in der analytischen Freilegung dessen besteht, was Macht eigentlich ist.[192] Foucaults monistisch konzipierte Theorie der Macht und ihrer Wirkungsweise begreift bestehende Herrschaftsverhältnisse in unserer Welt als eine pluralistische Ontologie von Kräfteverhältnissen, die jede Form des Dualismus von Machtbeziehung und ihr vorausliegendem Bezugsfeld oder Substrat überwinden will. In ihr ist das Phänomen Macht durch drei Hauptgesichtspunkte gekennzeichnet: 1. Macht als dezentriertes Netzwerk individueller Konfrontationen, 2. Macht als Kriegsverhältnis und 3. Macht als produktive Durchdringung.[193]

Die Folge einer Ausdehnung der Macht als produktiver Durchdringung zur Omnipräsenz besteht darin, daß Foucault Tatbestände wie Beschädigungen und Zerstörungen theoretisch nicht mehr sinnvoll erfassen kann. Dadurch begibt er sich der Möglichkeit, von den Rissen und Bruchstellen innerhalb des Bestehenden auf einen Zustand zu schließen, der ganz anders wäre als der, der ist. Das nach den geltenden Regeln einer sozialen Praxis Geringste und Schäbigste, die »Leerstellen« in ihr, sowie das an ihrer Peripherie Lokalisierte, also das, was Adorno als Spuren des Anderen der Normalität ausdeutet, kann Foucault nicht als ein methodisches Mittel für die Rehabilitierung jenes unterdrückten Anderen in Anspruch nehmen. Denn das durch bestehende Diskurspraktiken Unterdrückte übt als deren Tiefendimension *ebenso* Macht aus auf deren Oberflächenstruktur. Die strukturale Analyse diskursiver Formationen geht von einem reziproken Abhängigkeitsverhältnis zwischen Vorherrschendem und Überformtem, gleichwohl selber Herrschendem Beherrschtem aus. Und das bedeutet weiterhin, daß innerhalb des Systems multipler Machtbeziehungen keinerlei Elemente (weder dinghafte noch personale) von Individualität gedacht werden können: Eine Bestimmung herrschender Entitäten in ihrer Einzelheit ist so wenig möglich wie eine Bestimmung des Anderen in seiner Andersheit.

Eine qualitative Charakterisierung alles Einzelnen und Besonderen an Personen und Dingen bezeichnet aber das fundamentale Ziel von Adornos negativ-dialektischem Diskurs. Seine Intention besteht darin, zu sagen, was eine Sache selbst, d.h. unabhängig von den Machtbeziehungen, in denen sie steht, noch ist, und welchen Stellenwert sie in einem konstellativ geordneten Zusammenhang von einander verschiedenen Sachen einnimmt, wenn man sie richtig *als* sie selbst identifiziert und nicht, in Adornos Wortverständnis, falsch identifiziert, d.h. *mit* einer anderen Sache gleichsetzt.

Für Foucault hingegen stellt sich das Problem der richtigen Identifizierung eines Gegenstandes mittels diskursiver Sprachformen in dieser Weise nicht, weil es ihm primär gar nicht um die präzise Charakterisierung von Gegenständen, sondern um die Erkenntnis von Machtbeziehungen und ihrer Verflochtenheit geht, in die die Gegenstände unabtrennbar einbezogen sind. Entsprechend entscheidet auch nicht der Rekurs auf den Referenten einer propositionalen Aussage über deren Wahrheit bzw. Falschheit.[194] Die Richtigkeit einer sprachlichen Äußerung hängt allein davon ab, ob sie den Regeln entsprechend gebildet ist, die für die soziale Redepraxis gelten. Die Gesamtheit der eine solche diskursive Praxis konstituierenden Regeln bestimmt auch das System der Beziehungen zwischen den einzelnen Äußerungen und Aussagegruppen. Dem Formationssystem der Sätze und Propositionen eines Aussagefeldes korreliert ein Gebiet der Koordination und der Koexistenz von Objekten.

Daß ein prädikativer Satz eines sprachlichen Feldes, Foucault zufolge, erst zu einer wahrheitsfähigen Aussage wird, indem man ihn in Beziehung setzt zu einer Folge oder einer Menge von anderen Aussagen innerhalb des Aussagenfeldes[195], entspricht der Konzeption von Adornos Konstellationstheorie, nach der nicht die einzelne Begriffsform, sondern der aus einer Gruppe verschiedener Aussageformen bestehende Text die primäre Verstehenseinheit bildet. Während aber das Bezugssystem der Elemente einer Konstellation, ihre Strukturbildung, und das ihm korrespondierende Objektfeld für Adorno nur methodische und unverzichtbare Mittel zur richtigen Identifizierung raum-zeitlicher Einzelgegenstände bedeuten, dienen sie Foucault dazu, prädiskursive Machtstrukturen zu erkennen, von denen die Dinge radikal abhängig sind. Eine Aufhebung der Machtverhältnisse selber, wie sie Adorno intendiert, kommt für Foucault nicht in Frage. Und deshalb ist es auch nur konsequent, wenn er für eine aus seiner Sicht »progressive Politik« fordert, »die historischen Bedingungen und die spezifischen Regeln verschiedener Praktiken anzuerkennen«[196].

Durch diese Forderung verliert Foucaults Theorie jede Möglichkeit des kritischen Einspruchs gegen bestehende Verhältnisse: Sofern die im Kampf gegen unterdrückende Macht eingesetzte subversive Kraft des Wissens selber eine Macht darstellt, die der Aufrechterhaltung von Machtstrukturen dient, verfällt die strukturale Theorie derselben Aporie wie die Adornos, wenn sie Denken selber mit Identifizieren im Sinne eines zwanghaften Gleichsetzens von Begriff und zu begreifender Sache schlicht »identifiziert«. Das impliziert jedoch die Anpassung der Theorie an die jeweils herrschende Ordnung der Dinge.

Die Analyse der Formationen bestehender Diskurse erfolgt selber aus einer diesen sozialen Praktiken externen Perspektive, dem sogenannten »Blick von außen«, der für Foucaults ethnologische Gesellschaftstheorie kennzeichnend ist.[197] Weil sie sich als solche aber bestehenden diskursiven Machtverhältnissen nicht entziehen kann, vermag sie eine kritische Funktion auch nur in bezug auf nicht real präsente, z.B. vergangene oder imaginierte Ordnungen zu erfüllen, sofern diese mit der gegenwärtigen nicht übereinstimmen. Die Beschreibung der bestehenden Ordnung kann dagegen immer nur die für ihre diskursiven Praktiken konstitutiven Regeln und Normen aufzeigen, die auch für die in den Aussagefeldern dieser Praktiken lokalisierten Gegenstände, deren Strukturbildung, bestimmend sind.

Nach den Regeln der Strukturbildung von Gegenständen fragt auch die Theorie Adornos. Anders jedoch als die mikrologischen Analysen Foucaults, sind die sprachlichen Konstellationen Adornos nicht auf das Aufdecken der die Gegenstände konstituierenden Regeln gegenwärtiger sozialer Praktiken gerichtet. Sie gehen statt dessen auf die historischen Entstehungsregeln der Gegenstände, auf die Prinzipien ihrer geschichtlichen Genese.[198] Und deshalb fungieren die Konstellationen auch nicht nur als Erkenntnismittel für die Analyse bestehender, als vielmehr vergangener Formierungsbedingungen der Objekte, die gleichwohl noch in diesen Objekten als Sediment oder Strukturbildung auffindbar sind. Eine Konstellation wird also von Adorno einer normativen Anforderung unterstellt: Sie muß der Struktur nach so beschaffen sein, daß sie es ermöglicht, die Geschichte der Entstehung des Gegenstandes zu rekonstruieren, auf den sie bezogen ist.

Die kritische Funktion der konstellativen Sprachformen liegt also darin begründet, daß sie die historischen Formationsbedingungen des Gegenwärtigen und damit seine Abhängigkeit von Zuständen aufzeigen, die anders sind als der bestehende. Und Adorno vertraute darauf, daß die Rekonstruktion der Genese einer Sache sowie ihrer Regularitäten, d.h. der Bedingungen, unter denen sie geworden ist, eine verändernde Wirkung hervorruft, sofern sie beweist, daß die Formation der gegenwärtigen Gesellschaft nicht notwendig so sein muß, wie sie ist.

Aber noch auf eine andere Weise erfüllen die Konstellationen ihre kritische Funktion einer Transzendenz bestehender Machtverhältnisse, der Zwangsverfaßtheit unserer Wirklichkeit: Für den Fall, daß sich die Geschichte eines Bestehenden, das so, wie es ist, nicht sein soll, nicht mehr zurückverfolgen läßt, und deshalb auf diesem Weg auch keine Möglichkeit sichtbar wird, die Bedürftigkeit dieses Bestehenden auf seine Abhängigkeit von einem anderen und besseren Zustand, der einmal der seinige gewesen ist, zurückzuführen, in diesem Fall muß die Konstellation ihren projektiven Charakter unter Beweis stellen, durch den sie einen besseren Zustand gewissermaßen antizipiert. Sie muß den Versuch unternehmen, ihr Aussagenfeld experimentierenderweise so umzustrukturieren, seine Elemente so umzugruppieren, daß sich ein sinnvoller Text ergibt, der gleichwohl in concreto auf die Gegenwart beziehbar sein muß.[199] Nur liegt die antizipierende Funktion der Konstellationen jetzt nicht mehr im Rückgriff auf ein Besseres qua genetischer Analyse eines Gegenwärtigen, sondern im Vorgriff auf ein künftig möglich scheinendes Besseres, dessen Wünschbarkeit sich durch eine präzise Bestimmung der Bedürftigkeit dieses Gegenwärtigen legitimieren muß.

Beide Möglichkeiten, ein gegenwärtig Bestehendes kritisch zu übersteigen, sind in Foucaults Denken ausgeschlossen. Einer genetischen Rekonstruktion der in einem Aussagenfeld der diskursiven Formation situierten Objekte steht seine strukturale Geschichtstheorie entgegen, die eine »komplexe Methodologie der Diskontinuität«[200] fordert: Geschichte wird verstanden als eine Abfolge von einander nicht vergleichbaren periodischen Abschnitten, deren Bestimmung und Abgrenzung die eigentliche Arbeit des Historikers darstellt. In diesem Zusammenhang will Foucault drei wichtige Geschichtsauffassungen hinter sich lassen: 1. die Annahme, es gebe Kontinuität in der Geschichte, 2. es gebe in der Geschichte eine wirkliche Ausübung menschlicher Freiheit, 3. es bestehe ein Zusammenhang zwischen individueller Freiheit und sozialen Zwängen.[201]

Allen drei Teilpunkten des Foucaultschen Destruktionsversuchs hätte Adorno widersprochen:
1. Diskontinuität und Universalgeschichte sind zusammenzudenken, »Geschichte ist die Einheit von Kontinuität und Diskontinuität«[202].
2. Hätte Adorno auch der Diagnose historischer Absenz emphatisch verstandener Freiheit durchaus zugestimmt, so darf seine Intention, Enklaven autonomen Handelns aufzudecken, wie er sie etwa in den »Minima Moralia« beschreibt und z.B. für das 19. Jahrhundert historisch auch gegeben sah, nicht verkannt werden.
3. Daß Foucault sich für ein »freies« Handeln der Personen überhaupt nicht interessiert, paßt zu seiner dritten These, die jeden Zusammenhang zwischen sozialen Determinanten und individuellem Handlungsspielraum leugnet - eine These, die in ihren anti-demokratischen Implikationen als negatives Pendant der Auffassung Adornos gelten kann.

Doch geht es mir hier weniger um den Unterschied der Positionen als um deren Funktionsweise: Die Verabschiedung des Denkens jeglicher historischen Entwicklung gibt eines der wichtigsten Mittel hermeneutischen Verstehens preis, die Erklärung des Seins einer Sache durch die Erklärung ihres Entstehungsprozesses.[203] An seine Stelle tritt bei Foucault die mikrologische Analyse der Tiefenbedingungen theoretischer Formationen. Sie fragt nicht nach den Regularitäten der in Strukturen manifest gewordenen Geschichte der Diskurse und ihrer Gegenstände[204], sondern sie versucht, die Regeln freizulegen, die für einen bestehenden Diskurs, so wie er an einer bestimmten Stelle der Geschichte vorkommt, bestimmend sind. Über die Faktizität der Diskurspraxis hinaus wird aber nicht mehr der Nachweis erbracht, daß und auf welche Weise diese Regeln jeweils ihre historische Mächtigkeit erlangt haben und in den Rang eines, wie Foucault sagt, »historischen Apriori« aufsteigen konnten.

Diese historischen Apriaritäten - von Foucault auch Positivitäten genannt - bilden die Realitätsbedingungen für das Auftreten von Diskursformen. Sie stellen das System aller Regeln dar, die die Gesetze der Koexistenz von Aussagen, die Form ihrer Seinsweise, Prinzipien ihrer Kontinuität, ihrer Transformation, ihres Verschwindens etc. definieren.[205] Als elementare Strukturen dieser gewissermaßen transzendentalen Sphäre haben sich gegen Ende des 18. Jahrhunderts die anthropologischen Grundbegriffe Leben, Arbeit, Sprache, Psyche und Logik herausgebildet, die - der strukturalen Geschichtstheorie zufolge - an die Stelle der vorher herrschenden Zeichensystematiken, allgemeinen Taxonomien und Ordnungen der Dinge getreten sind. Diese anthropologisch-humanistische Epoche, die ihre Blütezeit im 19. Jahrhundert erlebte, bestimmt auch noch weitgehend Foucaults Gegenwartsdiagnose. In ihr sieht sie sich jedoch einem allmählichen Zerfall ausgesetzt, der durch eine Wiederkehr von Zeichenanalyse und Sprachwissenschaft in Gang gesetzt wird und deren Anfänge bei Saussure, Freud und Husserl liegen.[206]

Sofern nun dieser transzendentale Bereich von in der Gegenwart sich durchkreuzender Anthropologie und Zeichentheorie die Position übernimmt, die in der Tradition der Transzendentalphilosophie der Subjektbegriff innehatte, so ist dadurch auch schon der Grund angezeigt, weshalb Foucault auch nicht die zweite gegenwartskritische Funktion der Konstellationen Adornos, die projektive Vorausnahme eines besseren Zustands auf der Grundlage des bestehenden, für seine Diskurstheorie in Anspruch nehmen kann. Denn die Bedingung der Möglichkeit dafür, einen - als Antizipation eines besseren Zustands, Entwurf eines besseren Lebens -, lesbaren Text zu konstruieren, ist es, daß man Nöte und Bedürfnisse und ihnen entsprechende Wünsche thematisieren kann. In unseren Wünschen und Willensbekundungen wird die traditionelle Funktion des Subjektbegriffs in sprachlicher Gestalt aufbewahrt. Diese Möglichkeit kritischen Einspruchs, das zu äußern, was nicht sein soll, und das, von dem wir wollen, daß es sei, ist der Philosophie Adornos unabweisbar.[207] In der sprachanalytischen Philosophie Tugendhats wird es immerhin noch durch die Erklärung der Funktionsweise intentionaler Sätze (Imperative, Wunsch- und Absichtssätze) thematisiert (vgl. Kap. 3.IV.1.). Die Diskurstheorie Foucaults hingegen schließt eine solche Thematisierungsmöglichkeit aus sich aus, weil in ihr die Subjektstelle durch eine völlig unbestimmte Funktionsstelle ersetzt wird: Das Subjekt einer solchen Aussage soll keineswegs identisch sein mit dem realen Autor, von dem sie in einer Bedeutungsabsicht geäußert wird. Der Satz, die Äußerung, ist vielmehr „ein determinierter und leerer Platz, der wirklich von verschiedenen Individuen ausgefüllt werden kann"[208]. Indem Foucaults Theorie sämtliche Implikationen eines transzendentalen Subjekts und damit auch jenes Moments geistiger Selbständigkeit, das für Adornos Denken unaufgebbar ist, verabschiedet, verfällt sie schließlich doch der Anpassung an die jeweils dominierenden Regeln bestehender diskursiver Praktiken. Entsprechend kann für sie menschliche Wahrnehmung, Kontingenz, unwillkürliches Assoziieren etc. ebensowenig ein Thema sein wie die Reflexion auf das Verhältnis von Körper, Psyche, Bewußtsein und Selbstbewußtsein. Dem Eigenanspruch gemäß stellt sie zwar sowohl eine Identitätstheorie als auch eine Praxistheorie und eine Funktionstheorie dar. Sie verfügt aber, wie ein zynischer Kritiker einmal bemerkt hat, weder über einen Personenbegriff noch über einen Handlungsbegriff, noch über einen eigenen Systembegriff.[209]

V. »Negative Dialektik« als kritisches Geschäft. Adornos dritte Reflektiertheit

1. Das Kantische Modell einer Vernunftkritik qua Vernunft

Philosophisches Denken ist seit seinen Ursprüngen wesentlich immer aus zwei Phänomenen hervorgegangen: aus Verwunderung und Besorgnis. Ihnen entsprechen die beiden wichtigsten Erscheinungsformen der Philosophie, Systematisierung und Kritik. Aus dem Verlangen nach Wissen und dem Bemühen um Klarheit und Verläßlichkeit des Gewußten resultierten architektonische Ordnungsversuche und Erklärungsunternehmen, die sich der Aufgabe verschrieben, verschiedene begründete Einsichten so zu einem verstehbaren Ganzen zu integrieren, daß ein System gerechtfertigter Meinungen entsteht, das keine Form der radikalen Nachfrage mehr auf sich zieht. Das andere Ziel des Philosophierens, einschneidende Kritik, die in der Zurückweisung dogmatischer, weil ungerechtfertigter Annahmen und solcher, die unvertretbar sind, weil sie ungewollte Folgen hervorrufen, besteht, nimmt seinen Anfang im Bedürfnis nach angemesseneren Wissensformen angesichts unhaltbarer Aussagen, in der Besorgnis wegen nicht zureichender, entstellender oder fehlgeleiteter Theorien.

Beide Erscheinungsformen von Philosophie traten in ihrer Geschichte nie unabhängig voneinander auf: Die Orientierung an einer radikalen Nachfrage fand ihre Einsatzstelle stets im Aufweis einer innerhalb eines systematischen Ansatzes vergessenen oder verdrängten Dimension, die noch hinter dem liegt, was der kritisierten Position ein gesicherter Ausgangspunkt ihres Denkens zu sein schien. So durchschaute Aristoteles, daß die Ideenkonzeption Platons nur auf der Hypostasierung von Begriffen beruht. In der Moderne wies Descartes den Scholastikern die Dogmatisierung bloßen Meinens nach. Das Denken von Leibniz nährte sich wesentlich aus seiner Kritik des Empirismus. Kant überführte Leibniz und Hume in einem der Inanspruchnahme ungeprüfter Voraussetzungen. Hegel konnte zur Ausbildung des eigenen Systems nur dadurch gelangen, daß er die Unzulänglichkeiten des Kantischen aufdeckte. Und schließlich lebt die Philosophie Marxens nur von ihrer durchgreifenden Kritik an Hegels Theoriekonstruktion.

Keinem der hier genannten Denker galt Kritik nur als eine Zutat ihrer eigenen Konzeptionen. Vielmehr fanden sie in der Kritik immer auch die Aussagen auf, die sie selber für wahr hielten. Das philosophiegeschichtliche Faktum, daß die großen Denksysteme, um sich wirklich begründet ausweisen zu können, der Momente von Kritik bedurften, mag man als Hinweis auf einen wechselseitigen Fundierungszusammenhang zwischen philosophischem System und philosophischer Kritik deuten: Diese kann sich verwirklichen, wenn sie in einen systematischen Zusammenhang eintritt, jenes ist nur dann wohlbegründet, wenn es zugleich auch Kritik ist.[210]

Durch ein solches Theorem ist nun schon die Grundposition der Kantischen Philosophie bezeichnet. Kant war der erste Philosoph, der System und Kritik derart zusammendachte, daß beides untrennbar aufeinander bezogen ist. Man versteht weder den spezifischen Sinn des Wortes »Kritik« bei Kant, wenn man in ihm nicht neben dem destruierenden auch das integrative Bedeutungselement wahrnimmt, noch kann man erschöpfend begreifen, was ihm »System« heißt, verbindet man damit nicht das Prinzip einer radikalen Nachfrage. Sofern es das Ziel vernünftigen Denkens ist, alle Einzelerkenntnisse in einen systematischen Zusammenhang zu bringen, so kann ein solcher Erkenntnisfortschritt doch nur gelingen, wenn er sich in allen seinen Formen einer ständigen kritischen Überprüfung aussetzt: »Die Vernunft muß sich in allen ihren Unternehmungen der Kritik unterwerfen, und kann der Freiheit derselben durch kein Verbot Abbruch tun, ohne sich selbst zu schaden und einen ihr nachteiligen Verdacht auf sich zu ziehen. Da ist nun nichts so wichtig, in Ansehung des Nutzens, nichts so heilig, das sich dieser prüfenden und musternden Duchsuchung, die kein Ansehen der Person kennt, entziehen dürfte. Auf dieser Freiheit beruht sogar die Existenz der Vernunft, die kein diktatorisches Ansehen hat, sondern deren Anspruch jederzeit nichts als die Einstimmung freier Bürger ist, deren jeglicher seine Bedenklichkeiten, ja sogar sein Veto, ohne Zurückhalten muß äußern können.«[211]

Ihre eigentümliche Begründung erfährt die Meinung Kants, derzufolge Kritik und System wesentlich ein und dieselbe Sache sind, durch seine Aussagen über Täuschungen und fehlerhafte Denkwege, gegen die die Kritik ja gewendet ist: Sie werden nicht durch Denkschwäche oder Fremdverfehlungen erklärt, sondern sie werden auf die spezifische Verfassung der Vernunft selber zurückgeführt, die es von Natur aus mit Konfliktzuständen in ihr selbst zu tun hat. Nur indem Kant Täuschungen im Denken letztlich als etwas Rationales auffaßt, das aus der Vernunft als solcher hervorgeht, so wie ihr auch die Einsichten entspringen, kann er plausibel machen, daß Kritik, die diese Fehler aufdeckt und verhütet, systematisch ist.

Durch den Gedanken, daß Vernunft über die Unzulänglichkeit von Konzeptionen, deren Quelle sie selber darstellt, hinausgelangen kann, begründete Kant den Begriff einer systematisch verfaßten Kritik, der die beiden Komponenten vereinigt, die schon immer die Haupterscheinungsformen der Philosophie gewesen sind. Zugleich hat Kant mit der Konstruktion einer Vernunftstruktur, der Illusion und Einsicht gleichermaßen entspringen, eine Position besonderer Reflektiertheit im Denken ausformuliert. Ist es für das neuzeitliche Denken insgesamt kennzeichnend, daß es eine Reflexion auf die Formen des Denkens selbst vollzieht, etwa die Natur des Bewußtseins oder die Relationen zwischen Begriffsformen thematisiert, so kann es als die besondere Leistung Kants gelten, Irrtümer als solche nicht mehr zurückgewiesen und - wie die Denker der Moderne vor ihm - aus der Philosophie ausgeschlossen, sondern ihnen einen Platz im vernünftigen Denken zugesprochen zu haben.

Die Modifizierung des Vernunftsinns hat Kant also gegenüber der Reflektiertheit des neuzeitlichen Denkens vor ihm dazu geführt, ein zweites Stadium der Reflektiertheit auszuformulieren. Diese zweite Reflektiertheit erlaubt es zum ersten Mal, ein philosophisches Verhältnis auch zu den Konflikten und Unstimmigkeiten des bewußten Lebens zu beziehen, sie anzunehmen und diskursiv auszutragen.

Man findet aber bei Kant in Ansätzen noch eine weitere Form kritischer Reflektiertheit, die auf eine Destruktion jener für Kants Kritikverständnis eigentümlichen Systematizität der Kritik gerichtet ist. In ihr wird der von Kant eigens neu definierte und theoretisch etablierte Vernunftsinn selber dem Verdacht der Täuschung ausgesetzt.[212] In dieser Perspektive wäre Vernunft nurmehr eine Funktion der Selbsterhaltung und ein Instrument der Naturbeherrschung; nicht mehr Medium gelingender Verständigung zwischen freien Bürgern.

Durch das bloße Erwägen einer solchen Möglichkeit ebnete Kant ungewollt einer dritten Stufe der Reflektiertheit den Weg, die alle diejenigen Denkansätze kennzeichnet, für die »Aufklärung« primär die Befreiung der Menschen von dem Mythos, der Illusion bedeutet, die die Vernunft selber ist. Erklärt man aber diese dritte Reflektiertheit zur universalen und letztgültigen Wahrheit, indem man etwa vom Vernunftbegriff einen ausschließlich instrumentalen Gebrauch macht, so behält man am Ende nichts zurück als unvernünftige Idolatrien oder eine Vielzahl von Aussagen über Wirkliches, die man nicht mehr vernünftig begründen kann.

In die Gefahr einer Totalisierung des Täuschungsverdachts gegen vernünftiges Denken selber begeben sich nun auch Horkheimer und Adorno in ihrem für das gegenwärtige Denken so folgenreich gewordenen Programm der »Dialektik der Aufklärung«. Ihm zufolge ist Aufklärung zu dem geworden, wogegen sie sich ihrem eigenen Anspruch nach immer richtete: Sie »ist die radikal gewordene, mythische Angst«[213]. In ihr sieht sich das Philosophieren auf das eine der beiden Ursprungsphänomene zurückgeworfen, aus denen es hervorgegangen ist: auf Besorgnis. Diese Besorgnis wird nun jedoch derart universalisiert, daß nicht mehr nur bestimmte, im Verlauf der Geschichte bewußter Lebensweisen erreichte Wissensformen hinterfragt und für defizitär befunden werden, sondern die Formen des Denkens selber, mithilfe derer jene erstellt wurden, dem Zweck bloßer Erhaltung von Individuen und Arten in der Natur überantwortet werden. Aufklärung bedeutet nicht mehr die Erhellung bislang dunkler Lebens- und Wissensbereiche, sondern Mittel der Reproduktion mythischer Praktiken, schließlich der Rückfall vernünftigen Denkens in materielle, letztlich nicht intelligible Natur. »Selbst das Ich, die synthetische Einheit der Apperzeption, die Instanz, die Kant den höchsten Punkt nennt, an dem man die ganze Logik aufhängen müsse, ist in Wahrheit das Produkt sowohl wie die Bedingung der materiellen Existenz. ... Das Denken wird völlig zum Organ, es ist in Natur zurückversetzt.«[214]

Indem die beiden Dialektiker der Aufklärung die bereits bei Kant angelegte Stufe der dritten Reflektiertheit ausbauen und Aufklärung selbst in Mythologie einmünden lassen, Geschichte mit Naturgeschichte und Fortschritt mit Regression gleichsetzen, ziehen sie den berechtigten Vorwurf auf sich, kein kriteriales Merkmal für die Unterscheidung von Vernunft und Unvernunft, Rationalität und Irrationalität mehr nennen zu können.[215] Ist aber, wie Horkheimer an anderer Stelle schrieb, »der Geist nichts als ein Element der Natur«, »das Individuum nichts als ein biologisches Exemplar« und die Person ausschließlich »durch die Koordinierung seiner Funktionen im Dienst der Selbsterhaltung bestimmt«[216], so kann auch nicht einsichtig gemacht werden, wie Aufklärung die von Kant mit ihr verknüpften Postulate einer Befreiung der Menschheit aus ihrer Unmündigkeit jemals soll erfüllen können; kann nicht einmal die Menschheit selbst, geschweige denn die einzelnen Individuen, für ihren Zustand der Fremdbestimmtheit verantwortlich gemacht werden. Denn jede Art der Schuldzurechenbarkeit setzt die Möglichkeit einer wenigstens schwachen Freiheit personalen Handelns voraus.[217] Sie aber ist innerhalb der zur Totalität gewordenen mythischen Angst konsequenterweise ausgeschlossen.

Das von Horkheimer und Adorno gemeinsam erarbeitete Konzept einer dialektisch in Mythologie »umschlagenden« Aufklärung kann man nun durch zwei methodische Schritte nachzeichnen, die in ihm impliziert sind. Einmal wird die Vernunft, die Kants Ruf zur Aufklärung in die Welt hineinbringen wollte, einer Historisierung unterzogen. Das bedeutet die Erinnerung daran, daß vernünftiges Denken und Handeln unter kontingenten historischen Bedingungen stattfinden muß. Und deshalb verlagert sich jetzt auch das Interesse, das zuvor primär der Vernunft als einer apriorischen Instanz und als einem transzendentalen Vermögen galt, zugunsten der Vernunft, die - wie und in welchem Ausmaß auch immer - in der Welt bereits vorhanden ist. In einem weiteren Schritt erfolgt nun aber auch noch die Historisierung der Geschichte selbst. Das bedeutet ihre Ablösung von universal gültigen, insbesondere teleologischen Erklärungsmodellen. Geschichte wird nicht mehr als ein sinnvolles ganzheitliches Konzept aufgefaßt, sie besteht nurmehr aus einer Fülle von Einzelfakten, die keinerlei positivnormative Kraft mehr darstellen und in deren Folge sich Kontinuität und Diskontinuität unregelmäßig abwechseln.[218]

Denkt man ein solches, radikal historistisches Geschichtsverständnis konsequent zu Ende, so führt es unweigerlich in den Nihilismus. In ihm sind »Aufklärung« und »Vernunft« nur neuzeitliche Mythen, »Geschichte« selber der Inbegriff totaler Unverständlichkeit. Dennoch zwingt uns die historistische Aufklärung[219], die bereits für Nietzsches Denken bestimmend geworden ist, darüber nachzudenken, woher wir denn die Vernunft, die wir als aufklärende Philosophen in die Welt bringen wollen, eigentlich nehmen sollen; ob wir nicht vielleicht die Vernunft, welche wir schon realisiert zu haben glauben, immer auch aus dieser (empirischen) Welt hergenommen haben. Sollte dies der Fall und zudem die ganze Wahrheit sein, so bliebe das Annehmen und Verwirklichen von Vernunft vollständig dem Zufall überlassen.

Im Wissen darum, daß die Verabsolutierung des Standpunkts der dritten Reflektiertheit notwendig das Ende aller Verständigung und Selbstverständigung im Medium philosophischen Denkens zur Folge hat, besann sich Adorno in seinen letzten Texten auf die Abhängigkeit seiner grundlegenden Theoreme von der zweiten Reflektiertheit Kants. Darin vollzieht Adorno vor allem eine Revision der von ihm selbst so oft vertretenen Gegenläufigkeit der beiden philosophischen Erscheinungsformen von Kritik und Integration: »Kants berühmtes Diktum, der kritische Weg sei allein noch offen, gehört zu jenen Sätzen, in denen die Philosophie, aus der sie stammen, die Probe besteht, indem sie, als Bruchstücke, das System überdauern.«[220]

In der »Negativen Dialektik«, dem Buch, das sich von Adornos Texten wohl am stärksten um eine Integration kritischer Gedanken und um die Stiftung eines kohärenten Zusammenhangs zwischen seinen Denkmotiven bemüht, wird ein Begriff von Kritik entfaltet, der nicht »System«, aber doch systematisch strukturiert ist; der kein deduktiver Zusammenhang sein soll, gleichwohl nicht auf »Verbindlichkeit«[221] und »Kraft der Kohärenz«[222] verzichten kann. Adornos kritischer Angriff richtet sich gegen ein System, dem als »Darstellungsform einer Totalität«, positive und letztgültige Organisationsform, »nichts extern bleibt«[223], wodurch es in irgendeiner Weise begrenzt würde. Gegen einen solchen »esprit de système«, die Erklärung einer in allen Einzelteilen festgelegten Ordnung zur letzten Wahrheit, rehabilitiert er den »esprit systématique«, der das Einzelmoment nicht einfach in ein Bezugssystem einpaßt, sondern »seinem immanenten Zusammenhang mit anderen«[224] Rechnung trägt. Denn »Kritik liquidiert ... nicht einfach das System«[225]. Als konkrete Kritik oder, wie Adorno auch sagt, bestimmte Negation, bewahrt sie den Systemcharakter in modifizierter Form, d.h. in einem kleinen und begrenzten Rahmen auf. Eine so verstandene Kritik, Negation geht auf die Erkenntnis von Einzelnem und Besonderem: »Einzig in ihr lebt der systematische Zug fort. Die Kategorien der Kritik am System sind zugleich die, welche das Besondere begreifen.«[226]

Die Organisationsform dieser mikrologisch verfahrenden Kritik bildet bei Adorno die Konstellation, die verschiedene Begriffsformen zu einem lesbaren Text integriert. Durch die Bestimmung ihrer Struktur als ein wechselseitiges kritisches Aufeinander-Referieren der Einzelmomente erinnert Adorno an die von Platon in den Spätdialogen erzielte Einsicht, daß Einheit vernünftigerweise immer als eine von Vielen zu denken ist. Demgegenüber ging Kant bereits einen Schritt zu weit vor in die Richtung einer deduktiven Systembildung, auf die er sich aber im Ernst nie eingelassen hat, sofern er alles vernünftige Denken durch das eine Prinzip einer transzendentalen Bewußtseinseinheit begründete.

Dennoch bleibt trotz aller Abweichungen und Korrekturen qua dritter Reflexion der Grundsinn des von Kant erschlossenen Vernunftbegriffs für Adornos Denken bestimmend. Dafür steht die Kategorie der Selbstreflexion, ein Basistheorem der »Negativen Dialektik«, ein. So beschreibt Adorno eine seiner wichtigsten Intentionen als eine »Achsendrehung der Kopernikanischen Wendung durch kritische Selbstreflexion«[227]. Kritische Selbstreferenz kennzeichnet auch das Verfahren der Dialektik selber »als die zum Selbstbewußtsein erhobene Anstrengung ..., sie sich durchdringen zu lassen«[228].

Die Fähigkeit zur Selbstkritik charakterisiert auch bei Kant noch das oberste Erkenntnisvermögen, die Vernunft. Der Sinn des Genitivs, der im Titel seines Hauptwerkes auftritt, ist ein doppelter: »Kritik der Vernunft« meint sowohl die Vernunft als Gegenstand der Kritik als auch die Vernunft als ausführendes Organ der Kritik. Niemand sonst als die Vernunft selber vermag diese zu kritisieren, eine Metainstanz hat Kant für diese Aufgabe nicht mehr eingesetzt. Und deshalb ergeht immer wieder die »Aufforderung an die Vernunft, das beschwerlichste aller ihrer Geschäfte, nämlich das der Selbsterkenntnis, aufs neue zu übernehmen und einen Gerichtshof einzusetzen, der sie bei ihren gerechten Ansprüchen sichere, dagegen aber alle grundlosen Anmaßungen nicht durch Machtsprüche, sondern nach ihren ewigen und unwandelbaren Gesetzen, abfertigen könne, und dieser ist kein anderer als die Kritik der reinen Vernunft selbst.«[229]

Die Vernunft kritisiert sich selber und muß sich den Weg ihrer Selbstaufklärung aus ihren Verstrickungen in Irrtümer heraus eigens suchen. Nichts anderes fordert Adorno, wenn er es als »die Anstrengung« der Philosophie begreift, »über den Begriff durch den Begriff hinauszugelangen«[230]. Negative Dialektik darf bei keiner der von ihr erreichten Wissensformen stehenbleiben, als seien diese hinsichtlich ihres Wahrheitsgehalts nicht mehr zu übertreffen. Sie bezeichnet vielmehr einen selbstreflexiv verfaßten Erkenntnisprozeß mit unbestimmtem Ausgang, allerdings auch ohne die transzendentale Garantie unwandelbarer Vernunftgesetze.[231]

Während nun aber die kritische Selbstrückbezüglichkeit des Denkens bei Kant ihren Ort immer innerhalb der Vernunft hat, so daß also auch Verstehensdivergenzen als Formen des bewußten Lebens angenommen und vernünftig begriffen werden können, wendet Adorno dialektisches Denken, um ein Absoultes denken zu können, »in einer letzten Bewegung ... noch gegen sich selbst«[232]. Eine solche Selbstaufhebung der Dialektik muß Adorno deshalb vornehmen, weil er Denkformen und Wirklichkeitsstrukturen in ein zu enges Abbild -, zumindest aber Isomorphieverhältnis zueinander setzt: Dialektik soll »in eins Abdruck des universalen Verblendungszusammenhangs und dessen Kritik«[233] sein. Diese Konstruktion ist aber theoretisch nicht ausweisbar. Um ihrer Aporetik zu entgehen, versucht Adorno Dialektik selbst noch »in einem dialektischen Schritt zu verlassen«[234].

An der betreffenden Textstelle wird nicht ganz deutlich, was damit gemeint ist. Soll Dialektik verabschiedet werden, um auch angesichts der metaphysischen Frage nach dem Absoluten noch dialektisch weiterdenken zu können? Das wäre nur verständlich, wenn an die Stelle einer bestimmten Form von Dialektik eine andere träte, die dem Denken des Absoluten allein angemessen wäre, gleichwohl aber noch dialektisch wäre. In diesem Fall hätte sich eben nur das Dialektikverständnis verändert.

Daß Adorno jedoch im selben Kontext davon spricht, der auf ein Absolutes gehende Gedanke finde »nirgends Schutz als in der dogmatischen Tradition«[235], deutet darauf hin, daß hier wirklich der Wechsel vom dialektischen ins undialektische Denken vollzogen wird. Dadurch verschenkt Adorno jede Möglichkeit einer kritischen Erörterung metaphysischer Fragen, wie sie doch dem von ihm in einem Atemzug auch vertretenen Konzept einer negativen Metaphysik als »lesbare(r) Konstellation von Seiendem«[236] unabweisbar entspricht. Für dieses Konzept ist dialektisches Denken die nicht hintergehbare Voraussetzung, sofern es Irrtümer und dogmatische Anmaßungen aufdeckt.

Der Gedanke von der Aufhebung kritisch-dialektischen Denkens selber - und es ist nicht zu sehen, wie die Negation der Dialektik bei Adorno in eine höhere, die erste noch übergreifende Stufe von Dialektik führen könnte - sollte m.E. nicht weiterverfolgt werden. Er gründet in der letztlich irrigen Annahme, Dialektik verstanden als »Ontologie des falschen Zustands« müsse selber falsch und im gleichen Sinne widersprüchlich verfaßt sein wie die schlechte Realität, die durch sie thematisiert werden soll. Wenn Dialektik selbst nur Moment im universalen Verblendungszusammenenhang und ihre Logik nichts als mythischer Zwang ist, kann nicht mehr begründet werden, wie sie den falschen Zustand noch zu transzendieren vermöchte. Weil Adorno Dialektik in direkter Weise an eine schlechte, zwangsverfaßte Realität bindet, muß er sie beim Denken metaphysischer Gegenstände, die als das Andere der Wirklichkeit auch außerhalb ihres Banns liegen, aufheben. Entsprechend »hätte sie ein Ende in der Versöhnung«[237]. Selbst wenn man dem negativen Dialektiker trotz seines nachhaltigen Bekenntnisses zum alttestamentarischen Bilderverbot diesen utopischen Vorgriff auf einen vollständig richtigen Zustand zugesteht, so sind doch Zweifel erlaubt, ob denn in der totalen Versöhnung, wenn in ihr überhaupt noch gedacht werden soll, dialektischem Denken wirklich keine sinnvolle Aufgabe mehr zukäme. Denken müßte doch auch dann zumindest dafür Sorge tragen, die Neuentstehung dogmatischer Anmaßungen und einen Rückfall in Scheinwissen zu verhüten. Eine solche erkenntniskritische Funktion kann Dialektik aber nur erfüllen, wenn sie sich nach dem Modell der Kantischen Vernunftkritik selbst kritisiert, ohne sich in dieser Kritik zu destruieren.[238] In diesem Verständnis muß sich dialektisches Denken zwar stetig verändern, sofern es selbst dynamisch verfaßt ist; aufheben jedoch darf es sich nicht, wie Adorno an anderer Stelle vernünftigerweise ausführt: »Denken braucht nicht an seiner eigenen Gesetzlichkeit sich genug sein zu lassen; es vermag gegen sich selbst zu denken, ohne sich preiszugeben; wäre eine Definition von Dialektik möglich, so wäre das als eine solche vorzuschlagen.«[239]

2. Adornos hermeneutische Transformation des Kantischen Erkenntnismodells

In den nächsten drei Abschnitten sollen noch einmal in konzentrierter Form die wichtigsten hermeneutischen Transformationsmittel zur Sprache kommen, durch die Adorno den erkenntnistheoretischen Ansatz Kants modifiziert. Wurden diese Modifikationen bereits u.a. in der Diskussion des epistemologischen Grundmodells von Subjekt und Objekt (in 3.III) thematisiert, so sind sie im folgenden auf die Struktur des Kantischen Vernunftsinn zu beziehen, den ich als letzte Appellationsinstanz der negativen Dialektik sinnvollerweise zugrunde gelegt habe.

a. Gesellschaftliche Interpretation des Transzendentalen

Die wohl radikalste Form dritter Reflektiertheit, die in Adornos »Negativer Dialektik« zu finden ist, stellt den durch die Transzendentalphilosophie Kants erschlossenen Vernunftsinn in toto unter Ideologieverdacht. Sie begreift den ganzen Bereich des Transzendentalen als einen Spiegel der zwangsverfaßten Realität. Die Struktur der Vernunft bedeutet nur ein getreues Abbild der durch das singuläre Prinzip der ökonomischen Äquivalenz beherrschten gesellschaftlichen Produktionsverhältnisse:

»Die transzendentale Allgemeinheit ist keine bloße narzißtische Selbsterhöhung des Ichs, nicht die Hybris seiner Autonomie, sondern hat ihre Realität an der durchs Äquivalenzprinzip sich durchsetzenden und verewigenden Herrschaft. Der von der Philosophie verklärte und einzig dem erkennenden Subjekt zugeschriebene Abstraktionsvorgang spielt sich in der tatäschlichen Tauschgesellschaft ab. - Die Bestimmung des Transzendentalen als des Notwendigen, die zu Funktionalität und Allgemeinheit sich gesellt, spricht das Prinzip der Selbsterhaltung der Gattung aus. Es liefert den Rechtsgrund für die Abstraktion, ohne die es nicht abgeht; sie ist das Medium selbsterhaltender Vernunft.«[240]

Adorno verfällt hier erneut in den bereits monierten (vgl. 3.V.1.) Fehler, Erkennen und Realität, Intelligibilität und materielle Wirklichkeit, in ein Verhältnis direkter Strukturgleichheit zu setzen und das Abbilden von Faktizität für das Denken von Wahrheit auszugeben. Diese Operation widerspricht den erkenntniskritischen Intentionen negativer Dialektik in fundamentaler Weise, da sie den realen Verblendungszusammenhang durch kritische Selbstreflexion doch gerade zu transzendieren sucht. Der Einwand, es handle sich hier lediglich um eine Kant-Auslegung, die Grundlagen negativer Dialektik stünden hingegen gar nicht zur Debatte, übersieht, daß auch

Adornos kritische Dialektik die Kantische Konstruktion einer vernünftigen Selbstkritik der Vernunft in Anspruch nehmen muß, wenn sie sich begründet ausweisen will (vgl. 3.V.1.). Nur wenn die dialektische Vernunft die herrschenden Vernunftpraktiken, die defizitär sind, weil sie von der Vernunft einen unvernünftigen Gebrauch machen, nicht einfach nachbildet, sondern sie als konkrete Anwendungsformen vernünftigen Denkens zugleich auch kritisiert, vermag sie zu sich selbst zu kommen, d.h. wirklich vernünftige Vernunft zu werden: »Die dialektische Vernunft ist gegen die herrschende die Unvernunft: erst indem sie jene überführt und aufhebt, wird sie selber vernünftig.«[241] Dieses vernunftkritische Programm kann die negative Dialektik jedoch niemals theoretisch einholen, wenn sie weiterhin den von Kant ausdefinierten Sinn transzendentaler Allgemeinheit als den »begriffliche(n) Reflex des totalen, lückenlosen Zusammenschlusses der Akte der Produktion in der Gesellschaft«[242] auffaßt. Durch die in einer solchen Radikalität vorgetragene ideologiekritische Option fällt Adorno in jene schlechte marxistische Tradition des Reduktionismus zurück, die unsere Denkformen auf nichts anderes als die Formstruktur gesellschaftlich produzierter Waren zurückführen wollte. Unverkennbar ist der Einfluß von Georg Lukács' Kant-Interpretation, der die These der »Verdinglichung« aller subjektiven Kräfte zugrunde liegt, die nur noch als sich selbst fremd gewordene, im Dienst von Selbsterhaltung und Naturbeherrschung stehende, kalkulable Faktoren verstanden werden.[243]

Eine ähnlich marxistische Intention, die mit Marxens Forderung einer zukunfts- und praxisbezogenen Theorie nur noch wenig gemeinsam hat, verfolgt das Werk von Alfred Sohn-Rethel, den Adorno im Zusammenhang seiner Interpretation des Transzendentalbegriffs zitiert. Sohn-Rethel ging es darum, die »Porträtähnlichkeit«[244] aufzuzeigen, die seiner Ansicht nach zwischen den obersten Gesetzmäßigkeiten der Naturerkenntnis bei Kant und den Prozessen der Geldökonomie besteht.

Wenn nun auch in Kants Ausdefinierung der Sphäre des Transzendentalen gesellschaftliche Momente unübersehbar sind - sein nachdrücklicher Gebrauch der Pluralformen »wir« und »uns« indiziert ja gerade die Wendung von der Descarteschen erkenntnistheoretischen Robinsonade zur Intersubjektivität -, so kommt diese Thematik zwar »zum Greifen nahe«, wird aber nicht eigentlich »ergriffen«.[245] In jedem Fall dürfte eine materialistisch reduzierende Auslegung des Transzendentalen, zumal wenn sie im Gewande wissenschaftlichen Beweisens auftritt und dadurch nur, wie bei Sohn-Rethel, vom theoretischen Charakter ihrer Operationen abzulenken versucht, nicht geeignet sein, Kants erkenntniskritische Intentionen in irgendeiner Weise fortzusetzen. Das gilt insbesondere für den Typ von Argumentation, den u.a. Adorno vertritt, wenn er die transzendentale Subjektivität der Vollständigkeit noch auf das eine Prinzip des alles nivellierenden Warentauschs zurückführt. Hier nimmt die Kritik einer zur Totalität hochstilisierten instrumentalen Vernunft selbst einen totalitären Charakter an. Die Weiterführung dieser totalen Vernunftkritik, in der die Vernunft nur noch im genitivus objectivus auftritt, arbeitet einer Verabschiedung von methodischem Denken und theoretischer Verantwortlichkeit in die Hände.[246]

b. Ding an sich und Nichtidentisches. Die Utopie der Erkenntnis

So wie das Kantische Weltverständnis ist auch das von Adorno durch eine natürliche Ontologie bestimmt, die der Individualität des Einzeldings eine primäre und erschließende Position im Denken zuspricht. Um die Möglichkeit einer Welt von letztlich selbständigen Einzelnen verständlich zu machen, mußten beide Theoretiker zudem eine Reihe von Bedingungen einführen, denen sie ihre natürliche Weltinterpretation unterstellten: Kant knüpfte den Gebrauch der natürlichen Ontologie an verschiedene Funktionen vernünftigen und selbstbewußten Erkennens, Adorno an die Verlaufsformen dialektischen Denkens. Den von ihnen zusätzlich in Anspruch genommenen Medien des Erkennens, der Kantischen Vernunft und der negativen Dialektik Adornos, eignet eine gemeinsame Grundstruktur. Beide werden prozedural aufgefaßt und sind kritischer Selbstreflexion fähig. Ist die Funktion der Selbstkritik negativdialektischen Denkens notwendig an das Organon Sprache, die Referenz von Begriffen aufeinander und auf sich selbst, gebunden, so kann diese kritische Bewußtseinsleistung in der Transzendentalphilosophie auch nichtbegrifflich erfolgen.

Obwohl nun Kant wie auch Adorno, den Gebrauch der Ontologie von Einzeldingen bestimmten Bedingungen bewußter Erfahrung unterstellte - eben um sie aus ihnen heraus verständlich zu machen -, so verzichteten doch beide nicht ganz auf einen Gebrauch der natürlichen Weltsicht unabhängig von diesen Bedingungen. Bei Kant ergeben sich solche Gebrauchsfälle aus seinen beiden Annahmen über die Welt, die unserer Erkenntnisfähigkeit entzogen ist: die Welt der Dinge an sich und die erkenntnisbefähigter Subjekte. Beide Welten denkt Kant als eine Ordnung Einzelner, die zwar nicht den Bedingungen von Raum und Zeit unterliegt, sich aber auch nicht grundsätzlich von unserer Erfahrungswelt unterscheidet, weil die Grundannahmen der natürlichen Ontologie für sie gelten.[247]

Der Kantischen Sphäre des Noumenalen ganz analog gedacht ist Adornos Konstruktion der Welt dessen, was er das »Nichtidentische« nennt. Auch der Gebrauch dieser Begriffsform läßt sich nicht durch den Verweis auf die Funktionsweise dialektischen Denkens aufklären und rechtfertigen. Anders aber als Kants Welt der Dinge an sich ist die Welt des Nichtidentischen einer bewußten Erschließung nicht grundsätzlich entzogen. Diese Differenz erklärt sich daraus, daß die Formen dialektischen Denkens bei Adorno nicht die einzigen und ausschließlich gültigen Erkenntnisbedingungen darstellen, aus denen heraus das natürliche Wirklichkeitsverständnis neu begründet werden soll. Für eine vollständige Rekonstruktion der weithin unverständlich gewordenen natürlichen Weltinterpretation bildet dialektisches Denken eine zwar notwendige, aber nicht hinreichende Bedingung: Dialektik, »dem Wortsinn nach Sprache als Organon des Denkens« wird auf ein nichtbegriffliches Ziel festgelegt. Als utopisches Erkenntnisideal ist es zwar vollständig nie erreichbar; indem ich mich aber dialektisch denkend und d.h. primär in selbstrückbezüglich verfaßter Rede auf dieses Ziel hinorientiere, kann ich mich ihm, Adorno zufolge, zumindest prozedural annähern. Indem ich mir stets bewußt bin, daß alle nur denkbaren Sprachformen hinter einer zureichenden Erkenntnis des durch die angestrebte Idee bezeichneten Zustands der »Versöhnung« zurückbleiben müssen, weiß ich zugleich, daß ich bei keiner der von mir erreichten Wissensformen stehenbleiben darf, weil sie niemals die letzte Wahrheit über unsere Welt bezeichnen können.

Die nicht mehr überbietbare Wahrheit eines »versöhnten« Zustands eröffnete auch erst die Möglichkeit einer vollständigen Erkenntnis der Welt des Nichtidentischen, von der Adorno im Medium dialektischer Logik jeweils immer nur Teilaspekte erfassen kann. Soviel jedoch geht aus Adornos Äußerungen deutlich hervor: Er begreift den Bereich des Nichtidentischen als eine Ordnung wirklicher Einzelner, von denen es unbestimmt viele gibt. Sie sind selbständig und einander zwanglos zugeordnet. Als solche bedürften sie auch nicht mehr der Dialektik, sofern diese die Aufgabe erfüllt, die Wirklichkeit des Nichtidentischen in seiner ganzen Wahrheit aufzuklären: »Dialektik ... hätte ... ein Ende in der Versöhnung. Diese gäbe das Nichtidentische frei, entledigte es noch des vergeistigten Zwanges, eröffnete erst die Vielheit des Verschiedenen, über die Dialektik keine Macht mehr hätte. Versöhnung wäre das Eingedenken des nicht länger feindseligen Vielen, wie es subjektiver Vernunft anathema ist. Der Versöhnung dient Dialektik.«[248]

Die Welt des Nichtidentischen unterscheidet sich vom bestehenden Zustand zwar erheblich hinsichtlich ihrer Qualität, der Eigenschaften und Zustände Einzelner sowie der Art ihrer Relationen untereinander, nicht hingegen hinsichtlich des Typs von Ontologie, der für sie gilt. Und so ist es auch verständlich, wie Adorno dazu kommen konnte, den Gedanken von der versöhnten Welt des Nichtidentischen in den Rang einer erkenntnisregulierenden Idee für dialektisches Denken zu erheben: denn dieses geht ja auf das Einzelne und Besondere.

Der Gang des Erkennens erhält dadurch eine teleologische Struktur, die in etwa der Struktur des Wegs entspricht, den bei Platon die Seele einschlägt, um schließlich der von ihr angesteuerten Ideen in einer geistigen Schau »innezuwerden«. Während Platon jedoch keine unüberwindbare Barriere zwischen seinen dialektischen Dihairesien und ihrem Telos, der Ideenerkenntnis, errichtete - die Ideen sind dem Denken grundsätzlich zugänglich -, verhindern bei Adorno die Begriffe, mit denen Dialektik notwendig operieren muß, daß eine vollständige Erkenntnis des Nichtidentischen erreicht werden kann.[249] Obgleich Dialektik definiert ist als »das konsequente Bewußtsein von Nichtidentität«[250], vermag sie ihr utopisches Ziel, die Erkenntnis der Sache selbst, die mit dem Nichtidentischen zusammenfällt, dialektisch nicht einzulösen:

»Der philosophische Begriff läßt nicht ab von der Sehnsucht, welche die Kunst als begriffslose beseelt und deren Erfüllung ihrer Unmittelbarkeit als einem Schein entflieht. Organon des Denkens und gleichwohl die Mauer zwischen diesem und dem zu Denkendem, negiert der Begriff jene Sehnsucht. Solche Negation kann die Philosophie weder umgehen noch ihr sich beugen. An ihr ist die Anstrengung, über den Begriff durch den Begriff hinauszugelangen.«[251]

Da sich Adorno das Abtreten seiner höchsten philosophischen Intention an die Kunst ausdrücklich verbietet, sieht er sich schließlich doch auf ein Denken in Dualismen zurückverwiesen, das die Differenz zwischen Allgemeinem und Besonderem, Subjekt und Objekt, auf bewußtem Wege nicht überwinden kann. Allerdings versucht er, den analog zum Kantischen Zweiweltenmodell von Erscheinungen und Dingen an sich gedachten »Bruch« zwischen zwangfrei organisierter Welt des Nichtidentischen und antagonistisch strukturierter Erfahrungswelt zu entschärfen; das »Differente« gleichsam in ein »Differierendes« umzuwandeln.[252]

Die spezifische Transformationsleistung Adornos in bezug auf die Kantische Vorlage kann demnach darin gesehen werden, daß er diejenige Gebrauchsform der natürlichen Ontologie, welche Kant von den Bedingungen der Erfahrungserkenntnis, den Regeln vernünftigen Denkens, ausnahm, zu diesen Bedingungen, den Formen dialektischen Erkennens, in eine Beziehung setzt, ohne sie ihnen zu unterstellen. Diese Beziehung ist durch eine Zweck-Mittel-Relation zwischen der wissenden Beziehung auf das Nichtidentische und der Dialektik gekennzeichnet. Man könnte sie auch als eine Platonische Revision der Kantischen Zweiweltenlehre unter den Vorzeichen sprachlicher Reflektiertheit beschreiben. Kant selbst hatte bereits in seiner ersten Kritik einer Hinorientierung des Denkens auf ein ungedachtes, gleichwohl nicht unvernünftiges Ziel vorgearbeitet, indem er die Begriffsform des Dings an sich einen »möglichen Gedanken« nannte[253]. Und deshalb kann Adorno die Kantischen Konstruktionen von Ding an sich und intelligiblem Charakter zurecht als aspekthafte, einzelne Antizipationen jener ganzen Sphäre des Nichtidentischen begreifen[254], die einer vollständigen Beschreibung durch Begriffe entzogen ist.

Wenngleich aber dialektisches Denken von seinem utopischen Ziel, der Welt des Nichtidentischen, immer nur einen vagen, weil verstellenden oder unzureichenden Begriff besitzen kann, so muß sie das Unbestimmte doch durch sehr bestimmte Mittel, d.h. präzise Begriffe ansteuern. Diese Forderung folgt aus Adornos Konzeption von Dialektik selber, die definiert ist durch die begriffliche Anstrengung, »zu sagen, was nicht sich sagen läßt ..., das Begriffslose mit Begriffen aufzutun«[255]. Kann die Philosophie auch niemals einen theoretisch ausweisbaren Begriff vom Nichtidentischen erreichen, so kann sie doch zumindest auf diese eigene Begrenztheit und Unzulänglichkeit reflektieren. Indem sie ihre Urteile auf das *Verhältnis* einschränkt, welches die Erfahrungswelt zur Welt des Nichtidentischen haben mag, trägt sie noch der Defizienz ihrer Mittel in bezug auf ihr Ziel Rechnung. Solche kritische Selbstreflexion hingegen berechtigt sie zu der Hoffnung einer schrittweisen Annäherung an die Erkenntnis jenes versöhnten Zustands. Dadurch erhält sie nun auch ein theoretisches Gewicht gegen Adornos Selbstverständnis: Er war der Meinung, daß die Diskrepanz zwischen dialektischer Begriffsform und utopischem Erkenntnisziel ein »einfache(r) Widerspruch«, eine »Paradoxie« sei, die an der Einlösbarkeit eines solchen Dialektikbegriffs selber zweifeln lasse.[256]

Entgegenhalten ließe sich dieser radikalen Skepsis die Kantische Einsicht, derzufolge ein striktes Verbleiben im Bereich der Erfahrungserkenntnis »der Vernunft niemals völlig Genüge« tut[257]; nach der die Annahme einer nicht erfahrbaren Welt keineswegs vernunftwidrig, sondern durchaus rational ist, sofern ihr Verhältnis zur wahrnehmbaren Welt durch vernünftige Begriffsformen expliziert ist. In diesem Fall kann der Gebrauch der natürlichen Ontologie zwar nicht durch die Regeln vernünftigen Denkens begründet werden; er widerspricht diesen Regeln aber auch nicht, weil er mit ihren Tendenzen vereinbar ist und an die Intentionen eines verantwortungsvollen Vernunftgebrauchs angeschlossen werden kann.

Schließlich reicht die Analogie der beiden Konstruktionen von Dingen an sich und Nichtidentischem noch bis in ihre jeweilige theologische Deutung hinein: Hatte Kant sich endlich dazu durchringen können, die ansichseienden Dinge als Repräsentanten des in allen Einzelobjekten waltenden göttlichen Verstandes zu begreifen, so dechiffriert Adorno das Nichtidentische am Ende der »Negativen Dialektik« als das Absolute, das ebenso nur noch im Innersten der Einzeldinge präsent ist. »Im Gegenzug gegen den hegelianisierenden Marxismus im Stil von Lukács, der Totalität ohne das Absolute bewahren will, hält er am Absoluten ohne Totalität fest.«[258] Die Kantische Metaphysik fortführend, erklärt Adorno das Absolute, die Welt des Nichtidentischen, den versöhnten Zustand, dialektischem Denken für partiell, nicht jedoch vollständig zugänglich. Einer mikrologisch und mit konstellativen Sprachformen verfahrenden Untersuchung kann sich das Nichtidentische in Einzelaspekten aufschließen.

c. Identität und Nichtidentität. Die Transformation Kants durch Hegel

Eine prozedurale Annäherung des Erkennens an die Welt der ansichseienden Dinge, die Kant zwar erwogen, aber nicht durchgeführt hat, verstellte er sich Adorno zufolge dadurch, daß er die Formen des Denkens auf ein Arsenal von Funktionen festlegte, durch die der Bereich des objektiv Erkennbaren endgültig und umfassend ausdefiniert sein sollte. Die Gegenstände der Erkenntnis haben deshalb für das erkennende Subjekt nur insofern eine wirkliche Bedeutung, als sie zu den Denkfunktionen passen, die dem Erkennenden zur Verfügung stehen. Nur diejenigen Objektanteile, welche eine Projektion der Denkregeln in sie zulassen, können im strengen Sinne Gegenstände des Wissens werden. Die Struktur der Gegenstände muß also den Formen des Denkens in irgendeiner Weise entsprechen.

Dieses von Kant nicht genauer explizierte Entsprechungsverhältnis zwischen unserem Denken und der Wirklichkeit bedeutet nun die Einsatzstelle für die Kritik Adornos. Indem er dieses Verhältnis der Strukturgleichheit von Denken und zu denkender Sache verstärkend und vereinfachend zugleich als ein Identitätsverhältnis ausdeutet, gewinnt er daraus den gegen Kant gewendeten Vorwurf, er habe die Dinge auf das an ihnen Denkbare reduziert. Was sich den apriorischen Denkformen des Transzendentalsubjekts nicht eingliedern lasse, sei für den Denkvorgang irrelevant. Zwar affirmiert Adorno die Momente von Individualität und Spontaneität, die Kant dem Erkenntnissubjekt zusprach. Doch habe ihn diese Konzeption nicht zur notwendigen Konsequenz einer Revision der subjektiven Apriorität geführt. Die Richtung jedes möglichen Erkenntnisfortschritts sei durch die Kategorien ein für allemal vorgezeichnet; Erfahrung letztlich doch nur eine, die das Denken mit sich selber macht, wenngleich es dazu immer auf Materialien angewiesen sei, die außerhalb seiner selbst liegen.

Der bei Kant notierten Tendenz einer Verkürzung der Dinge auf Intelligibilität, das Resultat ihrer Zurückführung auf das an ihnen Denkbare, ist die Hegelsche Erkenntnistheorie nach Adorno zunächst entschieden entgegengetreten: Bei ihrem Einsatz in der »Phänomenologie des Geistes« setzt sie keine Form des Gleichheitsverhältnisses zwischen Denken und zu denkender Sache voraus. Stattdessen werden durch die Kategorien Nichtidentität, Entzweiung, Entäußerung und Entfremdung die Unterschiede und Diskrepanzen stark akzentuiert, die zwischen den beiden Relata des epistemologischen Grundverhältnisses immer wieder auftreten. Auch die Formen des Erkennens werden nicht endgültig ausdefiniert; die unverständlichen, noch nicht gedachten Aspekte des Objekts nötigen das Denken zu einer ständigen Selbstkorrektur, um seinem Gegenstand gerecht zu werden. Dieser Hegelsche Ansatz ist es, den Adorno in seiner Forderung einer nachidealistischen Philosophie geltend macht. Diese »wäre nichts anderes als die volle, unreduzierte Erfahrung im Medium begrifflicher Reflexion«[259].

In der Durchführung seines Denkens, so Adorno, wandte Hegel dieses Programm an. Auf jeder ihrer einzelnen Stufen betont seine idealistische Dialektik die Divergenzen und Konflikte, in die sie im Zusammenhang einer Objekterfahrung gerät: »Sie sagt mit Pathos: Nichtidentität.«[260] Doch Hegel widerrief sein eigenes Programm letztlich, indem er es einem Systembegriff unterstellte, der alle einzelnen Diskrepanzen zur widerspruchslosen Einheit versöhnend zusammenschließt. Die Dimension der Nichtidentität konstruierte er »eigentlich nur um der Identität willen, nur als deren Instrument«[261]. Das im Einzelnen Nichtaufgehende wird schließlich vollständig in das spekulativ-idealistische System integriert. Dieses prädeterminiert zudem die Richtung des gesamten Stufengangs der Erkenntnis, der jeder Einzelschritt zuletzt nur folgt.

Durch das von Hegel auf der Mikroebene praktizierte Denkverfahren transformiert nun Adorno das von Kant innerhalb einer statischen Subjekt-Objekt-Relation gedachte Anwenden von Vernunftregeln. Sofern aber der prozessual aufgefaßte Erkenntnisvorgang bei Hegel durch den Makrokosmos einer Systemganzheit vorbestimmt ist, trennt sich Adorno von ihm und insistiert auf der Offenheit und Nichtdeterminiertheit von Erfahrungskenntnis sowie auf der von Kant zugestandenen Anerkennung dessen, was notwendig außerhalb der durch Vernunftregeln konstituierten Systematizität des Denkens bleiben muß.

Während Kant also von einer gewissen qualitativen Gleichheit von Sache und Denken ausgeht, die im Korrespondenzverhältnis impliziert ist, die aber keine Identität im strengen Sinne meint, nimmt Hegel eine vollständige Identität von Denken und Wirklichkeit an, die als Makrostruktur viele Formen der mikrostrukturellen Verschiedenheit beider umgreift. Adorno dagegen legt seinem Denken eine grundsätzliche Nichtidentität von Vernunft und Gegenständen zugrunde, innerhalb derer er das Denken auf jeweils partielle Übereinstimmungen mit seiner Sache hinorientiert, um so das von Kant a priori vorausgesetzte Korrelationsverhältnis zwischen Denkform und Wirklichkeitsstruktur erst aufzubauen und stets wieder neu herzustellen und es dadurch einsichtig zu machen.

Die drei Auffassungen des Verhältnisses von Sache und Denken lassen sich in dem folgenden Schema veranschaulichen:

	Denken	Relation	Sache
1. Kant:	Vernunftregeln	Formale Identität (Gleichheit)	Einzeldinge als Erscheinungen
2. Kant:	Vernunftregeln	Nichtidentität	Dinge an sich und intelligible Wesen
3. Hegel:	Spek.-ideal. Dialektik	Identität (Nichtidentität)	Einzelwirkliche
4. Adorno:	Negative Dialektik	Nichtidentität (Form. Identität)	Einzelne
5. Adorno:	Negative Dialektik	Nichtidentität	Nichtidentisches (Versöhnte Einzelne)

Der Klammerausdruck (Nichtidentität) in der 3. Spalte (Hegel) kann als das eigentliche Mittel aufgefaßt werden, durch das Adorno den Kantischen Ansatz in der 1. Spalte in seinen eigenen Ansatz in der 4. Spalte transformiert.

Viertes Kapitel

Die Erweiterung der Erkenntnistheorie
um das Ästhetische

I. Das Noetische und das Dianoetische

Im folgenden Kapitel werden nicht eigentlich ästhetische Probleme thematisiert. Es geht vielmehr um die Relation, die der Bereich des Ästhetischen mit dem der philosophischen Theorie in Adornos Denken unterhält.
Eine solche Reduktion der Fragestellung nehme ich nicht deshalb vor, weil ich die Bedeutung der ästhetischen Theoreme Adornos in Abrede stellen oder gar ihren kunsttheoretischen Einfluß auf die Moderne und die Postmoderne unterschätzen wollte. Stattdessen gilt mein Interesse der Beseitigung eines Mißverständnisses in bezug auf das Verhältnis von Philosophie und Kunst, das mittlerweile zum festen Inventar nahezu aller Adorno-Interpretationen geworden ist: Das nichtbegriffliche Medium der Kunst soll leisten, was die theoretische Philosophie durch Begriffe nicht vermag. Insbesondere soll sie jenes hochgesteckte utopische Erkenntnisziel einlösen, dem der diskursive Vernunftgebrauch in der »Negativen Dialektik« unterstellt ist, und qua Institution einen wissenden Bezug auf das Nichtidentische, den mit diesem Begriffssymbol bezeichneten versöhnten Zustand, herstellen. So geht philosophisches Denken schließlich in ästhetische Theorie über; die einzig ihm noch verbleibende Aufgabe liegt in der Interpretation ästhetischer Erfahrung.[1]
Obgleich nun Adorno selber deutlich zu verstehen gegeben hat, daß sich die »Negative Dialektik« verstanden als Integrationsversuch seiner theoretischen Gedankenmotive von allen ästhetischen Themen fernhalte[2], so findet man doch auch in diesem Text viele Elemente, die geeignet sind, Zweifel über das Verhältnis von Philosophie und Kunst zueinander aufkommen zu lassen. Bewußt paradoxale Formulierungen, die formal musikähnliche Anlage der Textkomposition sowie der Gebrauch metaphorischer Ausdrucksformen lassen den Verdacht des Ästhetizismus nicht ganz unbegründet erscheinen.
Dennoch begehen m.E. alle Auslegungsversuche, die der Option einer Ästhetisierung der Philosophie folgen, einen der nachstehend dargelegten Fehler:
1. Sie lassen sich zu sehr von biographischen oder werkgeschichtlichen Vorgegebenheiten leiten. Im ersten Fall wird die theoretische Entwicklung des Frankfurter Instituts für Sozialforschung primär als eine Abfolge von Hoffnungen, enttäuschten Erwartungen und Kompensationen von Enttäuschungen gelesen: Hatten die kritischen Theoretiker in den dreißiger Jahren noch ein gewisses geschichtsphilosophisches Vertrauen in das Vernunftpotential der Kultur des Bürgertums gesetzt, so war dieses spätestens gegen Ende des Zweiten Weltkrieges aufgezehrt. Die Folge war eine Steigerung des Ideologieverdachts bis zur Totale, aus der nur noch die magische Beschwörung eines »Eingedenkens der Natur im Subjekt«, die rhetorische Kraft ästhetischer Fragmente à la Nietzsche herausführen können. Die Hoffnung auf ein »Aufsprengen« der erstarrten Naturgeschichte findet allein Nahrung im Transitorischen avantgardistischer Kunst.[3]
Im zweiten Fall wird die Universalisierung der instrumentellen Vernunft in der »Dialektik der Aufklärung« als zynische Antwort auf eine politische Situation gewertet, in der das ideologiekritische Verfahren Marxscher Provenienz nicht mehr trug,

folglich die Skepsis gegen alle überlieferten Ideen und Maßstäbe, einschließlich den der Kritik selbst, gerichtet wurde. Adornos Versuch, seine unter den Vorzeichen eines gegen die eigenen Fundamente gerichteten Denkens eher fragmentarisch entfalteten Leitmotive in der »Negativen Dialektik« doch noch einmal in einer zusammenhängenden Theorie zusammenzuschließen, gilt entsprechend als ein Offenhalten nicht gelöster Widersprüche, das theoretisch nicht mehr eingelöst oder gerechtfertigt werden kann. Die Formen des künsterischen Ausdrucks und der ästhetischen Mimesis bleiben dann als einzige Mittel zurück, durch die eine Annäherung an das Nichtidentische noch möglich scheint.[4]

Beide Argumentationsfiguren begreifen Adornos Texte als direkte Reflexe auf eine konkrete politisch-gesellschaftliche Situation, in der ein aktives Handeln gefordert ist, für die philosophische Theorie aber keine wirksamen und verantwortbaren Ziele der Praxis mehr begründen kann. Die daraus resultierende Resignation (gegen die sich Adorno übrigens ausdrücklich verwahrt hat) lassen sie »folgerichtig« in die ästhetische Kompensation münden. Dadurch jedoch verstellen sich die Interpreten den Blick für das in der Kritischen Theorie latent vorhandene und auch in Anspruch genommene, wenngleich nicht oft explizierte Begründungspotential. Geblendet durch den Umfang und das theoretische Gewicht der posthum erschienenen »Ästhetischen Theorie« halten sie dieses Buch, das nur durch Zufall Adornos letztes geworden ist (er hatte noch ein größeres moralphilosophisches Werk geplant), zugleich für den terminus ad quem kritischer Theorie überhaupt. Theoretische Zusammenhänge werden hier in simplifizierender Weise auf zeitgeschichtliche und psychologische Erklärungen zurückgeführt.

2. Neben der Surrogatthese (1.), nach der die Kunst zumeist an die Stelle einer verschlossenen Praxis tritt und eine gewissermaßen ethische Erkenntnisfunktion übernimmt, wird häufig die »Statthalterthese« vertreten, nach der vor allem metaphysische Fragen in der Kunst aufbewahrt sind. Sie »überwintern« in ihr, solange für sie im sonstigen Leben kein Platz ist. So wird also der Bereich metaphysischer Erkenntnis, die sich in ein wissendes Verhältnis zum Absoluten setzen will, an das Aufgabenfeld der Ästhetik delegiert.[5]

Nun hat zwar die Ästhetik, Adorno zufolge, eine metaphysische Funktion, sofern sie das Medium der »Rettung des Scheins«[6] darstellt: Sie nimmt sich all der Phänomene an, die von sich aus auf etwas Anderes verweisen, das in ihnen etwa in der Form eines Versprechens angezeigt ist, das aber als solches nicht gewußt werden kann. Die Ästhetik hat es daher auch immer mit dem Bereich utopischer Vorgriffe, Mehrdeutigkeiten und Täuschungen zu tun. Diese Formen ästhetischen Scheins interpretiert sie aber letztlich nur zu dem Ziel, die Formen des nicht-ästhetischen Scheins stärker bewußt zu machen, die im Zusammenhang der theoretischen Erörterung metaphysischer Gegenstände auftreten. Niemals kann die Kunst den wissenden Bezug auf ein Absolutes ersetzen. Ihre Interpretation kann nur Einübung in die Ausdeutung metaphysischer Phänomene sein, sofern es auch diese mit Schein zu tun haben.

3. Ein weiterer Erklärungstyp begreift die Ästhetik nicht nur als das Telos der Philosophie Adornos, sondern als ihr eigentliches Zentrum, dem Geschichtsphilosophie, Erkenntnistheorie und Metaphysik unterstellt sind. Als bloße Teildisziplinen der Ästhetik dienen diese schließlich nur der Auslegung von Kunstwerken sowie der

Ausformulierung einer Theorie des modernen bzw. postmodernen ästhetischen Weltverhaltens.[7]

Eine solche Interpretation entfernt sich nicht nur am weitesten von Adornos Intentionen, sie überläßt die als Theorie vernünftiger Rationalität konzipierte negative Dialektik dem diffusen Vielerlei irrationaler Strömungen. Auch diese können zumindest Einsatzstellen in Adornos Werk für sich geltend machen, so etwa den häufig vorkommenden Gedanken einer intentionslosen Hingabe an das Erkenntnisobjekt oder den einer utopischen Bedürfnisbefriedigung. Losgelöst von den epistemologischen Hauptthesen Adornos dienen diese Motive gegenwärtig vor allem seiner Vereinnahmung durch den Poststrukturalismus und durch eine positive Theologie.

Gegenüber all diesen Ästhetisierungsversuchen vertrete ich hier die These, daß wir es in Adornos Denken nicht mit einer Ästhetisierung der Theorie, sondern - genau umgekehrt - mit einer Theoretisierung der Ästhetik zu tun haben. Das eigentliche Ziel ist ein Wiederanschluß der Kunsttheorie an die Philosophie, in deren Geschichte sich die Ästhetik erst sehr spät von der Theorie abgespalten und dann zu einem Sonderbereich entwickelt hat. Obgleich von der theoretischen Philosophie deutlich getrennt, hat die Ästhetik zu ihr bei Kant noch eine enge Beziehung. Nicht nur gilt sie ihm in der »Kritik der Urteilskraft« als eine spezifische Form des begriffslosen, gleichwohl verbindlichen Erkennens, auch in der ersten Kritik spielt die Ästhetik eine fundamentale Rolle, die sie in der nachfolgenden Geschichte so nie mehr erlangt hat. (Darauf weist Adorno in einem Brief an den Komponisten Ernst Křenek nachdrücklich hin.[8]) Alle Versuche Adornos, Kunst als eine nichtbegriffliche Form der Erkenntnis, eine besondere Form von Sprache zu erweisen, deren Entzifferung und Auslegung auf philosophische Begrifflichkeit angewiesen ist, sind m.E. als deutlicher Ausdruck der Bemühung zu begreifen, Kunst an den Bereich der Philosophie zurückzubinden.

Dieser Versuch zielt aber in keiner Weise auf eine Aufhebung der Grenzen oder eine Relativierung der Differenzen zwischen Kunst und Wissenschaft. Bei aller Affinität beider Disziplinen, aufweisbar etwa anhand der Äquivalenzen zwischen der Entfaltung des »Begriffs« in Hegels Logik und der Entwicklung motivisch-thematischer Arbeit bei Beethoven, hat Adorno zeit seines Lebens keinen Zweifel an der Unterschiedlichkeit beider gelassen. Bereits in seiner Antrittsvorlesung betont er: »man sollte schon lieber die Philosophie bündig liquidieren und in Einzelwissenschaften auflösen, als mit einem Dichtungsideal ihr zu Hilfe kommen, das nichts anderes als eine schlechte ornamentale Verkleidung falscher Gedanken bedeutet.«[9]

Die Studie über die »Konstruktion des Ästhetischen« bei Kierkegaard hält an dieser Position fest: »Selbst mit Hinblick auf eine endliche Konvergenz von Kunst und Philosophie wäre alle Ästhetisierung des philosophischen Verfahrens abzuwehren.«[10]

Und auch in der Spätphilosophie bleibt Adorno seiner Auffassung treu: »Die Affinität der Philosophie zur Kunst berechtigt jene nicht zu Anleihen bei dieser, am wenigsten vermöge der Intuitionen, die Barbaren für die Prärogative der Kunst halten. ... Philosophie, die Kunst nachahmte, von sich aus Kunstwerk werden wollte, durchstriche sich selbst.«[11]

Und wenn nun die »Negative Dialektik« doch davon spricht, daß philosophische Begrifflichkeit nicht auf das utopische Ziel der Erkenntnis des Nichtidentischen verzichten kann und ihre Ausrichtung auf dieses Ziel gerade die »Sehnsucht« ausmacht,

»welche die Kunst als begriffslose beseelt«[12], so ist dadurch nur gefordert, daß Kunst und Philosophie zueinander im Verhältnis einer kritischen Spannung stehen sollen, die durch keine falsche Synthese aufgehoben werden darf. Begriffsformen und Anschauungsmaterial, Analyse und Darstellung, Urteils- und Ausdrucksfunktion bezeichnen gewissermaßen nur die beiden Pole, zwischen denen sich philosophisches Denken bewegt. Indem Adorno das Kantische Postulat eines wechselseitigen Verweisungszusammenhangs zwischen Begriffen und Anschauungen ernsthaft durchführen will, führt er in eins die beiden Bereiche des Erkennens wieder näher zusammen, für die in der Tradition die Termini des Noetischen und des Dianoetischen einstanden. Bezeichnete das Noetische die Fähigkeit, gedankliche Gehalte in einer direkten geistigen Schau zu vergegenwärtigen, sie durch unmittelbare Einsicht oder Evidenz zu erfassen, so stand das Dianoetische für eine Folge vernünftiger Denkoperationen. Dennoch waren beide Vermögen zunächst nicht strikt voneinander getrennt: Das Noetische hat bei Platon in der Gestalt einer intellektuellen Schau der Ideen zur Bedingung seiner Möglichkeit einen dianoetischen Erkenntnisprozeß, das Auf- und Absteigen der Stelle auf ihrem Denkweg zu den wahren Ideen. - Bei Aristoteles wird das noetische Vermögen des intuitiven Erfassens sogar mit dem νοῦς gleichgesetzt und als solches zu den dianoetischen Tugenden, wie Weisheit, Verständigkeit und Klugheit, gerechnet. An die Stelle des noetischen Ziels des dianoetischen Handelns treten bei ihm die ethischen Tugenden, wie Mäßigkeit, Freigebigkeit etc. Sie bewirken, daß die richtigen Zwecke gewählt werden, während die dianoetischen Tugenden für die richtigen Mittel sorgen, um jene zu erreichen. Zwischen beiden besteht ein gegenseitiges Bedingungsverhältnis.[13] - Für Husserl bedeutet »Noetik« die Phänomenologie der Vernunft, die das Vernunftbewußtsein einer intuitiven Erforschung unterzieht. Die noetische Intuition wird als »Wesensschauung« bestimmt.[14]

Einer für die Neuzeit insgesamt charakteristischen Umdeutung des Noetischen durch dessen intellektuelle Operationalisierung versucht Adorno entgegenzuwirken. Sein konsequentes Insistieren auf einem eidetischen Ziel dialektischen Denkens, das eigentlich Platonische Erbe[15], kennzeichnet zugleich die ästhetische Komponente seiner Erkenntnistheorie, die durch eine reichhaltige Metaphorik des Sehens in seinen Texten repräsentiert ist. Diese Rehabilitierung des Noetischen geschieht jedoch nicht um den Preis eines Rückfalls in intuitionistische Positionen oder einer Rückkehr zur romantischen Theorie der intellektuellen Anschauung. Sie dient vielmehr der Erinnerung daran, daß die noetische Dimension historisch Schritt für Schritt aus dem Erkenntnisbereich ausgegrenzt wurde und dadurch erst allmählich jenen irrationalen Charakter angenommen hat, der ihr heute nach vorherrschender Lehrmeinung zugesprochen wird:

»Nicht anders vermag der Begriff die Sache dessen zu vertreten, was er verdrängte, der Mimesis, als indem er in seinen eigenen Verhaltensweisen etwas von dieser sich zueignet, ohne an sie sich zu verlieren. Insofern ist das ästhetische Moment, obgleich aus ganz anderem Grund als bei Schelling, der Philosophie nicht akzidentell.«[16]

Will man das für Adorno gültige Verhältnis von ästhetischer und philosophischer Erkenntnisweise noch einmal in positiver Weise durch ein geschichtliches Modell erklären, so kann das durch den Rekurs auf einen der letzten Texte geschehen, die

Kant geschrieben hat. In ihm warnt Kant vor einer u.a. von Schlosser praktizierten Gefühlsphilosophie, die im Gewande von Mystik als Moral-sense-Philosophie auftritt. Gegen eine isisartige Verschleierung vernünftiger Einsichten wird im Schlußabsatz das Verfahren »eigentlich allein *philosophisch*« genannt, das erworbene Erkenntnisse »auf deutliche Begriffe nach logischer Lehrart« bringt. Dagegen steht »eine *ästhetische* Vorstellungsart eben desselben Gegenstandes ... deren man sich wohl hinten nach, wenn durch erstere die Prinzipien schon ins reine gebracht worden, bedienen kann, um durch sinnliche, obzwar nur analogische, Darstellung jene Ideen zu beleben, doch immer mit einiger Gefahr, in schwärmerische Vision zu geraten, die der Tod aller Philosophie ist.«[17]

II. Die Annäherung an das Nichtidentische

1. Begriff und Name, Konstellation und Mimesis

Um sinnvoll an seinem utopischen Erkenntnisziel, der wissenden Bezugnahme auf das Nichtidentische, festhalten zu können, sieht sich Adorno genötigt, sein theoretisches Instrumentarium zu erweitern: Weder die einzelne Begriffsform, noch der für sich allein stehende Name ist geeignet, das erhoffte Ziel, welches dieser repräsentiert, einzulösen. Der Begriff verstanden als Einheit verschiedener unter ihm befaßter empirischer Merkmale bezeichnet nach Adorno nur den allgemeinen Fall, der für ein Einzelnes gilt; was das Einzelne selbst ist, vermag er nicht zu sagen. Der Name wiederum vermag dies deshalb nicht zu leisten, weil mit seiner direkten Nennfunktion die uneinlösbare Hoffnung verbunden ist, mittels einer einzigen Begriffsform auszudrücken, was das Einzelne als solches sei.

Aus diesem Dilemma heraus führen allein die Konstellationen von Begriffen. In ihnen beziehen sich alle Einzelbegriffe auf das Wesen des Einzelgegenstands, auf den sie gerichtet sind, und zudem noch kritisch aufeinander. Im praktischen Vollzug des konstellativen Erkenntnisverfahrens vermag sich das Denken dem Inneren seiner Objekte schrittweise anzunähern oder, wie Adorno metaphorisch sagt, »anzuschmiegen«.

Um diesen Prozeß einer zwanglos und unverkürzt gedachten Gegenstandserkenntnis verständlich zu machen und theoretisch zu fundieren, bemüht Adorno u.a. Hegels Modell der »Erfahrung des Bewußtseins« herbei als Paradigma einer unreduzierten geistigen Erfahrung.[18] Eine ganz eigene Beschreibung des theoretischen Sachverhalts unternimmt er jedoch erst durch eine Explikation des ursprünglich ästhetischen Phänomens der Mimesis, die er in der begrifflichen Erkenntnisweise und für sie gewinnbringend einzusetzen versucht:

»Ist Philosophie insgesamt mit der Kunst alliiert, soweit sie im Medium des Begriffs die von diesem verdrängte Mimesis erretten möchte, dann verfährt Hegel dabei wie

Alexander mit dem gordischen Knoten. Er depotenziert die einzelnen Begriffe, handhabt sie, als wären sie die bildlosen Bilder dessen, was sie intendieren.«[19]

Die »Depoennzierung der Einzelbegriffe« bezeichnet hier die Fortsetzung des Programms der theoretischen Begriffskonstellationen. Die diskursive Sprache wird durch eine mimetische, nicht signifikante, z.B. eine poetische oder rhythmische Komponente nur erweitert, nicht aber widerrufen. Selbst angesichts einer schlechten und weitgehend unverständlichen Welt bedarf es keiner Abtretung der Erkenntnisfunktionen an die Kunst. Es ist vielmehr eine spezifische Ausdrucksqualität, hervorgerufen etwa durch die Erfahrung von Lebensnot, welche in Begriffen allein nur schwer aussagbar ist:

»Während diskursive Erkenntnis an die Realität heranreicht, auch an ihre Irrationalitäten, die ihrerseits ihrem Bewegungsgesetz entspringen, ist etwas an ihr spröde gegen rationale Erkenntnis. Dieser ist das Leiden fremd, sie kann es subsumierend bestimmen, Mittel zur Linderung beistellen; kaum durch seine Erfahrung ausdrücken: eben das hieße ihr irrational.«[20]

Bei der theoretischen Rehabilitierung des Mimetischen geht es also weder um die ornamentale Ausgestaltung diskursiver Redeweisen, noch um eine Aufweichung terminologischer Klarheit. Stattdessen soll ein verengtes, auf diskursive Sprachformen beschränktes Rationalitätsverständnis um eine anschauliche Dimension, Darstellungs- und Ausdrucksmittel, erweitert werden. Sie sollen es zusammen mit dem Diskursiven ermöglichen, aus der Philosophie - als vermeintlich irrationale - herausgedrängte Erfahrungsgehalte für die Theorie zurückzugewinnen und in wissenschaftliche Diskurse einzubeziehen.

Die ästhetische Verhaltensweise und die ihr historisch vorausgegangene mimetische waren nach Adorno von je her »tief mit Rationalität durchtränkt«. Und so kann das Mimetische heute die Funktion erfüllen, an die Partikularität des vorherrschenden Rationalitätssinns zu erinnern, sofern dieser auf eine instrumentelle Vernunftauslegung eingeschränkt ist: »Was nach den Kriterien herrschender Rationalität am ästhetischen Verhalten für irrational gilt, denunziert das partikulare Wesen jener ratio, die auf Mittel geht anstatt auf Zwecke.«[21]

Es ist insgesamt charakteristisch für Adornos Auffassung des Mimetischen, daß er in ihm ein Rationalitätspotential angelegt sieht, das nur im Prozeß des Zusammenwirkens von begrifflichen und anschaulichen, logischen und ästhetischen Momenten innerhalb der konstellativen Erkenntnisweise entfaltet werden kann. Entsprechend läßt sich das Denken auch nur unter Einbeziehung aller möglichen Formen von Rationalität, einschließlich der mimetischen, auf die utopische Erkenntnis des Nichtidentischen hinorientieren.

2. Das Modell der Musik: Begriffslose Synthesis

Es bedarf der Erklärung, weshalb ausgerechnet die Musik als eine nichtsprachliche Kunst bei Adorno als Modell fungiert nicht nur für die sprachlichen Künste, sondern über diese vermittelt auch für die mit Begriffen operierende Sprache der Philosophie. Warum verweist er sein theoretisches Sprachideal einer begrifflichen Mimesis bereits nach wenigen Seiten der »Negativen Dialektik« an das Vorbild des musikalischen Komponierens?[22]

Die folgende Stelle gibt uns einen Hinweis: »An Philosophie bestätigt sich eine Erfahrung, die Schönberg an der traditionellen Musiktheorie notierte: man lerne aus dieser eigentlich nur, wie ein Satz anfange und schließe, nichts über ihn selber, seinen Verlauf. Analog hätte Philosophie nicht sich auf Kategorien zu bringen, sondern in gewissem Sinn erst zu komponieren. Sie muß in ihrem Fortgang unablässig sich erneuern, aus der eigenen Kraft ebenso wie aus der Reibung mit dem, woran sie sich mißt; was in ihr sich zuträgt, entscheidet, nicht These oder Position; das Gewebe, nicht der deduktive oder induktive, eingleisige Gedankengang.«[23]

Dem Mißverständnis einer Musikalisierung von Philosophie beugen die Ausdrücke »analog« und »in gewissem Sinn« wiederum sehr bestimmt vor. Doch worin besteht nun die konstatierte Analogie zwischen musikalischem und philosophischem Komponieren? Adornos Postulat der Anwendung von Schönbergs musikalischen Gedanken und Praktiken auf die Ausführung negativ-dialektischer Diskursformen verweist uns auf eine gemeinsame programmatische Intention. Unabhängig zunächst von einer Übereinstimmung hinsichtlich technischer Verfahrensweisen verfolgen beide das Ziel einer kritisch-hermeneutischen Traditionsanverwandlung: Während Schönberg sich als einzig legitimen Kritiker und Vollender des Wiener Klassizismus verstand[24], gingen Adornos philosophische Bemühungen von Beginn an darum, den Deutschen Idealismus nach Maßgabe immanenter Kritik an dessen eigenen unerfüllbaren Idealen zu messen und so einerseits zu widerlegen, andererseits aber auch zu sich selbst zu bringen.[25]

Ferner läßt sich die musikgeschichtliche Bedeutung von Schönbergs musikalischer »Revolution«, der Wende zur Atonalität, in eine strukturelle Analogie setzen zur »Kopernikanischen Wende« Kants, die Adorno letztlich mittels einer dritten Reflektiertheit restituiert hat (vgl. Kap. 3.V.): Wollte Kant die natürliche Ontologie keineswegs verabschieden, sondern dadurch rehabilitieren, daß er sie verschärften Prüfungsbedingungen in der Erfahrungserkenntnis unterstellte, so ging es entsprechend Schönberg nicht darum, die in der tonalen Epoche verwendeten musikalischen Techniken und Verfahrensweisen zu destruieren. Sein Ziel war vielmehr, die traditionellen Formen und Konstruktionsregeln unter den neuen Vorzeichen der Nichttonalität viel besser auszugestalten und durchzuführen, als es innerhalb des Bereichs der Tonalität möglich war. In ihr sahen sich die Komponisten genötigt, zwei im Grunde konträre Typen von Regelhaftigkeit, einmal die Prinzipien der linearen Ausformulierung der Einzelstimmen einer Komposition, zum anderen die Prinzipien ihrer vertikalen Anordnung in bezug auf ein harmonisches Zentrum, zu konfundieren. Der integrativen Funktion einer stetigen Rückbeziehung aller Einzelmomente eines Werks auf die diesem zugrundeliegende Tonart, die zumeist eine einzige war, opponierte die historisch anwachsende Tendenz einer Verselbständigung und Ausdifferenzierung der linearen Züge einer Komposition. Diese Entwicklung fand ihren vorläufigen Höhepunkt im Wagnerschen Chromatizismus, durch den zugleich eine Endstufe in der Geschichte tonalen Komponierens erreicht war: Die Polyvalenz harmonischer Bezugsmöglichkeiten ließ ein Festhalten am tonalen Zentrum sinnlos erscheinen. Und so kann auch die Konsequenz, die Schönberg in Gestalt einer Revision der unverständlich gewordenen tonalen Komponierweise zog, nur als folgerichtig angesehen werden.

Der Schritt zur Atonalität hat nun als Kritik einer überkommenen traditionellen Komponierpraxis insofern noch kein direktes Pendant in Kants vernünftiger Kritik einer unreflektiert gebrauchten Ontologie, als er zunächst ein kurzes Stadium des Experimentierens und der Suche nach einer neuen Organisationsform für das musikalische Material einleitete, aber selbst noch kein systematisches Fundament bereitstellte, das eine wirklich neue Entwicklung hätte tragen können. Die Bedeutung des Wortes Kritik bei Kant hingegen impliziert bereits eine Systematizität, durch die die Kritik ihr Fundament und ihre Legitimation erhält (vgl. Kap. 3.V.1.). Als Kritik nimmt das transzendentalphilosophische Verfahren immer schon bestimmte Denkformen, die verschiedenen Funktionen selbstbewußten Erkennens, in Anspruch.

Eine Entsprechung zu den konstitutiven Bewußtseinsformen Kants konstruiert Schönberg dann durch die Etablierung der Zwölftontechnik. Sie erst ermöglicht ihm die Ausbildung des kompositorischen Verfahrens, das als die dodekaphone Komponierweise bekannt geworden ist. Nach ihr bildet die regelgeleitete Verwendung zwölftöniger Serien einschließlich ihrer verschiedenen Transpositionsformen von nun an die Ermöglichungsbedingung für jedes Komponieren, das mit dem Anspruch auf Verbindlichkeit des Komponierens auftritt. So wie der Gebrauch der älteren Ontologie nach Kant an bestimmte Funktionsweisen des Denkens gebunden ist, so ist der Gebrauch des traditionellen Mittels der thematisch-motivischen Durchgestaltung von Werken nach Schönberg an die Verwendung serieller Techniken geknüpft.[26]

Und man kann die Analogie noch weiterführen: In einigen Fällen gebraucht Kant die natürliche Ontologie auch unabhängig von den für sie deduzierten Prüfungsbedingungen in der Erfahrungserkenntnis (vgl. Kap. 3.V.2.b.). Und schließlich sind diese Bedingungen unter besonderen Voraussetzungen in der dritten Kritik gar nicht mehr wichtig. Entsprechend greift Schönberg in den nach 1930 komponierten Werken wieder auf tonale Elemente zurück, ohne jedoch seine Invention der Dodekaphonie zu widerrufen. Eher geht es ihm, wie z.B. die »Ode an Napoleon« und das Klavierkonzert op. 42 deutlich dokumentieren, um eine Verbindung der auseinandergetretenen Momente des Neu-Tonalen und des Seriellen.[27] Dadurch unterstreicht Schönberg die seinem Gesamtwerk zugrundeliegende eigentliche Intention. Sie besteht nicht in der Beherrschung und konsequenten Durchführung formaler Techniken, sondern im Kreieren einer Musik, die neue Maßstäbe setzt; die verbindlich und gut, erkenntnistheoretisch gesprochen: »wahr« ist.[28] Dieses Ziel entspricht wiederum den Intentionen der Kantischen Vernunftkritik. Auch ihr geht es um die Herstellung von Objektivität, um die Rechtfertigung einer verbindlichen Grundlage für die traditionellen Fragen der Metaphysik und für das Weltbild der älteren Ontologie.

Adornos Übereinstimmung mit Kants und Schönbergs Ideal einer wahrhaft kritischen, nicht destruktiven Auseinandersetzung mit der Tradition vorausgesetzt, lassen sich wichtige Parallelen auch in der Methode konstatieren, mit der sowohl Schönberg als auch Adorno dieses Ideal zu erreichen versuchen. Ist durch das Komponieren mit Zwölftonreihen ein funktionaler Bezug aller Einzeltöne und Tonfolgen eines Werkes auf einen Grundton ausgeschlossen, so bedeutet dies eine radikale Dezentralisierung der Harmonik. Sie hat zur Folge, daß nicht nur die verschiedenen Zusammenklänge ein größeres Eigengewicht erhalten, sondern der Parameter »Harmonik« überhaupt an Bedeutung verliert zugunsten der Rhythmik und Melodik. Das wiederum führt zu einer Verstärkung aller linearen Züge eines Werkes und innerhalb der Einzellinien zu einer Hervorkehrung der Relationen zwischen den einzelnen Elementen innerhalb einer Tonfolge. Die Einzelmomente erfahren ihren Zusammenhalt und dessen Struktur nicht mehr durch die Reihe selbst, in der sie auftreten, sondern durch eine plastische rhythmische Gliederung und melodische Gestaltung, die keinem monistischen Prinzip folgt.

Diese Formkonzeption Schönbergs überträgt Adorno nun nicht nur auf seine eigene ästhetische Idealvorstellung, derzufolge alle Momente eines Kunstwerks gleich nah zum Mittelpunkt sein sollen [29]; er nimmt sie zudem als Formmodell auch für philosophische Texte.[30] Diese bedienen sich des theoretischen Erkenntnismittels der Konstellation, deren Struktur der Schönbergschen Reihe darin ähnlich ist, daß auch sie kein ausdefiniertes System deduktiven oder klassifikatorischen Charakters bilden soll. Beide Formvorstellungen sind kritisch gerichtet gegen den konstitutiven Einsatz eines einen und einzigen Gestaltungsprinzips, das für alle unter ihm befaßten Einzelmomente der Form bestimmend ist. Es lassen sich Parallelen herstellen zwischen der Kritik absolut erster philosophischer Prinzipien, wie sie Adorno im Husserl-Buch durchgeführt hat (vgl. Kap. 3.1.), und Schönbergs Kritik tonaler Zentralisierungen, wie auch zwischen Adornos Ablehnung einstimmig-harmonischer Tonalitäten und Schönbergs bevorzugter Verwendung von Dissonanzen und rhythmischen Irregularitäten. Nicht die systematische Geschlossenheit eines Ganzen, sondern der immanente Zusammenhang der einzelnen Elemente einer Komposition bzw. einer Begriffskonstellation bezeichnet die wichtigste Eigenschaft formaler Gebilde.[31]

Gleichwohl tendiert die Dodekaphonie bei Schönberg partiell doch wieder zur Geschlossenheit eines formalen Systems. Während sie in ihren ersten Anwendungen primär nur die Negativfunktion erfüllte, eine unreflektierte Restituierung traditioneller Formen sowie einen Rückfall in positiv gesetzte Expressivität zu verhindern, so mündet ihre konsequente Durchführung ins Gegenteil: Eine radikale serielle Austhematisierung aller Momente eines Werkes dient nicht mehr nur der Individualisierung von Einzelstimmen, sondern zugleich ihrer Determinierung und somit der Verfestigung des musikalischen Ablaufs. Werke wie die Klaviersuite op. 25 und das Bläserquintett op. 26 wirken hermetisch geschlossen und formelhaft »gepanzert«. Das dynamisch angelegte Verfahren der entwickelnden Variation nimmt eine geschlossene Struktur an und bekommt statischen Charakter.

Diese Entwicklung mußte der Kritik Adornos verfallen, weil sie seinem Ideal musikalischer und begrifflicher Konstellationsbildung widersprach. In der Konstellation sollen ein dynamisches und ein statisches Moment zugleich präsent sein, eine zeitliche und eine räumliche Komponente untrennbar fusioniert sein.

Michel Theunissens Deutung der Konstellation, »das Geheimnis der Zeit enthülle sich im Raum«[32], umschreibt die Intention Adornos, ein geschichtlich-prozessuales und ein gegenwärtiges Moment zusammenzudenken. Phänomenologisch aufgewiesen wird der Gedanke, das Werden im Sein als das Gewordensein einer Sache zu begreifen, durch den Wesenscharakter von Musik:

»Was Musik prägnant als Prozeß determiniert, die Verflechtung thematischer Arbeit, in der eines aus dem anderen folgt, wird möglich überhaupt nur durchs fixierte Notenbild; die komplexen Verknüpfungsformen, durch welche die Sukzession inwendig als solche sich organisiert, wären improvisatorischem, schriftlosem Musizieren inadäquat ... Die Statik notierter Musik ist nur deren eine Seite; die andere das, was erklingt, das innerzeitliche Ereignis. So wenig es ohne Schrift denkbar ist, so wenig diese ohne jenes. Wohl sind Noten keine pure Anweisung auf die Aufführung, sondern zum Text objektivierte Musik. Darum gravitieren sie zum stummen Lesen. Wodurch aber der Text zu einem wird, das immanent mit ihm Gemeinte, das gar keiner realen Aufführung bedarf, ist ein zeitlich sich Entfaltendes.«[33]

Die Kontaminierung eines Moments von Vermittlung (das Werden) mit einem Moment von Unmittelbarkeit (das Dasein) bezeichnet eine genuin Hegelsche Gedankenfigur, die im 1. Kapitel der »Wissenschaft der Logik« im Stadium des Übergangs vom Sein zum Dasein auftritt. Dort heißt es: »Das Werden, so Übergehen in die Einheit des Seins und Nichts, welche als *seiend* ist oder die Gestalt der einseitigen *unmittelbaren* Einheit dieser Momente hat, ist *das Dasein*.«[34]

Das zuvor angeführte Adorno-Zitat verdeutlicht aber zugleich, in welcher Weise das Hegelsche Motiv mit der Idee der Deutung sprachlicher Konstellationen, dem »Lesen des Seienden als Text eines Werdens«, verknüpft und in dieser Zusammenfügung auf Musik übertragen wird: Objektivierbar und somit wirklich verstehbar wird Musik erst durch ihren Schriftcharakter, ihre bildhafte Fixierung im Notentext. Wäre sie nichts als zeitliche Sukzession und besäße keine Organisationsformen, die sich durch eine Zeichensprache verobjektivieren ließ, so hätte sie nach Adorno kein eigentliches Dasein, das man sinnvoll verstehen könnte. Die Sprachähnlichkeit von Kunst wird zur Ermöglichungsbedingung ihres Verständnisses erklärt.

So fragwürdig dieses ästhetische Ideal auch sein mag - improvisatorische Kunstformen und nahezu die gesamte außereuropäische Musik fallen aus ihm heraus -, so gut vermag es zu verdeutlichen, welche prototypische Bedeutung der Schönbergschen Kompositionspraxis in bezug auf Adornos Philosophiebegriff zukommt: Die reihentechnisch konzipierten Werke erschließen sich einem allein hörenden Nachvollzug nur sehr schwer; sie fordern das stumme Lesen des Notentextes geradezu heraus. Deshalb beschreibt Adorno auch den Schaffensprozeß Schönbergs mit denselben Vokabeln, die er bereits in seiner Antrittsvorlesung von 1931 zur Charakterisierung seines philosophischen Programms der Konstruktion und Deutung von Konstellationen verwendete: als »Entzifferung«[35] und als »Rätsellösen«[36]. Und es ist nicht auszuschließen, sondern zu vermuten, daß Adorno wesentliche Anregungen für sein in theoretischer Hinsicht so wichtiges methodologisches Konzept der Konstellationsbildung überhaupt erst von Schönberg erhalten hat.[37] Zu offensichtlich korrespondiert die Idee der konstellativen Ineinssetzung eines festen und eines dynamischen Moments mit der Idee der seriellen Durchorganisation eines Werks, in der ein Identisches, die Grundgestalt der verwendeten Reihe, durch das Verfahren der variativen Ableitung zu immer anderen Gestalten ihrer selbst ausdifferenziert wird.

Das häufige Abweichen Schönbergs vom reihentechnischen Verfahren innerhalb seiner retonalen Phase interpretiert nun Adorno folgendermaßen: Die zunehmend konsequentere Anwendung der Dodekaphonie führte in den mittleren Kompositionen zu

einer totalen Durchorganisation des musikalischen Materials, deren notwendige Folge eine statische Geschlossenheit der Werke war (s.o.). Um dieses ungewollte Resultat zu korrigieren, sah sich Schönberg schließlich zu einer Revision seiner Methode genötigt, die in einer partiellen Rückkehr zum harmonischen Komponieren bestand.[38]
Diese Deutung beruht jedoch auf einem Mißverständnis: Schönberg bedurfte keiner Aufhebung des seriellen Verfahrens, um seiner Musik Expressivität und somit einen antistatischen Charakter zu verleihen. Er konnte das konstruktivistische Moment durchaus mit dem mimetischen vereinen. Die starre Mechanik der Reihenverläufe wußte er durch eine vielfältige thematisch-motivische Gestaltung zu überwinden. Sie erst stiftet gegen die Zwänge des Reihenverfahrens den kompositorischen Sinnzusammenhang, wie sich etwa durch eine Analyse des dritten Streichquartetts zeigen läßt.[39] Die Dodekaphonie erfüllt nur die Funktion eines selbst gesetzten Widerstands, einer Prüfungsbedingung für die Anwendung traditioneller Techniken. Und wenn einige Werke geschlossen-formalistisch wirken, so liegt dies in einer zu wenig variablen Behandlung der Technik, nicht in der zu radikal durchgeführten Dodekaphonie begründet.

Adornos Fehleinschätzung resultiert vermutlich aus einem fundamentalen Problem, das durch die Struktur seines eigenen Denkens begründet ist: der Gefahr, daß das als Anti-System konzipierte Konstellationsverfahren in ein neues System mündet; daß die Universalisierung der Methoden negativer Dialektik doch wieder in eine statische Geschlossenheit führt. Aus dieser Gefahr heraus zog Adorno die wohl falsche Konsequenz, Dialektik in einem letzten Schritt selber aufzuheben. Zu diesem Schritt besteht aber kein Anlaß. Er folgt nur aus einem zu restringierten Dialektikverständnis, das vermeidbar ist (vgl. Kap. 3.V.1.).

Und so muß man gegen Adornos Selbstverständnis darauf bestehen, daß Schönbergs Komponierweise auch als serielle das adäquate Modell für die mimetischen Funktionen philosophischer Texte bereitstellen kann. Ihr eigentlich theoretisches Gewicht erhält sie durch die Verbindung der einander gegenläufigen Momente des Logisch-Konstruktiven und des Mimetisch-Darstellenden. Deren Inkongruenz, die auch in einer gelungenen Zusammenfügung erhalten bleibt, ermöglicht eine größtmögliche Variabilität formaler Gestaltung. War die Einheit des Strukturellen und des Expressiven in der traditionellen Musik durch Motive und Themen verbürgt, so ist sie bei Schönberg durch das Auseinandertreten von intervallischen und gestischen Elementen problematisch geworden. Es kennzeichnet aber gerade seine Intention, die Einheit der Momente unter den erschwerten Bedingungen der Atonalität zu restituieren. Um das zu erreichen, bedurfte es einer besonders differenzierten und reichhaltigen Darstellung und Verknüpfung musikalischer Gedanken, ihrer folgerichtigen Ausarbeitung zu einem in sich zusammenhängenden tönenden Diskurs.[40]

Analog versuchte Adorno unter den problematischen Bedingungen des philosophischen Negativismus die getrennten Sprachmomente der logischen Stringenz und des mimetischen Ausdrucks in der Konstellation wieder zu verbinden. Das Eigentümliche dieses Versuchs besteht darin, Expressivität, entgegen einem verbreiteten Vorurteil, als Funktion des Kontextes[41], der Relationen einzelner Begriffsformen untereinander, zu begreifen. Als etwas Isoliertes, in sich Verschlossenes, müßte sie unverständlich bleiben.

3. Das Modell der Sprache: Darstellende diskursive Rede

Inwiefern ist Adorno nun durch die Erweiterung seiner Erkenntnistheorie um das Vorbild einer musikalischen Mimesisfunktion seinem utopischen Ziel, der Erkenntnis des Nichtidentischen, näher gekommen? Was leistet das am Modell des seriellen Komponierens gewonnene Ausdrucksideal für die sprachkonstellative Verfahrensweise negativ-dialektischen Denkens in bezug auf seine Hinorientierung auf das Nichtidentische?

Es hatte sich bereits gezeigt, daß das Nichtidentische - in seiner vollen, unreduzierten Bedeutung verstanden - ein Ganzheitsbegriff ist, der für einen vollständig versöhnten Zustand einsteht, der alle Einzelwirkliche umfaßt. Innerhalb des unversöhnten Zustands jedoch, der antagonistisch strukturierten Wirklichkeit, mit der es dialektisches Denken zu tun hat, können immer nur Einzelaspekte jenes nichtidentischen Ganzen erkannt werden. Aber bereits hierfür bedarf es eines besonderen Denkverfahrens, der Konstellation. Richtig angewendet, fungiert es als Mittel der historischen Identifizierung eines raum-zeitlichen Gegenstands, d.h. der Erkenntnis eines Einzelobjekts in seinem Selbstsein: Die korrekt auf den Gegenstand bezogene Sprachkonstellation vermag diesen in seiner Individualität zu beschreiben und d.h. zugleich in seiner Nichtidentität, als einen, der von anderen Einzelnen unterschieden ist.

In bezug auf eine partielle Form des Nichtidentischen spricht Adorno oft in sehr mißverständlicher Weise wiederum von »Identität«. Der Terminus nimmt jedoch in diesem Anwendungsfall eine Bedeutung an, die dem Grundsinn, den Adorno ihm gibt, geradezu entgegengesetzt ist: Er bezeichnet jetzt nicht mehr eine zwangsverfaßte Gleichheit, etwa die Identität eines Einzelnen mit einem Allgemeinen oder mit einem anderen Einzelnen, die dem ersten Einzelnen gar nicht entspricht und ihm z.B. nur aufgrund einer Täuschung zugesprochen wird, sondern er bedeutet nun die Identität eines Einzelnen mit sich, seine Sichselbstgleichheit im Unterschied zu seiner Gleichheit mit Anderem. Meint diese letzte Form der Gleichheit lediglich eine *qualitative* Identität, die Übereinstimmung zweier Gegenstände hinsichtliche bestimmter Eigenschaften, die Adorno zwanghaft nennen kann, sofern sie zu Unrecht attribuiert wird, so meint jene die *numerische* Identität eines Gegenstandes mit sich. Sie braucht aber keineswegs die triviale und uninformative Aussagenform »a = a« anzunehmen: Historische Gegenstände, um deren sprachkonstellative Identifizierung es Adorno primär geht, stellen komplexe Entitäten dar, denen sich zu verschiedenen Zeitpunkten ihrer historischen Erstreckung und aus jeweils verschiedenen Perspektiven auch verschiedene Namen bzw. Kennzeichnungen zuordnen lassen, die aber sämtlich auf die kontinuierliche Existenz ein und desselben Gegenstandes bezogen sind.

Eine der numerischen Identifizierungsfunktion der Sprachkonstellationen analoge Aufgabe erfüllt das Mimetische in der Kunst. »Die Mimesis der Kunstwerke ist Ähnlichkeit mit sich selbst.«[42] Künstlerisch hergestellt werden solche Ähnlichkeiten durch die Konstruktion verschiedenartigster Korrespondenzen zwischen Merkmalen der Einzelabschnitte eines Werks, die sich in den Grobstrukturen von Symmetrie und Wiederholung keinesfalls erschöpfen. Das differenzierte In-Beziehung-Setzen von einander differierender Einzelmomente nach den Kriterien der Imitation und der Ähnlichkeit konstituiert den mimetischen Charakter der Werke, welcher diese wiederum als jeweils mit sich numerisch identische erscheinen läßt: »Kunstwerke sind die vom Identitätszwang befreite Sichselbstgleichheit«.[43] Ihre mimetische Struktur, das Geflecht von Ähnlichkeitsbeziehungen, macht sie zu artifiziell hergestellten nichtidentischen Objekten, die sich von anderen Werken unverwechselbar unterscheiden, weil die Weise ihrer Durchgestaltung den Gesichtspunkten einer qualitativen Identität im herkömmlichen Sinn einer Merkmalgleichheit zuwiderläuft. Die Einzelnheit nimmt hier die stärkere Bedeutung von Individualität an (vgl. 4. III 1.).

Das Mimetische der Werke kann aber nur deshalb als Modell für die Struktur der theoretischen Konstellationen dienen, weil es sich vermittels der Konstruktion fixieren, quasi vergegenständlichen läßt. Nur weil die Werke, wie Adorno sagt, eine Form »zweiter Gegenständlichkeit«[44] annehmen, taugen sie zur Erkenntnisfunktion, die an solche Objektivierungen notwendig gebunden ist. Das bedeutet aber zugleich auch die Festlegung der Grenzen eines Denkens, das sich mimetischer Verfahren bedient: Es vermag immer nur einzelnes Nichtidentisches, Einzeldinge in ihrem Selbstsein zu begreifen; das Nichtidentische als solches, die gesamte Sphäre ansichseiender Dinge, den versöhnten Zustand als ganzen, kann es bewußt nicht erreichen.

Das Mimetische an und für sich betrachtet koinzidiert aber mit diesem utopischen Ziel : »Absoluter Ausdruck wäre sachlich, die Sache selbst.«[45] Das Bezogensein des Mimetischen auf das *Ganze* der Welt des Nichtidentischen kann nun auch verständlich machen, welche Bedeutung es für die philosophische Erkenntnisweise hat: Es ermöglicht ein negatives Heranreichen begrifflicher Konstellationen an das Nichtidentische als das Absolute.

Eine positive, wahrheitsfähige Erkenntnis kann es immer nur von nichtidentischen Einzelaspekten geben. Entsprechend muß sich Philosophie, wie auch Kunst, eine Verabsolutierung der Ausdrucksfunktion - Adornos Gebrauch des Konjunktivs zeigt das an - verbieten.

Die zentrale technische Kategorie, welche es Adorno ermöglicht, das in den Kompositionen Schönbergs aufgefundene Ausdrucksideal »musikalischer Prosa«, eines »tönenden Diskurses«, ins Medium der Sprache zu transferieren, ist die der »Reihe«. Das begriffslogische Äquivalent, das er an die Stelle des kompositorischen Grundbausteins der Dodekaphonie, die Reihe von zwölf nur aufeinander bezogenen Tönen, setzt, glaubt er in der »Parataxis«[46] aufgefunden zu haben. Zwölftonreihe und Parataxe bedienen sich des Mittels der Koordination zur Verknüpfung ihrer Einzelelemente; beide bedeuten bewußte Abweichungen von Ordnungsformen, die dem Prinzip der Subordination ihrer Glieder unter ein übergeordnetes Prädikat (in der Hypotaxis) oder unter ein ausdefiniertes Formschema (in der klassizistischen Kompositionsweise) folgen. Die Gestaltung gemäß einer fixierten Logik der Periodenbildung verfällt demnach der Kritik sowohl Schönbergs als auch Adornos.

Sein eigenes Ideal einer parataktisch organisierten Ausdrucksform macht Adorno in Hölderlins später Lyrik geltend: »Große Musik ist begriffslose Synthesis; diese das Urbild von Hölderlins später Dichtung ...Musikhaft ist die Verwandlung der Sprache in eine Reihung, deren Elemente anders sich verknüpfen als im Urteil.«[47]

Die Reklamierung parataktischer Spachformen auch für den philosophischen Diskurs - ein Ideal, das von Adorno selbst in der »Ästhetischen Theorie« weitestgehend praktiziert wird - hat einige seiner Schüler verleitet, daraus die Aufhebung des Arguments zu folgern. Eine solche Option übersieht aber, daß Sprache schlechthin, »vermöge ihres signifikativen Elements, des Gegenpols zum mimetisch-ausdruckshaften, an die Form von Urteil und Satz und damit an die synthetische Funktion des Begriffs gekettet« ist; und daß nach Adorno selbst Hölderlin »auf Verbindung aus« ist, nur »eben einer, die nicht ihr Genügen hat an der Urteilsform«[48], die diese aber nicht ernsthaft überwinden will. Sie verkennt zudem, daß diskursive Stringenz und parataktischer Satzbau durchaus vereinbar sind, wie Adorno in der »Ästhetischen Theorie« selbst zeigt: Das Buch bedient sich länger durchlaufender Gedankengänge in weitaus größerem Umfang als etwa die »Negative Dialektik«, in der ein Thema selten mehr als eine Druckseite in Anspruch nimmt. Es besteht also zu einer Abkehr von begründeter Rede überhaupt kein Anlaß.

Gleichwohl folgt die Struktur diskursiver Rede nach Adornos methodischem Ziel einem spezifischen Gestaltungsideal: dem der narrativen Darstellung. Als Korrelat des parataktischen Satzbaus konterkariert das Narrative die synthetischen Sprachfunktionen, welche die verschiedenen Redeelemente zur Einheit ihres Gegenstandes zusammenschließen. Es bewirkt, daß eine solche Redeeinheit nie abschließend definiert sein kann: »Das erzählende Moment der Sprache entzieht von sich aus sich der Subsumtion unter den Gedanken; je treuer episch die Darstellung, desto mehr lockert sich die Synthesis angesichts der Pragmata, die sie nicht ungeschmälert beherrscht.«[49]

Für die Herstellung einer kritisch-selbstreflexiven Sprachfunktion reicht eine Inversion der klassischen Periodenbildung, wie sie Hölderlin praktiziert, allein nicht aus. »Die parataktische Auflehnung wider die Synthesis hat ihre Grenze an der synthetischen Funktion von Sprache überhaupt. Visiert ist Synthesis von anderem Typ, deren sprachkritische Selbstreflexion, während die Sprache Synthesis doch festhält.«[50]

Es sei daran erinnert, daß auch Schönberg sein Ideal musikalischer Prosa nicht allein durch eine Ersetzung der geradtaktigen klassischen Periode durch eine Zwölftonreihe und ihre Permutationen erreichen konnte; diese stifteten nur einen äußeren, gleichsam mechanischen Zusammenhang. Es bedurfte einer vielgestaltigen motivisch-thematischen Arbeit *mit* dieser Technik, um einen sinfälligen musikalischen Verlauf zu erzeugen.

Ganz analog dazu lautet Adornos Interpretation Hölderlins: Dessen Inversion der Ciceronischen syntaktischen Periodizität bedurfte der Ergänzung durch das erzählerische Moment, um den Text vor dem Zusammenschluß zu einer bloß formalistisch und willkürlich anmutenden Einheit zu bewahren. Die korrekte Anwendung rhetorischer Techniken reichte dafür nicht aus, sie stellt letztlich nur einen neuen, wenngleich anders strukturierten Typ sprachlogischen Zusammenhalts her. Erst das Narrative fungiert als ein Korrektiv des logischen Moments selbst: »Was am Gedicht zur Erzählung tendiert, möchte hinab ins prälogische Medium, sich treiben lassen mit der Zeit. Der Logos hatte diesem Entgleitenden des Berichts um dessen Objektivation willen entgegengewirkt; die späte dichterische Selbstreflexion Hölderlins ruft es herauf.«[51]

Wir begegnen hier derselben Gedankenfigur, durch die Adorno auch die Struktur der Konstellation und den Phänomencharakter der Musik beschrieb: der Präsenz eines Werdens in einem objektiven Dasein[52], wobei die synthetische Sprachfunktion das statische und die narrative das dynamische Moment vertritt. Dieser Gedanke wird von Adorno in seinem programmatischen Essay »Über epische Naivetät« wie folgt ausgeführt: »Rauschen ist der Laut der epischen Rede, in dem das Eindeutige und Feste mit dem Vieldeutigen und Verfließenden zusammentrifft, um davon gerade sich zu scheiden. Die gestaltlose Flut des Mythos ist das Immergleiche, das Telos der Erzählung jedoch das Verschiedene, und die mitleidslos strenge Identität, in der der epische Gegenstand festgehalten wird, dient gerade dazu, dessen Nichtidentität mit dem schlecht Identischen, dem unartikulierten Einerlei, seine Verschiedenheit selber, zu vollziehen. Die Epopöe will berichten von etwas Berichtenswertem, von einem, das nicht allem anderen gleicht, nicht vertauschbar ist und um seines Namens willen verdient, überliefert zu werden.«[53]

Resümierend heißt es an anderer Stelle: »Etwas erzählen heißt ja: etwas *Besonderes* zu sagen haben ...«[54]

Das Zitat verdeutlicht sehr plastisch, in welcher Weise Adorno das Kantische Modell der Gegenstandserkenntnis mit narrativen und geschichtlichen Elementen verbindet. Anders als Kant unterscheidet er zwischen einer guten und einer schlechten Synthesis des Mannigfaltigen zur Objekteinheit. Das Kriterium für eine gelungene Gegenstandskonstitution ist die Erkennbarkeit des unverwechselbar Individuellen eines in Rede stehenden raum-zeitlichen Einzeldings. Folglich darf dieses nicht nur unter dem Aspekt seiner Teilhabe an derart generellen Gesetzmäßigkeiten wie Kausalität, Substanz, Wechselwirkung etc. betrachtet werden; auch die Merkmale an ihm, hinsichtlich derer es mit anderen Einzeldingen qualitativ identisch ist, sind von nur sekundärem Interesse. Die wichtigste Anforderung an eine gelungene Erkenntnis eines mit sich identischen Einzelwirklichen besteht in der Aufweisbarkeit seiner differenten Gegebenheitsweisen sowie jeweils anders gearteten Zuständen, die das Einzelne zu den verschiedenen Zeitpunkten seiner Entstehungsgeschichte annimmt. Wir können eben komplexe Gegenstände in der Regel immer nur in bestimmten Raum-Zeit-Stadien beschreiben. Wollen wir nun die gegenwärtig erscheinende Objekteinheit in ihrer Zusammensetzung vollständig begreifen, so müssen wir das Objekt auf seinem kontinuierlichen Weg durch die Geschichte bis auf seine Entstehung zurückverfolgen.

Das Medium, innerhalb dessen eine solche genetische Aufschlüsselung eines identischen Einzelnen nach Adorno erfolgen soll, ist die Erzählung. Sie darf aber nicht die vielfältigen historischen Gegebenheitsweisen des Einzelnen wahllos aneinanderreihen und die Summe der Einzelergebnisse dann für die Erklärung des gegenwärtigen Phänomens ausgeben. Eine solche historistische Vorgehensweise entspräche einer Bestätigung dessen, was Adorno die immergleiche »gestaltlose Flut des Mythos« nennt (s.o.). Die narrative Rede darf nicht Vergangenes unterschiedslos beschreiben, sie muß vor allem Gegenwärtiges *erklären*. Um das zu leisten, muß sie eine Auswahl der Fakten treffen und Wertungen vornehmen. Nur so kann das »Eindeutige und Feste mit dem Vieldeutigen und Verfließenden« sinnvoll zusammengedacht werden.

Die hier intendierte Verbindung der Funktionen des Beschreibens und des Erklärens kennzeichnet in der Tat die logische Struktur narrativer Aussagen. Sie gilt es zu verdeutlichen, will man das von Adorno simplifiziert und nahezu unbegründet in Ansatz gebrachte Theorem der Erzählung theoretisch fruchtbar und in seiner Bedeutung verständlich machen. Die operativen Mittel dafür lassen sich der Konzeption einer »Analytischen Philosophie der Geschichte« von Arthur C. Danto[55] entnehmen.

Danto gibt uns nämlich eine plausible Begründung dafür, warum die Erzählung von sich aus dazu prädestiniert ist, jene von Adorno ihr zugesprochene Aufgabe der historischen Gegenstandserklärung zu erfüllen: Es charakterisiert die logische Struktur narrativer Sätze, daß sie sich beschreibend auf temporale Ganzheiten beziehen; die Wahl des Anfangs der Erzählung (F) ist in ihnen stets durch den Bezug auf ihr Ende (G) legitimiert. Zudem erfordert jede Erzählung ein konstantes Subjekt (a), mit dem zwischen diesen beiden Zeitpunkten (t-1/t-3) eine Veränderung (F-G) geschieht, das aber innerhalb der erzählten Geschichte kontinuierlich identisch bleibt.[56] Somit ergibt sich folgendes Strukturmodell einer erzählenden Erklärung:
(1) a ist F in t-1
(2) H ereignet sich mit a in t-2 .
(3) a ist G in t-3
Demnach nimmt die Erzählung deshalb immer schon die Form einer historischen Erklärung an, weil sie der Struktur der Erzählung: Anfang, Mittelteil, Ende, der Sequenz der Schritte (1), (2), (3), äquivalent ist. Diese formale Übereinstimmung liefert auch den Rechtsgrund für die Gleichsetzung einer erzählenden Beschreibung des Geschehenen und seiner begründeten Erklärung. Die historische Erklärung selbst wiederum geschieht durch den Aufweis eines Ereignisses (H), das den Wandel von F nach G verursacht hat.[57]

Sofern nun aber komplexe Gegenstände selten durch eine atomare Erzählung nach dem Modell einer Veränderung von F zu G erklärbar sind und folglich zu ihrer Begründung eine ganze Reihe atomischer Erzählungen vonnöten ist, die jeweils eine verschiedene Veränderung zum Gegenstand haben (F-G-H-I), so kann auch der gesamte Veränderungsprozeß nicht mehr durch ein einziges Gesetz erklärt werden. Es ist wichtig zu betonen, daß es zur Begründung von I keineswegs ausreicht, die Ursache für den letzten Wandel, dem (a) ausgesetzt war (H-I), aufzusuchen. Denn nicht I als solches interessiert uns, unser explanandum bildet nicht die Beschreibung eines einzelnen Ereignisses, sondern einer Veränderung, des gesamten Prozesses (F-I), der zu ihm geführt hat.[58] Mit Adorno war es ja unser Ziel, eine Sache dadurch in ihrem Gewordensein zu begreifen, daß wir durch die Analyse ihrer gegenwärtigen Struktur, die den vorläufigen Endpunkt einer historischen Entwicklung darstellt, auf ihr gesamtes Werden zurückschließen.

Umfassendere Veränderungen bedürfen zu ihrer hinreichenden Begründung also der Aufstellung allgemeiner Gesetze, ohne jedoch auf eine Rückführung auf ein einziges Gesetz angewiesen zu sein. Entsprechend verliert die Form der Erzählung auch dann nicht ihre erklärende Kraft in bezug auf den Gesamtprozeß, wenn sie aufgrund der Komplexität von I in Gestalt mehrerer Erzählungen eingesetzt werden muß, die jeweils verschiedenen Gesetzen folgen.[59] Das Aufsuchen solcher besonderen Prinzipien historischer Verursachung von Veränderungen bezeichnet auch genau das Ziel, welches Adorno mit der Verwendung narrativer Sprachformen verbindet, indem er sagt, daß die Erzählung ein Unvergleichliches, etwas »Besonderes« zu berichten habe; es müsse »berichtenswert« und folglich, so läßt sich jetzt ergänzen, von explanatorischer Bedeutung für das Gegenwärtige sein (vgl. oben).

Die Funktionsweise der narrativen Rede kann schließlich als ein logico-ästhetisches Mittel angesehen werden, durch das der epistemologische Ansatz negativer Dialektik eine sprachtheoretische Erweiterung erfährt. Die Erzählung soll als ein darstellendes Moment in die diskursive Rede einfließen, um die logische Struktur eines Textes für Veränderungen offenzuhalten und zu verhindern, daß die logisch-synthetischen Sprachfunktionen Selbstzweck werden, die vernünftige Redeorganisation unvernünftig wird:

»In der epischen Naivetät lebt die Kritik der bürgerlichen Vernunft. Sie hält jene Möglichkeit von Erfahrung fest, welche zerstört wird von der bürgerlichen Vernunft, die sie gerade zu begründen vorgibt. Die Beschränktheit in der Darstellung des einen Gegenstandes ist das Korrektiv der Beschränktheit, die jeglichen Gedanken ereilt, indem er den einen Gegenstand kraft dessen begrifflicher Operation vergißt, ihn überspinnt, anstatt ihn eigentlich zu erkennen.«[60]

Das Narrative stellt demnach ein Formelement innerhalb der dritten Reflektiertheit von Adornos Denken dar. Als vernunftkritisches, gleichwohl nicht unvernünftiges Transformationsmittel der von Kant ausformulierten zweiten Reflektiertheit im Denken findet es selber einen letzten theoretischen Halt wiederum nur in der transzendentalphilosophischen Position. In seiner präzisierten Fassung kann es als Adornos spezifischer Beitrag zur Ergänzung der transzendentalen Erkenntniskritik durch eine sprachliche Sinnkritik unter den Vorzeichen des »linguistic turn« gelten.

III. Die Idee des nichtidentifizierenden Denkens

1. Was heißt »identifizieren«?

»Das Wort Identität war in der Geschichte der neueren Philosophie mehrsinnig.«[61] Dieser Satz leitet eine kommentierende Anmerkung Adornos zur eigenen Interpretation von Hegels Theorie der Subjektivität ein. Man kann ihn wörtlich auf sein eigenes Denken anwenden. Er sagt dann, daß der Terminus »Identität« einen Zusammenhang bezeichnet, in dem verschiedene, auch einander entgegengesetzte Bedeutungen von »identisch« kontaminiert sind, und zwar derart, daß sie alle auf eine logisch keineswegs schlüssige und empirisch kaum ausweisbare Art die Einheit eines solchen Zusammenhangs bilden: Obwohl man doch bei der Verwendung eines philosophischen Grundbegriffs erwarten könnte, daß die Vielfältigkeit seines Sinnes nicht nur zufällig eintritt, sondern begründet werden kann, sucht man in Adornos Philosophie vergeblich nach ausdrücklichen Überlegungen zur Bedeutungsmannigfalt der Rede von »Identität«. Und die der zitierten Stelle folgende Anmerkung ist eher geeignet, die Aufklärung des Wortsinns zu verhindern als sie zu leisten.

Hinsichtlich der mit Äquivokationen belasteten Begriffsstruktur von »Identität« drängt sich einem die Analogie zu Hegels Verwendung des Wortes »Negation« auf, auch ein »abstrakter Ausdruck, der viele Bestimmungen hat«[62]. So wie der Negationsbegriff in Hegels Logik zugleich auf Formen der negativen Aussage und auf Daseiendes angewandt wird, ist entsprechend in Adornos Identitätskonzept Rücksicht genommen auf die Struktur des prädikativen Satzes, aber auch auf verschiedenartigste generelle Formationen und Strukturen von Wirklichem. Dazu rechnen vor allem gesellschaftliche Institutionen, wie die ökonomischen Produktionsverhältnisse, Institutionen als verlängerte Formen politischer Herrschaft, Tendenzen der Integration und der Homogenisierung von Individuen sowie psychologische und biographische Konsistenzanforderungen.[63]

Alle diese Wirklichkeitsstrukturen begreift Adorno als zwanghafte Zusammensetzungen von Einzelmomenten, als gewaltsame Konformierungen von Individuen, in denen die Funktionen der Einzelnen als solcher gar nicht mehr zum Tragen kommt. Zwangvolle Herrschaft bildet also das Identitätskriterium für diese synthetisierten Formen in der Wirklichkeit. Als solche werden sie auch Formen des Negativen in dem Sinne genannt, daß wir nicht wollen, daß sie existieren. Unter dem Gesichtspunkt ihrer Gleichheit qua Zwangscharakter kann Adorno sie schließlich als *das* Negative der bestehenden Welt bezeichnen.

Dieser Schritt verdeutlicht aber bereits die ganze Problematik dieses subsumtionslogischen Identitäskonzepts, die sich in drei Punkten zusammenfassen läßt:
1. Institutionen, die, in welcher Weise und in welchem Umfang auch immer, Herrschaft ausüben, verfallen als *ganze* dem Verdikt des Nichtseinsollenden. Daß sie möglicherweise auch zwanglose Funktionen erfüllen können, vernachlässigt Adorno. Er reduziert die verschiedenen Eigenschaften einer Organisationsform auf eine einzige.
2. Herrschaft wird mit Repression gleichgesetzt. Dadurch kann ihre differente Wirkungsweise ebensowenig erfaßt werden wie ihre unterschiedliche Erfahrbarkeit und Interpretierbarkeit durch verschiedene Personengruppen.
3. Fragen nach einer möglichen Legitimationsgrundlage bestimmter Herrschaftsformen, die durch den Zwang des besseren Arguments begründet sein könnte, werden ausgeblendet. Adorno begibt sich dadurch jeder Möglichkeit, auch nur im Ansatz eine politische Theorie auszuformulieren. Sein Denken sieht sich von vornherein auf eine theoretisch nur schwer ausweisbare Sozialutopie verwiesen.

Damit sind die weitreichenden und verhängnisvollen gesellschaftstheoretischen Auswirkungen dessen, was Adorno mit dem Begriff der Identität verbindet, nur angedeutet. Uns interessiert jedoch in diesem Zusammenhang primär, welche Bedeutung ihm für die theoretische Philosophie Adornos zukommt. Sie wird uns schließlich erneut zu einer logico-ästhetischen Ergänzung seiner Erkenntnistheorie führen (vgl. Kap. 4.III.2. u. 3.).

Um dorthin zu gelangen, haben wir uns nun dem Verhältnis von Identitätssinn und prädikativer Aussageform zuzuwenden. Erst eine Aufklärung der Bedeutung von logischer Identität bei Adorno ermöglicht eine kritische Präzisierung bzw. Korrektur auch der anderen Gebrauchsweisen von (personaler, ontologischer etc.) Identität. Allerdings unterscheidet Adorno die verschiedenen Anwendungsebenen nicht genügend, wodurch die Untersuchung erschwert wird.

Wie in allen Verwendungsfällen des Identitätsbegriffs nach Adorno ein Zwangsverhältnis ausgesagt wird, so auch in der logischen Form des prädikativen Satzes: »Die Copula sagt: Es ist so, nicht anders; die Tathandlung der Synthese, für welche sie einsteht, bekundet, daß es nicht anders sein soll: sonst würde sie nicht vollbracht.«[64]

Nehmen wir ein Beispiel. Die Annahme, der Satz »Das Buch ist rot« impliziere die Aussage, es solle auch rot sein, ist natürlich absurd. Denn die Tatsache, daß ich ausgerechnet die Eigenschaft »rot« und keine andere prädiziere, kann ja im entsprechenden Kontext, mit entsprechender Betonung geäußert, durchaus eine Mißfallensbekundung sein.

Wenn aber keine Entsprechung von Sein und Sollensanspruch ausgesagt wird, worin könnte dann das Falsche, Ideologische, Zwanghafte oder Unangemessene eines solchen Satzes liegen? Angenommen, die Unwahrheit des Satzes bestünde in der Aussage einer Identität von Subjekt und Prädikat, ließe sich dann eine falsche Form der Identifizierung zweier Ausdrücke miteinander nachweisen? Wenn das so wäre, hätte man zu überprüfen, ob, das, was im Prädikatausdruck über den singulären Terminus prädiziert wird, auf den Gegenstand zutrifft, für den der Subjektausdruck steht. Solche nichttautologischen Identitätsbehauptungen können aber nur mittels der syntaktischen Verbindung eines singulären Terminus mit einem Namen oder mit einer Kennzeichnung aufgestellt werden. In unserem Beispiel handelt es sich aber um die Verknüpfung eines singulären Terminus mit einem Klassifikationsausdruck und folglich um gar keine Identitätsaussage. Die Kopula »ist« drückt nur das Besitzen einer Eigenschaft in bezug auf den singulären Terminus aus; der Satz besagt, daß das entsprechende Buch unter die Klasse der roten Gegenstände fällt. Eine Identität des Buches mit der Röte wird nicht ausgesagt.

Ähnliche Mißverständnisse und Schwierigkeiten, die Herbert Schnädelbach aufgedeckt hat, resultieren daraus, daß Adorno das logische Identitätsprinzip A = A auf völlig andersgeartete Formen von Identitätsausbildung überträgt und das so gewonnene Geflecht verschiedener Bedeutungen in ein Kontinuum bringt, indem er es in einem schlecht-abstrakten Sinn an das in der »Dialektik der Aufklärung« entfaltete Theorem der Selbstkonstitution qua Naturbeherrschung anzuschließen versucht. Die »Negative Dialektik« zieht daraus nur eine letzte fragwürdige Konsequenz, wenn sie Denken selber mit »Identifizieren«, d.h. mit dem Herstellen zwangvoller Urteilsformen gleichsetzt.[65]

Sofern nun aber, wie schon an anderer Stelle gesagt (vgl. Kap. 4.II.3.), Identität bei Adorno auch eine Bedeutung annehmen kann, die der bisher exponierten entgegengesetzt ist, und in diesem Fall eine wahre und zwanglose Gleichheit einer Sache oder Person mit sich bezeichnet, so muß konsequenterweise auch das Denken einer richtigen Identifizierung fähig sein und entsprechend wahre Identitätsaussagen machen können. Ebenso müssen auch alle diejenigen logischen Relationen, die Adorno unter den Problemtitel »Identität« subsumiert, welche aber keine Identität in einem strikten Sinn bedeuten, wie Gleichheit, Adäquanz, Äquivalenz etc. hinsichtlich wahr und falsch unterschieden werden. Die Notwendigkeit einer solchen Scheidung ist in dem Satz impliziert: »Die Unwahrheit aller erlangten Identität ist verkehrte Gestalt der Wahrheit.«[66]

Doch wodurch zeichnet sich das Moment des wahren Identifizierens innerhalb des falsch identifizierenden Denkens aus? Was ist eigentlich das Kriterium dafür, daß auch das per definitionem falsch identifizierende Denken noch die Funktion einer richtigen Identifizierung für sich beanspruchen kann? Ein solches Kriterium muß man für Adorno fordern, will man seine Theorie der Identität als wenigstens begrenzt konsistentes Konzept retten. Denn anknüpfend an die eingangs angesprochene Parallele zu Hegel (s.o.) ist es an dieser Stelle wichtig, sich zu vergegenwärtigen, daß Adorno die beiden grundlegenden Bedeutungsebenen von Identität und Identifizieren in keinen formal-systematischen Zusammenhang bringt nach der Art, wie Hegel die konträren Bedeutungen von »Negation« durch den formalen Operator »Andersheit«, den für seine Logik grundlegenden Gedanken, daß das Eine das Andere seiner selbst ist, verknüpft. Obgleich man von einigen Formulierungen Adornos auf eine ähnlich spekulativ-dialektische Struktur seines Identitätsbegriffs schließen könnte, so bleibt doch der Sinn etwa der Aussage, die »Unwahrheit von Identität sei verkehrte Gestalt von Wahrheit«[67], sehr vage und in hohem Maße erklärungsbedürftig. Da er durch keinen geschlossen-systematischen Gedankengang aufgeklärt werden kann, wird die Forderung einer deutlichen Scheidung von wahrem und falschem Identifizieren um so dringlicher.

Seinem Programm einer Dialektik als konsequentem Bewußtsein von Nichtidentität entsprechend, faßt Adorno den Unterschied zunächst als einen von Mittel und Ziel: «Insgeheim ist Nichtidentität das Telos der Identifikation, das an ihr zu Rettende; der Fehler des traditionellen Denkens, daß es die Identität für sein Ziel hält.« Der Weg zur utopischen Erkenntnis des Nichtidentischen kann aber nur mit den Mitteln des identifizierenden Denkens beschritten werten: »Dialektisch ist Erkenntnis des Nichtidentischen auch darin, daß gerade sie, mehr und anders als das Identitätsdenken, identifiziert. Sie will sagen, was etwas sei, während das Identitätsdenken sagt, worunter etwas fällt, wovon es Exemplar ist oder Repräsentant, was es also nicht selbst ist. ... Durch ihre Kritik verschwindet Identität nicht; sie verändert sich qualitativ.«[68]

Denken, welches auf ein Nichtidentisches geht, klassifiziert seinen Gegenstand nicht nur hinsichtlich irgendwelcher Eigenschaften, obgleich es das auch tut; primär jedoch sagt es, was an ihm wesentlich ist, was an ihm bestimmend dafür ist, dieser und kein anderer Gegenstand zu sein. Solche Wesenserkenntnis zielt auf das jeweils Besondere und Individuelle einer einzelnen Sache, auf das, was sie von allen anderen Einzelnen unterscheidet. Dieser starke Sinn vom Identischsein eines Einzelnen, der seine Einzigartigkeit bedeutet, geht wahrscheinlich in der Bedeutung, die durch die numerische Identität gedeckt wird, nicht auf[69]: Diese kennzeichnet vor allem die Einzelheit einer Sache im Sinne ihrer Selbständigkeit gegenüber anderen Einzelnen. Für die Konstatierbarkeit numerischer Identität genügt es bereits, daß man das Einzelne zweifelsfrei an seinem Ort in Raum und Zeit »identifizieren« kann. Eine solche Lokalisierung erfolgt durch die Ausgrenzung eines Gegenstandes aus dem Bereich, welchem er angehört; eine Abgrenzung seiner qualitativen Beschaffenheit von derjenigen aller anderen Gegenstände des betreffenden Bereichs ist dafür nicht erforderlich.

Das unverstellte Hervortreten der Einzigkeit eines Dings bildet also nach Adorno das Kriterium für die Aussagbarkeit einer wahren Identität, die er auch die Sich-

Selbst-Gleichheit eines Phänomens nennt. Die Erkenntnis der Individualität eines Einzeldings fällt demnach zusammen mit der eines einzelnen Nichtidentischen. Deshalb auch »wäre das Nichtidentische die eigene Identität der Sache gegen ihre Identifikationen«[70]. Die Erkennbarkeit dieser Einzigkeit eines Dings hat zu ihrer Voraussetzung natürlich die seiner Einzelheit; die der Identität eines Nichtidentischen die seiner numerischen Identität. Aber das jeweils Erste erschöpft sich eben nicht im Zweiten. Um ein Objekt in seiner Nichtidentität, seiner historischen Einmaligkeit zu erkennen, genügt es nicht, daß man es raumzeitlich lokalisieren und als zählbares von anderen Objekten abgrenzen kann.[71] Zur Identifizierung seiner Identität mit sich müssen die Eigenschaften seiner empirisch-materialen Gestalt in ein Verhältnis zu denen anderer Einzelner gesetzt werden. Erst dann lassen sich unter dem Gesichtspunkt der Prägnanz diejenigen Merkmale und Strukturen aussondern, die von dem Gegenstand nicht wegzudenken sind, ohne daß er zu einem anderen Gegenstand würde als der, welcher er ist. Dabei geht es Adorno jedoch nicht nur um die Benennung formaltypischer Gestalten, die sich durch die historisch zustande gekommene Singularität mehrerer Einzeldinge hindurch verfolgen lassen, wie es etwa Diltheys Typen der Weltanschauung entspricht. Denn die Erfassung des Gegenstands als Individuum erlaubt ja gerade nicht, daß man ihn mittels begrifflicher Definitionen von anderen Individuen abgrenzt: Dadurch würde er nur wieder unter allgemeine Gattungsbegriffe subsumiert.

Zugleich ist damit nun auch schon das entscheidende Problem formuliert, das die theoretische Identifizierung eines einzelnen Nichtidentischen in sich birgt und durch welches bereits das Mittelalter zur Aufstellung des Satzes »individuum est ineffabile« gelangte. Es besteht darin, daß eine metaphysische Erkenntnis vom Individuum in einem strikten Sinn nicht möglich ist: Sofern Metaphysik nach dem klassischen Wortsinn, den Aristoteles ihr gab, nach den ewigen Prinzipien des Seienden als Seiendem fragt, die Einmaligkeit einer Sache aber gerade aus den kontingenten Bedingungen ihrer Geschichtlichkeit resultiert, kann ihre Einzigkeit niemals positiv und endgültig gewußt werden. »Wissen vom einzelnen kann nur nachträglich gewonnen werden und ist veränderliches, geschichtliches, nie vollständiges, perfektes Wissen.«[72]

Damit ist aber keineswegs gesagt, daß sich über das letztlich nie ganz begreifbare Individuum keine philosophisch interessanten Aussagen machen ließen. Das historisch vorgegebene »Mehr«, welches die nichtidentische Individualität eines Einzelnen begründet, verschließt sich zwar der begrifflichen *Fixierung*, aber nicht jeder sprachlichen Äußerung: Sie ist in der Form einer Geschichte erzählbar, die, wie im vorausgegangenen Absatz gezeigt wurde (vgl. Kap. 4.II.3.), durchaus die Funktion einer Erklärung in bezug auf das Selbst-Sein eines Gegenstandes im Sinne seiner Nichtidentität erfüllen kann. Und sofern die Geschichte wahr ist, ermöglicht sie auch die wahre Erkenntnis eines einzelnen Nichtidentischen, die allerdings nie eine letztgültige Wahrheit über den Gegenstand darstellt.[73]

Und nur so kann m.E. mit Adornos oft gebrauchtem Ausdruck »nichtidentifizierendes Denken« ein guter Sinn verbunden werden: Indem es auf ein wahres Identifizieren eines Nichtidentischen, der wahren, »unverstümmelten« Identität eines Einzelnen geht, bedient es sich des sprachlichen Erkenntnismittels der Konstellation und ihrer theoretisch-ästhetischen Erweiterung durch die Form der narrativen Rede. Ein solches nichtidentifizierendes Identifizieren ist demnach dadurch charakterisiert, daß es mit den genannten Mitteln, durch die es sich Flexibilität und kritische Offenheit verschafft, die volle Erkenntnis des Seins einer Sache in ihrer Geschichtlichkeit anstrebt.

Ist man zu diesem Ergebnis gekommen, so muß man auch den Versuchen Adornos Einhalt gebieten, den logischen Gebrauch des Wortes »identifizieren« in eins zu setzen mit seiner nicht-logischen, z.B. sozialpsychologischen Verwendungsweise im Sinne des Sich-mit-etwas-Identifizierens.[74] Diese Grenzverwischung führt nicht nur in unermeßliche Schwierigkeiten; zudem ist sie, wie ich zeigen wollte, für eine präzise Rekonstruktion der Grundgedanken negativer Dialektik gar nicht notwendig.

2. »Rutengängerisches Denken«.
Kants Modell der reflektierenden Urteilskraft

Die Präzisierung der beiden ästhetischen Modellvorstellungen von Musik und Sprache in 4.II. hatte es uns ermöglicht, das Ästhetische auf die epistemologische Grundstruktur negativer Dialektik rückzubeziehen und als geeignetes Mittel für die Annäherung des Erkennens an das Nichtidentische zu erweisen. Die aufklärende Funktion, die dabei der Struktur narrativer Rede in bezug auf die Bedeutung des »nichtidentifizierenden Denkens« zugesprochen werden konnte, bestand in der Beschreibung von Veränderungen, denen mit sich identische Einzelgegenstände in einem historischen Zeitraum ausgesetzt sind: Eine erzählende Beschreibung benennt Ursachen, die solche Veränderungen ausgelöst haben, und gibt somit zugleich eine Erklärung für deren Resultat. Sofern es sich um die Begründung der Geschichtlichkeit komplexer Gegenstände handelt, müssen zu ihrer Erfüllung mehrere Einzelgeschichten über den betreffenden Gegenstand erzählt werden, die jeweils für einen Abschnitt der Gesamtveränderung eine besondere Ursache namhaft machen. Solche einzelnen Gesetze sind naturgemäß von einer nur begrenzten Erklärungsweite in bezug auf den ganzen Prozeß, und sie lassen sich nur selten unter ein übergreifendes Gesetz subsumieren.

Das philosophische Paradigma einer Erkenntnisweise, die auf besondere Gesetze geht, bildet Kants Definition des Verfahrens der reflektierenden Urteilskraft. Es kommt zur Anwendung in der ästhetischen und naturteleologischen Bewußtseinsstellung. In ihr werden besondere empirische Naturgesetze gemäß dem heuristischen Prinzip der Zweckmäßigkeit daraufhin untersucht, ob sie zu einer zusammenhängenden Erfahrung taugen; ob sich die vielen verschiedenen Arten von Kausalität, die man in der Natur beobachten kann, auf eine möglichst geringe Zahl von Prinzipien zurückführen lassen. Die Betrachtung empirischer Gesetze unter dem Gesichtspunkt ihrer zweckmäßigen Einheit erfolgt immer nur zum Zweck der Angemessenheit unseres Erkenntnisvermögens, das sich deren Notwendigkeit einsichtig machen möchte. Ein systematischer Zusammenhang zwischen den Einzelkausalitäten darf nicht als objektiv gegeben behauptet, sondern muß von uns immer wieder neu hergestellt und durch Erfahrung geprüft werden.[75]

Für das in unserem Zusammenhang wichtigere Phänomen des Ästhetischen bei Kant ist das Verfahren der reflektierenden Urteilskraft, die ausgehend von einem

Besonderen zu einem Allgemeinen fortschreitet, insofern relevant, als das ästhetische Urteil in seiner konsequenten Anwendung auf bestimmte Kunstwerke von deren singulären Merkmalen und Strukturen, nicht vom wie immer faßbaren Werkganzen auszugehen hat. Dieser Schritt einer materialen Anwendung der ästhetischen Urteilsweise, der über das von Kant explizit Gesagte hinausgeht, zeigt nun auch schon an, in welche Richtung Adorno die Grundtheoreme der Kantischen Ästhetik umwendet, um sie für sein negativ-dialektisches Erkenntnisprogramm einsetzbar zu machen: Er überträgt den eigentümlichen paradoxalen Status, den Kant der ästhetischen Urteilsform zusprach, nämlich einerseits subjektiv und begriffslos, andererseits aber auch allgemeingültig und notwendig zu sein, auf den Gegenstand des Urteils, auf das Werk.[76] Kunst selber bedeutet für Adorno das, was für Kant ihre rezeptive Beurteilung ausmachte, eine Form begriffslosen Erkennens.[77] Zugleich jedoch wird das Kantische Paradox in Adornos materialer Transformation des rezeptionsästhetischen Ansatzes entschärft, indem der Kunst Sprachähnlichkeit attribuiert wird. Erst in ihrer Eigenschaft, Sprache ohne Begriffe zu sein, vermag sie als mimetisches Vorbild für die begrifflichen und zugleich begriffskritischen Konstellationen zu fungieren. Das verbindende Glied, welches den Zusammenhang zwischen begriffsloser Musik und begrifflicher Kunst einerseits und zwischen lyrischer Sprachform und philosophischer Textstruktur andererseits stiftet, bildet, wie wir gesehen haben, die ursprünglich musikalische Technik der Reihung, die Adorno dann in das parataktische und schließlich in das begriffskonstellative Verfahren kontinuierte. Das darstellende Moment narrativer Rede erwies sich als die der sprachlichen Technik analoge Sprachform: Form und Technik konvergieren im Organisationsprinzip der Koordinierung.

Das Prinzip der sprachlichen Koordination sowohl logischer als auch darstellender Einzelmomente entspricht der Intention, besondere empirische Gesetze aufzusuchen, ohne diese als eine Zerstreuung Vereinzelter auffassen zu müssen. Sie erfahren eine Verbindung durch ihre zweckmäßige Koordinierung in bezug auf einen zu erklärenden Gegenstand, dessen Begründung folglich, je nach seiner Komplexität, im Zusammenwirken der Erklärungskraft mehrerer Einzelursachen besteht, die sich nicht zu einer mono-kausalen Erklärung zusammenschließen lassen. Als beispielhafte Durchführung einer solchen poly-kausalen Erklärung eines komplexen historischen Phänomens kann der von Horkheimer und Adorno verfaßte Aufsatz »Elemente des Antisemitismus« in der »Dialektik der Aufklärung« gelten.[78]

Der Gedanke, daß in einer Erklärung das explanans nicht verselbständigt werden darf, sondern dem explanandum angemessen sein muß, verdeutlicht nun auch, welche Bedeutung dem Ästhetischen für das theoretische Erklären zukommt: Sie liegt in der Forderung nach der Zweckmäßigkeit eines Erklärungszusammenhangs begründet. Und das Theorem der Zweckmäßigkeit stiftete auch bei Kant den Zusammenhang zwischen theoretischem und ästhetischem Vernunftgebrauch. Es galt ihm als ein transzendentales Prinzip, dem die Erkenntnis von Kausalverhältnissen folgt, welche weniger streng und weniger eindeutig formulierbar sind als diejenigen der naturwissenschaftlichen Erkenntnisweise. Und deshalb kann Adorno auch mit Kant sagen: »Kunst (die materialisierte ästhetische Urteilsform, U.M.) komplettiert Erkenntnis um das von ihr Ausgeschlossene und beeinträchtigt dadurch wiederum den Erkenntnischarakter, ihre Eindeutigkeit.«[79]

Um so zu unterstreichen, daß die künstlerische Art des Erkennens gegenüber der strenger wissenschaftlichen auf die Erklärung ganz besonderer Zusammenhangsformen gerichtet, aber dennoch - analog zu den ästhetischen Urteilen bei Kant - verbindlich und in sich folgerichtig ist, verglich Adorno sie mit dem Vorgang des Suchens. Er sagte: »Ihr immanenter Prozeß hat etwas Rutengängerisches.«[80]

3. Der Spiegel der Natur und die Imitation des Naturschönen

Der Weise entsprechend, in der wir Adornos Konzeption des mimetischen, nichtidentifizierenden Denkens fundieren konnten, indem wir es auf das ästhetische Erkenntnisverfahren von Kants reflektierender Urteilskraft bezogen, können wir nun auch das utopische Ziel dieses logico-ästhetischen Denkens durch Kantische Gedankenfiguren verdeutlichen. Sie haben ihr Zentrum in der Theorie des Naturschönen, auf die Adorno im Zusammenhang der Umschreibung des Nichtidentischen mit Bedacht zurückgreift, wenn er sagt: »Das Naturschöne ist die Spur des Nichtidentischen an den Dingen im Bann universaler Identität. Solange er waltet, ist kein Nichtidentisches positiv da. Daher bleibt das Naturschöne so versprengt und ungewiß wie das, was von ihm versprochen wird, alles Innermenschliche überflügelt.«[81]

Um zu einer sinnvollen Aussage über den Zusammenhang von Nichtidentischem und Naturschönem zu gelangen, wird man zunächst wiederum dem in diesen Sätzen ausgesagten Holismus widersprechen müssen: Ist Identität wirklich universal, der Zwangszusammenhang, für den sie einsteht, lückenlos, so ist auch nicht zu sehen, wie selbst ein einzelnes Nichtidentisches und selbst in einer verzerrten, »negativen« Gestalt noch als ein wie immer auch deformiertes Nichtidentisches im Sinne eines selbständigen Einzelnen erfahrbar sein soll. Schränkt man also die These von der totalen Herrschaft des Identischen ein, indem man sie z.B. als heuristisches Prinzip einsetzt, so kann man sich dann zwar am Phänomen des Naturschönen eines - auch positiven - Einzelaspekts des Nichtidentischen versichern; was dieses jedoch im Grunde und im Ganzen sei, bleibt auch der ästhetischen Erkenntnis schöner Naturformen verschlossen.

Nun ist es aber, Adorno zufolge, nicht eine bestimmte Gegebenheitsweise von Naturschönheit, die das Modell abgibt für das Ästhetische und folglich auch für die Philosophie, sofern sie sich ästhetischer Mittel (koordinierender Techniken, narrativer Rede) bedient, sondern das Naturschöne in seinem Wesen: »Kunst ahmt nicht Natur nach, auch nicht einzelnes Naturschönes, doch das Naturschöne an sich.«[82]

Doch wie soll eine solche Inversion der klassischen ästhetischen Nachahmungslehre nach Adorno überhaupt möglich sein, wenn uns doch das Naturschöne als solches in positiver Weise nie gegeben ist, vielmehr immer nur »versprengt«, in vereinzelter Gestalt? Und selbst wenn es uns als ganzes verfügbar wäre, so könnten wir von ihm noch nicht direkt auf das Nichtidentische als solches schließen, da das Naturschöne ja selber nur »die Spur des Nichtidentischen«, dessen Zeichen also, verkörpert. Aber wie kann man etwas nachahmen, das als ein solches Nachzuahmendes gar nicht anwesend ist?

Ich meine, man muß sich hier dazu entschließen, die charakteristischen Eigenschaften, welche Adorno mit dem Phänomen des Naturschönen verbindet: Unbestimmtheit und Vieldeutigkeit, selbst als den Gegenstand künstlerischer Nachahmung anzusetzen. Die Annahme, daß diese beiden Merkmale auch das Wesentliche der Naturschönheit bezeichnen, ist in der Explikation des Nachahmungsverhältnisses vorausgesetzt. Verständlich zu machen versucht Adorno den Charakter des Naturschönen im Rekurs auf subjektive Erfahrung. Dadurch erfahren dessen Merkmale eine leichte Bedeutungsverschiebung, die eine Verstärkung impliziert und in der veränderten Version als Doppelcharakter sowohl des Naturschönen als auch des Kunstschönen reklamiert wird:

»Wahrgenommen wird es (das Naturschöne, U.M.) ebenso als zwingend Verbindliches wie als Unverständliches, das seine Auflösung fragend erwartet. Weniges vom Naturschönen hat auf die Kunstwerke so vollkommen sich übertragen wie dieser Doppelcharakter. Unter seinem Aspekt ist Kunst, anstatt Nachahmung der Natur, Nachahmung des Naturschönen. Es wächst an mit der allegorischen Intention, die es bekundet, ohne sie zu entschlüsseln; mit Bedeutungen, die nicht, wie in der meinenden Sprache, sich vergegenständlichen.«[83]

Diese Stelle verdeutlicht nun auch den eingangs behaupteten Einfluß der Kantischen Ästhetik. Sie zeigt zugleich, in welcher Weise deren Theoreme transformiert werden: Adornos Charakterisierung des Naturschönen als unbestimmt und vieldeutig entspricht der Offenheit und Spontaneität, die Kant der ästhetischen Naturerfahrung zusprach. In ihr tritt der Rezipient aus seiner Selbstbezogenheit heraus, um seiner spekulativen Vernunft Gelegenheit zu geben, besondere Naturgesetze in freier Form zu einem metaphysischen Zusammenhang zu verknüpfen, ohne daß dem Vernunftbedürfnis nach Einheit je Genüge getan würde und die Reflexion ein Ende hätte.[84] Diese freie, nicht abschließbare Art der Reflexion ist dem Naturschönen deshalb angemessen, weil dessen Formen zweckfrei und intentionslos gebildet sind im Unterschied zur zweckgeleiteten und interessebedingten Gestalt von Kunstwerken. Indem Adorno nun diesen Reflexionstypus materialisiert, als Phänomencharakter für Naturschönheit als solche in Ansatz bringt, überträgt er wiederum (vgl. 4.III.2.) nur die Merkmale der Rezeption auf die ästhetischen Produkte. Indem er aber auch noch das charakterisierende Wortpaar »vieldeutig« und »unbestimmt« zu »zwingend verbindlich« und »unverständlich« variiert, die wiederum den Kantischen Bestimmungen »notwendig« und »begriffslos« in der Analytik des ästhetischen Urteils korrespondieren, kontaminiert er Kants generelle Phänomenbeschreibung des Schönen mit der des Naturschönen, um dessen Modellcharakter für jene hervorzukehren.

Das verbindende Glied zwischen beiden Begriffspaaren liefert die Sprache: was unbestimmt ist, entzieht sich begrifflicher Fixierung, während das Vieldeutige eine sprachliche Auflösung verlangt. Benjamins Allegoriebegriff steht in diesem Kontext als Transformationsmittel Kants für beide Momente ein (s.o.).

Adornos Projektion des nichtbegrifflichen Sprachcharakters von Kunst auch auf die schönen Naturformen - er spricht in diesem Zusammenhang von Natur als »Chiffre«[85], einem »Beredten«[86], einer »Spur«[87] etc. - ermöglicht ihm noch eine andere Operation: die Verbindung der Theorie des Naturschönen mit der »Dialektik der Aufklärung«. Die Ambivalenz solcher nicht signifikativen, bloß figürlichen Sprache bezeichnet auch die zwischen einem utopisch-rationalen und einem trügerisch-mythologischen Moment: »Das Bild des Ältesten an der Natur ist umschlagend die Chiffre des noch nicht Seienden, Möglichen: als dessen Erscheinung ist sie mehr als Daseiendes; aber schon die Reflexion darauf frevelt fast. Daß Natur so rede, davon läßt sich nicht urteilen, es sei verbürgt, denn ihre Rede ist kein Urteil; ebensowenig jedoch bloß der trügerische Zuspruch, den Sehnsucht sich zurückspiegelt. In der Ungewißheit erbt sich ans Naturschöne die Zweideutigkeit des Mythos fort, während zugleich dessen Echo, der Trost, in der erscheinenden Natur vom Mythos sich entfernt.«[88]

Adorno präzisiert den Sprachcharakter des Naturschönen als den eines Versprechens, einer »Verheißung«[89] in bezug auf einen besseren künftigen Zustand. Ob der Sinn dieser ins Naturschöne projizierten Form des sprachlichen Ausdrucks selber nichts anderes als eine Projektion ist, diese Frage umschreibt eigentlich den fiktionalen Charakter des Ästhetischen. Ob das, was an sprachähnlicher Sinnhaftigkeit im Naturschönen erscheint, eine bloße Täuschung darstellt oder ob darin etwas Wichtiges über uns oder die Welt ausgedrückt wird, das zwar als solches von uns in der außerästhetischen Wirklichkeit nicht erfahren werden kann und das wir folglich auch nicht schlüssig begründen oder beweisen können, das aber deshalb noch nicht seine Wahrheitsfähigkeit verliert - an dieser Frage hängt die ganze metaphysische Dignität des Ästhetischen, sein Wahrheitsgehalt. Das gilt für Natur und Kunst gleichermaßen: Sofern jedes Kunstwerk das Naturschöne als solches nachahmt, stellt sich das Problem, ob es die Imitation einer Täuschung ist oder die eines wahrheitsfähigen Sinns.

Dieser Fiktionscharakter von Natur und Kunst findet sich in Kants »Kritik der Urteilskraft« wiederum vorgebildet. Ein Kunstwerk, sagt Kant, müsse dergestalt in Erscheinung treten, »als ob es ein Produkt der bloßen Natur sei«[90]. Was uns nun vor einer ästhetischen Täuschung bewahrt, ist allein die Reflexion darauf, daß es Kunst und nicht Natur ist, ein Bewußtsein, das sich in einer strengen und regelgeleiteten Durchgestaltung der Werke niederschlägt. Und ganz ähnliche Folgelasten hinsichtlich der Struktur von Werken fordert Adorno für deren Wahrheitsfähigkeit, wenn er auf deren immanenter Logizität insistiert und realistische Abbildkonzeptionen verwirft: Nur indem sich Kunst durch ihre Form ganz als Fiktion zu erkennen gibt, vermag sie die ihr gegenüber der nicht-ästhetischen Wirklichkeit eigentümliche Kraft einer »zweiten Reflexion« freizusetzen.[91] Das einzige Moment der Realität, das Kunst wiederholen darf, ist das Naturschöne, welches - selber ein Ästhetisches - auch schon »mehr« ist als die normale, nicht-ästhetische und nicht gleichermaßen von interner Zweckmäßigkeit durchsetzte Wirklichkeit.

In dieser Hinsicht hat Adornos Idee des Naturschönen sein Kantisches Pendant in dem Gedanken der »Form einer Welt«. Er bezeichnet entsprechend das einzige Naturmoment, welches zu imitieren dem Kunstwerk zugestanden wird.[92] Nur in ihm können die verschiedenartigsten Lebenserfahrungen und Aspekte unserer Beziehung zur Welt in konzentrierter Form aufeinander bezogen werden.

Doch wie kann man nun die Wahrheitsfähigkeit einer solchen Summe ausweisen oder überprüfen? Kant gibt uns dafür nicht mehr als ein recht vages Kriterium hinsichtlich der materialen Durchgestaltung einzelner Werke: Ihre Form stellt ästhetische Ideen dar, d.h. sie gibt »viel zu denken..., ohne daß ihr doch ein bestimmter

Gedanke ... adäquat sein kann ...«[93]. Allerdings erhält diese Bestimmung ein materiales Fundament durch die Anforderung an die Gestaltungsweise selbst, die durch die spezifische Beziehung der Momente von Fiktionalität und Konstruktivität begründet ist. Adorno ergänzt nun den Kantischen Zusammenhang dieser Momente um ein drittes: das der Geschichtlichkeit, welche zum wichtigen Bedeutungsbestandteil von Naturschönheit erklärt wird.[94] Von der Beobachtung ausgehend, daß »der Begriff des Naturschönen in sich geschichtlich sich verändert«[95] - sie wird am Phänomen der Kulturlandschaft aufgewiesen -, kommt Adorno zu dem Schluß: »Das vorgeblich geschichtslos Naturschöne hat seinen geschichtlichen Kern; das legitimiert es ebenso, wie es seinen Begriff relativiert.«[96]

Das Naturschöne bezeichnet demnach immer schon eine »zweite«, historisch überformte Natur, obgleich es doch eine erste, unmittelbare vertreten soll. Und dieses geschichtliche Gewordensein des Naturschönen liefert Adorno auch die eigentliche Begründung für seine Unbestimmtheit und Vieldeutigkeit, die Kant am Phänomencharakter nur festgemacht und konstatiert, aber nicht mehr weiter hergeleitet hatte. Gleichwohl erschöpft sich die Bedeutung des Naturschönen nicht in seiner Historizität, welche seinen flüchtigen Erscheinungscharakter ausmacht; es stellt stets auch das wie immer vermittelte »Bild des Ältesten an der Natur«[97], ein Unmittelbares also, dar, das es überhaupt erst ermöglicht, das im Naturschönen Ausgedrückte zu verstehen, seine Sprachlichkeit zu entschlüsseln: »Naturschönes ist sistierte Geschichte, innehaltendes Werden.«[98] Das Ineinander-Verschränkt-Sein der Momente von Natur und Geschichte läßt zwar eine künstlerische Imitation der aus ihm resultierenden Unbestimmtheit zu, die zudem durchaus sehr bestimmt (mit technischen Mitteln) zur Gestaltung gelangen kann. Objektivierbar in dem Sinne, daß es als wahr erwiesen wird, ist das im Naturschönen Gesagte hingegen allein durch das interpretierende Sagen der Philosophie.[99] Und deshalb könnte man mit Adorno davon sprechen, daß auch die Philosophie Naturschönes imitiert, sofern sie nämlich nicht nur selber ein unbestimmtes utopisches Ziel, das Nichtidentische, mit bestimmten begrifflichen Mitteln ansteuert - und vielleicht kann man hier analog sagen: einen charakteristischen Aspekt der Idee des Nichtidentischen, den der unbestimmten Unmittelbarkeit[100], imitiert -, sondern, sofern sie überhaupt erst die Mittel zur Verifizierung des in ambivalenter künstlerischer Sprache Gesagten bereitstellt. Die Interpretation eines naturschönen Gegenstands oder dessen Imitats erfolgt analog zur Konstruktion und Deutung begrifflicher Konstellationen, zum lesenden Verstehen theoretischer Texte: Man muß eine (oder mehrere) wahre Geschichte(n) über den Entstehungsprozeß eines schönen Gebildes erzählen, um dessen Wesen zu erklären. Eine solche Geschichte stellt die in begriffliche Sprache übersetzte Konstellation der nichtbegrifflichen, aber in ihrer Geschichtlichkeit sprachähnlichen Struktur eines ästhetischen Objekts dar. Die sprachliche Deutung geschichtlich entstandener Merkmale und Strukturen von natur- und kunstschönen Gegenständen zeigt, daß Adorno auch in seiner ästhetischen Ausdehnung der Erkenntnislehre an der Position einer kritischen Hermeneutik festhält; sie verdeutlicht aber zugleich, wodurch er sich von einer radikalen Hermeneutik der Nichtvergleichbarkeit der verschiedenen Momente geschichtlichen Werdens, wie sie etwa Richard Rorty vertritt, unterscheidet: »Denn in Kunst wird das Entgleitende objektiviert und zur Dauer zitiert: insofern ist sie Begriff, nur nicht wie in der diskursiven Logik.«[101]

Während Adorno also den transzendentalen Gedanken einer objektiven Wahrheit nicht aufgibt und die kritische Unterscheidung von Wesen und Erscheinung beibehält, lehnt Rorty jede Fortführung der traditionellen metaphysischen Fragestellung ab. Er faßt den Typus philosophischer Gegenwartstheorie, gegen den er sich wendet, wie folgt zusammen:

»Das gemeinsame Motiv von Quines 'naturalisierter Erkenntnistheorie', Daniel Dennetts Andeutungen einer 'evolutionären Erkenntnistheorie' der Wiederholung der Aristotelischen Begriffe des Wesens und der Naturnotwendigkeit durch Saul Kripke und Milton Fisk, sowie der Abbildtheorie der Sellarsianer (auch der transzendentalen Hermeneutik Adornos, so könnte man ergänzen, U.M.) bestand darin, die Erkenntnistheorie zu de-transzendentalisieren, um ihr gleichwohl die seit jeher von ihr erhoffte Aufgabe zuzuweisen: uns zu sagen, warum unsere Kriterien erfolgreicher Wissenschaft nicht bloß *unsere* Kriterien sind, sondern die *richtigen* Kritierien - die Kriterien der Natur selbst, die Kriterien, die uns zu *der* Wahrheit führen werden. Gibt man dieses Motiv am Ende preis, so ist die Sprachphilosophie bloß noch 'reine' Semantik im Sinne Davidsons, Semantik, die nicht von der Spiegelmetaphorik abhängt, sondern, die es uns im Gegenteil so schwer wie möglich macht, über Bedeutung und Referenz philosophisch interessante Fragen zu stellen.«[102]

Es bedarf kaum der Erwähnung, daß Adorno keine reine Theorie der Semantik intendiert. Auf der anderen Seite jedoch fügt er sich auch nicht so richtig in die Charakteristik des von Rorty aufgebauten gegnerischen Philosophietyps ein: Weder sucht Adorno nach einer »genauen Darstellung der allerallgemeinsten Merkmale der Wirklichkeit oder der Natur des Menschen«[103], noch orientiert er sich an systematischer Philosophie, die auf eine »universale Kommensuration«[104] aller Wissensansprüche zielt. Statt dessen fragt er nach den besonderen Gesetzen, den einzelnen zweckmäßigen Strukturen unserer Welt, die naturgemäß von einer wie immer begrenzten, aber allgemeinen Erklärungskraft sind. Nicht die totale Vergleichbarkeit aller Aussagen, sondern ihre konstellative Koordinierung in bezug auf ein vernünftiges Ziel, die Erklärung des geschichtlichen Aufbaus raum-zeitlicher Gegenstände, bezeichnet Adornos Interesse. Untereinander vergleichbar sind die einzelnen Redeelemente lediglich unter dem Aspekt, daß sie alle etwas zur historischen Spezifizierung ein und desselben Gegenstands beitragen.

Und so hängt Adornos Erkenntnislehre auch nicht, wie Rorty es seinen Gegnern vorwirft, von der Vorstellung ab, unser Bewußtsein sei ein großer Spiegel, der verschiedene Naturdarstellungen enthält; eher ließe sich sagen, daß sie das Bewußtsein als einen Spiegel des Naturschönen auffasse. Aber auch das ist nicht korrekt, weil es Adorno nicht - wie Wittgenstein und Sellars - um ein zunehmend adäquates Abbilden irgendwelcher Wirklichkeitsausschnitte durch Sprache geht. Vielmehr geht es ihm um eine präzise Bestimmung eines wesentlich Unbestimmten, welches nur aufgrund seiner Strukturähnlichkeit mit einem Teilaspekt der Natur, ihren schönen Formen, diesen beigelegt wurde. Zu leisten ist eine solche Erkenntnis schließlich nicht ohne den Gebrauch von Begriffen, die auf besondere Ursachen gehen, die aber nicht nur einzelne historische Ereignisse, sondern ganze Veränderungen an einem Einzelnen erklären. Und das kennzeichnet die Bewußtseinsleistung, für die bei Adorno die ästhetische Metapher von der Imitation des Naturschönen als der Spur des Nichtidentischen einsteht.

FÜNFTES KAPITEL

Die Notwendigkeit der Verzweiflung.
Das Konzept einer negativen Metaphysik

Vorwort

Das folgende Kapitel erläutert die Stellung des Adornoschen Denkens zum Problem der traditionellen Metaphysik. Es zeigt, daß Adornos Auseinandersetzung mit der metaphysischen Überlieferung vor allem in einer Wiederaufnahme sowie in einer hermeneutischen Fortführung der Dimension Kantischer Naturerklärung besteht: des Gedankens einer negativen Metaphysik, der für Fichte, Hegel, die Neukantianer und Heidegger gleichermaßen bedeutungslos geblieben ist.[1] Sie alle verkannten die tiefe Bedeutung der Kantischen Lehre von der Unerkennbarkeit der Dinge in ihrem Ansichsein: daß nämlich Natur in ihrem Wesen positiv nicht bestimmbar ist. Hatten Fichte und Hegel den von Kant geachteten Widerspruch zwischen an sich strukturierten Dingen und der transzendentalen Erzeugung ihrer phänomenalen Gegenständlichkeit dadurch aufgelöst, daß sie einzig noch das kategorial Faßbare für wirklich erklärten, so hielt Heidegger immerhin an der kritischen Unterscheidung von Wesen und Erscheinung eines Seienden fest. Indem er jedoch ein subjektlos gedachtes Sein, mithin alle ontologischen Aussagen, transzendentalphilosophisch begründet und dementsprechend Kants Sphäre transzendentaler Subjektivität ontologisiert, fällt er dem Positivismus anheim, den er gerade überwinden will: Das intelligible Ansichsein der Dinge - darin besteht Heideggers fragwürdiger Schluß, den man teilweise auch bei Kant selbst findet, ist für die Erkennbarkeit der Dinge in ihrer Erscheinung ohne Bedeutung.

Dies bezeichnet nun auch schon die Stelle in Kants metaphysischer Konzeption, an der die Kritik Adornos einsetzt: Im Widerspruch zu seiner *transzendenten* Metaphysik, der Lehre von der Bestimmtheit, die jedem Phänomen durch sein geistiges Ansichsein zukommt, leitete Kant den Ursprung der Naturgesetze aus der Konstruktion des transzendentalen Subjekts ab. Sie sollte die allgemeine und notwendige Geltung aller natürlichen Gesetzmäßigkeiten verbürgen. Mit dieser *immanenten* Metaphysik, welche die generellen Strukturen des Seienden durch das eine und einzige oberste Prinzip der transzendentalen Einheit der Apperzeption erklärt, begab sich Kant wiederum in eine bedenkliche Nähe zur prima philosophia, die mittels deduktiven Denkens ein absolutes Wissen über die Welt als Ganzes zu erlangen sucht - eine Konzeption, die seine negative Metaphysik ja hinter sich lassen wollte. Die abstraktiv gewonnene Einheit objektiven Wissens erfährt ihre Begrenzung erst in der Annahme von ansichseienden Dingen und Personen.

Diesen Bereich einer präsubjektiven Ordnung reformulierte Adorno durch seine Theorie des Nichtidentischen (vgl. Kap. 3.V.2.b.). Um dessen Relevanz, anders als bei Kant, auch für das theoretische Erkennen in Ansatz zu bringen, setzte er das Nichtidentische als utopisches Erkenntnisziel ein, einer regulativen Idee nicht unähnlich; zudem noch erklärte er dessen Einzelaspekte für prinzipiell erkennbar. Der erkenntnistheoretischen Bedeutung des Nichtidentischen Rechnung tragend, erhob Adorno deshalb die Forderung nach einer Vorrangigkeit der Objektsphäre innerhalb der epistemologischen Grundrelation: Denn einzelnes Nichtidentisches kann ja wie ein Objekt gewußt werden. Erreichbar ist dieser Objektvorrang einzig in einer erneuten kritischen Reflexion auf die Konstruktion der transzendentalphilosophischen Subjektivität. Sie resultiert aus der Einsicht, daß das transzendentale Subjekt die Objektivität, die es stiften soll, nicht ausschließlich aus sich selbst heraus entwickeln kann. Es bedarf vielmehr der Annahme eines qualitativ bereits bestimmten Ansichseins erscheinender Dinge als einer ontologischen Voraussetzung ihrer subjektiven Bestimmbarkeit.[2] Die subjektive Bestimmung eines Objekts erfordert ein von ihr verschiedenes Etwas - sonst wäre sie Bestimmung von Nichts.

Obgleich nun das Postulat vom Vorrang des Objekts, das aus der Einsicht des ontischen Bestimmtseins aller Dinge folgt (vgl. Kap. 3.III.2.), bei Adorno eine Hegelsche Fundierung erhält, bedeutet es doch in Wirklichkeit ein Anknüpfen an Kants negative Metaphysik und eine Kritik seines transzendentalphilosophischen Unternehmens der Deduktion von Objektivität im Aufweis von dessen Abhängigkeit von der natürlichen Ontologie. Demnach stellt das Theorem vom Objektvorrang zugleich auch das Verbindungsglied dar zwischen der Erkenntnistheorie Adornos und seiner Stellung zur Metaphysik, wie er sie im Schlußteil der »Negativen Dialektik« ausformuliert hat. Die darin auffindbare Art der kritischen Reflexion, durch die Kants Form der zweiten Reflektiertheit im Denken hermeneutisch transformiert wird, hat zu ihrer Voraussetzung geschichtsphilosophische Überlegungen. Sie erst motivierten schließlich die Transferierung von Kants transzendentaler metaphysischer Naturerklärung in die Geschichte (vgl. Kap. 5.II.5.) - eine Historisierung, die hingegen keine historische Überformung bedeutet: Die Einheit objektiven Wissens hält Adorno fest, nur ihre Begründung ist eine andere als die in Kants Deduktion gegebene: Sie wird auf der Grundlage von an sich bestimmter Natur gewonnen und enthält immer schon historisch angesammeltes Wissen.

Und so ist es nun auch verständlich, warum der Gedankengang in der folgenden Darstellung von Adornos Metaphysik dem Duktus der gesamten Arbeit folgen muß: Adornos metaphysische Reflexionen, die er, wie Descartes es tat, »Meditationen« nennt, dürfen nicht als bloßer Appendix seines Philosophierens angesehen werden. Sie stellen gleichsam Fluchtlinien dar, in denen nahezu alle wichtigen Motive negativ-dialektischen Denkens zusammenlaufen. So kommen in 5.I. diejenigen geschichtsphilosophischen Motive zur Sprache, die man unter dem Problemtitel »Negativität« bündeln kann. Sie ermöglichen die erneute Reflexion der Kantischen Metaphysik nicht nur, sondern nötigen geradezu zu ihr. In 5.II.1.-3. werden unter der metaphysischen Fragestellung erkenntnistheoretische Gedanken aus dem 3. Kapitel aufgenommen und weiterentwickelt. Zu ihrer Erweiterung und Hinorientierung auf die spezifisch Adornosche Stellung zur Metaphysik, die in 5.II.5. erreicht werden wird, bedarf es in 5.II.4. erneut des Rückgriffs auf ein zentrales ästhetisches Theorem, das des »Scheins« als eines Mediums, durch welches Adorno seinen Versuch einer Rettung des Metaphysischen plausibel zu machen versucht. Und so enthält schließlich Adornos formelhafte Beschreibung seines Verhältnisses zur Metaphysik als »lesbare Konstellation von Seiendem« (5.II.5.) in sich konzentriert die wesentlichen Gedanken seiner von mir in den vorangegangenen Kapiteln ausgeführten Konzeptionen von Geschichtsphilosophie, Erkenntnistheorie und Ästhetik. - In 5.III. unternehme ich einen von Adornos Denken ganz unabhängigen Versuch der Verbindung von Metaphysik und Geschichtsphilosophie unter den Bedingungen des philosophischen Negativismus.

I. Negativität und der Verlust des Metaphysischen

Fast 200 Jahre nach Erscheinen der »Kritik der reinen Vernunft« konnte Adorno Kants Konzeption von Metaphysik als einer »reinen Vernunfterkenntnis aus bloßen *Begriffen*«[3] nicht unverändert übernehmen. Zum einen waren es die philosophiehistorischen Ereignisse der historistischen Aufklärung[4] und der u.a. von Dilthey ausformulierten »Kritik der historischen Vernunft«[5], die ihn zu einer Revision der apriorischen Standards von logischer Notwendigkeit und Allgemeingültigkeit nötigten, auf welche Kants Frage, wie Metaphysik als Wissenschaft möglich sei, ja gerichtet war. Ein solcher Übergang von einer nur begründenden zu einer verstehenden Vernunft findet sich bei Adorno zwar nirgends explizit oder programmatisch angezeigt; er bestimmt aber weitgehend, wie wir in der Diskussion seiner Erkenntnistheorie gezeigt haben (Kap. 3.V.2.) und wie an seinem metaphysischen Programm erneut zu zeigen ist (Kap. 5.II.), die Praxis seines Denkens.

Zum anderen jedoch - und darin unterscheidet sich Adornos kritische Hermeneutik von der durch Dilthey vollzogenen hermeneutischen Wende - bezieht er aktuelle Erfahrungen der Gegenwart, der bestehenden Gesellschaft, in seine metaphysische Überlegungen ein. Damit knüpft er nicht nur an das zentrale Motiv seines frühen Programms einer »Idee der Naturgeschichte« an, den als Kritik am Idealismus formulierten Gedanken einer logischen Priorität von Faktizität und historischer Kontingenz gegenüber dem Bereich des Möglichen (vgl. Kap. 1.I.). Zugleich hält Adorno damit an einer der ursprünglichen und stärksten Intentionen kritischer Theorie überhaupt fest, nämlich »auf die Abhängigkeit auch ihrer obersten Prinzipien von faktischer Geschichte zu reflektieren«[6]. Beide Motive bilden zusammen das Zentrum dessen, was Adornos Philosophie den ihr spezifischen Status verleiht: Wie alle großen Philosophien nach Hegel ist auch sie in nicht geringem Maße Faktizitätsphilosophie.[7] Und als solche muß sie auch die Kantische Frage nach der Möglichkeit von Metaphysik unter den Anforderungen der gegenwärtigen Erfahrung von Wirklichkeit stellen.

Sofern nun Adornos Wirklichkeitsverständnis in dem Sinne ein negatives ist, daß er das bestehende Wirkliche zu weiten Teilen einem ablehnenden Urteil unterwirft, ohne dieses im einzelnen begründet auszuweisen (er setzt es zumeist als evident voraus), so muß ihm Metaphysik noch in ganz anderer Weise fragwürdig gelten als Kant, der von ihrer Möglichkeit überzeugt war. Die Veränderungen der Kantischen erkenntnistheoretischen Fragestellung, *wie* Metaphysik als angenommene Naturanlage der Menschen möglich sei, in die geschichtsphilosophische Frage, *ob* sie unter den realgeschichtlichen Voraussetzungen einer gesellschaftlichen und kulturellen Überformung von Natur, die in der Gegenwart zu deren partieller Liquidierung geführt hat, *überhaupt* noch möglich sei[8], zeigt, in welcher Weise sich Adornos kritische Nachfrage durch ein Mehr an Radikalität gegenüber der Kants auszeichnet: Jeder Verdacht einer affirmativen Rechtfertigung des Metaphysischen soll vermieden werden. Deshalb auch legt Adorno seinen Reflexionen in Beziehung auf ihr Ziel, das wie das Kantische in einer Rettung von Metaphysik besteht, eine weit ungünstigere Problemstellung zugrunde, als es die Transzendentalphilosophie tat. Wollte Kant die metaphysischen

Ideen von Gott, Freiheit und Unsterblichkeit *gegen* ihren Untergang retten, so geht Adornos Programm auf eine Rettung *durch* ihren Untergang, an den allein alle Hoffnung auf eine Rückgewinnung des Metaphysischen geknüpft ist.[9]

In diesem Gedanken wird von der Philosophie ein Theologoumenon in Dienst genommen: das christologische Motiv von Tod und Auferstehung, welches an die Stelle der Kantischen Idee von Unsterblichkeit tritt. Die Figur des »durch ... hindurch«, ein Grundgedanke des spekulativen Protestantismus, der bis auf den antiken Topos zurückverfolgt werden kann, nach dem derselbe Speer, der eine Wunde schlägt, sie auch heile, läßt sich in unserem Zusammenhang auch philosophisch erklären: Ihren Ausgangspunkt bildet Adornos These, daß metaphysische Erfahrungen gegenwärtig kaum noch gemacht werden können, da sie von gesellschaftlich institutionalisierten Formen administrativer Gängelung und zivilisatorischer Zwangsausübung verhindert werden. Für »das Mißlingen der Kultur« sei Auschwitz schließlich nur der unwiderlegbare Beweis: »Gelähmt ist die Fähigkeit zur Metaphysik, weil, was geschah, dem spekulativen metaphysischen Gedanken die Basis seiner Vereinbarkeit mit der Erfahrung zerschlug.«[10] Demnach liegt das von Adorno bemerkte Grundübel nicht eigentlich in der radikalen Fragwürdigkeit und Unverläßlichkeit jeder metaphysischen Erfahrung, sondern in der Indifferenz und Gleichgültigkeit menschlicher Einstellung zum Problem der Metaphysik überhaupt. Sie resultiert aus einer zunehmenden Entfremdung zwischen der Lebenserfahrung der Subjekte und ihrem Bewußtsein von jenen sogenannten letzten Dingen. Der »gesellschaftlich determinierte Niedergang kontinuierlicher Erfahrung«[11] ist auch der Grund dafür, warum sogar die Erfahrung des Todes als ein »Letztes und Unbezweifeltes«[12], ein unausdenkbarer Gedanke[13], nicht mehr an das Metaphysische heranreicht. Die verbreiteten Todesmetaphysiken täuschen nur über die reale Ohnmacht der Einzelnen gegenüber der erfahrungsfeindlichen Wirkung sozialer Ordnungen hinweg und verhindern eine wirkliche Erfahrung des Todes, indem sie dessen Macht verklären.[14]

Sofern nun Adorno seine Annahme des sich zunehmend auf alle Lebensbereiche ausdehnenden Verlusts metaphysischer Erfahrungen an die begründende These von der mißlungenen Kultur bindet, die, wie Friedemann Grenz gezeigt hat, den um 1850 beginnenden Prozeß einer rückläufigen Anthropogenese bezeichnet[15], so kann man sie zur Erklärung des gegenüber Kant variierten Ziels einer »Rettung qua Untergang« heranziehen: Die programmatische Formel bedeutet dann, daß die theoretische Anerkennung des Sachverhalts einer zunehmenden Vergleichgültigung gegenüber der Metaphysik die conditio sine qua non darstellt, von der jede metaphysische Gegenwartstheorie auszugehen hat, wenn sie denn überhaupt noch zu Hoffnungen einer Rettung des Metaphysischen berechtigt sein soll.

Indem Adorno jedoch dieser geschichtsphilosophischen Bedingung, der »Relevanz des Innerweltlichen, Geschichtlichen für das, was die traditionelle Metaphysik als Transzendenz abhob«[16], der eine an Kants negative Metaphysik anknüpfende Theorie notwendig Rechnung tragen muß, auch noch das historische Ereignis von Auschwitz subsumiert und die damit verknüpften Faschismus-Erfahrungen auf die These vom Mißlingen der Kultur zurückführt, überspannt er die Erklärungsreichweite dieser geschichtsphilosophischen These. Denn in Auschwitz geschah noch etwas ganz anderes als die verwaltungsmäßige Degradierung des Individuums zu einem bloßen »Exemplar«, als die massenhafte »Integration« Einzelner nach dem Prinzip der Egalität, als die Liquidierung der Möglichkeit von Todeserfahrungen[17] - Tatbestände, die schon viel früher, spätestens seit 1850, konstatierbar sind. In dieser Perspektive muß Adornos Satz: »Auschwitz bestätigt das Philosophem von der reinen Identität als dem Tod«[18] als eine Verharmlosung faschistischer Phänomene erscheinen. Sie ist die Folge eines undifferenzierten Subsumtionsdenkens, von dem Adorno sich auch im Schlußkapitel der »Negativen Dialektik« noch nicht ganz gelöst hat: Einzelereignisse werden einem abstrakten Erklärungsprinzip, dem holistisch eingesetzten Identitätsbegriff, untergeordnet und so in ihrem eigenen Wert und Gewicht verkannt.

In diesem Verständnis kann man also davon ausgehen, daß Adornos metaphysische Reflexionen, sofern sie sich als Meditationen zur gegenwärtigen Zeit verstehen, das Negative der Gegenwart im Sinne dessen, was in ihr nicht sein soll, nicht in vollem Umfang erfassen. Welche Bedeutungen das von ihnen im Begriff des Negativen thematisierte Schlechte der bestehenden Welt im einzelnen annimmt, soll nun im folgenden gezeigt werden. Wurde der Begriff der Negativität in der philosophischen Tradition von Parmenides bis Hegel primär im Sinne des Nichtseienden, dessen, was überhaupt nicht existiert, verwendet, so setzte sich um 1830 vor allem bei Kierkegaard und Marx eine andere Grundbedeutung des Wortes durch. »Negativ« hieß für die Philosophen fortan vor allem dasjenige, von dem wir nicht wollen, daß es ist. Dieses Nichtseinsollende ist auch für Adornos Denken zum bestimmenden Wortsinn von Negativität geworden. Als solcher bildet er dann die Bezugsbasis für die vielfältigen Bedeutungen, die der Ausdruck »negativ« in der »Negativen Dialektik« annimmt.[19] In diesem Verständnis also stiftet der Terminus »Negativität« einen systematischen Zusammenhang der verschiedenen Begriffsformen des Negativen: In seiner Funktion als Metabegriff für alle Begriffe vom Negativen im Sinne eines Nichtseinsollenden bezeichnet er zugleich das Kriterium für die Verwendung all jener Begriffe. Ihre gemeinsame kritische Funktion besteht darin, daß sie gegen Phänomene der Herrschaft, Unterdrückung und daraus resultierender Verdinglichung gerichtet sind.

Sofern Adorno nun negativ-dialektisches Denken in Anknüpfung an die in der »Dialektik der Aufklärung« aufgestellten Thesen über Naturbeherrschung selber als eine Form von Zwang begreift, ist es nur folgerichtig, wenn er solches Denken ein »Negatives« nennt.[20] Die Negativität des Denkens ist hier gleichbedeutend gebraucht mit dem Ausdruck des falsch identifizierenden Denkens (vgl. Kap. 4.III.1.). Folgt man Adornos Eigenverständnis und bezieht diese erste Form von Negativität, gleich jenem Begriff des Identifizierens, auf die Gesamtheit des Intelligiblen, so ist negative Dialektik als vernunftkritisches und negativ-metaphysisches Konzept nicht mehr begründet auszuweisen. Beschränkt man den Geltungsbereich beider Termini hingegen auf defizitäre Anwendungsformen vernünftigen Denkens, die kriteriologisch zu präzisieren sind, so vermöchte die Grundstruktur von Adornos Philosophie einem analytischen Vergleich durchaus standhalten (vgl. Kap. 3.IV.1.). In diesem Fall könnte auch den entgegengesetzten Anwendungsfällen dieser Begriff im Sinne eines emphatisch Seinsollenden ein guter Sinn zugesprochen werden. Die Negativität des Denkens bedeutete dann gerade dessen kritisches Potential, durch welches ein richtiges Identifizieren, eine Erkenntnis der Dinge in ihrer wahren Identität, ihrer »Sich-Selbst-Gleichheit«, gelingen kann. Solches Denken besäße, wie Adorno im Anschluß an Benjamins geschichtsphilosophische Thesen sagt, »die spekulative Kraft, das Unauflösliche aufzusprengen, ... die der Negation«[21]. Denkende Negation und Kritik sind demnach ein und dieselbe Sache.

Dieser positiv-wertige Begriff von Negativität im Denken, der in Hegels »Phänomenologie« vorgebildet ist[22], besitzt noch einen anderen Aspekt. Er bedeutet nicht nur Kritik als gedankliche Scheidung des Wahren vom Unwahren einer Sache, er bezeichnet vielmehr auch eine *praktische* Dimension des Denkens, in der es sich dem Zwang des herrschenden Negativen gegenüber widerständig zeigt, »Resistenz gegen das ihm Aufgedrängte«[23] ist, ohne bereits von sich aus eine positive, wahrheitsfähige Aussage zu machen. Wahrhaftes Denken bewährt sich zunächst in der Kraft des Standhaltens gegenüber dogmatischen Anmaßungen ebenso wie gegenüber Formen realer Machtausübung, dem Negativen der empirischen Wirklichkeit. Und nur in der Sicht seines Bezogenseins auf reale Machtverhältnisse, die dem Urteil »negativ« oder »nichtseinsollend« verfallen, darf richtiges Denken sinnvollerweise »negativ« heißen: Denn nur durch die strikte Scheidung der verschiedenen Wortsinne für die Differenzierung guter von schlechter Negativität kann man den Schwierigkeiten entgehen, die in Adornos spekulativer Strukturierung des Negativitätsbegriffs impliziert sind und welche uns analog schon im Zusammenhang der Ausdrücke Identität und Wahrheit begegnet sind. Ihnen eignet eine dualistische, aus Oppositionen zusammengesetzte Bedeutungsstruktur, deren Bestandteile von Adorno nicht immer deutlich hinsichtlich »wahr« und »falsch« unterschieden werden.

Neben den skizzierten drei Gestalten von Negativität im Denken bezeichnet der Terminus bei Adorno vor allem Zwangsverhältnisse in der empirischen Realität selber. Ihre Erfahrung korrespondiert naturgemäß mit den intelligiblen Formen des Negativen, den wahren ebenso wie den falschen. Dies ist nur ein Implikat des Sachverhalts, daß Denken, von Adorno als »ein Stück Dasein«[24] begriffen, an der real herrschenden Negativität teilhat, sein Negatives also nicht nur kraft seiner eigenen Natur besitzt. Dieses herrschende und nichtseinsollende Wirkliche befaßt Adorno unter dem abstrakten Titel der »Negativität des Allgemeinen«, das er als das »unterdrückende Prinzip« definiert, mit dessen Unwahrheit der Begriff »fusioniert« sei.[25] Mit dieser Beschreibung ontischer Negativität biegt Adorno das Korrespondenzverhältnis zwischen Begriff und Realität in das einer Strukturgleichheit hinsichtlich ihres Wahrheitswertes um und gefährdet somit zum einen das erkenntniskritische Potential negativ-dialektischen Denkens; zum anderen unterliegt er einem monistischen Reduktionismus, der alle Erscheinungsformen empirischer Negativität allein auf ein Prinzip zurückführt, dessen Geltungsbereich totalisiert wird. Die Annahme der Universalität der Herrschaft des Negativen läßt aber eine Rettung des von Adorno favorisierten Besonderen, der Metaphysik heute zu folgen habe, nicht mehr zu.

In einer anderen Gestalt tritt das negative Wirkliche bei Adorno als das Unmittelbare oder, wie er sagt, das »Unauflösliche«[26], »sich durchhaltende Feste«[27] auf, als das also, was der junge Hegel das »Positive« nannte. Als solches stellt es sich dem Denken aber nur scheinbar als ein Erstes dar. Die Erscheinung seiner Unveränderbarkeit beruht mithin auf einer Täuschung des erkennenden Subjekts, welchem der abgeleitete Status des vermeintlich Unwandelbaren, dessen historisch-soziale Bedingtheit, entgeht. Eine Aufdeckung des falschen Scheins kann durch vernünftiges Denken in Konstellationen erfolgen, das der Genesis des betreffenden Phänomens nachfragt und deren Regelhaftigkeit aufklärt.

Der Charakter einer Täuschung bestimmt schließlich auch den Typ von Negativität, welcher im Zusammenhang der Erkenntnis metaphysischer Gegenstände direkt ins Gewicht fällt. So wird im unversöhnten Zustand sogar »Nichtidentität als Negatives erfahren«[28]. Dem falsch identifizierenden Denken erscheinen die emphatisch seinsollenden Aspekte des Nichtidentischen, welche sich auch noch unter der Herrschaft des wirklich Negativen auffinden lassen, als »divergent, dissonant, negativ«[29]. Als solchermaßen Widersprüchliches erscheint das Nichtidentische aber nur aus der Sicht eines zu voreilig auf Widerspruchslosigkeit und falsche Einheit von Erkenntnissen dringenden Bewußtseins; einem Denken, welches die Widersprüche und Unstimmigkeiten, in die es sich im Zusammenhang der Erkenntnis von Wirklichkeit verstrickt, als solche gar nicht ernst nimmt und nicht bewußt verarbeitet. Deshalb muß ihm die Öffnung des Bewußtseins für das utopische Erkenntnisziel, seine Hinorientierung auf das Nichtidentische, als fehlgeleitetes Denken erscheinen. Und sofern das Nichtidentische bei Adorno schließlich die Bedeutung eines jeweils in einem Einzelwirklichen auffindbaren Absoluten annimmt, muß dem falschen Denken auch dieses als ein Unwahres vorkommen. Folglich wäre ihm eine wirkliche und wahrhafte metaphysische Erfahrung notwendig verschlossen.

Bei diesem Ergebnis darf es aber nicht bleiben, wenn Adornos Intention einer Rettung des Metaphysischen nicht von vornherein zum Scheitern verurteilt sein soll. Man kann ihm nur entgehen, wenn man das negativ-dialektische Konzept von Metaphysik auf den von Kant ausdefinierten Sinn vernünftigen Denkens rückbezieht, auch wenn Adorno selbst diesen Schluß nicht immer als zwingend erscheinen läßt: Der Kantische Vernunftsinn ist der einzige, der es ermöglicht, auch die Konflikte und Divergenzen, welche in der bewußten Bezugnahme auf metaphysische Gegenstände notwendig auftreten, nicht zu ignorieren, sondern als solche anzunehmen und auszutragen. Die Kraft zu einer solchen Verarbeitung von Nichtseinsollendem vermag nur ein Denken zu entfalten, das der Einsicht in die Unmöglichkeit einer auf reiner Negativität gegründeten Welterklärung folgt. Die Grundlage seines intellektuellen Erklärungspotentials für Seinsollendes ebenso wie für Nichtseinsollendes bildet vielmehr die Erkenntnis, daß die Erscheinungshaftigkeit aller Menschen und Dinge nicht die letzte Wahrheit über unsere Welt ist. Inhaltliche Beschreibungen über die letzten Dinge, die durch das Nichtidentische symbolisierte Sphäre, muß derart kritisches Denken sich verbieten, will es nicht dem Vorwurf der Verwechslung eines Zweiten mit einem Ersten ausgesetzt sein. Und so zeichnet sich hier noch eine besondere Art von Negativität aktuellen metaphysischen Denkens ab: Negativ ist es hinsichtlich des Status seiner Denkbestimmungen selber, die keine unwandelbaren und apodiktisch wahren Aussagen mehr sein dürfen. Das Fragen nach letzten Wahrheiten darf nicht für diese selbst supponiert werden, so wie Wahrheit nicht auf ein Letztgültiges eingeschränkt ist: »Daß das Unveränderliche Wahrheit sei und das Bewegte, Vergängliche Schein, die Gleichgültigkeit von Zeitlichem und ewigen Ideen gegen einander, ist nicht länger zu behaupten ....«[30]

Diese Form der Negativität ist nun auch geeignet, außer dem Zusammenhang, der allen kritisch auf ein Negatives reflektierenden Begriffsformen durch ihr gemeinsames Bezogensein auf die Bedeutung des Nichtseinsollenden gegeben ist, noch einen Zusammenhang über ihren gemeinsamen Geltungscharakter herzustellen. Demnach besteht das gemeinsame Negative aller von Adorno in Ansatz gebrachten Formen von Negativität des Seienden, des intelligiblen als auch des materiellen, im Status ihrer Vorläufigkeit. Begründet ist er durch die historische Bedingtheit der durch sie bezeichneten negativen Sachverhalte. Sie verbietet deren »positive«, d.h. endgültige Bestimmung ebenso wie die letzte begriffliche Fixierung der seinsollenden Erfahrungen von Metaphysischem.[31]

II. Der Versuch einer Rettung des Metaphysischen im Geist der »zweiten Reflektiertheit«

1. Die Unausdenkbarkeit der Verzweiflung. Die Transformation Kants durch Kierkegaard

Unter den erschwerten geschichtsphilosophischen Bedingungen einer weitgehend als negativ (nichtseinsollend) verstandenen empirischen Wirklichkeit war eine Revision von Kants immanenter Metaphysik für Adorno unabweisbar geworden: Angesichts einer Welt, in der ihre Organisationsformen und deren Funktionsmechanismen in beträchtlichem Umfang unverständlich geworden waren, mußte die Affirmierung der Lehre von der transzendentalen Apperzeption notwendig dogmatisch erscheinen. Sie sollte den Rechtsgrund dafür liefern, daß alles uns »in der Anschauung gegebene« nur in »durchgängige(r) Identität der Apperzeption«[32] erfahrbar sei. Menschliche Naturerfahrung hatte auf einen »kontinuierlichen Zusammenhang aller Erscheinungen«[33] zu dringen. Kontingenzen und Sprünge, eine »Lücke oder Kluft zwischen zwei Erscheinungen«[34], sollten ausgeschlossen sein. Um den Gedanken einer »notwendigen Synthesis«[35] gegebener Vorstellungen plausibel zu machen, verlegte Kant den Grund für die einheitliche Verknüpfung der Phänomene nach objektiv gültigen Verstandesgesetzen in das formale Prinzip einer transzendentalen Bewußtseinseinheit. In ihr wurde das sämtliche Vorstellungen begleitende »Ich denke« zum Inbegriff abstrakten Philosophierens überhaupt erklärt. Seine intellektuelle Tätigkeit sollte reduziert sein auf das Herstellen »der notwendigen Gesetzmäßigkeit aller Erscheinungen.«[36] Kraft einer solchen Funktionsausübung werde Erfahrung überhaupt erst ermöglicht.

Nach der Meinung Adornos nun hätte sich Kant eigentlich selber der Fragwürdigkeit einer solchen immanenten Metaphysik bewußt werden müssen. So hätten ihn etwa Naturkatastrophen wie das Erdbeben von Lissabon dazu führen müssen, die Lehre zu widerrufen, nach der das Verhalten natürlicher Phänomene in den transzendentalen Konstituutentien ihrer Gesetzmäßigkeit aufgeht. Konnten die Unglücksfälle der ersten Natur mitunter noch als partielle Abweichungen von verstehbarer Regelhaftigkeit begriffen werden, so seien die der zweiten, der Gesellschaft, intellektuell nicht mehr kontrollierbar, »der menschlichen Imagination«[37] entzogen. Zur Erklärung kaum noch verständlicher Phänomene der Geschichte und der Gesellschaft reichen allgemeine und notwendige Gesetze, welche für die Transzendentalphilosophie zugleich die der Physik waren, endgültig nicht mehr aus. Ihrer Komplexität kann allenfalls noch ein Denken genügen das an Kants negativ-metaphysische Welterklärung anknüpft. Dem deduktiven Typ von Metaphysik entgegengesetzt, fragt die negative Metaphysik nicht nach dem »transzendentalen Grund«[38] gesetzmäßiger Erscheinungen, sondern nach ihrer »unbekannten Ursache«[39], welche in dem Plan besteht, der ihrer Herkunftsgeschichte zugrunde liegt. Existiert ein solcher Entstehungsplan, so muß es auch ein Prinzip geben, durch das er gestiftet wurde. Von ihm ist jedoch eine positive wissenschaftliche Erkenntnis ebensowenig möglich wie von dem universalen Zusammenhang, den dieses principium mundi konstituiert. Es bildet die objektive Grundlage der Bestimmtheit aller einzelnen Naturvorgänge und -gesetze, welche diesen an sich selber zukommt. Und insofern liefert es erst den Grund für deren subjektive Bestimmbarkeit. Demnach muß es schließlich auch als Ermöglichungsbedingung angesehen werden für Adornos Konzept von Metaphysik »als lesbare Konstellation von Seiendem«[40], für sein Programm einer verstehenden Naturerkenntnis: Wirklich verstehbar ist Natur einzig, wenn nach den Gründen gefragt wird, die zur Präsenz ihrer einzelnen Gebilde und deren Entstehung geführt haben. Die philosophische Anerkennung des Sachverhalts, daß Naturphänomene natürlich erklärbare Ursachen ihres Seins ebenso wie ihres Entstehens oder Vergehens zur Voraussetzung haben, bedeutet jedoch keine Rückkehr zu einem naiven Realismus, auch nicht die Rehabilitierung einer vorkritischen Ontologie. Die Kritik an der Präponderanz transzendentaler Subjektivität besteht in der Reflexion auf deren transzendentalphilosophische Deduktion, nicht in der Eliminierung des Subjekts.[41] Insofern intendiert sie ein Mehr an kritischer Reflexion, nicht deren Widerruf. In diesem Sinne fordert nun Adornos negative Metaphysik eine Revision des traditionellen Kausalitätsverständnisses, nicht hingegen die Ausschaltung der Frage nach dem Grund als solcher. Demnach richtet sie sich auch nur gegen Kants Verabsolutierung der physikalischen Wissensformen zur allein maßgeblichen Grundlage rationalen Begründens. Die Denkfunktionen der Physik konstituieren aber nur die Formen der empirischen Erkenntnis; auf das besondere Ursache-Wirkung-Verhältnis von intelligiblem Ansichsein der Dinge als explicans und ihrer Erscheinung als explicandum sind sie nicht applizierbar.

Die aus dieser Einsicht resultierende Annahme eines inneren Grundes erscheinender Dinge sowie die seiner ontologischen Priorität gegenüber jeglicher transzendentalen Begründung menschlichen Weltverstehens mußte Adorno konsequenterweise zu einer Variierung der Kantischen Auffassung von der transzendentalen Sphäre führen. Diese durfte nicht mehr als die einzige Rechtsinstanz für die Formulierung gesetzmäßiger Zusammenhänge in Raum und Zeit gelten. Die Konstitution der Naturgesetze, einschließlich der Genese ihrer besonderen Strukturen, konnte von den Phänomenen, für die sie gelten sollte, nicht mehr abstrahiert werden. Die constituta mußten **primär** auf ihr materielles constituens, den absoluten Ursprung der Natur, und nicht **auf** ihr transzendentales, die Einheit der Apperzeption, bezogen werden. Für die synthetische Einheit objektiven Wissens folgt nun aus einer solchen Revision von Kants immanenter Metaphysik, daß die Synthese nicht mehr durch das Prinzip einer »reinen« oder »ursprünglichen Apperzeption«[42] definiert sein kann, sondern zusammengesetzt ist aus historisch angesammelten Erkenntnissen. Zusammengenommen bilden sie den Text der Entstehung eines Seienden, den eine metaphysische Erkenntnis zu entschlüsseln und zu verstehen hat. Da aber ein solcher Verstehensversuch, zumal er einer Sache auf den geschichtlichen Grund gehen muß, unter den Bedingungen einer weitgehend unverständlich gewordenen Wirklichkeit mit besonderen Schwierigkeiten konfrontiert ist, darf mit seinem Erfolg nicht ohne weiteres gerechnet werden. Um der ganzen Problematik einer epistemologischen Begründung der Möglichkeit metaphysischer Erkenntnis Rechnung zu tragen, transformiert Adorno die synthetische Bewußtseinseinheit, durch die sich Kant dieser Möglichkeit letztlich versicherte, durch den Gedanken der Erfahrung von Verzweiflung auf der Grundlage geschichtlichen Wissens. Das existentialistische Motiv der Verzweiflung reformuliert gewissermaßen den Charakter der Notwendigkeit und Allgemeingültigkeit, den Metaphysik als Wissenschaft bei Kant haben sollte. Als etwas Unausdenkbarem eignet ihm ein anderer Typ von Objektivität als der durch eine transzendentale Apperzeption verbürgte. Sie hat ihre Grundlage in der Negativität des Seienden. Als ein Moment kritischer Unbedingtheit, das wiederum ermöglicht ist durch die quasitranszendentale Annahme eines Moments intelligibler Freiheit, welches »die Einsicht vom Vorrang des Objekts kontrapunktiert«[43], repräsentiert Verzweiflung das zentrale Motiv von Adornos Metatheorie der Metaphysik Kants. Doch obgleich es in der Erfahrung gegenwärtiger Wirklichkeit ein objektiv-materiales Fundament besitzt, ist ihm metaphysische Dignität nicht unreflektiert zuzusprechen. »Verzweiflung an der Welt, die doch ihr Fundament in der Sache und ihre Wahrheit hat und weder ästhetischer Weltschmerz ist noch ein falsches und verdammenswertes Bewußtsein, garantiere bereits, so wird fehlgeschlossen, das Dasein des hoffnungslos Entbehrten ...«[44] Eine solche Vorentscheidung ist unserem gegenwärtigen Wirklichkeitsverständnis ebenso unangemessen wie die Annahme irgendwelcher apriorischen Appellationsinstanzen. Und wer sagt uns schließlich, daß Verzweiflung selbst nicht nur »die letzte Ideologie«[45] ist? In einem Zeitalter, in dem das Denken in Zweck-Mittel-Relationen vorherrscht, kann man nicht mehr in naiver Weise auf transzendentale Garantien vertrauen. Der Historismus, der von Nietzsche als der Nihilismus erfahren wurde, hat uns dagegen skeptisch gemacht, die Vernunft in einem Bereich jenseits aller Kontingenzen anzusiedeln. Wollen wir sie in unserer Welt realisieren, so müssen wir sie wohl auch aus dieser nehmen. Dieser Wandel der philosophischen Situation hat auch die Grundfragen der Metaphysik tingiert: »Die Verzweiflung an dem, was ist, greift auf die transzendentalen Ideen über, die ihr einmal Einhalt geboten.«[46] Der Ursprung der Postulate von Gott, Freiheit und Unsterblichkeit ist ebenso in der empirischen Welt aufzusuchen. Verzweiflung über ihre Irrelevanz in der Philosophie ebenso wie im täglichen Leben kann nur aufkommen, wenn sich für ihre mögliche Relevanz konkrete Hinweise in unserer aktuellen Wirklichkeit auffinden lassen: »Bewußtsein könnte gar nicht über das Grau verzweifeln, hegte es nicht den Begriff von einer verschiedenen Farbe, deren versprengte Spur im negativen Ganzen nicht fehlt. Stets stammt sie aus dem Vergangenen ...«[47] Jedes in der Wirklichkeit vorkommende Anzeichen für die Möglichkeit eines besseren Zustands steht in einer positiv nicht beschreibbaren Relation zur ersten Ursache des bestehenden, verweist indirekt auf den absoluten Ursprung von Natur, nach welchem negativ-metaphysisches Denken fragt. In diesem Sinn muß auch

Adornos zweideutige Aussage »Nur wenn, was ist, sich ändern läßt, ist das, was ist, nicht alles«[48] verstanden werden: Nicht das Seiende überhaupt, sondern das heute Seiende ist nicht alles. Im anderen Fall wäre Adornos Erklärung der Veränderung des Bestehenden zur notwendigen Bedingung metaphysischer Erfahrung durch nichts motiviert. Motiviert ist sie aber durch die Einsicht, daß das Bestehende nicht notwendig so ist, wie es ist, weil es unter verschiedenartigsten, sich stets verändernden historischen Rahmenbedingungen entstanden ist. Als ein Zweites, Abgeleitetes, kann es weder ein Erstes noch ein unbezweifelbar Letztes sein. Aus dieser Erkenntnis heraus kann intellektuelle Aufrichtigkeit nur die radikale Offenheit und Unentschiedenheit der metaphysischen Fragen folgern. Und die ehrliche Anerkennung dieser Ungewißheit ist es auch, welche Adorno als Kants »großartige Zweideutigkeit« rühmt, durch die »er die eigene Position offen gelassen«[49] habe. Diese Ambiguität gegenüber der Herstellbarkeit metaphysischen Sinns zeichnet die negative Metaphysik vor jedem konsequent vertretenen Nihilismus aus: Der vorbehaltlosen Affirmierung eines als vollkommen leer gedachten »Nichts« durch Positionen, »denen Verzweiflung kein Terminus ist« läßt sich immerhin noch die *Frage* entgegenhalten, »ob es besser wäre, daß gar nichts sei als etwas«[50]. Noch der Täuschungsverdacht, den Adorno gegen Kants Überzeugung, daß Metaphysik als Wissenschaft möglich sei, ausspricht, hat der radikalen Leugnung des Metaphysischen eben dies voraus, daß er sich einer endgültigen Bestätigung ebenso verweigert wie seiner völligen Auflösung. Beides führte zum Abbruch der Erörterung metaphysischer Probleme und resultierte schließlich in deren totaler Vergleichgültigung.

Um der verhängnisvollen Konsequenz des Nihilismus zu entgehen, kontaminierte Adorno das Kantische Bewußtsein von den metaphysischen Gegenständen mit dem Theorem der Verzweiflung. In ihm verbinden sich lebendige Skepsis und reflexive Offenheit zu einer Bewußtseinsweise, deren Resistenzkraft gegenüber jeglicher Form dogmatischer Anmaßungen ein Moment von kritischer Unbedingtheit bedeutet: Adorno vertraut auf die Dauerhaftigkeit der Verzweiflung. Ihr Charakter der Widerstandsfähigkeit, welche nur durch den Tod - ein gleichermaßen unausdenkbarer Gedanke[51] - gebrochen werden kann, lieferte die Inspirationsquelle dafür, sie als untergründige Antriebskraft der metaphysischen Reflexionen Kants zu begreifen, deren Beharrlichkeit und Konzentration für Adornos Kant-Verständnis zentral gewesen sein müssen: »Das Geheimnis seiner Philosophie ist die Unausdenkbarkeit der Verzweiflung.«[52]

Historisch vorgebildet findet sich das Verzweiflungsmotiv in Kierkegaards Lehre vom Selbst, wie sie in seiner Schrift »Die Krankheit zum Tode«[53] von 1849 entfaltet ist. Adorno hat sie schon sehr früh in seiner Habilitationsschrift »Kierkegaard. Konstruktion des Ästhetischen«[54] rezipiert. Darin wird Kierkegaards grundlegende Definition des Selbst als »ein Verhältnis, das sich zu sich selbst verhält«[55], gedeutet als »eine metaphorische Bezeichnung für die ursprüngliche, produktive Einheit, die zugleich die Gegensätze 'setzt' und eint«[56], das zu einem dimensionslosen 'Punkt'[57] minimalisierte philosophische System des Idealismus: Adorno stellt hier Kierkegaards originäre philosophiegeschichtliche Leistung, die Existentialisierung der überlieferten anthropologischen Kategorien[58], in den Dienst seiner intendierten Kritik am idealistischen Subjektbegriff. Diese Kritik findet ihren Halt aber erst in der Weise, in welcher der Verzweiflungsgedanke in Kierkegaards Konzeption des Selbst eingebunden ist. Sie erst erlaubt es Adorno, die dunkle Konstruktion des Selbst als einer transzendentalen Synthesis, die in reiner Funktionalität aufgeht, mit Inhalt zu füllen und zugleich die mit dieser Lehre verknüpfte Reflexionsleistung zu bewahren. So definiert Kierkegaard Verzweiflung als »das Mißverhältnis in dem Verhältnis einer Synthese, das sich zu sich selbst verhält«[59]. Da Verzweiflung nicht das ursprüngliche, synthetische Selbstverständnis, sondern das Mißverhältnis im synthetischen Verhältnis ist, welches aber nur ein Mißverhältnis genannt werden kann mit Bezug auf eine dritte, bereits bestimmte Größe, die nicht Bestandteil der Beziehung zwischen den Relata des synthetischen Verhältnisses ist, sondern diesen gegenüber ein Drittes, Reflektiertes darstellt und als solches erst den Maßstab für die Bestimmung eines Mißverhältnisses liefert, so kann Adorno schließen, daß »das Mißverhältnis gegenüber dem synthetischen Verhältnis ... als Verzweiflung nur in Reflexion gegeben sein« kann; folglich Verzweiflung auch keine »Naturkategorie«[60] des menschlichen Selbstverständnisses als solchem sein kann. Weil Verzweiflung nach Kierkegaard unabhängig von allem Wissen der Person um sich selbst auftritt, ist es nur legitim, daß Adorno sie als eine notwendige, weil unausdenkbare Weise des Existierens begreift: »Alles Kierkegaardsche Existieren ist in Wahrheit Verzweiflung«[61], »Verzweiflung ist ihm objektiv«[62]. Die eigentliche philosophiegeschichtliche Bedeutung von Kierkegaards später Lehre, die das Phänomen der menschlichen Existenz ganz dem Verzweiflungsgedanken unterstellt und von ihm her begreift, besteht Adorno zufolge darin, daß es ihr um »das Eingedenken der leibhaftigen Menschen anstelle der Konstruktion geistig reinen Menschenwesens«[63] zu tun sei. Als solche repräsentiere die Verzweiflungslehre den Anfang einer kritischen Revision des abstraktiv gewonnenen Begriffs der Existenz.

Man kann die Relevanz, welche Kierkegaards Theorie der Verzweiflung im Zusammenhang der Transformation von Kants immanenter Metaphysik für Adorno gewonnen hat, nur voll verstehen, wenn man sich das eigentümliche Verfahren vergegenwärtigt, das Kierkegaard in der Analyse der verschiedenen Formen von Existenz anwendet. Man kann es seinen »Negativismus« nennen.[64] Die spezifisch negativistische Methode besteht darin, daß die Untersuchung eines bestimmten Problemfeldes ausgeht von den zu diesem Feld gehörigen Negativphänomenen, daß sie ihren Anfang in demjenigen nimmt, was als nichtseinsollend beurteilt wird, und erst von ihm herkommend das Seinsollende, Positivwertige, entwickelt.[65]

Ihre erste philosophische Anwendung erfährt die Methode des Negativismus in Kierkegaards früher Schrift »Der Begriff Angst«, die auf der Grundlage christlicher Religiosität den Begriff der Sünde entfaltet. Sie kann in mancherlei Hinsicht als Wegbereiterschrift für »die Krankheit zum Tode« gelten, die anhand des Negativphänomens »Verzweiflung« eine vollendete Anthropologie ausformuliert. Im Horizont des Problems menschlicher Identitätsausbildung versteht sie Verzweiflung als eine fehlgeleitete Form der Realisierung des menschlichen Selbstverhältnisses. Dessen bipolare Struktur beschreiben verschiedene Paare gegensätzlicher Begriffe, von denen das aus den Kategorien Möglichkeit und Notwendigkeit gebildete das grundlegende ist.[66] In einer gelungenen Synthese müssen beide Pole der menschlichen Verfassung in ein Verhältnis wechselseitiger Ausgewogenheit gebracht sein. Zugleich bezeichnen beide Extreme die fundamentalen Formen personaler Deformation: das Nicht-Hinausgelangen-Können des Individuums aus seinem faktischen Gegebensein und das Nicht-Zu-Sich-Zurückkommen-Können. Ihnen entsprechen die beiden Typen der Verzweiflung: das Verzweifelt-Nicht-Man-Selbst-Sein-Wollen und das Verzweifelt-Man-Selbst-Sein-Wollen, von denen das erste dem zweiten noch vorgeordnet ist. Der Grund dafür liegt darin, daß die Synthese beider Momente gedacht ist als ein Herausreflektieren des Menschen aus seiner durch die Vergangenheit faktisch determinierten Existenz mittels produktiver Fantasieleistungen, die ihn mit Rücksicht auf die Zukunft charakterisieren. Diese bilden eine nach Hegelschem Vorbild gedachte Form der Möglichkeit, welche Möglichkeit und Notwendigkeit als die beiden Momente des synthetischen Verhältnisses noch umgreift.[67] Sie hält die Extreme zusammen und wird als ein substratloser Prozeß der Selbstwerdung aufgefaßt.[68] Gelingen kann das angestrebte Man-Selbst-Sein nur im stetigen Vollzug der Vernichtung der Möglichkeit von Verzweiflung. Nur so kann Kierkegaard die Konstituierung des Selbst als reine Prozessualität denken. Dann aber koinzidiert das Nicht-Vernichten der Möglichkeit von Verzweiflung mit ihrer Aktualität.[69] Die zunehmende Annihilation der Möglichkeit, zu verzweifeln stellt also eine nicht hintergehbare Anforderung für die erfolgreiche Selbstwerdung dar. Und daraus folgt dann weiterhin, daß sich Verzweiflung nicht auf das Phänomen des Von-Sich-Selbst-Loskommen-Wollens reduzieren läßt. Denn dieses Nicht-Man-Selbst-Sein-Wollen wäre gar keine Verzweiflung, gehörte zu ihm nicht ebenso noch die Unfähigkeit zur Realisierung dieses Wollens. Damit eine Person verzweifelt ist, muß ihr Wunsch der Selbstbefreiung mit deren Unmöglichkeit verbunden sein.[70] Realisierbar wäre das Nicht-Man-Selbst-Sein-Wollen, die für alle Arten der Verzweiflung grundlegende Formel, schließlich nur durch den selbstgewählten Tod. Eine lebendige Selbstwerdung hingegen kann nur im ruhelosen Prozeß der Verzweiflung gelingen.

Kierkegaards negativistische Analyse der Verzweiflung und die Herleitung ihrer Dauerhaftigkeit konnte hier nur flüchtig skizziert werden. Es sollte aber wenigstens deutlich geworden sein, wie Adorno dazu kommen konnte, Verzweiflung etwas »Unausdenkbares« zu nennen. Als solche tritt sie bei Kierkegaard in Erscheinung als Ausdruck eines Mißverhältnisses in dem Verhältnis, das sich zu sich selbst verhält, d.h. in den einzelnen Relationen zwischen Möglichkeit und Wirklichkeit, Unendlichkeit und Endlichkeit, Möglichkeit und Notwendigkeit. Adorno nun projiziert das Verzweiflungsmotiv derart in Kants Denken hinein, daß es in ihm eine Anwendung findet, welche der Kierkegaardschen ganz analog ist: Wiederum bezeichnet er das Verhältnis einander konträrer Begriffe, die in der Antinomienlehre thematisierte Antithesis der Kategorien Endlichkeit und Unendlichkeit, Einfachheit und Mannigfaltigkeit, Freiheit und Notwendigkeit, Bedingtheit und Unbedingtheit. Es liefert Adorno den Schlüssel zur Erklärung der dualistischen Struktur des Kantischen Systems.[71] Danach sei es die Verzweiflung über die Nicht-Erkennbarkeit der metaphysischen Ideen gewesen, die Kant genötigt habe, das Wissen einzuschränken, um für den Glauben Raum zu schaffen. Mit anderen Worten: Verzweiflung sei die Antriebskraft dafür gewesen, dem Intelligiblen eine eigene Welt jenseits aller empirischen Kontingenzen zuzusprechen. Eine solche Auslegung impliziert den Verdacht, daß sich die Kantische Konstruktion der Antinomien bei einer erneuten Reflexion als die einer fehlgeleiteten Relation, als ein Kierkegaardsches »Mißverhältnis« erweisen könnte. In diesem Verständnis wäre sie lediglich die zur philosophischen Struktur geronnene Begründungsnot metaphysischen Denkens; der von bloßen Wünschen und »protestantischer Apologetik«[72] getragene Versuch, sich des Unausweisbaren dadurch zu versichern, daß man es dem Bereich des Erkennbaren und somit jeder kritischen Nachfrage entzieht.

Doch Adorno wußte wohl, daß ein so radikal formulierter Täuschungsverdacht keinen theoretischen Halt in Kants eigenem Denken finden konnte: Zum einen war es Kant selbst gewesen, der den Verdacht eines Mißbrauchs metaphysischer Gedankenfiguren bereits in größtmöglicher Selbstkritik reflektiert hatte. Sie kommt u.a. schon im ersten Satz der »Kritik der reinen Vernunft« zur Sprache, demzufolge es das besondere Schicksal der menschlichen Vernunft sei, daß sie durch Fragen belästigt werde, die ihr unabweisbar und doch unbeantwortbar seinen.[73] Eine Entsprechung findet dieser Satz in Adornos Äußerung, nach der das Bewußtsein die geschichtliche Absenz der metaphysischen Ideen weder ertragen noch verleugnen könne.[74] Es ist erstaunlich, aber doch offensichtlich, daß Adorno hier, ungeachtet seiner durchgängig polemischen Haltung gegenüber jeder Form von Anthropologie, zur Verteidigung der Möglichkeiten von Metaphysik auf eine anthropologische Konstante zurückgreift, die die Möglichkeit metaphysischer Verzweiflung als creatio continua im Sinne Kierkegaards verbürgen soll. Der epistemologische Täuschungsverdacht gegen Metaphysik wird also ähnlich wie bei Kant[75] auch bei Adorno durch ein anthropologisches Moment kontrapunktiert.

Ein anderer, noch wichtigerer Grund dafür, warum eine vollkommen instrumentelle Interpretation der Kantischen Lehre nicht gerecht wird, ist nun darin zu sehen, daß Kants Unterscheidung von Erscheinungen und Dingen an sich ja gerade kritisch gemeint war. Sie resultierte aus einer doppelten Einsicht: Gegen den radikalen Nominalismus und Empirismus war geltend zu machen, daß die reale Welt in ihrer Faktizität nicht aufgeht, und gegen die traditionelle Metaphysik war zu setzen, daß metaphysische Wesenheiten weder affirmativ bestimmbar noch aus der dinghaften Erscheinungswelt ableitbar sind. Und auch die Bewußseinsstellung, die sich in dieser zweifach kritischen Position Kants ausdrückt, findet man bei Adorno reformuliert. Sie gelangt zur Sprache in der mit Nachdruck gestellten Frage »Ist das denn alles?«[76], in der die Erfahrung vergeblichen Wartens aufgezeichnet ist. Als formelhafte Umschreibung des Kierkegaardschen Verzweiflungsmotivs ist sie in fundamentaler Weise zweideutig: Verbürgt der Prozeß vergeblichen Wartens, radikalen Nachfragens und ernsthaften Verzweifelns die Existenz dessen, worauf er gerichtet ist, oder ist auch alles Verzweifeln vergeblich?

Man wird an dieser Stelle darauf bestehen müssen, daß der von Adorno radikalisierte Täuschungsverdacht gegen die Metaphysik nicht universalisiert werden darf. Nur wenn er als Form einer dritten Reflektiertheit im Denken auf die von Kant ausformulierte Stufe einer zweiten Reflektiertheit zurückbezogen werden kann, läßt er sich als Steigerung metaphysischer Reflexionsleistungen begreifen und sinnvoll aufrechterhalten. In diesem Sinn kann dann Verzweiflung verstanden werden als stetig wirksame Antriebskraft für die Frage nach dem absoluten Grund unserer Wirklichkeit, die wir auch Natur nennen. Nähern können wir uns der positiv nicht erkennbaren Ursache des wirklich Bestehenden einzig durch die Aufklärung der Vergangenheit, die zu ihm geführt hat.

2. Intelligibles als Selbsterhaltung und Selbstverneinung

Daß Adorno das Kierkegaardsche Verzweiflungsmotiv als Mittel der Transformation von Kants immanenter Metaphysik einsetzen konnte, hatte zur Voraussetzung eine besondere Art der Kant-Auslegung, die in der Konstruktion des Zusammenhangs von aufklärerischer Rationalität und mythologischem Denken begründet ist. Sie verweist uns auf die in der »Dialektik der Aufklärung« entfaltete Geschichtsphilosophie Adornos, welche die Perspektive seiner Interpretation der Transzendentalphilosophie durchgängig bestimmt. So stellt sich ihm Kants Lehre als eine ihrer selbst unbewußte Geschichtsschreibung dar.[77] In dieser Sicht mußte deren kritische Einschränkung der Erkenntnismöglichkeiten des Bewußtseins zugleich auch nicht-rationale Momente enthalten: Es war vor allem die Dunkelheit der transzendentalphilosophischen Deduktion verschiedener Denkfunktionen, die den Verdacht des Mythologischen auf sich zog.

Im Gegenzug zur Abstraktheit der Kantischen Begründung von Denken und Erkennen wollte Kierkegaard, so Adornos These, eine Ontologie erstellen, die sich durch wirkliche Konkretion auszeichnet.[78] Anders jedoch als die ebenfalls auf äußerste Konkretheit dringende Ontologie der Hegelschen Logik, wollte diejenige Kierkegaards nicht das Seiende als Ganzes erfassen. Indem sie folglich die Voraussetzungen eines vollkommenen Entsprechungsverhältnisses zwischen Denken und Seiendem nicht mehr machte, gab sie damit, Adorno zufolge, auch den Kantischen Gedanken transzendentaler Objektivität auf. An seine Stelle setzte sie die Konzeption intelligibler Subjektivitäten als eine Form konkreter Innerlichkeit. Dieses gegen mythische Abstraktheit gerichtete Verständnis von Selbstsein, das sich für Kierkegaard nicht auf Selbstbewußtsein reduzieren läßt, mündet nun aber nach Adorno seinerseits wieder in äußerste Abstraktion. Sie resultiert aus dem Charakter der Einzigkeit des Selbst, von der nichts Bestimmtes mehr prädiziert werden kann. Existenz, deren Beschreibung als eines sich zu sich selbst verhaltenden Verhältnisses ontologische Klarheit suggeriere, sei in Wahrheit nur die Formel für mythische Selbstgesetztheit, die sich endlos wiederhole, etwas ganz und gar Undurchsichtiges. Erst die Weigerung des Verhältnisses, es selbst zu sein, der Grund für die Verzweiflung, löse den Schein reflexiver Durchsichtigkeit auf.

Das konzentrierte Referat der Kierkegaard-Auslegung Adornos zeigt, daß auch sie der »Dialektik der Aufklärung« verpflichtet ist. Zudem verdeutlicht es, daß erst die selbstkritische Revision der nach innen gekehrten transzendentalphilosophischen Subjektivität bei Kierkegaard, die Kritik des Existenzbegriffs durch den der Verzweiflung, ein Moment bereitstellt, das sich der strengen Dialektik eines Umschlagens von Rationalität in Mythos und umgekehrt entzieht: Als minimalisierter anthropologischer Fixpunkt ist Verzweiflung unausdenkbar, wenn der Verlust metaphysischen Problembewußtseins droht; notwendig ist sie in diesem Zusammenhang unter dem Aspekt geschichtsphilosophischer Negativität. Daß sie also in jeweils verschiedener Hinsicht zugleich nicht sein soll, so fern sie Ausdruck der Nichterkennbarkeit von Absolutem ist, und auch sein soll, sofern sie vor dem Verlust des metaphysischen Fragehorizonts überhaupt bewahrt, kennzeichnet den eigentümlichen Doppelcharakter der Verzweiflung. Trotz ihres ambivalenten Status ist diese Form der Verzweiflung also etwas durchaus Rationales.[79]

An das Aporetische ihrer Unausdenkbarkeit anknüpfend überträgt Adorno ihren Charakter auch auf die Kantische Konstruktion einer intelligiblen Sphäre, die ja ihm zufolge durch Verzweiflung motiviert worden war: »Der Begriff des Intelligiblen ist weder einer von Realem noch einer von Imaginärem. Vielmehr aporetisch.«[80] Die Frage, ob das Intelligible wirklich existiert, ist demnach für Adorno nicht entschieden. Wenn es aber in der Gestalt eines emphatisch Seinsollenden, als welches es bei Kant auftritt, zurecht gefordert werden soll, so muß ihm doch in bezug auf das wirklich Seiende eine größere Bedeutung zugesprochen werden als etwa einer Imagination oder einem Traum. Es muß aus den Tendenzen des bewußt geführten Lebens notwendig hervorgehen. Nur wenn das Intelligible einen Bereich bezeichnet, der eine wichtige Orientierungsfunktion für unser Denken und Handeln in der empirischen Welt hat und somit unverzichtbar zu sein scheint, darf dessen Existenz auch dann vorausgesetzt werden, wenn sie uns nicht verfügbar ist: »Der Begriff des intelligiblen Bereichs wäre der von etwas, was nicht ist und doch nicht nur nicht ist. Nach den Regeln der Sphäre, die in der intelligiblen sich negiert, wäre diese widerstandslos als imaginär zu verwerfen.«[81]

Adorno verweist uns hier erneut an den Kantischen Gedanken einer negativen Metaphysik. Sofern nur das, was uns heute präsent ist, - die bestehende Faktizität - »wirklich« heißen soll, ist das Intelligible kein wirklich Seiendes, das sich positiv bestimmen ließe. Sofern wir aber auch dem noch Wirklichkeit zusprechen wollen, was als positiv nicht bestimmbare Ursache des gegenwärtig Realen mit diesem wie immer auch vermittelt in Beziehung steht, so können wir durchaus sagen, daß das Intelligible, sofern es Realgrund des Bestehenden ist, auch an dessen Sein beteiligt ist. Über die Eigenschaft des Urgrunds von Seiendem sowie den Modus seiner Existenz läßt sich jedoch nichts genaues ausmachen. Bestimmen kann man ihn immer nur negativ: ausgehend von den Zuständen und Merkmalen des heute Wirklichen, welche auf ihn als den Grund ihrer Möglichkeit verweisen. Eine solche Negativbestimmung des absoluten Ursprungs von Natur übersteigt allerdings die Möglichkeiten eines Denkens, das physikalischen Gesetzmäßigkeiten folgt. Um sich seiner Erkenntnis zu nähern, bedarf es des Denkens in teleologischen und nicht nur mechanischen Ursache-Wirkung-Relationen. Offenbar können wir uns die gegenwärtige Wirklichkeit nicht anders verständlich machen als dadurch, daß wir ihre verschiedenen Elemente auf frühere Zustände und Ereignisse als deren Ursache rückbeziehen und dabei versuchen, in der Abfolge der einzelnen Rückschlüsse von einer Vielzahl zu erklärender Elemente zu einer möglichst geringen Zahl von Erklärungsgründen zu gelangen. Indem wir uns darum bemühen, sinnvolle Zusammenhänge zwischen den verstreut auffindbaren Kausalstrukturen herzustellen, dürfen wir darauf hoffen, der allerersten Ursache des Bestehenden näher zu kommen. Nur wenn wir das Intelligible als ein reales Substratum dessen begreifen, was ist und als faktisch Seiendes positiv erkannt werden kann, bleibt es davor bewahrt, nicht mehr zu sein als ein Produkt unserer Fantasie. Es bezeichnet dann die geistige Grundlage für alles, was uns in der empirischen Wirklichkeit im einzelnen vorkommt. In ihrer ganzen Bedürftigkeit kann die gegenwärtige

Realtität letztlich nur verstanden werden, sofern sie als von jenem Urgrund abhängig (und nicht umgekehrt) beurteilt wird.

Ein solches Konzept negativ-metaphysischen Erkennens hat seine ausgereifteste Fassung in Kants Entwurf einer Physikotheologie[82] erhalten. Es steht in grundlegendem Widerspruch zum epistemologischen Begründungsansatz der »Kritik der reinen Vernunft«, die schließlich nicht mehr als ein philosophisch-methodologischer Traktat sein will. Die negative Metaphysik hingegen bringt mit dem intelligiblen Realgrund aller Dinge und Personen ein materiales Moment als Ermöglichungsbedingung für metaphysisches Erkennen in Ansatz. Danach ist die Objektivierbarkeit und Wahrheitsfähigkeit einer metaphysischen Erkenntnis nicht mehr nur durch die intelligible Sphäre transzendentaler Subjektivität begründet. Objektives Wissen um ein Metaphysicum hat sein Fundament vielmehr in der Annahme eines geistigen Ansichseins aller natürlichen Dinge. Diese völlig rationale Unterstellung des älteren Kant reformuliert Adorno als das »Moment transzendenter (nicht transzendentaler!, U.M.) Objektivität« im Denken, in dem »die Möglichkeit von Metaphysik ihre unauffällige Stätte«[83] habe. Physikalischen Wissensformen ist dieses objektiv-materiale Moment nicht erreichbar. Da sie aber Kants erster Kritik zufolge für objektivverbindliches Erkennen konstitutiv sind, dürfte eine philosophisch-wissenschaftliche Nachfrage nach dem Urgrund von Seiendem streng genommen gar nicht möglich sein. Verstanden als konstituierende Grundlage aller empirischen Erscheinungen wäre das Intelligible für das methodisch korrekte Denken nur ein Imaginäres; höchstens eine Idee, welche der Vereinheitlichung des Erkennens dient, aber keine Abweichung von seinen Grundfunktionen zuläßt.

Da nun Kant, ungeachtet der von ihm deduzierten Denkregeln, das Erkennen schließlich doch einer Annäherung an das intelligible Ansichsein der Natur für fähig erklärte, die Möglichkeit des Denkens in nicht kausal-mechanischen Begründungsformen zugestand und dem Intelligiblen somit doch eine Bedeutung für das empirische Wirklichkeitsverständnis, nicht nur für die Vervollständigung des Wissens, zusprach, kann Adorno hinsichtlich dieses krassen Widerspruchs von einer paradoxen Erkenntnismöglichkeit sprechen: »Paradox wäre die von Kant visierte intelligible Sphäre abermals 'Erscheinung': was das dem endlichen Geist Verborgene diesem zukehrt, was er zu denken gezwungen ist und vermöge der eigenen Endlichkeit deformiert. Der Begriff des Intelligiblen ist die Selbstnegation des endlichen Geistes.«[84] Die Interpretation der Kantischen Wende von der physikalischen zur naturteleologischen Bewußtseinsstellung ist wiederum durch Kierkegaard inspiriert. Dieser sprach mit Bezug auf die Grenzsetzungen des Denkens angesichts der metaphysischen Erkenntnis Gottes ebenfalls von einem Paradoxon: »Das ist denn des Denkens höchstes Paradox: etwas entdecken wollen, das es selbst nicht denken kann. Diese Leidenschaft des Denkens ist im Grunde überall im Denken vorhanden, auch in dem des Einzelnen, insofern er denkend ja nicht bloß er selber ist.«[85]

Das Spannungsverhältnis zwischen dem Denkenwollen des Undenkbaren und dem begrenzten Denkvermögen des Verstandes erfährt bei Kierkegaard eine Auflösung in der »glücklichen Leidenschaft«, in welcher das Paradoxe und der Verstand »aufeinanderstoßen im gemeinsamen Verständnis ihrer Verschiedenheit«[86] - in einem Gedanken also, der wohl nur verständlich ist, wenn man die fundamentale Differenz von Glauben und Wissen auf ihn anwendet und anerkennt.

Sofern Adorno überhaupt dazu übergeht, die paradoxale Struktur des Begriffs vom Intelligiblen aufzulösen, tut er das anders als Kierkegaard. Er insisitiert auf einer bewußten Möglichkeit der Bezugnahme auf das Intelligible. Anders auch als die Grenzsetzungen, denen Kant das Erkennen 1781 noch in strikter Weise unterstellte, ist Adornos Intention darauf angelegt, das Intelligible doch zum Gegenstand des Denkens zu machen. Zu denken ist es aber »einzig negativ«[87]. Möglich ist eine solche negative Bezugnahme nur dann, wenn die Struktur des Denkens nicht letztgültig auf die physikalischen Denkfunktionen festgelegt ist. Denn diese vermögen ja immer nur die Relationen zu bestimmen, welche zwischen einzelnen Erscheinungen bestehen. Über das Verhältnis der erfahrbaren Dinge zu ihrer ersten Ursache, die ihr Dasein letztlich erst ermöglicht hat, können sie keine Aussagen machen. Dennoch kann sich die menschliche Vernunft auch bei Kant der Frage nach dem realen Grund der Dinge nicht entziehen. Daß sie ihr notwendig und ursprünglich gestellt ist, erfährt seine Begründung durch einen kosmologischen Gedankengang: Wenn wir in der Erfahrung etwas Wirkliches antreffen, das bedingt ist, so muß ihm etwas Unbedingtes zugrunde liegen, welches ebenso ein Dasein hat.[88] Das Argument, ein notwendiges Wesen (ens necessarium) müsse wirklich existieren, wenn uns etwas Kontingentes gegeben sei, bedeutet für Kant eine ganz selbstverständliche, »natürliche« Schlußart, weil es auf reale Erfahrung gegründet ist. Darin unterscheidet sich der Gedanke der kosmologischen Notwendigkeit auch von dem »Idealischen und bloß Gedichteten«[89] der Lehre vom transzendentalen Ideal, in der vorausgesetzt wird, es existiere so etwas wie die Summe aller Einzelwirklichen, ein Inbegriff aller Realität, eine »omnitudo realitatis«. Der Schein, der in diesem Begriff selbst schon liegt, ist ein vermeidbarer: Er resultiert aus der Vergegenständlichung eines Ideals, der Subreption des Übergangs von einer bloßen Selbstkreation des Denkens zu einem wirklichen Wesen. Der transzendentale Schein des kosmologischen Gedankenschlusses ist dagegen nicht zu vermeiden. Dieser Begründungsgang nötigt die Vernunft geradezu anzunehmen, daß in einer Welt voller Kontingenzen, welche durch Ursachen bedingt sind, doch irgendetwas absolut notwendig sein muß. Der kosmologische Gedanke des notwendigen Daseins führt Kant dann auch zur Annahme eines höchsten und unbedingt notwendigen Wesens und somit in die Nähe jener Ontotheologie, deren Kritik er sich zur Aufgabe gemacht hatte. Seinen Versuch einer kritischen Rehabilitierung des ontologischen Gottesbeweises stellt Adorno als die zentrale Intention der Kantischen Philosophie heraus.[90] Die von ihm in diesem Zusammenhang gelobte Offenheit der Position Kants in bezug auf die Möglichkeit, das Absolute zu denken, kann von uns jetzt präzisiert werden. Sie besteht darin, daß Kant den ersten Grund alles Bedingten modal unbestimmt läßt: Die von der metaphysischen Tradition vermeintlich als real begriffene Notwendigkeit der absoluten Ursache ist in Wirklichkeit nur die subjektive Notwendigkeit, einen ersten Anfang in der Reihe der Gründe des Bestehenden anzunehmen. Diese Einsicht bezeichnet zugleich die originäre kritische Leistung Kants.[91] Ihr zufolge kann die Vernunft zugleich weder entscheiden, ob es ein absolut-notwendiges Wesen in der Welt oder außerhalb ihrer wirklich gibt, noch kann sie klar bestimmen, was man sich unter notwendigem Dasein inhaltlich vorzustellen hat. Da sie niemals einen klaren Begriff realer Notwendigkeit fassen kann, zwingt sie uns, die Frage nach dem absoluten Grund des Seienden vor jeder erreichten Inhaltsbestimmung wieder neu zu stellen. Und so werden wir aufgrund der Erfahrung der Zufälligkeit und Unbegründetheit der Welt dazu gedrängt, »uns nach ewas von allen Erscheinungen Unterschiedenem, mithin einem intelligiblen Gegenstande umzusehen, bei welchem diese Zufälligkeit aufhöre«[92].

Aus dem Bisherigen geht nun deutlich hervor, in welcher Weise Kants Behandlung des kosmologischen Problems des Absolutnotwendigen die spätere Ausformulierung einer negativ-metaphysischen Welterkenntnis schon vorbereitet. Die Auflösung des Problems hingegen, das der Thesis zur vierten Antinomie zugrunde liegt, sucht Kant in der Schlußanmerkung zur Antinomie der reinen Vernunft noch nicht in der Physikotheologie, sondern in der Ontotheologie, die das ens necessarium ohne die Zuhilfenahme von Erfahrung »aus reinen Begriffen«[93] heraus abzuleiten versucht. Dieser Typ einer transzendentalen Theologie rechnet aber nicht zu der negativ-metaphysischen Naturerklärung, die Kant in der »Kritik der Urteilskraft« ausformuliert hat und die für Adornos Konzept von Metaphysik wichtig geworden ist. Das Intelligible, welches von der »Negativen Dialektik« thematisiert wird, ist äquivalent vielmehr demjenigen, dessen Dasein bei Kant einzig durch eine natürliche Theologie erkannt werden kann. In ihrer subtilsten Ausprägung als Physikotheologie stellt sie den vernünftigen Versuch dar, »aus den Zwecken der Natur (die nur empirisch erkannt werden können) auf die oberste Ursache der Natur und ihre Eigenschaften zu schließen«. Zwar vermag sie »den Begriff einer verständigen Welturache als einen subjektiv für die Beschaffenheit unseres Erkenntnisvermögens« notwendigen Orientierungspunkt zur Beurteilung zweckmäßiger Strukturen in der Natur zu erweisen; aber sie kann »diesen Begriff weder in theoretischer noch praktischer Absicht weiter bestimmen«[94]. Demnach bleibt die Physikotheologie eigentlich immer nur eine physische Teleologie. Sie nötigt uns zwar die Suche nach einer Theologie auf, bringt jedoch keine hervor.[95]

Den Übergang Kants von der kausal-mechanischen Erklärungsmethode des theoretischen Vernunftsgebrauchs zur teleologischen Verfahrensweise der reflektierenden Urteilskraft interpretiert Adorno als »die Selbstnegation des endlichen Geistes«. Er parallelisiert die Kategorienlehre mit »dem naturbeherrschenden Prinzip«[96] der Vernunft, von dem sich Kant erst durch den Schritt zur negativ-metaphysischen Naturerklärung gelöst habe. Kant habe es lediglich versäumt, die erkenntnistheoretischen Konsequenzen aus dieser zweiten Reflexion seiner Metaphysik zu ziehen. Konsequenterweise hätte er die von ihm deduzierten Denkfunktionen für variabel erklären müssen. Er hätte den von ihm erhobenen Anspruch auf Vollständigkeit der Kategorientafel ebenso zurücknehmen müssen wie den ihr zugesprochenen Status überzeitlicher Apriorität. Eine solche Revisionsmöglichkeit habe er sich eben dadurch verstellt, daß er die Kategorienlehre für universal gültig erklärte.

Sieht man aber einmal von den Bestimmungen der Notwendigkeit und Allgemeingültigkeit ab, welche das Deduktionskapitel den einzelnen Denkfunktionen zuerkennt, so ist die von Adorno geforderte Möglichkeit einer Selbstkorrektur der Vernunft, auch ihrer eigenen Grundstrukturen, durchaus mit der Kantischen Lehre vereinbar. Eine solche Forderung ist sogar dazu geeignet, die Aufmerksamkeit auf den Sachverhalt zu lenken, daß es Kant neben der Rechtfertigung von Grenzsetzungen für das Denken vor allem um die kritische Neubegründung metaphysischer Erfahrung zu tun ist und daß diese Untersuchung den weitaus größten Teil der Kritik der reinen Vernunft ausmacht. Und so hat erst die neuere Kant-Auslegung, die die »Transzendentale Dialektik« stärker ins Blickfeld ihrer Überlegungen rückt, eine mögliche Deduktion der Verstandesbegriffe in Form einer Derestriktion der Kategorien diskutiert.[97] In diesem Zusammenhang fordert auch Adorno die Extrapolation der Möglichkeit von Vernunft, sich zu sich selbst ins Verhältnis zu setzen. Nur wenn das intelligible Subjekt sich selbst zum Objekt der Erkenntnis werden kann, vermag es auch eine kritische Revision seiner grundlegenden Denkstrukturen in Gang zu setzen. Geschehen kann das nur durch eine Steigerung vernünftiger Reflexionsleistungen. Sie sollen das Arsenal begründeter Denkfunktionen keineswegs außer Kraft setzen. Die Kategorien werden nur, wenn nötig, ergänzt und neu interpretiert. Insbesondere müßte in einer negativen Metaphysik der Sinn der wichtigsten Kategorie, der der Kausalität, revidiert werden.

Einer solchen Revision dienen u.a. die Überlegungen, welche Adorno, allerdings sehr unzulänglich fundiert, in seinem Essay über »Freiheit. Zur Metakritik der praktischen Vernunft«[98] entfaltet. Sie arbeiten die Bedeutung heraus, die Kant der intelligiblen Sphäre der Dinge an sich in bezug auf die subjektive Wahrnehmung zuerkennt. Er begreift das Ding an sich als Grund unserer Empfindungen, ohne es hingegen mittels der Kategorie der Kausalität für bestimmbar zu erklären. Es wird in dieser Hinsicht nur in Analogie zu einer Ursache gedacht. Entsprechend ist auch das Verhältnis zwischen den Wahrnehmungen und den Dingen als solchen nur analog dem zwischen Gründen und Folgen aufzufassen.

Adorno sucht nun diese Einflußnahme des intelligiblen Dings an sich, die Kant ein »Affizieren« genannt hatte und die er auf die subjektive Empfindungsfähigkeit eingeschränkt wissen wollte, ebensogut auf die Funktionen des Denkens zu beziehen.[99] Dadurch verspricht er sich das Herstellen einer Verbindung zwischen Kants negativ-metaphysischer Nachfrage nach einem intelligiblen Realgrund des Seienden und seiner immanent-metaphysischen Deduktion der Kategorien. Zugleich ist damit auch gesagt, daß der erste Metaphysiktyp dem zweiten vorrangig sein soll. Um die negative Metaphysik sinnvoll vertreten zu können, darf aber der transzendentale Gedanke der deduktiven Metaphysik nicht vollständig aufgegeben werden. Und deshalb bringt auch Adorno ein Moment geistiger »Selbständigkeit«[100] in Ansatz, das einer kritischen und selbstreflexiven Suche nach der intelligiblen Ursache unserer Wirklichkeit unabdingbar ist. Es repräsentiert eine minimalisierte Reformulierung des Kantischen »Ich denke«, der Formel für die Bewußtseinseinheit. Nur stiftet dieses irreduzible Moment geistiger Stabilität in der negativen Metaphysik nicht mehr die Einheit von ein für allemal festgelegten Denkfunktionen. Die mangelnde Variabilität einer solchen Konzeption war es ja gerade, die Adorno dazu geführt hat, sie als Lehre einer verhärteten und zwanghaften Identitätsausbildung zu interpretieren. In dieser Sicht vereinigte das Kantische »Ich denke« nur verschiedene Funktionen realer Naturbeherrschung.

Aber Adorno wußte, daß dies nicht die ganze Wahrheit über die transzendentale Deduktion sein konnte. Vor allem waren es die in jenem »Ich denke« implizierten kreativen und spontanen Bewußtseinsleistungen, die Adorno veranlaßten, sogar noch eine Steigerung dieses transzendentalen Gedankens vorzunehmen. Dessen Potenzierung besteht in der Verdoppelung der Reflexion, ihrer Selbstanwendung. Das Motiv der Reflexion der Reflexion findet man im Anschluß an Kant bereits nachdrücklich ausformuliert in Schillers Theorie des Sentimentalischen sowie in Friedrich Schlegels Programm einer »Transzendentalpoesie«[101]. Adorno nun wendet diesen Gedanken primär in kritischer Absicht gegen die Kantische Kategorienlehre. In ihm bleibt aber mit der gegenläufigen Bewegung zugleich die bestimmte Beziehung auf die einfache Identität des »Ich denke« gewahrt. In diesem Verständnis käme das von Adorno intendierte metaphysische Erkennen einem »Entwerfen von Ideen« nahe, »wenn auch, anders als Kant es wollte, diese Ideen nicht aus der einfachen Extrapolation der Erfahrungserkenntnis zur Vollständigkeit, sondern aus Abweichen von und Gegenentwurf zur Form der natürlichen Erkenntnis zustande kommen«[102]. Die gesteigerten Reflexionsleistungen werden also in den Dienst der Frage nach dem ontologischen Fundament aller natürlichen Dinge gestellt. Der negativ-metaphysische Gedanke einer unbekannten Ursache des Wirklichen motiviert eigentlich erst die Freisetzung dieser Form von Reflexion. Das ist auch der volle Sinn von Adornos Äußerung, daß »die Erwägung, ob Metaphysik überhaupt noch möglich sei«, »die von der Endlichkeit erheischte Negation des Endlichen reflektieren«[103] muß: Die Negation des Endlichen, das bewußte Transzendieren dessen, was ist, muß seinen Grund in der endlichen Welt selber haben. Es muß von den Spuren und Hinweisen veranlaßt sein, die sich im Bestehenden auffinden und als Zeichen für einen intelligiblen Urgrund des Faktischen deuten lassen. Eine solche deutend-reflektierende Form der Wirklichkeitserklärung kann nur durch ein Denken geleistet werden, das nicht nur um die Bestandserhaltung des einmal erreichten Wissens besorgt ist und nicht nur auf die Sicherung einmal verwandter Verfahrensweisen geht. Beides dient im Grunde nur der Selbsterhaltung des Intelligiblen. Negativmetaphysisches Denken hingegen muß bereit sein, auf der Basis des historisch erreichten Wissens sowohl die eigenen Methoden in Frage zu stellen und zu verneinen als auch erlangte materiale Einsichten stetig zu erneuern. Nur im Zusammenhang einer Selbstreflexion, die als wirkliches Selbstbewußtsein frei ist vom Zwang zur Selbsterhaltung[104] und deshalb zur Transzendenz befähigt ist, kann Adorno metaphysischer Erfahrung in seiner Negativitätsphilosophie noch einen Platz erretten.

3. Erfahrung und Glückserfahrung

Adornos Revision der Kantischen Kategorienlehre mußte notwendig auch eine Kritik des transzendentalphilosophischen Erfahrungsbegriffs zur Folge haben. Das hat seinen Grund zum einen darin, daß Erfahrung bei beiden Philosophen in einer engen Verbindung mit Erkenntnis steht: Erfahrung ist im eigentlichen Sinn keine, wenn sie nicht bewußt vollzogen wird. Und umgekehrt ist Erkenntnis nicht objektivierbar, ohne auf die Erfahrung von Wirklichem bezogen zu sein.

Zum anderen setzt die Kantische Theorie der Erkenntnis die Grenzen des Erfahrbaren fest. Das Feld möglicher Erfahrungen ist definiert durch den Umfang und die

Reichweite der Funktionen des Erkennens. Die Denkformen stellen also erst die Verlaufsformen bereit, innerhalb derer Erfahrung überhaupt nur stattfinden kann.

Sofern nun Adorno den streng apriorischen Charakter der Kantischen Erkenntnisbegründung kritisiert, muß diese Kritik auch das zu begründende Erfahrungskonzept betreffen. »Denn eine solche Begründung in einem Starren und Invarianten widerstreitet dem, was Erfahrung von sich selbst weiß, die ja, je offener sie ist, und je mehr sie sich aktualisiert, immer auch ihre eigenen Formen verändert. Die Unfähigkeit dazu ist Unfähigkeit zur Erfahrung selber.«[105]

Der emphatische Begriff einer »lebendigen«, oder wie Adorno auch häufig sagt, »ungeschmälerten« Erfahrung, den er gegen das in endgültiger Weise restringierte Erfahrungsverständnis der »Kritik der reinen Vernunft« geltend macht, zeichnet sich wesentlich durch drei Eigenschaften aus: 1. Erfahrung muß offen sein, also potentiell auf eine unendliche Fülle von Erfahrungsmöglichkeiten gehen können, und folglich auch zu metaphysischen Erfahrungen fähig sein. 2. Erfahrung soll Momente von Lebendigkeit und Spontaneität besitzen. Nur so kann sie ganz gegenwärtig sein und die eigenen Formen, in denen sie sich vollzieht, ihren Gegenständen entsprechend verändern. Damit ist auch schon das 3. und wohl wichtigste Merkmal von Erfahrung im Sinne Adornos angesprochen: Sie muß zur Selbstreflexivität befähigt sein und aus der Selbsterkenntnis heraus sich korrigieren können. Die besondere Bedeutung dieser Eigenschaft besteht darin, daß Erfahrung eigentlich erst durch sie den Status eines Mediums erhält, das allen gesellschaftlich präformierenden Mechanismen gegenüber resistent ist. Denn aus der Selbstkenntnis heraus kann sie sich von jeder Festlegung auf falsch identifizierende Leistungen instrumenteller Vernunftausübung befreien. Sie läßt sich nicht mehr nur durch physikalische Wissensformen und Verfahrensweisen bestimmen, welche die Natur auf apriorische Gesetzmäßigkeiten festlegen. Diese sind allein durch die subjektive Sphäre transzendentaler Intelligibilität gerechtfertigt. Erfahrung aber soll primär den intelligiblen Strukturen der natürlichen Weltordnung selber nachfragen. Leiten läßt sie sich dabei von der subjektiv notwendigen und erkenntnisregulierenden Annahme eines geistigen Ansichseins der Natur. Diese negativ-metaphysische Unterstellung motiviert im Grunde erst das fortschreitende Sich-Verändern von Erfahrung. Zugleich verhindert sie, daß Erfahrung zu einer bloßen Funktion subjektiver Verfügbarmachung von Wirklichkeit verkommt. In diesem Fall diente sie letztlich nur dazu, den erreichten Stand der Wirklichkeitserfahrung zu erhalten. Wie aber eine Erweiterung der Erfahrung möglich sein soll, bliebe dann vollkommen unbeantwortet.

Daraus wird nun auch deutlich, welche Relevanz der Ausformulierung eines so weit gefaßten Erfahrungsbegriffs innerhalb der gesamten Philosophie Adornos zukommt: Die negativ-metaphysische Begründung von Erfahrung setzt jenem holistischen Konzept eines per definitionem identifizierenden Denkens Grenzen. Sie befreit die »Negative Dialektik« von dem fragwürdigen Verdacht, sie wolle jegliches Denken auf die Funktionen von Naturbeherrschung und Selbsterhaltung einschränken und dennoch nicht auf Metaphysik verzichten. In diesem Zusammenhang erfüllt ihre Lehre vom Vorrang des Objekts als eines »Moments der Dialektik«[106] die Aufgabe, eine Auflösung von Erfahrung in Akte subjektiver Spontaneität zu verhindern. Sie anerkennt in jeder fortschreitenden Naturerfahrung ein intelligibles Substrat des Erfahrenen als ein subjektiv nicht verfügbares Moment von Unmittelbarkeit.[107]

Um seinen derart weit gefaßten Erfahrungsbegriff gegenüber dem restringierten der immanenten Metaphysik Kants zu fundieren, hätte Adorno auf das von Kant in der »Kritik der Urteilskraft« entworfene Verfahren der reflektierenden Naturforschung zurückgreifen können: Im Gegensatz zu dem der physikalischen Naturuntersuchung arbeitet es nicht nach apriorischen Grundsätzen, sondern nur nach dem subjektiven Leitsatz der Zweckmäßigkeit. Kant unterscheidet also - wenngleich nur selten klar ausgesprochen - sehr wohl zwischen Erfahrung als einer intellektuellen Tätigkeit, die notwendigen und allgemeingültigen Prinzipien zu folgen hat, und einer weiterreichenden Erfahrung, die ein unentbehrliches Fundament der Erkenntnis ist[108], aber von sich aus keine strenge Allgemeingültigkeit und Notwendigkeit beanspruchen kann und folglich wandelbar ist. Dieser Erfahrungstyp ist es, welchen Kant meinte, als er im »Opus postumum« sagte: »Man *hat* keine Erfahrung, außer der, die man selbst gemacht hat - ...«[109] Die Hervorhebung der Verbform »hat« verdeutlicht, daß der Charakter des Besitzens und der subjektiven Gewißheit von Erfahrung zurückgewiesen werden soll. Der späte Kant entzieht der Kritik Adornos demnach ihre Angriffsfläche. Einen Gegenstand bietet er ihr nur noch in Gestalt der Behauptung einer Adäquationstheorie der Wahrheit: Adorno zufolge entzieht sich die Idee der Wahrheit einer gesicherten Erkenntnis.[110] Als solche bildet sie das objektive Korrelat einer uneingeschränkten Erfahrung, auf das diese immer gerichtet ist. Daß Wahrheit nicht nur ein formales Entsprechungsverhältnis von Denken und Wirklichkeit, sondern immer auch etwas Materiales, und d.h. nach Adorno etwas Geschichtliches bedeutet, kennzeichnet die eigentliche Differenz zu Kant.[111]

Statt nun den von ihm intendierten Erfahrungsbegriff bei Kant selber geltend zu machen, unterzieht Adorno das Erfahrungskonzept der »Kritik der reinen Vernunft« einer hermeneutischen Transformation. Für diese Form der kritischen Variierung transzendental verstandener Erfahrung benutzt Adorno Bedeutungsmomente des Erfahrungsbegriffs, den Hegel in der »Phänomenologie des Geistes« entfaltet hat. Ihre Anwendung konzentriert sich in der Formel, durch die Erfahrung in der Einleitung der Negativen Dialektik zum Ausdruck gelangt. Danach ist sie »nichts anderes als die volle, unreduzierte Erfahrung im Medium begrifflicher Reflexion.«[112]

Im einzelnen adaptiert Adorno aus dem Hegelschen Erfahrungsverständnis die Bedeutungsmomente a) Lebendigkeit[113], b) kritische Selbstreflexivität[114] und c) Universalität[115]. Durch die Verwendung von a) und b) revidiert er die Kantische Bindung von Erfahrung an strenge Gesetzmäßigkeiten;[116] durch den Einsatz von c) bestreitet er die Abhängigkeit der Erfahrung von der Erkenntnis, die ja den Einsatz von a) und b) erst erforderlich gemacht hatte: Sofern Erfahrung auf ein Ganzes geht, ist sie mit überzeitlich geltenden Verlaufsformen unvereinbar.

Hinsichtlich der Affirmierung des Moments der Offenheit von Erfahrung unterscheidet sich Adorno sowohl von Kants »Kritik der reinen Vernunft« als auch von Hegel: Erfahrung ist nach Hegel zwar nicht durch transzendentale Gesetzmäßigkeiten vorstrukturiert. Sie muß aber notwendig zum absolutem Wissen führen, ist also immer schon metaphysische Erfahrung.[117] Bei Adorno hingegen ist die Möglichkeit metaphysischer Erfahrung völlig ungewiß, in diesem Sinne »offen«.

Diese modale Unbestimmtheit der Erfahrung von Absolutem, von Einzelaspekten jenes Nichtidentischen, versuchte Adorno vor allem dadurch zu entfalten, daß er diese Erfahrung anhand künstlerischer Modelle beschrieb. Ihr fiktionaler Charakter kennzeichnet den eigentümlichen Status, den Adorno ihnen zusprach: Ihre spezifische Daseinsform ist dadurch charakterisiert, daß sie in einem Bereich angesiedelt sind, der zwischen flüchtigen Phantasien und vergänglichen Träumen auf der einen Seite und der gegenständlichen Daseinsweise der realen Wirklichkeit auf der anderen Seite zu lokalisieren wäre. Und so konnte Adorno wenngleich nicht auf der Wirklichkeit, so doch auf der Möglichkeit bestehen, daß derart durch ästhetische Produkte ausgedrückte metaphysische Erfahrungen wahr sind. In diesem Verständnis kommentiert er z.B. die Unbedingtheit, mit der ein Kind auf der Wahrheit einer Imagination beharrt: »... es irrt, aber sein Irrtum stiftet das Modell der Erfahrung, eines Begriffs, welcher endlich der der Sache selbst wäre, nicht das Armselige von den Sachen Abgezogene.«[118]

Das Wort »Modell« deutet bereits auf das Ziel einer solchen Vergegenwärtigung fiktionaler Erfahrungen, das ein nicht-ästhetisches ist: Das Imaginierte dient lediglich als Prüfstein für eine entsprechende Erfahrung in der Realität; es gilt als Leitfaden für die Entdeckung äquivalenter Erfahrungen von Wirklichem. Die Kraft zur Erfüllung dieser Anleitungsfunktion geht nach Adorno aus der sprachlichen Institution des Versprechens und der Verheißung hervor, die mit jeder metaphysischen Fiktion zwingend verbunden sei. In diesem Zusammenhang gesteht er dem Glücksversprechen eine ganz ausgezeichnete metaphysische Wirkkraft zu: »Glück, das einzige an metaphysischer Erfahrung, was mehr ist denn ohnmächtiges Verlangen, gewährt das Innere der Gegenstände als diesen zugleich Entrücktes.«[119] Mit Bedacht wird hier der Übergang vom sonst so häufig gebrauchten Konjunktiv in den Indikativ vollzogen. Er unterstreicht, daß es sich um eine Schlüsselformulierung für die Konzeption metaphysischer Erfahrung handelt. In der Glückserfahrung werden die Bedingungen der empirischen Wirklichkeit augenblickshaft außer Kraft gesetzt: In ihr kann die Annahme eines intelligiblen Substrats aller Menschen und Dinge in einer denkbar kurzen Zeitspanne verifiziert werden, ohne daß diese Erfahrung irgendeinem Täuschungsverdacht ausgesetzt ist. Wer sich für eine solche Erfahrung offenhalten will, muß wissen, daß sie kraft ihrer eigenen Natur fragil und kurzlebig ist. »Wer indessen an derlei Erfahrung naiv sich erlabt, ..., erliegt Bedingungen der empirischen Welt, über die er hinaus will und die ihm doch die Möglichkeit dazu allein bereitstellen.«[120] Und in diesem Verständnis muß auch das Phänomen »Glück«, durch das Adorno den negativ-metaphysischen Erfahrungssinn Kants erweitert, noch im Rahmen seiner Negativitätsphilosophie verstanden werden: Beschreibbar ist es nur »negativ« in dem Sinne, daß es sich aufgrund seiner Flüchtigkeit einer gesicherten, »positiven« Bestimmung durch Begriffe entzieht, zumindest solange, wie die bestehenden Lebensverhältnisse seine dauerhafte Erfahrung verweigern. Diese Form der Negativität entspricht der Weise, in der wahrhaftes Glück einzig entstehen kann: aus dem reflektierten Prozeß einer Nachfrage nach dem intelligiblen Grund des Seienden, die niemals zu einem »positiven«, nicht revidierbaren Ergebnis gelangen kann. Glück stellt sich niemals in direkter Weise, ohne eine vorausgehende intellektuelle Tätigkeit ein. Ist aber ein Vorgang subjektiven Nachdenkens bereits in Gang gesetzt, so kann sich die Glückserfahrung als ein nicht steuerbares Ergebnis einstellen. Dann jedoch zeigt sie sich weniger in geistiger als vielmehr in sinnlicher Gestalt: als »Genuß«[121] materieller Wunscherfüllung ebenso wie als Wahrnehmung von »Farbe«[122] und »Buntheit«[123], auch als Äußerung infantiler Sexualität[124].

Diese beispielhaften Bestimmungen von Glückserfahrungen, die sämtlich der »Ästhetischen Theorie« entnommen sind, lenken den Blick nun aber auch ganz deutlich auf das Problematische der Glückskonzeption Adornos. Glück soll einerseits die partielle Erfahrung jenes »nichtidentischen« Zustands ermöglichen, den die »Negative Dialektik« schließlich sogar als das Absolute selber begreift, soll also für zeitlich begrenzte Momente eine ganz außergewöhnliche Erfahrungserkenntnis erschließen; andererseits soll diese wohl exponierteste und verläßlichste metaphysische Erfahrungsmöglichkeit zugleich auch noch die Befriedigung aller grundlegenden materiellen und sinnlichen Bedürfnisse zum Inhalt haben. Und zwar wird diese Bedeutungskomponente der Glückserfahrung nicht nur in der Weise zugesprochen, daß damit ein Sinn ausgedrückt würde, den die Glückserfahrung irgendwie immer schon voraussetzt oder unter anderem mitumfaßt. Vielmehr bezeichnen die Bestimmungen von Glück als Formen basaler Lusterfüllung ein Moment des Adornoschen Glücksverständnisses, welches diesem geradezu zentral ist - die Häufigkeit entsprechender Beispiele in der Spätphilosophie Adornos belegt dies.

Wie nun aber diese beiden, für das Normalverstehen extrem weit auseinanderliegenden Bedeutungspole von Glück zu *einem* konsistenten Konzept integrierbar sind und ob sie es überhaupt sind, auf diese Fragen geben uns Adornos Schriften keine Antwort. Sie können auch in diesem Zusammenhang nicht weiter diskutiert werden, so daß es hier bei einer Exposition des Problems bleiben muß.

In all diesen Fällen begreift Adorno Glück nicht primär als eine Eigenschaft objektivierbarer Zustände, sondern als Selbsterfahrung der Subjekte. Und damit ist bereits angedeutet, welche Funktion der Glückserfahrung in der kritischen Revision der immanenten Metaphysik Kants zukommt: Adorno beschreibt sie als »Fähigkeit des Standhaltens«[125] einer Person im Zustand der »Erschütterung«[126] und knüpft darin ganz offenkundig wiederum an Kants Kritik der Urteilskraft an. In seiner Theorie des Erhabenen, die eigentlich keine ästhetische, sondern eine anthropologische Lehre bezeichnet, charakterisierte Kant das Gefühl, welches einen Betrachter beim staunenden Anblick erhabener Naturphänomene erreicht, als »ein Vermögen zu widerstehen« und sich »mit der scheinbaren Allgewalt der Natur messen zu können«[127]. Gleich der Glückserfahrung, die Adorno in diesen Gedanken hineinprojiziert, kann die Erfahrung von Erhabenheit nicht mehr gesteigert werden: »Erhaben ist das«, sagt Kant, »mit welchem in Vergleichung alles andere klein ist«[128]. Es ist vor allem das Erlebnis eines Freiwerdens, das sich Kant von der ästhetischen Naturbetrachtung erwartete, was Adorno veranlaßte, diese Theorie für seine Idee einer zwanglosen Selbsterhaltung, einer Voraussetzung für metaphysische Erfahrung, einzusetzen.

Adorno geht aber in diesem Zusammenhang noch einen Schritt über Kant hinaus. Er sagt, wahres Glück sei »eines gegen das Subjekt«[129]. Mit dem Gedanken, daß sich das Bewußtsein im Glückszustand von jeder zwanghaften Beschränkung des Denkvermögens löse und einem instrumentellen Vernunftgebrauch absage, nimmt Adorno Motive der Philosophie Schopenhauers auf, die eine solche befreiende Wirkung im Gegensatz zu Kant, der sie der Natur vorbehielt, auch der Kunst einräumte. Schopenhauer konnte ihm auch deshalb ein Vorbild sein, weil er den fragmentarischen Charakter der Glückserfahrung stärker hervorhob, als Kants Theorie einer kontemplativ-verweilenden Naturbetrachtung dies ermöglicht hätte. Zudem legt Schopenhauer seinem Denken ein genuin negativistisches Lebensverständnis zugrunde, das durch ein unendliches Pendeln zwischen den Zuständen des Leidens und der Langeweile charakterisiert ist: »Was unter solchen Lebensbedingungen »Glück« heißen kann, läßt sich mit Schopenhauer nur negativ erläutern. So lange jedenfalls, wie die Lebensbedingungen selber, die unter den Titel »Bejahung des Willens zum Leben« [conservatio sui] fallen, unverändert weiter bestehen. ... Der Sinn des Wortes »negativ« in der Anwendung auf »Glück« wird hier erfüllt dadurch, daß das gemeinhin so genannte »Glück« nie mehr als momentane Befreiung von einem Mangel ist.«[130]

Die Erfahrung von Glück geht bei Schopenhauer stets mit der von Leiden einher. Es ist neben Einsamkeit der notwendig zu bezahlende Preis für ein zeitweiliges, willenloses Glück. Überhaupt bleibt der Sinn des Glücksbegriffs auf ein Minimum reduziert: Relevant ist nur das in der Gegenwart auffindbare Glück, die beiden anderen Existenzformen sind vollkommen ohne Bedeutung. Adorno dagegen gesteht auch vergangenem und künftigem Glück eine Wirkkraft in bezug auf die Gegenwart zu. Doch trotz dieser gegenüber Schopenhauer erweiterten Erfahrungsmöglichkeit wird der Gedanke von dauerhaftem universalem Glück in utopische Ferne gerückt. »Jegliches Glück ist Fragment des ganzen Glücks, das den Menschen sich versagt und das sie sich versagen.«[131] Das Absolute kann im Glück nur noch punktualisiert, das Nichtidentische nur noch als Einzelnes erfahren werden. Jeder Konzeption von Metaphysik als Totalitätserfahrung wird eine deutliche Absage erteilt. Gegen den Hegel-Marxismus Lukácsscher Prägung, der sich gegen den Begriff des Absoluten, aber für den der Totalität aussprach, votiert Adorno für ein Absolutes und gegen die konstitutive Verwendung der Totalitätskategorie. Dem Kierkegaardschen Ansatz einer punktuellen Theologie nicht unähnlich, nimmt Adornos minimalisierte Metaphysik der Erfahrung die Bedeutung einer Mikrologie[132] an.

4. Transzendentaler Schein als der Ort der Rettung des Metaphysischen

In der Ausführung seiner Überlegungen zu einer möglichen Rettung metaphysischer Erfahrungsmöglichkeiten knüpft Adorno an Kants Kritik und Rettung des Scheins transzendentaler Ideen an: In der transzendentalen Dialektik der Kritik der reinen Vernunft hatte Kant zwischen drei verschiedenen Arten von Schein unterschieden: 1. einem fehlerhaften Schein, der aus einem logisch falschen Schluß resultiert, 2. einem gekünstelten Schein, der auf einer bloßen Nachahmung eines solchen logischen Fehlers beruht, und 3. einem natürlichen und unvermeidlichen Schein, den die transzendentalen Ideen hervorrufen.

Der transzendentalen Dialektik, die er als Logik des Scheins verstand, wies Kant die Aufgabe zu, jede Art von Schein so transparent zu machen, daß er keine Täuschungen mehr zur Folge hat und den Erkennenden entsprechend nicht mehr betrügen kann. Aus dieser Entlarvung des illusionären Charakters (des »Blendwerks«) von Schein folgt notwendig die Auflösung der als falsch erkannten ersten beiden Arten des

Scheins. Der Schein der transzendentalen Ideen hingegen widersetzt sich einem solchen Auflösungsversuch beständig. Er entspringt der Natur der menschlichen Vernunft selbst, die nach Kant die unvermeidliche Tendenz hat, die Grenzen möglicher Erfahrung zu überschreiten. Deshalb nennt Kant diesen Schein »unwiderstehlich«: Die aus ihm resultierende Täuschung könne selbst »schärfste Kritik« nicht verhindern. Und noch dem denkbaren Einwand, diese Art trügerischen Scheins könne auf einem fehlgeleiteten Gebrauch der Ideen der reinen Vernunft beruhen, sucht Kant durch das Argument entgegenzuwirken, daß die Vernunft als das höchste aller menschlichen Denkvermögen unmöglich irren könne.[133]

Die Unentschiedenheit Kants in bezug auf die Frage, ob die metaphysischen Ideen von Gott, Freiheit und Unsterblichkeit einer Verifizierung fähig sind oder ob sich in ihnen nichts als Schein ausspricht, macht für Adorno deren ganze Bedeutung aus. In Analogie zu Kants unermüdlichen Anstrengungen, der Existenzmöglichkeit metaphysischer Gegenstände ein wissenschaftliches Fundament zu geben, verwirft Adorno den aus der Annahme solcher Gegenstände resultierenden Schein nicht ohne weiteres. Er versucht, metaphysischen Schein als einen möglicherweise sinnvollen zu erretten. In diesem Zusammenhang kommt der Ästhetik eine wichtige Mittlerfunktion zu. Sie hat es naturgemäß mit Formen des Scheins zu tun, die allein schon aus dem fiktionalen Charakter ihrer Objekte resultieren. Deshalb leistet sie für die Erfüllung der metaphysischen Aufgabe, transzendentalen Schein auf seine Wahrheitsfähigkeit hin zu prüfen, unverzichtbare Dienste: »Was von endlichen Wesen über Transzendenz gesagt wird, ist deren Schein, jedoch wie Kant wohl gewahrte, ein notwendiger. Daher hat die Rettung des Scheins, Gegenstand der Ästhetik, ihre unvergleichliche Relevanz.«[134] Die Anstrengung, welche Adornos Denken kennzeichnet, ist, *im* falschen Schein den Schein eines Wahren freizulegen. Näherkommen kann man dem Wahren, daß sich als ein Scheinloses im Schein »verspricht«[135], nur durch ein Verfahren der Bestimmung ex negativo: durch Kritik am falschen Schein. Ihr methodisches Organ ist die Ideologiekritik. Deren Anwendung bildet gewissermaßen die Voraussetzung, welche die methodische Verwendung der Ästhetik zum Ziel der Rettung des wahren Scheins erst ermöglicht. Nur durch Kritik am falschen Schein läßt sich wahrer Schein erretten. Als schlichter Verteidigungsversuch jedoch muß die intendierte Rettung des transzendentalen Scheins mißlingen. Denn »nichts auf der Erde und nichts im leeren Himmel«, so Adorno, sei »dadurch zu retten, daß man es verteidigt«[136]. Einzig die kritische und vorbehaltlose Prüfung aller Scheinphänomene kann zur Ausschaltung unbeabsichtigter Folgelasten des ihnen stets anhaftenden Täuschungscharakters führen.

Die Methoden der Ideologiekritik arbeiten also derjenigen der Kunstkritik zu. Sie legt den Weg frei für das Wirksam-Werden-Können ästhetischer Mittel für erkenntnismetaphysische Ziele. Deren Schein wird von Adorno als das Moment fiktionalen Zwangs in Ansatz gebracht, welches mit gelungenen Kunstprodukten ihm zufolge immer verbunden ist. Es reformuliert das Moment des Unwiderstehlichen am transzendentalen Schein, das Kant so sehr beschäftigte: »Noch auf ihren höchsten Erhebungen ist Kunst Schein; den Schein, aber, ihr Unwiderstehliches aber empfängt sie vom Scheinlosen.«[137]

Stellt auch die Kunst nach Adorno wirklich das geeignetste Medium dafür bereit, die zurückgegangene Fähigkeit zur Wahrnehmung und Erkenntnis transzendentalen

Scheins zu reaktivieren, so dient sie doch letztlich nicht der Rettung artifiziellen Scheins, sondern der von metaphysischem. Die Ästhetik besitzt hier wiederum nur Zubringerfunktionen. U.a. soll sie der metaphysischen Erfahrung zu einem sinnlichen Erkenntnismittel verhelfen. Seit Platon war die philosophische Tradition von der Überzeugung beherrscht, daß die Sinne trügen und verläßliches Wissen nur aus dem Denken resultiere. Bei Kant steht zwar erstmals die »reine« Vernunft zur Kritik an, aber Metaphysik definiert auch er noch als »reine Vernunfterkenntnis aus bloßen Begriffen«. War Kant trotz aller Kritik der Metaphysik von ihrer Möglichkeit überzeugt, so fügt Adorno dieser Auskunft hinzu, daß Metaphysik möglich sei nur unter Einbeziehung sinnlicher Wahrnehmungsleistungen: Die objektive Erfahrbarkeit von Transzendenz hängt ab von der unzerstörbaren Widerstandskraft »des Auges, das nicht will, daß die Farben der Welt zunichte werden«[138], von der Wahrnehmung des Lichts, »das von der Erlösung her auf die Welt scheint«[139]. Die noetische Komponente in der metaphysischen Erkenntnis fungiert demnach als Korrektiv des traditionellen Metaphysikverständnisses. Zusammen mit den Motiven unausdenkbarer Verzweiflung (vgl. Kap. 5.II.1.) und fiktionalem Zwang verbindet es sich zu einem Metaphysikkonzept, wie es nach Adorno unter den geschichtsphilosophischen Bedingungen des Negativismus einzig noch zu vertreten ist: »Philosophie, wie sie im Angesicht der Verzweiflung einzig noch zu verantworten ist, wäre der Versuch, alle Dinge so zu betrachten, wie sie vom Standpunkt der Erlösung aus sich darstellten. Erkenntnis hat kein Licht, als das von der Erlösung her auf die Welt scheint: alles andere erschöpft sich in der Nachkonstruktion und bleibt ein Stück Technik.«[140]

Diese Ausformulierung der Idee von Erlösung, Erlösung verstanden als kritisches Regulativ für metaphysisches Denken, läßt sich nun auch in einen plausiblen Zusammenhang mit den Grundgedanken der negativen Metaphysik bringen: Denkt man sich »Erlösung« nicht nur als Ziel metaphysischen Erkennens, das seiner Extrapolation zur Vollständigkeit dient, sondern als unbekannte Ursache der Welt, der man sich ausgehend von den Dingen dieser Welt anzunähern sucht, so kann man jenes Licht, welches »von der Erlösung her auf die Welt scheint«, als Relevanz interpretieren, die die Unterstellung eines intelligiblen Urgrunds der Welt für deren Erkenntnis besitzt. Daß alle innerweltlichen Dingen so zu betrachten seien, *als ob* sie aus der einen und einzigen geistigen Ursache hervorgangen sind, bezeichnet dann die subjektive Notwendigkeit, mit der sich gegenwärtiges Philosophieren zu der negativ-metaphysischen Annahme eines geistigen Ansichseins der natürlichen Welt gedrängt sieht. Würde es hingegen jede Form von Metaphysik radikal negieren und also auch eine negative Bezugnahme auf das Transzendente ausschließen, so hätte es damit auch die Kantische Frage nach der Möglichkeit synthetischer Urteile a priori endgültig als belanglos zurückgewiesen. Die Erkenntnis von etwas eigentlich Neuem würde so für irrelevant erklärt. Alles Denken bliebe auf den Bereich analytischer Urteile beschränkt. Der Schein eines Transzendenten, eines ganz Anderen als dem, was sicher gewußt werden kann, wäre nichts als Täuschung.

Adorno dagegen betont in Fortführung Kantischer Gedanken, daß mit dem Verdikt über den Schein die Reflexion vor ihm nicht abbricht. Anknüpfend an die nicht endende Fülle von Reflexionen, die der transzendentale Schein bei Kant auslöste, spricht Adorno von einem »Selbstbewußtsein« des Scheins, durch welches er sich verändere.

»Seiner selbst bewußt«, sei »er nicht mehr der alte.«[141] Man kann diese Aussage dahingehend interpretieren, daß eine Reflexion über die Art des Scheins und eine Analyse seiner Zusammensetzung ebenso wie seiner Herkunftsbedingungen dazu führt, daß die Gefahren geringer werden, welche mit seinem Täuschungscharakter verbunden sind. Dadurch hört er zwar nicht auf, Schein zu sein, und als solcher löst er weiterhin Täuschungen aus. Aber die Reflexion auf diese Täuschungen verhindert ihre Kontinuierung in einen Betrug. Eine solche Deutung des Adornoschen Scheinbegriffs entspricht der Auslegung, die auch Kant schon vom transzendentalen Schein gegeben hat: Man kann diesen Schein zwar unschädlich machen hinsichtlich ungewollter Auswirkungen. Dafür ist die transzendentale Dialektik zuständig, die den Schein als solchen bewußt zu machen hat. Den Schein selber kann sie jedoch ebensowenig ausräumen wie das Moment »einer *natürlichen* und unvermeidlichen *Illusion*«[142], welches ihm kraft seines eigenen Daseins als transzendentalem und nicht bloß logischem oder artifiziellem Schein immer anhaftet.

Gleichwohl hatte Kant nicht davon gesprochen, daß der Schein der metaphysischen Ideen sich selbst verändert. Die von ihm beschriebenen Reflexionen über den Schein sollten nur zu Veränderungen in seinen negativen Folgeerscheinungen führen. Sie hatten dafür zu sorgen, daß falscher Schein von wahrheitsfähigem Schein unterschieden werden konnte. Metaphysischer Schein selber galt ihm als notwendig so seiend, wie er ist, und infolge dessen als unveränderbar. Daraus geht nun auch deutlich hervor, in welcher Weise Adorno über das Kantische Scheinverständnis hinausgeht: Im Schein zeigt sich nach Adorno ein Scheinloses, ein Anderes als Schein; insofern ist metaphysischer Schein nicht nur nicht bloße Täuschung, sondern immer auch der Schein eines transzendenten Scheinlosen, das in ihm erscheint. Dieses in ihm Erscheinende bezeichnet jedoch nicht, wie man in einer solchen Variierung der Kantischen Scheintheorie vermuten könnte, die transzendentalen Gegenstände von Gott, Freiheit und Unsterblichkeit. Der Schein ist nicht ohne weiteres als der der transzendentalen Ideen identifizierbar. Vielmehr verspricht sich in ihm ein unbekanntes Etwas, welches kein Schein ist. Dieses scheinlose Substrat des metaphysischen Scheins läßt sich wiederum auf den negativ-metaphysischen Gedanken eines absoluten Ursprungs der Welt beziehen. Er bedeutet die Annahme eines ersten Anfangs aller Wirklichkeit, die auch unter den Bedingungen der Präsenz vielfältiger Täuschungen in der Gegenwart von jedem Täuschungsverdacht ausgenommen sein soll.

Im Unterschied zu Kant, dem es darum ging, das trügerische Moment des transzendentalen Scheins, seine Zweideutigkeit hinsichtlich Unwahrheit und Wahrheitsfähigkeit aufzudecken und den Schein somit metaphysisch voll gebrauchsfähig zu machen, zeigt Adorno, daß der Scheinbegriff selbst eine dialektische Struktur hat;[143] falscher Schein, der methodisch durch Ideologiekritik entlarvt, und wahrer Schein, der mittels Kunsttheorie errettet werden kann, gehen ineinander über. Zweifellos haben hier Hegelsche Gedanken auf Adorno gewirkt: Die Bestimmungen, daß metaphysischer Schein der eines Anderen ist, daß dieses Andere als ein Moment scheinloser Wahrheit nicht ohne den Bezugsrahmen des täuschenden Scheins erfahrbar ist, lassen auf eine solche Einflußquelle schließen. Als ein Isoliertes, für sich Seiendes wäre das scheinlose Andere nicht zugänglich; metaphysische Wahrheit verstanden als eine Form reiner Unmittelbarkeit, die abschlußhaft bestimmbar sein soll, ist für Adorno undenkbar.

Das ontologische Wahrheitsmoment, das sich im Schein zeigt, bedarf der Deutung durch konstellative Texte[144], um es zunehmend aus den verzerrenden Einwirkungen des es umgebenden Scheins herauszudestillieren und diejenige Wirklichkeitserfahrung freizugeben, die sich in ihm dokumentiert. Sofern nun durch den Ausdeutungsprozeß das im Schein auffindbare Wahrheitsmoment immer deutlicher hervortritt, kann man auch davon sprechen, daß das von ihm nicht abzutrennende Scheinphänomen entsprechend an Bedeutung verliert: Der Schein verändert sich somit in seiner Gesamtheit, er wird zu einer anderen Gestalt seiner selbst ausdifferenziert. In dieser Hinsicht kommt Adornos Scheinverständnis dem Hegelschen sehr nahe. Hegels Scheintheorie, von ihm selbst nur wenig entfaltet[145], begreift das Phänomen schließlich ganz im Licht der Gedankenfigur von selbstbezüglicher Andersheit, einem Grundtheorem seiner spekulativ-dialektischen Logik: »Der *Schein* ist nicht nur Schein von anderem; er ist in gewisser Weise auch ein anderer, an sich selbst anders zu bestimmender Schein. Mit seiner Andersartigkeit hängt schließlich zusammen, daß im Übergang zum Dasein erstmals auch eine wirkliche *Einheit* von Schein und Wahrheit hervortritt.«[146]

Trotz der nicht zu übersehenden Hegelschen Anklänge, die Adornos Auskunft, reflektierter metaphysischer Schein sei ein anderer, hervorruft, grenzt sich die negative Dialektik deutlich ab gegen eine streng dialektische Fassung des Verhältnisses der Kategorien von Schein und Wahrheit, wie sie von Hegel im Übergang zur Daseinslogik eingesetzt wird. Zum einen versteht Adorno das im Schein Erscheinende permanent als ein vom Schein Unterschiedenes, obgleich es von ihm nicht zu trennen ist. Jede nur denkbare Identifizierung von beidem soll vermieden werden. Zum anderen artikulieren scheinhafte, verschleiernde Denkbestimmungen bei Adorno nicht schon in direkter Weise Wirklichkeitserfahrung. Als solche sind sie für ihn demnach auch nicht wahrheitsfähig: In ihnen drücken sich fehlgeleitete Bewußtseinszustände aus, die zu wahren Aussagen nicht in der Lage sind. Nur wenn man sie an den Kriterien mißt, die innerhalb des schlechten Zustands vorherrschend sind, kann »Wahrheit zur Unwahrheit, Philosophie zur Narretei«[147] werden. Demnach spiegelt sich in Adornos Beschreibung des Scheinphänomens eine doppelte Bewußtseinsstellung gegenüber Hegel: Zum einen kommt in ihnen die polemische gegen Hegel gerichtete Intention einer Entmetaphysizierung zum Ausdruck; zum anderen lassen sie sich von Hegelschen Gedankenfiguren dazu anleiten, den Kantischen Begriff transzendentalen Scheins zu dialektisieren, ohne ihn jedoch in eine Position zu bringen, welche in der spekulativen Dialektik Hegels einen Halt finden könnte. Neben dieser Variierung der Kantischen Wesensbestimmung von Schein unterzieht Adorno nun auch die Kantische Theorie der Genese metaphysischen Scheins einer Veränderung: Während transzendentaler Schein bei Kant dadurch entsteht, daß subjektive Grundsätze in bloß erkenntnisregulierender Absicht als objektive unterstellt werden, hat er bei Adorno außer epistemologischen vor allem geschichtliche Ursachen. Schein ist ein historisch-gesellschaftliches Produkt. Erst das Begreifen seiner genetischen Implikate kann deshalb auch zu seiner Verifizierung führen. Es fragt nach seiner ersten geschichtlichen Ursache. Ausgehend von dem Moment der Wirklichkeit, welches sich auch in der Bildhaftigkeit des transzendentalen Scheins noch auffinden läßt, sucht es auf dessen urgeschichtlichen Grund zu schließen.[148]

5. Die Transformation von Metaphysik in Geschichtsphilosophie

Aus den Überlegungen zur Entstehung und Bedeutung metaphysischen Scheins ging bereits deutlich hervor, inwiefern sich Adornos Transformation des Kantischen Verständnisses von transzendentalem Schein durch geschichtsphilosophische Motive leiten ließ: Der Schein, den die metaphysischen Ideen hervorrufen, resultiert nicht mehr nur aus den Strukturen der transzendentalen Verfaßtheit des Bewußtseins. Er ist vielmehr das Produkt historischer Prozesse, denen die transzendentalen Ideen in der nachkantischen Philosophie ausgesetzt waren: der Entwicklung einer stetigen Selbstauflösung der europäischen Metaphysik. Sie bestand in der zunehmenden Verflüchtigung ihres obersten Prinzips, aus dem alle Einzelmomente des Weltganzen deduziert werden sollten. Der moderne Positivismus zog daraus nur eine letzte Konsequenz, wenn er Realität im strengen Sinne einzig noch den empirischen Phänomenen zusprach. Die geschichtliche Entsubstantialisierung ontologischer Kategorien fand ihr vorläufiges Ende in einem reinen Nützlichkeitsdenken, dem Natur als wesenlose Faktizität galt, welche beliebig verfügbar und beherrschbar sein sollte.

Eine Überwindung des orthodoxen Positivismus durch den Rückgriff auf die metaphysischen Systeme der Vergangenheit war für Adorno nicht mehr möglich. Sie galten ihm nur als groß angelegte Versuche, das faktisch Gegebene abstrakt zu imitieren und die derart gewonnenen Resultate als ontologische Wesenheiten zu etablieren. Als solche waren sie ihrerseits von einem geheimen Positivismus geleitet, der lediglich im Gewande einer positiven Metaphysik auftrat.

Einen Ausweg aus dieser Situation konnte Adorno deshalb nur in einer Rückbesinnung auf Kants negativ-metaphysische Naturerklärung finden. Sie stellt eine Theorie dar, welche einerseits an der Behauptung festhält, es gebe ein intelligibles Substrat der Natur. Dadurch vermeidet sie die dogmatische Affirmation der positivistischen Meinung, wirklich sei nur das, was uns als Erscheinung gegeben ist; sie widersetzt sich somit dem vernichtenden Urteil des Geschichtsverlaufs, dessen beherrschende Tendenz zu einer radikalen Leugnung der Möglichkeit von Metaphysik geführt hat. Andererseits weist die negative Metaphysik den ebenso dogmatischen Anspruch zurück, das unveränderliche Wesen der geschichtlich sich verändernden Dinge inhaltlich zu bestimmen. Eine solche positive Bestimmung der essentia rerum wäre bereits der erste Schritt zurück zur Metaphysik verstanden »als ein deduktiver Zusammenhang von Urteilen über Seiendes«[149]: Ist es möglich, die interne Formation natürlicher Dinge positiv zu bestimmen, so ist es zugleich möglich, den Vorgang der Konstituierung eines ens naturale positiv zu explizieren. Seine Entstehung ließe sich dann erklären durch die naturwissenschaftliche Kenntnis aller seiner Einzelelemente. Sie wäre gleichbedeutend mit der Kenntnis des Ganzen.

Die Unmöglichkeit einer Bestimmung des geistigen Ansichseins von Natur durch physikalische oder chemische Kategorien ergibt sich allein schon aus der Tatsache, daß die Entstehung organischer Naturgebilde ganz andersgearteten Strukturprinzipien folgt als die unbelebter Körper. Und in der Ausbildung solcher organischen Gebilde erweisen sich die Gesetze ihrer Genesis als gleichermaßen bestimmend auch für ihre Physis und ihre chemischen Bestandteile.

Zum anderen können auch Theorien, die dazu dienen, die Natur experimentell zu erforschen oder technisch zu beherrschen, nicht völlig autonom und unabhängig von der Natur gebildet werden. Die Methoden, welche sie zur Erkenntnis der Natur und ihrer Verfügbarkeit verwenden, sind immer schon aufgrund des geschichtlichen Wissens über die Natur, ihrer bereits erkannten Gesetzmäßigkeiten, entwickelt worden. Andernfalls fielen die eingesetzten Verfahrensweisen hinter den Stand der Naturforschung zurück und vermöchten den Zweck, zu dem sie ersonnen wurden, gar nicht zu erfüllen. Eine faktische Bezugnahme der Menschen auf die Natur ist demnach nicht möglich ohne die - willentliche oder unbeabsichtigte - Inanspruchnahme geschichtlicher Erfahrung. Alle Formen menschlicher Aneignung von Naturphänomenen haben zu ihrer Voraussetzung den historischen Prozeß der Anhäufung von Wissen und der Entfaltung von Techniken. Beides läßt sich von der erscheinenden Natur nicht abtrennen: Erkenntnisbefähigte Personen und die von ihnen ausgebildeten Methoden der Wissensgewinnung rechnen ebenso zu den Dingen der natürlichen Welt wie unorganische Gegenstände. Daraus folgt, daß wir uns durch Begriffe nie auf eine Natur beziehen können, die von der menschlichen Geschichte unabhängig wäre. Die geschichtliche Entwicklung, welche allen ihren Bestimmungsversuchen vorausgegangen ist, bildet die Basis ihrer Erkennbarkeit.

Damit ist aber auch schon gesagt, daß der Kantische Gedanke einer transzendentalen Apperzeption die Bedeutung der »Reinheit« und »Ursprünglichkeit« verliert: Die Ausformulierung eines Naturgesetzes beruht nicht mehr auf den unwandelbaren Strukturen der menschlichen Vernunft, deren Kategorien ihre Herkunft aus den vorkantischen Logiken und der Newtonschen Physik nicht verleugnen können. An die Stelle des transzendentalen tritt ein geschichtliches Apriori, das als der Inbegriff des historisch akkumulierten Wissens zu begreifen ist. Wäre eine solche Revision des transzendentalen Gedankens in Form einer Fortführung von Kants negativer Metaphysik bereits in der nachkantischen Philosophie an der Zeit gewesen, so mußte sie Adorno unter den Bedingungen der historischen Aufklärung und des philosophischen Negativismus nur desto dringlicher, ja unabweisbar erscheinen. Da metaphysische Naturerfahrung inmitten von Zuständen unabwendbarer Verzweiflung auf ein Minimum fragiler Glückserfahrungen zurückgegangen war, konnte metaphysisches Erkennen nur noch auf der Grundlage des geschichtlichen Prozesses erfolgen, der zu seiner Regression geführt hatte.

Obgleich zwar der historische Prozeß die nicht hintergehbare Voraussetzung menschlicher Naturerkenntnis bildet, bedeutet er doch nicht die ontologische Grundlage dessen, *was* erkannt wird. Sowenig Natur isoliert von menschlicher Geschichte denkbar ist, sowenig geht Natur im Prozeß ihrer geschichtlichen Bestimmung auf. Wie weitreichend die Formen menschlicher Naturaneignung auch immer sein mögen, ihr Ergebnis kann niemals in der vollkommenen Autonomie der agierenden Subjekte bestehen. Denn weder besteht die Natur der Vollständigkeit nach aus Geschichte und ihrer Prozessualität noch kann sie in anthropologische Tätigkeit aufgelöst werden. Im ersten Fall gäbe es unter der abstrakt gedachten Herrschaft eines sich bewegenden Ganzen, das zugleich das Wahre wäre, keinen Sinn mehr für den Einzelnen. Im zweiten Fall erschöpfte sich ein solcher Sinn in den Erfolgen konkurrierender Versuche, Natur zunehmend verfügbar zu machen.

Aus solchen Überlegungen heraus gelangte Adorno zu der Erkenntnis, daß die herkömmliche Auffassung des Verhältnisses von Natur und Geschichte als einer Antithese genauso unzulänglich ist wie die verklärende Gleichsetzung von beidem in der Metaphysik Hegels.[150] Die Identifizierung alles Wirklichen mit lückenloser Prozessualität, die Verabsolutierung von - abstrakt gesprochen - geschichtlichem Werden, - konkret gesprochen - menschlicher Arbeit, steht nicht nur in einem krassen Mißverhältnis zur gegenwärtig dominierenden Erfahrung der Abwesenheit von Absolutem. Es ist auch nicht zu sehen, wie ein solchermaßen holistisches Wirklichkeitsverständnis jemals empirisch ausgewiesen werden könnte.

Demgegenüber hat die strikte Trennung von Natur und Geschichte immerhin dies voraus, daß sie die stetig vollzogene Entfernung des Geschichtsverlaufs von jenem Moment ursprünglicher Natur, der absoluten Ursache gegenwärtig erfahrbarer Wirklichkeit, noch sichtbar werden läßt. Sie verdeutlicht, daß der als existierend unterstellte urgeschichtliche Grund alles Seienden im Gang der zeitlichen Ereignisse, der menschlichen Eingriffe in die natürliche Wirklichkeit, allmählich verloren gegangen ist und folglich immer weniger, schließlich nur noch sporadisch erfahrbar war.

Auf der anderen Seite jedoch befördert die radikale Trennung von Natur und Geschichte das Außerachtlassen der Abhängigkeit historischer Verläufe von der Natur: Möglich sind sie nur in der wirklichen Welt, die wir auch Natur nennen. Und so können wir auch sagen, daß sich eine Geschichte nur auf der Grundlage von Natur ausbilden konnte. Betrachtet man Geschichte aber isoliert von ihrer ontologischen Basis, so käme das nur »ihrer begrifflichen Nachkonstruktion«[151] gleich. Ein kritisches Transzendieren faktisch abgelaufener Ereignisfolgen wäre dann ausgeschlossen.

Deshalb entschied sich Adorno gegen die Identifizierung und gegen die Isolierung der Kategorien von Natur und Geschichte für ein Verhältnis des gegenseitigen Aufeinander-Verweisens auf der Grundlage von an sich bestimmter Natur: Natur muß immer schon als Geschichte verstanden werden; dadurch verbietet sich eine positive Bestimmung ihres Ansichseins. Geschichte ist immer schon als ein Stück Natur zu begreifen; das verhindert ihre Verabsolutierung zum allein Wirklichen. Demnach läßt sich weder Natur noch menschliches Handeln auf ein positivistisch verstandenes System von Wirklichkeit reduzieren, in dem alle Elemente naturwissenschaftlich präzise bestimmbar sind. Die der Wirklichkeit implizite Gesetzmäßigkeit, der die Entstehung natürlicher Dinge folgt, bleibt einer positiv-wissenschaftlichen Erkenntnis entzogen. Die Behauptung ihrer Existenz bildet das wichtigste Moment der Kritik jeder radikalen Leugnung von Metaphysik. Begründet ist diese Behauptung durch die rationale Annahme eines begrifflich nicht fixierbaren Ansichseins der Natur. Zugänglich ist es nur negativ, durch die immer vorläufige Ausdeutung der Wirkungen, in denen es sich in der gegenwärtig erfahrbaren, historisch vielfältig vermittelten Natur *zeigt*. Deshalb ist heute kein Gedanke an Transzendenz mehr möglich, der nicht seinen Ausgang von den geschichtlich veränderbaren Dingen der gegenwärtigen Wirklichkeit nimmt. In diesem Sinn sagt Adorno: »Ewigkeit erscheint nicht als solche sondern gebrochen durchs Vergänglichste hindurch.«[152] Kein Gedanke von einem Absoluten kann anders ausgedrückt werden als in Kategorien, welche auf den heutigen Zustand unserer empirischen Welt Bezug nehmen, und die als solche stets revidierbar sind, eben weil unsere Wirklichkeit einer ständigen historischen Veränderung ausgesetzt ist. Dies aber bedeutet, daß Geschichtsphilosophie in die Position einer Nachfolgedisziplin für die traditionelle Metaphysik eintritt. Eine solche »Transmutation von Metaphysik in Geschichte«[153] kommt einer Säkularisierung von Metaphysik gleich, meint also nicht ihre radikale Verabschiedung: »Sie säkularisiert Metaphysik in der säkularen Kategorie schlechthin, der des Verfalls.«[154]

Die Kontaminierung der überlieferten Metaphysik mit einem verfallstheoretischen Geschichtskonzept konnte aber nur im Geist von Kants negativer Metaphysik erfolgen. Nur unter der Voraussetzung, daß es einen absoluten Ursprung der natürlichen Welt und folglich auch der von ihr implizierten Menschheitsgeschichte gibt, war es für Adorno möglich, Metaphysik auf der Grundlage einer negativen Welterklärung kritisch zu retten. Nur wenn ein Etwas existierte, *das* im Verlauf menschlicher Historie kontinuierlich zerfallen war, konnte der Zerfall vor einer Totalisierung bewahrt werden. Absolutgesetzt wäre er ein völlig leerer Prozeß: Verfall von nichts.

Um der fragwürdigen Konsequenz einer vollständigen Auflösung von Natur in Zerfallsentwicklungen zu entgehen, legte Adorno seiner Verfallstheorie die Annahme eines irreduziblen Ansichseins der natürlichen Welt zugrunde. Diese negativ-metaphysische Unterstellung ermöglichte es ihm überhaupt erst, einsichtig zu machen, wodurch ein Fortschritt in wahrhafter Naturerkenntnis motiviert sein soll[155]: Es ist der Gedanke, daß die Entstehung und Veränderung natürlicher Dinge einer immanenten Gesetzmäßigkeit folgt, die nicht durch Zufall in die Welt gekommen ist, sondern geplant wurde. Existiert ein solcher Plan, so muß es auch eine intelligible Ursache gegen die ihn hervorgebracht hat. Um sich ihrer Erkenntnis zu nähern, ist es erforderlich, den kausalen Interferenzen nachzufragen, welche zwischen den einzelnen Ereignissen einer geschichtlichen Folge angenommen werden. Und nur unter der Voraussetzung, daß eine Abhängigkeit historisch aufeinander folgender Ereignisse existiert, ist es möglich, zeitliche Ordnungen zu objektivieren; zwischen erlebter und objektiver Zeit zu unterscheiden - eine Unterscheidung, für die Kants »zweite Analogie der Erfahrung« das Modell liefert.[156]

Die zu erklärende Veränderung zwischen zwei Ereignissen ist aber an sich selbst nicht kausal. Kausal ist nur die Art der Erklärung eines bestimmten, durch einen Anfangs- und einen Endpunkt begrenzten historischen Wandels: seine Beziehung auf ein ihn verursachendes Ereignis.[157] Hergestellt wird diese epistemische Relation durch das Erzählen einer erklärenden Geschichte über die Vergangenheit, die wahr ist. Daß die Geschichte korrekt ist, genügt allerdings noch nicht, um ihr explanatorische Kraft zu verleihen. Die erkennende Person kann das in Rede stehende Kontinuum zeitlicher Veränderung nur verstehen, wenn sie es als ein Stück ihrer eigenen Vergangenheit begreift; wenn sie es außer durch die schon vorausgesetzte Kausaleinheit auch durch eine sinnvolle Beziehung auf ihr eigenes bisheriges Leben mit diesem in einen einheitlichen Zusammenhang zu bringen vermag. Erst durch die Einbeziehung der Geschichte seiner eigenen Handlungen, Ideen und Emotionen gelingt es dem Erkennenden, die Erklärung einer historischen Entwicklung mit hermeneutischem Sinn zu füllen. Geschehen kann dies mittels der Verwendung derjenigen Methode, die Adorno für sein Programm einer negativ-metaphysischen Naturerklärung vorgesehen hat: der Ausbildung begrifflicher Konstellationen, in denen narrativ organisierte Sprachformen zum Einsatz kommen. Vermöge ihrer deskriptiv-explanatorischen Struktur[158] ermöglichen sie eine fragende Annäherung an den geistigen Urgrund der wirklichen Welt. Danach ist Metaphysik »möglich allein als lesbare Konstellation von Seiendem«[159]. Im Gegensatz zu naturwissenschaftlichen Erkenntnisverfahren entwerfen die Konstellationen Formen einer natürlichen Welt, in der Personen, Ereignisse, Felder in Raum und Zeit etc. derart zur »Darstellung« gelangen, daß sie sich in ihrem Sinn gegenseitig erläutern und wechselweise aufeinander verweisen. Die verschiedenen Elemente eines konstellativen Textes müssen in seiner Interpretation zunächst in Theorieannahmen des Interpreten übersetzt werden, die sich dann untereinander so lange korrigieren, bis ein einheitlicher Sinnzusammenhang hergestellt ist. Der Deutungsvorgang ist erst zu beenden, wenn sich keine neuen Interpretationen mehr einstellen. Scheint sich in diesem Fall ein hermeneutischer Sinn konstituiert zu haben, so kann er als eine objektive Erkenntnis gelten. Anders jedoch als in der »Kritik der reinen Vernunft« bedeutet solche Objektivität in der »Negativen Dialektik« nicht mehr die zeitlose Gültigkeit der erzielten Einsicht, sondern nur noch ihre Verallgemeinerbarkeit zu einem bestimmten geschichtlichen Zeitpunkt. Das Wissen darum, daß ein Absolutes positiv nicht erkennbar ist, verbietet ihre strenge Apriorisierung.

Folglich birgt aber eine solche Form von Rationalisierung der Vergangenheit, verstanden als Idealvorstellung metaphysischen Erkennens, stets die Gefahr perspektivischer Verzerrungen. Subjektive Bewertung, Gewichtung und Auswahl bestimmen sowohl die Konstruktion als auch die Deutung der Konstellationen. Verstärkt wird dieser Einfluß noch dadurch, daß sich historische Ereignisse nur selten ohne größere Extrapolationen in kohärente Erzählungen transferieren lassen.

Die Unzulänglichkeit wahrer Aussagen über geschichtliche Prozesse bedeutet hingegen keineswegs ihre Verzichtbarkeit. Der ihnen eigentümliche Status historischer Apriorität ist dazu geeignet, drei Gefahren vorzubeugen, die mit einer rationalen Erklärung historischer Veränderungen ständig verbunden sind:
1. eine Klammerung an Vergangenes, das dadurch nur unverändert reproduziert wird;
2. ein Verharren bei Vergangenem, was zu einer Verschüttung der Gegenwart führt;
3. eine Verdrängung von Vergangenem, das daher nicht verarbeitet und bewältigt wird und infolgedessen zu sehr dominiert.

Demnach stellt auch die Objektivierung zeitlicher Verläufe durch Sprachkonstellationen als solche noch kein Übel dar. Obgleich sie eine notwendige Fehlbarkeit geschichtlicher Erfahrungen impliziert, braucht sie deshalb noch nicht per se eine Entfremdung von Vergangenem zu bedeuten.[160] Richtig verstanden und formal präzisiert kann sie bei Adorno beispielhaft eine Form der Rechtfertigung von Wissen bezeichnen, in der eine Reformulierung jener synthetischen Urteile a priori, an welche Kant die Möglichkeit von Metaphysik band, heute einzig noch denkbar scheint.

III. Metaphysik und Negativismus.
Versuch ihrer Vereinigung im Anschluß an Adorno

Das wohl grundlegende Problem, welches Adorno durch die Aufnahme und die Weiterführung von Kants negativer Metaphysik zu lösen versuchte, bestand in der Schwierigkeit, den Gedanken einer kritischen Rettung von Metaphysik zusammen mit dem einer negativen Welterklärung in eine konsistente Theorie zu bringen. Beide Gedanken bilden die grundlegenden Konstituentien der negativ-dialektischen Philosophie. Auf der einen Seite beansprucht die negative Dialektik, Negativitätstheorie zu sein, indem sie das »Negative, Falsche« als den »Schauplatz von Dialektik«[161] bestimmt. Das Negative, welches sie wie die nahezu gesamte moderne Philosophie als Nichtseinsollendes versteht, ist ihr zentrales Thema (vgl. Kap. 5.I.). Auf der anderen Seite soll die derart negativ gedeutete Welt doch noch Elemente enthalten, die vereinzelte metaphysische Erfahrungen zulassen: Die Annahme der Existenz sporadischer Hinweise auf ein Positives, emphatisch Seinsollendes, des Vorkommens von Spuren eines Absoluten oder eines Nichtidentischen bildet nach Adorno sogar noch die Voraussetzung für die Erfahrung metaphysischer Verzweiflung.

Die Schwierigkeit, sich der metaphysisch deutbaren Spuren eines Anderen als Negativen theoretisch zu versichern, mußte Adorno dadurch zum unlösbaren Problem werden, daß er seinen Negativismus zum Holismus ausweitete. Indem er die bestehende Wirklichkeit als eine »bis ins Innerste falsche«[162], als »absolute Negativität«[163] interpretierte, verstellte er sich jede Möglichkeit, die von ihm gleichwohl in Ansatz gebrachten metaphysischen Erfahrungen noch in einen plausiblen Zusammenhang mit seinem negativen Weltverständnis zu bringen.

Und so war es die Grundtendenz meiner vorangegangenen Interpretationen negativer Dialektik, Adornos erkenntniskonstitutiven Einsatz des Gedankens vom negativen Ganzen als empirisch unausweisbaren Dogmatismus zu entlarven und dementsprechend als eine Form unhaltbaren Holismus' zu verabschieden. Die Kehrseite dieser Kritik bestand folglich darin, alle diejenigen Züge des Adornosche Denkens zu stärken und zu präzisieren, in denen eine reflektierte Ontologie von Einzeldingen zur Anwendung kommt, die einen konstitutiven Gebrauch von Ganzheitsbegriffen ebenso verbietet wie eine Totalisierung der Negativitätskategorie und der aus ihr folgenden Prinzipien. Einzig auf der Grundlage einer Theorie von Einzeldingen konnte Adornos hermeneutische Metaphysik der Naturerfahrung zusammen mit seinem Konzept einer negativen Welterklärung sinnvoll aufrechterhalten werden.

Für die Beantwortung der Frage, wie ein nicht absolut gesetzter Begriff von Negativität theoretisch fundiert werden kann, ist es hilfreich, sich der Entstehung des philosophischen Negativitätsbegriffs zu erinnern. Sie fällt in das Jahr 1763, in dem der vorkritische Kant seine Theorie einer Realopposition entwickelte.[164] Ihr zufolge bezeichnet die reale Opposition den Typ eines Entgegensetzungsverhältnisses, welcher von dem eines logischen, auch dialektischen Widerstreits grundsätzlich unterschieden ist. So enthalten reale Oppositionen nicht einmal der Form nach logische Verneinungen. Es handelt sich vielmehr darum, daß Paare positiver Bestimmungen oder Paare affirmativer Subjekt-Prädikat-Urteile einem Gegenstand beigelegt werden. Obgleich die einzelnen Glieder solcher Paare für sich genommen nicht negativ, sondern positiv bestimmt sind, verhalten sie sich entgegengesetzt zueinander. Und nur hinsichtlich ihres solchermaßen definierten Verhältnisses kann beliebig entweder das eine oder das andere der beiden für sich positiv bestimmten Glieder eines Paares »negativ« genannt werden. Die Negativität besteht also nicht in der Eigenschaft von Größen; sie ist vollständig relational zu verstehen.[165]

Daraus ist schon ersichtlich, daß der mathematische Begriff des Negativen das Modell für den von Kant verwendeten Negativitätsbegriff geliefert hat. In Anknüpfung an Newton, der sich eine Vielzahl natürlicher Phänomene nicht anders denn als Ergebnis des Zusammenwirkens positiver und negativer Größen in der Natur erklären konnte, führt Kant in seinem »Versuch, den Begriff der negativen Größen in die Weltweisheit einzuführen« von 1763 eben jenen mathematischen Negativitätsbegriff in die Philosophie ein. Ansätze dazu finden sich schon in der Schrift »Der einzig mögliche Beweisgrund zu einer Demonstration des Daseins Gottes«[166] aus demselben Jahr. Der hier erstmalig philosophisch ausformulierte Begriff relationaler Negativität stellt nicht nur das Fundament dar, von dem aus Kants spätere Kritik an Leibniz erfolgt. Er bildet auch noch die Grundlage für das Negativitätsverhältnis der postkantischen, insbesondere der Hegelschen Dialektik. Diese hat wesentlich dazu beigetragen, daß der Ausdruck »Negativität« als substantivierte Form des Adjektivs »negativ« überhaupt zum festen Bestandteil philosophischen Sprachgebrauchs werden konnte.[167]

Im Unterschied zu anderen Arten der Entgegensetzung ist das von Kant »reale Opposition« genannte Negativverhältnis eine Entgegensetzung, die weder einen echten Widerspruch (wie die logische Opposition) noch einen scheinbaren Widerspruch (wie die dialektische Opposition) enthält. Zwar definiert Kant auch die reale Opposition als die Entgegensetzung zweier Prädikate ein und desselben Dings.[168] Der Sinn dieser Entgegensetzung besteht nun aber nicht nur durch die Opposition bloß logisch verstandener Prädikate nach dem Satz des Widerspruchs, sondern durch das Entgegengesetztsein »realer« Prädikate, der »Bestimmungen« des Dings. Die Negativität dieses Verhältnisses bezeichnet demnach nicht mehr nur die mathematische Relation zwischen positiven und negativen Zahlen, sondern die zwischen realen Bestimmungen eines Gegenstandes. Der mathematische Negativitätsbegriff erfährt also bei Kant eine außer-mathematische Anwendung.

Reale Oppositionen treten nach Kants Meinung in allen Naturprozessen und menschlichen Handlungszusammenhängen auf: »Man kann die Verabscheuung eine negative Begierde, den Haß eine negative Liebe, die Häßlichkeit eine negative Schönheit nennen; Nehmen ist negatives Geben, Widerlegung ist ein negativer Beweis, Irrtum negative Wahrheit, Laster negative Tugend, Verbot negatives Gebot, Tadel negativer Ruhm, Strafe negative Belohnung.«[169]

Alle diese realen Negativverhältnisse faßt Kant unter den Titel »Beraubung« (privatio). Mit der logischen Negation (dem Widerspruch) hat die privative Verneinung nur dies gemein, daß auch sie ein bestimmtes »Aufheben« zur Folge hat. Was aber jewils aufgehoben wird, ist etwas völlig Verschiedenes: Heben sich in der logischen Verneinung die einander entgegengesetzten Prädikate gegenseitig auf (was eine

Bestimmung dem Gegenstand zuspricht, widerruft die andere), so wird infolge dieses Widerspruchs der vorausgesetzte Gegenstand selbst aufgehoben. Die Auflösung einer logischen Opposition nach dem Satz des Widerspruchs resultiert in bloßer Abwesenheit, einem »nihil negativum«[170]. In der realen Verneinung dagegen heben sich weder die einander entgegengesetzten affirmativen Prädikate auf noch ist es der Gegenstand, welcher verschwindet. Aufgehoben werden nur die »Folgen« real entgegengesetzter Bestimmungen, sofern diese sich als reale Gründe anderer Bestimmungen auffassen lassen: Kant begreift die Realopposition als eine dynamische Beziehung, in welcher die entgegengesetzten Bestimmungen Kräfte darstellen, welche sich wechselseitig ihrer Folgen berauben. Das Ergebnis einer solchen Privation ist aber nicht ein »nihil negativum«, sondern ein »nihil privativum«, also immer noch ein Etwas. Die gegenseitige Aufhebung der Folgen zweier wirklich opponierender Kräfte resultiert in einem Ruhezustand, der nur in mathematisch-quantitativer Hinsicht »nichts« (»Zero = 0«) heißen kann.[171]

Obgleich nun Kants dynamische und privative Deutung der Negativität gewichtige Mängel sowohl mathematischer als auch philosophischer Art aufweist[172], erfüllte sie in zweifacher Hinsicht eine bedeutende kritische Funktion. Zum einen korrigierte sie die Negationstheorie der vorkantischen Metaphysik. Die Leibniz-Wolffsche Ontologie ging noch davon aus, daß die Summe aller möglichen Gegenstandsbestimmungen den sogenannten »Inbegriff der Realität« ausmacht; jeder Bestimmungsmangel, jede wahre Verneinung, die von einem Ding ausgesagt wird, deutete sie entsprechend als eine »Schranke der Realität«. Demgegenüber hat Kants Theorie der Realoppositionen gezeigt, daß »wahrhafte« Negationen, die Kant auch »metaphysische« nennt, nicht notwendig auf Realitätsschranken, d.h. auf einem bloßen Mangel an Kräften oder Bewegursachen beruhen müssen. Wenn ein Körper im Zustand der Bewegungslosigkeit angetroffen wird, so kann dies ebenso dadurch begründet sein, daß der Gegenstand, an dem etwas verneint wird, Bestimmungen aufweist, deren Relation in einer realen Entgegensetzung besteht.[173]

Zum anderen widerspricht die Kantische Negativitätstheorie von 1763 einer Grundüberzeugung der traditionellen Kosmologie. Sie hält zwar an der Gültigkeit der mechanischen Erhaltungssätze fest, nach denen die Gesamtheit positiver Realbestimmungen in der Welt konstant bleibt. Doch folgt sie nicht mehr der überlieferten Gleichsetzung dieser Realitätssumme mit der Größe der Vollkommenheit von Realität. Denn unter dieser Voraussetzung ginge aus der Annahme konstanter Realbestimmungen notwendig hervor, daß »die Vollkommenheit der Welt gar nicht wachsen könnte«[174].

Die radikale Fragwürdigkeit dieser Konsequenz verdeutlicht schon, wodurch Kant zur Revision der traditionellen Ineinssetzung von realer Vollkommenheit und positivrealer Gesamtbestimmtheit gedrängt wurde. Sie läßt uns auch vermuten, daß in der Kritik dieser Überzeugung der mechanistischen Kosmologie die Aktualität der Kantischen Negativitätstheorie besteht, die sie für eine Applikation auf die Philosophie Adornos tauglich macht. Denn auch für Adorno bedeuten die Formen real existierender Negativität objektiv widersprüchlich verfaßte Wirklichkeiten, antagonistisch strukturierte Gegenstände in der realen Welt.[175] Im Unterschied jedoch zur Auffassung Adornos, der diese Formen objektiver Negativität als zwanghaft, als das nichtseinsollende Schlechte der bestehenden Wirklichkeit begreift, sieht Kant gerade «in diesem Conflictus der entgegengesetzten Realgründe gar sehr die Vollkommenheit der Welt überhaupt, gleich wie der materiale Teil derselben ganz offenbar bloß durch den Streit der Kräfte in einem regelmäßigen Laufe erhalten wird«[176].

Wenn Kant nun aber jeden direkten Zusammenhang zwischen privativer Verneinung und weltlicher Unvollkommenheit in Abrede stellt, worin kann dann noch eine aktuelle Bedeutung seiner Negativitätstheorie gesehen werden? Um diese Frage zu beantworten, müssen wir uns auf eine noch tiefer liegende Interpretationsebene begeben. Wir haben danach zu fragen, welches Ausgangsproblem der Kantischen Theorie von den Realoppositionen eigentlich zugrunde liegt.

So bestand eine wichtige Aufgabe der Kosmologie und anderer Naturwissenschaften darin, nichtmechanische Veränderungen in der Welt aus natürlichen Ursachen heraus zu erklären. Kants Beitrag zur Erklärung solcher geschichtlichen Veränderungen natürlicher Dinge lag in der naturwissenschaftlichen Empfehlung, genau zu prüfen, inwieweit diese Veränderungen durch Realoppositionen und privative Negativitätsverhältnisse erklärt werden können. Eine theoretische Fundierung erhält der nicht phsysikalisch-mechanistische Erklärungsversuch durch Kants Forderung, daß immer dann, wenn etwas vergeht und sein Dasein in der Welt beendet, dieser Zustand das Resultat einer »Aufhebung« sei, welche aus einer stattgefundenen Privation hervorgegangen ist. So stellte Kant die These auf, daß wenn aus irgendeinem Ruhestand der Welt die Position A entsteht, »in einer natürlichen Weltveränderung auch -A entspringen müsse, d.i. daß kein natürlicher Grund einer realen Folge sein könne, ohne zugleich ein Grund einer anderen Folge zu sein, die die negative von ihr ist«[177].

Das Erklärungsmodell, welches diesem Postulat zugrunde liegt, ist ein bloß spekulatives. Und im Schlußsatz seiner Schrift von 1763 gesteht Kant sogar ein, daß ihm eine plausible und schlüssige Erklärung der Realopposition, des ihr vorausliegenden Problems, »*wie darum weil etwas ist etwas anders aufgehoben werde*«[178], hier noch nicht gelungen ist. Dessenungeachtet scheint aber die Art der Erklärung, welche mit der Theorie einer Realentgegensetzung verbunden ist, geeignet zu sein, einen nicht total gesetzten Begriff von Negativität zu liefern. Denn privative Verneinungen beruhen ja, wie wir gesehen haben, nicht auf einem absoluten Mangel an Bestimmungen eines Dings, sondern sie haben lediglich eine reale Entgegensetzung von positiven Bestimmungen zur Voraussetzung. Und eben darin besteht die Relevanz privativer Negationen für alle diejenigen Negativitätsphilosophien, welche sich - wie die Adornos - nicht der Möglichkeit begeben wollen, noch einen kritischen Gebrauch von der Metaphysik zu machen. Weil es die Besonderheit der realen Opposition gegenüber der logischen ist, daß die in ihr Entgegengesetzten einander nicht - wie in dieser - »verneinen«, sondern einander ihrer Folgebestimmungen »berauben«, kann das Objekt einer »Beraubung« niemals ein reiner Bestimmungsmangel sein. Absolute Nihilität könnte allenfalls Folge einer Privation sein.[179]

Es läßt sich demnach zeigen, daß die Gedankenfigur der privativen Verneinung beim frühen Kant eine Funktion erfüllt, welche derjenigen ganz ähnlich ist, für die die Gedankenfigur der »bestimmten Negation« bei Adorno einsteht. In einer seiner Studien zu Hegel sagt Adorno, die bestimmte Negation sei »der Nerv der Dialektik als Methode«[180]. Er gebraucht den Terminus im Zusammenhang mit der »Aufhebung«

von Gegensätzen, in dem jener zweifelsfrei das positivste Element negativer Dialektik repräsentiert, ohne daß er jedoch die entgegengesetzten Glieder zu einer Synthese brächte.[181] Entsprechend fungiert das Gegenstück zur bestimmten Negation, die von Adorno analog zu Hegels Ausdrucksweise »abstrakt« genannte Negation, als eine radikale Vernichtung des negierten Objekts. Sie korrespondiert mit Kants logischer Verneinung, deren Folge die absolute Bestimmungslosigkeit ist.

Eine Präzisierung des von Adorno als Erkenntnismittel einer negativen Welterklärung in Ansatz gebrachten Verfahrens der bestimmten Negation anhand von Kants Theorie der Privation erscheint nicht nur wünschenswert, sondern aus mindestens zwei Gründen geradezu notwendig: Zum einen sollte die Philosophie Adornos von den Deutungsschwierigkeiten befreit werden, die sich ergeben, wenn man z.B. erklären will, wie denn - jenem bekannten Satz der »Minima Moralia« zufolge - die »vollendete Negativität zur Spiegelschrift eines Positiven«[182] soll zusammentreten können. Derart mythologisch anmutende Aussagen verlieren ihre Unverständlichkeit auch dann nicht, wenn man die Vollendung des Negativen nicht auf die Gesamtheit des Seienden, sondern nur auf die Ganzheit eines wirklich seienden Gegenstands bezieht: Die Eigenschaften und Zustände eines nichtseinsollenden Einzelphänomens bedürfen ebenso der Erklärung ihrer Genesis wie das Weltganze. Man kann dem Übel der Totalität nur auf den Grund gehen, indem man vom Übel seiner Einzelelemente ausgeht, nicht umgekehrt.

Zweitens ist eine Aufhellung der von Adorno nahezu unerklärt gelassenen Methode bestimmten Negierens auch deshalb zu fordern, weil sich in ihr beispielhaft die Erkenntnisleistung ausspricht, welche jede philosophische Theoria negativa zu erfüllen hat, sofern sie sich vom Nihilismus abgrenzen will. Es ist das Grundproblem des Negativismus, zu erklären, in welcher Weise das seinsollende Positive auch noch neben dem im nichtseinsollenden Negativen in der bestehenden Welt aufgefunden werden kann, wie sich von einem Negativen in der Realität auf sein Gegenteil schließen läßt.[183]

Um nun Kants »Versuch, den Begriff der negativen Größen in die Weltweisheit einzuführen«, für die Begründung einer (nur methodisch!) negativistischen Metaphysik fruchtbar zu machen, muß man ihn folglich auch auf solche Negativphänomene anwenden können, deren Negativsein nicht, wie es dem von Kant gebrauchten, positiv bewerteten Sinn von Negativität entspricht, in bloßer Relationalität besteht. Er muß vielmehr auf den modernen, negativ-wertigen Begriff des Negativen bezogen werden. In Kants Theorie bezeichnet die Null, jenes nihil privativum, welches das Resultat einer wechselseitigen Beraubung positiver und negativer Kräfte darstellt, das Pendant zu einem als schlecht beurteilten Einzelwirklichen, auf das der Begriff der Negativität im Sinne eines Nichtseinsollenden zutrifft. So begreift Kant z.B. Haß nicht als einen bloßen Bestimmungsmangel (ein nihil negativum), sondern als ein Negativphänomen, das sich in bestimmter Weise begründen läßt: Der konkrete Grund für das Wirksamwerdenkönnen des Hasses ist die Liebe. Ein solches Übel, welches seinen bestimmten, »positiven« Grund in einem ihm Entgegengesetzten hat, nennt Kant ein »Übel der Beraubung«. Im Gegensatz zu dem »Übel des Mangels«, das auch ohne einen solchen positiven Grund bestehen kann, gilt ihm das der Beraubung als das viel größere Übel.[184]

Kant achtet peinlich genau darauf, daß dieser Negativitätsbegriff (der Begriff des Negativen verstanden als Übel einer Privation) nicht verwechselt wird mit dem logischen Negativitätsbegriff (dem Begriff des Negativen verstanden als Übel bloßer Abwesenheit von Bestimmungen). Zur Wahrung der qualitativ viel stärkeren Negativität der »Beraubung« gegenüber der des »Mangels« schlägt Kant eine gezielte Reflexion auf das jeweilige Objekt einer Privation vor. Dementsprechend bezeichnet etwa der Begriff »Haß« keinen bloßen Mangel an Bestimmung; er soll vielmehr als »negative Liebe« aufgefaßt werden. Analog drückt das Wort »Untugend« keine einfache (abstrakte) Bestimmungslosigkeit aus, sondern ist als »negative Tugend« zu verstehen etc.[185]

Aus diesen Überlegungen des frühen Kant geht bereits deutlich hervor, inwiefern sie eine unübersehbare Wirkung auf Hegels Lehre vom objektiven Widerspruch ausgeübt haben. Wie Hegel in seiner »Wissenschaft der Logik« ausführt, sind echte kontradiktorische Aussagen dadurch gekennzeichnet, daß ihnen ein Widerspruch in der Sache selbst zugrunde liegt. Die Eigentümlichkeit dieses Urteilstyps besteht demnach darin, eine Einheit einander entgegengesetzter Bestimmungen herzustellen, die durch den Begriff der Null definiert werden kann: Kontradiktorische Urteile sprechen den Dingen eine widersprüchliche Bestimmtheit zu. Sie legen ihnen die Daseinsweise eines »Nichts« im Sinne einer »negativen Einheit« bei.[186] Durch eine solche Charakterisierung des immanenten Wesens aller Dinge reformuliert Hegel den Kantischen Gedanken vom »nihil privativum«, verstanden als Resultat einer wechselseitigen Aufhebung positiver und negativer Kräfte in der Welt. Hegels Theorie zufolge sind es jedoch keine mechanischen Kräfte mehr, welche für dieses Null-Resultat verantwortlich zeichnen, sondern die logischen Inkonsistenzen des Positiven und Negativen selber. Sie liefern auch den Grund für die von Hegel angenommene Selbstbewegung aller Dinge.[187] Im Unterschied zu Hegel ging es Kant jedoch nicht um das Ineinsdenken einer negativen Folgeerscheinung mit deren positivem Grund, sondern um das Aufzeigen einer bestehenden Grund-Folge-Relation selber. Die Annahme eines realen Kausalitätsverhältnisses zwischen einem Übel der Privation und dessen positivwertiger Ursache ist es auch, welche Kants Theorie der Realopposition geeignet erscheinen läßt, den methodischen Negativismus zu fundieren. Sie vermag zu zeigen, daß die theoretische Voraussetzung für die praktische Veränderung einer schlechten Wirklichkeit nicht allein dadurch zu schaffen ist, daß man das bestehende Negative *als* dieses Negative begrifflich zu bestimmen sucht. Statt dessen kommt es entscheidend darauf an, dem wirklichen Grund einer realen Negativität nachzufragen.

Damit dies geleistet werden kann, muß naturgemäß vorausgesetzt sein, daß die Gründe für die jeweiligen Negativzustände des Wirklichen noch erkennbar sind. Kants Programm zufolge müssen sie als »aufgehobene« Kontrapositionen der negativen Zustände gedacht werden. Nur in diesem Fall wäre nämlich einsichtig zu machen, warum Wirkliches als negativ im Sinne von nichtseinsollend erfahren wird; warum das bestehende Schlechte einer Verbesserung bedarf und in welche Richtung eine solche Veränderung erfolgen soll. Wären die Gründe existierender Negativitäten von den Subjekten in keiner Weise mehr erfahrbar, so erschiene das Negative als reine Abwesenheit eines vollkommen unbestimmt bleibenden Positiven. Man könnte es zwar als eine irgendwie geartete Fiktion denken; auf den Charakter und die Art des Imaginierten könnte aber nicht notwendig geschlossen werden. Und daher vermöchte man auch nichts darüber auszusagen, ob die Fiktion den unbedingt zu unterstellenden Anspruch auf objektive Wahrheit und den notwendig zu erhebenden Anspruch auf normative Richtigkeit des Ermangelten überhaupt erfüllen kann. Ein totalisierter Negativismus wäre folglich gar nicht imstande, das negative Seiende auf dessen Ermöglichungsbedingungen hin zu transzendieren. Erst in der bestimmten Erfahrbarkeit der Beziehung, welche ein reales Entgegensetzungsverhältnis zu seinem realen Ermöglichungsgrund unterhält, zeigt sich der Charakter der Notwendigkeit, einen Erkenntnisanspruch auf die begründende Position zu erheben, die der Größe nach ein überwiegend Nichtseiendes, aber nicht nur Nichtseiendes, und zugleich ein Seinsollendes darstellt. Gegenüber dem relativ geringen Übel eines bloßen Mangels an positiver Bestimmtheit nimmt das Übel der Privation[188], eben aufgrund seiner starken Bedürfigkeit und seiner radikalen Abhängigkeit von einem ihm zugrundeliegenden entgegengesetzten Positiven, den Charakter des Verbrecherisch-Skandalösen an.

Bis hierher ließe sich also Adornos Position einer vorherrschenden Negativität des Bestehenden als Nichtseinsollendem zusammen mit seiner Annahme einer möglichen Veränderbarkeit des Seienden - ermöglicht durch die Freilegung eines verschütteten und beschädigten Sinns - erkenntnistheoretisch plausibel rekonstruieren anhand von Kants Konzept der negativen Größen als mit negativem Index versehener Positiva. Das wirklichkeitskritische Potential der Subjekte, welches Adorno durch die Gedankenfigur der bestimmten Negation in Ansatz brachte, kann jetzt konkretisiert werden als die kritische Tätigkeit einer insistierenden Forschung nach dem jeweiligen *Grund* einer bestehenden Negativität. Dieses neugewonnene Verfahren bestimmten Negierens ist nach der nun erfolgten Präzisierung des Adornoschen Negationssinns zu bestimmen als Negation eines negativ indizierten Positiven. Ihr kritischer Stachel richtet sich also »nur« gegen den negativen Index, nicht gegen das negativ indizierte Positive. Möglich ist eine solche Kritik aber nur deshalb, weil das derart neubestimmte Negative wenigstens partiell immer noch als Anzeige auf ein »geraubtes« Positivum erkennbar ist. Die negativen Größen sind nach Kant eben »nicht Negationen von Größen« schlechthin, »sondern etwas an sich selbst Positives, nur was dem anderen entgegengesetzt ist«[189].

Wärend das Kantische Negativitätskonzept demnach als ein durchaus geeignetes Mittel dafür angesehen werden kann, das grundlegende Beweisziel des philosophischen Negativismus' einzulösen, also zu zeigen, daß und in welcher Weise das negative Wirkliche auf seine Kontraposition zu beziehen ist, so liegt doch die eigentliche Schwierigkeit dieser Konzeption, wie Kant selbst eingesteht, in ihrer Anwendung auf spezifisch metaphysische Fragen, insbesondere die nach der Erkenntnismöglichkeit Gottes. »Wenn man es wagen will«, so Kant, »diese Begriffe auf das so gebrechliche Erkenntnis anzuwenden, welches Menschen von der unendlichen Gottheit haben können, welche Schwierigkeiten umgeben alsdenn nicht unsere äußerste Bestrebungen? Da wir die Grundlage zu diesen Begriffen nur von uns selbst hernehmen können, so ist es in den mehresten Fällen dunkel, ob wir diese Idee eigentlich oder nur vermittelst einiger Analogie auf diesen unbegreiflichen Gegenstand übertragen sollen.«[190]

Eine Verknüpfung von negativen Zuständen in der Welt mit dem Begriff Gottes durch eine Grund-Folge-Relation, die ja nach Kant für das Negative eines privativen Übels gelten soll, ist aufgrund der Totalität der Bestimmungen, welche der Gottesbegriff, die Idee eines »höchsten Wesens«, immer schon enthält, undenkbar. Weil im ens realissimum und kraft seiner eigenen Natur alles andere erst gegeben ist, kann in ihm eben wegen des Allbesitzes seiner Daseinsbestimmungen keine interne Aufhebung von Bestimmungen gedacht werden. Folglich können in ihm auch keine Gründe einer Privation oder eine Realopposition stattfinden.[191]

Wenn aber durch Gott »alles gegeben ist«, dann bedeutet das doch, daß er als Schöpfer auch der Grund für die Hervorbringung der Welt und diese als Hervorgebrachtes eine Folge Gottes ist. Gott muß somit als der unbestimmbare intelligible Urgrund der Welt, als deren absolute Ursache verstanden werden. Anders als das Grund-Folge-Verhältnis zwischen einem negativ bewerteten Weltzustand und dessen positiv beurteiltem Grund ist die Relation von Gott und Welt nicht durch eindeutige Begriffsformen explizierbar. Daß das Abhängigkeitsverhältnis zwischen letztem Realgrund und allem durch ihn Begründeten nicht in einer logischen Folge von Schlüssen zum Ausdruck gebracht werden kann, hat seinen Grund darin, daß diese Beziehung durch vollständige Andersheit bestimmt ist. «Der göttliche Wille ist etwas. Die existierende Welt ist etwas *ganz anderes*.«[192] Diese Relationsbestimmung Kants verbietet einen logisch sicheren Schluß von negativen Weltzuständen auf den Gedanken der Existenz Gottes ebenso wie den Schluß auf die Negativität der Welt aus einer Analyse des Gottesbegriffs heraus.

Diese Besonderheit der Grund-Folge-Relation von Gott und Welt ist für Kant schon Anlaß genug, die Möglichkeit eines Existenzbeweises vom Realgrund Gott skeptisch zu beurteilen. Zwar könne man, sagt, Kant, einen gegebenen Begriff von einem realen Kausalverhältnis »wohl durch Auflösung zu einfacheren Begriffen von Realgründen bringen ..., so doch , daß zuletzt alle unsere Erkenntnisse von dieser Beziehung sich in einfachen und unauflöslichen Begriffen der Realgründe endiget, deren Verhältnis zur Folge gar nicht kann deutlich gemacht werden.«[193]

Kants Schwierigkeit, sich des allerersten Realgrundes »Gott« erkenntnistheoretisch zu versichern, resultiert aus der Unmöglichkeit, den Begriff des ens realissimum als positives Korrelat negativer Größen, als eine bloße Funktion immanenter Weltweisheit zu begreifen. Er trug damit bereits der späteren Auffassung Adornos Rechnung, derzufolge Metaphysik, dem eigenen Begriff nach, nicht möglich sei »als ein deduktiver Zusammenhang von Urteilen über Seiendes«[194]. Statt dessen dachte sie der frühe Kant - sein Begriff des »ganz Anderen« für die Relation von Endlichem und Absolutem weist in diese Richtung - nach dem Modell eines vom philosophischen Weltverstehen absolut Unterschiedenen. Der Preis für ein solches Metaphysikverständnis ist jedoch in einer völligen Bedeutungslosigkeit des Absoluten für menschliches Welterkennen zu sehen. Eine solche Konsequenz, welche nach Adorno »furchtbar des Denkens spottete«[195], konnte dieser nur vermeiden, indem er an Kants spätere Ausformulierung einer negativen Metaphysik anknüpfte. Die negativ-metaphysische Erklärung von Wirklichem ermöglicht immerhin die Annäherung an den absoluten Grund alles Seienden. Dadurch, daß sie seine Existenz unterstellt, motiviert sie überhaupt erst den Fortschritt des Erkennens von den einzelnen Stufen einer Folge von

Realgründen zu den ihnen vorausliegenden. Deshalb kann Adornos negativistische Metaphysik auch nur dann einen theoretischen Halt finden, wenn man sie auf die Negativitätstheorie des frühen Kant *und* auf die negative Metaphysik des älteren Kant rückbezieht. Dies sollte im letzten Kapitel demonstriert werden.

ANHANG

Anmerkungen

Einleitung

1 Th.W. Adorno, Negative Dialektik, Frankfurt/M. 1973, S. 9.
2 Ibid., S. 10.
3 Ibid., S. 221.
4 Ibid.
5 Ibid., S. 206.
6 Ibid., S. 156.
7 Bei Kant tritt Reflexion als ein stets (wenngleich oft nur latent) präsentes Leittheorem auf, so z.B. in seiner berühmten »Aufforderung an die Vernunft, das beschwerlichste aller ihrer Geschäfte, nämlich das der Selbsterkenntnis, aufs neue zu übernehmen«, Kant, Kritik der reinen Vernunft, Werkausgabe Bd. III, Frankfurt/M. 1968, Vorrede, A XI. Siehe dazu die Rekonstruktion des Kantischen Konzepts in einer historischen Typologie der Reflexion bei Herbert Schnädelbach, ders., Reflexion und Diskurs. Fragen einer Logik der Philosophie, Frankfurt/M. 1977, S. 87 ff.
8 Zu Hegels dynamischem und offenem Erfahrungsbegriff, der für Adorno wichtig geworden ist, siehe U. Müller, Die Erfahrung des Negativen. Hegels Wirklichkeitsverständnis in der Phänomenologie des Geistes, in: Archiv für Geschichte der Philosophie 70/1 (1988).
9 Vgl. Adorno, Negative Dialektik, a.a.O., S. 64.
10 Eine kritische Rekonstruktion des Hegelschen Reflexionskonzepts findet man bei Christa Hackenesch, dies., Die Logik der Andersheit. Eine Untersuchung zu Hegels Begriff der Reflexion, Frankfurt/M. 1987.
11 Adorno, Negative Dialektik, a.a.O., S. 162 f. Vgl. dazu auch C. Hackenesch, Die Logik der Andersheit, a.a.O., S. 259 f. (Anm. 1.).
12 Zum philosophischen Begriff der Transformation siehe immer noch K.-O. Apel, Transformation der Philosophie Bd. 1, Frankfurt/M. 1976, S.9 ff. (Einleitung). In systematischer Hinsicht dürfte Apels Aufsatz »Szientistik, Hermeneutik, Ideologiekritik. Entwurf einer Wissenschaftslehre in erkenntnisanthropologischer Sicht« (in: ders., Transformation der Philosophie Bd. 2, a.a.O., S. 96 ff.) der von mir für Adornos Philosophieverständnis in Anspruch genommenen Position einer transzendentalen Hermeneutik recht nahe kommen.
13 Die Schwierigkeiten der totalisierenden Gesellschaftstheorie Adornos hat Christel Beier analysiert, vgl. dies., Zum Verhältnis von Gesellschaftstheorie und Erkenntnistheorie. Untersuchungen zum Totalitätsbegriff in der kritischen Theorie Adornos, Frankfurt/M. 1977, S. 57 ff.
14 Die aporetische Struktur seines Totalitätskonzepts resultiert aus der Kontaminierung einer holistischen mit einer heuristischen Figur: Mit Hegel behauptet Adorno eine konstitutive Funktion des Totums in Bezug auf jedes Einzelne, doch

gegen Hegel vertritt er die Unmöglichkeit einer positiv-begrifflichen Bezugnahme auf diese (offenbar als absent gedachte) Totalität. - Eine gleichermaßen aporetische Konstruktion liegt m.E. in der im Anschluß an Adorno entwickelten narrativistischen Geschichtstheorie Baumgartners vor (ders., Kontinuität und Geschichte, Frankfurt/M. 1972): Mit seinem zentralen Ganzheitsbegriff »Kontinuität« verbindet Baumgartner sowohl eine konstitutive (den historischen Gegenstand stiftende), als auch eine regulative (den Akt des historischen Erzählens anleitende) Erkenntnisfunktion, vgl. dazu die Kritik von Herta Nagl-Docekal in: dies., Die Objektivität der Geschichtswissenschaft, Wien/München 1982, S. 220 ff.

15 Zur negativen Metaphysik siehe K.-H. Haag, Der Fortschritt in der Philosophie, Frankfurt/M. 1983, dem es wesentlich um die philosophiehistorische Funktion ihres Grundgedankens geht. Die negative Metaphysik ist aber auch für die Diskurstheorie von Bedeutung, insofern sie »nichts anderes als die begründete Erinnerung daran (ist), daß der Diskurs nicht alles über das Wahre und Gute vermag: daß es hier etwas gibt, was nicht methodisch antizipierbar ist, sondern sich zeigen und erfahren werden muß. Wittgenstein nannte es das Mystische, Heidegger das Sein und Adorno das Nichtidentische«, H. Schnädelbach, Dialektik und Diskurs, in: Allgemeine Zeitschrift für Philosophie 12/1 (1987), S. 20.- Natürlich verweist uns die konstitutionstheoretische Explikation des negativmetaphysischen Gedankens der hypothetischen Unterstellung eines Plans der Natur auf Kants Geschichtsphilosophie, siehe dazu den Beitrag von Margherita v. Brentano, dies., Kants Theorie der Geschichte und der bürgerlichen Gesellschaft, in: Spiegel und Gleichnis. Festschrift für Jacob Taubes, Würzburg 1983.

16 Gillian Rose hat die stilistischen Formen untersucht, in denen sich Adornos *philosophische* Philosophie*kritik* vorträgt, vgl. Rose, The Melancholy Science. An Introduction to the Thought of Theodor W. Adorno, London 1978, S. 11 ff.

17 Adorno selber hebt in diesem Zusammenhang hervor, daß (der späte) Wittgenstein als erster gegen die Positivisten des Wiener Kreises geltend gemacht habe, daß das Verhältnis von Sprache und Welt nur durch den Rekurs auf sprachimmanente Regelhaftigkeiten nicht zureichend beschrieben werden kann; vgl. Adorno u.a., Der Positivismusstreit in der deutschen Soziologie, Darmstadt/Neuwied 1969, S. 28 f.

18 Zur ethischen Bedeutung eines Verstehens über Strukturen siehe U. Müller, Objektivität und subjektive Allgemeinheit. Über Natur und Grenzen ethischer Lebensverhältnisse mit Rücksicht auf Kierkegaard, in: Zeitschrift für philosophische Forschung 41/4 (1987). - Wichtig ist, daß ein solches praktisches Verstehen nicht notwendig in hermeneutische Zirkularität einmündet, weil die Bedingungen, in deren Licht ich eine Handlung interpretiere, nicht identisch sein müssen mit den Bedingungen, die sich aus der interpretierten Handlung ableiten lassen, vgl. eine ähnliche Fassung des Arguments bei Stephan Körner, ders., Metaphysics : its structure and function, Cambridge 1984, S. 107.

19 »Verstehen ist eins mit Kritik; die Fähigkeit des Verstehens, des Verstandenen als eines Geistigen innezuwerden, keine andere als die, wahr und falsch darin zu unterscheiden, wie sehr auch diese Unterscheidung abweichen muß vom

Verfahren der gewöhnlichen Logik«, Adorno, Ästhetische Theorie, Frankfurt/M. 1973, S. 391. - In ein »kritisch-hermeneutisches« Denken müssen systematische (z.b. strukturale) Gesichtspunkte einfließen, die prinzipiell begründbar sind und die als »kritische« Elemente nicht wiederum hermeneutisch »unterwandert« werden können. Emanzipation und Selbständigkeit im Denken und Handeln wären z. B. Kandidaten für Ideale, die sich nicht ohne weiteres historisch relativieren lassen.

20 »Das Resultat der historistischen Aufklärung ist *historisches Bewußtsein* in dem Doppelsinn, daß das Bewußtsein vom Historischen sich zugleich selbst als etwas Historisches begreift. Für eine Theorie historisch invarianter Denk- und Erfahrungsstrukturen ist hier kein Raum mehr, weil die Historisierung *auch die Sphäre des Transzendentalen* erfaßt hat, in der Kant jene Invarianzen angesiedelt hatte: *auch hier treffen wir Geschichte an*«, H. Schnädelbach, Zur Dialektik der historischen Vernunft, in: H. Poser (Hrsg.), Wandel des Vernunftbegriffs, Freiburg/München 1981, S. 34; ders., Geschichtsphilosophie nach Hegel. Die Probleme des Historimus, Freiburg/München 1974, insbes. S. 22 ff.

21 Zum Begriff des philosophischen Negativismus siehe M. Theunissen, Negativität bei Adorno, in: L.v. Friedeburg u. J. Habermas (Hrsg.), Adorno-Konferenz 1983, Frankfurt/M. 1983. Im wichtigen Unterschied jedoch zu Theunissen nehme ich im Folgenden für Adornos Denken keinen *metaphysischen Fundamental*-Negativismus, sondern *immer* nur einen *methodischen Partial*-Negativismus in Anspruch, dessen Einsatz mir allein dadurch gerechtfertigt zu sein scheint, daß wir, etwa im Kontext der Ethik, positiv nicht definieren können, was unser Leben wirklich gelungen, bzw. gut sein läßt, sondern daß wir uns in Fragen des richtigen Lebens wesentlich auf Erfahrungen des Mißlingens (und Gelingens) verwiesen sehen. - Zur Vereinbarkeit der *negativistischen Methode* mit der *negativen Metaphysik*, die mit dem *metaphysischen Negativismus (Theunissens) unvereinbar* ist, vgl. das letzte Kapitel dieser Monographie.

22 Stellvertretend für viele propagiert Richard Rorty eine hermeneutizistische Substitution philosophischer Erkenntnisbegründungen durch selbstgenügsame Diskurse der Inkommensurabilität im wissenschaftsjenseitigen Medium interessanter und fruchtbarer Bildungsgespräche, vgl. Rorty, Der Spiegel der Natur, Frankfurt/M. 1981, S. 348 ff. Wenn aber *Diskurse*, in der weitesten Bedeutung dieses Wortes, Rahmenbedingungen möglicher, wenngleich niemals garantierter Realisierungen einer sprachlich explizierbaren Vernunft darstellen - und als was sollte man sie anders verstehen können? - dann müssen sich auch »nicht-normale« Diskurse prinzipiell daraufhin überprüfen lassen, ob und inwiefern ihre Abweichung von der Normalität als vernünftig gelten kann; denn das Adjektiv »nicht-normal« (»inkommensurabel« wäre eine Steigerung) negiert ja (auch bei Rorty!) nicht die Diskursivität oder den Diskurs als solchen, sondern erläutert nur den intendierten Diskurs*typus*. Vgl. auch die etwas anders situierte Kritik von Habermas an Rorty, ders., Die Philosophie als Platzhalter und Interpret, in: ders., Moralbewußtsein und kommunikatives Handeln, Frankfurt/M. 1983.

23 Siehe dazu K.-O. Apel, Die Herausforderung der totalen Vernunftkritik und das Programm einer philosophischen Theorie der Rationalitätstypen, in: Concordia 11 (1987); Habermas, Der philosophische Diskurs der Moderne, Frankfurt/M. 1985. Dazu: U. Müller (etc.), Hermeneutik als Modernitätskritik. Kritische Bemerkungen zur Postmodernismus-Debatte aus Anlaß zweier neuer Bücher, in: Philosophisches Jahrbuch 94/1 (1987).

24 Die systematisierende Konstruktion innovativer Begriffskonstellationen kann dann auch zu einer Verständigung zwischen vermeintlichen philosophischen Antipoden führen, zu welcher Hermann Mörchen im Falle Adornos und Heideggers den Weg gewiesen hat: »Verständigung aber, als 'Kommunikation des Unterschiedenen'...ist am beglückendsten, solange sie *Aufgabe* bleibt. Wahre Kommunikation kann weder vorausgesetzt werden, noch wird sie uns einfach geschenkt; aber wir können an ihr *bauen*.« Siehe ders., Adorno und Heidegger. Untersuchungen einer philosophischen Kommunikationsverweigerung, Stuttgart 1981 (Zitat S. 660).

Erstes Kapitel

1 Th.W. Adorno, Gesammelte Schriften, Bd. 1, Frankfurt/M. 1973, S. 345 ff.
2 Th.W. Adorno, Negative Dialektik, Frankfurt/M. 1973, S. 409.
3 Adorno, Ges. Schr. 1, a.a.O., S. 355.
4 Ibid.
5 Ibid., S. 346.
6 Ibid., S. 345.
7 I. Kant, Prolegomena zu einer jeden künftigen Metaphysik, die als Wissenschaft wird auftreten können, hrsg. v. S. Dietzsch, Leipzig 1979, § 36, A 113.
8 Adorno, Ges. Schr. 1, a.a.O., S. 346.
9 Ibid., S. 345.
10 G.W.F. Hegel, Wissenschaft der Logik, Teil 1, Hamburg 1975, S. 94.
11 Adorno, Ges. Schr. 1, a.a.O., S. 358.
12 Ibid.
13 Ibid. S. 345.
14 Ibid.
15 M. Heidegger, Sein und Zeit, Tübingen 1979, S. 392
16 Ibid., S. 395.
17 Ibid. S. 394.
18 Adorno, Ges. Schr. 1, a.a.O., S. 351.
19 Ibid., S. 347.
20 Ibid., S. 326.
21 Ibid., S. 325.
22 Ibid.
23 Ibid., S. 326.
24 Ibid., S. 327.
25 Ibid., S. 347.

26 Ibid., S. 348.
27 Ibid., S. 349.
28 W. Dilthey, Gesammelte Schriften, Bd. VII, S. 150, zit. nach: H.-G. Gadamer, Wahrheit und Methode, Tübingen 1975, S. 215.
29 Adorno, Ges. Schr. 1, a.a.O., S. 361.
30 W. Dilthey, Entwürfe zur Kritik der historischen Vernunft, Ges. Schr. 7, S. 191 ff., zit. nach: H.-G. Gadamer, G. Boehm (Hrsg.), Seminar: Philosophische Hermeneutik, Frankfurt/M. 1979, S. 198.
31 Adorno, Ges. Schr. 1, a.a.O., S. 361.
32 Ibid., S. 353.
33 Vgl. M. Theunissen, Sein und Schein, Frankfurt/M. 1980, S. 392-470.
34 Adorno, Ges. Schr. 1, a.a.O., S. 354.
35 G.W.F. Hegel, Phänomenologie des Geistes, Frankfurt/M. 1973, S. 74.
36 Ibid., S. 150.
37 Adorno, Ges. Schr. 1, a.a.O., S. 354.
38 Ibid., S. 344.
39 Ibid., S. 354 f.
40 Ibid., S. 355.
41 Ibid., S. 361 f.
42 Ibid., S. 362.
43 Ibid., S. 363.
44 Vgl. etwa Ernesto Grassi, Die Theorie des Schönen in der Antike, Köln 1980, S. 162 ff.
45 Adorno, Ges. Schr. 1, a.a.O., S. 363.
46 Ibid., S. 364.
47 Ibid.
48 Ibid., S. 365.
49 Ibid.
50 Th.W. Adorno, Philosophie der neuen Musik, Frankfurt/M. 1974, S. 116.
51 Adorno, Negative Dialektik, a.a.O., S. 351 f.
52 Ibid., S. 352.
53 Vgl. Friedemann Grenz, Die Idee der Naturgeschichte. Zu einem frühen, unbekannten Text Adornos. In.: Natur und Geschichte. X. Deutscher Kongreß für Philosophie, hrsg. v. K. Hübner u. a. Menne, Hamburg 1973, S. 348.
54 Vgl. etwa Adornos Kritik der Wissenssoziologie, in: Das Bewußtsein der Wissenssoziologie. In: ders., Gesellschaftstheorie und Kulturkritik, Frankfurt/M. 1981, S. 136 ff.
55 Wolf Lepenies, Das Ende der Naturgeschichte. Wandel kultureller Selbstverständlichkeiten in den Wissenschaften des 18. und 19. Jahrhunderts, Frankfurt/M. 1978.
56 Adorno, Ges. Schr. 1, a.a.O., S. 362.
57 Lepenies, a.a.O., S. 16 ff.
58 Ibid., S. 30 ff.
59 I. Kant, Werke, Bd. 10, Darmstadt 1968, A. 41. Vgl. dazu Lepenies, a.a.O., S. 37 ff.

60 G.W.F. Schelling, Schriften zur Naturphilosophie, München 1927. S. 588, zit. nach: Lepenies, a.a.O., S. 40.
61 Vgl. vor allem die Kapitel 5.II. und 7.I. in M. Foucaults »Die Ordnung der Dinge«, Frankfurt/M. 1980, S. 168 ff u. 269 ff.
62 Adorno, Ges. Schr. 1, a.a.O., S. 326.
63 J. Habermas, Die Philosophie als Platzhalter und Interpret, in: ders., Moralbewußtsein und kommunikatives Handeln, Frankfurt/M. 1983, S. 9 ff.
64 Lepenies, a.a.O., S. 115 ff.
65 Ibid., S. 117.
66 Ibid., S. 122.
67 Adorno, Ges. Schr. 1, a.a.O., S. 327.
68 R. Rorty, Der Spiegel der Natur, Frankfurt/M. 1981, S. 421 ff.
69 Zur philosophischen Rekonstruktion des Geltungsbegriffs vgl. J. Habermas, Erkenntnis und Interesse, Frankfurt/M. 1968, S. 382 ff.
Habermas unterscheidet zwischen der Objektivität einer Erfahrung als »Sinn der Geltung« und »der Wahrheit einer in Diskursen behaupteten Proposition« als Geltungsanspruch. Den Zerfall idealistischer Systeme hatte Adorno in diesem Sinne als Verlust ihrer Objektivität, ihres Geltungssinns aufgefaßt. Doch unmittelbarer als für Habermas bedeutet für Adorno der Objektivitätsverlust (des Idealismus) auch einen Wahrheitsverlust seines Geltungsanspruchs. Über die Wahrheit eines Geltungsanspruchs läßt sich, Adorno zufolge, nicht unabhängig vom Geltungssinn, der vielfältig historisch und gesellschaftlich vermittelten Objektivität, urteilen. Wahrheit ist nichts Außerzeitliches, sondern historisch, sie hat einen »Zeitkern«, wie Adorno im Anschluß an Benjamin sagt (vgl. Adorno, Eingriffe, Frankfurt/M. 1974, S. 26); doch geht sie in keinerlei metaphysischem oder ontologischem Sinn in der Zeit oder im Geschichtsprozeß auf: »Denn wahr ist nur, was nicht in diese Welt paßt.« (Adorno, Ästhetische Theorie, Frankfurt/M. 1973, S. 93).
70 Adorno, Ges. Schr. 1, a.a.O., S. 356. Auf Adornos Konzept der »zweiten Natur« gehe ich in 1.III. näher ein.
71 G. Lukács, Die Theorie des Romans, Darmstadt 1971, S. 53 ff.
72 Ibid., S. 55.
73 Adorno, Ges. Schr. 1, a.a.O., S. 357.
74 Georg Lukács, Werke, Bd. 2, Neuwied 1968, S. 257 ff. Ich vernachlässige hier die Weiterentwicklung der Verdinglichungsthese in den späteren Schriften Lukács', weil sie für Adornos Naturgeschichtskonzeption nicht unmittelbar relevant geworden ist (vgl. dazu J. Habermas, Theorie des kommunkativen Handelns, Bd. 1, Frankfurt/M. 1981, S. 474 ff.).
75 Georg Lukács, Geschichte und Klassenbewußtsein, Darmstadt 1968, S. 325.
76 Lukács, Die Theorie des Romans, a.a.O., S. 27.
77 Ibid., S. 25.
78 Ibid., S. 29.
79 Ibid., S. 31.
80 Ibid., S. 41.
81 Ibid., S. 60.

82 Ibid., S. 99.
83 Ibid., S. 131.
84 Ibid., S. 136.
85 Ibid., S. 137.
86 Ibid., S. 61.
87 Ibid.
88 Adorno, Ges. Schr. 1, a.a.O., S. 363.
89 »Das Wagnersche Werk legt Zeugnis ab von der Frühzeit des bürgerlichen Verfalls«, sagt Adorno im »Versuch über Wagner«, Frankfurt/M. 1974, S. 141.
90 Arnold Schönberg, Harmonielehre, Wien 1922, S. 3 f.
91 Was Schönberg unter »musikalischem Zusammenhang«, seiner wichtigsten Formkategorie, versteht, erklärt er wie folgt: »Ich möchte Gedanken mit Gedanken verbinden. ... Mit anderen Worten, eine Überleitung, eine Codetta, eine Durchführung etc. sollte nicht als etwas gelten, das nur um seiner selbst willen da ist. Sie sollte überhaupt nicht erscheinen, wenn sie den Gedanken des Stücks nicht entwickelt, modifiziert, intensiviert, klärt, beleuchtet oder belebt.« (Schönberg, Stil und Gedanke, in: ders., Gesammelte Schriften, Bd. I, Frankfurt/M. 1976, S. 43). Adornos Ideal eines geistig vollkommen durchgearbeiteten Kunstwerks hat seinen Ursprung in Schönbergs Idee der »entwickelnden Variation«, der Gestaltung einer immanenten musikalischen Logik durch die variative Ableitung aller Einzelmomente aus einem grundlegenden Thema oder Motiv. Dies Verfahren wandte der Komponist Joseph Haydn erstmalig an in seinen Streichquartetten op. 33.
92 Das Transitorische der Musik, ihr Zeitcharakter, wird in der Geschichte von nahezu allen Musikästhetikern erkannt, doch sehr unterschiedlich bewertet. Noch Kant nimmt an ihrem vorübergehenden Wesen Anstoß, weil er darin ein bloßes Empfindungsspiel und einen »Mangel an Urbanität« wahrnimmt (Kant, Kritik der Urteilskraft, Frankfurt/M. 1977, A 217/8). Erst spät, namentlich bei Schopenhauer, setzt sich eine wohlwollende bis emphatische Beurteilung des dynamisch-zeitlichen Charakters der Musik durch (vgl. Ulrich Müller, Der Begriff des Werks in den Musikphilosophien von Kant bis Hegel, unveröff. Staatsexamensarbeit, Hannover 1981).
93 Th.W. Adorno, Strawinsky. Ein dialektisches Bild, in: ders., Gesammelte Schriften, Bd. 16, Frankfurt/M. 1978, S. 386 f.
94 Ibid.
95 Adorno, Philosophie der neuen Musik, a.a.O., S. 35.
96 Lukács, Theorie des Romans, a.a.O., S. 48 f.
97 Ibid., S. 47.
98 Ibid., S. 55.
99 Adorno, Ges. Schr. 1, a.a.O., S. 362.
100 Ibid., S. 357.
101 W. Benjamin, Ursprung des deutschen Trauerspiels, Frankfurt/M. 1974.
102 Adorno, Ges. Schr. 1, a.a.O., S. 357 ff.
103 Benjamin, Ursprung ..., a.a.O., S. 139.

104 J.-W. v. Goethe, Sämtliche Werke. Jubiläums-Ausgabe. Hrsg. (u.a.) v. E. von der Hellen, Stuttgart/Berlin o.J., Bd. 38: Schriften zur Literatur 3, S. 261 (Maximen und Reflexionen), zit. nach: Benjamin, ibid., S. 140.
105 Schopenhauer, Die Welt als Wille und Vorstellung, Zürich 1977, Bd. I, S. 317, zit. nach: Benjamin, ibid., S. 140.
106 Benjamin, ibid., S. 106.
107 Adorno, Ges. Schr. 1, a.a.O., S. 353.
108 Benjamin, Ursprung ..., a.a.O., S. 141.
109 W. Benjamin, Gesammelte Schriften II.1., Frankfurt/M. 1980, S. 140 ff.
110 Ibid., S. 110.
111 Ibid., S. 148.
112 Ibid., S. 151.
113 Ibid., S. 147.
114 Ibid., S. 140 f.
115 Ibid., S. 153.
116 Ibid.
117 Ibid., S. 155.
118 Ibid.
119 W. Benjamin, Illuminationen. Ausgewählte Schriften, Frankfurt/M. 1980, S. 50 ff.
120 Ibid., S. 60.
121 Ibid.
122 Ibid., S. 59.
123 Benjamin, Ges. Schr. II.1., a.a.O., S. 155.
124 Benjamin, Illuminationen, a.a.O., S. 51 u. 59.
125 Benjamin, Ges. Schr. II.1., a.a.O., S. 155.
126 Benjamin, Ursprung ..., a.a.O., S. 155 f.
127 Vgl. Winfried Menninghaus, Walter Benjamins Theorie der Sprachmagie, Frankfurt/M. 1980.
128 Benjamin, Ursprung ..., a.a.O., S. 145.
129 Vgl. Krista R. Greffrath, Metaphorischer Materialismus. Untersuchungen zum Geschichtsbegriff Walter Benjamins, München 1981, S. 120.
130 Adorno, Ges. Schr. 1, a.a.O., S. 358.
131 Benjamin, Ursprung ..., a.a.O., S. 153.
132 Indem Benjamin den Begriff des »Urphänomens«, der bei Goethe noch der Natur vorbehalten war, durch den Schriftcharakter der Allegorie in die Geschichte transponiert, intendiert er ein Ähnliches wie Georg Simmel, dem der Begriff für die Konvergenz zwischen Zeitlichem und Zeitlosem einsteht: »Wir stellen gewöhnlich das allgemeine Gesetz der Dinge als irgendwie außerhalb der Dinge gelegen vor: teils objektiv, indem seine zeit- und raumlose Gültigkeit es von dem Zufall seiner materialen Verwirklichung in Zeit und Raum unabhängig macht, teils subjektiv, indem es ausschließlich Sache des Denkens ist und unseren sinnlichen Energien, die immer nur das Einzelne, niemals das Allgemeine wahrnehmen können, sich nicht darstellt. Diese Gesamtheit will der Begriff des Urphänomens überwinden: es ist das zeitlose Gesetz selbst in zeitlicher

Anschauung, das unmittelbar in Einzelform sich offenbarende Allgemeine.« (Simmel, Goethe, Leipzig 1923, S. 57).
133 Adorno, Ges. Schr. 1,a.a.O., S. 360.
134 Ibid.
135 Karl Heinz Haag, Der Fortschritt in der Philosophie, Frankfurt/M. 1983, S. 160 ff.
136 Vgl. die vorzügliche Studie von Susan Buck-Morss, »The Origin of Negative Dialectics«, New York/London 1977, die den vielfältigen Einflüssen, die die Geschichte des Frankfurter Instituts für Sozialforschung geprägt haben, nachgeht und diese historisch präzise rekonstruiert.
137 I. Kant, Kritik der reinen Vernunft, Frankfurt/M. 1974, Vorrede zur ersten Auflage, A XII.
138 Th.W. Adorno, Eingriffe, Frankfurt/M. 1974, S. 14.
139 Adorno, Negative Dialektik, a.a.O., S. 374 ff.
140 Am prägnantesten tritt die Kant-Identifizierung auf in »Kritik«, »Resignation«, beide von 1969 (in: Kritik. Kleine Schrift zur Gesellschaft, Frankfurt/M. 1971, S. 10-19 u. 145-150), sowie in »Anmerkungen zum philosophischen Denken« (1964) und »Zu Subjekt und Objekt« (1969), beide in: Stichworte. Kritische Modelle 2, Frankfurt/M. 1969, S. 11-19 u. 151-168.
141 Adorno, Negative Dialektik, a.a.O., S. 295 ff.
142 Ibid. S. 347.
143 K. Marx, Das Kapital, Bd. 1, Berlin 1979, S. 16.
144 Ibid., S. 15.
145 K. Marx, Grundrisse der Kritik der Politischen Ökonomie, Berlin 1953, S. 594.
146 K. Marx, Zur Kritik der Politischen Ökonomie, Berlin 1958, S. 30.
147 Marx, Das Kapital, a.a.O., S. 60.
148 Ibid., S. 54.
149 Ibid., S. 535.
150 Adorno, Negative Dialektik, a.a.O., S. 348.
151 Marx, Das Kapital, a.a.O., S. 649.
152 Adorno, Negative Dialektik, a.a.O., S. 348.
153 Vgl. J. Habermas, Erkenntnis und Interesse, Frankfurt/M. 1977, S. 47 ff.
154 K. Marx, Deutsche Ideologie, in: Marx/Engels, Werke, Bd. 3, Berlin 1959, S. 44.
155 K. Marx, Briefe an Kugelmann, Berlin 1952, S. 67, zit. nach: Habermas, Erkenntnis..., a.a.O., S. 51.
156 Marx, Grundrisse, a.a.O., S. 265.
157 Ibid.
158 K.H. Haag, a.a.O., S. 100 ff.
159 Adorno, Negative Dialektik, a.a.O., S. 349.
160 Ibid., S. 348.
161 Marx, Das Kapital, a.a.O., S. 49 ff.
162 Vgl. J. Habermas, Theorie des kommunikativen Handelns, Bd. 1, Frankfurt/M. 1981, S. 477.
163 Adorno, Ges. Schr. 1, a.a.O., S. 365.

164 M. Horkheimer/Th.W. Adorno, Dialektik der Aufklärung, Frankfurt/M. 1969, S. 5.
165 Adorno, Negative Dialektik, a.a.O., S. 348/9.
166 K. Marx, Ökonomisch-philosophische Manuskripte, Berlin 1968, S. 536.
167 Adorno, Negative Dialektik, a.a.O., S. 348.
168 Vgl. ibid.
169 Th.W. Adorno, Spätkapitalismus oder Industriegesellschaft?, in: Gesellschaftstheorie und Kulturkritik, Frankfurt/M. 1981, S. 172.
170 Ibid., S. 173.
171 Th. W. Adorno, Gesellschaft, in: Soziologische Schriften I., Frankfurt/M. 1972, S. 17.
172 Adorno, Negative Dialektik, a.a.O., S. 348.
173 Ibid., S. 351.
174 F. Nietzsche, Werke, Bd. I., hrsg. v. K. Schlechta, Frankfurt/M. 1979, S. 214.
175 Ibid., S. 219.
176 Ibid., S. 218.
177 Ibid.
178 Adorno, Ges. Schr. 1, a.a.O., S. 359.
179 Nietzsche, Werke I, a.a.O., S. 229.
180 Ibid., S. 230.
181 Ibid., S. 229.
182 Ibid.
183 Adorno, Ges. Schr. 1, a.a.O., S. 354.
184 Nietzsche, Werke I, a.a.O., S. 284.
185 Es ist klar, daß Nietzsche und Adorno jeweils Unterschiedliches mit dem Begriff des Unhistorischen bzw. der Natur verbinden, was eine direkte Parallelisierung beider Verhältnisse von Natur und Geschichte verbietet. Doch es geht mir in diesem Zusammenhang lediglich um die Weise der Begrenzung, der »Kritik« des Historischen bei beiden.
186 Nietzsche, Werke I., a.a.O., S. 230.
187 Ibid.
188 Ibid.
189 Adorno, Ges. Schr. 1, a.a.O., S. 359.
190 Vgl. Wolfgang Lange, Tod ist bei Göttern immer nur ein Vorurteil. Zum Komplex des Mythos bei Nietzsche, in: Mythos und Moderne, hrsg. v. K.H. Bohrer, Frankfurt/M. 1983, S. 111 ff.
191 Bernhard Lypp, Über drei verschiedene Arten Geschichte zu schreiben. Bemerkungen zur Logik historischen Diskurses im Hinblick auf Nietzsche, in: Literaturmagazin, Bd. 12, Reinbek b. Hamburg 1980, S. 301.
192 Nietzsche, Werke I. a.a.O., S. 250.
193 Vgl. J. Habermas, Die Verschlingung von Mythos und Aufklärung. Bemerkungen zur Dialektik der Aufklärung - nach einer erneuten Lektüre, in: Mythos und Moderne, a.a.O., S. 422 ff.
194 Horkheimer/Adorno, a.a.O., S. 55.

195 Nietzsches Machttheorie ist zwar auch in der hier zugrunde gelegten Historienschrift schon angelegt; entfaltet wird sie aber erst in den späteren Schriften, insbesondere im »Zarathustra« und im Nachlaßwerk.
196 Horkheimer/Adorno, a.a.O., S. 41.
197 Habermas, Die Verschlingung ..., a.a.O., S. 426.
198 In diesem Punkt kann ich Theunissen durchaus zustimmen: »Allein, so wenig negative Dialektik Geschichtsphilosophie *ist*, so wenig *ist* sie Metaphysik. Nicht bloß darum, weil sie auf Antworten verzichtet. Sondern vor allem deshalb, weil sie Metaphysik *aufhebt*.« Allerdings würde ich für »aufheben« (zugunsten eines theologischen Fluchtpunkts) lieber »transponieren« (ins Negative) sagen. Das weitere muß der Verlauf der Untersuchungen zeigen. Vgl. M. Theunissen, Negativität bei Adorno, in: Adorno-Konferenz 1983, hrsg. v. L.v. Friedeburg u. J. Habermas, Frankfurt/M. 1983, S. 41 ff.
199 Adorno, Resignation, a.a.O., S. 145 ff.
200 Adorno, Kritik, a.a.O., S..19.
201 Adorno, Ges. Schr. 1, a.a.O., S. 364.
202 Adorno, Negative Dialektik, a.a.O., S. 295 ff.
203 Adorno, Ges. Schr. 1, a.a.O., S. 362.
204 Adorno, Negative Dialektik, a.a.O., S. 314.
205 Ibid.
206 Ibid.
207 Indem Adorno am Anspruch, das Ganze zu *denken*, festhält, bleibt er - jedoch negativer! - Hegelianer.
208 Adorno, Negative Dialektik, a.a.O., S. 310.
209 Ibid., S. 343.
210 Vgl. Kap. 3.III.2.
211 Das ist die mit Adornos negativer Metaphysik unlösbar verknüpfte positive Prämisse. Zur Frage ihrer Plausibilität vgl. M. Theunissen, Negativität bei Adorno, a..a.O., S. 50 ff.
212 Hegel, Phänomenologie ..., a.a.O., S. 82 ff.
213 Adorno, Negative Dialektik, a.a.O., S. 343.
214 Friedemann Grenz, Adornos Philosophie in Grundbegriffen, Frankfurt/M. 1975, S. 64.
215 Adorno, Ges. Schr. 1, a.a.O., S. 344.
216 Grenz, Adornos Philosophie ..., a.a.O., S. 74.
217 Adorno, Ges. Schr. 1, a.a.O., S. 365.
218 Ibid., S. 364 f.
219 G.W.F. Hegel, System der Philosophie, 2. Teil, WWIX, ed. Glockner, Stuttgart 1928, S. 49.
220 G.W.F. Hegel, Wissenschaft der Logik, 2. Teil, ed. Lasson, Hamburg 1975, S. 3.
221 Hegel, Phänomenologie ..., a.a.O., S. 591.
222 M. Theunissen, Sein und Schein, a.a.O., S. 32.
223 Hegel, Phänomenologie ..., a.a.O., S. 590.
224 Hegel, Wissenschaft der Logik, 2. Teil, a.a.O., S. 505.
225 Hegel, Phänomenologie ..., a.a.O., S. 591.

226 Benjamin, Ursprung ..., a.a.O., S. 155.
227 Adorno, Ges. Schr. 1, a.a.O., S. 360.
228 Hegel, Phänomenologie ..., a.a.O., S. 590.
229 Adorno, Ges. Schr. 1, a.a.O., S. 364.
230 Hegel, Phänomenologie ...,a.a.O., s. 590.
231 Adorno, Negative Dialektik, a.a.O., S. 343.
232 Vgl. M. Theunissen, Begriff und Realität. Hegels Aufhebung des metaphysischen Wahrheitsbegriffes, in: Seminar: Dialektik in der Philosophie Hegels, Frankfurt/M. 1978, S. 351.
233 Vgl. die von Fr. Grenz notierten Stellen zum Begriff der zweiten Natur, in: ders., Adornos Philosophie ..., a.a.O., S. 72 f.
234 Adorno, Ges. Schr. 1, a.a.O., S. 364.
235 Ibid., S. 362.
236 Susan Buck-Morss weist darauf hin, daß es für Adornos Begriffsbildung typisch ist, zwei oppositionelle Bedeutungen in einem Begriff zu kontaminieren, mit der Absicht, so das Antagonistische der Gesellschaftsstruktur auszudrücken. Entsprechend verfährt er z.B. mit den Konzeptionen von »Identität« und »Individuum«. Vgl. Buck-Morss, a.a.O., S. 57 ff.
237 Vgl. Fr. Grenz, Adornos Philosophie ..., a.a.O., S. 70.
238 Adorno, Ges. Schr. 1, a.a.O., S. 364.
239 Adorno faßt den Begriff als »problematischen« auf, er spricht von dem »Problem der Versöhnung von Natur und Geschichte«, in: Ges. Schr. 1, a.a.O., S. 351. In der »Negativen Dialektik« heißt »Versöhnung von Geist und Natur« ein »Phantasma« der Vernunft. Das kommt dem Status der Kantischen »Idee« als eines »indemonstrablen« Vernunftbegriffs, der zu keiner Gegenstandserkenntnis taugt, sehr nahe; vgl. I. Kant, Kritik der reinen Vernunft, ed. Weischedel, Frankfurt/M. 1974, B. 595 f.
240 Adorno, Ges. Schr. 1, a.a.O., S. 325.
241 Ibid., S. 344.
242 Ibid., S. 359
243 Ibid., S. 357
244 Ibid., S. 358.
245 Das Element des Natürlichen, welches im Geschichtlichen vergeht, heißt bei Benjamin das »Urgeschichtliche« und ist kaum von dem zu unterscheiden, was er »Ursprung«, »Urbild« oder auch »Naturgeschichte« nennt. Damit ist nicht ein einzelnes historisches Ereignis gemeint, das die Quelle für alles Folgende darstellt, sondern vielmehr eine spezifisch archetypische Konstellation von Ereignissen, die selbst einer historischen Bewegung, einer »Rhythmik«, unterliegt; vgl. Benjamins eigene Definition im Trauerspielbuch, a.a.O., S. 28. Rolf Tiedemann bezieht den Begriff der Naturgeschichte derart, daß mit ihm Adornos von Benjamin adaptierte Idee der Vergänglichkeit bezeichnet ist; daß »Naturgeschichte schließlich immer die Beziehung betrifft, in welcher Lebendiges zum Tode steht«; vgl. ders., Studien zur Philosophie Walter Benjamins, Frankfurt 1973, s. 162.

246 Weder W.M. Lüdke in »Anmerkungen zu einer Logik des Zerfalls: Adorno - Beckett« (Frankfurt 1981, S. 85 ff.) noch J.F. Schmucker in »Adorno - Logik des Zerfalls« (Stuttgart 1977) beziehen Adornos Zerfallsidee auf den meines Erachtens modellhaften Text »Die Aktualität der Philosophie« zurück, in dem Adorno diese Idee erstmals verifiziert in seiner Kritik am Autonomie- und Totalitätsanspruch abstrakt-identifizierenden idealistischen Denken, vgl. dazu Abschnitt I dieses Kapitels.
247 Adorno, Ges. Schr. 1, a.a.O., S. 331.
248 Adorno, Negative Dialektik, a.a.O., S. 353.
249 Vgl. Kap. 1.II.2.
250 Lothar Düver weist in diesem Zusammenhang auf eine interessante methodologische Übereinstimmung der Geschichtskonzeption Adornos mit derjenigen Kants hin. Kant hat in seiner Schrift »Der Streit der Fakultäten« (Kant, Werkausgabe Bd. XI, ed. Weischedel, Frankfurt/M. 1968, S. 357) die Theorie des »Geschichtszeichens« entwickelt, mit dessen Hilfe eine Gesamttendenz historischer Entwicklung rememoriert, demonstriert oder prognostiziert werden kann. Während die französische Revolution für Kant ein solches Zeichen darstellt, kann Auschwitz bei Adorno als Äquivalent gelten. Aus der bloß probabilistischen Aussagekraft, die beide Philosophen dem Geschichtszeichen, den Spuren eines Zukünftigen, einräumen, ziehen beide die Konsequenz, aus erkenntniskritischen Gründen lediglich Vermutungen (Kant: »Mutmaßungen«) über den Anfang und das Ziel der Geschichte zu äußern. Die zentrale Gemeinsamkeit ihrer Geschichtsauffassungen ist die Lehre eines Nichtentsprechungsverhältnisses von Vernunft und Wirklichkeit, das jedoch von der utopischen *Idee* einer vernünftigen Realisierung der Geschichte begleitet wird. Sie ermöglicht es beiden, sowohl der Gefahr einer positivistischen als auch der einer spekulativ-dogmatischen Geschichtstheorie zu entgehen; vgl. L. Düver, Th.W. Adorno. Der Wissenschaftsbegriff der Kritischen Theorie in seinem Werk, Bonn 1978, S. 154 ff.
251 Reinhard Koselleck, Darstellung, Ereignis und Struktur, in: Gerhart Schulz, (Hrsg.), Geschichte heute, München 1973, S. 312. Der geschichtstheoretische Ansatz Kosellecks, der auf ein fruchtbares Wechselverhältnis von Theorie und Empirie, mithin auf eine Konkretisierung des transzendentalen Gedankens geht, dürfte auch einem kritisch rezipierten Adornoschen Geschichtsverständnis nahe kommen, vgl. auch ders., Vergangene Zukunft. Zur Semantik geschichtlicher Zeiten, Frankfurt/M. 1979.
252 Vgl. Alfred Schmidt, Die Kritische Theorie als Geschichtsphilosophie, München/Wien 1976, S. 92.
253 Th.W. Adorno, Gesammelte Schriften, Bd. 17, Frankfurt/M. 1982, S. 133 ff.
254 Vgl. Helmut Dubiel, Wissenschaftsorganisation und politische Erfahrung, Frankfurt/M. 1978, Teil A.
255 Th.W. Adorno, Fortschritt, in: Stichworte. Kritische Modelle 2, Frankfurt/M. 1978, S. 37.
256 Ibid., S. 39.

257 I. Kant, Erste Fassung der Einleitung in die Kritik der Urteilskraft, in: Werkausgabe, Bd. IX, a.a.O., S. 191.
258 Ibid., S. 190.
259 Wenngleich auch bei Kant die regulative Idee einer systematischen Einheit der Vernunfterkenntnisse unvermeidlich dialektischen Schein zur Folge hat, so wird doch von Dialektik kein positiver Gebrauch gemacht: Zwar vermag sie »den Schein transzendenter Urteile aufzudecken«, aber nicht zu beseitigen, er bleibt eine »Illusion«. Dialektik erfüllt die kathartische Funktion einer logischen Kritik transzendentalen Scheins, kann hingegen nie die kritische Logik dieses Scheins sein. Vgl. Kant, Kritik der reinen Vernunft, a.a.O., sowie Logik, Einl. II. u. IV, in: Werkausgabe, Bd. V, a.a.O., S. 438 f. (A 10 ff.) u. S. 450 ff (A 29 ff.).
260 Adorno, Negative Dialektik, a.a.O., S. 22.
261 Vgl. ibid., S. 18-21 (»Realität und Dialektik«). Damit widerspreche ich Herbert Schnädelbach, der Adorno dem Vorwurf einer holistischen Ontologie aussetzt, der angesichts der von Adorno geforderten selbstkritischen Aufhebung des Absolutheitsanspruchs dialektischen Denkens gar nicht notwendig ist. Ebenso widerspricht er Adornos eigenem Dialektikverständnis: »Dialektik als Verfahren heißt, *um* des einmal an der Sache erfahrenen Widerspruches *willen* und *gegen* ihn in Widersprüchen zu denken. Widerspruch in der Realität, ist sie Widerspruch *gegen* diese.« Ibid., S. 148 (Hervorhebungen von mir). Vgl. auch Schnädelbach. Dialektik als Vernunftkritik. Zur Konstruktion des Rationalen bei Adorno, in: Adorno-Konferenz 1983, a.a.O., S. 66 ff. Schnädelbach hat jedoch recht, wenn er hervorhebt, daß Adorno nicht die nötigen Konsequenzen aus den eigenen kritischen Ansprüchen gezogen hat.
272 Adorno, ibid., S. 397.

Zweites Kapitel

1 Adorno, Ges. Schr. 1, a.a.O., S. 354 f.
2 I. Kant, Kritik der reinen Vernunft, ed. Weischedel, Frankfurt/M. 1968, B 383, S. 331.
3 Ibid., B. 672, S. 565.
4 Adorno, Ges. Schr. 1, a.a.O., S. 358.
5 Ibid., S. 355.
6 Während die Ideen Kants nie »an sich selbst dialektisch sein« können und nur durch ihren konstitutiven Mißbrauch einen täuschenden Schein zeitigen (Kritik der reinen Vernunft, B 697), sind die Ideen Natur und Geschichte bei Adorno als solche scheinhaft und dialektisch strukturiert.
7 Adorno, Ges. Schr. 1, a.a.O., S. 360.
8 Ibid., S. 334.
9 Ibid.
10 Ibid. Ausgehend von Kants wiederholt vorgenommenen Vergleichen zwischen Erkennen und Lesen (vgl. etwa Kritik der reinen Vernunft, A 314 und B 370 f.) erscheint es durchaus denkbar, Adornos quasi-hermeneutisches Programm

philosophischer Deutung auch in systematischer Hinsicht noch direkter auf die Transzendentaltheorie rückzubeziehen, als es in unserer folgenden historischen Rekonstruktion dieses Programms unter Zuhilfenahme der Bezugspositionen Platons und Benjamins möglich ist. Ein entsprechender systematischer Vergleich könnte seinen Ausgang nehmen von der sehr instruktiven Kant-Auslegung von Gerold Prauss, die das Bestimmen von Erscheinungen bei Kant als einen Vorgang des Buchstabierens, Lesens und Deutens begreift; vgl. ders., Erscheinung bei Kant. Ein Problem der »Kritik der reinen Vernunft«, Berlin 1971, vor allem § 3, S. 38 ff.

11 Adorno, ibid., S. 335.
12 In der »Negativen Dialektik« spricht Adorno nur noch von Begriffskonstellationen und Sachkonstellationen. Ich werde in 2.III. zu zeigen versuchen, daß seine Theorie darin wesentlich dem späten Platon verpflichtet ist, dessen Gedanken einer sprachanalog entwickelten Verbundenheit mehrerer Ideen (im »Sophistes«) Adorno konkretisiert und naturalisiert.
13 Vgl. z.B. Adorno, Negative Dialektik, a.a.O., S. 165f.: »Erkenntnis des Gegenstands in seiner Konstellation ist die des (geschichtlichen - U.M.) Prozesses, den er in sich aufgespeichert.« Oder: »Metaphysik wäre »möglich allein als lesbare Konstellation von Seiendem. Von diesem empfinge sie den Stoff, ohne den sie nicht wäre, verklärte aber nicht das Dasein ihrer Elemente, sondern brächte sie zu einer Konfiguration, in der die Elemente zur Schrift zusammentreten.« Ibid., S. 399.
14 Adorno, Ges. Schr. 1, a.a.O., S. 337.
15 Platon, Staat, 516 d - 518 a. Platons Werke werden im folgenden zitiert nach der Lizenzausgabe des Artemis-Verlages, Zürich 1958, in der Übertragung von Rudolf Rufener.
16 Platon, Parmenides, 134 e - 135 c.
17 Platon, Phaidon, 65 a - 67 b.
18 Adorno, Ges. Schr. 1, a.a.O., S. 335.
19 In diesem Fall ist das »Rätsel« des Seienden gelöst und die *Frage* nach seiner Bedeutung verschwunden; vgl. ibid., S. 335.
20 Platon, Phaidon, 78 b - 79 d.
21 Platon, Phaidros, 246 a - 250 e.
22 Platon, Staat, 479 e - 480 a.
23 Platon, Timaios, 27 d und 51 d ff.
24 Vgl. Platon, Parmenides, 130 e - 131 e.
25 A.N. Whitehead und B. Russel, Principia Mathematica, Cambridge 1950, I, S. 91.
26 Dazu und für das folgende vgl. H.-G. Gadamer, Wahrheit und Methode, Tübingen 1975, S. 404 ff.
27 Platon, 7. Brief, 341 c, 344 c und Phaidros, 275 a-e.
28 Platon, Sophistes, 248 a - 259 e.
29 Adorno, Negative Dialektik, a.a.O., S. 9.
30 Vgl. G.W.F. Hegel, Vorlesungen über die Geschichte der Philosophie, WW 19, Frankfurt/M. 1971, S. 62 ff.

31 Vgl. für das deutliche Herausstellen einer negativen Dialektik bei Platon: Gottfried Martin, Platons Ideenlehre, Berlin/New York 1973, S. 236 ff.
32 Th.W. Adorno, Drei Studien zu Hegel, Frankfurt/M. 1963, S. 76 ff.
33 Benjamin, Ursprung ..., a.a.O., S. 16.
34 Adorn, Ges. Schr. 1, a.a.O., S. 335.
35 Benjamin, Ges. Schr., Bd. II.1., a.a.O., S. 157 f.
36 Ibid., S. 163.
37 Benjamin, Ursprung ..., a.a.O., S. 10 f.
38 Ibid, S. 11.
39 Vgl. z.B. Kant, Kritik der reinen Vernunft, a.a.O., B. 82 ff.
40 Benjamin, Ursprung ..., a.a.O., S. 12.
4» Ibid., S. 11 u. 13.
42 Adorno, Ges. Schr. 1, a.a.O., S. 343 f.
43 Benjamin, Ursprung ..., a.a.O., S. 17.
44 Ibid., S. 30.
45 Auf die Bedeutung des »Namens« in der Sprachauffassung Adornos komme ich in Kap. 4.II.1. zurück.
46 Benjamin, Ursprung ..., a.a.O., S. 16.
47 Ibid, S. 30.
48 Ibid., S. 18.
49 Adorno, Ges. Schr. 1, a.a.O., S. 336.
50 Inwiefern sich eine solche »Naturalisierung« der Erkenntnistheorie bei Adorno auf die gegenwärtig vorherrschende Tendenz zu naturalen Epistemologien, etwa bei Quine, beziehen läßt, muß in diesem Zusammenhang unerörtert bleiben. Von der Beantwortung dieser Frage dürfte u.a. auch abhängen, wie das Verhältnis von negativer Dialektik und neuerer Systemtheorie zu bestimmen wäre; vgl. dazu etwa Niklas Luhmann, Soziale Systeme. Grundriß einer allgemeinen Theorie, Frankfurt/M. 1984, Kap. 12, S. 647 ff.
51 Adornos Verhältnis zu Platon ist ambivalent und von untergründiger Kommunikation gezeichnet; zum Ausdruck kommt das in einem Satz der »Negativen Dialektik«, der Platon zwar samt der nachfolgenden Tradition dem identifizierenden, abstrakt vereinheitlichenden Denken zuordnet, andererseits aber in den Spätdialogen indirekt einen negativ-dialektischen Zug, das Aufeinanderbeziehen von Gegensätzen, ohne sie in eine widerspruchsfreie Einheit der Erkenntnis aufzulösen, einräumt: »Fraglos hat Hegel, gegen Kant, die Priorität der Synthesis eingeschränkt: er erkannte Vielheit und Einheit, beide bei Kant schon nebeneinander Kategorien, nach dem Muster der Platonischen Spätdialoge als Momente, deren keines ohne das andere sei. Gleichwohl ist Hegel, wie Kant und die gesamte Tradition, auch Platon, parteiisch für die Einheit.« (Negative Dialektik, a.a.O., S. 160.)
Näheres über Adornos Platon-Rezeption hätte man der 43. Vorlesung zur Philosophischen Terminologie (über die Ideenlehre) entnehmen können, die aber als einzige, sicher durch Zufall, nicht erhalten geblieben ist; vgl. die Anm. d. Hrsg. in: Adorno, Philosophische Terminologie, Bd. 2, Frankfurt/M. 1974, S. 280.
52 Adorno, Ges. Schr. 1, a.a.O., S. 335.

53 Adorno, Negative Dialektik, a.a.O., S. 164.
54 Ibid., S. 168.
55 Ibid., S. 165.
56 Ibid., S. 36.
57 Ibid., S. 39.
58 Ibid., S. 9.
59 Ibid., S. 40.
60 Ibid., S. 36. Die bisherigen Ausführungen sollten gezeigt haben, daß Adorno das Systematische im Denken befürwortet und seine Angriffe, wie sie sich in der ständigen kritischen »Abarbeitung« am Deutschen Idealismus dokumentieren, lediglich gegen System*wucherungen* gerichtet sind. Er steht affirmativ zu der aufklärerischen Idee, von der diese Systeme ihren Ausgang genommen haben. Das beweist die von mir zitierte Äußerung Adornos über die französischen Enzyklopädisten.
61 Adorno, Ges. Schr. 1, a.a.O., S. 341.
62 Hermann Fertig, Modelltheorie der Messung, Berlin 1977, S. 15.
63 Ibid., S. 29 ff.
64 Vgl. Historisches Wörterbuch der Philosophie, hrsg. v. J. Ritter und K. Gründer, a.a.O., Spalten 552 ff.
65 Francis Bacon, Neues Organ der Wissenschaften, übers. u. hrsg. v. A.Th. Brück, Darmstadt 1962, S. 28.
66 Ibid., S. 30.
67 Ibid., S. 77.
68 Th.W. Adorno, Noten zur Literatur, Frankfurt/M. 1981, S. 27.
69 Adorno, Ges. Schr. 1, a.a.O., S. 342.
70 Adorno, Negative Dialektik, a.a.O., S. 29.
71 Kant, Kritik der reinen Vernunft, a.a.O., B 181.
72 Ibid., B 185.
73 Ibid., B 186.
74 Adorno, Ges. Schr. 1, a.a.O., S. 343.
75 Adorno, Ges. Schr. 1, a.a.O., S. 369.
76 Vgl. Kurt Weisshaupt, Adornos Modellanalyse als Idee einer Systematik Negativer Dialektik, in: Hegel-Studien, Beiheft 17, hrsg. v. D. Henrich, Bonn 1977, S. 689.

Drittes Kapitel

1 Vgl. M. Theunissen, Negativität bei Adorno, in: Adorno-Konferenz, a.a.O., S. 41 ff. Theunissens substantialistische Interpretation versucht zu demonstrieren, daß der negativistische Holismus, den Adorno insbesondere in seiner Gesellschaftstheorie ins Spiel bringt, letztlich nur in einer theologischen Position als aufgehoben gedacht werden kann, wenn nihilistische Konsequenzen vermieden werden sollen. Ich sehe diese Alternative bei Adorno nicht und bezweifle, daß sie überhaupt eine Textbasis finden kann. Dessen unbeschadet setzt sich Theunis-

sens Konzeption aber nicht etwa deswegen ernsthaften Einwänden aus, weil sie theologische Momente enthält, sondern vielmehr deshalb, weil sie diese, statt sie offen zu refklektieren, in einem verschleiernden begriffstheoretischen Gewande vorträgt, das geeignet ist, auch ein philosophisch gebildetes Publikum über das wirklich Gemeinte zu *täuschen*. Diesem wohl kaum kritischen und wenig aufklärenden Verfahren entspricht auch Theunissens *krypto*theologische Hegel-Deutung, deren christologische Intention zwar, für sich betrachtet (sofern man sie erst einmal erkannt hat), sehr verständlich, jedoch in ihrer Projektion auf das Hegelsche Denken offensichtlich nur um den Preis einer antihegelschen Reifizierung der Reflexion zugunsten des Urteils in der Hegelschen Logik vorgenommen werden kann und eben deshalb im Grunde und im Ganzen mit Hegels Theorie gar nicht vereinbar ist, vielmehr auf einer Umformung Hegels durch Schelling zu beruhen scheint, vgl. dazu die Kritik von C. Hackenesch, Die Logik der Andersheit. Eine Untersuchung zu Hegels Begriff der Reflexion, a.a.O., S. 137 ff.

2 Th.W. Adorno, Zur Metakritik der Erkenntnistheorie, Frankfurt/M. 1970, S. 9.
3 Ibid., S. 33.
4 Ibid., S. 30.
5 Das kann natürlich nur für die Theorien gelten, die Wahrheit als »adaequatio« verstehen.
6 Noch die posthume »Ästhetische Theorie« hält daran fest, daß »diskursive Erkenntnis an die Realität heranreicht, auch an ihre Irrationalitäten ...«; Adorno, Ästhetische Theorie, Frankfurt/M. 1970, S. 35.
7 Adorno, Zur Metakritik ..., a.a.O., S. 34.
8 Ibid., S. 31.
9 Ibid., S. 47
10 Adorno, Zur Metakritik ..., a.a.O., S. 31
11 Ibid., S. 14.
12 Ibid., S. 15.
13 Kant, Kritik der reinen Vernunft, a.a.O.,B 130.
14 Adorno, Zur Metrakritik...., a.a.O., S. 32
15 Kant, Kritik der reinen Vernunft, a.a.O., Vorrede zur zweiten Aufl., B XX.
16 Ibid., B. 537.
17 Ibid., B. 146.
18 Ibid., B. 132.
19 Ibid., B. 200.
20 Adorno, Zur Metakritik..., a.a.O., S. 20.
21 Kant, Kritik der reinen Vernunft, a.a.O., B 221 ff.
22 Adorno, Zur Metakritik..., a.a.O., S. 34 f.
23 Kant, Kritik der reinen Vernunft, a.a.O., B 316 ff.
24 Kant, Kritik der Urteilskraft, a.a.O., Abschn. V. der 1. Fassung der Einleitung.
25 «Wir haben in der transzendentalen Analytik unter den Grundsätzen des Verstandes die *dynamische*, als bloß regulative Prinzipien der *Anschauung*, von den *mathematischen*, die in Ansehung der letzteren konstitutiv sind, unterschieden. Diesem ungeachtet sind gedachte dynamische Gesetze allerdings konstitutiv in Ansehung der *Erfahrung*, indem sie die *Begriffe*, ohne welche keine

Erfahrung stattfindet, a priori möglich machen.« Kant, Kritik der reinen Vernunft, a.a.O., B 692.
26 Es ist das Verdienst der Kant-Interpretation von Georg Picht, die mögliche fundamentale Bedeutung der dritten für die erste Kritik überzeugend herausgestellt zu haben. Vgl. ders., Die Einheit von Kants Kritik der Vernunft und ihre transzendentale Grundlegung in der Kritik der Urteilskraft, in: ders., Hier und Jetzt, Bd. I, Stuttgart 1980.
27 »Als Möglichkeit des Subjekts ist der intelligible Charakter wie die Freiheit ein Werdendes, kein Seiendes.« Adorno, Negative Dialektik, a.a.O., S. 293 f.
28 Die prägnantesten sind: »Der Begriff des Intelligiblen ist weder einer von Realem noch einer von Imaginärem. Vielmehr aporetisch.« Und: »Der Begriff des intelligiblen Bereichs wäre der von etwas, was nicht ist und doch nicht nur nicht ist.« (Vgl. Adorno, ibid., S. 384 u. 385). Meines Erachtens muß man hier übersetzen: Das Intelligible ist nicht wirklich, soll es aber sein. Es ist nur Idee, die gleichwohl als erkenntnisleitende die Anweisung zu ihrer Verwirklichung impliziert. Daß es auch »ist«, kann nur bedeuten, daß es nicht nur als ein *generell* Mögliches vorgestellt werden soll, sondern daß seine Existenz als mit der gegenständlichen Welt vereinbar soll gedacht werden können.
29 Adorno, Zur Metakritik..., a.a.O., S. 32.
30 Vgl. Rorty, a.a.O., S. 158 ff. Im Unterschied zu Rorty ist Adorno der Meinung, daß diese Vertrauenskrise und die Gründe, die zu ihr geführt haben, nicht nur die Epoche Descartes geprägt haben, sondern auch noch für die Gegenwart konstitutiv sind. Daraus ergibt sich auch die gegenwärtige Relevanz der Erkenntnistheorie, verstanden als Erkenntniskritik.
31 Adorno, Zur Metakritik..., a.a.O., S. 34.
32 Das Faktum, daß die Kantischen Bewußtseinsformen in der Zeit zur Anwendung kommen müssen, ist das entscheidende Argument Adornos gegen ihren apriorischen Status: »Durch Tätigkeit ... hat der Geist teil an der Genesis...«; vgl. Negative Dialektik, a.a.O., S. 201.
33 M. Horkheimer/Th. W. Adorno, Dialektik der Aufklärung, Frankfurt/M. 1969.
34 Habermas, Die Verschlingung ..., a.a.O., S. 405 ff.
35 Horkheimer/Adorno, a.a.O., S. 41.
36 Adorno, Ges. Schr. 1, a.a.O., S. 333.
37 Adorno, Negative Dialektik, a.a.O., S. 194.
38 Ibid., S. 50.
39 Th. W. Adorno, Minima Moralia, Frankfurt/M. 1982, S. 308.
40 Ibid., S. 310.
41 Adorno, Negative Dialektik, a.a.O., S. 294.
42 Vgl. Dieter Henrich, Selbstverhältnisse, Stuttgart 1982, S. 109 ff.
43 Für das folgende vgl. Adorno, Stichworte. Kritische Modelle 2, Frankfurt/M. 1969, S. 151 ff.
44 Anders als Carl Braun in seiner zugleich vernichtenden und unfruchtbaren Adorno-Kritik (vgl. ders., Kritische Theorie versus Kritizismus, Berlin 1983, Kant-Studien, Ergänzungs-Heft 115) braucht Adorno die Begriffe »Ding an sich« und »Affektion« nicht als »Unwissenheitsausdrücke« im Kantischen System zu

deklassieren (S. 74). Das Einbeziehen des historischen Kontexts der »Kritik der reinen Vernunft« ermöglicht es ihm, diese Begriffe als Ausdruck einer tiefen Verbundenheit Kants mit der von ihm kritisierten Ontologie zu deuten, um deren reflektierte Rekonstruktion sich Kant im Medium der Transzendentalphilosophie ja gerade bemüht.
45 Adorno, Stichworte, a.a.O., S. 165.
46 Ibid.
47 Adorno, Negative Dialektik, a.a.O., S. 179 f.
48 Ibid., S. 180.
49 Vgl. dazu die Dissertation von Axel Honneth, Kritik der Macht. Foucault und die kritische Theorie, FU Berlin 1983.
50 Adorno, Negative Dialektik, a.a.O., S. 179.
51 Adorno, Kierkegaard, Frankfurt/M. 1962, S. 134.
52 Ibid., S. 135.
53 Ich schließe mich hier einer von Dieter Henrich gebrauchten Terminologie an; vgl. ders., Fluchtlinien. Philosophische Essays, Frankfurt/M. 1982, S. 43 ff.
54 Daß die Philosophie Adornos diese Konsequenz nicht zieht, sondern der Reflexionsphilosophie insofern verbunden bleibt, als sie Subjektivität als eine Dimension bewahrt, »die sich in variierenden Gestalten durchsetzt«, unterscheidet sie wesentlich vom Strukturalismus und von der Systemtheorie; vgl. Jóhann Páll Arnason, Zwischen Natur und Gesellschaft. Studien zu einer kritischen Theorie des Subjekts, Frankfurt/M./Köln 1976, S. 112.
55 Adornos utopische Idee einer »Kommunikation des Unterschiedenen« (Stichworte, a.a.O., S. 153) ist an einen Freiheitsbegriff gebunden, der nicht auf ein identitätsphilosophisches Bei-sich-selbst-Sein reduziert werden kann, sondern einen reziproken Austausch zwischen Unterschiedenen bedeutet, der ohne Täuschung und daraus resultierende Zwänge vollzogen werden könnte. (Vgl. dazu Jost Bauch, Reflexionen zur Destruktion der teleologischen Universalgeschichte durch den Strukturalismus und die Kritische Theorie, in: Archiv für Rechts- und Sozialphil. LXV/1979, S. 81 ff.)
56 Kant, Kritik der Urteilskraft, a.a.O., B 427.
57 Kant, Kritik der reinen Vernunft, a.a.O., B. 294.
58 Vgl. dazu Kap. 1.I. dieser Arbeit.
59 Vgl. für das folgende vor allem Adornos Text »Zu Subjekt und Objekt«, in: Stichworte 2, a.a.O. Für die Differenz von individuellem und Bewußtsein überhaupt s. Kant, Prolegomena, a.a.O., §§ 20 u. 22.
60 Adorno, Zu Subjekt und Objekt, a.a.O., S. 151.
61 Annemarie Pieper, Artikel »Individuum«, in: Handbuch philosophischer Grundbegriffe, München 1973, S. 728 ff.
62 Adorno, Zu Subjekt und Objekt, a.a.O., S. 151.
63 Ernst Tugendhat, Vorlesungen zur Einführung in die sprachanalytische Philosophie, Frankfurt/M. 1976, S. 359 f.
64 Adorno, Zu Subjekt und Objekt, a.a.O., S. 151
65 Kennzeichnend für die Kantische Bewußtseinsstellung zur Ontologie ist ihre Transformation in die Transzendentalphilosophie. Das bedeutet aber keine gene-

relle Verabschiedung der Ontologie: Wie Kant vor allem gegen Eberhard geltend macht, bleibt sie als eine Art Propädeutikum zur Metaphysik erhalten. Allerdings darf sie sich nicht mehr anmaßen, etwas über »Dinge an sich selbst« zu lehren. »Ontologie ist Wissenschaft von den Dingen überhaupt« (Kant, Handschriftl. Nachlaß, Akad.-Ausg. 5936), d.h. sie sagt nur etwas darüber aus, unter welchen apriorischen Bedingungen uns eine Gegenstandserfahrung möglich ist. Nun spricht Kant aber auch davon, daß man eine Sache, indem man ihr ein »Dasein« zuerkenne, »an und für sich selbst« betrachte, so daß also die Bedeutungen von »Existenz« und »Ding an sich« nahezu identisch wären (vgl. Kant, Der einzig und mögliche Beweisgrund zu einer Demonstration des Daseins Gottes, A 8). Sofern aber, Kant zufolge, das Dasein der Dinge mittels einer dynamisch fortschreitenden Wahrnehmung erkennbar ist (Kritik der reinen Vernunft, B 273 f.), könnte Adorno, die konstatierte Bedeutungsüberschneidung von Existenz und Ding an sich zugestanden, zurecht fordern, daß auch das letztere vom Erkennen bei Kant nicht ausgeschlossen sein dürfte.

66 Adorno, Zu Subjekt und Objekt, a.a.O., S. 156.
67 Ibid., S. 157.
68 Ibid., S. 152.
69 Ibid.
70 Ernst Tugendhat, Selbstbewußtsein und Selbstbestimmung. Sprachanalytische Interpretationen, Frankfurt/M. 1979, S. 303.
71 Adorno, Zu Subjekt und Objekt, a.a.O., S. 157.
72 Ibid., S. 163.
73 Kant, Kritik der reinen Vernunft, a.a.O., B 273 f.
74 Adorno, Zu Subjekt und Objekt, a.a.O., S. 162.
75 Adorno, Zur Metakritik ..., a.a.O., S. 95.
76 Ibid., S. 78.
77 Adorno, Zu Subjekt und Objekt, a.a.O., S. 165.
78 Adorno, Negative Dialektik, a.a.O., S. 184 f.
79 Kant, Kritik der reinen Vernunft, a.a.O., A. 356.
80 Adorno, Negative Dialektik, a.a.O., S. 176.
81 Adorno, zur Metakritik ..., a.a.O., S. 75 f.
82 Adorno, Negative Dialektik, a.a.O., S. 177.
83 Ibid., S. 21.
84 Adorno, Zu Subjekt und Objekt, a.a.O., S. 158.
85 Vgl. Dieter Henrich, Die Formationsbedingungen der Dialektik. Über die Untrennbarkeit der Methode Hegels von Hegels System, in: Revue Internationale de Philosophie, H. 139/140/1982, S. 139 ff.
86 Adorno, Negative Dialektik, a.a.O., S. 187.
87 Vgl. G.W.F. Hegel, Zur Phänomenologie des Geistes, Theorie-Werkausgabe, Bd. 3, Frankfurt/M. 1969-71, S. 414: »Auf die Einsicht der Nichtigkeit aller anderen Gestalten des Bewußtseins und somit alles Jenseits der sinnlichen Gewißheit *gegründet*, ist diese sinnliche Gewißheit nicht mehr Meinung, sondern sie ist vielmehr die absolute Wahrheit.« Eine Lesart der Phänomenologie, die der Notwendigkeit eines realisierten absoluten Wissens opponiert, schlägt überzeu-

genderweise Heribert Boeder vor: ders., Das natürliche Bewußtsein, in: Hegel-Studien, Bd. 12, Bonn 1977, S. 170 ff. Diese Deutung dürfte der Hegel-Sicht Adornos in der Sache recht nahe kommen, nach der Hegel sich sogar nur verstehen lasse, »wenn man die Einzelanalysen nicht als Argumentationen, sondern als Deskriptionen von 'Sinnesimplikaten' liest.« Vgl. Adorno, Skoteinos oder Wie zu lesen sei, in: Drei Studien zu Hegel, a.a.O., S. 128. Vgl. auch Ästhetische Theorie, a.a.O., S. 47: »Hegel unerwartet bestätigend, stellt zweite Reflexion Naivität in der Stellung des Gehalts (eines Kunstwerks, U.M.) zur ersten Reflexion gleichsam wieder her.«
88 Adorno, Zu Subjekt und Objekt, a.a.O., S. 162.
89 Theoretisch unhaltbar und mit Kantischen Gedanken nicht mehr kompatibel wird diese Konstruktion erst dann, wenn Adorno sie mit dem monistischen und allumfassenden Prinzip der »Identität« kontaminiert; vgl. den Schluß dieses Absatzes.
90 Adorno, Marginalien zu Theorie und Praxis, in: Stichworte, a.a.O., S. 176.
91 Adorno, Zu Subjekt und Objekt, a.a.O., S. 157.
92 Ibid.
93 Ibid. S. 158.
94 Rorty, a.a.O., S. 158.
95 Adorno, Negative Dialektik, a.a.O., S. 187.
96 Ibid., S. 184.
97 Vgl. Dieter Henrich, Kant und Hegel. Versuch der Vereinigung ihrer Grundgedanken, in: ders., Selbstverhältnisse, Stuttgart 1982, S. 194.
98 Adorno, Zu Subjekt und Objekt, a.a.O., S. 155: »In der Lehre vom transzendentalen Subjekt erscheint getreu die Vorgängigkeit der von den einzelnen Menschen und ihrem Verhältnis abgelösten, abstrakt rationalen Beziehungen, die am Tausch ihr Modell haben. Ist die maßgebende Struktur der Gesellschaft die Tauschform, so konstituiert deren Rationalität die Menschen; was sie für sich sind, was sie sich dünken, ist sekundär.« Einen in der Struktur gleichen, in der Sache hingegen vollkommen entgegengesetzten Gedanken findet man in der Philosophie A.N. Whiteheads, der, wie auch Adorno, eine spiegelbildliche Verkehrung des Kantischen Konstitutionsproblems zugrunde legt; vgl. dazu Hans Günter Holl, Subjekt und Rationalität. Eine Studie zu A.N. Whitehead und Th.W. Adorno, Diss. Frankfurt/M. 1975; ebenso das Nachwort dess. zu A.N. Whitehead, Prozeß und Realität, Frankfurt/M. 1984.
99 Für das folgende vgl. den Abschnitt »Objekt kein Gegebenes«, in: Adorno, Negative Dialektik, a.a.O., S. 187 ff.
100 Ibid., S. 196.
101 Ibid. S. 189.
102 Diese Auffassung entspricht der der sprachanalytischen Philosophie; vgl. E. Tugendhat/U. Wolf, Logisch-semantische Propädeutik, Stuttgart, 1983, S. 193.
103 Vgl. Adorno, Negative Dialektik, a.a.O., S. 188; s. dazu auch die ausführlichen Stellenangaben bei Fr. Grenz, Adornos Philosophie in Grundbegriffen, Frankfurt/M. 1974, S. 64 u. 270.
104 Adorno, Zur Metakritik ..., a.a.O., S. 146 ff.

105 Ibid., S. 149.
106 G.W.F. Hegel, Wissenschaft der Logik II, Hamburg 1975, S. 111 f.
107 Adorno, Zu Subjekt und Objekt, a.a.O., S. 158, und ders., Negative Dialektik, a.a.O., S. 188. Adorno spricht in diesem Zusammenhang vom »Newtonschen Prinzip der Beobachtung«, das natürlich von Empfindungen strikt zu trennen ist. Beobachtung verträgt sich hingegen durchaus mit der Eliminierung des Gegebenen; vgl. Gilbert Ryle, Der Begriff des Geistes, Stuttgart 1969, Kap. 7, Abschn. 4 u. 5.
Daß Adorno Ergebnisse der neueren Physik, etwa der Einsteins, in der Beobachtungen die Funktion einer Modifikation der Kantischen subjektiven Formen von Raum und Zeit ausüben, als empirische Bestätigung seiner These vom Vorrang des Objekts ansah, unterstreicht die von Adorno allerdings nicht zur Veröffentlichung autorisierte »Vorlesung zur Einleitung in die Erkenntnistheorie«, Frankfurt o.J., insbesondere die Vorlesung vom 25.2.1958, S. 298 ff.
108 Vgl. Rorty, a.a., S. 203 ff.
109 Adorno, Negative Dialektik, a.a.O., S. 66.
110 Für das Folgende vgl. Wilfried Sellars, Empiricism and the Philosophy of Mind, in: Science, Perception and Reality, London/New York 1963, Kap. 5.
111 W. Sellars, Actions and Events, in: ders., Essays in Philosophy and its History, Dordrecht 1974, Kap. X, S. 189-213.
112 Sellars, Empiricism ..., a.a.O., S. 170.
113 Ibid., S. 195.
114 Im Gegensatz zu Sellars hält die kritische Theorie Adornos die Logik des Scheinens für nicht vollständig überwindbar: »Der kritische Gedanke möchte nicht dem Objekt den verwaisten Königsthron des Subjekts verschaffen, auf dem das Objekt nichts wäre als ein Götze, sondern die Hierarchie beseitigen. Wohl ist der Schein, das transzendentale Subjekt sei der archimedische Punkt, kaum durch die Analyse von Subjektivität rein in sich ganz zu brechen.« (Negative Dialektik, a.a.O., S. 182).
115 Sellars, Empiricism ..., a.a.O., S. 169 f.
116 W. Sellars, Philosophical Perspectives. Metaphysics and Epistemology, Reseda (California) 1959, S. 165.
117 Ibid., S. 175.
118 Adorno, Negative Dialektik, a.a.O., S. 189 f.
119 Wenn Metaphysik, Adorno zufolge, darauf angewiesen ist, aus dem Seienden den »Stoff« zu beziehen, um dessen Formelemente zu interpretierbaren Konstellationen formen zu können, so muß die natürliche Welt doch immer schon Elemente enthalten, die einer sinnvollen Zuordnung *fähig* sind; die für eine Projektion unserer Gedanken in sie überhaupt *geeignet* sind. Adorno setzt also intelligible Strukturen, die der physischen Objektwelt immanent sind, voraus. In der Aufdeckung dieses unterstellten geistigen Ansichseins unserer Wirklichkeit, der eigentlich negativ-metaphysischen Tätigkeit bei Adorno, konvergieren deshalb auch idealistische und materialistische Dialektik (vgl. Negative Dialektik, a.a.O., S. 62 u. 399): Wirklicher Sinn ist ebensowenig ohne den Bezug auf Materialien der Gegenstandswelt erreichbar, wie Einzelwirkliches nicht ohne subjek-

tive Denkbestimmungen verstehbar ist.
Diesen Sachverhalt verstärkt Adorno noch, indem er geltend macht, daß unser Erkenntnisvorgang selbst untrennbar fusioniert ist mit Materiellem, unserer physischen Befindlichkeit: »Irreduzibel ist das somatische Moment als das nicht rein cognitive an der Erkenntnis« (ibid., S. 194). Selbst die durch die Erkenntnistheorie vollzogene künstliche Trennung beider Komponenten, die Adorno mit Hegel widerruft, zeuge in Gestalt ihrer Lehren von Empfindungen und Sinnesdaten wider Willen von der epistemologischen Dignität des Physischen; ibid.
120 Sellars, Philosophical Perspectives, a.a.O., S. 169 f.
121 M. Theunissen, Sein und Schein, a.a.O., S. 30.
122 Adorno, Negative Dialektik, a.a.O., S. 173.
123 Vgl. Michael Wolff, Der Begriff des Widerspruchs. Eine Studie zur Dialektik Kants und Hegels, Königstein/Ts. 1981, S. 167 f.
124 Adorno, Negative Dialektik, a.a.O., S. 173.
125 Daß ein vernunftkritisches Konzept und die Idee eines irreduziblen ontologischen Moments als eines geistigen Ansichseins aller natürlichen Dinge sich nicht ausschließen, zeigt Adorno wiederum an Kant auf: »Kant noch hat das Moment des Vorrangs von Objektivität nicht sich ausreden lassen. Er hat sowohl die subjektive Zergliederung des Erkenntnisvermögens in der Vernunftkritik aus objektiver Absicht gesteuert, wie hartnäckig das transzendente Ding an sich verteidigt. Ihm stand vor Augen, daß es dem Begriff eines Objekts nicht schlechthin widerspräche, an sich zu sein; daß seine subjektive Vermittlung weniger der Idee des Objekts zuzurechnen ist, als der Insuffizienz des Subjekts.« (Negative Dialektik, a.a.O., S. 185).
126 Z.B. Adorno, ibid., S. 149 ff.
127 Ernst Tugendhat, Phänomenologie und Sprachanalyse, in: Hermeneutik und Dialektik II, Tübingen 1970, S. 4.
128 Ibid., S. 165.
129 Ernst Tugendhat, Vorlesungen zur Einführung in die sprachanalytische Philosophie, Frankfurt/M. 1976, S. 350 ff.
130 Adorno, Negative Dialektik, a.a.O., S. 164 ff.
131 Vgl. Tugendhat, Phänomenologie ..., a.a.O., S. 4 ff.
132 Adorno, Negative Dialektik, a.a.O., S. 167 f.
133 Ibid., S. 62.
134 Tugendhat, Phänomenologie ..., a.a.O., S. 134.
135 Adorno, Zur Metakritik ..., a.a.O., S. 213 u. 219.
136 Adorno, Negative Dialektik, a.a.O., S. 166 f.
137 Tugendhat, Vorlesungen ..., a.a.O., S. 391 ff.
138 Für das folgende vgl. ibid., S. 426 ff.
139 Adorno, Negative Dialektik, a.a.O., S. 165.
140 Ibid.
141 Ibid.
142 Tugendhat, Vorlesungen ..., a.a.O., S. 450 f.
143 Die wohl prägnanteste Formulierung dieser Auffassung gibt Adorno in einem Manuskript »Zur Philosophie Husserls«: »Geschichte ist in der Wahrheit; die

Wahrheit ist nicht in der Geschichte«, zit. nach: Susan Buck-Morss, The Origin of Negative Dialectics, a.a.O., S. 46.
144 Adorno, Negative Dialektik, a.a.O., S. 62 f.
145 Ibid., S. 61.
146 Adorno hat ein nominalistisches Begriffsverständnis; vgl. ibid., S. 20.
147 Ibid., S. 62.
148 So wenig wie Adorno zwischen verschiedenen Funktionen singulärer Termini unterscheidet, vollzieht er überhaupt die funktionale Differenzierung von klassifizierenden und singulären Ausdrücken. Singuläre Termini fallen im Grunde genauso unter sein Verdikt des abstrakten Klassifizierens wie charakterisierende Prädikate, wenn sie isoliert auftreten und nicht im Verweisungszusammenhang mit anderen Ausdrücken innerhalb einer Konstellation stehen.
149 Adorno, Negative Dialektik, a.a.O., S. 66.
150 Ibid.
151 Ibid., S. 165.
152 Ibid., S. 62.
153 Ibid.
154 Ein Textverständnis, das dem Adornos sehr nahe kommen dürfte, vertritt Paul Ricoeur, Der Text als Modell: hermeneutisches Verstehen, in: Seminar: Die Hermeneutik und die Wissenschaften, hrsg. v. H.-G. Gadamer u. G. Boehm, Frankfurt/M. 1978, S. 83 ff.
155 Adorno, Ges. Schr. 1, a.a.O., S. 335.
156 Karl Bühler, Sprachtheorie, Frankfurt/M. 1978, Kap. II. § 8, S. 121 ff.
157 Adorno, Negative Dialektik, a.a.O., S. 83.
158 Adorno, Negative Dialektik, a.a.O., S. 399.
159 Ibid., S. 353.
160 Ibid., S. 165.
161 Ibid. S. 38. Adorno ist Evidenztheoretiker der Wahrheit; vgl. Herbert Schnädelbach, Dialektik als Vernunftkritik. Zur Konstruktion des Rationalen bei Adorno, in: Adorno-Konferenz 1983, a.a.O., S. 74.
162 Tugendhat, Vorlesungen ..., a.a.O., S. 519.
163 Ibid., S. 199.
164 Adorno, Negative Dialektik, a.a.O.,S. 165.
165 Ibid., S. 164.
166 Buck-Morss, a.a.O., S. 98. Die Autorin zeigt zugleich verschiedene Anwendungsbeispiele für Konstellationen bei Adorno auf.
167 Tugendhat, Vorlesungen ..., a.a.O., S. 513.
168 Adorno, Negative Dialektik, a.a.O., S. 399.
169 Vgl. ibid., S. 382.
170 Tugendhat, Vorlesungen ..., a.a.O., S. 511 f.
171 Eine umfassende Auseinandersetzung zwischen Kritischer Theorie und Sprachanalyse müßte wohl mindestens die für nahezu alle analytischen Ansätze grundlegende Position Wittgensteins einbeziehen. So könnte ein produktiver Vergleich beider Philosophen aus der Thematisierung des projektiven Charakters der Sprache erfolgen. Wenn Wittgenstein im »Tractatus« sagt: »Im Satz wird

gleichsam eine Sachlage probeweise zusammengestellt« (ibid., 4.031), wodurch er ausdrückt, daß der Sinn der Sätze antizipierende Bilder sind, so besteht eine frappierende Parallele zu Adornos Beschreibung der Bildung von Konstellationen als experimentelles Konstruieren »von Bildern aus den isolierten Elementen der Wirklichkeit« (Ges. Schr. 1, a.a.O., S. 335), die auch »geschichtliche Bilder« (ibid., S. 341) genannt werden.

172 Vgl. Adorno, Negative Dialektik, a.a.O., S. 142: »Philosophisches Denken hat weder Reste nach Abstrich von Raum und Zeit zum Gehalt, noch generelle Befunde über Raumzeitliches. Es kristallisiert sich im Besonderen, in Raum und Zeit Bestimmtem.«

173 Friedrich Kambartel, Artikel »Struktur«, in: Handbuch philosophischer Grundbegriffe, Bd. 5, München 1974, S. 1430 ff.

174 Foucault starb während der Niederschrift dieses Kapitels am 25.6.1984. Bis zu diesem Zeitpunkt sind mir keine Äußerungen des Philosophen über seine Zugehörigkeit zu irgendeiner politischen oder geistigen Strömung bekannt geworden. Ähnlichkeiten, partielle Übereinstimmungen seines Denkens mit dem bestimmter Gruppierungen, zu denen auch der »Strukturalismus« rechnet, hat er dagegen nie bestritten; vgl. den Schluß des Vorworts zur deutschen Ausgabe von »Die Ordnung der Dinge«, Frankfurt 1971, S. 15 f.

175 Vgl. das Vorwort zu den außerordentlich kenntnisreich geschriebenen »Studien zur neuesten französischen Hermeneutik und Texttheorie« von Manfred Frank, Das Sagbare und das Unsagbare, Frankfurt 1980, S. 7 f.; ebenso ders., Was ist Neostrukturalismus?, Frankfurt 1983.

176 In einem Gespräch hat Foucault sein Interesse einmal wie folgt beschrieben: »Ja, mein Gegenstand ist nämlich nicht die Sprache (die formalen Möglichkeiten eines Aussagensystems, U.M.), sondern die Existenz von zusammengetragenen Diskursen.« Das bedeutet die Tatsache, »daß Äußerungen getan worden sind, daß solche Ereignisse in einem Zusammenhang mit ihrer Ursprungssituation gestanden haben, daß sie Spuren hinterlassen haben, daß sie fortbestehen und mit ihrem Fortbestand innerhalb der Geschichte eine Reihe von manifesten oder verborgenen Wirkungen ausüben« (Adelbert Reif (Hrsg.), Antworten der Strukturalisten, Hamburg 1973, S. 169 f.).

177 M. Foucault, Archäologie des Wissens, Frankfurt/M. 1973, S. 108 ff.

178 Reif, a.a.O., S. 180.

179 Peter Sloterdijk hat richtig erkannt, daß Foucaults Theorie über kein Kriterium darüber verfügt, »ob das von ihr Beschriebene nicht selbst bloß Oberfläche sei«; ders., M. Foucaults strukturale Theorie der Geschichte, in: Philosophisches Jahrbuch 1972, 79. Jg., S. 173. Den Verdacht eines Determinismus post festum scheint Foucault selbst überraschenderweise zu bestätigen, indem er sich für einen Positivisten ausgibt; vgl. Foucault, Archäologie ..., a.a.O., S. 182.

180 S. Anm. 178.

181 Adorno, Negative Dialektik, a.a.O., S. 63.

182 Ibid., S. 66.

183 Foucault, Archäologie..., a.a.O., S. 110 f. Die formalen Übereinstimmungen in den Formulierungen sind allerdings geeignet, den fundamentalen Unterschied

beider Verständnisweisen von Geschichte zu verwischen: Während Adorno Geschichtsspuren als sedimentierte Prozesse begreift, die in der Gegenwartssprache als Gleichzeitigkeit eines Ungleichzeitigen erscheinen, bedeuten sie für Foucault die verschütteten, verdrängten Elemente eines bestimmten geschichtlichen Zustands, die auf keine anderen geschichtlichen Zustände zurückverweisen und die entsprechend auch nicht genetisch gedeutet werden können (s.u.).

184 Trotz dieser gemeinsamen methodischen Grundeinstellung Adornos und Foucaults, die sich u.a. in ihrer ablehnenden Haltung gegenüber dem Begriff der Totalität zeigt, scheint mir der Vorschlag Martin Jays, Adorno und die Autoren neuer philosophischer Strömungen in Frankreich eher kontrastiv zu lesen, vernünftig zu sein; vgl. ders., Adorno in Amerika, in: Adorno-Konferenz 1983, a.a.O., S. 371 ff.
185 Adorno, Negative Dialektik, a.a.O., S. 63
186 Foucault, Archäologie ..., a.a.O., S. 182.
187 Unter Bezugnahme auf die von Nietzsche im Zarathustra verwendete Formel sagt Adorno im vorletzten Abschnitt der Negativen Dialektik: »Narretei ist Wahrheit in der Gestalt, mit der die Menschen geschlagen werden, sobald sie inmitten des Unwahren nicht von ihr ablassen.« (Adorno, Negative Dialektik, a.a.O., S. 396.)
188 Adorno, ibid.
189 Das scheint mir auch die bedeutendste Differenz zwischen Adornos Position und der von Richard Rorty so eindrucksvoll vertretenen Hermeneutik radikaler Nichtkommensuration zu sein; vgl. Rorty, Der Spiegel der Natur, a.a.O., S. 343 ff.
190 Adorno, Negative Dialektik, a.a.O., S. 397.
191 Adorno, Ästhetische Theorie, a.a.O., S. 93.
192 Vgl. dazu Hinrich Fink-Eitel, Michel Foucaults Analytik der Macht, in: Friedrich A. Kittler (Hrsg.), Austreibung des Geistes aus den Geisteswissenschaften, Paderborn 1980.
193 Foucault geht davon aus, »daß alles 'Konkrete' - die objektiven Gesetzmäßigkeiten wie die Gewißheit über die Subjektivität - das Ergebnis letztlich zufälliger Zwänge im Denken, Fühlen und Handeln ist«; vgl. Walter Seittler, Michel Foucault - Von der Subversion des Wissens, in: M. Foucault, Von der Subversion des Wissens, Frankfurt/M./Berlin/Wien 1978, S. 149.
194 Foucault, Archäologie ..., a.a.O., S. 141.
195 Ibid., S. 142 f.
196 Foucault, Von der Subversion ..., a.a.O., S. 162 f.
197 »Blick von außen« bedeutet nur, daß die Diagnose Foucaults ihren Ausgang nimmt von dem Anderen der Normalität unserer Gesellschaft, d.h. von *ihrem* Anderen, dem Anderen *in* ihr; vgl. Fink-Eitel, a.a.O., S. 43.
198 Adorno, Negative Dialektik, a.a.O., S. 62.
199 Adorno, Ges. Schr. 1, a.a.0., S. 341.
200 Reif, a.a.O., S. 158.
201 Ibid., S. 182.
202 Adorno, Negative Dialektik, a.a.O:, S. 314.

203 Vgl. die Darstellung dieser Problematik bei Erich Rothacker, in: Einleitung in die Geisteswissenschaften, Darmstadt 1972, S. 48 f.
204 »Auf jeden Fall sind die Formationsregeln der Begriffe, wie allgemein sie auch immer seien, nicht das in der Geschichte niedergelegte und in der Mächtigkeit der kollektiven Gewohnheiten sedimentierte Resultat von durch die Individuen vorgenommenen Operationen.« (Foucault, Archäologie ..., a.a.O., S. 93; vgl. auch S. 71.)
205 Foucault, ibid., S. 184.
206 Für den Zusammenhang von Diskurstheorie und Geschichtstheorie vgl. Foucaults »Die Ordnung der Dinge«, a.a.O.
207 »Daß der Wunsch ein schlechter Vater des Gedankens sei, ist seit Xenophanes eine der Generalthesen der europäischen Aufklärung, und sie gilt ungemildert noch gegenüber den ontologischen Restaurationsversuchen. Aber Denken, selber ein Verhalten, enthält das Bedürfnis - zunächst die Lebensnot - in sich. Aus dem Bedürfnis wird gedacht, auch, wo das wishful thinking verworfen ist.« (Adorno, Negative Dialektik, a.a.O., S. 399.)
208 Foucault, Archäologie..., a.a.O., S. 138.
209 Sloterdijk, a.a.O., S. 174.
210 Vgl. Dieter Henrich, Selbstaufklärung der Vernunft, in: ders., Fluchtlinien, Frankfurt/M. 1982, S. 43 ff.
211 Kant, Kritik der reinen Vernunft, a.a.O., B 766 f.
212 So stellt Kant in seiner Destruktion des kosmologischen Gottesbeweises auch noch das für jedes vernunftgeleitete Denken irreduzible Moment kritischer Unbedingtheit radikal in Frage: »Die unbedingte Notwendigkeit, die wir, als den letzten Träger aller Dinge, so unentbehrlich bedürfen, ist der wahre Abgrund für die menschliche Vernunft. Selbst die Ewigkeit, so schauderhaft erhaben sie auch ein *Haller* schildern mag, macht lange den schwindelichten Eindruck nicht auf das Gemüt; denn sie *mißt* nur die Dauer der Dinge, aber *trägt* sie nicht. Man kann sich des Gedankens nicht erwehren, man kann ihn aber auch nicht ertragen: daß ein Wesen, welches wir uns auch als das höchste unter allen möglichen vorstellen, gleichsam zu sich selbst sage: Ich bin von Ewigkeit zu Ewigkeit, außer mir ist nichts, ohne das, was bloß durch meinen Willen etwas ist; *aber woher bin ich denn?* Hier sinkt alles unter uns, und die größte Vollkommenheit, wie die kleinste, schwebt ohne Haltung bloß vor der spekulativen Vernunft, der es nichts kostet, die eine so wie die andere ohne die mindeste Hindernis verschwinden zu lassen.« (Kant, ibid., B 641.)
213 Horkheimer/Adorno, a.a.O., S. 18.
214 Ibid., S. 79.
215 Vgl. Carl Braun, Kritische Theorie versus Kritizismus, Berlin 1983 (Kant-Studien, Ergänzungsheft 115), S. 23.
216 M. Horkheimer, Zur Kritik der instrumentellen Vernunft, hrsg. v. A. Schmidt, Frankfurt/M. 1967, S. 131.
217 Vgl. Ulrich Pothast, Die Unzulänglichkeit der Freiheitsbeweise, Frankfurt 1980, S. 291: »Das entscheidende Moment bei der Legitimation individueller Verantwortlichkeit für geschehene Handlungen ist, daß die Person auch anders hätte

handeln können. Und *daran* wiederum ist entscheidend jenes Minimum von Anders-Handeln-Können, das im bloßen *Unterlassenkönnen* besteht.«
218 Kann man die Historisierung der Vernunft, die bereits von den frühen Romantikern kritisch gegen Kant gewendet wurde, als eine bloß deskriptive These begreifen, so führt die radikale Historisierung der Geschichte selber in einen Aufklärungsdefätismus mit allen relativistischen Konsequenzen.
219 Vgl. H. Schnädelbach, Über historistische Aufklärung, in: Allgemeine Zeitschrift für Philosophie 2/1979, S. 17 ff.
220 Th. W. Adorno, Wozu noch Philosophie, in: ders., Eingriffe, Frankfurt/M. 1974, S. 14.
221 Adorno, Negative Dialektik, a.a.O., S. 39.
222 Ibid., S. 36.
223 Ibid., S. 35.
224 Ibid., S. 36.
225 Ibid., S. 35.
226 Ibid., S. 38.
227 Ibid., S. 10.
228 Ibid., S. 40.
229 Kant, Kritik der reinen Vernunft, Vorrede zur ersten Auflage, a.a.O., A XI f.
230 Adorno, Negative Dialektik, a.a.O., S. 27.
231 Unabdingbare Vernunftgesetze gebieten bei Kant die notwendige Herstellung einer res publica noumenon, einer vollkommen freien Staatsverfassung; vgl. Friedrich Stentzler, Die Verfassung der Vernunft, Berlin 1984, S. 190 ff. Daß sich Adorno solche konkreten Utopien versagen mußte, liegt natürlich in seiner fundamentalen Skepsis gegenüber der Möglichkeit eines freien Handelns vernünftiger Personen begründet.
232 Adorno, Negative Dialektik, a.a.O., S. 397.
233 Ibid.
234 Ibid., S. 398.
235 Ibid., S. 397.
236 Ibid., S. 399.
237 Ibid., S. 18.
238 Negative Dialektik ist nur als kritische Reflexionstheorie aufrechtzuerhalten, die nicht vollständig aufgeht im universalen Verblendungszusammenhang. Nur als solche vermag sie jenes befreiende, »lösende Moment« von Reflexion (s. Adorno, Philosophische Terminologie I, a.a.O., S. 193) zu begründen, das es ihr erlaubt, »objektive«, in der Realität existierende Widersprüche aufzudecken und zu kritisieren, ohne dabei als Dialektik gegen das Axiom der Widerspruchsfreiheit verstoßen zu müssen. Dialektik wäre dann die Konkurrenz zwischen sich wechselseitig kritisierenden, nicht hingegen zwischen logisch einander ausschließenden Begriffen (s. Adorno, Philosophische Terminologie II, a.a.O., S. 57; vgl. auch Carl-Friedrich Geyer, Aporien des Metaphysik- und Geschichtsbegriffs der kritischen Theorie, Darmstadt 1980, S. 92 ff.).
239 Adorno, Negative Dialektik, a.a.O., S. 144. Dem von ihm am Schluß der Negativen Dialektik vertretenen Dialektikkonzept als »Abdruck des universalen

Verblendungszusammenhangs« erteilt Adorno an anderer Stelle zurecht eine klage Absage: »Abbildendes Denken wäre reflexionslos, ein undialektischer Widerspruch; ohne Reflexion keine Theorie« (ibid., S. 206). Von derart krassen Widersprüchen sollte man die Philosophie Adornos schnellstens befreien.
240 Ibid., S. 180.
241 Adorno, Minima Moralia, a.a.O., S. 88 f.
242 Adorno, Negative Dialektik, a.a.O., S. 181.
243 G. Lukács, Geschichte und Klassenbewußtsein, Neuwied u. Berlin 1968, S. 257 ff.
244 Alfred-Sohn-Rethel, Geistige und körperliche Arbeit, Frankfurt/M. 1970, S. 18.
245 Vgl. Martin Puder, Kant-Stringenz und Ausdruck, Freiburg 1974, S. 60 ff.
246 Vgl. J. Habermas, Untiefen der Rationalitätskritik, in: Die Zeit Nr. 33 v. 10.8.1984.
247 »Erscheinungen« und »Dinge an sich« gelten für Kant auf der Ebene philosophischer Reflexion als jeweils numerisch-existenziell identisch. Zum transzendentalphilosophischen Sinn der Unterscheidung von Erscheinung und Ding an sich vgl. die hervorragende Interpretation von Gerold Prauss, Kant und das Problem der Dinge an sich, Bonn 1974, insbesondere § 6, S. 52 ff.
248 Adorno, Negative Dialektik, a.a.O., S. 18. Der Gebrauch des Konjunktivs, von dem nicht feststeht, ob er ein Potentialis oder ein Irrealis ist, deutet auf das Utopische eines solchen Vorgriffs auf ein vollständig wahres Ganzes, den Adorno in der Durchführung seiner negativen Dialektik nicht einholen kann.
249 Die Insuffizienz von Begriffen, die von dem, worauf sie gerichtet sind, stets etwas »wegschneiden«, erfährt ihre eigentliche Begründung durch die in der »Dialektik der Aufklärung« entfaltete Kritik der Naturbeherrschung, in der geschichtsphilosophische und erkenntnistheoretische Aspekte ungeschieden ineinanderfließen; vgl. Axel Honneth, Kritik der Macht. Foucault und die Kritische Theorie, Diss. FU Berlin 1982, S. 71 ff. Die These, daß Begriffe per se Instrumente der Naturbeherrschung darstellen, ist aber in dieser Allgemeinheit nicht demonstrabel. Sie führt zudem in jene schlechte Form dritter Reflektiertheit, die nur noch den ausschließlich instrumentellen Vernunftgebrauch kennt (vgl. Kap. 3.V.2.a.). Aus ihr führt der Weg sehr schnell in die Ästhetisierung aller philosophischen Erkenntnisansprüche, der auch Honneth (ibid.), wie die meisten Adorno-Interpreten, bedauerlicherweise folgt. Demgegenüber halte ich das alternative Konzept der (theoretischen) Begriffskonstellationen für das philosophisch wesentlich stabilere.
250 Adorno, Negative Dialektik, a.a.O., S. 17.
251 Ibid., S. 27.
252 Hier hat Theunissen Adornos Transformation des Kantischen Dualismus treffend zum Ausdruck gebracht; vgl. ders., Negativität bei Adorno, in: Adorno-Konferenz 1983, a.a.O., S. 60.
253 Vgl. Kant, Kritik der reinen Vernunft, a.a.O., BXXVIII (5. Anm. in der Vorrede zur 2. Auflage).
254 Vgl. Adorno, Negative Dialektik, a.a.O., S. 286, Anm.
255 Ibid., S. 21.
256 Ibid.

257 Kant, Prolegomena, a.a.O., A. 165, § 57.
258 Theunissen, Negativität ..., a.a.O., S. 60.
259 Adorno, Negative Dialektik, a.a.O., S. 25.
260 Adorno. Drei Studien zu Hegel, a.a.O., S. 133.
261 Ibid.

Viertes Kapitel

1 So die Auslegung von Thomas Baumeister und Jens Kulenkampff, Geschichtsphilosophie und philosophische Ästhetik. Zu Adornos Ästhetischer Theorie, in: Neue Hefte für Philosophie 5/1973, S.100 ff. Zu ihrer Grundthese bekennt sich auch Rüdiger Bubner, in: ders., Über einige Bedingungen gegenwärtiger Ästhetik, in: Neue Hefte für Philosophie 5/1973, S. 45. Liegt die Crux der ersten Interpretation darin, daß sie Adornos Denken nur ungenügend auf seine traditionellen Voraussetzungen und impliziten hermeneutischen Grundlagen rückbezieht, von denen das Konzept der negativen Dialektik getragen wird (vgl. Kap. 3 dieser Arbeit) - statt an Kant und Platon wird es an die Romantik angeschlossen, eine Tendenz, der in abgeschwächter Form auch Günter Wohlfart folgt (ders., Anmerkungen zur ästhetischen Theorie Adornos, in: Philosophisches Jahrbuch 1976, 83, Jg., 2. Halbbd., S. 383) -, so wird Bubners Darstellung vor allem Opfer einer mangelnden Unterscheidung zwischen begrifflicher und künstlerischer Mimesis bei Adorno; vgl. auch ders., Kann Theorie ästhetisch werden? Zum Hauptmotiv der Philosophie Adornos, in: B. Lindner u. W.M. Lüdke (Hrsg.), Materialien zur Ästhetischen Theorie Theodor W. Adornos, Frankfurt/M. 1980, S. 123 ff.
2 Adorno, Negative Dialektik, a.a.O., S. 10.
3 Dieser Lesart folgen z.B. auch Jürgen Habermas (»Die Verschlingung von Mythos und Aufklärung«, a.a.O.) und Helmut Dubiel (»Wissenschaftsorganisation und politische Erfahrung«, Frankfurt/M. 1978).
4 So die Deutung von Habermas (»Theorie des kommunikativen Handelns« I, a.a.O., S. 483 ff.) und Honneth (»Kritik der Macht«, a.a.O., S. 71 ff.). Ähnlich wie Honneth sieht auch Grenz (a.a.O.) einen notwendigen Übergang von der Gesellschaftstheorie zur Ästhetik, ohne allerdings gleich von einer »Verdrängung des Sozialen« zu sprechen.
5 Vgl. Hartmut Scheible, Die Kunst im Garten Gethsemane. Ästhetik zwischen Konstruktion und Theologie, in: Lindner/Lüdke, a.a.O., S. 348 ff., auch Lucia Sziborsky, die die Musik als »Organon nicht nur der Gesellschaftsphilosophie, sondern auch der negativen Metaphysik Adornos« begreift (dies., Die Rettung des Hoffnungslosen. Th.W. Adornos Philosophie der neuen Musik, in: Philosophisches Jahrbuch 1982, 89. Jg., S. 77 ff).
Alle Versuche, die metaphysischen Erkenntnisleistungen an die Kunst zu überschreiben, übersehen m.E., daß Adornos Programm im Schlußteil der Negativen Dialektik nicht durch eine Transformation von Metaphysik in Kunst, sondern durch ihre »Transmutation in Geschichte« definiert ist. Natürlich ist

auch die Kunst geschichtlich. Gemeint ist hier aber eindeutig die Naturgeschichte; vgl. Negative Dialektik, a.a.O., S. 353.
6 Adorno, ibid., S. 386.
7 Vgl. Norbert W. Bolz, Nietzsches Spur in der Ästhetischen Theorie, und Jochen Hörisch, Herrscherwort, Geld und geltende Sätze. Adornos Aktualisierung der Frühromantik und ihre Affinität zur poststrukturalistischen Kritik des Subjekts, beide in Lindner/Lüdke, a.a.O., S. 369 ff. u. 397 ff.
8 Brief vom 26. Mai 1935 von Adorno an Křenek, in: Th. W. Adorno und E. Křenek, Briefwechsel, Frankfurt/M. 1974, S. 85. f.
9 Adorno, Ges. Schr. 1, a.a.O., S. 332.
10 Adorno, Kierkegaard. Konstruktion des Ästhetischen, a.a.O., S. 27 f.
11 Adorno, Negative Dialektik, a.a.O., S. 26.
12 Ibid., S. 27.
13 Aristoteles, Die Nikomachische Ethik, ed. Gigon, München 1975, 1178 a 16-23.
14 Lothar Eley, Artikel »Intuition«, in: Handbuch philosophischer Grundbegriffe, a.a.O., S. 748 ff. (Bd. 3).
15 Vgl. Schnädelbach (»Dialektik als Vernunftkritik«, a.a.O., S. 72 ff.). Schnädelbach und Theunissen (»Negativität bei Adorno«, a.a.O., S. 56 f.) sind die einzigen mir bekannten Interpreten, die sich einer Ästhetisierung der Erkenntnistheorie und Metaphysik Adornos konsequent widersetzen. Albrecht Wellmer (»Wahrheit, Schein, Versöhnung, Adornos ästhetische Rettung der Modernität, in: Adorno-Konferenz 1983, a.a.O., S. 138 ff.) begreift das Verhältnis von Philosophie und Kunst zwar ganz richtig als ein wechselseitiges, wenn er von zwei »komplementären Brechungsgestalten der Wahrheit« (S. 142) spricht. Indem er diesen Verweisungszusammenhang jedoch aporetisch interpretiert (ibid. ff.), verfällt er wieder der »Statthalter«-These, nach der »das Licht der Erlösung ... durchs Medium der Kunst auf die Wirklichkeit fallen soll« (S. 148). Daß Adorno den Vorschein von Versöhnung gerade nicht an eine »ästhetische Synthesis« (ibid.) gebunden, sondern primär in der Naturgeschichte aufgesucht hat, entgeht Wellmer vermutlich deshalb, weil er nicht, wie zwischen ästhetischer und begrifflicher Mimesis, auch zwischen ästhetischem und nicht-ästhetischem (geschichtlichem, epistemologischem) Schein unterscheidet.
16 Adorno, Negative Dialektik, a.a.O., S. 26.
17 Kant, Von einem neuerdings erhobenen vornehmen Ton in der Philosophie, in: Werke, Bd., 5, a.a.O., S. 396.
18 Adorno, Negative Dialektik, a.a.O., S. 25.
19 Adorno, Drei Studien zu Hegel, a.a.O., S. 112.
20 Adorno, Ästhetische Theorie, a.a.O., S. 35.
21 Ibid., S. 487 f. Somit fordert Adorno die Revision eines historischen Prozesses, in dem die Philosophie seit dem Beginn der bürgerlichen Epoche immer mehr auf eine akademische Stringenztechnik reduziert wurde und das von ihr ausgeschlossene Ausdrucksdenken allmählich in künstlerische Produktionen überging; vgl. Martin Puder, Zur Ästhetischen Theorie Adornos, in: Neue Rundschau Nr. 82/1971, S. 465 ff. Daraus folgt aber keineswegs, wie Puder glaubt, »das heute Theorie, die nicht resigniert, für Adorno 'ästhetische' sein muß«; ibid., S. 470.

Noch in einem seiner letzten Texte hat sich Adorno nachhaltig gegen eine Resignation in der Theorie ausgesprochen. Die Vokabeln »Kunst« und »Ästhetik« kommen in ihm nicht vor; vgl. Adorno, Resignation, in: Kritik. Kleine Schriften zur Gesellschaft, a.a.O., S. 145 ff.
22 Vgl. Adorno, Negative Dialektik, a.a.O., S. 28.
23 Ibid., S. 44.
24 Schönberg wußte sich dem Formdenken Mozarts tief verbunden; vgl. seinen Aufsatz »Brahms der Fortschrittliche«, in: ders., Stil und Gedanke, Gesammelte Schriften I, Frankfurt/M. 1976.
25 Vgl. Kap. 1.I.
26 »Die Komposition mit zwölf Tönen hat kein anderes Ziel als Faßlichkeit. ... Aber obwohl sie die Schwierigkeiten des Hörers zu vergrößern scheint, gleicht sie diese Unzulänglichkeit aus, indem sie auch den Komponisten bestraft. Denn so zu komponieren wird nicht leichter, sondern eher zehnmal schwieriger.« Vgl. Schönberg, Komposition mit zwölf Tönen, in: ders., Ges. Schr. I, a.a.O., S. 73.
27 Jan Maegaard, Schönbergs quasi-tonaler Stil um 1930, in: Bericht über den 1. Kongreß der Internationalen Schönberg-Gesellschaft, Wien 1974.
28 Vgl. Schönberg, Probleme des Kunstunterrichts, in: ders., Ges. Schr. I, a.a.O., S. 165.
29 Adorno, Ästhetische Theorie, a.a.O., S. 156 u. 228; Philosophie der neuen Musik, a.a.O., S. 57.
30 Adorno, Minima Moralia, a.a.O., S. 86; ders., Über Walter Benjamin, a.a.O., S. 46 u. 157; vgl. auch ders., Noten zur Literatur, a.a.O., s. 28. M.E. besteht allerdings kein Anlaß, die konzentrische Form der Koordinierung philosophischer Sätze in eins zu setzen mit Adornos tendenzieller Forderung nach einer Abschaffung des Arguments. Das widerspräche dem von ihm reklamierten Formideal Schönbergs, der Entwicklung einer nahezu unmetaphorisch verstandenen musikalischen »Logik«, einem Terminus, der durch Forkel zu ästhetischen Ehren gelangte (vgl. Carl Dahlhaus, Die Idee der absoluten Musik, Kassel 1978, S. 105 ff.). Dringt Adorno auf eine Liquidierung der Differenz von These und Argument, so spricht das für eine Ausdehnung des Diskursiven zuungunsten »statisch« vertretener Thesen. Der logische Textzusammenhang muß vielmehr aus seiner eigenen Bewegung heraus »feste« Momente herstellen, die objektivierbar sind.
31 Vgl. Schönbergs Explikation eines musikalischen »Gedankens«, in: ders., Stil und Gedanke, a.a.O., S. 43, und Adornos Beschreibung der Konstellation in der Negativen Dialektik, a.a.O., S. 164.
32 Theunissen, in: Adorno-Konferenz 1983, a.a.O., S. 52.
33 Adorno, Vers une musique informelle, in: ders., Ges. Schr. 16, a.a.O., S. 516 f.
34 G.W.F. Hegel, Wissenschaft der Logik, 1. Teil, ed. Lasson, Hamburg 1975, S. 93.
35 Adorno, Brief an Křenek vom 30.9.1932, in: Adorno und Křenek, Briefwechsel, a.a.O:, S. 38.
36 Adorno, Der dialektische Komponist, in: ders., Ges. Schr. 17, a.a.O., S. 201.
37 Zur Biographie der Beziehung Adorno-Schönberg vgl. das 1. Kap. von Susan Buck-Morss, The Origin of Negative Dialectics, a.a.O., besonders S. 13 ff.; s. auch Kap. 1.II.2. dieser Arbeit.

38 Vgl. dazu den teilweise geschichtsphilosophisch belasteten Gedankengang in der »Philosophie der neuen Musik«, insbesondere die Abschnitte »Totale Durchführung« und »Lossage vom Material«, in: Adorno, Philosophie der neuen Musik, a.a.O., S. 51 ff. u. 106 ff.
39 Vgl. Christian Möllers, Die Inkongruenz von Reihentechnik und musikalischer Gestalt bei Arnold Schönberg, in: Bericht über den 1. Kongreß der Internationalen Schönberg-Gesellschaft, a.a.O., S. 139.
40 Vgl. Carl Dahlhaus, Schönbergs musikalische Poetik, in: ders., Schönberg und andere. Gesammelte Aufsätze zur Neuen Musik, Mainz 1978, S. 120.
41 »Ausdruck ist ein Interferenzphänomen, Funktion der Verfahrensweise nicht weniger als mimetisch. Mimesis ihrerseits wird von der Dichte des technischen Verfahrens herbeizitiert, dessen immanente Rationalität dem Ausdruck doch entgegenzuarbeiten scheint.« Adorno, Ästhetische Theorie, a.a.O., S. 174.
42 Ibid., S. 159. Vgl. auch S. 202: »Dadurch daß Kunst ihrer eigenen Identität mit sich folgt, macht sie dem Nichtidentischen sich gleich: das ist die gegenwärtige Stufe ihres mimetischen Wesens.«
44 Vgl. ibid., S. 153, 170 u. 384.
45 Ibid., S. 73.
46 Adorno, Parataxis, in: ders., Noten zur Literatur, a.a.O., S. 471.
47 Ibid.
48 Ibid., S. 473.
49 Ibid., S. 474.
50 Ibid., S. 476.
51 Ibid., S. 474.
52 Damit folgt Adorno der hermeneutischen Maxime Peter Szondis, dem sein Hölderlin-Essay gewidmet ist, derzufolge »einzig *die* Betrachtungsweise dem Kunstwerk ganz gerecht wird, welche die Geschichte im Kunstwerk, nicht aber die, die das Kunstwerk in der Geschichte zu sehen erlaubt.« Vgl. Szondi, Schriften I, Frankfurt/M. 1978, S. 275 (»Über philologische Erkenntnis«).
53 Adorno, Über epische Naivetät, in: ders., Noten zur Literatur, a.a.O:, S. 34.
54 Adorno, Standort des Erzählers im zeitgenössischen Roman, in: ders., Noten zur Literatur, a.a.O., S. 42.
55 A.C. Danto, Analytische Philosophie der Geschichte, Frankfurt/M.1974. Den Hinweis auf Danto verdanke ich Herbert Schnädelbach.
56 Ibid., S. 394 ff.
57 Ibid., S. 376.
58 Ibid., S. 400.
59 Ibid., S. 404.
60 Adorno, Über epische Naivetät, a.a.O., S. 36.
61 Adorno, Negative Dialektik, a.a.O., S. 145 (Anm.).
62 Hegel, Vorlesungen über die Philosophie der Religion, in: Theorie-Werkausgabe, Bd. 16, a.a.O., S. 419.
63 Vgl. Helmut Dubiel, Identität und Institution. Studien über moderne Sozialphilosophien, Düsseldorf 1973, S. 53.
64 Adorno, Negative Dialektik, a.a.O., S. 151.

65 Vgl. ibid., S. 17. Zur Identitätsproblematik s. auch Herbert Schnädelbach, in: Adorno-Konferenz 1983, a.a.O., S. 69 ff.
66 Adorno, ibid., S. 153.
67 Ute Guzzoni sieht darin die eigentlich spekulative Gedankenfigur der Philosophie Adornos; vgl. dies., Hegels Unwahrheit. Zu Adornos Hegel-Kritik, in: Hegel-Jahrbuch 1975, Köln 1976, S. 244.
68 Adorno, Negative Dialektik, a.a.O., S. 152.
69 Vgl. Tugendhat, Selbstbewußtsein..., a.a.O., S. 289 f.
70 Adorno, Negative Dialektik, a.a.O., S. 164.
71 Ein solches numerisches Identifizieren entspricht dem, was Tugendhat »spezifizieren« nennt; vgl. Kap. 3.IV. 1.
72 Annemarie Pieper, Artikel »Individuum«, in: Handbuch philosophischer Grundbegriffe, Bd. 3, a.a.O., S. 730.
73 Vgl. Manfred Kerkhoff, Die Rettung des Nichtidentischen. Zur Philosophie Adornos, in: Philosophische Rundschau 3-4/1974, 20. Jg., S. 178.
74 Adorno, Negative Dialektik, a.a.O., S. 153.
75 Kant, Kritik der Urteilskraft, a.a.O., Erste Fassung der Einleitung, IV u. V.
76 Vgl. etwa Adorno, Ästhetische Theorie, a.a.O., S. 174 f., 210 f. u. 245 ff.
77 Martin Zenck, Kunst als begriffslose Erkenntnis. Zum Kunstbegriff der ästhetischen Theorie Theodor W. Adornos, München 1977.
78 Horkheimer/Adorno, a.a.O., S. 151 ff.
79 Adorno, Ästhetische Theorie, a.a.O., S. 87.
80 Ibid., S. 175. Auch Kant beschreibt das Denkverfahren der reflektierenden Urteilskraft als einen Suchprozeß: Zu einem gegebenen Besonderen soll sie »das Allgemeine (die Regel, das Prinzip, das Gesetz, U.M.) finden«. Kant, Kritik der Urteilskraft, a.a.O., 1. Einleitung, IV.
81 Adorno, ibid., S. 114.
82 Ibid., S. 113.
83 Ibid., S. 111.
84 Kant, Kritik der Urteilskraft, a.a.O., B 316 f.
85 Adorno, Ästhetische Theorie, a.a.O., S. 106.
86 Ibid., S. 108.
87 Ibid., S. 114. Auch Kant sagt übrigens, daß »die Natur in ihren schönen Formen figürlich zu uns spricht«, und zwar durch eine »Chiffreschrift«. Kant, Kritik der Urteilskraft, a.a.O., B 170.
88 Adorno, Ästhetische Theorie, a.a.O., S. 115.
89 Ibid., S. 114.
90 Kant, Kritik der Urteilskraft, a.a.O., B 179.
91 Vgl. etwa Adorno, Ästhetische Theorie, a.a.O., S. 47.
92 Vgl. Kant, Kritik der Urteilskraft, a.a.O., B 193.
93 Ibid., B 192.
94 Vgl. Bernhard Lypp, Selbsterhaltung und ästhetische Erfahrung. Zur Geschichtsphilosophie und ästhetischen Theorie Adornos, in: Lindner/Lüdke, a.a.O., S. 208.
95 Adorno, Ästhetische Theorie, a.a.O., S. 101.

96 Ibid., S. 102.
97 Ibid., S. 115.
98 Ibid., S. 111.
99 Ibid., S. 113.
100 Vgl. Günter Figal, Theodor W. Adorno. Das Naturschöne als spekulative Gedankenfigur, Bonn 1977. Nach Figal bezeichnet »Unmittelbares« neben »Nicht-Denkbarem« und »individuum ineffabile« ein Bedeutungsmoment des Nichtidentischen. In meiner Sicht verbindet Adorno mit diesem Platzhalter-Terminus noch eine Reihe anderer Bedeutungselemente, wie z.B. Freiheit, Abweichungen, Differenzen, Überschüsse etc.; positiv läßt sich nicht mehr sagen, als daß der Begriff, ähnlich wie der Kantische des Dings an sich, auf ein zwangloses Einander-Zugeordnetsein von Einzelnen zielt; vgl. Kap. 3.V.2.b.
101 Adorno, Ästhetische Theorie, a.a.O., S. 114.
102 Rorty, a.a.O., S. 327 f.
103 Ibid., S. 402.
104 Ibid., S. 398.

Fünftes Kapitel

1 Vgl. K. H. Haag, Der Fortschritt in der Philosophie, a.a.O., Kap. IV, VI u. VII.
2 Adorno, Negative Dialektik, a.a.O., S. 185.
3 Kant, Metaphysische Anfangsgründe der Naturwissenschaft, ed. Weischedel, a.a.O., Bd. IX, A VII.
4 Vgl. Herbert Schnädelbach, Über historistische Aufklärung, in: Allgemeine Zeitschrift für Philosophie 2/1979, S. 17 ff.
5 W. Dilthey, Einleitung in die Geisteswissenschaften (2. Buch), in: Gesammelte Schriften, Bd. 1, hrsg. v. G. Misch u.a., Leipzig/Berlin 1914-58.
6 Michael Theunissen, Gesellschaft und Geschichte, in: ders., Kritische Theorie der Gesellschaft, Berlin/New York 1981, S. 39.
7 Damit trägt Adorno der nachhegelschen Kritik an Hegels absolutem Begründungsprogramm Rechnung, welche die Faktizität als den Grundzug des Wirklichen in Ansatz brachte. Schopenhauer und der späte Schelling thematisierten dieses Faktische unter dem Titel »Wille«, bei Feuerbach heißt es »Sinnlichkeit«, bei Marx »Gegenständlichkeit« und bei Kierkegaard »Existenz«; vgl. die Einleitung von Manfred Riedel zu Wilhelm Dilthey, Das Wesen der Philosophie, Stuttgart 1984, S. 14.
8 Adorno, Negative Dialektik, a.a.O., S. 364 f. u. 379.
9 Ibid., S. 384.
10 Ibid., S. 354.
11 Ibid., S. 363.
12 Ibid., S. 361.
13 Ibid., S. 364.
14 Ibid., S. 362.

15 Fr. Grenz, Adornos Philosophie in Grundbegriffen, a.a.O., S. 160 ff.
16 Adorno, Negative Dialektik, a.a.O., S. 354.
17 Adorno, Negative Dialektik, a.a.O., S. 355.
18 Ibid.
19 Zum Folgenden vgl. Theunissen, Negativität bei Adorno, a.a.O., S. 41-45. Meine Worterklärung konvergiert an dieser Stelle mit der Theunissens, unbeschadet meiner kantianistischen Interpretation der mit diesem Terminus verbundenen Sachverhalte, vgl. insbes. Kap. 5 III, sowie Anm. 21 der Einleitung.
20 Adorno, Negative Dialektik, a.a.O., S. 175.
21 Ibid., S. 38.
22 Hegel, Phänomenologie des Geistes, a.a.O., S. 36.
23 Adorno, Negative Dialektik, a.a.O., S. 30. Für Adorno bedeutet Denken »selber ein Verhalten« (ibid., S. 399), eine Form der Praxis (vgl. Marginalien zu Theorie und Praxis, in: Stichworte 2, a.a.O., S. 169 ff.). Indem er wie Platon nicht zwischen theoretischer und praktischer Philosophie unterscheidet, revidiert er zugleich die ideologiekritische »Basis-Überbau«-These.
24 Adorno, Negative Dialektik, a.a.O., S. 66.
25 Ibid., S. 57.
26 Ibid., S. 38 u. 62.
27 Ibid., S. 40.
28 Ibid., S. 41.
29 Ibid., S. 17.
30 Ibid., S. 354.
31 Es können demnach drei Motive benannt werden, welche die im folgenden entfaltete Stellung Adornos zur traditionellen Metaphysik kennzeichnen: 1. Gegenüber Metaphysik als Seinstheorie wird Metaphysik als Erfahrungstheorie verstärkt (vgl. 5.II.3.). 2. Der Glaube an apodiktische Erkenntnismöglichkeiten in der Metaphysik wird abgebaut (5.I. u. II.4.u.5.). 3. Die Motive 1. und 2. zusammen charakterisieren die von Adorno vorgenommene Ergänzung der traditionellen Metaphysik durch eine Metatheorie, eine Art Metaphysik der Metaphysik, die in der hermeneutischen Transformation von Kants metaphysischer Naturerklärung besteht. - Die drei Aspekte sind bereits in Kants metaphysischer Metaphysikkritik vorgebildet und können als die wichtigsten Merkmale der Gegenwartsmetaphysik schlechthin gelten; vgl. Wolfgang Röd, Über die Möglichkeit der Metaphysik unter den Bedingungen der Gegenwartsphilosophie, in: Allgemeine Zeitschrift für Philosophie 1/1976, S. 3 ff.
32 Kant, Kritik der reinen Vernunft, a.a.O., B. 133.
33 Ibid., B 282.
34 Ibid., B 281.
35 Ibid., B 135.
36 Ibid., A 127.
37 Adorno, Negative Dialektik, a.a.O., S. 354.
38 Kant, Kritik der reinen Vernunft, a.a.O., A 127.
39 Vgl. Kant, Kritik der Urteilskraft, a.a.O., B 400 ff.

40 Adorno, Negative Dialektik, a.a.O., S. 399.
41 Ibid., S. 186.
42 Kant, Kritik der reinen Vernunft, a.a.O., B 132.
43 Adorno, Negative Dialektik, a.a.O., S. 363.
44 Ibid., S. 365.
45 Ibid., S. 366.
46 Ibid., S. 368.
47 Ibid., S. 370.
48 Ibid., S. 391.
49 Ibid., S. 378.
50 Ibid., S. 373.
51 Ibid., S. 364.
52 Ibid., S. 378.
53 Kierkegaard, Die Krankheit zum Tode, hrsg. v.E. Hirsch u. H. Gerdes, Gütersloh 1982.
54 Adorno, Kierkegaard. Konstruktion des Ästhetischen, Frankfurt/M.1974.
55 Kierkegaard. Die Krankheit..., a.a.O., S. 8.
56 Adorno, Kierkegaard..., a.a.O., S. 145.
57 Ibid., S. 146.
58 Vgl. M. Theunissen, Das Menschenbild in der 'Krankheit zum Tode', in: M. Theunissen/W. Greve (Hrsg.), Materialien zur Philosophie Søren Kierkegaards, Frankfurt/M. 1979, S. 497.
59 Kierkegaard, Die Krankheit..., a.a.O., S. 11.
60 Adorno, Kierkegaard..., a.a.O., S. 147.
61 Ibid., S. 149.
62 Ibid., S. 150.
63 Adorno, Kierkegaard noch einmal, in: Theunissen/Greve, a.a.O., S. 568.
64 Vgl. Theunissen, Einleitung: Kierkegaards Werk und Wirkung, a.a.O., S. 46.
65 Vgl. Artikel »Negativismus«, in: Historisches Wörterbuch der Philosophie, a.a.O., Bd. 6, Spalte 691-694.
66 M. Theunissen, Kierkegaard's Negativistic Method, in: Kierkegaard's Truth: The Disclosure of the Self, hrsg. v. J. H. Smith, New Haven und London 1981 (Psychiatry and the Humanities, Bd. 5), S. 408.
67 Ibid., S. 419.
68 Ibid., S. 415.
69 Ibid., S. 416.
70 Ibid., S. 423.
71 Der wohl fundamentalste »Bruch« im Kantischen System, der zwischen theoretischem und praktischem Vernunftgebrauch, kann zwar nicht ausgeräumt werden. Dennoch läßt sich die Einheit der Vernunft bewahren, wenn man die positive Begründung des praktischen Vernunftvermögens als einen Ausgleich für die Unzulänglichkeit der theoretischen Vernunft begreift, so daß beide Vernunftarten aufeinander angewiesen sind und sich gegenseitig stützen. Eine parallele Konstellation ergibt sich aus der Architektonik der Adornoschen Spätphilosophie, in der »Negative Dialektik« und »Ästhetische Theorie« wechsel-

seitig aufeinander verweisen: Die theoretische Entfaltung des paradoxen Begriffs des Nichtidentischen bedarf einer Theorie der Mimesis ebenso, wie diese, um nicht ins Leere zu gehen, auf jene angewiesen ist; vgl. J. Habermas, Die Verschlingung..., a.a.O., S. 428.

72 Vgl. Adorno, Negative Dialektik, a.a.O., S. 376 u. 377.
73 Kant, Kritik der reinen Vernunft, a.a.O., Vorrede, A VII.
74 Adorno, Negative Dialektik, a.a.O., S. 365.
75 Nach Kant ist Metaphysik, »wenn gleich nicht als Wissenschaft«, so »doch als Naturanlage (metaphysica naturalis) wirklich«. Als solche ist sie »in allen Menschen ... zu aller Zeit gewesen, und wird auch immer darin bleiben«. Kant, Kritik der reinen Vernunft, a.a.O., B 21.
76 Adorno, Negative Dialektik, a.a.O., S. 368.
77 Adorno, ibid., S. 179. Vgl. auch ibid., S. 139-142, wo Adorno ausgehend von Kants Lehre vom transzendentalen Subjekt den Nachweis zu führen versucht, daß Erkenntnistheorie in Wahrheit immer auch schon Geschichtsphilosophie gewesen sei. Geschichte begreift er in diesem Zusammenhang als die »Sache«, das »Etwas«, das »unauslöschlich Ontische«, auf das alle Begriffe verweisen. In Kants Theorie sei es durch die Empfindungen repräsentiert, welche von den Dingen an sich »affiziert« werden. Dieses Theorem benutzt Adorno als Rechtsgrund dafür, die Geschichte als die eigentliche Materie von Philosophie schlechthin zu betrachten. Und so liefert es auch das Argument für das, was er die »materialistische« Umwendung der Transzendentalphilosophie nennt: Sie bezeichnet im Grunde nur deren historische Abhängigkeit von der natürlichen Ontologie; vgl. dazu auch Kap. 3.III.2.
78 Vgl. zum Folgenden Adorno, Kierkegaard..., a.a.O., S. 134-155.
79 Das geschichtsphilosophisch begründete Negativphänomen Verzweiflung verliert m.E. seinen rationalen Sinn und seinen Charakter der Ernsthaftigkeit, wenn man wie Lothar Zahn davon ausgeht, daß Adornos Metaphysik in ästhetischem Verhalten aufgeht: »Metaphysik wird im musikalischen Duktus der Schrift zu dieser einen, variationsreich sich erneuernden Gebärde, mit der das Werk als seinem endlosen Ende ausklingt.« Vgl. ders., Der Ausklang der Negativen Dialektik. Adornos Variationen zur 'Metaphysik' nach Kant, Hegel und Nietzsche, in: Jürgen Naeher (Hrsg.), Die Negative Dialektik Adornos. Einführung - Dialog, Opladen 1984, S. 289.
80 Adorno, Negative Dialektik, a.a.O., S. 384.
81 Ibid., S. 385.
82 Kant, Kritik der reinen Vernunft, a.a.O., B 844; Kritik der Urteilskraft, a.a.O., § 85.
83 Adorno, Negative Dialektik, a.a.O., S. 385.
84 Ibid., S. 384.
85 Kierkegaard, Philosophische Brocken, Ed. Hirsch, Frankfurt/M. 1975, S. 41.
86 Ibid., S. 51.
87 Adorno, Negative Dialektik, a.a.O., S. 384.
88 Kant, Kritik der reinen Vernunft, a.a.O., B 643.
89 Ibid., B 611.

90 Adorno, Negative Dialektik, a.a.O., S. 378.
91 »Kants Kritik aller Gottesbeweise hat ihren einheitlichen Grund in seiner Theorie der Modalbegriffe.« Vgl. Dieter Henrichs Demonstration dieses Sachverhalts in: ders., Der ontologische Gottesbeweis, Tübingen 1960, S. 154.
92 Kant, Kritik der reinen Vernunft, a.a.O., B 594.
93 Ibid.
94 Kant, Kritik der Urteilskraft, a.a.O., B 402 f.
95 Eine explizite Ausformulierung des neuen teleologischen Arguments, das Kant in den theologischen Schlußabschnitten der Kritik der Urteilskraft bereits anwendet, findet man erst in der Metaphysik der Sitten (a.a.O., ethische Didaktik, Anm. zu § 52, A 171-172). Es mündet in den physiko-theologischen Gottesbeweis, der allein aus dem Gedanken natürlicher Zweckmäßigkeit heraus erfolgt. Eliminiert man aus dieser Konzeption alle anthropomorphen Implikation, so behält man von Gott nichts als den bloßen Namen zurück - eine Konsequenz, die Adornos Vorstellungen sehr nahe kommen dürfte. Theoretisch läßt sich der letzte Zweck in der Zweckmäßigkeit der Naturordnung nur als ein autonomer und ethisch vollkommen guter Wille denken. Nur unter seiner Voraussetzung kann schließlich das gedankliche Interesse an einer absoluten Ursache der natürlichen Welt sinnvoll begründet werden. Vgl. dazu den Kommentar von Lewis White Beck, Kants »Kritik der praktischen Vernunft«, übers. v. K.-H. Ilting, München 1974, S. 250-256.
96 Adorno, Negative Dialektik, a.a.O., S. 384.
97 Siehe dazu Norbert Fischer, Die Transzendenz in der Transzendentalphilosophie. Untersuchungen zur speziellen Metaphysik an Kants Kritik der reinen Vernunft, Bonn 1979, S. 77 ff.
98 Adorno, Negative Dialektik, a.a.O., S. 211-294.
99 Vgl. Anm. 77.
100 Adorno, Negative Dialektik, a.a.O., S. 385.
101 Martin Puder, Kant. Stringenz und Ausdruck. Freiburg 1974, S. 50 ff.
102 Vgl. Dieter Henrich, Selbstbewußtsein und spekulatives Denken, in: ders., Fluchtlinien, Frankfurt/M. 1982, S. 176.
103 Adorno, Negative Dialektik, a.a.O., S. 385.
104 Ein entsprechendes Konzept auf der Basis eines reziproken Abhängigkeitsverhältnisses von Selbstbewußtsein und Selbsterhaltung hat im Anschluß an Adorno Dieter Henrich formuliert; vgl. ders., Über Selbstbewußtsein und Selbsterhaltung, in: ders., Selbstverhältnisse, Stuttgart 1982, S. 109 ff.
105 Adorno, Negative Dialektik, a.a.O., S. 380.
106 Ibid., S. 367
107 In diesem Zusammenhang kommt Adornos Aussage, »entfesselte Dialektik« entbehre nicht »eines Festen«, ohne ihm »den Primat« zu erteilen (ibid., S. 48), dem Eingeständnis gleich, daß negative Dialektik in einer durchgängigen Abhängigkeit von der natürlichen Ontologie verbleibt. Dieses bildet den auf einen Punkt reduzierten Boden, von dem die kritische Reflexionstheorie sich abstößt. Jenes »feste« Moment bezeichnet das Analogon zu der einen intelligiblen Ursache, auf die Kant die ontologische Grundlage alles Seienden zurückführt.

108 Vgl. Kant, Kritik der reinen Vernunft, a.a.O., Einl. B 1: »Der Zeit nach geht also keine Erkenntnis in uns vor der Erfahrung vorher, und mit dieser fängt alle an.«
109 Kant, Handschriftlicher Nachlaß, Bd. VIII, Akad.-Ausg. Berlin und Leipzig 1936, S. 63. Danach ist Erfahrung nie »gegeben«, das Subjekt muß sie in aktuellem Vollzug ständig erneuern. Vgl. auch: »Alle Erfahrung ist problematisch, sie wird durch Wahrnehmung als Aggregat assertorisch. Nie aber ist sie apodiktisch.« (Ibid., Bd. IX, 1938, S. 410.)
110 Vgl. z.B. Adorno, Negative Dialektik, a.a.O., S. 45: »Schwebend ist sie, zerbrechlich vermöge ihres zeitlichen Gehalts; Benjamin kritisierte eindringlich Gottfried Kellers urbürgerlichen Spruch, die Wahrheit könne uns nicht davonlaufen. Auf die Tröstung, Wahrheit sei unverlierbar, hat Philosophie zu verzichten.«
111 Kant unterscheidet zwischen »formaler Wahrheit« von Urteilen, die mit den Verstandesgesetzen durchgängig zusammenstimmen muß (vgl. z.B. Kritik der reinen Vernunft, B 350) und »materialer Wahrheit«, die auf der Übereinstimmung der Erkenntnis mit dem Objekt beruht. Im ersten Fall ist das Kriterium der Satz vom Widerspruch, der aber nur ein negatives Kriterium für Wahrheit sein kann, mithin nur in bezug auf analytische Urteile eine positive Bedeutung hat. Aber für die zweite Bedeutung von Wahrheit gilt nach Kant, daß »ein allgemeines materiales Kriterium der Wahrheit« nicht möglich ist (vgl. Kant, Logik, Einl. A 71). Nur an diesem Wahrheitstyp ist Adorno interessiert.
112 Adorno, Negative Dialektik, a.a.O., S. 25.
113 Vgl. Hegel, Phänomenologie des Geistes, a.a.O., S. 38 u. 78.
114 Ibid., S. 38 u. 78 f.
115 Ibid., S. 78 ff.
116 Notwendigkeit und Allgemeingültigkeit eignet allerdings auch der Hegelschen Erfahrung; vgl. ibid., S. 78 f u. 90 f.
117 Ibid., S. 585.
118 Adorno, Negative Dialektik, a.a.O., S. 366. M.E. liefert hier aber nicht kindliche Naivität, wie Jürgen Naeher glaubt, das Modell der Erfahrung, sondern fiktionaler Zwang; vgl. ders., »Unreduzierte Erfahrung« - »Verarmung der Erfahrung«, in: ders. (Hrsg.), Die negative Dialektik Adornos, a.a.O., S. 193.
119 Adorno, Negative Dialektik, a.a.O., S. 367.
120 Ibid.
121 Adorno, Ästhetische Theorie, a.a.O., S. 472.
122 Ibid., S. 346.
123 Ibid., S. 197
124 Ibid., S. 181.
125 Ibid., S. 66.
126 Ibid., S. 401.
127 Kant, Kritik der Urteilskraft, a.a.O., B 104.
128 Ibid., B 84.
129 S. Anm. 126.
130 Ulrich Pothast, Die eigentlich metaphysische Tätigkeit. Über Schopenhauers Ästhetik und ihre Anwendung durch Samuel Beckett, Frankfurt 1982, S. 121.

131 Adorno, Negative Dialektik, a.a.O., S. 396.
131 Ibid., S. 399.
133 Vgl. Kant, Kritik der reinen Vernunft, B 349 ff.
134 Adorno, Negative Dialektik, a.a.O., S. 386; vgl. auch Ästhetische Theorie, a.a.O., S. 164.
135 Ibid., S. 395
136 Ibid., S. 384.
137 Ibid., S. 396.
138 Ibid.
139 Adorno, Minima Moralia, a.a.O., S. 333.
140 Ibid. Zu Adornos Kontaminierung des theologischen Erlösungsgedankens und des Verzweiflungsmotivs mit der Metaphysik Kants vgl. Wiebrecht Ries, Die Rettung des Hoffnungslosen, in: Zeitschrift für philosophische Forschung 30/1976, S. 69 ff.
141 Adorno, Negative Dialektik, a.a.O., S. 386.
142 Kant, Kritik der reinen Vernunft, a.a.O., B 354.
143 Vgl. Norbert Rath, Dialektik des Scheins - Materialien zum Scheinbegriff Adornos, in: Kolloquium Kunst und Philosophie, Bd. 2, hrsg. v. Willi Oelmüller, Paderborn 1982, S. 51 ff.
144 Auch in seinen metaphysischen Überlegungen erweist sich Adorno als kritischer Hermeneutiker. Zur Möglichkeit, sein Konzept der Konstellationenerstellung wissenschaftstheoretisch fruchtbar zu machen, vgl. Reinhard Uhle, Zur Erschließung von Einzelnem aus Konstellationen. Negative Dialektik und »objektive Hermeneutik«, in: Jürgen Naeher (Hrsg.), a.a.O., S. 359 ff.
145 Vgl. das erste Kapitel der Hegelschen Wesenslogik, in: Hegel, Wissenschaft der Logik, Bd. II, a.a.O., S. 7-23.
146 M. Theunissen, Sein und Schein, a.a.O., S. 135.
147 Adorno, Negative Dialektik, a.a.O., S. 396.
148 Man sieht, daß Adorno in der späten Ausformulierung seines metaphysischen Programms den Gedanken eines Mythisch-Urgeschichtlichen aus dem frühen Naturgeschichtsaufsatz wieder aufnimmt und in den Dienst der negativen Metaphysik stellt: Die Annäherung an das im Schein erscheinende Scheinlose durch das Aufdecken seiner geschichtlichen Vermittlungen - das Analogon der Kantischen Frage nach dem intelligiblen Urgrund des Seienden - entspricht der geschichtsphilosophischen Freilegung eines Urgeschichtlichen, eines Moments ursprünglicher Natur (vgl. Kap. 1.I.).
149 Adorno, Negative Dialektik, a.a.O., S. 399.
150 Vgl. ibid., S. 347-353.
151 Ibid., S. 351.
152 Ibid., S. 353.
153 Ibid.
154 Ibid.
155 K.H. Haag, a.a.O., S. 161.
156 Kant, Kritik der reinen Vernunft, a.a.O., B 232-256.
157 A. Danto, Analytische Philosophie ..., a.a.O., S. 374.

158 Vgl. Kap. 4.II.3.
159 Adorno, Negative Dialektik, a.a.O., S. 399.
160 Vgl. dazu Paul Ricœur, Objektivierung und Entfremdung in der geschichtlichen Erfahrung, in: Philosophisches Jahrbuch 1977, 84. Jg., S. 1 ff.
161 Adorno, Negative Dialektik, a.a.O., S. 175.
162 Ibid., S. 41.
163 Ibid., S. 354.
164 Kant, Versuch den Begriff der negativen Größen in die Weltweisheit einzuführen, in: ders., Vorkritische Schriften, Bd. 2, Frankfurt/M. 1982, S. 779 ff. (A I ff.).
165 Ibid., S. 781 (A VI).
166 Kant, Vorkritische Schriften, ibid., S. 621 ff. (A 3 ff.).
167 Michael Wolff, Der Begriff des Widerspruchs. Eine Studie zur Dialektik Kants und Hegels, Königstein/Ts. 1981, S. 62.
168 Kant, Versuch ..., a.a.O., S. 783 ff. (A 3 ff.).
169 Kant nennt eine Fülle von Beispielen aus verschiedenen Bereichen; vgl. ibid., S. 791-801 (A 19-39).
170 Ibid., S. 783 (A 3).
171 Ibid., S. 783 f. (A 3 f.).
172 Vgl. M. Wolff, a.a.O., S. 71 ff.
173 Ibid., S. 75.
174 Kant, Versuch ..., a.a.O., S. 812 (A 59).
175 Zum Ausdruck kommt dies etwa, wenn Adorno das Wort »negativ« durch »divergent« und »dissonant« erläutert; vgl. Adorno, Negative Dialektik, a.a.O., S. 17.
176 Kant, Versuch ..., a.a.O., S. 812 f. (A 59).
177 Ibid., S. 808 (A 51).
178 Ibid., S. 819 (A 72).
179 Ibid., S. 783 (A 4).
180 Adorno, Drei Studien zu Hegel, a.a.O., S. 76.
181 Vgl. die ausführliche Erklärung dieser Figur bei Friedemann Grenz (Adornos Philosophie in Grundbegriffen, a.a.O., S. 74-116), der ich allerdings nicht in allen Punkten zu folgen vermag.
182 Vgl. Adorno, Minima Moralia, a.a.O., S. 334, Nr. 153 (Schlußaphorismus).
183 Zum Sinn des von M. Theunissen geprägten Begriffs des philosophischen Negativismus s. Artikel »Negativismus«, in: Historisches Wörterbuch der Philosophie, Bd. 6, Spalten 691 ff. Vgl. auch Anm. 19 dieses Kapitels.
184 Kant, Versuch ..., a.a.O., S. 794 (A 25).
185 Ibid., S. 795 (A 26).
186 Hegel, Wissenschaft der Logik II, a.a.O., S. 49 u. 62.
187 Ibid., S. 59.
188 Der Begriff der Privation hatte bei Aristoteles, der ihn einführte, noch eine andere als die Kantische Bedeutung. Er bezeichnete den Mangel oder das Fehlen einer Form an einem Objekt, ohne daß mit diesem Nichtvorhandensein zugleich etwas über den spezifischen »Grund« der »Beraubung« ausgesagt war; vgl. Aristoteles, Metaphysik, Stuttgart 1978, S. 145 f.
189 Kant, Versuch ..., a.a.O., S. 781 (A VI).

190 Ibid., S. 815 (A 64).
191 Ibid., S. 815 (A. 64 f.).
192 Ibid., S. 817 (A 68).
193 Ibid., S. 819 (A 71 f.).
194 Adorno, Negative Dialektik, a.a.O., S. 399.
195 Ibid.

Literaturverzeichnis

Adorno, Th.W.: Anmerkungen zum philosophischen Denken, in: ders., Stichworte. Kritische Modelle 2, Frankfurt/M. 1969.
Ästhetische Theorie, Frankfurt/M. 1973.
Brief vom 30. September 1932 an Křenek, in: Th.W. Adorno und E. Křenek, Briefwechsel, Frankfurt/M. 1974.
Brief vom 26. Mai 1935 an Křenek, in: Th.W. Adorno und E. Křenek, Briefwechsel, Frankfurt/M. 1974.
Das Bewußtsein der Wissenssoziologie, in: ders., Gesellschaftstheorie und Kulturkritik, Frankfurt/M. 1981.
Der dialektische Komponist, in: Gesammelte Schriften, Bd. 17, Frankfurt/M. 1982.
Der Essay als Form, in: ders., Noten zur Literatur, Frankfurt/M. 1981.
Die Aktualität der Philosophie, in: Gesammelte Schriften, Bd. 1, Frankfurt/M. 1973.
Die Idee der Naturgeschichte, in: Gesammelte Schriften, Bd. 1, Frankfurt/M. 1973.
Drei Studien zu Hegel, Frankfurt/M. 1963.
Fortschritt, in: ders., Stichworte. Kritische Modelle 2, Frankfurt/M. 1978.
Gesellschaft, in: Gesammelte Schriften, Bd. 8, Frankfurt/M. 1972.
Kierkegaard. Konstruktion des Ästhetischen, Frankfurt/M. 1962.
Kierkegaard noch einmal, in: Neue deutsche Hefte 95 / 1963.
Kritik, in: ders., Kritik. Kleine Schriften zur Gesellschaft, Frankfurt/M. 1971.
Marginalien zu Theorie und Praxis, in: ders., Stichworte. Kritische Modelle 2, Frankfurt/M. 1978.
Minima Moralia. Reflexionen aus dem beschädigten Leben, Frankfurt/M. 1982.
Negative Dialektik, Frankfurt/M. 1973.
Parataxis, in: ders., Noten zur Literatur, Frankfurt/M. 1981.
Philosophie der neuen Musik, Frankfurt/M. 1974.
Philosophische Terminologie, Bd. 2, hrsg. v. R. z. Lippe, Frankfurt/M. 1974.
Reaktion und Fortschritt, in: Gesammelte Schriften, Bd. 17, Frankfurt/M. 1982.
Resignation, in: ders., Kritik. Kleine Schriften zur Gesellschaft, Frankfurt/M. 1971.
Spätkapitalismus oder Industriegesellschaft?, in: ders., Gesellschaftstheorie und Kulturkritik, Frankfurt/M. 1981.
Standort des Erzählers im zeitgenössischen Roman, in: ders., Noten zur Literatur, Frankfurt/M. 1981.
Strawinsky. Ein dialektisches Bild, in: Gesammelte Schriften, Bd. 16, Frankfurt/M. 1978.
Über epische Naivetät, in: ders., Noten zur Literatur, Frankfurt/M. 1981.
Über Walter Benjamin, Frankfurt/M. 1970.

Vers une musique informelle, in: Gesammelte Schriften, Bd. 16, Frankfurt/M. 1978.
Vorlesung zur Einleitung in die Erkenntnistheorie, Frankfurt/M. o.J. (= nicht autorisierte Tonbandmitschriften).
Wozu noch Philosophie, in: ders., Eingriffe. Neun kritische Modelle, Frankfurt/M. 1974.
Zur Metakritik der Erkenntnistheorie, Frankfurt/M. 1970.
Zu Subjekt und Objekt, in: ders., Stichworte. Kritische Modelle 2, Frankfurt/M. 1969.
Adorno, Th.W. u.a.: Der Positivismusstreit in der deutschen Soziologie, Darmstadt/Neuwied 1969.
Apel, K.-O.: Die Herausforderung der totalen Vernunftkritik und das Programm einer philosophischen Theorie der Rationalitätstypen, in: Concordia 11/1987.
Szientistik, Hermeneutik, Ideologiekritik, in: ders., Transformation der Philosophie, Bd. 2, Frankfurt/M. 1976.
Einleitung: Transformation der Philosophie, in: ders., Transformation der Philosophie, Bd. 1, Frankfurt/M. 1976.
Arnason, J.P.: Zwischen Natur und Gesellschaft. Studien zu einer kritischen Theorie des Subjekts, Frankfurt/M./Köln 1976.
Aristoteles, Die Nikomachische Ethik, ed. Gigon, München 1975.
Metaphysik, übers. u. hrsg. v. F.F. Schwarz, Stuttgart 1978.

Bacon, Fr.: Neues Organ der Wissenschaften, übers. u. hrsg. v. A.Th. Brück, Darmstadt 1962.
Bauch, J.: Reflexionen zur Destruktion der teleologischen Universalgeschichte durch den Strukturalismus und die kritische Theorie, in: Archiv. f. Rechts- und Sozialphil., Bd. LXV, 1979.
Baumeister, Th., J. Kulenkampff: Geschichtsphilosophie und philosophische Ästhetik. Zu Adornos Ästhetischer Theorie, in: Neue Hefte für Philosophie 5/1973.
Baumgartner, H.-M.: Kontinuität und Geschichte, Frankfurt/M. 1972.
Beck, L.W.: Kants „Kritik der praktischen Vernunft", übers. v. K.-H. Ilting, München 1974.
Beier, C.: Zum Verhältnis von Gesellschaftstheorie und Erkenntnistheorie. Untersuchungen zum Totalitätsbegriff in der kritischen Theorie Adornos, Frankfurt/M. 1977.
Benjamin, W.: Die Aufgabe des Übersetzers, in: ders., Illuminationen. Ausgewählte Schriften, Frankfurt/M. 1980.
Über das Programm der kommenden den Philosophie, in: Gesammelte Schriften, Bd. II.1., Frankfurt/M. 1980.
Über Sprache überhaupt und über die Sprache des Menschen, in: Gesammelte Schriften, Bd. II.1., Frankfurt/M. 1980.
Ursprung des deutschen Trauerspiels, Frankfurt/M. 1974.
Boeder, H.: Das natürliche Bewußtsein, in: Hegel-Studien, Bd. 12, Bonn 1977.
Bolz, N.: Nietzsches Spur in der Ästhetischen Theorie, in: Lindner/Lüdke (Hrsg.), Materialien zur Ästhetischen Theorie Th.W. Adornos, Frankfurt/M. 1980.

Braun, C.: Kritische Theorie versus Kritizismus, Berlin 1983 (= Kant-Studien, Ergänzungsheft Nr. 115).
Brentano, M.v.: Kants Theorie der Geschichte und der bürgerlichen Gesellschaft, in: Spiegel und Gleichnis. Festschrift für Jacob Taubes, Würzburg 1983.
Bubner, R.: Kann Theorie ästhetisch werden? Zum Hauptmotiv der Philosophie Adornos, in: Lindner/Lüdke (Hrsg.), Materialien zur Ästhetischen Theorie Th. W. Adornos, Frankfurt/M. 1980.
Über einige Bedingungen gegenwärtiger Ästhetik, in: Neue Hefte f. Philosophie 5/1973.
Buck-Morss, S.: The Origin of Negative Dialectics, New York/London 1977.
Bühler, K.: Sprachtheorie, Frankfurt/M./Berlin/Wien 1978.

Dahlhaus, C.: Die Idee der absoluten Musik, Kassel 1978.
Schönbergs musikalische Poetik, in: ders., Schönberg und andere. Gesammelte Aufsätze zur Neuen Musik, Mainz 1978.
Danto, A.C.: Analytische Philosophie der Geschichte, Frankfurt/M. 1974.
Dilthey, W.: Einleitung in die Geisteswissenschaften, in: Gesammelte Schriften, hrsg. v. G. Misch u.a., Leipzig/Berlin 1914-58, Bd. 1.
Entwürfe zur Kritik der historischen Vernunft, in : Gesammelte Schriften, Leipzig/Berlin 1914-58, Bd. 7.
Dubiel, H.: Identität und Institution. Studien über moderne Sozialphilosophien, Düsseldorf 1973.
Wissenschaftsorganisation und politische Erfahrung, Frankfurt/M. 1978.
Düver, L.: Th.W. Adorno. Der Wissenschaftsbegriff der Kritischen Theorie in seinem Werk, Bonn 1978.

Eley, L.: Artikel „Intuition", in: Handbuch philosophischer Grundbegriffe, München 1973, S. 748 ff.

Fertig, H.: Modelltheorie der Messung, Berlin 1977.
Figal, G.: Theodor W. Adorno. Das Naturschöne als spekulative Gedankenfigur, Bonn 1977.
Fink-Eitel, H.: Michel Foucaults Analytik der Macht, in: F.A. Kittler (Hrsg.), Austreibung des Geistes aus den Geisteswissenschaften, Paderborn 1980.
Fischer, N.: Die Transzendenz in der Transzendentalphilosophie. Untersuchungen zur speziellen Metaphysik an Kants Kritik der reinen Vernunft, Bonn 1979.
Foucault, M.: Archäologie des Wissens, Frankfurt/M. 1973.
Die Ordnung der Dinge, Frankfurt/M. 1971.
Von der Subversion des Wissens, Frankfurt/M./Berlin/Wien 1978.
Frank, M.: Das Sagbare und das Unsagbare. Studien zur neuesten französischen Hermeneutik und Texttheorie, Frankfurt/M. 1980.
Was ist Neostrukturalismus?, Frankfurt/M. 1983.
Friedeburg, L.v., J. Habermas (Hrsg.): Adorno-Konferenz 1983, Frankfurt/M. 1983.

Gadamer, H.-G.: Wahrheit und Methode, Tübingen 1975.

Gadamer, H.-G., G. Boehm (Hrsg.): Seminar: Philosophische Hermeneutik, Frankfurt/M. 1979.
Geyer, C.-F.: Aporien des Metaphysik- und Geschichtsbegriffs der kritischen Theorie, Darmstadt 1980.
Goethe, J.W.v.: Maximen und Reflexionen, in: Sämtliche Werke, Jubiläumsausgabe, hrsg. v. E. v.d. Hellen u.a., Stuttgart/Berlin o.J., Bd. 38 (= Schriften zur Literatur 3).
Grassi, E.: Die Theorie des Schönen in der Antike, Köln 1980.
Greffrath, Kr.R.: Metaphorischer Materialismus. Untersuchungen zum Geschichtsbegriff Walter Benjamins, München 1981.
Grenz, Fr.: Adornos Philosophie in Grundbegriffen, Frankfurt/M. 1975.
Die Idee der Naturgeschichte. Zu einem frühen, unbekannten Text Adornos, in: Hübner K., A. Menne (Hrsg.), Natur und Geschichte. X. Deutscher Kongreß für Philosophie, Hamburg 1973.
Guzzoni, U.: Hegels Unwahrheit. Zu Adornos Hegel-Kritik, in: Hegel-Jahrbuch 1975, Köln 1976.

Haag, K.-H.: Der Fortschritt in der Philosophie, Frankfurt/M. 1983.
Habermas, J.: Die Philosophie als Platzhalter und Interpret, in: ders., Moralbewußtsein und kommunikatives Handeln, Frankfurt/M. 1983.
Die Verschlingung von Mythos und Aufklärung. Bemerkungen zur Dialektik der Aufklärung - nach einer erneuten Lektüre, in: K.H. Bohrer (Hrsg.), Mythos und Moderne, Frankfurt/M. 1983.
Erkenntnis und Interesse, Frankfurt/M. 1968.
Theorie des kommunikativen Handelns, 2 Bde., Frankfurt/M. 1981.
Untiefen der Rationaliätskritik, in: „Die Zeit" Nr. 33 v. 10.8.1984.
Hackenesch, C.: Die Logik der Andersheit. Eine Untersuchung zu Hegels Begriff der Reflexion, Frankfurt/M. 1987.
Hegel, G.W.F.: Phänomenologie des Geistes. Theorie-Werkausgabe, Frankfurt/M. 1969-71, Bd. 3.
System der Philosophie, 2. Teil, Werke, Bd. IX, ed. Glockner, Stuttgart 1928.
Vorlesungen über die Geschichte der Philosophie. Theorie-Werkausgabe, Frankfurt/M. 1969-71, Bd. 19.
Vorlesungen über die Philosophie der Religion. Theorie-Werkausgabe, Frankfurt/M. 1969-71, Bd. 16.
Wissenschaft der Logik, Teil 1 u. 2, ed. Lasson, Hamburg 1975.
Heidegger, M.: Sein und Zeit, Tübingen 1979.
Henrich, D.: Der ontologische Gottesbeweis, Tübingen 1960.
Die Formationsbedingungen der Dialektik. Über die Untrennbarkeit der Methode Hegels von Hegels System, in: Revue Internationale de Philosophie 139/140/ 1982.
Kant und Hegel. Versuch der Vereinigung ihrer Grundgedanken, in: ders., Selbstverhältnisse, Stuttgart 1982.
Selbstaufklärung der Vernunft, in: ders., Fluchtlinien. Philosophische Essays, Frankfurt/M. 1982.

Selbstbewußtsein und spekulatives Denken, in: ders., Fluchtlinien, Frankfurt/M. 1982.
Holl, H.G.: Nachwort zu A.N. Whitehead, Prozeß und Realität, Frankfurt/M. 1984.
Subjekt und Rationalität. Eine Studie zu A.N. Whitehead und Th.W. Adorno, Diss. Frankfurt/M. 1975.
Honneth, A.: Kritik der Macht. Foucault und die kritische Theorie, Diss. FU Berlin 1983.
Horkheimer, M.: Zur Kritik der instrumentellen Vernunft, hrsg. v. A. Schmidt, Frankfurt/M. 1967.
Horkheimer, M., Th.W. Adorno: Dialektik der Aufklärung, Frankfurt/M. 1969.
Hörisch, J.: Herrscherwort, Geld und geltende Sätze. Adornos Aktualisierung der Frühromantik und ihre Affinität zur poststrukturalistischen Kritik des Subjekts, in: Lindner/Lüdke (Hrsg.), Materialien zur Ästhetischen Theorie Theodor W. Adornos, Frankfurt/M. 1980.
Hübner, K., A. Menne (Hrsg.): Natur und Geschichte. X. Deutscher Kongreß für Philosophie, Hamburg 1973.

Jay, M.: Adorno in Amerika, in: L.v. Friedeburg, J. Habermas (Hrsg.), Adorno-Konferenz 1983, Frankfurt/M. 1983.

Kambartel, F.: Artikel „Struktur", in: Handbuch philosophischer Grundbegriffe, Bd. 5, München 1974.
Kant, I.: Der Streit der Fakultäten, in: Schriften zur Anthropologie, Geschichtsphilosophie, Politik und Pädagogik 1, Werkausgabe, Bd. XI, hrsg. v. W. Weischedel, Frankfurt/M. 1968.
Erste Fassung der Einleitung in die Kritik der Urteilskraft, in: Werkausgabe, Bd. X, Frankfurt/M. 1968.
Handschriftlicher Nachlaß, Bd. VIII, Akad. Ausg., Berlin/Leipzig 1936.
Kritik der reinen Vernunft, Werkausgabe, Bde. III u. IV, Frankfurt/M. 1968.
Kritik der Urteilskraft, Werkausgabe, Bd. X, Frankfurt/M. 196 8
Logik, Werkausgabe, Bd. V, Frankfurt/M. 1968.
Metaphysik der Sitten, Werkausgabe, Bd. VIII, Frankfurt/M. 1968.
Metaphysische Anfangsgründe der Naturwissenschaft, in: Werkausgabe, Bd. IX, Frankfurt/M. 1968.
Prolegomena, hrsg. v. St. Dietzsch, Leipzig 1979.
Über den Gebrauch teleologischer Prinzipien in der Philosophie, in: Werkausgabe, Bd. IX, Frankfurt/M. 1968.
Versuch, den Begriff der negativen Größen in die Weltweisheit einzuführen, in: Vorkritische Schriften, Bd. 2, Frankfurt/M. 1968 (= Werkausgabe, Bd. II).
Von einem neuerdings erhobenen vornehmen Ton in der Philosophie, in: Werkausgabe, Bd. V, Frankfurt/M. 1968.
Kerkhoff, M.: Die Rettung des Nichtidentischen. Zur Philosophie Adornos, in: Philos. Rundschau 3-4/1974.
Kierkegaard, S.: Die Krankheit zum Tode, hrsg. v. E. Hirsch u. H. Gerdes, Gütersloh 1982.

Philosophische Brocken, ed. Hirsch, Frankfurt/M. 1975.
Körner, St.: Metaphysics : its structure and function, Cambridge 1984.
Koselleck, R.: Darstellung, Ereignis und Struktur, in: Schulze, G. (Hrsg.), Geschichte heute, Göttingen 1973.
  Vergangene Zukunft. Zur Semantik geschichtlicher Zeiten, Frankfurt/M. 1979.

Lange, W.: Tod ist bei den Göttern immer nur ein Vorurteil. Zum Komplex des Mythos bei Nietzsche, in: K.H. Bohrer (Hrsg.), Mythos und Moderne, Frankfurt/M. 1983.
Lepenies, W.: Das Ende der Naturgeschichte. Wandel kultureller Selbstverständlichkeiten in den Wissenschaften des 18. u. 19. Jh., Frankfurt/M. 1978.
Lukács, G.: Die Theorie des Romans, Darmstadt 1971.
  Die Verdinglichung und das Bewußtsein des Proletariats, in: ders., Werke, Bd. 2, Neuwied 1968.
  Geschichte und Klassenbewußtsein, Darmstadt 1968.
Luhmann, N.: Soziale Systeme. Grundriß einer allgemeinen Theorie, Frankfurt/M. 1984.
Lüdke, M.: Anmerkungen zu einer Logik des Zerfalls: Adorno - Beckett, Frankfurt/M. 1981.
Lypp, B.: Selbsterhaltung und ästhetische Erfahrung. Zur Geschichtsphilosophie und ästhetischen Theorie Adornos, in: Lindner/Lüdke (Hrsg.), Materialien zur Ästhetischen Theorie Theodor W. Adornos, Frankfurt/M. 1980.
  Über drei verschiedene Arten Geschichte zu schreiben. Bemerkungen zur Logik historischen Diskurses im Hinblick auf Nietzsche, in: Literaturmagazin, Bd. 12, Reinbek b. Hamburg 1980.

Maegaard, J.: Schönbergs quasi-tonaler Stil um 1930, in: Bericht über den 1. Kongreß der Internationalen Schönberg-Gesellschaft, Wien 1974.
Martin, G.: Platons Ideenlehre, Berlin/New York 1973.
Marx, K.: Briefe an Kugelmann, Berlin 1952.
  Das Kapital, Bd. 1, Berlin 1979.
  Deutsche Ideologie, Berlin 1959.
  Grundrisse der Kritik der Politischen Ökonomie, Berlin 1953.
  Ökonomisch-philosophische Manuskripte, Berlin 1968.
  Zur Kritik der Politischen Ökonomie, Berlin 1958.
Menninghaus, W.: Walter Benjamins Theorie der Sprachmagie, Frankfurt/M. 1980.
Möllers, Chr.: Die Inkongruenz von Reihentechnik und musikalischer Gestalt bei Arnold Schönberg, in: Bericht über den 1. Kongreß der Internationalen Schönberg-Gesellschaft, Wien 1974.
Mörchen, H.: Adorno und Heidegger. Untersuchungen einer philosophischen Kommunikationsverweigerung, Stuttgart 1981.
Müller, U.: Der Begriff des Werks in den Musikphilosophien von Kant bis Hegel, unveröff. Staatsexamensarbeit, Hannover 1981.
  Die Erfahrung des Negativen. Hegels Wirklichkeitsverständnis in der Phänomenologie des Geistes, in: Archiv für Geschichte der Philosophie 70/1/ 1988.

Hermeneutik als Modernitätskritik. Kritische Bemerkungen zur Postmodernismus-Debatte aus Anlaß zweier neuer Bücher, in: Philosophisches Jahrbuch 94/1/ 1987.

Objektivität und subjektive Allgemeinheit. Über Natur und Grenzen ethischer Lebensverhältnisse mit Rücksicht auf Kierkegaard, in: Zeitschrift für philosophische Forschung 41/4/ 1987.

Naeher, J.: „Unreduzierte Erfahrung" - „Verarmung der Erfahrung", in: ders., (Hrsg.), Die negative Dialektik Adornos, Opladen 1984.

Nagl-Docekal, H.: Die Objektivität der Geschichtswissenschaft, Wien/München 1983.

Nietzsche, F.: Vom Nutzen und Nachteil der Historie für das Leben, in: Werke, Bd. 1, hrsg. v. K. Schlechta, Frankfurt/M. 1979.

Picht, G.: Die Einheit von Kants Kritik der Vernunft und ihre transzendentale Grundlegung in der Kritik der Urteilskraft, in: ders., Hier und Jetzt. Philosophieren nach Auschwitz und Hiroshima, Bd. I, Stuttgart 1980.

Pieper, A.: Artikel „Individuum", in: Handbuch philosophischer Grundbegriffe, München 1973, S. 728 ff.

Platon: Der siebente Brief, übers. v. E. Howald, Stuttgart 1980.

Parmenides, in: Sämtliche Werke, übers. v. Fr. Schleiermacher, Bd. 4, Hamburg 1958.

Phaidon, in: Sämtliche Werke, Bd. 3, Hamburg 1958.

Phaidros, in: Sämtliche Werke, Bd. 4, Hamburg 1958.

Politeia, in: Sämtliche Werke, Bd. 3, Hamburg 1958.

Sophistes, in: Sämtliche Werke, Bd. 4, Hamburg 1958.

Timaios, in: Sämtliche Werke, Bd. 5, Hamburg 1958.

Poser, H. (Hrsg.): Wandel des Vernunftbegriffs, Freiburg/München 1981.

Pothast, U.: Die eigentlich metaphysische Tätigkeit. Über Schopenhauers Ästhetik und ihre Anwendung durch Samuel Beckett, Frankfurt/M. 1982.

Die Unzulänglichkeit der Freiheitsbeweise, Frankfurt/M. 1980.

Prauss, G.: Erscheinung bei Kant. Ein Problem der Kritik der reinen Vernunft, Berlin 1971.

Kant und das Problem der Dinge an sich, Bonn 1974.

Puder, M.: Kant - Stringenz und Ausdruck, Freiburg 1974.

Zur Ästhetischen Theorie Adornos, in: Neue Rundschau 82/ 1971.

Rath, N.: Dialektik des Scheins - Materialien zum Scheinbegriff Adornos, in: Willi Oelmüller (Hrsg.), Kolloquium Kunst und Philosophie, Bd. 2, Paderborn 1982.

Reif, A. (Hrsg.): Antworten der Strukturalisten, Hamburg 1973.

Ricœur, P.: Der Text als Modell: hermeneutisches Verstehen, in: Seminar: Die Hermeneutik und die Wissenschaften, hrsg. v. H.-G. Gadamer u. G. Boehm, Frankfurt/M. 1978.

Objektivierung und Entfremdung in der geschichtlichen Erfahrung, in: Philosophisches Jahrbuch 1977, 84. Jg.

Riedel, M.: Einleitung zu W. Dilthey, Das Wesen der Philosophie, Stuttgart 1984.

Ries, W.: Die Rettung des Hoffnungslosen, in: Zeitschrift für philosophische Forschung 30/ 1976.
Röd, W.: Über die Möglichkeit der Metaphysik unter den Bedingungen der Gegenwartsphilosophie, in: Allgemeine Zeitschrift für Philosophie 1/ 1976.
Rorty, R.: Der Spiegel der Natur, Frankfurt/M. 1981.
Rose, G.: The Melancholy Science. An Introduction to the Thought of Theodor W. Adorno, London 1978.
Rothacker, E.: Einleitung in die Geisteswissenschaften, Darmstadt 1972.
Ryle, G.: Der Begriff des Geistes, Stuttgart 1979.

Scheible, H.: Die Kunst im Garten Gethsemane. Ästhetik zwischen Konstruktion und Theologie, in: Lindner/Lüdke (Hrsg.), Materialien zur Ästhetischen Theorie Theodor W. Adornos, Frankfurt/M. 1980.
Schelling, F.W.J.: Schriften zur Naturphilosophie, München 1927.
Schmidt, A.: Die Kritische Theorie als Geschichtsphilosophie, München/Wien 1976.
Schmucker, J.F.: Adorno - Logik des Zerfalls, Stuttgart 1977.
Schnädelbach, H.: Dialektik als Vernunftkritik. Zur Konstruktion des Rationalen bei Adorno, in: L.v. Friedeburg u. J. Habermas (Hrsg.), Adorno-Konferenz 1983, Frankfurt/M. 1983.
Dialektik und Diskurs, in: Allgemeine Zeitschrift für Philosophie 12/1 1987.
Geschichtsphilosophie nach Hegel. Die Probleme des Historismus, Freiburg/München 1974.
Reflexion und Diskurs. Fragen einer Logik der Philosophie, Frankfurt/M. 1977.
Über historistische Aufklärung, in: Allgemeine Zeitschrift für Philosophie 2/ 1979.
Zur Dialektik der historischen Vernunft, in: H. Poser (Hrsg.), Wandel des Vernunftbegriffs, Freiburg/ München 1981.
Schönberg, A.: Brahms der Fortschrittliche, in: ders., Stil und Gedanke, Gesammelte Schriften, Bd. I, Frankfurt/M. 1976.
Harmonielehre, Wien 1922.
Komposition mit zwölf Tönen, in: ders., Stil und Gedanke, Gesammelte Schriften, Bd. I, Frankfurt/M. 1976.
Probleme des Kunstunterrichts, in: ders., Stil und Gedanke, Gesammelte Schriften, Bd. I, Frankfurt/M. 1976
Stil und Gedanke, in: ders., Stil und Gedanke, Gesammelte Schriften, Bd. I, Frankfurt/M. 1976
Schopenhauer, A.: Die Welt als Wille und Vorstellung, Bd. I.1., Zürich 1977.
Seittler, W.: Michel Foucault - Von der Subversion des Wissens, in: M. Foucault, Von der Subversion des Wissens, Frankfurt/M./Berlin/Wien 1978.
Sellars, W.: Actions and Events, in: ders., Essays in Philosophy and its History, Dordrecht 1974.
Empiricism and the Philosophy of Mind, in: ders., Science, Perception and Reality, London/New York 1963.
Philosophical Perspectives. Metaphysics and Epistemology, Reseda (California) 1959.

Simmel, G.: Goethe, Leipzig 1923.
Sloterdijk, P.: M. Foucaults strukturale Theorie der Geschichte, in: Philosophisches Jahrbuch 1972, 79. Jg.
Sohn-Rethel, A.: Geistige und körperliche Arbeit, Frankfurt/M. 1970.
Stentzler, Fr.: Die Verfassung der Vernunft, Berlin 1984.
Sziborsky, L.: Die Rettung des Hoffnungslosen. Th.W. Adornos Philosophie der neuen Musik, in: Philosophisches Jahrbuch 1982, 89. Jg.
Szondi, P.: Über philologische Erkenntnis, in: ders., Schriften, Bd. I, Frankfurt/M. 1978.

Theunissen, M.: Begriff und Realität. Hegels Aufhebung des metaphysischen Wahrheitsbegriffs, in: R.-P. Horstmann (Hrsg.), Seminar: Dialektik in der Philosophie Hegels, Frankfurt/M. 1978.
Das Menschenbild in der 'Krankheit zum Tode', in: Theunissen, M., W. Greve (Hrsg.), Materialien zur Philosophie Søren Kierkegaards, Frankfurt/M. 1979.
Gesellschaft und Geschichte, in: ders., Kritische Theorie der Gesellschaft, Berlin/New York 1981.
Kierkegaard's Negativistic Method, in: J.H. Smith (Hrsg.), Kierkegaard's Truth: The Disclosure of the Self, New Haven/London 1981 (Psychiatry and the Humanities, Bd. 5).
Negativität bei Adorno, in: L. v. Friedeburg, J. Habermas (Hrsg.), Adorno-Konferenz 1983, Frankfurt/M. 1983.
Sein und Schein. Die kritische Funktion der Hegelschen Logik, Frankfurt/M. 1980.
Tiedemann, R.: Studien zur Philosophie Walter Benjamins, Frankfurt/M. 1973.
Tugendhat, E.: Phänomenologie und Sprachanalyse, in: Bubner, Cramer, Wiehl (Hrsg.), Hermeneutik und Dialektik, Tübingen 1970, Bd. 2.
Selbstbewußtsein und Selbstbestimmung - Sprachanalytische Interpretationen, Frankfurt/M. 1979.
Vorlesungen zur Einführung in die sprachanalytische Philosophie, Frankfurt/M. 1976.
Tugendhat, E., U. Wolf: Logisch-semantische Propädeutik, Stuttgart 1983.

Uhle, R.: Zur Erschließung von Einzelnem aus Konstellationen. Negative Dialektik und „objektive Hermeneutik", in: Naeher, J. (Hrsg.), Die Negative Dialektik Adornos. Einführung - Dialog, Opladen 1984.

Weisshaupt, K.: Adornos Modellanalyse als Idee einer Systematik Negativer Dialektik, in: Hegel-Studien, Beiheft 17, hrsg. v. D. Henrich, Bonn 1977.
Wellmer, A.: Wahrheit, Schein, Versöhnung. Adornos ästhetische Rettung der Modernität, in: L. v. Friedeburg, J. Habermas (Hrsg.), Adorno-Konferenz 1983, Frankfurt/M. 1983.
Whitehead, A.N., B. Russell: Principia Mathematica, Cambridge 1950.
Wohlfart, G.: Anmerkungen zur ästhetischen Theorie Adornos, in: Philosophisches Jahrbuch 1976, 83 Jg.

Wolff, M.: Der Begriff des Widerspruchs. Eine Studie zur Dialektik Kants und Hegels, Königstein/Ts. 1981.

Zahn, L.: Der Ausklang der negativen Dialektik. Adornos Variationen zur Metaphysik nach Kant, Hegel und Nietzsche, in: Naeher, J. (Hrsg.), Die negative Dialektik Adornos. Einführung - Dialog, Opladen 1984.

Zenck, M.: Kunst als begriffslose Erkenntnis. Zum Kunstbegriff der ästhetischen Theorie Theodor W. Adornos, München 1977.

athenäum^s

Philosophie

Karl-Norbert Ihmig
Hegels Deutung der Gravitation
Eine Studie zu Hegel und Newton
athenäum^s monografien
Philosophie, Band 252

Louise Röska-Hardy
Die »Bedeutung« in natürlichen Sprachen
Eine philosophische Untersuchung
athenäum^s monografien
Philosophie, Band 251

Ulrich Müller
Erkenntniskritik und Negative Metaphysik bei Adorno
Eine Philosophie der dritten Reflektiertheit
athenäum^s monografien
Philosophie, Band 249

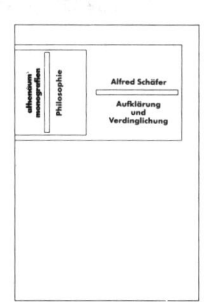

Alfred Schäfer
Aufklärung und Verdinglichung
Reflexionen zum historisch-systematischen Problemgehalt der Bildungstheorie
athenäum^s monografien
Philosophie, Band 250

Altertumswissenschaft

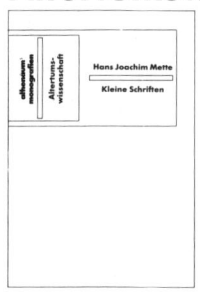

Hans Joachim Mette
Kleine Schriften
Herausgegeben von Adelheid Mette und Bernd Seidensticker
athenäum^s monografien
Altertumswissenschaft, Band 184

Ulrich Eigler
Monologische Redeformen bei Valerius Flaccus
athenäum^s monografien
Altertumswissenschaft, Band 187

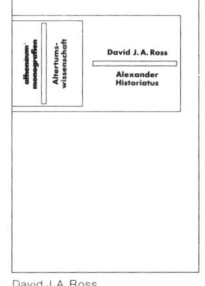

David J. A. Ross
Alexander Historiatus
A Guide to medieval illustrated Alexander Literature
athenäum^s monografien
Altertumswissenschaft, Band 186

Hermann-Josef Horstkotte
Die »Steuerhaftung« im spätrömischen »Zwangsstaat«
athenäum^s monografien
Altertumswissenschaft, Band 185
2., ergänzte Auflage

Theologie

Wolfgang Erich Müller
Der Begriff der Verantwortung bei Hans Jonas
athenäum^s monografien
Theologie

Christoph Jäger
Humanisierung des Mythos
Die Josephsromane von Thomas Mann
athenäum^s monografien
Theologie

monografien

Literaturwissenschaft

Klaus Amann
Der Anschluß österreichischer Schriftsteller an das Dritte Reich
Institutionelle und bewußtseinsgeschichtliche Aspekte
athenäum^s monografien
Literaturwissenschaft,
(Literatur in der Geschichte –
Geschichte in der Literatur, Band 15)

Godele von der Decken
Emanzipation auf Abwegen
Frauenkultur und Frauenliteratur im Umkreis des Nationalsozialismus
athenäum^s monografien
Literaturwissenschaft, Band 87

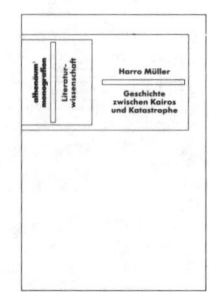

Harro Müller
Geschichte zwischen Kairos und Katastrophe
Historische Romane im 20. Jahrhundert
athenäum^s monografien
Literaturwissenschaft, Band 89

Holger Pausch
Sprachmodelle
Bedeutung und Umfang des modernen literarischen Sprachbegriffs im deutschen Sprachraum
athenäum^s monografien
Literaturwissenschaft, Band 86

Sozialwissenschaften

Michael Rössner
Auf der Suche nach dem verlorenen Paradies
Zum mythischen Bewußtsein in der Literatur des 20. Jahrhunderts
athenäum^s monografien
Literaturwissenschaft, Band 88

Hermann Schwengel
Der kleine Leviathan
Politische Zivilisation um 1900 und die amerikanische Dialektik von Modernisierung und Moderne
athenäum^s monografien
Sozialwissenschaften, Band 27

Institutionelle Analyse
Theorie und Praxis
Herausgegeben von Gabriele Weigand, Remi Hess und Gerald Prein
athenäum^s monografien
Sozialwissenschaften, Band 26

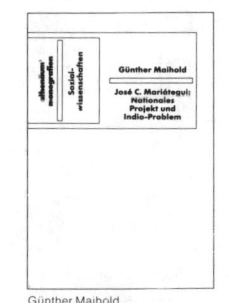

Günther Maihold
José Carlos Mariátegui: Nationales Projekt und Indio-Problem
Zur Entwicklung der indigenistischen Bewegung in Peru
athenäum^s monografien
Sozialwissenschaften, Band 28

Erziehungswissenschaft

»Durch die Kinder lernt man erst die Zeit begreifen«
Über den Wandel von Erziehungsvorstellungen im 20. Jahrhundert
Herausgegeben von Hans Rauschenberger
athenäum^s monografien
Erziehungswissenschaft,
Band 28

Hans Furrer
Mut zur Utopie
Eine Einführung in die Pädagogik A. S. Makarenkos
athenäum^s monografien
Erziehungswissenschaft,
Band 29

athenäum
...mit Leib und Seele Bücher machen